NAPOLÉON BONAPARTE

DU MÊME AUTEUR

Grand Prix de l'Académie française décerné pour l'ensemble de son œuvre

Chez le même éditeur

LOUIS XVII, 1948.
MADAME ROYALE, 1950.
PHILIPPE ÉGALITÉ, le Prince rouge. *Ouvrage couronné par l'Académie française*, 1951.
MARIE-ANTOINETTE, *Ouvrage couronné par l'Académie française*, 1953.
LE GRAND SIÈCLE DE PARIS, 1955.
LES GRANDES HEURES DES CITÉS ET CHÂTEAUX DE LA LOIRE, 1959.
SARAH BERNHARDT, 1961.
VERS L'EXIL..., 1962.
JOSÉPHINE. *Prix du Plaisir de lire*, 1965.
LA BELLE HISTOIRE DES VOYAGES, 1966.
L'AIGLON NAPOLÉON II. *Prix Richelieu*, 1959 et *Prix des Mille Lecteurs*, 1967.
BONAPARTE, 1968.
DRAMES ET TRAGÉDIES DE L'HISTOIRE, 1968.
LES BATTEMENTS DE CŒUR DE L'HISTOIRE, 1969.
LE CALENDRIER DE L'HISTOIRE, 1970.
DESTINS HORS SÉRIE DE L'HISTOIRE, 1971. *Grand Prix du Syndicat des écrivains et des journalistes, et pour l'ensemble de son œuvre*.
PRÉSENCE DE L'HISTOIRE, 1973.
NAPOLÉON III (deux volumes). *Prix des Ambassadeurs*, 1974.
BELLES ET TRAGIQUES AMOURS DE L'HISTOIRE, 1975.
HISTOIRE DE LA FRANCE ET DES FRANÇAIS AU JOUR LE JOUR (douze puis huit volumes en collaboration avec Alain Decaux, Marcel Jullian et Jacques Levron), 1976.
« MY FRIEND LA FAYETTE... MON AMI WASHINGTON », 1976.
LE RENDEZ-VOUS DE VARENNES, 1977.
MAXIMILIEN ET CHARLOTTE. *Prix du Cercle de l'Union*, 1978.
DE L'HISTOIRE ET DES HISTOIRES, 1978.
DICTIONNAIRE DE L'HISTOIRE DE FRANCE. Sous la direction d'André Castelot et d'Alain Decaux, 1979.
TALLEYRAND OU LE CYNISME, 1980.
AU FILS DE L'HISTOIRE, 1980.
L'HISTOIRE INSOLITE, 1982.
FRANÇOIS Ier. *Prix Agrippa-d'Aubigné*, 1984 et *Grand Prix de la Paulée de Meursault*, 1984.
L'ALMANACH DE CLIO, 1985.
LES NUITS DE L'HISTOIRE, 1985.
HENRI IV, le passionné, 1986. *Grand Prix de la Ville de Paris (Solia Cabiati)*, 1987.
CHARLES X, la fin d'un monde, 1988.
MADAME DU BARRY, 1989.
FOUCHÉ, 1990.
LA CAMPAGNE DE RUSSIE, 1991.
LA REINE MARGOT, 1993.
LOUIS-PHILIPPE, LE MÉCONNU, 1994.
MARIE DE MÉDICIS, 1995.

Théâtre

LA REINE GALANTE, comédie en deux actes et huit tableaux *(Perrin)*, 1962.
NAPOLÉON III À LA BARBE DE L'HISTOIRE *(L'Avant-Scène)*, 1976.
TALLEYRAND À LA BARBE DE L'HISTOIRE *(L'Avant-Scène)*, 1979.

Chez d'autres éditeurs

LE FILS DE L'EMPEREUR. *Prix de littérature 1963 de la Fédération des parents d'élèves des lycées et collèges français (Presses de la Cité, G.P. et Presses Pocket)*.
LE LIVRE DE SAINTE-HÉLÈNE *(reportage photographique) (Solar)*.
L'HISTOIRE DE FRANCE EN IMAGES *(France-Images, Figurine Panini)*.
48, OU L'INUTILE RÉVOLUTION *(Presses Pocket)*.
LE PETIT CASTELOT GOURMAND (SACN), 1995. *Prix Cœur de Lion*.

Albums et éditions de luxe

NAPOLÉON BONAPARTE *(Perrin)* (album illustré).
LES GRANDES HEURES DE NAPOLÉON (six volumes) *(Perrin)*. *Épuisé*.
LES QUATRE SAISONS DE L'HISTOIRE (quatre volumes) *(Perrin)*. *Épuisé*.
LE LIVRE DE LA FAMILLE IMPÉRIALE, en collaboration avec le général Kœnig et Alain Decaux *(Perrin)*.
NAPOLÉON BONAPARTE (dix volumes) *(Tallandier)*.
ROMANS VRAIS DE L'HISTOIRE (six volumes) *(Tallandier)*.
NAPOLÉON III ET LE SECOND EMPIRE (six volumes) *(Tallandier)*.
L'AIGLON NAPOLÉON II (trois volumes) *(Tallandier)*.
LA RÉVOLUTION FRANÇAISE *(Perrin)*, 1987 (album illustré).
MARIE-ANTOINETTE *(Perrin)*, 1989 (album illustré).
HISTOIRE ILLUSTRÉE DE NAPOLÉON (trois volumes) *(Bordas)*, 1989.
SUR LES PAS DE JOSÉPHINE *(Perrin)*, 1991 (album illustré).
NAPOLÉON RACONTÉ AUX ENFANTS *(Perrin)*, 1992.

Textes

LE DRAME DE SAINTE-HÉLÈNE (Histoire de la Captivité vue par les témoins) *(Perrin)*.
LA FÉERIE IMPÉRIALE (Le Second Empire vu par les témoins) *(Perrin)*.

ANDRÉ CASTELOT

NAPOLÉON BONAPARTE

PERRIN

ISBN 2.262.001168-0

NABULIO

C'est à ma mère que je dois ma fortune et tout ce que j'ai fait de bien.

NAPOLÉON.

Le 9 mai 1769, une jeune femme âgée de dix-neuf ans, — « belle comme les amours » — mêlée à une centaine de patriotes corses, marche soutenue par son mari qui l'aide à gravir les sentiers du Monde-Rotondo où, sous ses pas, roulent les pierres. Elle fuit les troupes françaises victorieuses et on l'entend répéter :

— Il sera le vengeur de la Corse.

C'est de son fils dont elle veut parler. Ce fils qui n'est pas encore né — mais la fugitive ne doute pas qu'elle mettra au monde un garçon — ce fils qui, durant toute cette affreuse retraite, « s'agite violemment » en elle.

Louis XV, moyennant quelques millions, a acheté le 15 mai de l'année précédente à la République de Gênes ses droits sur la Corse. Le 15 août — un an jour pour jour avant la naissance de Napoléon — le roi a proclamé la « réunion » de l'île de France. Demeurait le principal : conquérir l'acquisition; car les Corses — bien sûr — ne se montraient point d'accord. Appartenant théoriquement aux Génois, ils se trouvaient quasiment libres. Devenus sujets du roi de France, sans qu'on leur eût demandé leur avis, une manière de corde leur était passée au cou...

Le patriote Paoli — on l'appelait la Babbo — avait convoqué une assemblée de communes corses à Corte et lancé une protestation solennelle contre le débarquement des troupes de Louis XV. La guerre déclarée, le roi avait envoyé une expédition pour prendre possession de la Corse. Elle avait été battue et les survivants jetés à la mer. « Cette petite île étonnera le monde ! » s'était exclamé Jean-Jacques Rousseau avec admiration. Mais, le 9 mai, les patriotes corses, commandés par Pasquale Paoli, étaient vaincus à Ponte-Nuovo. Louis XV avait, en effet, mis le « poids » nécessaire en expédiant dans l'île vingt-deux mille hommes à la tête desquels avait été placé le comte de Vaux. Seuls une centaine de vaincus avaient pu échapper au désastre et se replier vers le Monte-Rotondo. Parmi eux se trouvait un petit hobereau corse, Carlo-Maria Buonaparte, et sa femme, née Letizia Ramolino, famille de très petite noblesse, d'ascendance, elle aussi, italienne. Il l'avait épousée le 2 juin 1764, alors qu'elle n'avait que quatorze ans.

Aujourd'hui, ce 9 mai 1769, il la soutient avec tendresse, tandis qu'elle répète :

— Il sera le vengeur de la Corse !

Et la jolie Letizia, « la petite merveilleuse » au profil grec, monte sans se plaindre les flancs abrupts de la montagne... Napoléon le dira :

— Les pertes, les privations, les fatigues, elle supportait tout, bravait tout. C'était une tête d'homme sur un corps de femme. Une femme des montagnes de Corse...

Sous un violent orage, à travers la montagne, le petit groupe de patriotes peine et s'épuise. Les fugitifs s'engouffrent enfin dans une grotte — elle existe toujours et on l'appelle encore la *grotte des Réfugiés*. C'est là que Carlo-Maria Buonaparte recevra les émissaires du comte de Vaux venus proposer la paix. Toute résistance est désormais inutile. Et l'Empereur pourra dire un jour :

— Je naquis alors que la patrie périssait.

La Corse accepte ses nouveaux maîtres. Aussi Carlo-Maria et Letizia, cessant de jouer aux patriotes robinsons, regagnent-ils leur grande maison d'Ajaccio, un gros cube couvert d'un crépi jaune qui se dresse dans la *strada Malerba*, rue de la Mauvaise-Herbe — la bien nommée paraît-il

Ce n'est pas la première fois que la petite Letizia va mettre un enfant au monde. Avant Giuseppe — le futur roi Joseph, né en 1768 — elle a donné le jour à un garçon, puis à une fille qui sont morts tous deux en bas âge. Le 15 août 1769, Ajaccio, qui n'est alors qu'une bourgade, célèbre à la fois la fête de la Vierge et, avec un enthousiasme de commande, le premier anniversaire du traité rattachant la Corse à la France. A la cathédrale, à peine la grand-messe commencée, Letizia Buonaparte ressent les premières douleurs. Aidée par sa belle-sœur, Gertruda Paravicini — la sœur de son mari — la jeune femme regagne rapidement sa maison de la toute voisine rue Malerba. Arrivée chez elle — il est près de midi — le temps lui manque pour monter jusqu'à son lit de damas rouge : elle se dirige vers le salon et s'étend sur un canapé recouvert de soie verte — ou « violet-marron », les historiens ne sont point d'accord... — pour y accoucher presque aussitôt, avec l'aide de Gertruda qui fait office de sage-femme, d'un garçon « né coiffé » s'il faut en croire Napoléon.

En cette même journée, dès que la fête de la Vierge le permet, l'archidiacre Lucien envoie rue Malerba l'abbé Jean-Baptiste Diamante qui va ondoyer, à la *Casa* même, l'enfant qui vient de naître.

— Quel prénom va-t-on lui donner ?

— Napoleone.

La Madre — elle prononçait *Napollioné* — nous donne la raison de ce choix étrange :

— Mon oncle Napoleone mourut quelques semaines avant Ponte-Nuovo, mais il était venu à Corte pour combattre. C'est en souvenir de ce héros que j'ai donné son prénom à mon deuxième fils.

Napoléon avait raison de dire :

— Ce nom était doué d'une vertu virile, poétique et redondante.

Mais, durant ses premières années, on l'appellera *Nabulio* — ou, prononcé à l'italienne : *Nabulione*. Ses proches, en raison du caractère querelleur de l'enfant, le surnomment : *Rabulione* — c'est-à-dire « celui qui se mêle de tout ». En dépit de la grosseur de la tête — elle est si forte que, longtemps, l'enfant ne peut garder son équilibre — le bébé Napoleone demeure chétif. Sa figure est pointue et ses lèvres minces. Madame Letizia allaite elle-même le nouveau-né, mais s'adjoint les services d'une robuste campagnarde.

Sur les treize enfants que Letizia a mis au monde en dix-neuf années, huit survivront, huit enfants qui se partageront un jour des trônes et des principautés. Tous, sauf Lucien — Luciano — qui, en froid avec son frère, devra se contenter d'un titre de prince papal.

Pour ses relevailles, la mère de *Nabulio* se rend à la cathédrale où elle avait bien failli mettre au monde Napoleone, et elle offre, selon l'usage, un cierge, une pièce de monnaie et un petit pain.

Nabulio est un petit bonhomme déchaîné. A son fils, le roi de Rome, il le dira :

— Paresseux, à ton âge je battais déjà Joseph !

« J'étais querelleur, lutin, avouera-t-il, rien ne m'imposait. Je ne craignais personne, je battais l'un, j'égratignais l'autre. Je me rendais redoutable à tous ! »

A peu près à cette époque, Charles est nommé assesseur de la juridiction royale d'Ajaccio. Le traitement qu'il en retire est assez maigre : neuf cents livres. Le père de Napoleone, estimant n'être pas rétribué à sa juste valeur, va désormais faire porter tous ces efforts sur un point capital : que le Royaume se charge de l'éducation gratuite de ses fils — Joseph et Napoleone — et qu'il leur octroie une bourse pour leurs études !

Il lui faut, pour recevoir cette faveur, justifier de « quatre degrés de noblesse ». Le père du futur empereur ne rencontre aucune difficulté pour rassembler ses preuves de bon gentilhomme. Le futur roi d'Espagne — Joseph — et le petit Napoléon partent pour le collège d'Autun.

Autant la gentillesse de Joseph séduit ses maîtres et ses nouveaux camarades, autant la mise négligée et la rudesse de « Buonaparte-cadet » les surprennent. Son physique, son teint jaune, son accent les déroutent. On le tourne en ridicule, mais l'enfant ne tarde pas à se faire respecter. A l'un de ses camarades qui se moque des combattants corses, il lance :

— Si les Français avaient été quatre contre un, ils n'auraient jamais eu la Corse, mais ils étaient dix contre un.

Le mot « dépaysé » est faible pour peindre le désarroi du jeune Nabulio qui n'a même pas encore dix ans. Tout est différent de son île ! Le climat, la nourriture, la façon de vivre, et surtout la langue. En arrivant à Autun, il ne parle pour ainsi dire pas le français. Mais, son professeur le précisera, « il avait beaucoup de dispositions, comprenait et apprenait facilement ».

Pendant ce temps, à Versaille et à Paris, Charles, avec une habileté consommée, intrigue pour « Buonaparte-cadet ». On veut faire plaisir à la noblesse corse ralliée à la France, et, bientôt, l'adroit solliciteur reçoit cette lettre en date du 28 mars 1779, signée par le prince de Montbarrey, ministre de la Guerre : « L'intendant de Corse, monsieur, a dû vous faire connaître que le roi a bien voulu agréer Napoleone de Buonaparte, votre fils, pour une place d'élève dans ses écoles militaires. S.M. vient d'arrêter qu'il devait être admis dans celle de Brienne. »

Un soir du mois de mai 1779, l'abbé Hamey d'Auberive, grand vicaire de Mgr l'évêque d'Autun, pousse la petite grille grinçante de la modeste école militaire de Brienne qui existe seulement depuis deux années. Devant lui, conduisant au bâtiment principal, s'ouvre — et s'ouvre toujours — une minuscule allée de huit tilleuls dont les branches, à force d'être taillées, sont maintenant devenues toutes nouées et tourmentées. Il pousse la porte de bois à double vantail et, après avoir traversé un couloir dallé, pénètre dans une pièce lambrissée éclairée par deux larges fenêtres : le parloir, que l'on peut encore voir aujourd'hui. Là, il est accueilli par le supérieur de l'établissement, le père Leleu.

Le prêtre s'efface. Derrière lui, tout intimidé, se tient un petit Corse de dix ans, farouche, chétif et mal peigné.

— Comment vous nommez-vous ?

— *Napollioné dé Buonarparté.*

C'est ainsi que le futur empereur prononçait son nom... et, tout à l'heure, lorsque le supérieur lui aura dit, suivant la coutume : « Allez retrouver vos petits camarades ! », les petits camarades éclateront de rire devant le nouveau venu, en répétant :

— *Napollioné ?...* La paille au nez ! La paille au nez !

Le surnom lui restera.

Pour les amoureux du passé, il est bien émouvant d'errer à travers les restes de la petite école de Brienne où « l'arrière-cadet Buonaparte », ainsi qu'il signe maintenant ses lettres, a cessé d'être un enfant.

— Qui êtes-vous donc, monsieur, pour me répondre de la sorte ? lui dira l'année suivante l'un de ses professeurs en le voyant s'insurger contre une réprimande qu'il estime injuste.

— Qui je suis ? répondra-t-il. Un homme !

Le jeune Napoleone est placé en classe de septième. Son entourage le déconcerte et il a toujours le sentiment d'être un étranger. Ses condisciples appartiennent à la noblesse du royaume et sont plus prompts encore que les petits-bourgeois d'Autun à se moquer et à s'esclaffer devant ce sauvage silencieux.

Il est assurément l'élève le plus orgueilleux de l'école, peut-être parce que ses camarades dont les parents portent des titres ronflants regardent avec condescendance ce fils de petit hobereau corse. Voulant le punir pour on ne sait quelle faute, un « maître de quartier » condamne l'enfant à porter un habit de bure — une des punitions en vigueur à l'école — et à dîner à genoux à la porte du réfectoire. Sous les yeux de tous, Napoleone entre dans la pièce. Il est pâle, tendu, crispé, les yeux fixes.

— A genoux, monsieur.

Il est alors pris « d'un vomissement subit et d'une violente attaque de nerfs ». Il trépigne en hurlant :

— Je dînerai debout, monsieur, et non à genoux. Dans ma famille, on ne s'agenouille que devant Dieu !

Le surveillant veut passer outre et contraindre l'enfant par la force, Napoleone se roule alors par terre en hurlant à travers ses sanglots :

— N'est-ce pas, maman ? Devant Dieu ! Devant Dieu !

Il faut la venue du supérieur pour mettre fin à la scène et arracher le cadet à son supplice.

Le cadet prend sa revanche au cours d'un hiver particulièrement rigoureux. Une épaisse couche de neige couvre la cour de récréation et empêche même d'y jouer. Les élèves doivent se contenter de faire les cent pas dans une des pièces de l'école. Un jour Napoleone explique à ses camarades « qu'ils s'amuseraient bien autrement, s'ils voulaient avec des pelles se frayer dans la grande cour différents passages au milieu des neiges, faire des ouvrages à corne, creuser des tranchées et élever des parapets ».

— Le premier travail fini, nous pourrons, déclare-t-il, nous diviser en pelotons, faire une espèce de siège et, comme l'inventeur de ce nouveau plaisir, je me charge de diriger les attaques.

« La troupe joyeuse accueillit ce projet avec enthousiasme, racontera l'un des élèves ; il fut exécuté, et cette petite guerre simulée dura l'espace de quinze jours ; elle ne cessa que lorsque du gravier ou de petites pierres s'étant mêlés à la neige dont on se servait pour faire des boules, il en résulta que plusieurs pensionnaires, soit assiégeants, soit assiégés, furent assez grièvement blessés. Je me rappelle même que je fus un des élèves les plus maltraités par cette mitraille. »

Le plus cher désir de Nabulio est d'apprendre correctement le français afin que cessent les moqueries dont il est l'objet. Son professeur — le sous-principal Dupuis — obtient assez rapidement des progrès considérables — sauf en orthographe. Il est vrai que l'on avait bien du mal à s'en apercevoir, l'écriture de l'arrière-cadet ayant été, dès le début de ses études, parfaitement illisible. « Ses maîtres ne pouvaient pas arriver à lire ses compositions, nous rapportera son camarade des Mazis, et lui-même éprouvait des difficultés à se relire. Son écriture — négligence devenue habitude — paraîtra d'ailleurs de plus en plus indéchiffrable. » Bien plus tard, sous l'Empire, un homme déjà âgé se présenta à Saint-Cloud et parvint à obtenir une audience particulière. Napoléon ne lui laissa pas le temps d'ouvrir la bouche ; déjà les questions pleuvaient :

— Qui êtes-vous ? D'où venez-vous ? Que voulez-vous ?

— Sire, bredouilla le visiteur, Sire, c'est moi, oui c'est moi qui ai eu l'honneur, de donner à Votre Majesté, à Brienne, pendant quinze mois, des leçons d'écriture...

L'Empereur l'interrompra en éclatant de rire :

— Ah ! c'est vous ? C'est vous ! Eh bien, il n'y a pas de quoi s'en vanter... Le bel élève, ma foi, que vous avez dressé là !... Je vous en fais mes compliments !

Cela ne l'empêchera pas d'accorder une pension de douze cents francs au malheureux professeur.

A Brienne, Napoleone fait la grimace devant le latin et aborde même versions et thèmes « avec répugnance et dégoût ». En revanche, ses dons pour les mathématiques s'affirment. « Il était incontestablement, selon moi, nous dit son condisciple Bourrienne, le plus fort de toute l'école. J'échangeais quelquefois avec lui la solution des problèmes qu'on nous donnait à résoudre, et qu'il trouvait sur-le-champ avec une facilité qui m'étonnait toujours... »

Il dévore tous les livres de la bibliothèque et travaille avec tant d'ardeur — passant parfois des nuits à « méditer les leçons de la journée » — qu'il maigrit. Il a une mine épouvantable — si épouvantable que lorsque Mme Letizia, en 1782, ira prendre les eaux de Bourbon, et s'arrêtera à Brienne pour voir son fils, elle hésitera à le reconnaître.

— Ma nature, expliquera-t-il, ne pouvait pas supporter l'idée de ne pas être tout d'abord le premier de la classe.

L'examen final approche. Napoleone sera-t-il jugé apte à entrer à l'École militaire de Paris ? Déjà, l'ancien inspecteur de l'École — le maréchal de camp chevalier de Keralio — a formulé son jugement en ces termes : « M. de Buonaparte (Napoleone) né le 15 août 1769, de quatre pieds, dix pouces, dix lignes (1,66 mètre) a fait sa quatrième. Bonne constitution, excellente santé, caractère soumis. Honnête, et reconnaissant, sa conduite est très régulière. Il s'est toujours distingué par son application aux mathématiques. Il sait passablement l'histoire et la géographie. Il est très faible dans les exercices d'agrément. Ce sera un excellent marin. » Un autre examinateur, plus clairvoyant, semble-t-il, précise : « caractère dominant, impérieux et entêté ».

C'est seulement le 22 septembre que l'inpecteur Reynaud des Monts arrive à Brienne.

Après avoir interrogé les élèves, il estime que le cadet Buonaparte possède les qualités requises pour entrer à l'École royale de Paris, cette école créée par Louis XV à la demande de la jolie marquise de Pompadour. Napoleone — il vient d'avoir quinze ans — ne se sent plus de joie.

Le 17 octobre 1784, « M. Napoleone de Buonaparte, écuyer, fils de noble Charles-Marie de Buonaparte », quitte Brienne en malle-poste avec les quatre camarades reçus comme lui. Le père Berton les accompagne. Le surlendemain 19 octobre, le petit groupe s'embarque au port de Nogent-sur-Seine. C'est en effet en bateau, pour une somme de neuf livres sept sols par personne, que le père Berton et ses élèves vont gagner la capitale. Les Parisiens appelaient ce coche d'eau le *corbeillard*, car Corbeil était sa dernière escale. Le lourd bateau tiré par quatre chevaux nonchalants avançait avec une lenteur si majestueuse que, tout naturellement, l'on donna son nom au char des morts...

Le 21 octobre, le *corbeillard* accoste à Paris vers cinq heures de l'après-midi. De la « maison flottante », reliée au quai par deux planches mises bout à bout et qui servent de passerelle, débarquent le père minime et les cinq jeunes élèves de Brienne. Ils soupent chez un traiteur de la rue des Deux-Ponts : *Au Coq Hardi*. De là, la petite troupe suit les quais. Napoleone achète un *Gil Blas* dans une boîte de bouquiniste et l'un de ses camarades paie l'emplette. Après une courte prière à l'église de Saint-Germain-des-Près, il fait nuit lorsque le père Berton prend le chemin du Champs-de-Mars. Le cœur battant, monsieur l'arrière-cadet découvre Paris.

Napoléon le dira à Sainte-Hélène : « La première nuit fut pénible. Le ton était différent. Les classes se trouvaient commandées par quatre officiers de Saint-Louis et huit sergents qui avaient le commandement haut et le ton militaire. »

Un ancien, nommé Champeaux — il mourra des suites d'une blessure reçue à Marengo — a été chargé d'enseigner le maniement des armes à ses jeunes camarades. Dans ce domaine Buonaparte est un soldat déplorable : il pense visiblement à autre chose. Champeaux, un jour que son élève témoigne d'une distraction excessive, donne sur les doigts du futur empereur un coup de baguette de fusil. Il fait un saut en arrière : Napoleone lui a envoyé son fusil à la tête. Au lieu d'expédier le jeune homme au cachot pour lui former le caractère, le capitaine instructeur se contente de demander à l'un des élèves nommé Antoine des Mazis s'il veut bien essayer de civiliser « ce dangereux insulaire ». Et c'est ainsi que commence leur amitié. A dire vrai, les deux jeunes gens sont infiniment plus occupés à échanger leur rêveries qu'à découvrir les charmes cachés du maniement d'armes... Aussi lorsque les jours d'exercices collectifs, le chef du bataillon — M. de Lannoy — commande le « reposez-armes », voit-on au second rang un seul fusil demeurer ridiculement en l'air.

C'est Napoleone de Buonaparte qui rêve !

Des Mazis, qui se trouve à sa droite, se hâte de donner un coup de coude au distrait... Le fusil récalcitrant retombe alors avec un bruit isolé et peu militaire qui perce M. de Lannoy jusqu'à l'âme...

— Monsieur Buonaparte, s'écrie alors le malheureux instructeur, réveillez-vous donc, vous faites toujours manquer l'exercice !

Le nouvel élève a maintenant revêtu le pimpant uniforme de l'École : habit bleu à collet rouge et à doublure blanche avec galons en argent, veste et culotte en serge bleue. La tenue est complétée par une paire de gants, ou trois paires pour ceux qui montent à cheval, un chapeau brodé d'argent ou garni d'un bord de poil de chèvre.

Bon en mathématiques, moyen en histoire, il est moins bien noté qu'à Brienne.

— On me mit tout de suite dans la classe d'artillerie ; je fus reçu avant-dernier, avouera-t-il plus tard.

Assurément Buonaparte n'est guère aimé, et les mêmes scènes vécues à Brienne se renouvellent à Paris. Cet insulaire farouche, insociable, fronde tout, de son accent rocailleux et blâme « avec un ton tranchant ». Ses professeurs se trouvent rebutés et le considèrent comme « un jeune humoriste ». Sa manière de parler de la Corse les choque. L'un d'eux — M. Valfort — lui dira un jour sévèrement :

— Monsieur, vous êtes élève du Roi, il faut vous en souvenir et modérer votre amour de la Corse qui, après tout, fait partie de la France !

Très sensible aux plaisanteries de ses camarades, il est souvent humilié et blessé — et se l'imagine plus qu'il ne l'est en réalité. Au moindre sourire quelque peu railleur, le jeune Buonaparte fonce, les poings en avant.

— Que de rouflées j'ai alors données ! racontera-t-il plus tard.

Et les « rouflées » du petit hobereau, « boursier du roy », s'adressent aux Rohan, Broglie ou Montmorency-Laval ! On ne peut s'empêcher d'évoquer le jour où, pour la première fois aux Tuileries, les nouveaux chambellans impériaux seront présentés à Napoléon. Il y avait là un Ségur, un Noailles, un Gontaut, un Béarn, un Turenne, un Contades ! Le maréchal du palais demanda à l'Empereur de bien vouloir désigner ceux qui devaient commencer leur service :

— Cela m'est égal !

— Mais pourtant, Sire...

— Eh bien, décida Napoléon, en regardant le lot comme s'il s'agissait de choisir des chevaux de remonte, prenez le blond et le crépu...

Les jours de sortie, Buonaparte loge chez ses correspondants à Paris, les Permon, amis de la famille Buonaparte, qui demeurent à l'hôtel de Sillery, 13, place de Conti. S'il faut en croire la tradition, le cadet Buonaparte couche dans la mansarde située au troisième étage, dont la fenêtre donne à l'angle de la place et de l'impasse Conti. La fille cadette de Mme Permon, Laure, qui sera un jour Mme Junot, puis duchesse d'Abrantès, fait ainsi la connaissance du futur empereur. « Ce que Napoléon avait de charmant lorsqu'il devint jeune homme, écrit-elle, c'était son regard, et surtout l'expression douce qu'il savait lui donner dans un moment de bienveillance. A la vérité, l'orage était affreux, et, quelque aguerrie que je fusse, jamais je n'ai regardé cette physionomie admirable, même dans la colère, lorsqu'elle était animée, sans éprouver un frisson ; son sourire était également captivant, comme le mouvement dédaigneux de sa bouche vous faisait trembler. Mais tout cela, mais le front qui devait porter les couronnes d'un monde, ces mains dont la plus coquette des femmes se serait enorgueillie et dont la peau blanche et douce recouvrait des muscles d'acier, des os de diamant, tout cela ne se distinguait pas dans l'enfant et ne se fit présumer que dans le jeune homme adolescent. »

Le 23 mars 1785, Buonaparte apprend la mort de son père, survenue un mois auparavant, le 24 février, à Montpellier. Selon la coutume, l'un des confesseurs de l'École veut conduire Napoleone à l'infirmerie pour qu'il puisse être seul « dans ses premiers moments de la douleur ». Il refuse de s'y rendre, déclarant, farouche :

— J'ai assez de force d'âme pour supporter cette peine sans qu'on prît soin de me consoler.

Il est pourtant profondément affecté et se déclare hanté par le fait que son père soit mort « à cent lieues de son pays, dans une contrée étrangère, indifférente à son existence, éloignée de tout ce qu'il a de plus précieux... » Il attendra près d'une semaine pour écrire en ces termes à sa mère : « C'est aujourd'hui que le temps a un peu calmé les premiers transports de ma douleur, que je m'empresse de vous témoigner la reconnaissance que m'inspirent les bontés que vous avez toujours eues pour nous. »

En chef de famille — en réalité, c'était Joseph qui pouvait revendiquer cette charge — il ordonne :

« Consolez-vous, ma chère mère, les circonstances l'exigent. Nous redoublerons nos soins et notre reconnaissance, et heureux si nous pouvons, par notre obéissance, vous dédommager un peu de l'inestimable perte d'un époux chéri. Je termine, ma chère mère, ma douleur me l'ordonne, en vous priant de calmer la vôtre. »

Au début de cette année, on a annoncé aux futurs aspirants qu'il n'y aura pas, en 1785, d'examen de marine. Demeurer douze mois de plus à l'École royale, alors qu'il ne pense que de revoir Ajaccio ? Buonaparte s'y refuse. Et, comme la plupart de ses camarades visés par cette suppression, Napoleone, toujours l'un des meilleurs de la classe de mathématiques, choisit le corps de l'artillerie.

Au mois de septembre — alors que la France se passionne pour l'affaire du Collier qui a éclaté le 15 août — s'ouvre le concours de sortie auquel participent les élèves de toutes les écoles royales de France. L'un des deux professeurs de mathématiques aurait tracé cette note : « Napoleone de Buonaparte. Réservé et laborieux, préfère l'étude à toute espèce d'amusement, se plaît à la lecture des bons auteurs ; très appliqué aux sciences abstraites ; peu curieux des autres ; connaissant à fond les mathématiques et la géographie ; silencieux, aimant la solitude, capricieux, hautain, extrêmement porté à l'égoïsme, parlant peu, énergique dans ses reparties, ayant beaucoup d'amour-propre, ambitieux et aspirant à tout ; ce jeune homme est digne qu'on le protège. » De son côté, M. de l'Aiguille écrivait ces lignes prophétiques : « Corse de nation et de caractère, ce jeune homme irait loin si les circonstances le favorisaient. »

Le 28 septembre, les promotions sont publiées. Napoleone est follement heureux ; il est reçu quarante-deuxième sur cinquante-six admis en qualité de lieutenant en second.

Napoléon pourra dire plus tard :

— J'ai été officier à l'âge de seize ans et quinze jours.

Son brevet — signé par Louis XVI à Saint-Cloud — a, en effet, été antidaté et porte la date du 1er septembre. Le mois suivant, le lieutenant en second Buonaparte est affecté avec son ami des Mazis au régiment de La Fère, qui tient garnison à Valence.

Le dimanche 30 octobre, le brouillard, puis de lourds nuages couvrent le ciel, — les archives de l'Observatoire nous l'indiquent — mais à onze heures du soir, c'est par un temps merveilleux, un ciel très pur, que, escortés par un bas-officier, Buonaparte et Alexandre des Mazis quittent le Champ-de-Mars. Ils se rendent au bureau des Messageries où ils soupent et couchent aux frais de l'École. Le lendemain à cinq heures du matin — le temps est toujours beau mais des nuages commencent à apparaître venant du sud-ouest — les deux jeunes officiers montent dans la diligence qui doit les conduire à Sens d'abord où aura lieu la Couchée, puis, par Auxerre et Autun, jusqu'à Chalon-sur Saône, où ils trouveront place dans le coche d'eau qui les déposera à Lyon.

C'est à Fontainebleau qu'ils prennent leur premier repas à leur compte. Sans doute écourtent-ils leur dîner afin de donner un coup d'œil au château royal. « Quelques années plus tard, le pauvre cadet qui contemplait ce jour-là, le nez collé aux grilles, les vieilles façades du palais, sera le maître de ces splendeurs et y recevra à sa table le pape intimidé... »

Peu après Fontainebleau, lorsque la lourde diligence doit monter une côte au pas, les deux jeunes gens descendent de voiture. C'est alors que des Mazis voit son compagnon se mettre à courir comme un fou, à sauter et à gesticuler, tout en criant :

— Enfin, je suis libre ! Je suis libre !

Le 5 novembre, à Lyon, Bonaparte et des Mazis manquent le bateau-poste de Valence. En attendant le prochain départ, ils entrent chez un bouquiniste et dépensent sans hésiter ce qui leur reste des cent cinquante-sept livres qui leur ont été remises, à chacun, au départ de l'École. Sans un officier d'artillerie qui a voyagé avec eux depuis Paris, et qui leur ouvre sa bourse, les écervelés auraient dû faire la route à pied.

Le lendemain, les deux lieutenants en second quittent Lyon dès l'aube par le bateau-poste et arrivent le même soir à Valence. Après s'être présentés à leur colonel — M. de Lance — ils se rendent auprès du secrétaire du présidial à l'hôtel de ville qui remet aux deux lieutenants en second le billet de logement suivant :

A Mademoiselle Claudine-Marie Bou,
angle de la Grand-Rue et de celle du Croissant,
à Valence (en Dauphiné).
Au nom du Roi :

« Mademoiselle Claudine-Marie Bou, propriétaire du Café-Cercle, *est sommée de loger une fois deux lieutenants en second du régiment royal d'artillerie de La Fère et de leur fournir ce que de droit. »*

Mlle Bou — une vieille fille qui approche de la cinquantaine — a longtemps fabriqué des boutons en poil de chèvre, avant de tenir avec son père ce *Café-Cercle* — autrement dit un café littéraire.

L'imberbe et maigriot officier à la voix creuse et sourde, aux longs cheveux plats, fait la conquête de l'hôtesse. Il s'entend fort bien avec elle et loue, pour huit livres et huit sols par mois, une petite chambre située au deuxième étage, dont la fenêtre donne sur la Grand-Rue. Juste en face est située la fameuse *Maison des Têtes*, datant de la Renaissance, et qui existe encore. Là se trouve le libraire au nom prédestiné de Pierre-Marc Aurel, où Bonaparte se saoule des œuvres de Rousseau.

— Oh ! Rousseau ! s'écriera-t-il, pourquoi faut-il que tu n'aies vécu que soixante ans ! Dans l'intérêt de la vérité, tu aurais dû être immortel !

Plus tard, il changera d'avis.

Mlle Bou s'occupe du linge du jeune officier, mais c'est à l'hôtel voisin — celui des *Trois Pigeons* — qu'il dîne avec des Mazis. En dépit de la bonne chère qui lui est servie, il mange rapidement, adresse peu la parole à ses voisins, dédaigne les jeux qui succèdent au repas et a hâte de rentrer dans sa chambre pour se plonger dans ses livres.

Bien que sorti de l'École militaire lieutenant en second, Napoléon a d'abord dû gravir ce que l'on appelle les « trois grades » : ceux de canonnier, de caporal et de sergent. Mais il ne lui a fallu que deux mois et cinq jours pour se trouver « instruit dans les matières de son service et digne de recevoir le grade d'officier ». Il peut enfin endosser l'uniforme d'artilleur de La Fère — « le plus beau du monde », dira-t-il plus tard. L'habit est bleu, à collet rabattu doublé de rouge, la culotte bleue elle aussi, les épaulettes losangées d'or et de soie. En cette tenue, il est parfois invité par quelques familles nobles de la ville. Napoléon le racontera à Las Cases : il est admis, entre autres, chez une certaine Mme du Colombier.

S'il aime « fréquenter » chez Mme du Colombier, c'est qu'il y rencontre la fille de son hôtesse, la fraîche et jolie Caroline à qui Napoleone conte fleurette. Les choses ne dépassèrent point les premières étapes de la carte du Tendre... « On n'eût pas pu être plus innocents que nous, précisera l'Empereur ; nous nous ménagions de petits rendez-vous. On le croira avec peine, tout notre bonheur se réduisit à manger des cerises ensemble. »

Après Mlle du Colombier, c'est le clair visage de Mlle de Saint-Germain qui attire Buonaparte. Le fermier général Joseph de Saint-Germain avait été royalement trompé. Sa femme, en effet, avait accueilli avec émotion les bontés du roi Louis XV. Une fille en était née : Louise-Marie-Adélaïde, celle-là même dont le jeune Napoleone est tombé amoureux. Il demande sa main à M. de Saint-Germain qui refuse, pensant assurément que ce jeune lieutenant d'artillerie n'a aucun avenir. Et c'est ainsi que le futur empereur manqua de peu devenir, par la main gauche, le gendre de Louis XV... Quant à Louise-Adélaïde, elle épousera le comte de Montalivet dont l'Empereur fera son ministre de l'Intérieur.

Dans sa chambrette du *Café-Cercle*, il travaille à une *Lettre sur la Corse*. Il n'a pas encore commencé d'aimer la France et trace ces lignes sévères : « Français, non contents de nous avoir ravi tout ce que nous chérissons, vous avez encore corrompu nos mœurs. Le tableau actuel de ma patrie et l'impuissance de le changer est donc une nouvelle raison de fuir cette terre où je suis, par devoir, obligé de louer des hommes que, par vertu, je dois haïr. »

En France — il l'avoue — il se sent toujours un déraciné, et, certains soirs où la mélancolie et les idées de mort s'abattent sur lui et lui étreignent le cœur, il pense avec nostalgie à l'île vers laquelle volent toujours ses pensées.

Enfin une lueur d'espoir : le 12 août 1786, il obtient son congé de semestre qu'il décide de passer en Corse. La Corse qu'il a quittée lorsqu'il avait neuf ans ! Et il va en avoir dix-sept ! Enfin, après plus de sept années d'absence, il va revoir la ville toute claire au soleil, étagée au bord de son golfe bleu et au cœur de sa couronne de montagnes.

Quelle joie pour Letizia de serrer dans ses bras le cher « petit Nabulio » revêtu de son bel habit bleu doublé de rouge ! C'est le premier Corse devenu officier du roi ! Il fait la connaissance des enfants nés en sa longue absence : Paolina ou Paoletta — la future princesse Pauline — Maria Annonciata — ou Carolina — qui deviendra un jour Caroline, reine de Naples, et Girolamo — Jérôme — qui n'a que deux ans et sera roi de Westphalie.

Il trouve sa famille aussi francophobe qu'il l'est lui-même — et tout le clan de communier dans une véritable haine contre « l'occupation française ».

Cependant la maisonnée de la rue Malerba se débat dans une gêne proche de la misère. Toutes les entreprises de Charles n'ont laissé à sa mort que des dettes. Letizia remet entre les mains de « l'arrière-cadet » la défense des intérêts de la famille.

L'intendant de la Corse, lorsqu'on lui parle de verser des indemnités, oppose la force d'inertie. Assurément, c'est à Versailles ou à Paris qu'il faut s'adresser ! Aussi, le 12 septembre 1787, après une année de séjour en Corse, Napoleone quitte Ajaccio. Il muse en cours de route car c'est seulement le 9 novembre qu'il arrive à Paris, où il descend à l'*Hôtel de Cherbourg*, rue du Four Saint-Honoré. L'hôtel est tenu par un sieur Védrine qui donne à l'officier la chambre n° 9, située au troisième étage. La maison est aujourd'hui démolie mais Lenotre a pu encore monter l'escalier qui s'éclairait « pauvrement sur un puits d'air creusé entre quatre murailles noires où s'ouvraient d'étroites fenêtres ».

On voit à cette époque le jeune lieutenant en second, la face glabre, sillonnée de rides prématurées, l'habit flottant autour d'un corps amaigri, se diriger aux heures des repas vers la maison du traiteur de la rue de Valois qui a pour enseigne : *Aux Trois Bornes*, à moins qu'il n'aille dîner, à cinq ou six sous la portion, dans une autre gargote située passage des Petits-Pères. Gêné par la modicité de son addition, il enveloppe sa monnaie dans la « carte payante » du restaurant et la porte lui-même à la caisse sans prononcer une seule parole.

A la tombée de la nuit, le jeune lieutenant va parfois faire quelques pas pour se délasser dans les jardins du Palais-Royal tout proches. Un soir, le jeudi 22 novembre, sous les arcades scintillantes, il rencontre une fille qui sera son initiatrice...

Je gage que, lorsque selon l'usage, la fille pénétrant dans la chambre n° 9 de l'*Hôtel de Cherbourg* demanda comment s'appelait son client, elle fut passablement étonnée en l'entendant répondre : Napollione.

Après vingt mois de congé prolongé, le lieutenant Buonaparte rejoint le régiment de La Fère qui tient maintenant garnison dans la place forte d'Auxonne. Le lieutenant en second est plus pauvre que jamais car il essaye d'envoyer à sa mère quelques louis tous les mois. Pour épargner, il loue la chambre la plus modeste qu'il puisse trouver dans le pavillon sud où logent les officiers subalternes. Après la chambre n° 16, escalier 1, il y occupera la chambre n° 10, escalier 3, meublée d'un « châlit à colonnes, sa paillasse et ses tringles », de quelques chaises en paille, d'un vieux fauteuil et d'une petite table. Il n'y a que deux serviettes et une seule paire de draps. A notre époque, les quatre murs de la pièce ont été classés « monument historique ».

Payer son dîner qu'il prend avec des Mazis chez le traiteur Dumont pose toujours autant de difficulté. Il est servi à trois heures. S'asseoir à une table à heure fixe, commander les plats et, surtout, consacrer plus de dix minutes à un repas, c'est trop demander à Buonaparte. Bien souvent, complètement désargenté, il se contente pour quelques sols de dîner avec des « gaudes » — de la bouillie de maïs — que lui prépare une paysanne du cru. Le matin, un morceau de pain lui suffit.

Il emploie toutes ses heures de liberté à travailler sans débrider, soucieux de rattraper ses nombreux mois de congé. En dehors de sa besogne militaire et des travaux techniques qu'il pousse au-delà de ce qui est exigé, il comble ses loisirs en écrivant une *Histoire de la Corse* et une Dissertation sur l'autorité royale dans laquelle on peut lire cette phrase, qui ne manque pas de piquant quand on connaît la suite :

« Il n'y a que fort peu de rois qui n'eussent pas mérité d'être détrônés. »

On possède encore de lui un *Dialogue sur l'amour*, sentiment qu'il considère comme « nuisible à la société ». En quelques mois, il dévore, en les commentant et en les analysant, plus de trente volumes. Ouvrages d'histoire, ancienne et classique, traités d'économie et de politique qu'il emprunte ou — jour béni — qu'il peut parfois acheter. Aussi ce séjour à Auxonne aura-t-il pour sa formation, ses goûts, ses idées, une importance considérable. « Pour ne pas faire tache parmi mes camarades, racontera-t-il, je vivais comme un ours ! toujours seul dans ma petite chambre avec mes livres, mes seuls amis... Quand, à force d'abstinence, j'avais amassé deux écus de six livres, je m'acheminais avec une joie d'enfant vers la boutique d'un libraire qui demeurait près de l'évêché. Souvent, j'allais visiter ses rayons avec le péché d'envie. Je *convoitais* longtemps avant que ma bourse me permît d'acheter. Telles ont été les joies et les débauches de ma jeunesse. »

L'art militaire se trouvait à ce moment révolutionné par les nouvelles théories tactiques du comte de Guilbert — rapidité, surprise de l'ennemi, supériorité numérique sur un point prévu — qui devaient séduire Buonaparte et avoir, sur la stratégie impériale, une influence décisive.

Le rôle réservé à l'artillerie devint primordial et connut une pleine évolution. Aussi, le maréchal de camp, commandant l'école d'artillerie et la place d'Auxonne, Jean-Pierre du Teil, frappé par l'intelligence du lieutenant Buonaparte, le nomme membre d'une commission chargée d'étudier « le jet de bombes avec canon ». Napoleone est le plus jeune et le seul lieutenant en second qui participe à cette commission. Le professeur de mathématiques à l'école d'artillerie d'Auxonne est émerveillé par la science de ce petit officier malingre qui n'a pas encore vingt ans ! Sans doute les plans ne sont-ils pas établis par lui. « Il n'y entendait rien, nous confie des Mazis. Un sergent les exécutait. Il les signait. Il protestait qu'il ne pouvait pas plus s'astreindre à tracer des lignes qu'à bien écrire. » Mais les rapports sont entièrement de sa main et du Teil, après les avoir lus, s'écria :

— Décidément, cet officier parviendra à une des premières places du corps royal d'artillerie !

La considération dont il est l'objet franchit les murs de la caserne. Sa femme de ménage, le 1er janvier 1789, « lui souhaite de devenir un jour général ». Et Buonaparte de répondre en soupirant :

— Général ? Général ! Ah ! ma pauvre Thérèse, je serais bien satisfait si j'arrivais au grade de commandant. Je n'en demanderais pas davantage.

Du Teil met bientôt deux cents hommes sous ses ordres et le charge de construire au polygone « plusieurs ouvrages qui exigent de grands calculs ». « Cette marque inouïe de faveur, fera savoir avec orgueil Buonaparte à son oncle Fesch, a un peu irrité contre moi les capitaines qui prétendent que c'est leur faire tort que de charger un lieutenant d'une besogne si essentielle... Mes camarades aussi montrent un peu de jalousie, mais tout cela se dissipe. »

Plus tard — bien plus tard — sur son lit d'agonie, il tracera ces lignes du quatrième codicille de son testament : « Au fils ou au petit-fils du baron du Teil, lieutenant général d'artillerie, ancien seigneur de Saint-André, qui, avant la Révolution, avait commandé l'école d'Auxonne, nous léguons la somme de cent mille francs, en reconnaissance pour les soins que ce brave général a pris de nous lorsque nous étions sous ses ordres. »

A Paris, la Révolution, en prenant la Bastille, commence à faire le lit du futur empereur. « L'égalité qui devait m'élever me séduisit », dira-t-il... mais cette liberté ne lui paraît séduisante que dans le cas où elle pourrait être mise au service de son pays « occupé »par les Français.

Pour l'instant — il l'écrit le 15 juillet à l'archidiacre Lucien — les nouvelles qu'il reçoit de Paris lui semblent « étonnantes et faites singulièrement pour alarmer ». Il réprouve l'anarchie. En soldat discipliné, il n'admet pas l'insurrection surtout lorsqu'elle se produit dans l'armée.

S'il n'apprécie pas les mutineries et approuve les répressions, il n'applaudit pas moins la transformation des états généraux en Assemblée nationale. Il n'a pas pu cacher sa joie en apprenant les décisions prises au cours de la nuit délirante du 4 août : l'abolition des privilèges qui annule du même coup le décret pris par le ministre de la Guerre en 1780, décret interdisant aux roturiers la carrière des armes, et limitant « les petits nobles » aux cadres inférieurs. Tous les espoirs sont donc permis au « petit noble » Buonaparte, mais il ne pense nullement à faire carrière en France. Il n'a que la Corse en tête et dès qu'il peut prendre son second congé de semestre, annonce son départ pour Ajaccio. Il y séjournera jusqu'à la fin du mois de janvier 1791. Le congé du lieutenant en second Buonaparte est alors terminé depuis un trimestre et il lui faut regagner sa garnison s'il ne veut pas être porté déserteur — ou émigré. Afin de venir en aide à Mme Letizia, il emmène avec lui son jeune frère Luigi — Louis, âgé de douze ans et demi. Louis — sans enthousiasme d'ailleurs — se destine à la carrière des armes et Napoleone a décidé de se charger de son entretien et de son instruction.

L'économie est pour le jeune officier à l'ordre du jour : la charge de Louis est lourde. Plus qu'auparavant, il est obligé de retrancher tout superflu de sa vie et de restreindre encore sa nourriture. Le soir, il prétexte les soins et les leçons qu'il doit donner à son frère pour éviter les frais de sortie et, de nouveau, « se verrouiller sur sa pauvreté »... A deux, il leur faut vivre avec trois francs cinq centimes par jour ! Il leur arrive de prendre un repas chez un traiteur mais, le plus souvent, ils dînent dans leur chambre. Napoleone met lui-même le pot au feu et le surveille tout en travaillant.

Dans le petit musée napoléonien d'Auxonne se trouve un jeton d'ivoire : un nom y est maladroitement gravé, celui de Manesca Pillet. C'est le prénom d'une jeune fille qui plut à monsieur le lieutenant en second... Il demanda sa main, mais on lui fit comprendre que Manesca espérait mieux ! Buonaparte en eut, dit-on, un profond chagrin.

— L'amour m'ôte la raison, soupira-t-il, je ne la retrouverai jamais, on ne guérit pas de ce mal-là...

Depuis le début d'avril 1791, de nouveaux règlements régissent l'armée. Le régiment de La Fère ne porte plus qu'un numéro. Il est devenu le 1er régiment d'artillerie, mais Buonaparte va devoir le quitter. Il est affecté — le 1er juin — au 4e régiment d'artillerie cantonné, à son tour, à Valence. Il reçoit le grade de premier lieutenant et la solde de cent livres au lieu de quatre-vingt-treize... Deux semaines plus tard, il reprend — avec Louis cette fois — le chemin de la vallée du Rhône.

A Valence, le « premier lieutenant » retrouve avec joie l'hospitalité de Mlle Bou qui va soulager le jeune officier de ses charges domestiques envers Louis. Tandis que Buonaparte rejoint ses camarades et prend avec eux ses repas aux *Trois Pigeons*, rue Perollerie, le futur roi de Hollande est servi par Mlle Bou dans l'arrière-cuisine du café.

Événement important dans la vie du futur chef d'État : le 14 juillet 1791, au Champ-de-Mars d'Auxonne, il prête le serment civique « à la Nation, à la Loi et au Roi ». Il n'hésite plus maintenant à embrasser la cause de la Révolution. « Jusque-là, avouera-t-il, si j'eusse reçu l'ordre de tourner mes canons contre le peuple, je ne doute pas que l'habitude, le préjugé, l'éducation, le nom du roi, ne m'eussent porté à obéir ; mais le serment national, une fois prêté, c'eût été fini, je n'eusse plus connu que la nation. Mes penchants naturels se trouvaient alors en harmonie avec mes devoirs et s'arrangeaient à merveille de toute la métaphysique de l'Assemblée. »

Le 28 mai 1792, il revient de Corse où il a commandé un bataillon de volontaires et s'est battu contre les troupes du roi. Le lendemain, il écrit à Joseph : « Je suis arrivé hier. Paris est dans les plus grandes convulsions. Il est inondé d'étrangers et les mécontents sont très nombreux. Voilà trois nuits que la ville reste éclairée. L'on a doublé la Garde nationale qui restait aux Tuileries pour garder le roi... » Ultime recommandation : « Tiens-toi fort avec le général Paoli. Il peut tout et est tout. »

Le même jour — première leçon pour le futur chef d'État — il assiste à une séance de l'Assemblée législative où il retrouve son ami Bourrienne — son camarade de Brienne venu chercher une place dans les « Affaires étrangères ». Leur amitié se renoue comme s'ils s'étaient quittés la veille. Ils ne sont pas plus fortunés l'un que l'autre et la chance semble s'être détournée d'eux.

Dès le 30 mai les deux amis vont demeurer à l'*Hôtel de Metz*, situé rue du Mail. Buonaparte dîne alors chez un traiteur du nom de Justat qui, en dépit du coût de la vie, ne lui prend que six sous par repas. Sans aller jusqu'à prévoir la chute de la royauté, il sent que les bouleversements sont proches et écrit à son frère Joseph : « Ce pays-ci est tiraillé dans tous les sens par les partis les plus acharnés. Il est difficile de saisir les fils de tant de partis différents, je ne sais comment cela tournera, mais cela prend une allure bien révolutionnaire. »

Le 20 juin, Buonaparte n'est pas loin de savoir « comment cela tournera »... Ce matin-là, Bourrienne et Buonaparte se sont donné rendez-vous chez un restaurateur, rue Saint-Honoré, non loin du Palais-Royal. En sortant, ils voient arriver du côté des Halles, et se dirigeant vers les Tuileries, une troupe qui paraît à Napoleone forte de cinq à six mille hommes. « Ils étaient, raconte Bourrienne, déguenillés et burlesquement armés, vociférant, hurlant les plus grossières provocations... C'était, certes, ce que la population des faubourgs avait de plus vil et de plus abject. »

— Suivons cette canaille, lance Buonaparte à son ami.

Ils réussissent à prendre les devants et se postent sur la terrasse du bord de l'eau. De là, ils assistent à l'invasion du château par le peuple des faubourgs. Buonaparte est en proie « à la surprise et à la révolte ». Ce jour-là, ses sentiments penchent vers la royauté. « Il ne revenait pas de tant de faiblesse et de longanimité, remarque Bourrienne. Mais, lorsque le roi se montra à l'une des fenêtres qui donnent sur le jardin, avec le bonnet rouge que venait de placer sur sa tête un homme du peuple, l'indignation de Buonaparte ne put se contenir. » Son ami l'entend s'écrier :

— *Che coglione* ! Comment a-t-on pu laisser entrer cette canaille ? Il fallait en balayer quatre ou cinq cents avec du canon, et le reste courrait encore !

Deux badauds se trouvent là, à deux pas ; Napoleone les aborde en s'écriant :

— Si j'étais roi, cela ne se passerait pas de même !

L'un des deux hommes est l'avocat Lavaux. Il le racontera plus tard : il avait été surpris par « le ton soldatesque et le teint bilieux » du jeune officier dont les yeux brillaient d'étrange façon.

« Ceux qui sont à la tête sont de pauvres hommes », avait-il écrit à son frère... Pourtant, Servan — et ce sera l'un des derniers actes du ministre de la Guerre du roi Louis XVI — réintègre, le 10 juillet, le lieutenant en premier Buonaparte dans son arme. Bien plus, le 30 juillet onze jours avant la chute de la royauté, Lajard — ce même ministre qui voulait le traduire en cour martiale pour sa longue et illégale absence —lui décerne (sans doute sans le lire) un brevet de capitaine daté du 6 février précédent — ce qui lui permettra de toucher un appréciable arriéré de solde. De ce fait, tout en combattant à Ajaccio les soldats du roi de France, M. de Buonaparte se trouve payé par ce même roi... La nomination est signée *Louis* — assurément l'une des dernières signatures données par l'infortuné souverain — et elle concerne son futur successeur !

Buonaparte n'est pas pour rien le fils de son père : il a parfaitement manœuvré dans les bureaux. Non seulement il ne reçoit aucun blâme pour avoir tiré l'épée contre les troupes françaises, mais encore le voici récompensé d'avoir été porté « irrégulièrement manquant » le 1er janvier précédent.

La chance va-t-elle enfin lui sourire ?

A l'aube du 10 août, dès qu'il entend sonner le tocsin, Napoleone dégringole l'escalier de son hôtel de la rue du Mail et — il le racontera bien plus tard à Las Cases — court vers le Carrousel où demeure le frère de Bourrienne. En chemin, rue des Petits-Champs, il se heurte à « un groupe d'hommes hideux promenant une tête au bout d'une pique ». Trouvant à Buonaparte « l'air d'un monsieur », ils viennent à lui pour lui faire crier : *Vive la Nation* !... « Ce que je fis sans peine, comme on peut bien le croire. »

En arrivant au Carrousel, le capitaine Buonaparte voit le château « attaqué par la plus vile canaille ». Le roi n'aurait pas eu près de lui sa famille qu'il serait peut-être resté à la tête de ceux qui allaient mourir pour lui. « Si Louis XVI s'était montré à cheval, la victoire lui fût restée », écrira ce soir-là Napoleone à Joseph. Mais — premiers pas vers l'échafaud — Louis XVI préfère suivre le conseil de Roederer et aller — sans grandeur et presque peureusement — se réfugier dans le sein de l'Assemblée qui devait le livrer deux jours plus tard à la Commune insurrectionnelle de Paris.

La bataille s'est maintenant arrêtée, le pillage commence. Tandis que l'on jette par la fenêtre les corps des Suisses massacrés, le jeune capitaine se hasarde dans le jardin. « Jamais, dira-t-il, aucun de mes champs de bataille ne me donna l'idée d'autant de cadavres que m'en présentèrent les masses de Suisses. » Toute sa vie Napoléon aura une telle horreur de la foule déchaînée qu'il perdra devant elle une partie de ses moyens — le 19 brumaire entre autres — et pourra même —, comme en 1814, sur les routes de Provence, donner l'impression de connaître lui aussi la peur. Ce dernier jour de la royauté c'est aussi avec dégoût qu'il voit des femmes « bien mises, se porter aux dernières indécences sur les cadavres des Suisses »...

Afin de prendre le vent, il entre dans l'un des nombreux cafés qui pullulent aux environs de l'Assemblée. On devine la fermentation qui doit y régner en cette journée chargée d'Histoire où meurt la monarchie vieille de tant de siècles. « L'irritation » contre la cour qui, disait-on, a tiré sur le peuple, y est extrême, et « la rage se montre sur toutes les figures ». Le visage du jeune capitaine ne reflétant que le calme et la curiosité attire des regards « hostiles et méfiants ». Cet inconnu à l'allure étrange, à l'œil sombre, et marchant à grands pas, ne peut être qu'un suspect...

Après la suspension du roi, en apprenant la prochaine nomination d'une Convention, Buonaparte estime que son frère n'a pas le droit de laisser échapper une pareille occasion : il doit se présenter à la future assemblée. Mais Joseph, seul en face de ses adversaires, ne sera pas capable de mener à bien sa campagne — du moins Napoléon le pense. Aussi estime-t-il sa présence en Corse une fois de plus indispensable, alors que « la patrie est en danger », que les frontières de la France sont envahies et que les coalisés marchent sur Paris ! M. de Buonaparte ne se considère pas encore comme Français. La violence sanglante des vainqueurs des Tuileries lui donne la nausée. Le mouvement révolutionnaire ne l'intéresse que dans la mesure où celui-ci va lui permettre de jouer un rôle dans son île. Son ambition ne dépasse pas encore le clocher de sa ville natale !

Arrivé en Corse, Buonaparte prend le commandement de six compagnies de volontaires en résidence forcée à Corte, mais qui espèrent, d'ici peu, pouvoir entrer en campagne. Depuis le 20 avril 1791, le France se trouve, en effet, en guerre « contre les rois ». Louis XVI au Temple, le Conseil exécutif provisoire a décidé d'opérer une diversion contre le roi Victor-Amédée de Savoie. Tandis que l'armée des Alpes envahirait le Piémont, on effectuerait une descente en Sardaigne où l'on trouverait assurément bétail, blé et vin.

Et pendant ce temps, à Paris, place de la Révolution, la tête de Louis XVI roule sur l'échafaud...

L'expédition est un échec, et Bonaparte se lance dans la politique locale. Il tente sans succès d'entraîner Paoli vers la France.

Tout n'est d'ailleurs plus que confusion dans l'île de Beauté. Paolistes, partisans de l'indépendance ou francophiles continuent à s'affronter. Les premiers ont, pour l'instant, l'avantage. Napoleone a choisi cette fois la cause française. Avec l'aide des troupes républicaines casernées dans la capitale corse, il essaye, mais en vain, de reprendre la citadelle d'Ajaccio maintenant occupée par les paolistes.

Pour ces derniers, le capitaine Buonaparte est devenu l'homme à abattre. Le 3 mai 1793, Napoleone doit quitter précipitamment la ville : les Paolistes se sont jetés sur lui en hurlant :

— *A morte le traditore de la patria* !

Le « traditore », après s'est caché dans une grotte, atteint trois jours plus tard Ajaccio, où il parviendra à se dissimuler derrière une alcôve. Il échappera ainsi à une perquisition effectuée par des gendarmes, devenus partisans, eux aussi, de Paoli et, par — conséquent, anti-français.

Le 8 mai, une gondole le mènera à Bastia où il va retrouver, le lendemain, les commissaires de la Convention, Salicetti et Lacombe-Saint-Michel, envoyés tous deux en Corse afin de percer le jeu de Paoli. Buonaparte les met au courant de la situation et la marche des troupes françaises sur Ajaccio est décidée.

Le 23 mai, quatre cents hommes et quelques trop rares pièces d'artillerie s'entassent sur le brick le *Hasard* et sur la corvette la *Belette*. A l'heure même où les bâtiments quittent Bastia, la Casa de la rue Malerba est mise à sac par des paysans paolistes descendus des montagnes. La maison est pillée et en partie brûlée, les vignes et les troupeaux que la famille possède dans les environs de la ville sont détruits. A l'unanimité on vote une motion mettant au ban de la nation « ces Buonaparte nés dans la fange du despotisme ».

Le 31 mai 1793, la corvette et le brick transportant « l'expédition » ayant à sa tête les commissaires et Joseph Buonaparte pénètrent dans le golfe d'Ajaccio, sous le feu de la citadelle. Napoleone Buonaparte, embarqué sur un chebek, s'est porté au-devant de la flottille. Arrivé non loin d'Ajaccio, à la hauteur de la tour de Capitello, il aperçoit sur le rivage tout un groupe de réfugiés, qui, à la vue du drapeau tricolore flottant à la poupe, font des signaux de détresse. Napoleone, poussé par une sorte de pressentiment, se dirige vers la côte et découvre Mme Letizia et ses enfants. Ils ont été chassés d'Ajaccio le 23 ; et, depuis, ont pris le maquis. Buonaparte, la nuit venue, les embarquera à bord de son chebek qui recevra l'ordre de transporter la Madre vers Calvi. Quant à lui, il va se joindre aux troupes qui vont tenter un débarquement.

Le lendemain, l'opération se solde par un échec. Trente républicains seulement se rallient aux commissaires de la Convention. Le 2 juin, Buonaparte gagne Calvi à cheval et décide de quitter l'île pour regagner son régiment. En sept années et demie de service, il n'a passé que trente mois à son corps.

Le 3 juin, avec tous les siens, il s'embarque pour Toulon. Il ne reverra la Corse qu'au retour de la campagne d'Egypte.

Cette fois — et pour toujours — Napoleone a choisi la France.

LE CAPITAINE CANON

Si on était ingrat avec lui, cet officier avancerait tout seul.

DUGOMMIER.

Arrivant à Toulon le 13 juin 1793, Buonaparte installe sa mère, Louis, Jérôme et ses trois sœurs dans une petite maison du bourg de La Valette.

Les futures princesses Elisa et Pauline vont laver leur linge à la fontaine car la famille n'a pour vivre — chichement — que les secours accordés aux réfugiés corses et la maigre solde de Napoleone. Fort heureusement, au début du mois suivant, des amis — les Clary — recueillent les Buonaparte à Marseille, tandis que le jeune capitaine rejoint son régiment.

Grâce au général Jean du Teil, frère de l'ancien commandant d'Auxonne, le capitaine Buonaparte n'est point considéré comme déserteur et, le 15 septembre, il reçoit l'ordre de rejoindre, à Nice, l'armée d'Italie, afin d'y organiser le transport des poudres. En passant au Beausset — à dix-sept kilomètres de Toulon — il apprend la présence de Salicetti avec qui il a fait la « campagne » d'Ajaccio au mois de mai précédent. Le représentant se trouve en mission en compagnie de son collègue à la Convention, Gasparin. La République essaye de reprendre Toulon qui, le 28 août, « menacée d'exécution » par la Convention, a préféré ouvrir ses portes aux Anglais et aux Espagnols.

Buonaparte arrive là fort à propos :

L'artillerie du siège n'a plus de chef ; son commandant — le chef de bataillon Dommartin — a été grièvement blessé lors de la prise d'Ollioules. Salicetti apprécie fort les Buonaparte : il les a vus à l'œuvre. Par ailleurs, le jeune officier plein de prévenances lui « fait la cour ». Aussi le représentant estime-t-il que « le hasard l'a servi à merveille ». Il offre au « capitaine instruit Buonaparte » le commandement de l'artillerie du siège de Toulon. C'est ainsi que sonnera l'heure de la chance pour le futur empereur.

Le 17 septembre, le nouveau commandant se rend aussitôt au quartier général, à Ollioules, où il fait la connaissance de ce braillard de Carteaux, ex-peintre en bâtiment, ancien gendarme devenu dragon, et qui un soir d'émeute a ramassé ses étoiles de général dans la rue. Il plastronne « doré depuis les pieds jusqu'à la tête ». Le *capitaine instruit* Buonaparte l'aborde et lui annonce qu'il vient d'être désigné pour diriger, sous ses ordres, les opérations de l'artillerie :

— C'est bien inutile, lance le général sans-culotte, tout en frisant sa moustache ; nous n'avons plus besoin de rien pour nous emparer de Toulon. Cependant, soyez le bienvenu. Vous partagerez la gloire de brûler la ville demain, sans en avoir pris la fatigue.

Le lendemain matin, Carteaux monte avec Buonaparte en cabriolet « pour aller admirer, déclare-t-il, les dispositions offensives ». Sur les hauteurs qui dominent d'assez loin la rade, on s'arrête. L'escadre anglaise occupe la grande et la petite rade, et, ainsi que le précisera Marmont, « complète par son feu ce magnifique et vaste ensemble de défense ». C'est contre une pareille place, bien défendue par une armée, que Carteaux a décidé d'essayer « son incapacité et sa complète, mais confiante ignorance ». Il y a là quelques pièces de canon vaguement protégées par un « remuement de terre ». Le général, appuyé un bras sur la crinière de son cheval, une bête magnifique provenant des écuries du prince de Condé, l'autre bras sur son sabre — « attitude à dessiner », se rappellera Bonaparte plus tard — interroge son aide de camp.

— Dupas, demande-t-il fièrement, sont-ce là nos batteries ?

— Oui, général !

— Et notre parc ?

— Là, à quatre pas.

— Et nos boulets rouges ?

— Dans les bastides voisines où deux compagnies chauffent depuis ce matin.

— Mais comment transporterons-nous ces boulets tout rouges ?

Le général et l'aide de camp ne parviennent pas à résoudre ce délicat problème et finissent par demander à « l'officier d'artillerie si, par ses principes, il ne saurait pas quelque remède à cela ».

Buonaparte croit d'abord qu'il s'agit d'une plaisanterie, mais les deux officiers semblent le plus sérieux du monde, aussi, avec tout le ménagement et la gravité possibles, il essaye de leur faire comprendre que « avant de s'embarrasser de boulets rouges », il faut « essayer à froid pour bien s'assurer de la portée ».

Il ne parvient à les convaincre qu'en employant l'expression technique de *coup d'épreuve,* qui frappe beaucoup les deux ignorants et les oblige à se ranger à son avis. Le « coup d'épreuve » tiré, atteignant à peine le tiers de la distance, prouve que les batteries se trouvent placées infiniment trop loin du but. Carteaux et Dupas accusent bien sûr ces « coquins de Marseillais » et les aristocrates de Toulon qui auront, malicieusement, sans doute, « gâté les poudres ». Ils vocifèrent à qui mieux mieux... L'arrivée du représentant Gasparin met fin à cette scène burlesque. Buonaparte — s'il faut l'en croire — se redresse, « interpelle le représentant, le somme de lui faire donner la direction absolue de sa besogne ; démontre sans ménagement l'ignorance inouïe de tout ce qui l'entoure, et saisit, dès cet instant, la direction du siège où, dès lors, il commanda en maître ».

Le 20 septembre, Buonaparte fait avancer ses canons. « La batterie des Sans-Culottes » placée à Brégaillon, « tout à fait sous la chapelle, au bord de la mer », tient une partie de la rade sous son feu en tirant à boulets rouges, et l'ennemi évacue La Seyne. Est-ce ce jour-là que le « capitaine instruit » constatera :

— Il en est des systèmes de guerre comme des sièges de places : il faut réunir ses feux contre un seul point.

Quelques jours plus tard — le 29 septembre — le capitaine Buonaparte est proposé pour le grade de chef de bataillon, nomination qui sera confirmée le 19 octobre.

Carteaux est remplacé par le général Jean-François Coquille du Gommier, qui écrit son nom à la mode du jour : Dugommier. Enfin un vrai soldat ! qui subit « complètement l'ascendant » du nouveau chef de bataillon et approuve l'idée de Buonaparte qui a fait établir devant la redoute du Petit Gibraltar une batterie — dite « batterie de la Convention » — afin de « contre-battre » le fort. Son objet : faire diversion. Déjà, le jeune commandant sait manier ses soldats, et il baptise la position « batterie des hommes sans peur ».

Le 30 novembre, les Anglais opèrent une vigoureuse sortie sur la batterie mais, prêts de s'en emparer, sont rejetés avec des lourdes pertes. L'ennemi laisse de nombreux prisonniers. Buonaparte exulte :

— La matinée a été belle ! dit-il.

Ce soir-là, en envoyant son rapport à Paris, Dugommier signale « le citoyen Buonaparte » parmi ceux « qui se sont le plus distingués » — et, le 1er décembre, le nomme adjudant-général.

Au quartier général, le plan de Buonaparte est accepté. Du 11 au 16 décembre, les batteries de Napoleone font pleuvoir un feu intense sur le goulet. Est-ce ce jour-là que, se trouvant dans une batterie où l'un des chargeurs a été tué, il prend le refouloir et charge lui-même la pièce à douze coups ?

Le 16 décembre, il est une heure du matin, sous une pluie diluvienne et un vent violent, l'infanterie escalade la batterie du Caire. Buonaparte s'est mis à la tête d'un bataillon. En dépit d'un coup de baïonnette au mollet il fonce... Il est « à tout et partout ». Les chefs de détachement n'ont qu'une parole dans la bouche :

— Courez au commandant d'artillerie, demandez-lui ce qu'il faut faire, il connaît les localités mieux que personne.

Tandis que la tempête fait rage, le fort Mulgrave est emporté. Puis, c'est au tour du Petit Gibraltar — aujourd'hui fort Napoléon. Marmont, sur l'ordre de Buonaparte, retourne les canons anglais contre l'ennemi. Soutenus par les batteries mises en position au Caire, les fantassins attaquent maintenant les deux forts qui commandent le goulet. L'ennemi les évacue sans avoir eu le temps de rendre les canons inutilisables. De ce fait, la rade, le port et la ville sont maintenant sous les feux des pièces de Buonaparte :

— Demain, au plus tard après-demain, s'écrie-t-il, nous souperons à Toulon !

Le 17 décembre, les remparts du fort de Malbosquet sont écrêtés. Buonaparte et ses hommes se lancent à l'assaut, pénètrent dans l'ouvrage et tournent, là aussi, les pièces ennemies contre la ville.

Après l'incendie des vaisseaux et des magasins, dans le crépitement et les explosions des entrepôts à poudre, les portes de Toulon s'ouvrent enfin mais, seuls, quelques rares habitants viennent au-devant des vainqueurs. Aussitôt les troupes se répandent dans la ville qui, nous disent les représentants, « offre le spectacle le plus affreux ». Le pillage est autorisé et la terreur se trouve là comme chez elle. « La vengeance nationale se déploie. » « On ordonne à tous les habitants de se réunir sur la place, racontera Marmont. On demande à ceux-ci quels sont les ennemis de la République... et là, chacun indique ses ennemis personnels ou ses créanciers ; ceux-ci, à l'instant, sont saisis et mis à mort. » La « ville infâme », aux trois quarts rasée par douze mille terrassiers venus des départements voisins, s'appellera désormais *Port de la Montagne.*

Buonaparte a été nommé, le 22 décembre, au grade provisoire de général de brigade. Assurément il est républicain et n'a alors pas de mots assez durs pour fustiger les royalistes, mais c'est avec horreur qu'il assiste aux « fusillades à force » et au massacre.

Le nom du jeune général est sur toutes les lèvres. « Je manque d'expressions pour te peindre le mérite de Buonaparte, écrit le général du Teil au ministre de la Guerre : beaucoup de science, autant d'intelligence et trop de bravoure, voilà une faible esquisse des vertus de ce rare officier ; c'est à toi, ministre, de le consacrer à la gloire de la République. »

— Si on était ingrat envers lui, déclare de son côté Dugommier avec une étonnante prescience, cet officier avancerait tout seul...

On n'est point ingrat.

Son grade « provisoire » de général de brigade est confirmé et, le 26 décembre, on le charge de procéder à l'inspection des côtes de Marseille à Nice. En quatre mois, il est passé du grade de capitaine à celui de général — et même d'inspecteur général ! Pour obtenir un avancement aussi rapide, le 19 janvier 1794, il lui a fallu répondre à un questionnaire dont peu d'historiens ont fait état. Cet « état des services du citoyen Buonaparte » est conservé aux Archives de la Guerre et sa lecture réserve quelque surprise. Sans doute, lors de l'interrogatoire auquel il a été soumis, *Napoleone Buonaparte* se vieillit-il d'un an, mais, ce qui nous paraît plus décevant et regrettable, c'est d'avoir caché son passage à l'École militaire de Paris et d'avoir affirmé qu'il n'était pas *noble.* Il ne manquait pourtant pas dans l'armée républicaine d'anciens aristocrates, tel, par exemple, Alexandre de Beauharnais à qui Napoleone succédera un jour dans le lit de Joséphine...

Mais pour être nommé général à vingt-quatre ans, que ne faut-il point faire ? Surtout lorsqu'on se trouve guidé par l'ambition — cette ambition que ses chefs lui reprochent déjà...

A cette époque, Napoleone, à son tour, fait la connaissance de la famille du négociant Clary, demeurant rue des Phocéens, et qui s'est occupée l'été dernier de Letizia et de ses enfants. Joseph semble assez épris d'une des filles de la maison : Désirée. Elle est brune, piquante, gracieuse, possède de beaux yeux noirs. Jolie ? Disons qu'elle possède cette beauté du diable qui vaut souvent mieux que les traits chers aux sculpteurs grecs... Une sœur de Désirée — Julie — sert de chaperon. Napoleone fait tout d'abord rire les deux jeunes filles. Le visage jaunâtre aux os saillants du jeune général est encore encadré de longs cheveux noirs qu'un peigne et qu'une brosse paraissent n'avoir jamais approchés. Son uniforme flotte sur son corps amaigri et ses bottes percées et ridées semblent avoir été achetées chez un quelconque fripier. Mais lorsqu'il sourit, lorsqu'il vous regarde de ses yeux brillants, tout son visage s'éclaire et on ne voit plus rien d'autre... Et bientôt, Désirée découvre que son cœur bat un peu plus vite au seul nom de Napoleone.

Dès son arrivée à Marseille, le jeune général se sent en confiance entre son frère et les deux jeunes filles. Si Joseph doit épouser la coquette et expansive Désirée, il semble probable que Napoleone convolera avec la grave Julie. Jusqu'au jour où le futur empereur déclare aux trois jeunes gens :

— Dans un bon ménage, il faut que l'un des deux cède à l'autre.

Toi Joseph, tu es d'un caractère indécis, et il en est de même de Désirée, tandis que Julie et moi nous savons ce que nous voulons. Tu feras donc mieux d'épouser Julie. Quant à Désirée, ajoute-t-il en prenant la jeune fille sur ses genoux, elle sera ma femme.

« C'est ainsi, racontera plus tard Désirée, que je devins la fiancée de Napoléon. » Joseph s'inclinera de bonne grâce et, quelques mois plus tard, le 1er août, épousera Julie dont on ignore d'ailleurs les réactions à la suite de ce chassé-croisé sentimental. Quant au mariage de Désirée et de Napoleone, on n'ose point encore en parler ouvertement. Sans doute Buonaparte vient-il d'être nommé — le 7 février — commandant de l'artillerie de l'armée d'Italie, sans doute, le 16, reçoit-il son brevet d'officier général, mais sa situation n'en est pas moins médiocre, et Désirée garde toujours à l'esprit cette exclamation de sa mère :

— J'ai déjà bien assez d'une Buonaparte dans ma famille !

Exclamation qui ne manque pas de sel lorsqu'on connaît la suite... Par ailleurs, Joseph semble, dans toute cette « affaire », n'avoir guère aidé son frère. Quoi qu'il en soit, rien n'est encore décidé entre les deux jeunes gens lorsque Buonaparte s'installe avec son état-major au Château-Sallé qu'il s'offre le luxe de réquisitionner. Grâce à sa solde de quinze mille livres, grâce à ses six rations de vivres, on mène enfin une existence agréable.

Mais Napoleone, tout en gardant ses fonctions d'inspecteur des côtes, doit rejoindre son poste à l'armée d'Italie. Aussi, tandis que sa mère et ses sœurs demeurent au Château-Sallé, Buonaparte s'installe à Nice, au numéro 1 de la rue de Villefranche — aujourd'hui le 6 de la rue Bonaparte. Il a loué un appartement chez Joseph Laurenti un riche négociant.

Lorsqu'il ne lit pas, lorsqu'il ne travaille pas — et en attendant la reprise des opérations contre le roi de Sardaigne — le jeune général aime faire de longues promenades dans le vaste jardin des Laurenti, presque un parc planté d'orangers et de citronniers. A ses côtés, marche à petits pas la fille de la maison, la brune Émilie aux yeux de braise qui n'a que quinze ans. Le futur empereur la trouve charmante... si charmante que le souvenir de Désirée commence à s'estomper.

Le 5 avril, la veille de l'entrée en campagne — cette première et modeste campagne d'Italie — Augustin Robespierre écrit à son frère Maximilien : « J'ajoute aux patriotes que je t'ai déjà nommés, le citoyen Buonaparte, général en chef de l'artillerie, *d'un mérite transcendant.* Ce dernier est corse ; il n'offre que la garantie d'un homme de cette nation qui a résisté aux caresses de Paoli, et dont les propriétés ont été ravagées par ce traître. »

Napoleone, depuis sa nomination à l'armée d'Italie, a travaillé à un plan d'opérations qui « ouvrirait le Piémont aux armées de la République ». Le plan enthousiasme Robespierre jeune et son collègue Ricord, et les deux représentants l'imposent au général en chef de l'armée d'Italie : le général Dumerbion.

La campagne est brève et ne va pas au-delà d'Ormea. Aussi Buonaparte reprend-il le chemin de Nice. Il s'installe de nouveau chez les Laurenti. Il trouve Émilie si exquise qu'un soir, étant seul avec Mme Laurenti — il l'appelle *maman* — il prend son courage à deux mains et lui demande sa fille en mariage. Mme Laurenti, fort troublée par cette démarche imprévue, répond qu'elle va en parler à son mari.

Celui-ci fait la grimace. Un petit général sans-culotte ? Protégé au surplus par les actuels maîtres sanguinaires de la France ? Et qui n'a pour vivre que sa solde ? Il ne peut en être question !

— Vous avez certes un beau commandement, déclare-t-il à Buonaparte, vous êtes un militaire de métier et appelé, je crois, à un bel avenir, mais qui répond que vous reviendrez sain et sauf de cette campagne d'Italie ? Il est bien tôt pour engager aussi vite l'avenir de notre fille. Soyez assez raisonnable pour renoncer à ce projet de mariage : si vous persistez, nous en reparlerons à votre retour. D'ici là, vous verrez votre position se dessiner. Nous-mêmes, aurons eu le temps d'interroger Émilie, de savoir où vont ses goûts, ses préférences. Je suis certain que vous me comprendrez.

Buonaparte ne « comprit » point et se retira chez lui très « affecté », sans adresser la parole à la famille Laurenti.

Il se console en partant en mission pour Gênes. Il en revient le 27 juillet, rapportant les renseignements demandés. Augustin Robespierre est reparti depuis une quinzaine de jours pour Paris, rappelé par son frère qui sent peut-être monter la crise. Le 27 juillet correspond, en effet, au 9 thermidor... et, à l'heure même où Napoleone, tout heureux d'avoir bien rempli sa mission, arrive à Nice, Maximilien a été déclaré hors la loi, et son frère s'est joint volontairement à lui. Cette même nuit, Augustin sautera du haut d'une corniche de l'Hôtel de Ville et se brisera la cuisse. Le lendemain, il sera porté à l'échafaud et mourra le second de la fournée.

Le 5 août, au camp de Sieg, Buonaparte apprend la nouvelle qui le prive de ses protecteurs.

A-t-il été *robespierriste* ? Certes non, mais au « joug des aristocrates », il préfère la liberté républicaine ! Le hasard, à son arrivée à Nice, l'a mis sous les ordres et sous la protection du frère de l'Incorruptible. Sans approuver la Terreur, les événements — et son intérêt — l'ont poussé à embrasser la cause extrémiste. Il serait puéril de le nier. Le voici compromis. Il est certain — Napoléon l'avouera plus tard — que sa faveur auprès des représentants en mission en place avant thermidor était grande ; Augustin Robespierre ne prenait guère de décisions concernant l'armée d'Italie avant de consulter le jeune général.

Sans attendre les ordres du Comité, les trois commissaires, « considérant que le général Buonaparte a totalement perdu leur confiance par la conduite la plus suspecte, et surtout par le voyage qu'il a dernièrement fait à Gênes », arrêtent ce qui suit : « Le général de brigade Buonaparte, commandant en chef l'artillerie de l'armée d'Italie, est provisoirement suspendu de ses fonctions. Il sera par les soins et sous la responsabilité du général en chef de ladite armée, mis en état d'arrestation et traduit au Comité de salut public, à Paris, sous bonne et sûre escorte. Les scellés seront apposés sur tous les papiers et effets... »

Buonaparte « se juge perdu ». Il n'est cependant pas conduit au Fort-Carré d'Antibes, ainsi qu'on l'a affirmé durant tant d'années. Laurenti — nous le savons par ses *Mémoires* — « s'occupe de lui », offre « sa caution » et le général en disgrâce est simplement condamné « à garder les arrêts de rigueur dans la maison de ses hôtes ». Une sentinelle à sa porte, il fait les cent pas dans sa chambre de la rue de Villefranche, tout en rongeant son frein. Si, au moins, Emilie se trouvait là ! Mais, avec prudence, M. et Mme Laurenti on envoyé leur fille dans leur maison de campagne de Saint-Martin, au-dessus de Grasse.

Que faire sinon écrire aux représentants ? « Me voici flétri sans avoir été entendu, leur déclare-t-il le 12 août... J'ai sacrifié le séjour de mon département ; j'ai abandonné mes biens, j'ai tout perdu pour la République. Depuis, j'ai servi sous Toulon avec quelque distinction et j'ai mérité de l'armée d'Italie la part des lauriers qu'elle a acquise. Entendez-moi ! Délivrez l'oppression qui m'environne et restituez-moi l'estime des patriotes... »

On « l'entend ». L'enquête innocente et libère Buonaparte. Et le représentant Salicetti l'avoue avec franchise : « Par l'examen de ses papiers, et tous les renseignements que nous avons pris, nous avons reconnu que rien de positif ne pouvait faire durer sa détention plus longtemps. »

Le général Dumerbion approuve cette libération. Il a besoin des « talents de ce militaire qui, nous ne pouvons le nier, précise-t-il, deviennent très nécessaires dans une armée dont il a, mieux que personne, la connaissance ». Des hommes de sa valeur — son chef le reconnaît — sont « extrêmement difficiles à trouver ».

En attendant que la guerre reprenne, Napoleone se rend fréquemment de Nice à Antibes où il retrouve Désirée venue voir sa sœur, maintenant Mme Joseph Buonaparte. Napoleone est de nouveau sous le charme. L'amourette reprend... Le 5 septembre, il quitte Nice à la suite de l'état-major, tandis que Désirée regagne Marseille. C'est là qu'il lui adressera cette première lettre écrite d'Oneille :

« La douceur inaltérable qui vous caractérise, l'heureuse franchise qui n'appartient qu'à vous, m'inspirent, bonne Eugénie, de l'amitié, mais absorbé par les affaires, je ne devais pas penser que ce sentiment devait recevoir dans mon âme une cicatrice plus profonde. Étranger aux passions tendres je ne devais pas me méfier au plaisir de votre société. Le charme de votre personne, de votre caractère, a gagné insensiblement le cœur de votre amant. Vous avez depuis lu dans mon âme. »

Au printemps 1795, Napoleone revoit Désirée à Marseille et à Montredont, où se trouve la bastide des Clary. Cette fois l'amourette fait place à l'amour. Le général semble vraiment épris, mais le service l'oblige à voyager ; il ne peut consacrer tout son temps à Désirée comme il le voudrait. Il n'a que la possibilité de lui écrire et, cette fois — le 11 avril — le ton est tout autre : « Je n'ai pas cessé de t'avoir présente à ma mémoire. Ton portrait est gravé dans mon cœur. Je n'ai jamais douté de ton amour. A toi pour la vie. »

Napoléon, dans une de ses lettres futures, parlera de « promenades où l'amour, précisera-t-il, nous unissait sans nous contenter »... Assurément Désirée avait accordé à son « ami » quelques privautés. Ils s'étaient promenés dans un bois au clair de lune. Le futur empereur fait également allusion à « une soirée enchanteresse ». S'agit-il de cette soirée où il trouva Désirée cachée sous son lit et où se déroula l'inévitable ? Soirée à laquelle il fera allusion à Sainte-Hélène, en se confiant au grand maréchal Bertrand, en ces termes précis et peu poétiques :

— C'est parce que j'ai pris à Désirée le sexe et le pucelage que j'ai fait Bernadotte maréchal, prince et roi !

Et Napoléon confiera encore à son compagnon d'exil :

— J'avertis sa mère...

Aussi, le 21 avril 1795, se fiance-t-il officieusement avec Désirée. Il ne peut encore être question de fixer une date pour les noces. Bonaparte se trouve alors sans affectation. Comme il y a surnombre de généraux d'artillerie, on l'a désigné, lui le dernier nommé, pour exercer un commandement contre « les brigands » de Vendée, mais il n'a nullement l'intention de rejoindre son poste. Est-il gêné de combattre des Français insurgés, alors que la Terreur n'est plus à l'ordre du jour ? On l'a si souvent affirmé que l'on a fini par croire à cette légende. Participer à une guerre civile ne l'effraye pas, mais l'artillerie ne peut être d'aucune utilité en Vendée, dans cette guerre de haies et de bocages... Sans doute lui offrira-t-on de commander une brigade de lignards, mais il ne veut point changer d'arme. Il ne retirerait d'un tel commandement aucune gloire qui puisse servir son ambition. Ce sont là les véritables raisons de son attitude qu'il compte expliquer verbalement au ministre. C'est pourquoi il décide de partir pour Paris avec Louis, en s'adjoignant comme aides de camp — et de sa propre autorité — Junot et Marmont.

Lorsqu'il monte en voiture, le 8 mai, Désirée est anéantie. Elle lui glisse un médaillon de ses cheveux qu'il place contre son cœur. Puis, sanglotante, elle se jette sur son écritoire et trace ces lignes : « Chaque instant me perce l'âme. Il m'éloigne du plus chéri des amis. Mais tu es toujours présent à mon cœur. Mon imagination croit te voir dans tous les chemins où je passe. Ta pensée me suit partout et me suivra jusqu'au tombeau. Il y a une heure que tu es parti ; elle paraît autant de siècles. Recevoir de tes nouvelles et l'assurance que tu m'aimes, voilà ce qui peut me faire supporter une si longue et si pénible absence... »

Sur le brouillon de sa lettre, qui a été conservé, Désirée a tracé de nombreux *B... B... B... B...* qui se transforme en *Buonaparte... Buonaparte... Buonaparte...*

Buonaparte et ses compagnons ont trouvé Paris se réveillant à peine d'une nouvelle « journée » tumultueuse. Paris a faim... Il faudra bientôt, pour subsister un seul jour, plus de « papier » qu'il ne fallait autrefois de métal pour vivre une année. On verra le louis d'or monter de cent francs *par heure*. Aussi les « ventres creux », cinq jours auparavant, ont-ils marché sur les « ventres pourris », c'est-à-dire les députés siégeant aux Tuileries. L'émeute a proscrit les derniers Jacobins — tel Ricord, le meilleur appui de Buonaparte. Aussi Napoleone va-t-il rendre visite à Aubry, le ministre de la Guerre. Celui-ci a dû, je pense, avant de recevoir Napoleone consulter la fiche concernant *Buonaparte (breveté)* et a pu lire ces mots : « ayant un peu trop d'ambition et d'intrigue pour son avancement ». Il estime bien rapide la carrière de ce petit protégé de Robespierre et ne lui offre, en attendant son départ pour l'Ouest, qu'une vague fonction à l'état-major.

Le ministre doit être tout heureux de tenir la dragée haute à ce général artilleur de vingt-cinq ans — qui fait des fautes de français « assez grossières » — alors que lui-même, également artilleur, n'a pas encore, à quarante-cinq ans, dépassé le grade de capitaine.

— Citoyen représentant, déclare Buonaparte, on vieillit vite sur le champ de bataille et j'en arrive !

Ce « petit Italien » — au surplus jacobin, du moins il passe pour tel — a fait une fâcheuse impression. Rien n'est devenu guerrier dans son allure. Il est toujours pâle, frêle, osseux, le teint jaune, — laid, dira même la future duchesse d'Abrantès. Ses mains sont « maigres, longues et noires ». Laure se souviendra plus tard de cette pauvre silhouette traversant d'un pas « assez gauche et incertain » la cour de l'*hôtel de la Tranquillité*, où demeuraient les Permon, « ayant un mauvais chapeau rond enfoncé sur ses yeux, et laissant échapper ses deux oreilles de chien, mal poudrées ». Il se refuse à porter des gants, parce que, dit-il, « c'est une dépense inutile ». Ses bottes sont grossièrement taillées, presque jamais cirées. On sourit quand on voit cette ancienne créature de Robespierre harceler les bureaux, « frapper à toutes les portes », contant à tous ses projets, injuriant à mi-voix les Muscadins qu'il traite de « mauvais Français », et rapportant les injustices dont il se prétend victime. Il se dit malade — son congé de maladie expire d'ailleurs le 15 juillet et, en attendant, il multiplie les démarches pour éviter de rejoindre son poste.

— Je me jette en arrière, satisfait de ce que l'injustice que l'on fait aux services est assez sentie par ceux qui veulent les apprécier.

Une seule consolation : les lettres de Désirée. « J'ai reçu tes deux charmantes lettres, lui écrit-il, elles ont rafraîchi mon âme et lui ont fait goûter un instant de bonheur... Je sens cependant bien qu'avec l'amour de ma bonne amie l'on ne peut être malheureux... Je t'en conjure, ne passe pas un jour sans m'écrire, sans m'assurer que tu m'aimes toujours... »

Au mois de juillet, après un bref séjour dans un hôtel de la rue de la Michodière, il est allé s'installer dans une petite chambre à trois francs par semaine, à l'*Hôtel du Cadran bleu*, 10, rue de la Huchette, au troisième ou au quatrième étage. Ses fenêtres donnent sur la Seine, de l'autre côté de l'immeuble. Celui-ci existe d'ailleurs toujours — sordide et lugubre. Officier en disponibilité, Buonaparte a d'autant moins d'argent qu'il tient à envoyer quelques subsides à sa mère. Il ne fait qu'un repas par jour qui lui coûte vingt-cinq sous.

— Je vivais alors seul comme un ours, seul, dira-t-il, seul avec mes livres, mes seuls amis d'alors.

En dépit de l'amour que lui voue sa fiancée, Buonaparte est retombé dans son marasme. Ses lettres reflètent son état d'âme.

Il écrit à son frère Joseph pour lui ouvrir son cœur : un cœur désabusé comme il ne le fut et ne le sera jamais. Affirmant être « très peu attaché à la vie », il envisage, sinon le suicide, du moins — il l'affirme — de ne pas s'écarter du chemin si la mort devait se présenter à lui : « et si cela continue, mon ami, je finirai par ne pas me détourner lorsque passe une voiture. »

Il espère cependant que, « dans le mouvement perpétuel des gens en place », quelqu'un finira par s'intéresser à lui. Cela paraît d'autant moins probable que, le 16 août, Napoleone reçoit une véritable mise en demeure lui enjoignant de partir pour la Vendée. Le ton est comminatoire : « J'ai tout lieu de présumer que vous êtes en état de vous mettre en route et je vous invite à vous rendre, au plus tôt, à votre poste où votre présence devient de jour en jour plus nécessaire. Si votre santé ne vous permet pas de servir activement, marquez-le-moi et je proposerai votre remplacement au Comité. »

C'est sans doute après avoir reçu cette sommation qu'il se rend le 18 août 1795 au Comité de salut public. La chance tournerait-elle ? Il parvient à se faire écouter et explique quelle pourrait être l'action de l'armée d'Italie si l'on voulait bien suivre son plan.

Doulcet de Pontécoulant, nouveau ministre de la Guerre, écoute avec attention son exposé et déclare :

— Général, vos idées sont brillantes et hardies, mais elles demandent à être examinées avec le calme de la réflexion avant de songer à leur exécution. Veuillez donc prendre votre temps et, à tête reposée, me faire un rapport que je soumettrai au Comité.

— Du temps ? s'exclame Buonaparte, il n'en est pas besoin, mon plan est tellement mûri dans ma tête qu'une demi-heure peut me suffire à en développer tous les détails. Une plume, deux feuilles de papier, voilà tout ce que je réclame de votre indulgence.

On les lui donne et, à l'instant même, sur le bout de la table du Comité, il trace d'une écriture rapide et — bien sûr — à peine déchiffrable, tout le plan de la campagne d'Italie, qu'il réalisera huit mois plus tard :

— Il faut prendre la ligne de Borghetto qui est courte, bien appuyée et facile à défendre.

Il est engagé — hélas point pour l'armée d'Italie :

— Vous êtes mis en réquisition du Comité pour contribuer de votre zèle, de vos lumières, aux travaux des plans de campagne et des opérations de l'armée de terre.

Le voici donc attaché au bureau topographique du Comité de salut public. Cela ne l'amuse guère et c'est sans enthousiasme qu'il mande ces nouvelles à son frère. Il envisage même alors de s'expatrier et de prendre du service à Constantinople, « comme général d'artillerie, envoyé par le gouvernement pour organiser l'artillerie du Grand Seigneur, avec un bon traitement et un titre d'envoyé très flatteur ». Il se voit déjà partir pour la Porte Ottomane : « Je te ferai nommer consul », promet-il à Joseph...

Mais Pontécoulant, qui a paru l'apprécier, le laissera-t-il s'éloigner ?

Il a repris une manière d'existence mondaine. Il est reçu chez Thérésia Tallien — la célèbre Notre-Dame-de-Thermidor. Et c'est là qu'un soir, il fait la connaissance d'une amie de Thérésia : la jolie Rose de Beauharnais, qui sera un jour prochain « l'incomparable Joséphine ».

Née Tascher de La Pagerie, originaire des Trois-Ilets, hameau de la Martinique, elle est veuve d'Alexandre de Beauharnais dont elle a eu deux enfants, Hortense et Eugène. Intime de Thérésia, cette jolie créole à la mode avait été enfermée pendant la Terreur et, depuis sa libération, mène une existence assez légère. Elle a frôlé la mort et s'étourdit aujourd'hui, à la fois pour essayer de ne plus penser au cauchemar et pour trouver le protecteur qui l'aidera à vivre. Elle connaît l'art de marcher, de s'asseoir, de s'étendre en mettant en valeur son corps souple et sa grâce langoureuse de créole, l'art enfin de poser sur ceux qu'elle veut séduire son regard « irrésistible »... Elle possède au surplus ce « bon ton » de l'Ancien Régime. Mais Buonaparte n'est pas encore conquis, à moins qu'il n'ose point lever les yeux jusqu'à cette pseudo-vicomtesse qui est peut-être déjà la maîtresse de Barras.

Par ses nouvelles relations, Napoleone espère bien « arriver ». Quand finira sa disgrâce ?

Pour beaucoup la mort de Robespierre marque la fin de la Révolution, puisque le sang des victimes a cessé de couler. On ne va maintenant plus s'abreuver que du sang des meurtriers ! Sans doute les heures qui sonneront durant les années suivantes n'auront-elles plus le même écho de grandeur tragique, mais la Révolution ne s'est pas achevée par le cri horrible poussé par Maximilien lorsque Sanson lui arracha le bandage qui enveloppait sa mâchoire fracassée. C'est la Terreur qui est morte, mais non la République qui va encore avoir à subir ses inévitables maladies d'enfance, dont la dernière — impériale celle-ci — l'emportera.

Pour terminer la Révolution, pour lui donner son sens, pour parachever son œuvre, il faudra la dictature, à la fois celle de l'épée, puisque l'Europe se prépare à la curée, et celle du génie, puisque tout est à faire, à créer et à construire. Une dictature d'autant plus indispensable que la France qui s'est réveillée le matin du 9 thermidor est, non seulement chaos, désordre et confusion, mais se trouve gouvernée par une noire cohorte d'hommes « perdus de dettes et de crimes », par d'affreux tripoteurs, par ces thermidoriens que Robespierre avait le droit de regarder avec mépris.

Sans doute la Convention a-t-elle perdu tout prestige, cependant sa longévité, sa vieillesse encore vigoureuse stupéfient. Elle a tant crié, tant discuté, si tenacement poursuivi son œuvre d'autodestruction ! Mais l'extraordinaire assemblée n'a-t-elle pas surtout sauvé la France, créé un nouvel univers, travaillé comme jamais ne le fit — et ne le fera jamais — une réunion parlementaire ? Et c'est dans son œuvre passée qu'elle puise sa force présente pour louvoyer et utiliser tantôt l'extrême droite, tantôt l'extrême gauche qui relèvent alternativement la tête, croyant venue, à tour de rôle, l'heure de la revanche.

En cette fin du mois de septembre 1795, la fermentation, dont parlait Buonaparte, couve déjà depuis quelque temps. La Convention, qui a sauvé à tant de reprises la France, agonise cette fois. Onze de ses membres de sont mis au travail et, le 5 fructidor — 27 août 1795 — une nouvelle Constitution, celle de l'an III, a été votée. Le Directoire va prendre le pouvoir. Mais les Conventionnels thermidoriens veulent sauver leurs sinécures. Aussi décident-ils que les deux tiers des membres du Conseil des Cinq-Cents et du Conseil des Anciens seront pris parmi les députés de la Convention. Les sections royalistes, qui espéraient bien voir les régicides survivants disparaître du pouvoir, manifestent contre les décrets des *Deux-Tiers*. Paris, une fois de plus, ressemble d'autant plus au pont d'un navire au moment du branle-bas, que l'on doit voter *pour* ou *contre* la Constitution. Il y a tant d'abstentions — les quatre cinquièmes des inscrits — que le nouveau mode de gouvernement est accepté. Assurément, on le murmure, puis on le crie : les Comités ont falsifié les chiffres.

L'émeute va mûrir et éclater...

Déjà, depuis quelques jours, on voit des jeunes gens à cadenettes, coiffés « à la victoire », dont les collets sont aux couleurs du comte d'Artois, courir et s'agiter dans les rues en criant : *A bas les deux tiers !* Les Conventionnels se rendent compte, selon leur expression, « que la foudre révolutionnaire s'est éteinte entre leurs mains ». Ils ne s'en déclarent pas moins « en permanence » et confient leur sort au général baron Menou, déjà maréchal de camp sous l'Ancien Régime.

Cette fois les têtes sont vraiment « en mouvement ». La section royaliste des Filles Saint-Thomas — ou Le Pelletier — est réunie en armes, et se montre menaçante. Menou monte à cheval et, au lieu de cerner le quartier, entasse rue Vivienne infanterie et artillerie. Il parlemente, refuse d'agir vigoureusement.

La nuit tombe — sinistre. Il fait un temps affreux, mais les abondantes rafales de pluie, le fort vent d'ouest, n'incitent nullement les manifestants à rentrer chez eux. Les tambours des sections révoltées battent sans relâche, appelant aux armes contre la Convention. Les députés affolés — « ces terroristes couverts de sang », disent les royalistes — destituent Menou et nomment général en chef de l'armée de l'Intérieur, Barras, qui, le 9 thermidor, a marché sur l'Hôtel de Ville contre Robespierre. Barras accepte et annonce aux députés qu'il est prêt à sauver la patrie « de l'attaque des stipendiés de l'aristocratie ». C'est la langue de l'époque et personne n'a envie de rire. D'ailleurs le cœur n'y serait pas !...

— Je suis à mon poste, assure-t-il, que chacun soit au sien !

L'ancien sous-lieutenant des troupes coloniales de Louis XVI sachant bien qu'il n'est qu'un général d'occasion sans la moindre expérience, veut s'adjoindre un général — un vrai — et de préférence, un artilleur.

— Buonaparte ! lance Turreau.

Fréron — l'ancien don Juan de la Terreur, amoureux de Paulette Buonaparte — approuve, et Barras, qui a vu Napoleone à l'œuvre lors du siège de Toulon, accepte.

— Va le chercher, dit-il à Fréron.

On trouve Buonaparte non sans mal et on le conduit près de Menou :

— Combien de troupes avez-vous ? lui demande Napoleone.

— Cinq mille.

— C'est bien peu. Et votre artillerie ?

— Il y a quarante pièces de canon.

— Où sont-elles ?

— A la plaine des Sablons.

Buonaparte appelle un officier de cavalerie. Se présente « un beau jeune homme », c'est Murat qui reçoit l'ordre célèbre :

— Prenez deux cents chevaux, allez sur-le-champ à la plaine des Sablons, amenez les quarante pièces de canon et le parc. Qu'elles y soient. Sabrez, s'il le faut, mais amenez-les. Vous m'en répondez ! Partez !

Son activité, « le laconisme et la promptitude au dernier point impératifs », surprennent puis enthousiasment les officiers de la garnison qui regardent stupéfaits s'agiter « ce petit homme » dont « le désordre de sa toilette, racontera Thiébault, ses longs cheveux pendants et la vétusté de ses hardes révélaient encore sa détresse ».

Il est six heures du matin, ce 13 vendémiaire an IV, ou 5 octobre 1795, *vieux style*. Maintenant une pluie fine a succédé aux rafales et tombe inexorable. Le vent souffle toujours. Quelles sont les forces en présence ? Trente mille sectionnaires contre cinq mille soldats, quinze cents gendarmes et policiers, enfin quinze cents hommes formant un « bataillon sacré » ou baptisé « terroriste », selon les opinions.

Buonaparte a également fait parvenir huit cents armements complets destinés aux députés. Dès que le feu commence, le président Legendre s'écrie :

— Recevons la mort avec l'audace qui appartient aux amis de la liberté !

Et, en tremblant quelque peu, les représentants glissent une balle dans leurs fusils.

Napoleone a fait placer deux pièces de huit dans la rue Neuve-Saint-Roch, en face de l'église. Le tir des boulets enfile la rue, racontera Thiébault. « Les canons ayant de cette sorte renversé ou écarté tout ce qui s'était trouvé en vue, mille hommes du bataillon des patriotes, suivis d'un bataillon de la ligne, débouchent du cul-de-sac et abordent ceux des sectionnaires qui se trouvent encore devant le portail et qui occupent la rue Saint-Honoré. Le choc est violent, on combat corps à corps. Nos troupes néanmoins gagnent du terrain ; six pièces d'artillerie sont aussitôt mises en batterie, trois à la droite, trois à la gauche du cul-de-sac, et achèvent de mettre en déroute les sectionnaires, qui en toute hâte se retirent vers la place Vendôme et vers le Palais-Royal... »

La Convention est sauvée.

Depuis onze heures la pluie s'est calmée, mais le temps demeure couvert. Le vent ne cessera de souffler que dans la soirée. Les Tuileries offrent un pénible spectacle : le vestibule et le rez-de-chaussée sont pleins de blessés étendus sur la paille.

Cinq jours plus tard, la Convention, sur la proposition de Barras, commandant en chef de l'armée de l'Intérieur, nomme le *général Buona-Parte*, ainsi que l'écrit *le Moniteur*, commandant en second, et le 16, Napoleone est promu général de division. Le 26 octobre, Barras devenant directeur — l'un des cinq rois du nouveau régime — démissionne de son emploi et Buonaparte lui succède au commandement de l'armée de l'Intérieur.

Éblouissante promotion qui stupéfie tout le monde — sauf lui !

Il a quitté, depuis quelques jours déjà, l'*Hôtel du Cadran bleu* — peut-être trop onéreux pour sa bourse — et demeure dans un hôtel borgne : A *l'Enseigne de la Liberté*, rue des Fossés-Montmartre, notre actuelle rue d'Aboukir. C'est de là qu'il partira pour aller s'installer rue des Capucines, dans la belle résidence attachée à son poste et dont la façade donne place des Piques — ci-devant place Vendôme, autrefois Louis-le-Grand — où un jour s'élèvera la nouvelle colonne trajane de Napoléon.

A la suite du 13 vendémiaire, un ordre du jour défend sous peine de mort, aux habitants de Paris, de conserver des armes. Le fils de Joséphine, Eugène de Beauharnais, bouleversé à l'idée de se séparer du sabre qu'il tenait de son père, se présente chez Buonaparte qui, ému par les larmes du jeune officier — et sachant qu'il a devant lui le fils d'une amie de Thérésia Tallien et de Barras — lui fait rendre l'épée.

Le lendemain, Rose — puisque tel est alors le nom de Joséphine — fait une visite à Napoleone pour le remercier, et sans doute, le surlendemain, le général se rend à son tour rue Chantereine où Mme de Beauharnais vient de s'installer. Buonaparte reviendra voir la mère d'Eugène. Cependant, il espace bientôt ses visites. Peut-être le souvenir de Désirée le retient-il encore ?

Le nouveau commandant de place possède un bel équipage, il invite à « des déjeuners somptueux où se trouvent parfois des dames », nous dit Bourrienne, il reçoit, parle avec assurance — et cela à l'étonnement de tous. « On se demande, déclare un contemporain, d'où il vient, ce qu'il a été, par quels services extraordinaires il s'est recommandé. » Il ne paraît nullement grisé et semble même avoir parfaitement conscience de son incompétence dans le domaine du commandement de la place et de général en chef de l'armée de l'Intérieur.

Si Buonaparte ne pense pas à Joséphine, celle-ci se souvient de lui et finit par lui envoyer, dans le courant du mois de décembre 1795, ce billet célèbre destiné à relancer celui qui semblait l'avoir oubliée :

« Vous ne venez plus voir une amie qui vous aime ; vous l'avez tout à fait délaissée ; vous avez bien tort, car elle vous est tendrement attachée. Venez demain septidi déjeuner avec moi. J'ai besoin de vous voir et de causer avec vous sur vos intérêts.

« Bonsoir, mon ami. Je vous embrasse.

« Veuve Beauharnais. »

Quels sentiments poussent Mme de Beauharnais a agir de la sorte ? Peut-être n'a-t-elle pas oublié ce que lui a dit un jour son ami Ségur :

— Ce petit général pourrait devenir un grand homme !

Assurément, elle avait déjà succombé aux avances de Barras, dont elle était maintenant la maîtresse et qui passait à l'époque pour un grand homme. Mais elle n'ignorait pas que la protection de son amant était provisoire. Il lui fallait mieux ! quelqu'un qui puisse faire face à ses dépenses — ce tonneau des Danaïdes. Et puis, elle trouvait Buonaparte drôle — elle prononçait *drolle* de sa voix chantante de fille des îles.

Croyant la veuve Beauharnais fortunée, Buonaparte se rend ce fameux septidi de frimaire, an IV, dans le délicieux petit hôtel situé non loin de la Chaussée d'Antin, plus précisément rue Chantereine, appelée ainsi parce qu'autrefois les reinettes y coassaient. Avec adresse, Rose essaye d'abord de persuader Napoleone qu'il n'y a rien qu'une grande amitié entre Barras et elle. Tout ce que l'on colporte dans Paris n'est que calomnie. Buonaparte est déjà prêt à tout croire... Puis il parle de « ses intérêts », sans doute de ce commandement de l'armée d'Italie qu'il espère toujours recevoir, en dépit de ses nouvelles grandeurs.

Il revient à plusieurs reprises rue Chantereine. Le luxe — un luxe tout extérieur de demoiselle à la vertu légère — l'éblouit. Il admire la manière exquise qu'elle a de dire à chacun exactement ce qu'il faut et le tact avec lequel elle conduit une conversation. Il ne se doute pas qu'il n'y a ici que des dettes, que les domestiques sont rarement payés, et les fournisseurs encore moins... Devant cette « dame » il se sent bien petit provincial... et de bien petite noblesse. Il ignore alors que le titre de vicomtesse dont se pare la « veuve Beauharnais » est usurpé... Il est sous le charme de « l'incomparable Joséphine ». Car c'est déjà ainsi qu'il l'appelle, ne voulant plus employer son prénom de Rose prononcé par trop de lèvres masculines.

Elle joue de sa coquetterie avec un art et une habileté consommés... et il l'aime, maintenant — lui, sans expérience — comme il n'a jamais aimé. Il l'avouera à Sainte-Hélène :

— C'était une vraie femme... Elle avait un je-ne-sais-quoi qui plaisait.

Car — on s'en doute — elle s'est donnée à lui, un soir de janvier — ce qui lui a coûté bien peu — et elle a été stupéfaite, le lendemain matin, en déchiffrant sa première lettre :

« *7 heures du matin :* Je me réveille plein de toi. Ton portrait et le souvenir de l'enivrante soirée d'hier n'ont point laissé de repos à mes sens. Douce et incomparable Joséphine, quel effet bizarre faites-vous sur mon cœur ! Vous fâchez-vous ! Vous vois-je triste ! Êtes-vous inquiète ? Mon âme est brisée de douleur, et il n'est point de repos pour votre ami... Mais, en est-il donc davantage pour moi, lorsque me livrant au sentiment profond qui me maîtrise, je puise sur vos lèvres, sur votre cœur, une flamme qui me brûle. Ah ! c'est cette nuit que je me suis bien aperçu que votre portrait n'est pas vous ! Tu pars à midi, je te verrai dans trois heures. En attendant, *mio dolce amor*, reçois un millier de *baisé :* mais ne m'en donne pas, car il brûle mon sang. »

Le voici ensorcelé.

Comment Napoleone va-t-il maintenant se défaire de sa petite fiancée marseillaise ? Sans élégance, il lui écrit que si elle n'obtient pas le consentement de sa mère et de son frère Nicolas pour la célébration immédiate de leur mariage, il est préférable « de rompre toute liaison avec lui ». Désirée est anéantie :

« Par où commencerai-je, écrit-elle, pour vous peindre l'affreuse situation dans laquelle votre lettre m'a plongée ? Mais quelle était votre intention ? Était-ce de m'accabler ? Ah ! vous n'avez que trop réussi. Oui, cruel, vous m'avez réduite au désespoir. Ce mot “de rompre toute liaison” me fait frémir. Je croyais avoir trouvé en vous un ami que j'aurais aimé pour la vie. Pas du tout, il faut que je cesse de vous aimer ; car mon imagination ne trouve aucun expédient pour faire consentir à notre union. Jamais je ne pourrai me décider de parler à mes parents... »

Pourquoi ?

C'est là l'attitude d'une jeune fille du XVIIIe siècle, de cette époque où l'on ne se mariait point mais où l'on vous mariait. C'était à Napoleone à faire une démarche. En demandant à sa « fiancée » de parler elle-même à ses parents, il ne pouvait s'attirer une autre réponse. C'est d'ailleurs tout ce que l'amant de Joséphine désirait !

Son amour et son avancement commencent à faire de lui un autre homme. Son orgueil satisfait ne risque plus d'être meurtri, l'air morose n'est plus de mise. Il devient plus expansif. Sa conversation « est toujours marquée de quelques traits et, jusqu'aux histoires de revenants qu'il raconte quelquefois, il a l'art de les rendre intéressantes par l'originalité de ses récits ». On l'admire — et c'est un sentiment si nouveau pour lui !

Le 2 mars, Buonaparte est nommé commandant en chef de l'armée d'Italie. C'est le cadeau de noces de Barras.

Le 8 mars, c'est la signature du contrat de mariage de Napoleone et de Joséphine chez Me Raguideau, notaire de Mme de Beauharnais, qui désapprouve l'union de sa cliente avec un homme qui n'a, soupire-t-il, « que la cape et l'épée ». Le lendemain soir a lieu le mariage. Le ciel est sans nuages, mais la brume commence à monter à l'horizon et fait pâlir les étoiles. Dans le salon de la mairie, l'ex-Rose de Beauharnais — robe de mousseline ornée de fleurs tricolores — les témoins Barras, Tallien, Calmelet, homme de confiance de Joséphine, et le commissaire Collin-Lacombe qui, sans en avoir le droit, remplace le maire parti se coucher, attendent le marié depuis deux heures... Barras regarde la pendule, inquiet. Si Buonaparte avait changé d'avis ? Les folles dépenses de la créole vont-elles lui retomber sur les bras ? Soudain, on entend un bruit de sabre résonner dans l'escalier de pierre. La porte s'ouvre. C'est Buonaparte, suivi de son aide de camp et témoin Lemarois. Sans prendre la peine de s'excuser, il fonce sur le commissaire, le secoue pour le réveiller :

— Allons donc, mariez-nous vite !

Tout ensommeillé, Collin annonce cet extravagant acte de mariage où l'un des témoins — Lemarois — n'est point majeur et par conséquent ne peut être témoin, où le remplaçant du maire n'a aucune qualité pour unir légalement deux fiancés, où enfin le marié se vieillit de dix-huit mois — ce qui le fait naître sujet génois — et où la mariée se rajeunit avec coquetterie de quatre années. Napoléon indiquera plus tard le procédé employé :

— On s'est servi pour l'impératrice Joséphine de l'acte de naissance de sa sœur qui était morte, parce qu'elle avait trois ou quatre ans de moins qu'elle et qu'elle voulait se rajeunir.

Pour lui, il ne s'agit point de galanterie vis-à-vis de sa femme :

— N'ayant pas mon acte de naissance, expliquera-t-il, on se servit de celui de mon frère aîné qui était à Paris pour quelque affaire.

Cinq minutes plus tard, on se dit bonsoir sur le trottoir de la rue d'Antin. Il fait plus froid, le thermomètre est descendu un peu au-dessous de zéro. Joséphine monte dans l'équipage de son mari et, en regagnant avec lui son petit hôtel de la rue Chantereine, entre à son tour dans l'Histoire...

« Vous êtes donc marié, écrira Désirée à Buonaparte. Il n'est plus permis à la pauvre Eugénie de vous aimer, de penser à vous. Vous, marié ! Je ne puis m'accoutumer à cette idée, elle me tue. Je ne puis la supporter. Je vous ferai voir que je suis plus fidèle à mes engagements et malgré que vous ayez rompu les liens qui nous unissaient, jamais je ne m'engagerai avec un autre, jamais je ne me marierai. Je ne désire que la mort. La vie est un supplice affreux pour moi, depuis que je ne peux plus vous la consacrer. »

Tendre et douce Désirée qui souhaite la mort, qui ne se mariera jamais... Or, deux années et cinq mois plus tard, Désirée épousera un ambassadeur de France, l'ancien sergent Bellejambe, autrement dit le général Bernadotte, dont la carrière s'annonçait alors aussi belle que celle de Napoleone. Nous les retrouverons lorsqu'ils deviendront prince et princesse de Porte-Corvo, par la grâce de S.M. Napoléon Ier, et, un jour, roi et reine de Suède et de Norvège.

Quelle belle revanche pour la petite délaissée !...

LA GUERRE ET L'AMOUR

En amour, la seule victoire c'est la fuite.

NAPOLÉON.

— Patiente, ma bonne amie, nous aurons le temps de faire l'amour après la victoire.

Et, penché sur la table ronde du petit salon-salle à manger de l'hôtel de la rue Chantereine, une table en acajou dont les pans peuvent se rabattre, une table toute jonchée de cartes, Buonaparte renvoie sa femme à ses colifichets et aux glaces — innombrablres — qui ornent son boudoir aménagé en rotonde. Il met ainsi la dernière main à cette campagne à laquelle il pense depuis plus de deux années, depuis qu'Augustin Robespierre lui a procuré le commandement de l'artillerie de l'armée d'Italie — ce plan qu'il avait conçu au mois de mars 1794 et qui avait enthousiasmé le représentant Ricord et le frère du dictateur. Maintenant qu'il est le chef de l'armée d'Italie, Napoleone ne doute pas de pouvoir le réaliser. Alors — il ne l'ignore point — qu'il n'aura entre les mains qu'une troupe sans discipline, sans pain et sans chaussures !

Pourquoi le Directoire a-t-il décidé de porter une guerre dite « de diversion » au Piémont et en Lombardie ? Tout simplement pour remplir les caisses désespérément vides. Déjà, le 19 janvier précédent, Carnot avait écrit à Schérer, alors commandant de l'armée d'Italie : « Il n'y a pas d'argent... Trouvez donc le moyen de vous en passer ou d'en prendre là où il y en a... L'abondance est derrière une porte qu'il s'agit d'enfoncer... » Mais lorsqu'on avait transmis à Schérer le plan du « petit Buonaparte », il avait répondu : « Que celui qui l'a conçu vienne l'exécuter ! »

On l'avait pris au mot !

C'est donc une expédition de rapines et de pillages organisés que l'on charge Buonaparte d'accomplir. On ne lui demande nullement d'aller porter « le flambeau de la liberté », ou d'aller « faire trembler les despotes couronnés » de l'autre côté des monts. Le gouvernement est aux abois — et c'est là tout !

Le soir du 11 mars 1796, on vient annoncer à Buonaparte que la chaise de poste l'attend au bout de la petite allée bordée de tilleuls, reliant la maison à la rue Chantereine. Déjà Junot, son aide de camp, et Chauvet, ordonnateur de l'armée d'Italie, y ont pris place. Au moment de quitter Joséphine, la gorge de Napoleone se serre. Le rejoindra-t-elle dès que la situation en Italie le lui permettra ? Elle le tranquillise. Bien sûr, elle quittera Paris lorsqu'il l'appellera auprès de lui. Mais abandonner son existence faite toute de plaisirs pour mener la vie des camps, se trouver loin de son coiffeur, de son couturier et de ses marchandes de frivolités lui paraît pure folie ! Et tandis que Napoleone prend tristement dans le brouillard qui tombe le chemin de la barrière d'Italie, Joséphine va se coucher dans son lit en bois bronzé, murmurant probablement selon son habitude et avec son accent créole qui ravit son mari :

— Qu'il est *drolle* ce Buonaparte !

Le nouveau marié, en descendant vers le Midi, n'a pourtant que son image et leurs souvenirs en tête : « Chaque instant m'éloigne de toi, écrit-il de Chanceaux le soir du 14 mars. Tu es l'objet perpétuel de ma pensée ; mon imagination s'épuise à chercher ce que tu fais. Si je te vois triste, mon cœur se déchire et ma douleur s'accroît. Si tu es gaie et folâtre avec tes amies, je te reproche d'avoir bientôt oublié la douloureuse séparation de trois jours. Écris-moi, ma tendre amie, et bien longuement, et reçois les mille et un baiser de l'amour le plus tendre et le plus vrai. »

Il trace au dos le nom de la *citoyenne Beauharnais*. Craint-il que le courrier ne trouve pas la maison de la « citoyenne Buonaparte » ?

Le 25 mars, Napoléon s'arrête à Antibes et loge à l'*auberge Agarrit* où l'accueille Berthier, chef d'état-major de l'armée d'Italie. Celui-ci est petit, contrefait, mais dans sa grosse tête tout est classé avec méthode. Bonaparte qui, d'un regard, jauge un homme, devine que cet officier infatigable saura le débarrasser de tous les détails. Il s'installe à Nice le 27 mars, reçoit Masséna, Sérurier, Laharpe et Augereau, généraux de division, qui regardent de haut ce « gringalet » de vingt-six ans et demi qui leur a été imposé pour maître. Un militaire d'antichambre ! Un intrigant ! Un général d'alcôve ! Ce « petit bamboche à cheveux éparpillés », qui, avec trente-sept mille loqueteux, sans solde, l'estomac creux et chaussés de paille tressée, prétend vouloir combattre l'empire d'Autriche et le royaume de Piémont ! Masséna le toise. « Sa petite taille, raconte-t-il, sa figure chétive ne nous prévinrent pas en sa faveur. Le portrait de sa femme qu'il tenait à la main, et qu'il fit voir à tous, son extrême jeunesse par-dessus tout, nous persuadèrent que cette nomination était encore l'œuvre de l'intrigue... » Ce qui est d'ailleurs quelque peu exact... Tout, dans l'attitude des quatre généraux qui se tiennent devant leur nouveau chef, montre qu'ils savent parfaitement que leurs troupes forment en quelque sorte la dot de « la générale ». Méprisants, ils ont gardé leur chapeau emplumé de plumes tricolores sur la tête. On raconte que Bonaparte en se découvrant les força à l'imiter, puis qu'il aurait mis sa coiffure sans que les autres aient oser se recouvrir. Légende ou vérité ? Fait certain, Masséna nous assure que, lorsque Napoléon se recoiffa, il parut « grandir de deux pieds ».

Les divisionnaires se taisent... mais sont stupéfaits en entendant Bonaparte les questionner avec une étonnante compétence « sur la position de leur division, leur matériel, l'esprit et l'effectif de chaque corps ». Puis « il trace la direction que devront suivre les différentes unités » :

— Demain, je passerai l'inspection de tous les corps et après-demain je marcherai sur l'ennemi.

Ce fut exact, à trois ou quatre jours près...

Après les officiers, les hommes !

En arrivant à Nice, Bonaparte sait assurément qu'il va avoir à commander une armée démunie de tout, mais pas au point de l'effarante réalité. Pas un franc en caisse. « L'on vivait au jour le jour, il n'existait pas de moyens de transports ; seulement les routes d'étapes du Rhône au Var se trouvaient approvisionnées. » Dans ses *Souvenirs* encore inédits, l'adjudant Dupin relate comment un jour, pour nourrir les trois officiers et le sergent-major de sa compagnie, il ne reçut que trente-neuf haricots — il les avait comptés !... En quarante-huit heures, le nouveau commandant en chef réussira à se procurer « pour six jours de pain, de viande et d'eau-de-vie, ainsi que douze mille paires de souliers ».

Les hommes ayant à manger, il faut rétablir la discipline. « Je maintiendrai l'ordre, écrit Bonaparte au Directoire, ou je cesserai de commander à ces brigands... » L'ordre s'établira et les « brigands » seront les meilleurs soldats du monde. Un bataillon ayant refusé, avant d'avoir reçu sa solde, de quitter Nice pour se rendre à son poste, se trouve dissous et réparti dans les autres corps. « Cet acte d'autorité, nous dit encore Masséna, imprima tout d'abord du respect aux troupes pour l'autorité du jeune général. »

Sur la place de la République, pour donner une âme à son armée, il passe ses troupes en revue. Il circule entre les rangs, interroge ses hommes familièrement et les stimule en leur promettant que bientôt ils pourront dire avec orgueil : « J'étais de l'armée d'Italie. » Puis, remontant à cheval, il lance des phrases lapidaires qui vont devenir immortelles :

— Soldats, vous êtes nus, mal nourris ; le gouvernement vous doit beaucoup, il ne peut rien vous donner... Votre patience à supporter toutes les privations, votre bravoure à affronter tous les dangers, excitent l'admiration de la France ; elle a les yeux tournés sur vos misères. Vous n'avez ni souliers, ni habits, ni chemises, presque pas de pain, et nos magasins sont vides ; ceux de l'ennemi regorgent de tout : c'est à vous de les conquérir. Vous le voulez, vous le pouvez, partons !

Certes les chefs républicains savaient s'adresser à leurs troupes, mais jamais aucun n'avait encore employé des mots qui enthousiasment les cœurs et résonnent dans le souvenir.

« Mes soldats me marquent une confiance qui ne s'exprime pas », écrit-il. Est-ce la pensée de Joséphine qui ne le quitte point ? Il le lui a écrit le 30 en adressant cette fois-ci sa lettre *à la citoyenne Bonaparte, chez la citoyenne Beauharnais...* : « Au milieu des affaires, à la tête des troupes, en parcourant les camps, mon adorable Joséphine est seule dans mon cœur, occupe mon esprit, absorbe ma pensée... »

Chaque nuit, il rêve qu'il la serre dans ses bras : « Je n'ai pas pris une tasse de thé sans maudire la gloire et l'ambition qui me tiennent éloigné de l'âme de ma vie. » Il n'ignore pas le genre d'existence que la créole, « bâtie de dentelle et de gaze », a pu mener. Lui est-elle fidèle ? Bien que « la Nature », affirme-t-il, lui ai fait « l'âme forte et décidée », les « craintes » qui envahissent son cœur « le rendent malheureux ».

Il a reproché à sa femme la froideur de ses lettres. Aussi, trace-t-elle avec son sang — du moins elle affirme que c'est le sien... — quelques lignes brûlantes et érotiques.

« Y penses-tu, mon adorable amie, de m'écrire en ces termes ? lui répond-il. Crois-tu que ma position n'est pas assez cruelle, sans encore accroître mes regrets, et bouleverser mon âme ? Quel style ! Quels sentiments que ceux que tu peins ! Ils sont de feu, ils brûlent mon pauvre cœur ! »

Dans sa lettre il le lui répète : elle est son unique pensée. Lorsque « le tracas des affaires » l'ennuie, lorsque les hommes le dégoûtent, lorsqu'il se sent prêt « à maudire la vie », il met la main sur son cœur : « Ton portrait y bat ; je le regarde... »

Au son des fanfares, le 2 avril 1796, l'épopée commence : Bonaparte quitte Nice par la route de la Corniche — alors un simple chemin. Le général Beaulieu a en effet divisé ses forces, tandis que l'armée française se trouve placée de manière à se fondre rapidement en un seul bloc et à tomber en masse sur l'un ou l'autre des corps ennemis. Cela se passera ainsi le 12 avril à Montenotte — le mont de la Nuit, situé à quatre lieues au nord-ouest de Savone.

— Ayez l'œil ouvert sur Montenotte, avait ordonné Bonaparte ; surveillance et jactance, c'est le cas.

L'un des corps autrichiens sera, en effet, fortement battu, l'autre se trouvera dans l'absolue nécessité de se retirer... La déroute de l'ennemi est complète.

— Quels sont vos aïeux ? demandera-t-on un jour à Napoléon.

— Ma noblesse date de Montenotte, répondra-t-il.

Cette première victoire prouve la valeur de son plan. Il s'agit maintenant d'élargir la brèche grâce au « coin » ainsi enfoncé dans le dispositif austro-sarde. C'est, le lendemain, le combat de Millesimo, qui va ouvrir les routes de Turin et de Milan et qui précède la victoire de Mondovi.

Le soir du 25 avril, sous une pluie battante, il part pour Cherasco où il adressera, le lendemain, la célèbre proclamation à l'Armée d'Italie :

« Soldats ! Vous vous étiez, jusqu'ici, battus pour des rochers stériles, illustrés par votre courage, mais inutiles à la Patrie... Dénués de tout, vous avez suppléé à tout. Vous avez gagné des batailles sans canons, passé des rivières sans ponts, fait des marches forcées sans souliers, bivouaqué sans eau-de-vie et souvent sans pain. Les phalanges républicaines, les soldats de la liberté étaient seuls capables de souffrir ce que vous avez souffert ! Grâce vous en soit rendue... »

Et, après avoir rappelé qu'il leur demandait « de respecter les peuples » récemment « délivrés » et de cesser le pillage — celui-ci est réservé au gouvernement... — il lance ces phrases qui vont se marteler dans les mémoires comme avec un burin :

— Soldats ! La Patrie a le droit d'attendre de vous de grandes choses ! Justifierez-vous son attente ?... Vous avez encore des combats à livrer, des villes à prendre, des rivières à passer... Vous n'avez rien fait puisqu'il vous reste encore à faire...

Il pouvait compter sur eux ! Ce ne sont assurément point là des compliments gratuits. Déjà, il y avait, en effet, dans la contenance des soldats de Bonaparte « quelque chose de si ferme et de si formidable, dira un témoin, que l'on sentait que, marcher au combat avec eux, c'était marcher au succès ».

Le matin du mercredi 27 avril, le roi de Sardaigne envoie au vainqueur, alors à Cherasco, à dix lieues de Turin, une nouvelle proposition d'armistice. Bonaparte répond par un ultimatum dans lequel il glisse une clause lui réservant « la faculté de passer le Pô à Valenza » et lui assurant le libre passage à travers les États du roi de Sardaigne, chemin qui lui permettrait de gagner la Lombardie et d'attaquer l'Autriche. Pour la première fois, Napoléon va se muer en homme politique et avoir en face de lui, comme interlocuteurs, des gentilshommes de l'Ancien Régime.

A dix heures et demie du soir, au palais du comte Salmatoris, où est logé Bonaparte, arrivent les plénipotentiaires sardes — d'origine savoyarde : le vieux général-baron de la Tour, le marquis Henry et le jeune-colonel-marquis Costa de Beauregard, chef d'état-major du général Colli. Ce dernier a laissé un récit de cette longue soirée. Les trois plénipotentiaires sont surpris : aucune garde ne défend les abords de la maison, qui est presque sans lumières. Quelques soldats, écrasés de fatigue, dorment sur le seuil de la porte et sur les marches de l'escalier. Autour du palais, point de cette agitation habituelle aux quartiers généraux, point de chevaux, de fourgons ni de mulets d'équipage. Il n'y a même pas de domestiques pour accueillir les visiteurs ! Ceux-ci errent, jusqu'au moment où paraît « un jeune homme attaché à l'État-Major »...

Le jeune homme introduit les plénipotentiaires dans « une chambre à recevoir », où l'on a allumé un grand feu. Berthier les reçoit, les interroge sur l'objet de leur mission, disparaît afin de mettre le général en chef au courant et, seulement une demi-heure plus tard, Bonaparte paraît enfin : il est botté, mais ne porte point de sabre. Son maintien paraît aux Savoyards grave et froid. Il écoute en silence le préambule du général-baron de la Tour.

— N'avez-vous pas copie des conditions que j'ai proposées au roi ? répond Napoléon. Ces conditions ont-elles été acceptées par lui ?

Les diplomates se plaignent alors de « la dureté de ces conditions ».

— Depuis que je les ai offertes, reprend sèchement Bonaparte, j'ai pris Cherasco, j'ai pris Fossano, j'ai pris Alba. Je ne renchéris point sur mes premières demandes ; vous devriez me trouver modéré.

— Nous craignons que Sa Majesté ne soit forcée peut-être, vis-à-vis de ses alliés actuels, à quelques mesures contraires à la délicatesse et à la loyauté de ses principes.

— A Dieu ne plaise que j'exige de vous rien de contraire aux lois de l'honneur !

Beauregard, La tour et Henry essayent alors de lui démontrer « le peu d'utilité qu'il retirerait de certaines concessions exigées, et particulièrement du passage sur le Pô à Valenza ». Napoléon relève la tête et lance alors, avec « un peu d'aigreur », et en élevant le ton :

— Ma République, en me confiant le commandement d'une armée, m'a cru assez de discernement pour juger de ce qui convient à ses intérêts, sans que j'aie à recourir aux conseils de mon ennemi.

A une heure du matin, Bonaparte tire sa montre, et, voyant que la discussion se prolonge sans amener rien de décisif, tranche :

— Messieurs, je vous préviens que l'attaque générale est ordonnée pour deux heures et que, si je n'ai pas la certitude que Coni sera remise dans mes mains avant la fin du jour, cette attaque ne sera pas différée d'un moment. Il pourra m'arriver de perdre des batailles, mais on ne me verra jamais perdre des minutes par confiance ou paresse.

En trois mois, comme il a changé ! C'est en maître qu'il parle.

Les plénipotentiaires doivent s'incliner. On se met avec rapidité à écrire les article de l'accord, et le chevalier de Seyssel part au galop pour apporter au roi la nouvelle de l'armistice et obtenir la permission de remettre Coni et Tortone entre les mains du vainqueur.

De son côté, Bonaparte fait expédier par Berthier le contrordre de l'attaque...

A l'aube, les plénipotentiaires regagnent Turin, escortés par des dragons français : « Le jour éclairait alors les troupes bivouaquées de l'avant-garge française, racontera Costa. Tout y présentait l'aspect du plus grand délabrement ; on n'y voyait pas de canons, les chevaux y étaient rares, maigres et harassés, mais le maintient du soldat exprimait une espèce d'indifférence leste et gaie... Le sentiment de la victoire réparait tout ! »

Bonaparte, à sa fenêtre, regarde partir les diplomates. Il parvient à cacher sa joie : Pour la première fois, après la victoire militaire, il a remporté une victoire civile.

Cependant, l'attitude de Joséphine et ses billets « froids comme l'amitié » assombrissent la joie du vainqueur.

Le 24 avril, il l'a suppliée de prendre le chemin de l'Italie. Il l'a même demandé à Barras après la prise de Mondovi — comme s'il s'agissait d'une récompense.

« Tu vas venir, n'est-ce pas ? a-t-il écrit le lendemain à sa chère créole. Tu va être ici à côté de moi, sur mon cœur, dans mes bras, sur ma bouche. » Il termine : «Un baiser au cœur et puis un peu plus bas, *bien plus bas ! »*

On s'en doute, Joséphine ne met aucun empressement à rejoindre son mari. C'est le cadet de ses soucis. Elle a bien autre chose en tête, car elle est tombée éperdument amoureuse d'un certain lieutenant Hippolyte Charles, de neuf ans plus jeune qu'elle. Il est irrésistible ! De plus, il l'amuse follement ! Et Napoléon n'y est jamais parvenu ! — parfois, peut-être involontairement... Le souvenir de son mari ne la gêne nullement. Le nom du général Bonaparte se trouve sur toutes les lèvres... Sauf sur celles de sa femme.

Le 6 mai, à Tortone, « la glace du portrait de sa femme qu'il portait toujours se cassa, racontera Marmont : il pâlit d'une manière effrayante et l'impression qu'il ressentit fut des plus douloureuses ».

— Marmont, ma femme est bien malade ou infidèle !

Le Directoire ne s'est pas arrêté au fait que Bonaparte, sans l'en aviser, avait traité directement avec le roi de Sardaigne, le gouvernement ne voit qu'une chose : la « porte », dont on avait parlé autrefois au général Schérer, a été « forcée » et les caisses se remplissent ! Mais Bonaparte peut encore faire mieux ! « Gênes, lui suggère-t-on, ne doit pas être éloignée de plus de quarante-cinq lieues de Lorette : ne pourrait-on pas enlever la Casa-Santa et les trésors immenses que la superstition y amasse depuis quinze siècles ?... » On lui recommande au surplus : « C'est le Milanais surtout qu'il ne faut pas épargner. Levez-y des rémunérations en numéraire sur-le-champ ! »

Pour cela il faut anéantir l'armée impériale autrichienne. En ayant demandé aux Piémontais « la faculté de passer le Pô à Valenza », Bonaparte savait bien ce qu'il faisait ! Le général autrichien Beaulieu a été complètement abusé. Leurré comme un blanc-bec d'état-major, il est allé, en se frottant les mains, se porter en face de Valenza, tandis que Bonaparte — le 7 mai — n'ayant devant lui que deux escadrons autrichiens — passe paisiblement le fleuve vers Plaisance, manœuvre qui va permettre aux Français de tourner merveilleusement l'ennemi. Le 9 mai, après avoir signé un armistice avec le duc de Parme, Bonaparte peut écrire au Directoire : « J'espère, si les choses vont bien, pouvoir vous envoyer une dizaine de millions... » Le lendemain, il quitte sa maison de Casalpusterlengo où il a établi son quartier général — elle existe toujours — et va livrer la bataille de Lodi qui lui donne toute la Lombardie. La riche province tombe comme un fruit mûr...

Napoléon commence à tisser sa gloire...

— Après Lodi, dira-t-il à Sainte-Hélène, je me regardai, non pas comme un simple général, mais comme un homme appelé à influer sur le sort d'un peuple. Il me vint l'idée que je pus bien devenir un acteur décisif sur notre scène politique.

Le pont de Lodi s'inscrit dans la légende, ce pont où l'on a vu — ou cru voir — le général en chef, sous une grêle de balles, « marchant le premier un drapeau à la main ». Les Autrichiens, en pleine déroute, rétrogradent vers l'Oglio et Crémone. Le même soir, les plus anciens soldats de l'armée se réunissent et donnent un grade à leur chef : celui de caporal. Désormais, il sera pour eux le « Petit Caporal » et jamais le « sergent », grade que les grenadiers lui donneront après Castiglione.

La victoire de Lodi ouvre les portes de Milan, que l'archiduc Ferdinand a quitté précipitamment, emportant son or et ses collections. Le 11 mai, au palais Ghisi de Lodi – *Corso Roma* — le comte Melzi vient lui apporter les clefs de la ville « aurore de l'épopée napoléonienne, levain fécond de l'unité italienne », selon l'inscription que l'on peut lire encore sur la façade du palais, à droite de la porte d'entrée.

L'Europe est éberluée.

Comme l'écrira Marmont à son père : « C'est avec une armée dépourvue de tout, sans habits, sans souliers, sans artillerie, souvent sans cartouches, douze jours sans pain, mais toujours avec courage, que nous avons obtenu ces succès. »

Le 15 mai, jour de la Pentecôte, Masséna, qui a précédé son chef à Milan, l'accueille à la porte de la ville — la *Porta Romana* — où flamboient ces mots tracés en italien : *A la vaillante Armée française...* « La République, dira-t-il aux autorités venues le saluer, fera tout pour vous rendre heureux... » L'archevêque et le chef des décurions sont stupéfaits en voyant leur vainqueur, coiffé d'un chapeau orné d'une plume tricolore, toujours aussi maigre ; les cheveux à demi poudrés tombant en oreilles d'épagneul sur ses épaules, Napoléon descend de la voiture qui l'a amené de Lodi et monte à cheval — un cheval appelé Bijou. Le clair soleil de floréal éclaire la scène. La garde urbaine fait la haie et présente les armes. Au palais archiducal, le vainqueur préside un banquet de deux cents couverts et, en italien, lance ces promesses :

— Vous serez libres ! Vous serez libres et vous serez plus sûrs de l'être que les Français. Milan sera votre capitale ; l'Oglio et le Serio seront vos barrières ; vous aurez cinq cent canons, l'amitié éternelle de la France. La Romagne vous demeurera ; vous embrasserez les Deux Mers ; vous aurez une flotte. Trêve aux regrets et aux querelles... Il y aura toujours des riches et des pauvres...

Les Milanais crient leur enthousiasme. Dans les rues c'est du délire. On acclame le nom de celui qui vient d'arracher Milan à la griffe autrichienne ! On crie, on danse, on allume des feux de joie.

Viva la libertà !

Et, de nouveau, on commence à planter des arbres de la liberté.

Ce soir-là Napoléon a une discussion assez violente avec Berthier. Bonaparte, sorti de la pièce, l'ordonnateur en chef de l'armée, Denniée, qui a succédé à Chauvet tué au début de la campagne, s'exclame :

— Savez-vous bien que cet homme a des emportement intolérables ?

— Vous avez raison, mon cher Denniée, réplique calmement Berthier, mais souvenez-vous qu'un jour, il sera beau d'être le second de cet homme-là.

— Eh bien ! Marmont, demande Bonaparte en se mettant au lit au palais de l'Archevêché, eh bien ! Marmont, que croyez-vous qu'on dise à Paris ?

— L'admiration doit être à son comble...

— Ils n'ont encore rien vu, et l'avenir nous réserve des succès bien supérieurs à ce que nous avons déjà fait. La fortune ne m'a pas souri aujourd'hui pour que je dédaigne ses faveurs : elle est femme et plus elle fait pour moi plus j'exigerai d'elle. Dans peu de jours nous serons sur l'Adige, et toute l'Italie sera soumise. Peut-être alors, si l'on proportionne les moyens dont j'aurai la disposition à l'étendue de mes projets, peut-être en sortirons-nous promptement pour aller plus loin. De nos jours, personne n'a rien conçu de grand : c'est à moi d'en donner l'exemple.

« Déjà, dira un témoin, il avait marqué sa place et établi les distances. » Il se trouvait armé d'un regard qui « traversait les têtes », expliquera plus tard Cambacérès. Trois mois après sa prise de commandement personne n'osait plus dire qu'il était « le protégé de Barras et des femmes ».

Le lendemain, tel un souverain, il s'installe au palais Serbelloni — il se dresse toujours 22 *Corso Venezia* — et, la semaine suivante, il calme le Directoire en lui écrivant : « Nous tirerons de ce pays dix millions. » Sans parler de vingt tableaux pris au duc de Parme et de vingt toiles enlevées au duc de Modène « à la tête desquelles se trouve le célèbre *saint Jérôme* du Corrège... »

Le 23 mai, Bonaparte part pour Lodi où se trouve le quartier général de l'armée, mais à peine est-il arrivé qu'il doit regagner Milan : des séditions violentes ont éclaté. A Pavie, dans les faubourgs de Milan, à Binasco aussi, c'est la révolte ! Les partis autrichiens et piémontais ont relevé la tête et le peuple a suivi. Non sans raison ! Les lampions éteints, les Milanais ont été saignés à blanc, écrasés d'impositions et de réquisitions, le séquestre a été mis sur le Mont-de-Piété et les vainqueurs — ô sacrilège ! — ont dirigé vers la France les œuvres de Vinci et de Michel-Ange ! Comme le dira Sthendhal : « Le bon peuple milanais ne savait pas que la présence d'une armée, même libératrice, est toujours une calamité. » Une armée qui de surcroît est gueuse comme Job, et se trouve chargée de conquérir le pays pour le piller afin de remplir les caisses de son gouvernement !

L'insurrection massacre les soldats isolés et Bonaparte lance des ordres de répression : « Les généraux feront marcher contre les villages les forces nécessaires pour les réprimer, y mettre le feu et faire fusiller tous ceux qu'ils trouveront les armes à la main. » On exécute quelques municipalités récalcitrantes, on brûle le village de Binasco où — Lannes l'avouera — l'on a réprimé la révolte d'horrible façon. Avant de quitter Milan, Bonaparte convoque les autorités de la ville et leur annonce qu'ils doivent répondre sur leur tête de toute nouvelle insurrection.

Le lendemain, il s'installe à Pavie, au collège de Novarèse. Pour punir l'émeute qui a soulevé la ville, il autorise un pillage de trois heures. Il donne l'ordre d'épargner toutefois les maisons du biologiste Spallanzani et du physicien Volta — l'inventeur de la pile. La rébellion est ainsi noyée dans le sang et le feu. Napoléon le dira :

— En dernière analyse, il faut être militaire pour gouverner ; on ne gouverne un cheval qu'avec des bottes et des éperons.

A Brescia, Belmonte-Pignatelli, envoyé du roi de Naples, attend Bonaparte. Le roi « Nasone » désire en effet quitter la coalition et signer une suspension d'armes avec la France. Assurément, on la lui fera payer bien cher... En descendant de cheval, Napoléon trouve Miot, comte de Melito, homme d'État et écrivain, venu pour préparer l'entrevue avec le ministre napolitain. Dès le début de la conversation, Napoléon évoque Mantoue puissamment occupée par les Autrichiens.

— Rien ne sera fini, tant qu'on n'aura pas Mantoue... Alors seulement je pourrai me dire maître de l'Italie. Un siège aussi difficile ne pourra être que très long et, pour le moment, il faut me contenter de resserrer la place. L'Autriche va mettre du temps pour rassembler une armée de secours. Nous avons par conséquent un mois devant nous pour nous avancer vers le centre de l'Italie et nous en rendre maîtres.

Enhardi, Miot annonce alors au général en chef la présence à Brescia du prince napolitain Belmonte-Pignatelli.

— Je ne vois aucun inconvénient à traiter d'un armistice, riposte Bonaparte.

« Il se servit, nous rapporte Miot de Melito, du mot *amnistie* et fit dans toute la conversation presque toujours cette faute. » Il la commettra d'ailleurs durant toute sa vie...

Deux heures plus tard, l'accord est signé.

Au tour du Saint-Siège, à présent. Le 22 juin, le vainqueur reçoit à Bologne les commissaires de Pie VI. Bonaparte, très exigeant au début des entretiens, finira par se radoucir. Les conditions imposées au souverain temporel de Rome n'en sont pas moins fort dures : « Les ports des États du pape seront fermés aux bâtiments des puissances en guerre avec la République, et ouverts aux bâtiments français. — L'armée française continuera de rester en possession des légations de Bologne, Ferrare, et évacuera celle de Faenza. — Le pape livrera à la République française cent tableaux, vases ou statues... Notamment le buste en bronze de Junius Brutus et celui en marbre de Marcus Brutus, tous les deux placés au Capitole, et cinq cents manuscrits. Le pape payera à la République française vingt et un millions de livres, monnaie de France, dont quinze millions et cinq cent mille en espèces ou lingots... et les cinq millions cinq cent mille restants, en denrées, marchandises, chevaux, bœufs... — Le pape sera tenu de donner le passage aux troupes de la République... »

Le Directoire est enchanté. L'invasion fiscale — l'expression est d'Albert Sorel — marche à souhait. « Ne laissez rien en Italie », recommande-t-on au conquérant. Les Italiens doivent payer cher leur liberté ! Ce n'est plus une guerre, mais une razzia !

Et Joséphine ? Pourquoi refuse-t-elle de partir ? Bonaparte se doute-t-il de la présence du beau hussard à ses côtés ?

« Il paraît que tu as fait ton choix et que tu sais à qui t'adresser pour me remplacer... Quant à toi, que mon souvenir ne te soit pas odieux. Mon malheur est de t'avoir peu connue. Le tien est de m'avoir jugé comme les hommes qui t'environnent. »

Rien ne parvenant à apitoyer la maîtresse d'Hippolyte, le pauvre mari écrit à Joseph : « Mon ami, je suis au désespoir. Ma femme, tout ce que j'aime dans le monde, est malade. Ma tête n'y est plus... Je l'aime à la fureur et je ne puis rester plus loin d'elle... »

Barras, alerté par Joseph, demande alors à Carnot de calmer Bonaparte en rejetant la responsabilité de l'absence de Joséphine sur le Directoire « dans la crainte que les soins que lui donnerait son mari ne le détournassent de ceux auxquels la gloire et le salut de la patrie l'appellent... »

Mais il fallait maintenant que, coûte que coûte, la créole se décidât ! Bonaparte, dans ses lettres, n'avait-il pas annoncé que si sa femme était réellement malade, il accourrait à Paris ? N'avait-il pas déclaré que sans Joséphine, il estimait ne plus être utile à l'Italie ? Bref, il était prêt à laisser là les diplomates implorant alors l'armistice et d'abandonner son armée à qui voudrait la prendre ! Ainsi, toute la conquête dépendait des coucheries de Joséphine ! Certes, tout avait jusqu'à présent marché à miracle, mais il y avait la suite : les Autrichiens ne s'apprêtaient-ils pas à tendre la main à Mantoue encerclée ? Or rien, jusqu'alors, n'avait pu convaincre la créole d'abandonner son cher et bel Hippolyte qui la faisait rire aux larmes, et savait si joliment la chiffonner dans son boudoir en rotonde !

Cette fois les cinq directeurs se fâchent et — le 24 juin — mettent de force Joséphine dans sa voiture. « Plongée dans un chagrin extrême, fondant en larmes », nous dit un témoin, elle quitte enfin Paris. Mais, dès les premiers tours de roue sur le chemin d'Italie, ses larmes sèchent : en face d'elle, touchant ses genoux, se trouve Hippolyte, le joyeux — et beau — boute-en-train.

Elle a emmené son amant avec elle !

Enfin, le 13 juillet, un courrier arrive à Milan et annonce à Bonaparte qu'il précède d'une heure « l'incomparable Joséphine ». Il saute à cheval pour se porter au-devant d'elle. Aux portes de Milan, il la tient enfin dans ses bras ! Il est tellement fou de désir, il pense avec tant de flamme à ce corps tout en langueur et en fossettes, qu'il va serrer tout à l'heure contre lui, qu'il ne remarque même pas près de sa femme la présence d'Hippolyte Charles... Mieux : on le verra, durant les deux premiers jours qu'il passera avec elle à Milan, accueillir l'amant à sa table et dans son salon.

On ne peut ressentir qu'un sentiment de malaise en lisant sa première lettre écrite après leur nouvelle séparation : « Je croyais t'aimer il y a quelques jours ; mais, depuis que je t'ai vue, je sens que je t'aime mille fois plus encore. Depuis que je te connais, je t'adore tous les jours davantage... Ah ! je t'en prie, laisse-moi voir quelques-uns de tes défauts ; sois moins belle, moins gracieuse, moins tendre, moins bonne, surtout ; surtout, ne sois jamais jalouse, ne pleure jamais ; tes larmes m'ôtent la raison, brûlent mon sang... » Ainsi, pour donner le change, lui avait-elle fait croire qu'elle était jalouse...

Il ajoute : « Repose-toi bien. Rétablis vite ta santé. Viens me rejoindre ; et, au moins, qu'avant de mourir, nous puissions dire : Nous fûmes tant de jours heureux ! ! ! »

Se souvient-il d'avoir écrit autrefois à Valence : « Je crois en définitive que l'amour fait plus de mal que de bien et que ce serait un bienfait d'une divinité protectrice que de nous en défaire et d'en délivrer les hommes » ?

Bonaparte est parti le 15 juillet rejoindre les forces françaises qui, depuis un mois, ont investi Mantoue. Devant l'étendue d'eau protégeant en partie la ville — les trois lacs formés par le Mincio — Napoléon n'a que neuf mille hommes, autant que d'Autrichiens à l'abri derrière les murailles de la vieille cité lombarde. Dès le 17 juillet, il pensait bien prendre Mantoue « par un coup hardi et heureux ». Mais Mantoue résiste toujours. Napoléon en a vite assez de piétiner ainsi sur place — il a horreur des sièges — et, le 19, il part pour le quartier général qui se trouve à Castiglione. Mais, à son arrivée, il doit entre deux combats, et deux lettres passionnées à Joséphine, régler les problèmes civils — il se considère comme le proconsul de la nouvelle Italie. Certains commissaires de la République — tel l'ancien constitutionnel Pierre-Anselme Garreau — font peser sur les négociants le poids d'une dure occupation. « On les traite, annonce Bonaparte au Directoire, avec plus de rigueur que vous n'avez l'intention que l'on se conduise avec les négociants anglais mêmes ; cela alarme le commerce de toute l'Italie et nous fait passer à ses yeux pour des vandales... »

C'est pourquoi, le même jour, il tance, sévèrement, Garreau : « Quand vous étiez représentant du peuple, vous aviez des pouvoirs illimités ; tout le monde se faisait un devoir de vous obéir. Aujourd'hui, vous êtes Commissaire du Gouvernement, investi d'un très grand caractère, mais une instruction positive a réglé vos fonctions ; tenez-vous-y... »

Ce ton — de maître — sera désormais le sien.

Beaulieu a été remplacé par le maréchal Wurmser, Alsacien au service de l'Autriche. Avec une armée de soixante-dix mille Austro-Hongrois, il descend des montagnes. Ses troupes s'infiltrent de chaque côté du lac de Garde. Son projet ? Prendre dans un étau les quarante mille Français désarçonnés par la résistance de Mantoue.

Au même moment, le 29 juillet, à Vérone, Bonaparte exulte. Il est tout à son bonheur : Joséphine est près de lui. Après s'être tant fait prier, elle a accepté de quitter Milan et de venir le retrouver. Tout en prenant le café sur le balcon de la modeste maison que le comte de Provence avait occupée — et d'où l'on découvre la campagne avoisinante — il serre de près la langoureuse créole qui rit, répétant en leitmotiv :

— Finis donc, Bonaparte !

Les assistants détournent la tête, gênés... soudain l'un d'eux pousse un cri :

— Les Autrichiens !

Les « habits blancs » de Wurmser chargés de délivrer Mantoue descendent, en effet, en longues files, de la montagne. Qu'a donc fait Masséna, chargé de garder les vallées commandant les plaines lombardes et vénétiennes ? Tandis que Joséphine, sous la conduite de Junot, fuit vers Desenzano, Bonaparte reçoit estafette sur estafette et possède bientôt une vue d'ensemble de la situation. Elle n'est guère brillante ! — et les ordres de pleuvoir pour essayer d'arrêter l'ennemi.

Puis, il se rend à Desenzano dont les rues étroites sont encombrées de cadavres. Là il apprend que, non loin de la presqu'île de Sirmione, les Autrichiens, dont les embarcations sillonnent le lac de Garde, ont pris comme cible la voiture de Joséphine. « Wurmser me paiera cher les craintes qu'il vient de te causer », annonce-t-il à sa femme.

Les mauvaises nouvelles abondent : la route de Milan est coupée, Brescia a été repris, Lannes et Murat faits prisonniers. Après avoir expédié Joséphine vers Florence — sous la protection d'une escorte de dragons — il réunit un conseil de guerre. Les choses vont mal... très mal. Certains croient déjà l'Italie perdue pour les Français ! Le bruit court que les Napolitains et le pape ont l'intention de rompre l'armistice et de marcher vers le nord.

Le plan de Bonaparte ?

C'est la stratégie napoléonienne : puisque l'ennemi a divisé ses forces, en deux armées, il les battra l'une après l'autre ! Il l'expliquera plus tard à Las Cases :

— Dès ce moment, le plan d'attaque de Wurmser se trouvait dévoilé. Seule contre toutes ces forces, l'armée française ne pouvait rien : on n'était pas un contre deux, mais seule contre chacun des corps ennemis, il y avait égalité.

Aussi, ce soir-là, de Roverbella, donnera-t-il l'ordre d'abandonner provisoirement Mantoue. Sérurier devra enclouer ses canons. La contre-offensive est commencée. Avec quarante-deux mille hommes il va en battre quatre-vingt mille !

Quasdanovitch et ses Autrichiens attaquent Lonato. Napoléon, avec l'infanterie de Masséna et tout ce qu'il a pu réunir de dragons, se porte sur la ville et coupe l'armée autrichienne en deux tronçons : l'un est rejeté sur le Mincio, l'autre vers le lac de Garde. Junot charge l'armée autrichienne en déroute, jusqu'à Salo. Et Quasdanovitch n'a d'autre ressource que de ramener les débris de son armée au nord du lac ! Bonaparte a fait deux mille prisonniers, et il peut annoncer au Directoire que « les choses prennent une tournure satisfaisante ».

Au tour de Wurmser, maintenant !

A six heures du matin, le 5 août, à Castiglione, les deux armées sont en présence. Bonaparte recule pour attirer l'ennemi à lui, et les Autrichiens, tombant dans le piège, attaquent sur leur droite et dégarnissent leur centre. Marmont, avec vingt pièces d'artillerie légère crachant à mitraille, enlève une redoute faite par les « habits blancs » au milieu de la plaine. La canonnade redouble, la gauche de Wurmser recule, et Augereau entre dans la danse avec une fougue et un allant qui vaudront un jour à ce fils d'une fruitière et d'un domestique le duché de Castiglione. Wurmser essaye de se maintenir vers la tour de Solferino, mais, emporté par la déroute de ses troupes, il se retire vers Trente. Tout le lac de Garde, position clef, est entre les mains de Bonaparte !

— A la guerre, dira-t-il un jour, l'audace est le plus beau calcul du génie !

Le vainqueur retourne à Vérone et peut écrire fièrement au Directoire : « L'armée autrichienne qui, depuis six semaines, menaçait d'invasion l'Italie, a disparu comme un songe, et l'Italie qu'elle menaçait est aujourd'hui tranquille... » Il ajoute dans cette même lettre : « A Castelnuovo, pays vénitien, on a assassiné un volontaire ; j'ai fait brûler la maison, et sur ses débris, j'ai fait inscrire : *Ici on a fait assassiner un Français... »*

Les ailes qui poussent à Bonaparte gênent toujours certains membres du gouvernement, lesquels, sans l'avouer, voudraient les lui voir rogner... Ne semble-t-il pas, insinuent-ils, avoir l'ambition de conquérir l'Italie, bien plus pour jouer au dictateur et au conquérant que pour la grandeur de la République ? Bonaparte les devine : « Il me paraît, écrit-il à Carnot le 9 août, qu'un grand nombre de personnes désirent me faire du tort, et que l'on emploie toute l'intrigue pour accréditer des bruits aussi bêtes que méchants... » Aussi, afin d'avoir désormais les coudées franches, menace-t-il de nouveau de s'en aller : « La chaleur est ici excessive. Ma santé un peu affaiblie. S'il est en France un seul homme pur et de bonne foi qui puisse suspecter mes intentions politiques et mettre du doute sur ma marche, je renonce à cet instant même au bonheur de servir ma patrie. »

Dès ses premières victoires, dès la montée de sa popularité, dès qu'ils eurent entendu ses premières paroles de chef, les dirigeants ont deviné que ce « petit bamboche aux cheveux éparpillés » pourrait bien devenir leur maître. Ils n'auront plus qu'une idée en tête : le tenir éloigné de la capitale. Aussi, durant trois années et demie, en brandissant le spectre de sa présence à Paris, Bonaparte obtiendra-t-il du Directoire tout ce qu'il voudra — même l'aberrante et folle équipée égyptienne !

— Profitez des faveurs de la fortune lorsque ses caprices sont pour vous, dira-t-il un jour ; craignez qu'elle ne change de dépit : elle est femme !

Aussi, le repos sera-t-il bref : une nouvelle campagne va s'ouvrir à la fin de ce même mois d'août. Le 25, il part pour Vérone afin de « pousser la victoire jusqu'à son dernier résultat » : refouler l'armée de Davidovitch vers le Tyrol, tout en donnant le coup de grâce à Wurmser dont l'armée s'est évidemment reformée avec un espoir qui sera vite pulvérisé.

Le 1er septembre, le voici à Peschiera. De là il fonce vers Trente où Wurmser s'est replié. Le 5 septembre, c'est là chose faite, et en annonçant au Directoire la prise de Trente, il ajoute : « Citoyens Directeurs, le 22 (fructidor), je serai à Bassano. Si l'ennemi m'y attend, il y aura une bataille qui décidera du sort de tout ce pays-ci... »

Il a annoncé la prochaine bataille ! Il a même donné la date et le nom qu'elle porterait dans l'histoire : Bassano, 22 fructidor — 8 septembre ! Il est si heureux que pour la première fois — hors deux lignes affectueuses — il n'adressera à Joséphine que ce bulletin de victoire : « L'ennemi a perdu, ma chère amie, dix-huit mille hommes prisonniers ; le reste est tué ou blessé. Wurmser, avec une colonne de quinze cents chevaux et cinq mille hommes d'infanterie, n'a plus d'autre ressource que de se jeter dans Mantoue. Jamais nous n'avons eu de succès aussi constants et aussi grands : l'Italie, le Frioul, le Tyrol, sont assurés à la République. Il faut que l'empereur crée une seconde armée ; artillerie, équipages de pont, bagages, tout est pris. »

L'occupation de Bassano — Bassano del Grappa — a permis à Bonaparte de « fermer » la retraite des troupes autrichiennes vers Trente. Celles-ci — il l'avait prédit — ont été contraintes d'aller se réfugier dans Mantoue, dont le siège recommence aussitôt. En trois semaines, les Autrichiens ont ainsi perdu vingt-sept mille hommes et Marmont peut partir pour Paris emportant avec lui vingt-deux drapeaux. Ce même jour Ferrare, Bologne, Reggio et Modène se réunissent et forment la république *Cispadane.* Milan — où Bonaparte retrouve durant deux jours Joséphine — va devenir la capitale de la République lombarde, ou *Transpadane,* en attendant de prendre le nom de *Cisalpine* — souvenir de la conquête des Gaules par César.

Le 26, Bonaparte lance une proclamation aux Italiens : « Le temps est arrivé où l'Italie va se montrer avec honneur parmi les nations puissantes... Courez aux armes ! La partie de l'Italie qui est libre est peuplée et riche. Faites trembler les ennemis de vos droits et de votre liberté. »

A cette lecture, le Directoire fait la grimace. Telle n'est pas la politique que Paris voudrait suivre en Italie ! Aussi Bonaparte, quelques jours plus tard — le 8 octobre — écrit-il au gouvernement : « Je n'ai que trop d'honneurs et ma santé est tellement délabrée que je vais être obligé de vous demander un successeur. »

Il s'agit — bien sûr — d'une nouvelle menace. Que Paris lui donne carte blanche et il remplira les caisses du gouvernement ! Puisque, pour le Directoire, c'est là le principal ! Dans ce domaine, les cinq rois ne peuvent se plaindre : depuis le mois d'avril, l'armée d'Italie a drainé vers la République « quarante à cinquante millions ».

Le 14 octobre, Napoléon quitte de nouveau Vérone, traverse l'Adige et atteint le village de Ronco. De là, trois chaussées traversent les marais. Celle du centre passe devant un bourg où l'on pénètre par un pont qui enjambe l'Alpone. Un pont et un bourg appelés Arcole. Arcole, que Wurmser, quittant une fois de plus Mantoue, vient d'occuper. Or, il est de la plus haute importance de s'emparer d'Arcole puisque, de là, les Français pourront déboucher sur les arrières des Autrichiens... mais le pont — il existe toujours —, bien occupé par l'arrière-garde ennemie, résiste à toutes les attaques.

Impossible de le franchir, en dépit des généraux français qui se précipitent à la tête de leurs colonnes. On voit Augereau empoigner un drapeau et parvenir à le porter jusqu'à l'extrémité du pont en criant à ses troupes :

— Lâches, craignez-vous donc tant la mort !

Napoléon, « indigné par l'hésitation de ses soldats », ainsi que nous le rappelle l'inscription gravée sur la colonne commémorative d'Arcole, s'empare alors d'un drapeau et réussit à le planter sur le pont. Électrisés, cette fois, les grenadiers s'avancent et parviennent jusqu'au milieu de l'ouvrage, lorsqu'un feu de flanc crépite. Et la scène qui suit est assez loin de la légende qui montre Bonaparte, saisissant ce drapeau sous un déluge de mitraille et de balles, et s'avançant sur le pont en entraînant ses hommes avec lesquels il va vaincre le monde...

Napoléon rétablira les faits en racontant à Las Cases : « Les grenadiers de la tête, abandonnés par le queue, hésitent ; ils sont entraînés dans la fuite, mais ils ne veulent pas se dessaisir de leur général ; ils le prennent par les bras, les cheveux, les habits, et l'entraînent dans leur fuite, au milieu des morts, des mourants et de la fumée. Le général en chef est précipité dans un marais ; il y enfonce jusqu'à moitié du corps et au milieu des ennemis. » Un grand cri monte :

— Soldats, en avant pour sauver le général !

Repêché, revenu à la tête de ses hommes, Bonaparte fonce maintenant sur l'ennemi et le force à évacuer le village. Mais la victoire — la victoire d'Arcole — n'aura lieu que le surlendemain — le mercredi 17. Les Français peuvent alors se dégager de ces effroyables marais et culbuter l'ennemi en plaine.

Napoléon le dira : c'est à la suite de cette journée d'Arcole que lui viendra « la grande ambition ». Le matin du 15, il n'était que le chef d'une horde en retraite ! Et si le pont d'Arcole est entré, ce lundi 15 novembre 1796, dans l'Histoire, lui est entré dans la légende ! Un jour, Prométhée enchaîné sur son rocher, il soupirera : « Oui, j'ai été heureux Premier consul — lors de mon mariage, à la venue du roi de Rome, mais alors, je n'étais pas d'aplomb... Peut-être ai-je réellement plus joui après mes victoires en Italie. Quel enthousiasme, que de cris de "Vive le libérateur de l'Italie !" A vingt-sept ans ! Dès lors, j'ai prévu ce que je pouvais devenir ! Je voyais déjà le monde fuir sous moi, comme si j'étais emporté dans les airs... »

Fonder une dynastie ? Certes pas ! Il ne pense encore qu'à devenir « le Brutus des rois et le César de la République ». Oui, tout paraît réuni pour faire de Bonaparte le plus heureux des hommes.

Le Directoire s'inquiétait chaque jour davantage.

« Vous êtes plus heureux que le peuple français, vous pouvez arriver à la liberté sans les révolutions et les crimes », écrira Bonaparte, le 1er janvier 1797, aux députés italiens réunis à Ferrare.

On devine quelle sera la réaction des cinq directeurs — tous régicides – en lisant ces lignes. Le mot « crime » aura bien du mal à passer... Ils en ont maintenant la certitude : Bonaparte veut être le maître – et le maître absolu — même hors le champ de bataille.

Déjà le 8 octobre, il avait traité de « très mauvais » le système politique ordonné par le Directoire en Italie et, afin qu'il ne puisse y avoir aucune ambiguïté, Bonaparte précisait encore : « Toutes les fois que votre général en Italie ne sera pas le centre de tout, vous courrez de grands risques... On n'attribuera pas ce langage à l'ambition. »

Il les avait quelque peu apaisés en leur rappelant la semaine suivante que la seule campagne d'été lui avait permis d'envoyer vingt millions vers Paris — en dépit de nombreuses « impostures de la Trésorerie ».

Il leur faisait miroiter, en outre, la perspective de voir l'Italie « en produire le double », si on lui laissait les coudées franches.

L'image de ce pactole, passé et futur, ne parvenait point à apaiser les craintes du Directoire. Il estima que pour mettre fin à la dictature du nouveau proconsul, rien ne vaudrait mieux que la paix. Ainsi les raisons de l'indépendance politique exigée par le général en chef de l'armée d'Italie se trouveraient supprimées. C'est pourquoi le gouvernement chargea l'élégant général Clarke d'une double mission : d'abord négocier dès que possible l'arrêt des hostilités avec l'Autriche, ensuite contenir les ambitions de celui qui, au Luxembourg, faisait trembler les cinq rois. Fort heureusement, à Turin, Clarke rencontra quelques difficultés pour obtenir un passeport lui permettant de gagner Vienne et il n'eut d'autre ressource que de se rendre à Milan où son séjour allait surtout lui permettre de *découvrir* Bonaparte.

Il en était resté au petit protégé de Barras sorti des pavés de Vendémiaire. Aussi n'avait-il pour cet ambitieux qu'une estime médiocre ! Soudain Clarke se trouve en présence d'une manière de César, parlant de son armée et de sa politique, légiférant entre deux victoires, organisant ses conquêtes, créant des républiques-sœurs, changeant ses plans avec une extrême promptitude « lorsque les circonstances imprévues le commandent », dictant, tout en combattant, trente lettres ou ordres par jour. Il paraît à l'homme de confiance du Directoire aussi extraordinaire à la tête de ses commis que, l'épée à la main, lorsqu'il semble dicter à l'ennemi jusqu'à ses propres mouvements. A Clarke qui s'étonne de rencontrer une telle dualité chez le même homme, il aurait pu expliquer, comme il le dira plus tard :

— Qu'est-ce qui fait la force d'un général ? Ses qualités civiques, le coup d'œil, le calcul, l'esprit, les connaissances administratives, l'éloquence et enfin la connaissance des hommes : tout cela est civil !

Après quelques jours, Clarke, véritablement fasciné, commence à comprendre les raisons de l'admiration montant vers le général victorieux, ainsi que l'extraordinaire ascendant qu'il exerce sur « tous les individus qui composent l'armée républicaine ». Il est assurément le maître absolu de ceux qui l'entourent. Tout part de lui et tout converge vers lui ! Sans doute joue-t-il au proconsul, mais Clarke, bien que peu républicain, ne l'en estime pas moins « l'homme de la République et « sans autre ambition que celle de conserver la gloire qu'il s'est acquise ».

Le visiteur se trompe quelque peu en affirmant que *jamais* Napoléon ne sera « dangereux à son pays », c'est-à-dire au régime — Brumaire prouvera le contraire — mais Clarke possède un don de voyance lorsqu'il remarque que Bonaparte ne pourrait devenir « l'homme d'un parti ». Napoléon ne semble pas plus appartenir aux royalistes qui le calomnient, qu'aux anarchistes qui auraient peut-être bien voulu en faire leur homme, mais que l'ancien lieutenant en second, nommé à ce grade par Louis XVI, n'aime guère. Il est *lui-même,* il est coulé en un moule à part et on ne peut le comparer à personne ! Clarke semble bien près de découvrir le bonapartisme.

« Ne pensez pas, conclut l'envoyé du Directoire à ses maîtres, que j'en parle par enthousiasme. C'est avec calme que j'écris et aucun intérêt ne me guide que celui de vous faire connaître la vérité : Bonaparte sera mis par la postérité au rang des plus grands hommes. »

Ainsi, pour la première fois, se trouve porté sur Napoléon un jugement qui sera ratifié par la postérité.

Le futur empereur achèvera la conquête de Clarke en lui démontrant qu'il fallait encore infliger quelques défaites à l'Autriche avant de songer à traiter avec elle. Pour obtenir une meilleure paix, il faut faire toucher terre aux Habsbourg des deux épaules ; or ils n'ont encore qu'un genou appuyé sur le sol ! Le jour ne tardera pas où ils devront demander merci.

Le plan de l'ennemi était simple : dix-sept mille Autrichiens se trouvaient enfermés dans Mantoue avec Wurmser. Le maréchal Alvinczy avec quatre-vingt mille hommes devait venir délivrer la vieille cité toujours assiégée par Bonaparte. Puis, avec cette centaine de milliers d'hommes — François II le pensait — rien ne serait plus simple que de pulvériser les Français et de reprendre Milan... Un plan devant d'autant plus réussir que l'on savait Bonaparte malade et « jaune à faire plaisir ». L'on voyait même les Autrichiens lever leurs verres « à sa mort prochaine ».

Brûlant de fièvre, les yeux cernés, les joues creuses et blafardes, il ne s'en juche pas moins sur un cheval et prend, le 7 janvier, le chemin de Vérone qui va le conduire à Rivoli. En passant, il s'arrête à Mantoue, lance quelques ordres, ne s'attarde pas et repart vers Vérone. Il a, bien entendu, deviné la pensée de l'ennemi : descendre vers Mantoue par la vallée de l'Adige, *couler* du nord au sud de Trente à Vérone. Toujours harcelé par la fièvre — ce qui ne l'empêche pas d'avoir trois chevaux morts d'épuisement sous lui — il place ses troupes au nord de Vérone, du lac de Garde jusqu'aux bords de l'Adige, en passant par la citadelle de la Corona et par Rivoli qui commande l'entrée du défilé.

Le paysage est d'une prenante beauté, mais il s'agit bien de cela ! La situation est grave ce samedi 14 janvier.

Combien de stratèges se pencheront sur la bataille de Rivoli, et essayeront d'expliquer comment une armée considérable, forte de quatre-vingt mille hommes, a pu être battue par des troupes deux fois moins nombreuses ! Au milieu de la matinée, la position des Français paraît cependant bien compromise. La veille, Joubert a été rejeté sur le plateau de Rivoli — ou plutôt, comme le précise un combattant, le *bassin* de Rivoli — et l'ennemi semble maintenant vouloir contourner les troupes françaises, et même les encercler... Lorsque les combattants voient en effet les crêtes des montagnes se couvrir de troupes autrichiennes qui s'applaudissent elles-mêmes à grands claquements de mains, l'inquiétude, l'angoisse font porter tous les yeux vers Bonaparte qui, après avoir regardé l'avalanche prête à l'engloutir, se contente de déclarer avec calme :

— Ils sont à nous !

Il faut toute la confiance aveugle que les officiers témoignent à leur chef pour ne pas se demander si la fièvre n'est pas en train de jouer un mauvais tour à leur idole. Assurément, prise comme dans un moule à gaufre, l'armée française va être écrasée ! Paisiblement, il répète :

— Ils sont à nous !

Quelle folie ! De tous les côtés, ne se trouve-t-on pas cerné, alors que Bonaparte n'a avec lui que les seules divisions de Joubert et de Masséna ?

— Ils sont à nous !

Il ne remarque même pas les boulets qui, tirés de l'autre côté de l'Adige, tombent sur la position française. Soudain, on voit arriver de l'ouest une nouvelle colonne. Cette fois l'encerclement sera total ! Mais Bonaparte, souriant, répète :

— Ils sont à nous !

La colonne est française ! Il s'agit de la 18e demi-brigade. Son chef, le général Mounier, ayant vu l'ennemi de glisser entre ses hommes et Bonaparte, a pris sur lui d'attaquer l'arrière-garde autrichienne et, étant parvenu à la vaincre, débouche ainsi sur le champ de bataille, musique en tête et drapeaux déployés. Cette arrivée, racontera un témoin, « fit un effet dont nous avions besoin et, retournant le moral des soldats, changea notre situation au point de faire succéder chez le plus grand nombre l'enthousiasme au découragement ».

Bonaparte, « incapable de ne pas tirer le plus grand parti de cette arrivée », se porte aussitôt au galop sur le front de la demi-brigade.

— Bravo 18e ! crie-t-il, vous avez cédé à un noble élan, vous avez ajouté à votre gloire ; pour la compléter, en récompense de votre conduite, vous aurez l'honneur d'attaquer les premiers les troupes qui ont eu l'audace de nous tourner.

Des vivats lui répondent et la 18e demi-brigade, en colonne d'attaque par bataillons, accompagnés de quelques troupes disponibles et tout en tirant « de bas en haut », fonce vers les crêtes occupées par l'ennemi, en arrière des positions de Bonaparte. Les assaillants entendent avec joie le sourd grondement des boulets français passer par-dessus les têtes et préparer le terrain au sommet. Haletants, ils débouchent sur les positions autrichiennes et jouent avec tant d'ardeur de la baïonnette que, nous rapporte le futur général Thiébault, « la terre est jonchée de cadavres, des centaines d'ennemis sont précipités dans les abîmes ». Murat galope à la tête de ses escadrons, fonce sur l'ennemi et achève la victoire, cette victoire qui assure non seulement « le sort des troupes présentes, mais aussi de toute notre armée ». Les conquêtes, fort compromises une heure auparavant, sont sauvées !

A la tête de son régiment, le jeune colonel Lasalle, âgé de vingt-trois ans, fait merveille. Aussi, le soir venu, lorsque Bonaparte le voit prêt à défaillir de fatigue, il lui dit en souriant, en montrant le « tas » des drapeaux ennemis :

— Couche-toi dessus, Lasalle, tu l'as bien mérité !

Wurmser, dès le lendemain, capitule. Mantoue ouvre ses portes aux Français.

A Paris, la nouvelle de la bataille de Rivoli et l'annonce de la chute de Mantoue, venant après les dépêches de Lodi et d'Arcole, déclenchent un immense enthousiasme. Peu importe que les royalistes témoignent leur rancœur en traitant le vainqueur d'Arcole de « bâtard de Mandrin » et ses victoires de « gloire de tréteaux » ! Les agents de Louis XVIII ont beau se faire l'écho de prédictions envoyant « le jeune héros » se faire fusiller place de la Révolution, la joie populaire est indescriptible et ne se trouve ternie que par la crainte de voir Bonaparte trop s'exposer aux balles ennemies. Les gazettes placent Napoléon « au-dessus de l'homme », et le Directoire, ne pouvant plus endiguer le flot, prend le parti de se laisser emporter par lui. Il ne saurait maintenant plus être question de mettre le vainqueur de l'Italie en tutelle ! Les directives lui sont adressées avec d'infinies précautions. « Ce n'est point au surplus un ordre que vous donne le Directoire exécutif, lui écrira-t-on, c'est un vœu qu'il forme. » On recommande même à Clarke de ne point prêter l'oreille aux propositions autrichiennes « sans l'avis de Bonaparte ».

En attendant de traiter avec Vienne, il faut abattre la puissance de Rome. Le mercredi 1er février, de Bologne où Joséphine est venue le retrouver, il déclare la guerre au pape et, dès le lendemain, se dirige vers Faneza, possession romaine qui va tomber comme un fruit mûr. Une seule division commandée par Junot — après une canonnade presque symbolique — fait mettre bas les armes « avec docilité » aux soldats de Pie VI. Bonaparte peut marcher vers Ancône qui se rendra, ainsi qu'il l'annoncera à Joséphine, après une « petite fusillade et un coup de main ».

Il se porte le 16 février à Tolentino à la rencontre des trois cardinaux désignés par le pape « pour signer un traité » qui, affirme Bonaparte, donnera au Saint-Père « de longs repentirs sur sa levée de boucliers ». Dans le sévère palais Parisani — aujourd'hui Bezzi — on montre toujours la *sala* et la *camera di Napoleone* où Bonaparte se mit au travail « avec cette prêtaille », se forgeant, selon son expression, un masque terrible et « un parler de croquemitaine ». Les conditions qu'il veut imposer au pape sont si dures que le cadinal Mattei se jette à genoux. Bonaparte cède sur des points qu'il a exigés uniquement pour terrifier les plénipotentiaires. Finalement il obtient le principal : Bologne, Ferrare, la Romagne, Ancône, le fermeture des ports romains aux Anglais... sans parler d'innombrables objets et d'un joli monceau d'or qui va réjouir les Directeurs. Il en parlera le lendemain dans sa lettre adressée au Luxembourg, en expliquant pourquoi il avait préféré ne pas marcher sur la Ville Éternelle : « Trente millions valent pour nous dix fois Rome, dont nous n'aurions pas tiré cinq millions... Cette vieille machine se détraquera toute seule. »

Il gagne maintenant Mantoue où il prépare sa campagne décisive : la marche sur Vienne, qui, dans sa pensée, après Arcole et la chute de Mantoue, doit amener la maison d'Autriche à Canossa et apporter la paix, tant sur le Rhin que sur les Alpes. Grâce aux renforts apportés par Bernadotte, Bonaparte a maintenant sous ses ordres soixante-quatorze mille hommes. En face de lui, il trouvera l'armée autrichienne commandée par un adversaire de taille : l'archiduc Charles, fils de Léopold II, neveu de Marie-Antoinette, qui a été nommé maréchal après la campagne de 1793.

La nouvelle campagne va s'ouvrir.

Point n'est question, cette fois, de se comporter comme en pays conquis. Les Français en progressant vers le centre de la mosaïque autrichienne trouveront « un brave peuple accablé par la guerre qu'il a eue contre les Turcs, et par la guerre actuelle ». Selon le général en chef, les habitants des États autrichiens gémissent victimes de « l'aveuglement » et de « l'arbitraire » de leur gouvernement.

— Vous respecterez leur religion et leurs mœurs, recommande-t-il aux vainqueurs de l'Italie ; vous protégerez leurs propriétés : c'est la liberté que vous apportez à la brave nation hongroise !

Le 12 mars, en dépit d'un temps exécrable — on se trouve en ventose, le bien nommé —, l'armée, suivant son chef, remonte la vallée de la Piave. La rivière a quitté son lit et est devenue torrent. Bonaparte et ses hommes franchissent l'obstacle, de l'eau jusqu'aux aisselles — « en se donnant le bras », nous dit l'adjudant Dupin —, et poursuivent l'archiduc qui s'est replié vers le Tagliamento. Le fleuve — il donnera bientôt son nom à un département franco-italien, chef-lieu Trévise... — est d'une largeur de huit cents à neuf cents mètres, et ses eaux sont en crue. Des aides de camp de Bonaparte l'explorent. Des gués sont trouvés et la division de Bernadotte passe la première sur l'autre rive, fouettée par la voie chaude de son chef :

— Soldats de Sambre et Meuse, l'armée d'Italie vous contemple !

Grâce à la cavalerie de Murat qui prend les uhlans autrichiens à revers, l'archiduc Charles est obligé, de nouveau, de se replier et repasse l'Isonzo. La route de Vienne est ouverte ! Le général en chef pourra l'écrire au Directoire : « Jusqu'à cette heure, le prince Charles a plus mal manœuvré que Wurmser et Beaulieu... »

Tout en donnant l'ordre à ses troupes de poursuivre leur marche victorieuse, il adresse à l'archiduc ces mots, dignes de la légende qu'il tisse avec tant de science :

« Monsieur le général en chef, les braves militaires font la guerre en désirant la paix... Avons-nous assez tué de monde et commis assez de maux à la triste humanité ?... Je me trouverais plus fier de la couronne civique que je m'estimerais avoir méritée que de la triste gloire qui peut revenir des succès militaires. »

Il n'en continue pas moins à progresser, ayant battu — et bien battu — les deux armées de l'empereur d'Autriche. Le 6 avril, il sera à trente lieues de la capitale autrichienne. A Vienne, « on fait circuler par ordre de la cour d'énormes pancartes chez tous les grands ministres, les grandes maîtresses, dans toutes les antichambres de la famille impériale, portant ordre d'emballer au plus vite et de se tenir prêts à partir ». Aussi Thugut décide-t-il de traiter. Et le 7 avril — à minuit — à Judenburg, un armistice de cinq jours est signé.

Le 13 avril, à dix-sept heures, se déroule à Leoben la première entrevue entre Bonaparte et les généraux autrichiens. Les conférences se tiendront dans un pavillon « neutralisé » situé dans un jardin du faubourg de Münchthal — le jardin Dietel — environné de bivouacs français. Un monument représentant un Amour trompettant perpétue encore le souvenir de la rencontre — mais il a été élevé à la seule gloire du vaincu...

Cinq jours plus tard, les célèbres « préliminaires » de Leoben sont prêts à être signés. On relit pour la dernière fois le texte. Mais Bonaparte fronce les sourcils : les commissaires autrichiens ont placé en tête du traité que « l'empereur — neveu de Marie-Antoinette — reconnaissait la République française... »

— Effacez, s'exclame Napoléon, l'existence de la République est aussi visible que le soleil ; un pareil article ne pourrait convenir qu'à des aveugles ; nous sommes maîtres chez nous, nous voulons y établir le gouvernement qu'il nous plaît, sans que personne y trouve à redire.

Dès le lendemain des échanges de signatures des préliminaires de paix entre la République française et l'empereur et roi, Bonaparte écrit au Directoire : « Je vous demande du repos, ayant acquis plus de gloire qu'il n'en faut pour être heureux... une carrière civile sera, comme ma carrière militaire, une et simple. »

Napoléon a fait un nouveau pas. C'est bien là une menace à peine voilée... Autrement dit : ou vous me laissez maître de régir nos conquêtes et de traiter avec l'ennemi, ou je viens prendre votre place.

Le Directoire s'incline, mais fait la grimace — d'autant plus que les prémiminaires signés avec précipitation, laissent « une infinité d'objets indéterminés ».

Comment pouvait-il en être autrement ? L'Italie se soulevait, Joubert se trouvait, au Tyrol, en fâcheuse posture et le pape mettait tout en œuvre pour prouver que « la vieille machine » existait encore. Quant aux Autrichiens, ils ne voyaient qu'une chose : gagner du temps et éloigner les baïonnettes françaises de la route de Vienne. Cependant, en dépit de cette hâte, une conférence avait été prévue — elle aura lieu quelques mois plus tard dans le Frioul — et l'Autriche avait déjà admis le principe de céder la rive gauche du Rhin et de reconnaître ainsi les frontière de la terrible république. L'empereur, non sans soupirer, acceptait de renoncer à la Lombardie, mais demandait des compensations.

Une compensation pour avoir été battu ? On lui promit de mettre la question sur le tapis lors de la signature du traité de paix.

En une année, le « général Vendémiaire » est devenu le maître de toute l'Italie du Nord, et, véritable proconsul, il va y régner durant six mois. Il le déclare :

— Ce que j'ai fait jusqu'ici n'est rien encore. Je ne suis qu'au début de la carrière que je dois parcourir. Croyez-vous que ce soit pour faire la grandeur des avocats du Directoire, des Carnot, des Barras, que je triomphe en Italie ? Croyez-vous que ce soit aussi pour fonder une république ? Quelle idée ! Une république de trente millions d'homme ! Avec nos mœurs, nos vices ! Où en est la possibilités ? C'est une chimère dont les Français sont engoués mais qui passera comme tant d'autres. Il leur faut de la gloire, les satisfactions de la vanité. Mais la liberté, ils n'y entendent rien. Voyez l'Armée ! les victoires que nous venons de remporter, nos triomphes ont déjà rendu le soldat français à son véritable caractère. Je suis tout pour lui. Que le Directoire s'avise de vouloir m'ôter le commandement, et il verra s'il est le maître. Il faut à la Nation un chef, un chef illustré par la gloire, et non par des théories par lesquelles les Français n'entendent rien. Qu'on leur donne des hochets, cela leur suffit. Ils s'en amuseront et se laisseront mener, pourvu cependant qu'on leur dissimule adroitement le but vers lequel on les fait marcher !

Bonaparte pense-t-il déjà à un règne possible ? Quoi qu'il en soit, il croit en son étoile et a pleinement conscience de sa valeur. Dans la résidence royale de Monbello, il agit tout naturellement en souverain. Il dîne seul. A distance, et debout, se tiennent les ministres des gouvernements italiens et les magistrats ; ses officiers, même, attendent que leur chef daigne leur adresser la parole — une faveur que tous n'obtiennent pas. Pendant le repas — déjà fort rapide — les habitants du pays ont le droit de défiler devant lui, comme autrefois lors des grands couverts de l'archiduc.

Les Parisiens remuent une fois de plus... Maintenant, ce sont les royalistes qui menacent le Directoire. Sans doute Napoléon commence-t-il à devenir bonapartiste, mais, franchement républicain, il n'en déteste pas moins toujours les partisans de Louis XVIII, ce « club de Clichy » où se groupent les monarchistes. Ceux-ci vont jusqu'à demander sa destitution et son arrestation. Ils savent déjà qu'il ne jouera point les Monk. Ce que Bonaparte appelle « l'audace des ennemis de la république » l'irrite profondément, bien qu'il n'ait pour le Directoire, actuel gouvernement de cette république, que du mépris. Il accuse les Directeurs « de faiblesse, de marche incertaine et pusillanime, de dilapidations et de persistance dans un système vicieux et avilisant pour la gloire nationale. »

Le 18 juillet, la situation se gâte, le Directoire claque des dents et se décide à appeler Bonaparte au secours. Mais le futur empereur refuse ; il ne tient nullement à venir ternir sa gloire toute neuve dans des dégradants combats de rues. Il n'est plus le général Vendémiaire, mais le proconsul de la République en Italie !

A la faveur de l'insurrection, sans doute aurait-il pu devenir l'un des cinq Directeurs, persuadé, avec raison, « qu'il le serait bientôt seul ». L'Histoire eût été privée de l'expédition d'Égypte et Bonaparte aurait pu ceindre plus tôt la couronne impériale. Mais Napoléon n'avait pas l'âge requis pour devenir Directeur. La constitution de l'an III pourrait-elle être violée en sa faveur ? Il hésita... alors que cette constitution devait en voir bien d'autres ! Par ailleurs, l'un des cinq rois du Directoire accepterait-il de lui laisser sa place ? N'était-ce pas faire entrer le loup dans la bergerie ? Si tant est que ce gouvernement de pourris puisse être comparé à une innocente bergerie — l'étable fournissait une meilleure comparaison...

Mais les citoyens Directeurs font passer cette appréhension au second plan. Ils craignent pour leur vie. Les royalistes relèvent de plus en plus la tête. La flambée de fructidor va-t-elle brûler le régime ? Bonaparte, ils le lui demandent une nouvelle fois, veut-il se décider à venir mettre le holà ?

— Bonaparte n'arrivera que pour nous venger, soupire Barras, il nous trouvera pendus !

Le 7 août, ce n'est pas Bonaparte qui débarque à Paris, mais Augereau, le fils de maçon, aussi brave que brutal. Envoyé d'Italie par son chef, il déclarera paisiblement en mettant pied à terre :

— Je suis venu pour tuer les royalistes.

— Quel fier brigand ! s'exclame alors Reubell, tranquillisé par la stature de ce colosse.

Augereau trempe sa plume dans l'encre du temps pour apaiser les craintes de son chef : « Notre pureté et notre courage sauveront la République du précipice affreux où l'ont plongée les agents du trône et de l'autel. »

Quelque temps plus tard, les 3 et 4 septembre — autrement dit les 17 et 18 fructidor — le coup de barre à gauche réussit parfaitement. On condamne à mort, on fusille, on envoie au bagne conspirateurs et députés ennemis du régime. La rue demeure calme, ce qui permet à La Révellière-Lépeaux de s'extasier : « Pas une goutte de sang n'a été répandue. » Les cent soixante fusillés de la plaine de Grenelle ne furent peut-être pas tout à fait de cet avis... Assurément le coup d'État a criblé de tant de plomb le parti royaliste qu'il ne s'en relèvera pas.

Venant de Milan, Bonaparte est arrivé, le 27 août, à Passeriano où vont se dérouler les conférences avec l'Autriche. Il loge au bord du Tagliamento, dans une maison de campagne — presque un château — ayant appartenu à Manni, doge de Venise. Chaque jour il se rend à Udine où se trouvent les plénipotentiaires autrichiens. L'empereur a longtemps tardé avant d'accepter l'ouverture des négociations — ce qui a permis à Napoléon de s'exclamer :

— Il est impossible de se moquer de nous avec aussi peu de pudeur...

Enfin l'empereur se décide. En voulant maintenant conclure la paix le plus rapidement possible, François II espérait bien que son envoyé, l'ambassadeur Cobenzl, aurait la tâche aisée.

La première entrevue entrevue entre les deux chefs des délégations se passe fort mal. Laid et gros, Cobenzl paraît à Bonaparte « pas très accoutumé à discuter, mais bien à vouloir toujours avoir raison ». « Ces gens-là, précise-t-il, ont de grandes prétentions. » Aussi, sans plus tarder, Napoléon recommande-t-il au Directoire de se tenir éventuellement prêt à agir sur le Rhin.

Les « compensations » demandées par l'empereur François consistent à obtenir le territoire de Venise jusqu'à l'Adige. « Il paraît, annonce Bonaparte, que l'Autriche accorderait à la France Mayence : Je dis *il paraît*, précise-t-il, parce qu'en réalité, notre conversation avec M. le comte de Cobenzl n'a été, de son côté, qu'une extravagance. C'est tout au plus s'ils veulent bien nous faire la grâce de nous donner la Belgique ! Je vous fais grâce de ma réponse là-dessus, comme notre discussion, qui vous ferait connaître ce que ces gens-ci appellent diplomatie. »

Ce même soir, au cours de la réunion suivante, Bonaparte et Cobenzl ont une conversation longue de près de cinq heures. Raidissant sa position, Napoléon lui déclare qu'il ne peut consentir « sous aucun prétexte et dans aucune circonstance », à ce que l'empereur devienne maître de Venise. Le diplomate qui croyait la chose acquise a un sursaut de véritable frayeur et, après un long silence, ses aplombs retrouvés, il demande d'une voix blanche :

— Si vous faites toujours cela, comment voulez-vous qu'on puisse négocier ?

Le 6 octobre, les négociations paraissent « à peu près rompues » et Napoléon prévoit la reprise de la guerre avant douze jours. Puisque la vieille diplomatie autrichienne ne parvient point à se mettre à la nouvelle mode, la parole sera donnée au canon ! Le 9 octobre, Bonaparte menace les Autrichiens de mettre le cap sur Vienne et leur laisse deviner qu'il a reçu l'ordre du Directoire de marcher sur la capitale de l'Empire. C'est exact... mais Napoléon ne leur répète pas qu'il a répondu à Talleyrand : « Je vous avoue que je ferai tout pour avoir la paix, vu la saison très avancée et le peu d'espérance de faire de grandes choses. » Au cours de la discussion, Napoléon accroche par mégarde un cabaret de porcelaine et — toujours la légende — il affirmera ensuite l'avoir fait exprès :

— C'est ainsi que je vous briserai ! menace-t-il.

« Il s'est comporté comme un fou », rapporte Cobenzl horrifié et encore tout tremblant, à Vienne. Comment discuter avec un tel homme ? Cette fois, il n'est même plus question de parler avec pudeur — et imprécision — des « frontières constitutionnelles » de la France. Le général en chef exige maintenant « toute la rive gauche du Rhin ». Et comme le malheureux Cobenzl, ne sachant plus quel argument invoquer, lui déclare que l'empereur d'Autriche ne peut agir *au nom* de l'empire d'Allemagne, Napoléon lance la phrase célèbre :

— L'Empire est une vieille servante habituée à être violée par tout le monde !

Son souffle revenu, Cobenzl reprend :

— Au moins, en échange de cette rive gauche, l'Autriche ne pourrait-elle pas avoir Venise ?

La discussion tourne à l'aigre. On se menace des deux côtés.

— Vous oubliez que vous négociez ici au milieu de mes grenadiers ! s'exclame Bonaparte.

Tandis que Cobenzl, qui a retrouvé son calme, répond :

— L'empereur désire la paix, mais ne craint pas la guerre. Quant à moi, j'aurai la satisfaction d'avoir fait la connaissance d'un homme aussi célèbre qu'intéressant.

Le matin du 13 octobre 1797, en venant réveiller Bonaparte, Bourrienne lui annonce que les montagnes se sont couvertes de neige pendant la nuit. Napoléon ne veut pas le croire. Il se lève d'un bond, court vers la fenêtre et doit se rendre à l'évidence :

— Avant la mi-octobre ! Quel pays ! Allons, il faut faire la paix...

Marcher sur Vienne est devenu impossible.

— Comment résister à toutes les forces autrichiennes qui se porteront au secours de Vienne ? ajoute-t-il. Il faut plus d'un mois pour que les armées du Rhin me secondent, et dans quinze jours les neiges encombreront les routes et les passages. C'est fini, je fais la paix. Venise paiera les frais de la guerre et la limite du Rhin. Le Directoire et les avocats diront ce qu'ils voudront.

On donnera finalement Venise, l'Istrie et la Dalmatie à l'empereur ; la république *cisalpine* s'étendra jusqu'à l'Adige, Mantoue et Peschiera, tandis que la France occupera Mayence et aura le Rhin comme frontière. Le vieil adage est accompli :

Quand la France boira le Rhin,
Toute la Gaule aura sa fin.

Le 17 octobre, « une heure après minuit », les signatures sont échangées à Passeriano, mais le traité est daté de Campoformio, où personne n'a jamais mis les pieds, et qui se trouve à mi-chemin des deux résidences.

En prenant congé de Cobenzl, Bonaparte s'excuse d'avoir conduit les négociations d'une manière fort peu diplomatique :

— Je suis, dit-il, en souriant, un soldat habitué à jouer ma vie tous les jours ; je suis dans tout le feu de ma jeunesse, je ne puis garder la mesure d'un diplomate accompli...

Et les deux hommes de s'embrasser... Ils se retrouveront.

Lorsque le 26 octobre, le texte du traité arrive à Paris, les Directeurs témoignent presque de la fureur. Ainsi Bonaparte a osé signer sans leur autorisation, et échanger avec les Autrichiens Venise qui avait été conquise, contre Milan qui leur avait été pris ! Mais que faire ? « Si le Directoire eût refusé sa ratification, expliquera La Révellière, il était perdu dans l'opinion. » Quelques « détails » arrondiront les angles. Une « commission des Arts » va diriger vers Paris le célèbre Lion de Venise, dont on ignore d'ailleurs l'origine, sinon qu'il fut hissé au XIIe siècle place Saint-Marc, en haut d'une colonne venue de Syrie. En revanche, on sait que les célèbres chevaux de cuivre ornaient autrefois la loge impériale de Byzance. Les Croisés s'en étaient emparés lors de la IVe croisade. Les chevaux seraient également érigés à Paris lorsque serait terminé l'arc de triomphe du Carrousel. Et ceci consola de cela...

Le Gouvernement, faisant contre mauvaise fortune bon cœur, proclame que le traité remplit « tous ses vœux », et, ce même 26 octobre, pressé de se débarrasser de Bonaparte, lui donne le commandement de l'armée de l'Angleterre, une armée chargée d'envahir un jour les îles Britanniques !... Puis, afin de ne pas entendre « le sabre » traîner bruyamment sur les parquets du Luxembourg, les Directeurs écrivent à Napoléon pour lui annoncer que le gouvernement « lui ménageait une autre récompense » : celle « de mettre lui-même la dernière main au grand ouvrage » qu'il avait « si fort avancé ». On le nommait, en conséquence, premier plénipotentiaire au congrès de Rastadt qui allait s'ouvrir et devait entériner les décisions datées de Campo-Formio, concernant l'Empire germanique.

A Paris, le délire monte aux cerveaux. On compare le signataire de Campoformio à « l'un des plus grands hommes de l'Antiquité », tandis que Monge déclare que, depuis Vercingétorix, la France n'a possédé pareil héros...

Avant de prendre le chemin dc Rastadt, Bonaparte donne en chef d'État ces conseils au peuple cisalpin :

« Ralliez-vous ; faites trêve à vos méfiances, oubliez les raisons que vous croyez avoir de vous désunir, et, tous d'accord, organisez et consolidez votre gouvernement... Pour être dignes de votre destinée, ne faites que des lois sages et modérées. Faites-les exécuter avec énergie... Il en est des États comme d'un bâtiment qui navigue et comme d'une armée ; il faut de la froideur, de la modération, de la sagesse et de la raison dans les conceptions des ordres, commandements et lois, de l'énergie et de la vigueur dans leur exécution. »

Dans la soirée du 26 novembre, Bonaparte, dans un carrosse tiré à huit chevaux et « enveloppé » par trente hussards, arrive à Rastadt, à mi-chemin de Baden-Baden et de Karlsruhe. Il s'installe au château, dans les mêmes appartements que ceux occupés par le maréchal duc de Villars, à la fin du règne de Louis XIV. « J'ai, comme vous voyez, voyagé en casse-cou, annoncera-t-il ce même soir au Directoire, et je n'ai pas été peu étonné de voir que ces ganaches de plénipotentiaires de l'empereur n'étaient pas encore arrivés, hormis le général Merveldt. »

Le surlendemain, les plénipotentiaires autrichiens atteignent à leur tour Rastadt. Metternich, qui représente l'empereur d'Autriche, fait la grimace : il avait pensé que l'appartement du château lui serait réservé. Du côté français, le Directoire a envoyé l'ancien conventionnel Jean-Baptiste, futur comte de Treilhard. Il a juré « haine à la royauté » lors de sa nomination de président des Cinq-Cents — ce qui ne l'empêchera pas, à la fin du Consulat, d'être l'un des plus ardents « supporters » de l'établissement de l'Empire. La délégation française compte encore le farouche Bonnier d'Arco, enfin Merlin, flanqué de son épouse qui, nous dira Bonaparte, « est tout ce qu'il y avait de plus bourgeoise ; elle ne me parla que de ses assiettes, et appelle son mari *Chouchou coquet*. C'est une vraie Madame Angot... »

Les représentants des puissances étrangères se moquent des chapeaux ronds des Français et de leurs souliers fermés avec des cordons en guise de rubans, mais, ainsi que nous le rapporte Lavalette, « il fallait plier devant la République française et les plaisanteries contre ces messieurs expiraient à leur arrivée ».

Le 30 novembre 1797, la Convention est signée et vient confirmer les décisions prises à Udine : Venise est remise à l'empereur François, et Mayence devient française. La ville qui avait déjà été occupée par la France en 1644, en 1688 et en 1792, avait été perdue neuf mois plus tard. Elle était rendue aux Français et, jusqu'en 1814, Mayence sera le chef-lieu du département du Mont-Tonnerre.

Il y a là en germe toutes les causes des guerres napoléoniennes. L'Angleterre n'admettra jamais que la France occupe la rive gauche du Rhin. Quant à l'Autriche, chassée des Pays-Bas, elle ne pourra se résoudre à se trouver également frustrée de la plus grande part de son gâteau italien. Tant que la France ne sera pas muselée dans ses limites naturelles, sans cesse la guerre renaîtra... Et elle renaîtra d'autant plus que l'empire napoléonien repoussera ses frontières « françaises » jusqu'à l'Elbe et la mer Ionienne !

Après un voyage qui, selon Marmont, « fut un triomphe continuel », Bonaparte, « habillé en bourgeois », passe la barrière de Paris — la barrière du Trône renversé — à la fin de l'après-midi du 5 décembre.

Le 10 décembre, à l'occasion de la remise des drapeaux conquis en Italie, les cinq membres du Directoire reçoivent Bonaparte avec magnificence en ayant soin de cacher combien ils ont été froissés de le voir signer sans autorisation le traité de Campo-Formio.

Les fêtes en son honneur vont se poursuivre. Il respire tout cet encens, non avec joie — Bourrienne nous dit même qu'il semblait au supplice — mais en considérant l'adulation dont il est l'objet « comme un des inconvénients de sa position... il savait que, dans la disgrâce, il serait bientôt délivré de ce fléau ».

— Je ne dois qu'à la curiosité et à la nouveauté, toutes ces flagorneries officielles qui s'appliquent à tout le monde, en changeant seulement la date, le titre et le nom.

Une seule récompense lui fait plaisir : il est élu à l'Institut, classe des sciences physiques et mathématiques ; le fauteuil de Carnot ayant été déclaré vacant — non par la mort du titulaire, mais à la suite du coup d'État de fructidor. Bonaparte eut onze rivaux. Le mécanisme adopté pour le vote — inventé par le mathématicien Borda — était si parfaitement incompréhensible qu'il est inexplicable... Aux Archives, on peut toujours lire cette note :

104 bulletins formant au total 624 votes
Le général Bonaparte obtient.............................. 305 votes
Le général Dillon.. 166 votes
Le citoyen Montalembert.................................. 123 votes
Total ....624 votes

Or cette addition établie en présence des plus illustres mathématiciens de l'époque est fausse. Ce n'est pas 624 votes qu'il faut lire, mais 594... Ce qui n'en donnait pas moins à Bonaparte une copieuse avance sur ses concurrents !

Le soir du 30 décembre, Bonaparte eut une surprise « pleine de grâces ». En rentrant chez lui, il vit des ouvriers occupés à changer la plaque portant le nom de la rue Chantereine. Désormais, elle s'appellera *rue de la Victoire*.

Joséphine avait ordonné des travaux coûteux. La chambre à coucher, située au premier étage, était devenue une tente aux tissus rayés, ornée de sièges-tambours. Les lits « à l'antique » se rapprochaient ou s'éloignaient selon un ingénieux ressort.

— Tout était de nouveau modèle, fait exprès, dira Bonaparte.

Dès le lendemain, Bonaparte, qui a revêtu son habit vert de l'Institut, se rend à la fête donnée par Talleyrand à l'hôtel Gallifet, en l'honneur de la femme du général en chef de l'armée d'Italie. La décoration, le service, le jeu, le buffet, sont dignes de l'Ancien Régime ; le poète Arnault, qui a dîné rue de la Victoire, accompagne Joséphine et son mari.

— Donnez-moi votre bras, lui dit Bonaparte en entrant dans la salle de bal. Je vois là nombre d'importuns prêts à m'assaillir. Tant que nous sommes ensemble, ils n'oseront pas entamer une conversation qui interromprait la nôtre. Faisons un tour dans la salle, vous me ferez connaître les masques, car vous connaissez tous le monde, vous...

La foule fait la haie, comme pour des souverains. On se croirait presque revenu à Versailles. Bonaparte est si entouré que Mme de Staël — la célèbre femme de lettres — demande à Arnault de l'aider à approcher du grand homme. Arnault y parvient.

— Mme de Staël prétend avoir besoin auprès de vous d'une autre recommandation que son nom, déclara-t-il à Bonaparte, et veut que je vous la présente. Permettez-moi, général, de lui obéir.

« Le cercle se resserre alors autour de nous, racontera Arnault, chacun étant curieux d'entendre la conversation qui allait s'engager entre deux pareils interlocuteurs... »

« Corinne » offre au vainqueur une branche de laurier :

— Il faut les laisser aux Muses, refuse froidement Bonaparte.

Assurément, ce bas-bleu de Corinne l'énerve. Elle insiste :

— Général, quelle est la femme que vous aimez le plus ?

— La mienne !

— C'est tout simple, mais quelle est celle que vous estimeriez le plus ?

— Celle qui sait le mieux s'occuper de son ménage.

— Je le conçois encore, mais enfin, quelle serait pour vous la première des femmes ?

— Celle qui fait le plus d'enfants, Madame !

L'encens dont les Parisiens l'enveloppent ne l'a point grisé. Les acclamations qui saluent son arrivée au théâtre le gênent. Tôt désabusé, il confie à Bourrienne :

— On ne conserve à Paris le souvenir de rien. Si je reste longtemps sans rien faire, je suis perdu. Une renommée dans cette grande Babylone en remplace une autre ; on ne m'aura pas vu trois fois au spectacle qu'on ne me regarda plus.

Songe-t-il à prendre le pouvoir — ou, du moins, à y participer en demandant une dispense d'âge pour devenir Directeur ? Barras — témoin suspect — affirmera qu'un soir Bonaparte lui parla « avec une singulière vivacité, de la docilité des peuples italiens, de l'ascendant qu'il avait sur eux ».

La suite de la confidence est moins croyable :

— Ils ont voulu me faire duc dc Milan ct roi d'Italic.

« Je fus peu maître de ma sensation dès le commencement de ce discours, poursuivit Barras. Bonaparte, s'apercevant, avec sa promptitude incomparable, que je sentais la sonde, se reprit, comme en paraissant continuer, et me dit :

— Mais je ne pense à rien de semblable dans aucun pays.

— Vous faites bien de ne pas y songer en France, car le Directoire vous enverrait demain au Temple pour récompenser une pareille idée ; il n'y aurait pas quatre personnes qui songeassent à s'y opposer. Il faut vous souvenir que nous sommes en République. »

Toujours selon Barras, au lendemain de Rastadt, chaque fois que Bonaparte se rendait au Directoire, « il avait l'air de frémir et il trépignait quand on le laissait attendre quelques instants. Nous mettions même quelquefois de la malice à le faire attendre un peu. Lorsque, entré, il voulait se mettre directorialement à notre table, comme un collègue, nous repoussions sa familiarité par un excès de politesse, en lui donnant un siège qui n'était pas le nôtre. »

Une autre idée l'anime. Dès son arrivée d'Allemagne, Bonaparte s'est mis au travail afin de préparer l'expédition contre l'Angleterre dont il doit prendre le commandement. Sans enthousiasme il donne les ordres nécessaires pour rassembler les flottes à Brest.

Il l'explique à son compagnon de Brienne :

— Bourrienne, tout s'use ici, je n'ai déjà plus de gloire, cette petite Europe n'en fournit pas assez. Il faut aller en Orient : toutes les grandes gloires viennent de là !

Une descente en Égypte lui paraît « propre à entretenir sa renommée et à rehausser encore l'éclat de son nom... »

Mais comment convaincre le Directoire que, pour abattre Albion-la-Perfide, il valait mieux faire flotter le drapeau français en haut des minarets du Caire que sur la Tour de Londres ?

Depuis bientôt un demi-siècle, l'autorité de la Porte, tombé en quenouille, consistait simplement à voir son représentant accueilli en grande pompe au Caire et, pratiquement, les Mameluks — dix à douze mille hommes — se trouvaient les seuls maîtres du pays. Assurément, il y avait une carte à jouer en affirmant que l'on venait, non en conquérant, mais en qualité d'ami du Sultan, pour libérer la population indigène du joug des Mameluks.

Cette opération se présentait comme une folie. Mais Bonaparte n'était point fou...

— Je mesurais mes rêveries au compas de mon raisonnement, dira-t-il.

Quels arguments pouvait-il employer pour défendre son projet ? D'abord les entraves que les beys mameluks — puisque Constantinople et Paris s'entendaient fort bien — apportaient avec un malin plaisir au commerce français. La vie des négociants français installés en Égypte se trouvait, en effet, de plus en plus précaire. Ensuite, l'annexion éventuelle de l'Égypte permettrait de contrôler les routes conduisant vers l'Arabie et les Indes, et remplacerait les colonies perdues sous le règne de Louis XV.

Vouloir atteindre l'Angleterre dans son empire des Indes était alors une idée en avance sur son temps. Aussi, il y eut tout d'abord de la part du Directoire quelques timides observations. L'extravagance du projet fit sursauter certains, mais ils ne virent bientôt qu'une chose : « éloigner le sabre ». Rien de plus dangereux « qu'un héros en chômage », ainsi que le dira Christopher Herold ! Bonaparte, expédié, à sa demande, à des milliers de kilomètres de la France, sa popularité n'empêcherait plus le gouvernement de dormir. Et si les Autrichiens reprenaient les armes ? Qu'importe ! Il fallait tout faire pour écarter le spectre de la dictature militaire ! Et le 5 mars — deuxième anniversaire du départ de Bonaparte pour l'Italie — le nouveau général en chef de l'armée d'Égypte recevait « tous pouvoirs pour réunir trente mille hommes à Toulon, y rassembler une escadre pour le transport et la sûreté de l'expédition ». Mais la destination de l'entreprise devait demeurer secrète. Bonaparte obtenait ainsi carte blanche pour organiser ce que les gens sensés appelaient son suicide : entraîner la meilleure armée française au bout du monde pour nuire à l'Angleterre... dont on voyait les côtes par temps clair, du haut des falaises françaises ! Comme le dit avec raison Bourrienne : « Une victoire sur l'Adige aurait mieux valu qu'une victoire sur le Nil. »

« La terre lui brûle les pieds », ainsi que le rapportera l'un des Directeurs, et Napoléon se jette dans les préparatifs de l'expédition avec passion. Lorsqu'on lit les ordres que Bonaparte va envoyer dans toutes les directions, on demeure pantois. Les moindres détails sont prévus, jusqu'au nombre de paires de bas que chaque homme devra emporter...

Le 9 mai 1798, devant la garde qui veille à l'entrée de Toulon s'arrête un cavalier qui ordonne d'ouvrir les portes :

— Je suis le général en chef Bonaparte !

A Toulon l'attendent l'armée, la flotte, les savants, et une partie du futur empire : Louis, Eugène, Murat, les généraux Berthier, Davout, Lannes, Marmont, Duroc, Bessières. Il y a aussi Kléber et Desaix qui disparaîtront tous deux en 1800.

La flotte achève son rassemblement. En mer, l'armada couvrira huit à dix kilomètres carrés. Lorsque les convois venus de Gênes, de Civita-Vecchia et d'Ajaccio auront rejoint la grande escadre, les forces d'invasion réuniront quatre cents vaisseaux, frégates, bricks, avisos, transports ayant à leur bord cinquante-cinq mille hommes, mille vingt-six canons, mille pièces d'artillerie de campagne, quatre cent soixante-sept véhicules, mille chevaux — sans parler de nombreuses femmes embarquées, outre les cantinières, plus ou moins clandestinement. Un témoin, qui verra la flotte mouiller devant Alexandrie, prétendra que, « saisi d'une frayeur inimaginable », il ne voyait plus la mer « mais seulement des vaisseaux et le ciel ».

Faire traverser à une telle concentration la Méditerranée sur presque toute sa longueur était une opération dangereuse. Si l'escadre anglaise de Nelson, déjà alertée, rencontrait la flotte de Bonaparte, l'expédition risquait d'être anéantie ou, du moins, si diminuée, que plans et projets pouvaient s'effondrer. Pourrait-on même combattre avec ces bateaux surchargés de terriens ?

Dès son arrivée, Bonaparte a harangué ses troupes :

— Je vais actuellement vous mener dans un pays où, par vos exploits futurs, vous surpasserez ceux qui étonnent aujourd'hui vos admirateurs et rendrez à la patrie des services qu'elle a le droit d'attendre d'une armée invincible. Je promets à chaque soldat qu'au retour de cette expédition il aura à sa disposition de quoi acheter six arpents de terre.

— Vive la République immortelle ! crient d'une seule voix cinquante mille hommes.

Le 19 mai, il gravit les trente-deux échelons conduisant au pont de l'*Orient* et peut écrire au Directoire : « Il est sept heures du matin. L'escadre légère est sortie, le convoi défile et nous levons l'ancre avec un très beau temps. »

Après avoir reçu cette nouvelle, Barras notera, soulagé :

— Il est enfin parti. Le sabre s'éloigne...

Aussi peu croyable que cela puisse paraître, rares sont ceux parmi les compagnons de Bonaparte qui connaissent le but réel du voyage. Certains pensent à la Sicile ou à Naples. Seuls, les plus aventureux envisagent une expédition vers le Levant. Cependant, pour l'instant, la plupart des passagers, en proie au mal de mer, entassés, mangeant mal, regrettent la terre et oublient leurs maux en se moquant des six arpents promis par le général en chef...

Le 9 juin, après trois semaines de mer, l'*Orient* et l'escadre française arrivent à Malte devant le port de La Valette. « Jamais, racontera un témoin, Malte n'avait vu dans ses eaux une flotte aussi nombreuse. La mer était au loin couverte de bâtiments de toutes grandeurs, dont les mâts ressemblaient à une immense forêt. »

Les chevaliers de Malte peuvent-ils résister ? Ils sont trois cent trente-deux — dont deux cents Français — et les dix à douze mille hommes de la garnison maltaise n'ont aucune allure guerrière. L'artillerie — un millier de canons — est inutilisée depuis un siècle, cependant Hompesh hésite. Bonaparte n'est pas d'humeur à attendre sous l'orme. Et l'ordre est donné d'attaquer les premières défenses de La Valette. Une résistance de ces vieux débris du Moyen Age chrétien — même de quelques jours — eût certes fort ennuyé Bonaparte qui s'attendait toujours à voir apparaître les voiles de Nelson. Fort heureusement, la peur fait perdre la tête au Grand Maître et il prend le parti de capituler. Malte est cédé à la France moyennant l'octroi de pensions au Grand Maître et aux chevaliers.

Durant la semaine où il restera à Malte, Bonaparte, « avec l'impétuosité d'un cyclone » — l'expression est de Herold — dicte cent soixante-huit rapports. Il organise, légifère, s'occupe de l'aménagement des hôpitaux, de la religion, de la garde nationale, des impôts, de la poste, du costume, de la justice, des pensions. Il réquisitionne de l'argent, des armes, des vaisseaux, des frégates, des galères de l'Ordre et renvoie vers le continent les chevaliers — sauf trente-quatre qui s'engagent dans l'armée d'Égypte.

Le 19 juin, Bonaparte quitte Malte. Nelson court toujours après lui sans le joindre. Dans la nuit du 22 au 23, les vaisseaux de l'amiral anglais, marchant deux fois plus vite que ceux de Bonaparte, passent sans s'en apercevoir à quelques milles de distance des Français. Le 25, la flotte d'invasion est en vue de la Crète — ce qui fournit au général en chef un nouveau thème de discussion : « les fables ingénieuses de la mythologie et la décadence de l'empire d'Orient ». Le 29 juin, Nelson, avec quatorze vaisseaux, entre dans le port d'Alexandrie. Point de flotte française ! Ulcéré, les nerfs à bout, il repart vers la Sicile.

Il en reviendra.

Deux jours plus tard, à l'aube, Bonaparte a devant lui la côte de l'Égypte. Alexandre et César avaient connu avant lui ce même spectacle. La vue de ce pays plat et brûlé par le soleil fait naître parmi la troupe la plaisanterie bientôt classique :

— Regarde ! voilà les six arpents de terre qu'on t'a décrétés !

Bonaparte recommande ensuite aux athées républicains, à ceux qui, il n'y a guère longtemps, acclamaient la déesse Raison, d'avoir des égards — et même du respect — pour les croyants : « Les peuples avec lesquels nous allons vivre sont mahométans ; leur premier article est celui-ci : *Il n'y a pas d'autre dieu que Dieu et Mahomet est son prophète.* Ne les contredisez pas ; agissez avec eux comme nous avons agi avec les Juifs, avec les Italiens ; ayez des égards pour leurs muphtis et leurs imams, comme vous en avez eu pour les rabbins et les évêques ; ayez pour les cérémonies que prescrit l'Alcoran, pour les mosquées, la même tolérance que vous avez eue pour les couvents, les synagogues, pour la religion de Moïse et celle de Jésus-Christ... »

La nouvelle de la prise de Malte a créé fermentation et inquiétude à Alexandrie. Aussi les Mameluks ou, pour être plus précis, les deux principaux beys — Mourad, chef de l'armée, et Ibrahim, chef de l'administration — ont-ils fait trompetter le branle-bas de combat à travers la province de Bahyreth.

Le débarquement se présente mal. Le vent est grand, frais, et la mer extrêmement houleuse. Une nuit entière est nécessaire pour atteindre le rivage, nombreuses sont les embarcations qui chavirent sur les récifs. Le mal de mer se met de la partie et les noyades sont assurément plus nombreuses que ne l'affirmera Bonaparte.

A son tour, à une heure du matin, le 2 juillet — 14 messidor, an VI — Napoléon prend pied sur la terre égyptienne, non loin de la plage du Marabout. A trois heures du matin, il passe en revue cinq mille hommes.

Leur moral est exécrable.

Toute l'armée est même « en insurrection », précisera Bonaparte. Pas plus le ravitaillement que le matériel, pas plus les chevaux que l'artillerie n'ont été débarqués. Les puits sont vides... Pas une goutte d'eau à trouver. On se met en marche vers la ville. Des cavaliers bédouins tourbillonnent sur les côtes et sur les arrières de la colonne. Les traînards — parmi lesquels se trouvent plusieurs femmes — sont faits prisonniers.

A la pointe du jour, l'avant-garde arrive devant Alexandrie. Bonaparte ne pense plus à la soif : il vient de voir se dresser dans la claire lumière de l'aube la fière colonne de granit rouge de Pompée. Il court vers elle et escalade le socle. Il regarde les deux obélisques de Cléopâtre et les remparts arabes d'où émergent les minarets et les coupoles.

L'Orient de ses rêves est devant lui...

Des murailles, on commence à parlementer avec les défenseurs assez mal armés. « Tout à coup, racontera le lieutenant Desvernois, éclatent des hurlements effroyables d'hommes, de femmes et d'enfants et une décharge d'artillerie nous fait connaître les intentions des Arabes. Bonaparte fait alors sonner la charge et les hurlements redoublent. A onze heures du matin, cheiks et ulémas livrent la ville. Dès son arrivée, "Bonaparte, membre de l'Institut national, général en chef", lance aux Égyptiens une solennelle proclamation dans laquelle il précise fort habilement :

« Peuples de l'Égypte, on vous dira que je viens détruire votre religion ; ne le croyez pas ! Répondez que je viens vous restituer vos droits, punir les usurpateurs et que je respecte, plus que les Mameluks, Dieu, son prophète et l'Alcoran... Dites-leur que tous les hommes sont égaux devant Dieu ; la sagesse, les talents et la vertu mettent seuls de la différence entre eux. Or, quelle sagesse, quels talents, quelles vertus distinguent les Mameluks, pour qu'ils aient exclusivement tout ce qui rend la vie aimable et douce ? Y a-t-il une belle terre ? Elle appartient aux Mameluks. Y a-t-il une belle esclave, un beau cheval, une belle maison ? Cela appartient aux Mameluks. Si l'Égypte est leur ferme, qu'ils montrent le bail que Dieu leur en a fait. Mais Dieu est juste et miséricordieux pour le peuple... »

Napoléon le reconnaîtra plus tard avec franchise : il s'agissait là d'une forme de démagogie qu'il appellera de nouveau du « charlatanisme ». Et il s'exclamera :

— Il faut être charlatan ! Ce n'est que comme cela qu'on réussit.

Il lui faut l'être, assurément, pour enjoliver la première — et détestable — impression. La chaleur est épouvantable et la poussière qui flotte dans l'air, desséchant gorge et poitrine, se trouve si dense que l'on « voit à peine le disque du soleil ».

Il l'avouera plus tard, « il n'en revient pas d'étonnement » en voyant la médiocrité du port d'Alexandrie.

— Six flûtes ne pouvaient pas y entrer ; je croyais pouvoir y mettre ma flotte en sûreté !

Il demeure là jusqu'au 7, ignorant encore le drame qui se joue sur la route du désert. Le 4 juillet, la division Desaix, envoyée en avant-garde, s'est enfoncée à travers le désert de Bahyreth pour joindre Le Caire par Damanhour, une marche, racontera le soldat François, « dans une campagne de sable, plate, stérile, sans arbres, sans maisons, et par une chaleur insupportable, qui nous oblige à consommer en peu d'heures le peu d'eau que nous avions pu recueillir ».

Épouvanté, Desaix prévient Bonaparte : « Si toute l'armée ne passe pas le désert avec la rapidité de l'éclair, elle périra. »

Napoléon est bien de cet avis. Il a sans cesse présent à l'esprit l'exemple de saint Louis qui, devant ce même désert « passa huit mois à prier, alors qu'il eût fallu les passer à marcher, à combattre et à s'établir dans le pays ».

Il faut battre rapidement l'armée des Mameluks ! Après avoir organisé la « base » d'Alexandrie, Bonaparte part à son tour pour Damanhour où l'avant-garde est en train de se refaire. Dans cette bourgade misérable — bien des villages égyptiens d'aujourd'hui étalent un semblable dénuement — les hommes ont pu acheter des galettes plates, non contre des pièces de monnaie mais contre des boutons de leurs uniformes. Les Égyptiens croient dur comme fer que les Mameluks vont bientôt rejeter les envahisseurs à la mer. Que se passera-t-il quand les futurs vainqueurs découvriront par la présence des pièces que les marchands ont commercé avec les Français ? En montrant des boutons d'uniformes, les Égyptiens pourront affirmer avoir massacré les Infidèles...

Le 14 juillet, Bonaparte passe la nuit à Chadour, puis, dès le lendemain, reprend la route du Caire. Il presse la marche — une marche épuisante sous l'écrasant soleil — tandis que l'on massacre allégrement des villages entiers « afin, nous dit encore le soldat François, de donner un exemple terrible à ce pays demi-sauvage et barbare ».

Le 19, Bonaparte se trouve à Wardan — ou Ouârdan. Bourrienne qui se tient à quelque distance de son général voit Bonaparte parler à Berthier, puis à son aide de camp Julien, et surtout à Junot. Bonaparte est pâle, plus pâle que de coutume. Il y a même, remarquera Bourrienne, « quelque chose de convulsif dans la figure, d'égaré dans son regard ». A plusieurs reprises, il se frappe la tête. Soudain, le visage défait par la colère, blême, Bonaparte s'avance vers lui et lui lance, « d'une voix altérée » :

— Vous ne m'êtes point attaché. Les femmes !... Joséphine !... Si vous m'étiez attaché, vous m'auriez informé de tout ce que je viens d'apprendre par Junot. M'avoir trompé !... Elle !... Malheur à eux ! J'exterminerai cette race de freluquets et de blondins !... Quant à elle ! Le divorce !... Oui, le divorce ! Un divorce public, éclatant !... Il faut que j'écrive... Je sais tout !... C'est votre faute ! Vous deviez me le dire !

Quels que soient les sentiments qui l'animent, Bonaparte doit faire taire son cœur et reprendre la poursuite des Mameluks.

Un écrasant spectacle s'offre aux yeux éblouis de l'armée, à l'aube du 21 juillet — 3 thermidor an VI — : d'un côté les pyramides, colossaux et majestueux triangles qui scintillent sous le soleil, de l'autre, derrière le Nil et les remparts, les trois cent cinquante minarets du Caire et, coiffant le tout, la citadelle de Saladin. Douze mille fellahs occupent Embâbeh, plusieurs dizaines de milliers de combattants grouillent dans la plaine, tandis que devant le fleuve occupé par les canonnières d'Ibrahim, la longue ligne de six mille Mameluks étincelants qui s'apprêtent à charger. Bonaparte a-t-il alors dit :

— Soldat, du haut de ces Pyramides, quarante siècles vous regardent ?...

En tous les cas, l'armée occupant un front de plusieurs kilomètres, le fameux discours ne fut assurément entendu que par quelques unités ! Les officiers donnent l'ordre : *A vos rangs !* En un instant les hommes sont disposés en carré sur six rangs de profondeur, prêts à soutenir le choc. L'ennemi fonce. Lorsqu'il est à cinquante pas, une grêle de balles et de mitraille l'accueille. Le carnage est affreux. Bientôt, les Mameluks en fuite se jettent dans le Nil. L'effroyable boucherie s'achève dans le fleuve.

Les « quarante siècles » peuvent maintenant contempler un extravagant spectacle. Un gigantesque bazar s'établit sur le champ de bataille ; on dépouille, on vend, on troque. « Les uns, nous dit un témoin, se coiffent de turbans, tout sanglants encore ; les autres se drapent fièrement dans des pelisses fourrées de zibeline ou dans des vestes brodées d'or. »

Au Caire — immense cité dont la superficie est plus grande que celle de Paris — c'est la consternation. Mourad et Ibrahim se sont enfuis, tandis que le pacha Abou-Bekr, pâle représentant du sultan de Constantinople, suit leur exemple. Aussi les cheiks arabes et les ulémas décident-ils de capituler et, le 24 juillet, Bonaparte fait son entrée dans la ville. Il est à cheval, ayant à son côté le général Kléber, splendide soldat aux formes athlétiques, et qui attire bien davantage l'admiration des Arabes que le petit général au teint jaune et à l'allure chétive. Il établit son quartier général dans la maison de Mourad-Bey.

Le 8 août, il quitte la ville pour Belbeïs à la poursuite d'Ibrahim-Bey. En chemin, il croise la caravane pour La Mecque ; les pèlerins l'appellent « le roi de France ». Le matin du 14 août, à Belbeïs, au nord du désert du Sinaï, un paysan tend à Lavalette une lettre que lui avait remise un officier français venu d'Alexandrie, et dont le cheval épuisé ne pouvait plus avancer. L'aide de camp pâlit en jetant les yeux sur le billet : c'est la nouvelle du désastre d'Aboukir : toute la flotte française, à l'ancre, surprise par Nelson, a été détruite ou capturée. Bonaparte lit à son tour le billet avant de passer à table...

— Vous savez ce qu'il contient, déclare-t-il à Lavalette, gardez le secret.

Le déjeuner est fort gai. Les troupes viennent d'enlever aux Mameluks tout le butin qu'ils avaient pris à une caravane. Bonaparte décide que les soldats pourront vendre les marchandises à leur profit, dès le retour au Caire. Tous les convives ont le sourire lorsque, au milieu du repas, il annonce paisiblement :

— Eh bien, vous vous trouvez bien dans ce pays, cela est heureux car nous n'avons plus de flotte pour nous ramener en Europe...

La consternation est générale et chacun repousse son assiette, tandis que Bonaparte essaye de rendre moins dramatique la situation :

— Eh bien, nous voilà dans l'obligation de faire de grandes choses ! Nous les ferons ! De fonder un grand empire. Nous le fonderons ! Des mers dont nous ne sommes par maîtres nous séparent de la patrie, mais aucune mer ne nous sépare ni de l'Afrique ni de l'Asie. Nous sommes nombreux, nous ne manquerons pas d'hommes pour recruter nos cadres. Nous ne manquerons pas de munitions de guerre, nous en aurons beaucoup ; au besoin, Champ et Conté nous en fabriqueront.

Sans doute a-t-on perdu les vaisseaux de ligne, mais les bateaux de transport se trouvent toujours dans le port d'Alexandrie. Et puis, la flotte française de l'Atlantique ne se portera-t-elle pas à leur secours ? Que le désastre d'Aboukir ne leur fasse pas oublier les victoires remportées par l'armée ! Paris recevra en même temps les deux nouvelles et les noms prestigieux des Pyramides, du Caire et du Nil sauront éclipser celui d'Aboukir qui ne dit rien à personne.

Bonaparte et ceux qu'il avait entraînés dans cette folle aventure ne se trouvaient pas moins prisonniers de leur conquête — d'une conquête qui était d'ailleurs bien loin d'être accomplie.

« LE SULTAN EL KÉBIR »

La supériorité de Mahomet est d'avoir fondé une religion en se passant de l'enfer.

NAPOLÉON.

En se penchant sur la liste des « articles » que le général en chef demande au Directoire de lui faire parvenir de France, on se rend compte des besoins de l'armée. Les « envahisseurs » réclament aussi bien du savon, de l'huile, des draps, du vin, des « graines de toutes espèces de légumes », que des chirurgiens, des médecins, des pharmaciens, des liquoristes, des distillateurs, et même — exigence des plus inattendues — des danseuses et des montreurs de marionnettes...

En attendant la « livraison », lors de l'inauguration de l'Institut d'Égypte, le général en chef bombarde les savants de questions :

— Peut-on apporter quelque amélioration aux fours employés par l'armée ? Et comment ?

— Peut-on fabriquer de la bière sans houblon (qui ne pousse pas en Égypte) ?

— Quels sont les moyens usités pour purifier l'eau du Nil ?

— Quel est, au Caire, le plus convenable à construire, du moulin à eau ou du moulin à vent ?

— Y a-t-il en Égypte des ressources pour la fabrication de la poudre ?

Bref on manque de tout et cette situation ne met point les cœurs à l'aise. Dégoût du pays, lassitude et désir de rentrer chez soi : tel est alors l'état d'esprit des troupes, celui des officiers et même des généraux. Lors d'un dîner chez le général Duguas, Bonaparte interpelle Murat :

— Comment vous trouvez-vous en Égypte ?

— A merveille, répond le sabreur qui tremble devant son chef.

— Tant mieux ! Je sais que plusieurs d'entre vous prêchent la révolte : qu'ils prennent garde ! La distance d'un général et d'un tambour à moi est la même. Et si le cas se présentait, je ferais fusiller l'un comme l'autre. Quant à vous, Murat, si vous bronchez, je vous ferai mettre du plomb dans la tête.

Il est plus facile d'ordonner que de se résigner ! Bonaparte ne veut pas s'attarder à regarder en arrière et s'organise. Il est bien logé. La maison de Mohamed-Bey-el-Elfi, place Ezbekieh où il s'est installé — le palais de Mourad-Bey ayant été incendié —, est moderne et même somptueusement aménagée : escalier de marbre, fontaines, mosaïques.

Vers le 1er décembre, le général en chef est intéressé par la toute jeune et toute blonde Pauline Fourès, épouse d'un lieutenant d'infanterie qu'elle a suivi en Égypte sous un déguisement masculin. Afin d'éloigner le mari, on l'expédie sur l'aviso le *Chasseur* « pour aborder à un port quelconque du continent ». Débarrassé de l'époux, Bonaparte, au cours d'un dîner, s'affiche avec Pauline. Puis il renverse sur la robe de la jeune femme une carafe d'eau : ce qui lui permet d'aller réparer le dommage dans ses appartements... Lorsqu'un peu plus tard — le 29 décembre — le vaisseau britannique *Lion* intercepta le *Chasseur*, les Anglais, tout en riant sous cape, s'empressent de déposer le mari berné sur les côtes égyptiennes en lui souhaitant « bonne chance ». Il revient au Caire, c'est pour apprendre que le général en chef vit avec sa femme, que les soldats appellent la Cléopâtre de Bonaparte, et les officiers : *Bellilotte*, de son nom de jeune fille — Bellisle.

Bonaparte parviendra à faire divorcer le ménage Fourès et proposera même à sa maîtresse de l'épouser si elle lui donnait un enfant. Car Bonaparte se désolait :

— La petite sotte n'en peut pas faire !

— Ma foi, répondait-elle en riant, ce n'est pas de ma faute !

On traitera Pauline de « souveraine de l'Orient », et nombreux alors sont ceux qui la croient prête à succéder à Joséphine. Du moins, Bonaparte avec cette liaison n'est pas mécontent de faire oublier son état de mari trompé, qui ne lui plaît guère.

Administrer le pays conquis fut, dès l'arrivée de Napoléon au Caire, son souci majeur. Il avait tout d'abord posé cette question :

— Quelle est en Égypte la situation de la jurisprudence, de l'ordre judiciaire civil et criminel et de l'enseignement, et quelles améliorations pourrait-on y porter, que la population désirât ou acceptât ?

Dès le lendemain de son entrée dans la ville, il crée à son tour un *diwan*, ou — moins joliment dit — un Conseil de gouvernement. Son but ? Rendre légale la politique française.

Si les Français apportent aux Égyptiens certaines inventions qui leur manquent — aussi simples que la brouette ou le moulin à vent — il n'est nullement question de gouverner à l'occidentale, et les bourreaux ne chôment point.

« Tous les jours je fais tomber cinq ou six têtes dans les rues du Caire », annonce Bonaparte. Pour commander la police, on choisit un personnage extravagant, un chrétien grec du nom de Barthélemy. Toujours flanqué de sa femme galopant à ses côtés, suivi d'une bande d'estafiers-janissaires, faisant sauter les têtes avec entrain, il inspire la terreur. « Quand on le voyait marcher vers la citadelle, le cimeterre nu, dira Belland, suivi de ses patients garrottés, c'était un spectacle à refouler au fond de bien des cœurs toute intention mauvaise. » C'était bien, là aussi, suivre la tradition en vigueur dans le pays...

On organise pour la troupe des excursions et — fâcheuse manie — certains, tel le sergent fourrier François, graveront leur nom sur les monuments.

Les Égyptiens semblent séduits par l'intérêt que Bonaparte porte à leurs coutumes et à leur histoire. Il émeut la population en présidant la fête du Nil le 18 août. Ce jour-là — le *nilomètre* de l'île de Roudah indiquait que le fleuve avait atteint le niveau de vingt-cinq pieds —, on devait rompre solennellement la digue qui se trouvait à la naissance du canal du Caire et qui livrait passage aux eaux du fleuve. Accompagné de tous les généraux et de l'état-major de l'armée, du Kiaya du Pacha, de l'aga des janissaires, Bonaparte se rend à six heures du matin au Mekias. Un peuple immense couronne tous les monticules bordant le Nil et le canal.

Le canon tonne, une statue représentant la fiancée du Nil est jetée dans les eaux. C'est le signal du bain rituel. On trempe même dans le fleuve les futurs linceuls. Et les poètes arabes psalmodient :

Ô républicain génial
A la mèche légendaire
Tu as apporté à l'Égypte la lumière
Brillante comme une lampe de cristal,
Ya Sallam !

Surnommé par le peuple le sultan *El Kébir* — le Grand Sultan — ou plus familièrement *Abounaparte*, il croit devoir revêtir un turban et une robe orientale, mais, devant l'éclat de rire de l'état-major, il ne porte son déguisement qu'un seul jour.

La bonne volonté de Bonaparte, ce désir touchant de se plier aux coutumes islamiques et de se métamorphoser en sultan El Kébir devrait — du moins le général en chef le pense-t-il — lui concilier les bonnes grâces de ses administrés et leur faire oublier qu'ils ont été « conquis » les armes à la main.

Bonaparte se trompe.

A côté de ces tentatives louables de collaboration, les Égyptiens voient avec fureur certaines mosquées transformées en cafés. Le grand reproche qu'ils adressent aux Français est celui d'être des Infidèles. Les massacrer est donc une œuvre pie qu'Allah doit approuver et qui relève de la guerre sainte.

L'ultime signal de la rébellion est donné à l'aube du 20 au 21 octobre. « Un beau jour, rapportera un témoin — Nicolas-le-Turc — un quelconque cheik d'El Azhar se met à parcourir les rues en criant que tous ceux qui croient à l'unité de Dieu se rendent à la mosquée d'El Azhar. C'est aujourd'hui le jour de combattre les Infidéles. »

A cinq heures du matin, on vient réveiller Bonaparte pour lui annoncer que le général Dupuy, commandant la place, a été tué d'un coup de lance. Le général en chef saute à cheval, et les ordres fusent : « Ordre au général Bon d'envoyer une partie de sa division bivouaquer sur la place du château et une autre à la place Ezbekieh... » — « Ordre au commandement de la 22e à El Qobbeh, de venir occuper les hauteurs entre Le Caire et El Qobbeh. Le mouvement qui a lieu ce matin nécessite le rapprochement des troupes... » — « Ordre au général Dumas de monter à cheval au jour et de faire une patrouille... » — « Ordre au général Bon de faire jeter à terre, pendant la nuit, la grande mosquée, en brisant quelques colonnes... »

Il envoie également Sulkowsky, l'aide de camp qu'il apprécie particulièrement, porter un message au général Dumas. Dans la banlieue du Caire, le cheval de l'officier glisse, Sulkowsky tombe, il est massacré et son corps jeté aux chiens. Le canon se met de la partie et pilonne les quartiers où règne l'émeute, le plus visé est celui qui entoure la mosquée El Azhar. Puis cavaliers et fantassins « nettoyent » le terrain, la rébellion est enfin matée et Bonaparte adresse cet ordre au général Berthier : « Vous voudrez bien, Citoyen général, donner l'ordre au commandant de la place de faire couper le cou à tous les prisonniers qui ont été pris les armes à la main. Ils seront conduits cette nuit au bord du Nil, entre Boulâ et le Vieux-Caire, leurs cadavres sans têtes seront jetés dans la rivière. » Six jours plus tard, il écrira encore au général Reynier : « Toutes les nuits nous faisons couper une trentaine de têtes et de beaucoup de chefs ; cela leur servira, je crois, de bonne leçon. »

Le calme revenu, Bonaparte, hanté par le canal qui unissait autrefois la mer Rouge à la Méditerranée — et également désireux de se concilier les Arabes de Thor, du Hedjaz et du Yemen — décide de se rendre à Suez que le général Bon a occupé le 7 décembre. Suez est au surplus le seul port que les Anglais ont dédaigné de bloquer. Il n'emporte comme vivres que trois poulets rôtis enveloppés dans du papier... Pour arriver aux sources de Moïse, *Abounaparte* emprunte le gué praticable à marée basse, où passèrent autrefois les Hébreux. Mais, au retour, la mer ayant monté, le général en chef et son escorte manquent d'être noyés comme le pharaon de la Bible.

Le 30 décembre, il découvre les vestiges du canal des Pharaons. Par deux fois — il reviendra là le 3 janvier — il suit au galop les traces du canal. Ses compagnons l'entendent s'exclamer :

— La chose est grande, mais ce n'est pas moi qui maintenant pourrais l'accomplir.

C'est en lisant cette phrase qu'un jour, au début du Second Empire, Ferdinand de Lesseps se mettra à rêver — et de ce rêve naîtra le canal de Suez...

« Un homme du nom de Buonaparte, qui se donne pour général français, a porté la guerre dans la province turque d'Égypte. » C'est en ces termes que le sultan Selim III avait annoncé, à Constantinople, le débarquement de Napoléon à Alexandrie et la prise du Caire.

Le 5 décembre, la Porte Ottomane, après avoir conclu une alliance avec la Russie, devenait l'alliée de l'Angleterre et se préparait à marcher contre les Français. Ce serait mal connaître Bonaparte que d'imaginer qu'il allait paisiblement attendre les Turcs à l'ombre des Pyramides...

— Un général en chef, disait-il, ne doit jamais laisser se reposer ni les vainqueurs ni les vaincus.

Aussi décide-t-il de se lancer dans une contre-offensive hardie et d'aller attaquer les Turcs et les Anglais au-delà de l'isthme de Suez, c'est-à-dire en Syrie, formée alors de cinq *pachaliks* : Alep, Damas, Tripoli, Saint-Jean-d'Acre et Jérusalem. Dès la fin du mois de janvier, il détache de son armée les divisions Kléber, Lannes et Reynier, ainsi qu'une partie de la cavalerie de Murat — soit treize mille hommes, dont quatre cents soldats montés sur dromadaires. Sans compter médecins, commissaires, interprètes et — nous sommes en Orient — une foule de serviteurs.

Le 24 janvier 1799, les premières troupes de « l'armée de Syrie » — armée de Palestine eût été géographiquement plus juste — quittent Le Caire et retrouvent les mêmes difficultés qu'elles avaient supportées en traversant les plaines désertiques de Bahyreth : la soif se met de la partie et l'artillerie de siège s'enlise dans les sables. On décide de l'embarquer à Damiette vers Saint-Jean-d'Acre.

Le 10 février, Buonaparte quitte Le Caire en annonçant qu'il reviendra dans un mois...

Il demeurera en réalité quatre mois absent.

Le 3 mars, l'état-major atteint les murs, tout blancs au soleil, de

Jaffa, la Yafo actuelle qui n'est plus qu'un gigantesque marché aux puces, un souk formant le principal faubourg de Tel-Aviv. *La Belle Jaffa* d'où était parti autrefois le prophète Jonas — un voyage qui, on le sait, se termina momentanément dans le ventre de la plus célèbre des baleines !... *Jaffa-la-Belle* qu'un autre général, nommé Marc Antoine, avait donnée en gage d'amour à une autre belle appelée Cléopâtre !... Les souvenirs du passé sont relégués au deuxième plan. Il faut, en effet, mettre le siège devant cette « bicoque » ainsi que Bourrienne baptise dédaigneusement la célèbre cité. La place résiste durant deux jours. Prise d'assaut, elle est livrée à un pillage atroce. Les deux mille hommes qui la défendaient sont passés au fil de la baïonnette. Le dromadaire François — c'est ainsi que l'on désignait les cavaliers du désert — l'écrit : « Des cris, des lamentations se font entendre de toutes parts, poussés par ceux qui n'ont pu s'échapper et sont, en partie, égorgés à leur tour. » Trois à quatre mille Albanais — ou Arnautes, ainsi que les appellent les Turcs — se sont réfugiés dans la citadelle. Les vainqueurs les entourent. Bonaparte envoie deux de ses aides de camp — son beau-fils Beauharnais et Croisier — « pour calmer autant que possible la fureur des soldats ». Dès qu'ils aperçoivent les deux officiers portant leur écharpe blanche, les assiégés « crient des fenêtres qu'ils veulent bien se rendre si on veut leur assurer la vie sauve et les soustraire au massacre auquel la ville est condamnée » :

— Sinon, nous faisons feu et nous nous défendrons jusqu'à la dernière extrémité.

Beauharnais et Croisier acceptent de les faire prisonniers — « malgré l'arrêt de mort prononcé contre toute la garnison de la ville prise d'assaut » — et les conduisent vers le camp français.

Bonaparte, en voyant arriver cette masse d'hommes, lève les bras au ciel :

— Que veulent-ils que j'en fasse ? Ai-je des vivres pour les nourrir ? Des bâtiments pour les transporter en Égypte ou en France ? Que diable m'ont-ils fait là ?

Eugène et Croisier essayent de se défendre :

— Nous étions seuls au milieu de nombreux ennemis et ne nous avez-vous pas recommandé d'apaiser le carnage ?

— Oui, sans doute, réplique Bonaparte, pour les femmes, les enfants, les vieillards, les habitants paisibles, mais non pas pour les soldats armés ; il fallait mourir et ne pas m'amener ces malheureux.

Et il répète avec force :

— Que voulez-vous que j'en fasse !

On fait asseoir les prisonniers pêle-mêle devant les tentes. On leur donne un peu de biscuit et de pain prélevés sur les provisions déjà fort maigres de l'armée. Puis on leur attache les mains derrière le dos.

Bonaparte tient conseil avec tous les divisionnaires. Un conseil qui se prolongera durant plusieurs heures. Que faire de ces trois ou quatre mille hommes ?

— Renvoyons-les en Égypte ?

— Il faudrait leur donner une nombreuse escorte et notre petite armée au milieu d'un pays ennemi en serait trop affaiblie. Comment d'ailleurs les nourrir avec leur escorte jusqu'au Caire, sur une route ennemie que nous venons d'épuiser ?

— Faut-il les embarquer ?

— Où sont les navires ? Où en trouver ? Tous les instruments d'optique braqués sur la mer n'y découvrent jamais une seule voile hospitalière.

— Peut-on leur rendre la liberté ?

— Mais ces hommes iront tout de suite à Saint-Jean-d'Acre renforcer le pacha, ou bien ils se jetteront dans les montagnes de Naplouse, nous feront beaucoup de mal sur nos arrières et sur notre flanc droit et nous donneront la mort pour prix de la vie que nous leur aurons laissée. Cela est incontestable. Qu'est-ce qu'un chien de chrétien pour un Turc ?

Et trois jours passèrent ainsi. Le quatrième, Bonaparte prend une décision sans appel : le massacre — sauf pour quatre à cinq cents Égyptiens et artilleurs turcs que l'on espère pouvoir enrégimenter.

Berthier essaye de démontrer à son chef la cruauté de cet ordre. Les prisonniers n'ont-ils pas été admis à « une sorte d'hospitalité » dans le camp français ?

— Tenez, répond Bonaparte en lui montrant un couvent de capucins, entrez là, et si vous m'en croyez, n'en sortez jamais.

Et il ajoute :

— Allons, monsieur le major général, faites exécuter mes ordres, entendez-vous ?

Et ce fut la tuerie.

On conduit les hommes entravés au bord de la mer : le premier jour — le 8 mars — on fusille. Certains, nous raconte Bourrienne, « parvinrent à gagner à la nage quelques récifs assez éloignés pour que la fusillade ne pût les atteindre. Les soldats posaient leurs armes sur le sable et employaient, pour les faire revenir, les signes égyptiens de réconciliation en usage dans le pays. Ils revenaient, mais à mesure qu'ils avançaient, ils trouvaient la mort et périssaient dans les flots. »

Puis, durant trois autres jours, afin d'épargner la poudre, les baïonnettes achèvent le travail.

Le 11 mars, la peste commence ses terribles ravages. Sept à huit cents hommes vont périr. Ce même jour, Bonaparte, suivi de son état-major, vient visiter les hôpitaux — ce qui permettra un jour à Gros de peindre son fameux tableau.

Napoléon se joue de la mort et de la vie. Avec le même calme que les jours précédents où il avait ordonné l'atroce carnage, il risque aujourd'hui son existence. « Se trouvant dans une chambre étroite et très encombrée, il aide à soulever le cadavre hideux d'un soldat dont les habits en lambeaux étaient souillés par l'ouverture d'un bubon abcédé. » Et Desgenettes, qui nous rapporte ce fait, s'y connaissait en héroïsme ! Médecin-chef de l'armée, il est assurément le héros du corps médical qui accompagne Bonaparte. Il brave tous les dangers, et sa réputation de courage sera si grande que, fait prisonnier lors de la campagne de Russie, le tsar le libérera, au seul énoncé de son nom.

Le 19 mars, le Belus franchi (le fleuve a été rebaptisé le Qishon), l'armée arrive enfin devant Saint-Jean-d'Acre, la moderne Akko. Qui commande ce misérable « petit tas de pierres » ? El Djezzar, sir Sidney Smith et, surtout, un émigré français : Phélipeaux, l'ancien camarade de jeunesse de Bonaparte à l'École militaire de Paris... Phélipeaux que le petit Corse ne pouvait pas souffrir autrefois et à qui, pendant les cours, il donnait de furieux coups de pied sous la table ! A la tête des excellentes troupes turques de Djezzar Pacha et ravitaillé par la flotte anglaise — huit cents marins ont été débarqués — c'est Phélipeaux qui va tenir en échec son ancien condisciple.

Tandis que l'armée cantonne sur les mamelons situés hors de la portée des canons de Phélipeaux, Bonaparte installe son artillerie sur la Butte aux Poteries, Tel Harrassim — aujourd'hui la colline Napoléon. Saint Louis et Richard Cœur-de-Lion y avaient campé avant lui ! De cette éminence on peut voir l'intérieur de la ville assiégée, ces vieux quartiers arabes dont la physionomie n'a guère changé et qui se trouvent toujours dominés par la mosquée de Jazzar où, dans un coffret damasquiné, on conserve précieusement quelques poils de la barbe de Mahomet... La ville que Bonaparte a devant lui est construite sur une langue de terre qui s'avance dans la mer et se trouve ceinte de remparts crénelés, flanqués de tours, et truffés de canons. Ces fortifications ont été construites à l'aide de matériaux provenant des anciennes et puissantes murailles en ruines depuis des siècles, et élevées là autrefois par les Croisés. Du côté de la mer qui baigne la ville de trois côtés, la cité est imprenable. Demeure le quartier qui fait face à la Butte aux Poteries... C'est contre celui-ci que, le 28 mars, Napoléon livre le premier assaut. Il est brisé. Deux jours plus tard, une sortie de l'ennemi est repoussée tandis que Djezzar-le-Boucher, imitant Bonaparte, fait étrangler ses prisonniers — en dépit, paraît-il, des protestations de Phélipeaux et de Sidney Smith. Deux cent cinquante canons — plus quelques pièces amenées par les Anglais — crachent leurs boulets sur les Français. Les assiégés n'épargnent point les munitions : ils sont abondamment ravitaillés. Bonaparte, lui, n'a que sa petite artillerie de campagne ; les grosses batteries de siège qui doivent rejoindre l'armée par mer ne sont pas encore arrivées, mais le général en chef est pressé. L'artillerie française manque bientôt d'approvisionnement, aussi Bonaparte invite-t-il les soldats à aller ramasser les boulets envoyés par l'ennemi, « disant qu'ils seraient payés selon le calibre : ceux de 24 : douze sols ; ceux de 18 : neuf sols ; ceux de 12 : huit sols ».

Durant la semaine sainte, le siège « s'installe ». Tandis que les artilleries continuent leur duel et que l'on renvoie à la garnison assiégée ses propres boulets, on creuse des tranchées, trop peu profondes paraît-il. Et, chaque jour, de nouveaux cas de peste se déclarent ! Le 1er avril le deuxième assaut est donné à la ville — sans autre résultat que de voir Bonaparte manquer d'être tué par un mur qui s'effondre à côté de lui. Les morts et les blessés sont nombreux. Une semaine plus tard, les assiégés tentent une nouvelle sortie qui est également repoussée. Les cadavres s'accumulent devant les positions françaises. « Ces cadavres putréfiés, qui nous servaient de retranchements », ainsi que l'écrira le dromadaire François.

Bonaparte, comme autrefois devant Mantoue, ne tient pas en place ; il aime trop le mouvement et s'ennuie prodigieusement. Aussi, le 15 avril, se met-il en route. Il quitte Saint-Jean-d'Acre pour quelques jours afin de voler au secours de Kléber, qui n'a que deux mille hommes avec lui, et se trouve menacé par une contre-attaque du pacha de Damas dans la plaine d'Esdrelon — Umm El Ghanam — dominée par la verrue du célèbre mont Thabor. Les Ottomans sont trente-cinq mille. Durant dix heures, Kléber se bat à un contre dix-sept. Soudain, les combattants entendent trois coups de canon. Un cri parcourt le champ de bataille !

— Bonaparte !

D'une hauteur du massif d'Oaber-Simani, Napoléon a deviné la situation et, au grand galop, accourt vers le lieu du combat.

Les troupes musulmanes, « voyant le secours arriver au général Kléber, racontera Nicolas-le-Turc, comprirent qu'elles étaient entourées elles-mêmes, et cherchèrent leur salut dans la fuite. Les Français, en les voyant courir dans les montagnes, se mirent à rire de leur frayeur. Cette armée, ayant ainsi été dispersée, le général en chef vint trouver le général Kléber. Les deux généraux se jetèrent dans les bras l'un de l'autre en s'embrassant. »

Puis Bonaparte se dirige vers Nazareth. Il s'arrête près de la fontaine de la Vierge et s'installe à l'hostellerie franciscaine — dans la Casa-Nova — où l'on est d'ailleurs toujours fort bien accueilli. C'est également là que furent soignés les blessés de la bataille et il est, aujourd'hui, bien émouvant de consulter les registres paroissiaux où l'on trouve les noms de quelques soldats de Bonaparte, morts là, en dépit des soins prodigués par les Pères.

Les soldats de la République se souviennent qu'ils sont chrétiens. Un soldat ayant eu un doigt arraché, l'enterre en disant :

— Je ne sais ce que deviendra mon cadavre, mais j'aurai toujours un doigt inhumé en Terre Sainte !

Il est à peu près certain que, le 17 avril, Bonaparte ne manqua pas l'occasion de faire l'ascension du mont Thabor que Nabuchodonosor avait gravi et où le Christ s'était transfiguré. Dans la senteur des térébinthes et des cyprès, il a dû monter péniblement le mont sacré — le mont des Taureaux, disent les Arabes — se piquant les jambes aux taillis, faisant rouler les pierres ou enfonçant ses pas dans une terre ocre et noire, sèche comme de la cendre... Mais quelle récompense arrivé au sommet ! En face de lui, il voit les monts sombres du Liban et les montagnes bleutées de Syrie, tandis qu'à perte de vue s'étalent les vallonnements de l'actuelle Jordanie sur laquelle souffle l'étouffant vent du sud, né au cœur du désert du Néguev...

Le 18 avril, Bonaparte est de retour devant Saint-Jean-d'Acre, où le siège interminable et les attaques continuent. Enfin, l'artillerie débarque et est aussitôt mise en batterie sans guère plus de succès. Les assauts infructueux reprennent. A celui du 8 mai, nous raconte Bourrienne, « on criait déjà victoire ; mais la brèche, prise à revers par les Turcs, ne fut plus abordée qu'avec un peu d'incertitude, et les deux cents hommes entrés dans la ville ne furent pas appuyés ».

— Oui, Bourrienne ! s'exclame Bonaparte le lendemain, je vois que cette misérable bicoque m'a coûté bien du monde, et pris bien du temps. Mais les choses sont trop avancées pour ne pas tenter encore un dernier effort. Si je réussis, comme je le crois, je trouverai dans la ville les trésors du pacha, et des armes pour trois cent mille hommes. Je soulève et j'arme toute la Syrie... J'arrive à Constantinople avec des masses armées. Je renverse l'empire turc. Je fonde dans l'Orient un nouvel et grand empire qui fixera ma place dans la postérité et, peut-être, retournerais-jc à Paris par Andrinople ou par Vienne, après avoir anéanti la maison d'Autriche !

Le lendemain, le rêve, une fois de plus, s'évanouit. Les grenadiers se jettent dans la brèche comme des forcenés, mais ils sont reçus par un feu meurtrier et l'ultime assaut — le huitième — échoue...

Bonaparte dès la veille avait pris sa décision :

— Si je ne réussis pas dans le dernier assaut que je veux tenter, je pars sur-le-champ, le temps me presse. Je ne serai point au Caire avant la mi-juin.

Le 11 mai, Bonaparte abandonne le siège ! A cause d'un misérable petit fort, il faut revenir en arrière ! Peut-être Kléber avait-il raison lorsqu'il soupirait :

— Nous attaquons à la turque une place défendue à l'européenne.

La tragédie — sœur de la retraite de Russie — commence par l'abandon des pestiférés, « ce qui perça le cœur de l'armée, dira le chasseur Pierre Millet, voyant qu'il fallait laisser nos malheureux frères d'armes à la merci des barbares, qui leur coupèrent la tête aussitôt que nous fûmes partis. Plusieurs de ces malheureux venaient criant après nous et nous conjurant de ne pas les abandonner. » Certains reçoivent de l'opium pour s'empoisonner, mais le résultat semble ne pas avoir été « satisfaisant »...

Le 21 mai, l'armée en retraite — pour ne pas dire en déroute — atteint Tantoura, la moderne Dor ; il fait ce jour-là une chaleur étouffante. Les hommes n'ont pour se reposer « que des sables arides et brûlants ; à leur droite, une mer ennemie et déserte ». Les pertes en blessés et malades sont déjà considérables, et Bonaparte, à peine sa tente dressée, appelle Bourrienne pour lui dicter une note : tout le monde doit désormais aller à pied !

— On donnera tous les chevaux, les mulets et les chameaux aux blessés, aux malades et aux pestiférés qui ont été emmenés, et qui manifestent encore quelques signes de vie.

On prend maintenant au plus court. L'armée longe la côte, évitant le crochet vers Zeitah fait à l'aller. Le ciel est obscurci par la fumée des villages incendiés par les Français. Le 24 mai, en retrouvant Jaffa et ses pestiférés, il est bien difficile au vaincu de Saint-Jean-d'Acre de croire encore en son étoile. Il retourne voir les malades, traversant rapidement les salles, frappant légèrement le revers jaune de sa botte avec la cravache qu'il tient à la main.

Que faire de ces malheureux ? « Les emmener dans l'état où ils étaient, dira Bourrienne, c'était évidemment inoculer la peste dans les restes de l'armée. » A ces survivants, du poison fut-il administré ? Le fait est nié par certains témoins, affirmé par d'autres...

Semant sa route de cadavres, l'armée quitte Jaffa pour Le Caire le 28 mai. Bonaparte atteindra seulement « sa » capitale le 14 juin, en passant par Gaza et El Arich. Durant cette longue marche il a le loisir de penser à sa situation peu brillante : quarante-cinq mille hommes ont débarqué l'année précédente à Alexandrie ; il en reste seulement la moitié. Victoires et échecs ont opéré une terrible saignée.

Tout en avançant avec peine dans le sable brûlant, il doit se rendre à l'évidence : pour la première fois, il a été vaincu.

— Mon imagination est morte à Saint-Jean-d'Acre, dira plus tard l'Empereur.

Et il ajoutait :

— Mes projets, comme mes songes... L'Angleterre a tout détruit !

Mais cet échec passera presque inaperçu grâce à la visite du général victorieux à Nazareth, grâce aussi à cette victoire du mont Thabor là même où le passé — et quel passé ! — revivait sous ses pas... Un ton épique va transformer la défaite en journée de gloire. Les soldats de Rivoli seront comparés aux Croisés de Godefroy de Bouillon venus sauver les « lieux saints ».

Phélipeaux est mort de la peste et, seuls les Anglais croiront sir Sidney lorsqu'il prophétisera en écrivant à Nelson : « La plaine de Nazareth est le terme de l'extraordinaire carrière de Bonaparte. »

« Il est arrivé au Caire, le *Bien-Gardé*, le chef de l'armée française, le général Bonaparte qui aime la religion de Mahomet, annonce le Diwan. Nous l'avons tous vu de nos yeux et touché de nos mains. Il est arrivé bien portant et bien sain, remerciant Dieu des faveurs dont il le comble. »

— J'ai appris que des ennemis ont répandu le bruit de ma mort, déclare le général en chef aux chefs égyptiens venus l'accueillir aux portes du Caire. Regardez-moi bien et assurez-vous que je suis réellement Bonaparte.

Le 15 juillet, une estafette vient annoncer à Bonaparte que, secondés par les Anglais de Sidney Smith, neuf à dix mille Turcs sont, au même moment, en train de débarquer et ont déjà occupé le fort d'Aboukir, non loin d'Alexandrie, dont ils ont massacré la garnison. Aussitôt, Bonaparte se met en route avec l'armée, forte de dix mille hommes. Il met une semaine pour atteindre Alexandrie, quitte le port le lendemain même de son arrivée et va passer la nuit à moins de deux lieues d'Aboukir. Le 25 juillet, les deux armées sont face à face : elles restent ainsi en présence durant deux longues heures, « dans ce calme avant-coureur de la tempête », a raconté Bonaparte.

— Cette bataille va décider du sort du monde, annonce-t-il à Murat.

La parole est tout d'abord donnée aux batteries françaises. Surprise par la violence du feu, la première vague turque perd contenance. Lannes fonce, bouscule les Ottomans, les repousse vers la plaine où les attend la cavalerie. En une heure, la première ligne turque est rejetée à la mer. Demeure la seconde ligne dont le centre occupe la redoute du mont Vizir et qui possède dix-sept bouches à feu. Dès le début de l'action, l'artillerie française prend l'ennemi à revers. Dans la trouée faite par les canons, Murat, suivi de six cents cavaliers, s'engouffre et fait un effarant massacre.

— Est-ce que la cavalerie a juré de tout faire aujourd'hui ? s'exclame Bonaparte.

Le 18ᵉ de ligne combat cependant de son mieux, mais le régiment est débordé par les janissaires qui, touchant une aigrette d'argent par tête de Français abattu, travaillent furieusement du sabre, n'hésitant pas à achever les blessés. Irrité par ce spectacle, fouetté par l'exclamation de leur général, le 69e de ligne vole au secours du 18e et parvient à pénétrer dans la redoute.

La fin de la bataille ne sera plus qu'une boucherie : « Sur les flots, racontera Napoléon, flottaient des milliers de turbans et d'écharpes que la mer rejetait au rivage. » Parmi les rares survivants se trouvait le futur khédive Mehemet-Ali, fondateur de la dernière dynastie égyptienne. Les Français n'avaient que deux cents morts à déplorer.

— Mon général, s'exclame Kléber, alors que le soleil descend sur le champ de bataille, vous êtes grand comme le monde, mais le monde n'est pas assez grand pour vous !

Napoléon le dira un jour :

— C'est une des plus belles batailles que j'aie vues.

Mais, dans sa lettre au Directoire, il avouera que le combat lui avait semblé « le plus horrible » auquel il lui avait été donné d'assister.

Après la bataille, Bonaparte a envoyé un officier à bord du vaisseau amiral anglais pour traiter un échange de prisonniers. L'amiral britannique remet au parlementaire la *Gazette Française de Francfort,* en date du 10 juin 1799. Depuis dix mois, Bonaparte se trouve sans nouvelles de France. Il parcourt le journal avec une hâte fébrile.

— Eh bien, déclare-t-il à Bourrienne, mon pressentiment ne m'a pas trompé : l'Italie est perdue ! ! ! Les misérables ! Tout le fruit de nos victoires a disparu. Il faut que je parte.

Il réclame la présence de Berthier et s'enferme durant quatre heures avec lui. Puis il fait appeler l'amiral Ganteaume, qui se trouvait l'année précédente à bord de l'*Orient,* incendié à Aboukir, et qui avait échappé, par miracle, au désastre. Devenu commandant en chef des forces navales employées sur le Nil et le long des côtes d'Afrique, ayant assisté à toutes les opérations, c'est tout naturellement à lui que Bonaparte va confier son destin pour regagner la France. Ganteaume offre ce qu'il a de mieux : deux frégates vénitiennes, la *Muiron* et la *Carrère,* seuls bâtiments de guerre dans le port, en état de naviguer. Deux autres petits bâtiments — la *Revanche* et la *Fortune* — pourront être joints aux frégates.

Sans doute Bonaparte se trouve-t-il dans la quasi-impossibilité de demander une « permission » au ministre de la Guerre, mais il n'en prend pas moins la résolution d'abandonner son poste et son armée.

Le 11 août, il est rentré au Caire et cache soigneusement son projet de départ. Il annonce simplement qu'il se rend pour une inspection dans le delta. Kléber, qui va pourtant succéder à Bonaparte, n'est même pas mis au courant !

Le 18 août, il quitte Le Caire et, à Boulak, une embarcation va l'emmener, par le Nil, jusqu'à Menouf.

Le 22 août, après avoir passé la nuit au puits de Ber-el-Gitas, Bonaparte et ses compagnons s'arrêtent non loin d'Alexandrie, sur la plage devant laquelle ont mouillé les deux frégates. Ganteaume, craignant que la voile anglaise, aperçue le matin voguant vers l'est, ne revienne sur sa route, demande que l'embarquement se fasse uniquement de nuit. Seuls quelques officiers, les domestiques et le détachement de guides montent à bord.

Kléber n'a toujours pas été prévenu ! Par une lettre écrite en hâte, Bonaparte lui annonce son départ, précipité par « la crainte que la croisière anglaise ne paraisse d'un moment à l'autre », et tente d'expliquer tant bien que mal ses raisons. Il lui donne également le conseil qui, à lui seul, démontre la faillite de l'inutile, et indéfendable, conquête :

« Si, par des événements incalculables, toutes les tentatives étaient infructueuses, et qu'au mois de mai vous n'ayez reçu aucun secours, ni nouvelles de France, et si, cette année, malgré toutes les précautions, la peste était en Égypte et vous tuait plus de quinze cents hommes, je pense que, dans ce cas, vous ne devez point vous hasarder à soutenir la campagne prochaine et que vous êtes autorisé à conclure la paix avec la Porte Ottomane, quand bien même l'évacuation de l'Égypte devrait en être la condition principale... »

Quand Kléber lut ces lignes embarrassées, il explosa :

— Notre homme est parti comme un sous-lieutenant qui brûle sa paillasse après avoir rempli du bruit de ses dettes et de ses fredaines les cafés de la garnison.

L'armée, en revanche, trouvant ce déménagement à la cloche de bois fort amusant, admirera le fabuleux retour de la frégate passant à travers les navires britanniques, et se contentera de baptiser son chef le *général Bonattrape...*

Bonaparte vogue vers l'inconnu. Les nouvelles de France paraissent déjà si vieilles ! Elles datent du début du mois de juin et l'on n'atteindra point Paris avant la mi-octobre. Quatre mois ! Trouvera-t-il le pays envahi ? Le Directoire renversé ? Comment sera-t-il accueilli ? Sa seule présence ne pourrait-elle pas être considérée comme un danger par ceux — connus ou inconnus — qui détiennent le pouvoir ? Puisque « le sabre » dont avait parlé Barras revient, ne profitera-t-on pas du prétexte de la « désertion », et de l'échec de la campagne syrienne, pour mettre fin à la carrière du postulant à la dictature ? Ses compagnons, tout aussi inquiets que lui — Bonaparte arrêté, leur avenir se trouverait du même coup plus que compromis — guettent ses paroles. Mais « rien encore dans ses discours ne perce de ce qu'il va faire », dira son aide de camp Lavalette. « Quelques mots échappés, quelques rêveries, et des insinuations indirectes » leur donnent seulement

« beaucoup à penser ». Napoléon ne devient pas plus prolixe lorsqu'il parle du gouvernement du Directoire. Son dédain est total.

Le 1er octobre, la *Muiron* entre dans le port d'Ajaccio. Aussitôt toute une foule s'agite dans les barques autour de la chambre de poupe. Une vieille femme, vêtue de noir, tient ses bras élevés vers le général, en criant :

— *Caro figlio !*

Enfin, Bonaparte la distingue et crie :

— *Madre !*

C'est sa nourrice...

Pour la première fois de sa vie — mais qui pouvait alors prédire le plus extraordinaire destin de l'Histoire ? — Napoléon séjourne durant quelques jours dans sa ville natale et vit avec tout son état-major dans la chère *casa* qui a été remise à neuf selon ses ordres par Mme Letizia qui s'est occupée de tout.

Les vents ne sont points bonapartistes. C'est le calme plat, et seulement le 8 octobre, la brise permet à la flottille de reprendre la mer et d'arriver le lendemain soir devant Saint-Raphaël. La nouvelle du retour de Bonaparte se répand à terre et, aussitôt, la mer se couvre d'embarcations. Selon le règlement, tous ceux qui reviennent alors de l'Orient sont présumés pestiférés et doivent se plier à la traditionnelle quarantaine. « En vain, racontera l'un des compagnons de Bonaparte, nous les engagions à s'éloigner, nous fûmes enlevés et portés à terre, et si nous disions à la foule d'hommes et de femmes qui se pressaient autour de nous quel danger ils pouvaient courir, tous s'écriaient :

— Nous aimons mieux la peste que les Autrichiens ! »

Bien sûr, il n'est point question pour Bonaparte de demeurer quarante jours à bord de la *Muiron.* Dès qu'il est mis au fait de la situation intérieure et extérieure — les Autrichiens, les Russes et les Anglais reculent ou n'avancent plus grâce à Brune et à Masséna — il prend sans tarder le chemin de Paris.

Le 13 octobre, la nouvelle de son retour a atteint la capitale et, ici, il faut donner la parole à Thiébault qui, ce soir-là, se promenait au Palais-Royal : « J'y étais à peine entré par la grande porte, quand, à l'autre extrémité du jardin, je vis un groupe se former et se grossir, puis, des hommes et des femmes courant à toutes jambes... sans doute on échangeait l'annonce d'une grande nouvelle, insurrection, victoire ou défaite. Pour abréger mon incertitude, j'avais hâté le pas ; je voulus même questionner quelques personnes qui, venant du rassemblement, me croisaient en précipitant leurs pas. Aucune ne s'arrêta, mais un homme, sans cesser de courir, me cria d'une voix tout essoufflée cette phrase :

— Le général Bonaparte vient de débarquer à Fréjus !

« La musique des garnisons de la capitale parcourait déjà Paris en signe d'allégresse, entraînant à leur suite des flots de peuple et de soldats. La nuit venue, des illuminations furent improvisées dans tous les quartiers, et ce retour, aussi désiré qu'inattendu, fut annoncé dans tous les théâtres aux cris de : *Vive la République ! Vive Bonaparte ! »*

Au même instant, Joséphine roule déjà à la rencontre de son mari, mais, en compagnie d'Hortense, elle a pris la route de Bourgogne alors que Bonaparte a choisi celle du Bourbonnais. Elle compte sur le souvenir de leurs étreintes pour éviter le divorce.

La résolution de Bonaparte sera encore affermie en voyant la maison vide, à son arrivée le 16 octobre, à six heures du matin, rue de la Victoire — où il retrouve le froid brouillard parisien. On a beau lui dire que Joséphine est partie à sa rencontre, il hausse les épaules. Sa colère est profonde et terrible. Il est torturé à l'idée que Charles, cette fois encore, est peut-être du voyage !

— Les guerriers d'Égypte, s'exclame-t-il, sont comme ceux du siège de Troie : leurs femmes ont gardé le même genre de fidélité.

Il salit sa femme presque à plaisir, poussant au pire la légèreté de sa créole... à moins que ce ne soit Barras en rapportant la scène :

— A l'armée d'Italie même où je l'avais fait venir pour l'avoir près de moi. C'était tantôt un officier de cavalerie ou d'infanterie ! C'étaient des conscrits. C'était, dernièrement encore, ce petit Charles pour lequel elle a fait toutes sortes de folies, et à qui elle a donné des sommes énormes, et jusqu'à des bijoux, se conduisant comme une fille !

Le lendemain, Napoléon fait entreposer toutes les affaires de sa femme chez le concierge de l'hôtel de la rue de la Victoire, avec interdiction de laisser pénétrer « la belle ». Mais le soir du 18, rentrant de sa randonnée manquée, par un épais brouillard, Joséphine force la consigne, gravit l'escalier et se heurte à la porte fermée de la chambre. Il est là, couché. Et durant plusieurs heures Bonaparte — elle l'appelle toujours ainsi — l'entend pleurer, supplier, tambouriner, lui affirmer que tout est faux, qu'elle n'aime que lui, que le petit Hippolyte n'a jamais été qu'un ami. Elle n'hésite pas à appeler Eugène et Hortense, qui descendent de leurs chambres, et mêlent leurs larmes à celles de leur mère. Il se bouche les oreilles pour ne pas entendre... Et puis — enfin — il faiblit, il ouvre, il regarde son visage bouleversé... et referme ses bras sur elle.

BRUMAIRE AN VIII

Une révolution est une opinion qui trouve des baïonnettes.

NAPOLÉON.

C'est son changement de coiffure que les journalistes semblent tout d'abord avoir signalé : « Il a adopté les cheveux courts et sans poudre. »

Napoléon perce sous Bonaparte...

Les Directeurs, eux, demeurèrent d'abord indécis. Que fallait-il faire ? Traiter Bonaparte en rebelle, en vaincu ou en héros victorieux ?

— Eh bien, déclare paisiblement Sieyès, c'est un général de plus ; mais avant tout, ce général a-t-il de son gouvernement la permission de revenir ?

Le Normand Moulin, l'un des Directeurs, veut faire arrêter et condamner le général en chef de l'armée d'Égypte pour désertion. On lui fait entendre raison et, tout en grimaçant les « cinq rois », craignant les réactions de la foule si on ternissait l'image de leur dieu, choisissent de recevoir le « glorieux général » en séance publique. Le 17 octobre, par un jour brumeux, Bonaparte y apparaît revêtu d'un habit assez singulier : mi-militaire, mi-civil. Son costume reflète, en outre, quelque chose d'oriental. Le côté « civil » tient en son chapeau, tube en feutre — ce que l'on appelait alors le « chapeau rond » —, la tenue militaire est représentée par la redingote de teinte verdâtre, avec la pointe d'orientalisme donnée par un cimeterre turc pendant à la ceinture par une cordelette de soie.

— Ils m'ont offert le choix de l'armée que je voudrais commander, raconte-t-il à Bourrienne à son retour, je n'ai pas voulu refuser, mais, je leur ai demandé quelque temps pour rétablir ma santé.

Se battre pour ces « gens-là » ? Pour sauver leur « trône » ? Il a mieux à faire ! Dans quel état n'avait-il pas retrouvé le pays ! Le *margouillis* national — l'expression est du temps — se trouve partout, les villes — telle Lyon — ruines et décombres. Comme un corps frappé de pourriture, ses membres gangrenés sont prêts à tomber. La République semble inerte. Le vice est à la mode et s'est installé complaisamment. A Paris, les enrichis — agioteurs, fournisseurs, spéculateurs — déguisés plutôt qu'habillés, ayant à leur bras leurs compagnes en robes transparentes ou aux allures garçonnières, éclaboussent de leur luxe ceux qui ne peuvent manger que de temps en temps.

Seuls les brigands, bandits de grands chemins, détrousseurs masqués de diligence, dévaliseurs de courriers, chauffeurs, fraudeurs, maraudeurs, voire criminels, sont merveilleusement organisés, pour rançonner, voler et tuer. La rapine s'est installée en souveraine incontestée. Le brigandage règne comme chez lui. Se rendre de Nice à Marseille sans se faire dévaliser est un exploit. Les bagages de Bonaparte, eux-mêmes, n'ont pas été respectés lors de sa traversée de la Provence. Bien entendu, piller les deniers publics est considéré par certains comme œuvre pie. L'administration, totalement dépassée, laisse faire et essaye d'attraper les miettes du gâteau. Plus de routes, plus de canaux, plus de digues ! En dix années, la France semble revenue à l'état sauvage.

Les impôts sont fort mal payés — ou bien on les acquitte en papier n'ayant plus qu'une valeur symbolique. Et pourquoi les payerait-on ? Pour engraisser les gouvernants ?

On le verra, un député — un certain Cornet — parlera le 18 brumaire des « mains des vautours » se disputant « les membres décharnés du squelette de la République ». On ne craignait alors point les images hardies, mais il n'en est pas moins vrai que la bande des thermidoriens nantis, tous plus ou moins régicides — il y avait eu tant de nuances dans le vote du 21 janvier 1793, que personne, pas même eux, ne savait au juste ce qu'ils avaient voulu voter —, il n'en est pas moins vrai que ce véritable gang veut vivre — et bien vivre — aux dépens de ce régime, dit républicain, qu'ils affirment avoir sauvé mais qui n'est plus qu'un cadavre. Depuis bientôt cinq années, cette oligarchie, qui n'est révolutionnaire que de nom, parvient à survivre à l'aide de coups d'État et de changements de majorité, de coups de barre vers la droite et de coups de barre vers la gauche. Sans parler des conspirations et des mutineries qui permettent de changer de cap une fois de plus et de fouetter cette vieille rosse de République.

Quant au peuple, on l'a à un tel point gorgé de promesses illusoires et de grands mots qui l'ont fait descendre dans la rue que, dégrisé, dégoûté de cette révolution si belle sous la Royauté, il ne croit plus à rien et ose à peine espérer qu'il croira un jour à quelque chose — ou à quelqu'un. La Révolution — Cambacérès le notera — est parvenue à inspirer un écœurement unanime.

Sans l'avouer ouvertement, la France est prête à accepter la dictature. Le despote n'a qu'à paraître pour être salué du nom de sauveur ! « Tout va finir, déclarent des paysans en apprenant le retour de Bonaparte, nous allons avoir un roi, ce n'est pas la peine de faire partir les conscrits. »

La légende l'auréole déjà. Ses fulgurantes victoires italiennes, et même l'inutile expédition d'Égypte — elle prenait avec le recul et la méconnaissance de la réalité l'allure d'une épopée — ont rejeté dans l'ombre la manière dont le général est sorti des pavés de Vendémiaire. La victoire terrestre d'Aboukir a fait oublier le désastre maritime d'Aboukir, comme les Pyramides ont effacé le cuisant échec de Saint-Jean-d'Acre. Pour tous, Bonaparte est le héros. Quand les Français de la fin de 1799 parlent du « général », il ne peut s'agir d'un autre chef que lui. Comme agir ? Quel plan choisir ? Essayer d'entrer dans le Directoire ? Ou plutôt créer un nouveau gouvernement ? Cependant, il fallait « se décider pour le plus sûr, tout peser, tout balancer, tout maîtriser au milieu de tant d'intérêts et de passions contraires, et tout cela en vingt-cinq jours ». Fouché avait raison de dire que parvenir à un tel but supposait « une grande habileté, un caractère tenace, une décision prompte ».

Mais à quelle porte faut-il tout d'abord s'adresser ? A celle de Barras, bien sûr ! Elle est à première vue la plus attirante. Mais l'ironie dédaigneuse, presque la condescendance, que ce « panache du Directoire » emploie vis-à-vis de lui n'échappe pas à Bonaparte. De plus, il se rende vite compte que le trop pourri Barras, le trop repu, le trop honni Barras, a trop servi — surtout lui-même — et est devenu inutilisable tout en se croyant indispensable. Il n'en était pas moins nécessaire, si l'on voulait prendre le pouvoir, « d'organiser le coup d'État de l'intérieur » et d'avoir, par conséquent, dans la place — c'est-à-dire parmi les gouvernants — un ou deux complices — ou plutôt un ou deux meneurs. Le peu malin Gohier, qui était tombé amoureux de Joséphine, pourrait peut-être suivre mais non prendre le commandement. Il en était de même de l'insignifiant Roger Ducos.

Dès le 23 octobre, Bonaparte va voir le général Moulins alors lui aussi Directeur. Sans doute ce nom ne dit-il rien aujourd'hui à personne ; il ne disait pas davantage en 1799... Chacun savait que, seule, la politique lui avait valu un grade, mais peut-être pourrait-il jouer un rôle de second ?

— Il faut, lui affirme Bonaprte, un gouvernement ferme et qui ait la confiance de tous ceux qui sont intéressés à maintenir la République ; et je me flatte que, si j'étais à la place de Sieyès, le Directoire retrouverait tout à la fois et la force et la confiance dont il a besoin. Gohier, à qui j'en ai parlé, m'y verrait avec plaisir ; mais un seul scrupule l'arrête : la Constitution exige quarante ans pour entrer au Directoire...

Peu intelligent, Moulins se garde bien de mordre à l'hameçon qui lui est tendu. Il ne peut changer la Constitution, n'est-ce pas ? Bonaparte n'a pas l'âge requis ! Il n'y a qu'à le laisser vieillir un peu... Mais Napoléon n'est point homme à se laisser vieillir ! Semblable réaction chez ce barbon de Gohier qui, lui aussi, refuse de comprendre, même à la pensée que Joséphine, devenue l'épouse d'un Directeur, pourrait venir habiter près de lui...

Demeurait Sieyès que Bonaparte n'aimait guère.

Depuis tout un temps déjà, l'ex-abbé, alors Directeur, Sieyès, cherchait une épée qui pourrait mettre fin à la situation. Mais une épée dont il aurait tenu la garde ! Aussi avait-il pensé successivement à Jourdan, à Joubert, puis à Moreau. Lorsque ce dernier apprit l'arrivée de Bonaparte à Saint-Raphaël, il déclara froidement à l'ancien ecclésiastique :

— Voilà votre homme, il fera votre coup d'État bien mieux que moi.

Bonaparte décide de franchir le Rubicon, et, puisqu'il ne peut pas faire autrement, de le franchir, malgré sa répugnance, en compagnie de Sieyès. Le « chemin civil » pour prendre le pouvoir s'avérant impraticable, il mettra donc l'épée à la main. Marcher avec Sieyès « l'étayerait » dans l'opinion qui ne voulait plus de ce corrompu de Barras ! Secondé par Roederer, tout animé de ce qu'il appelle une « patriotique conspiration », aidé par Talleyrand, qui commence ainsi une belle série de trahisons dans le sens de ses convictions, Bonaparte voit secrètement Sieyès au Luxembourg. Les choses se passent selon un scénario soigneusement mis au point. Le ministre des Relations extérieures conduit le postulant dictateur au Luxembourg, mais laisse Napoléon dans sa voiture et entre le premier chez Sieyès. Après s'être assuré que ce dernier se trouve seul et n'attend personne, il fait avertir Bonaparte que la voie est libre. Quelques instants plus tard la conférence commence entre les trois hommes.

Lors de la première entrevue, Bonaparte déclare à Sieyès :

— Citoyen, nous n'avons pas de constitution, du moins celle qu'il nous faut. C'est à votre génie qu'il appartient de nous en donner une. Dès mon arrivée, vous avez connu mes sentiments. Le moment d'agir est venu. Toutes vos mesures sont-elles arrêtées ?

L'abbé-Directeur, qui a toujours une constitution traînant dans ses poches, explique que l'on pourrait créer un consulat formé de trois consuls, tandis que Bonaparte assurerait le pouvoir militaire.

— J'approuve que ce gouvernement soit réduit à trois personnes, déclare Bonaparte, et, puisqu'on le juge nécessaire, je consens à être l'un des trois consuls provisoires, avec vous et votre collègue Roger Ducos.

Ainsi Bonaparte exigeait la place de consul ! L'abbé fait la grimace mais se résigne et, Bonaparte parti, il s'exclame :

— Le général semble ici sur son terrain comme au champ de bataille. Il faut bien suivre son avis : s'il se retirait, tout serait perdu et son acceptation du consulat provisoire assure le succès

Maintenant la trame se tisse, l'intrigue se noue… et le public commence à se douter de quelque chose.

Joséphine a mis son charme au service de ceux que l'on appellera les brumairiens. Lorsque les conspirateurs ne prennent pas leur repas chez Rose — le restaurateur qui a mis sa carte en vers — elle les reçoit chez elle, attire rue de la Victoire certains indécis qu'il faut gagner, organise des rencontres, ménage des apartés, arrondit les angles, endort la méfiance de ceux — tel Gohier — dont on peut craindre les réactions. Cependant, vers quatre heures, elle reçoit son soupirant et déploie, pour lui, sourires, zézaiement et yeux doux, espérant toujours l'amener à rejoindre les conjurés. Mais le Directeur ne devine rien, et lorsqu'un jour Fouché arrive rue de la Victoire, il entend Gohier lui demander :

— Quoi de neuf, citoyen ministre ?

— De neuf, rien en vérité, rien.

— Mais encore ?

— Toujours les mêmes bavardages !

— Comment ?

— Toujours la conspiration !

— La conspiration ? demande Joséphine, jouant l'étonnée.

— Oui, la conspiration, explique Fouché en riant sous cape, mais je sais à quoi m'en tenir. J'y vois clair, citoyen Directeur, fiez-vous à moi ; ce n'est pas moi qu'on attaque. S'il y a eu conspiration, depuis le temps qu'on en parle, on en aurait eu la preuve sur la place de la Révolution ou la plaine de Grenelle.

Gohier sourit et veut tranquilliser Joséphine, qui prend avec adresse une mine effarouchée :

— Le ministre parle en homme qui sait son affaire. Dire ces choses-là devant nous, citoyenne, c'est prouver qu'il n'y a pas lieu de les faire. Faites comme le gouvernement, ne vous inquiétez pas de ces bruits-là. Dormez tranquille !

La conspiration est maintenant bien en marche. Comment procéderait-on ? A l'aide de plusieurs députés mis dans le complot par Lucien, on ferait croire aux deux Assemblées que les Parisiens préparaient un coup de main. Afin de pouvoir délibérer dans le calme, les Anciens et les Cinq-Cents, tout en confiant à Bonaparte le soin de les protéger, voteraient leur transfert à Saint-Cloud. Là, on s'arrangerait pour donner le croc-en-jambe au régime. Seuls, ainsi qu'il avait été prévu dès le début de l'affaire, deux des Directeurs feraient partie du nouveau pouvoir : Sieyès et Roger Ducos. Gohier, on l'espérait, entrerait grâce à Joséphine, et *in extremis*, dans le complot. On se désintéresserait de l'insignifiant général Moulins. Quant à Barras, une somme d'argent importante ferait assurément taire ses scrupules.

Cela paraissait très facile à première vue, mais à la réflexion, l'opération s'avérait hérissée de difficultés et d'inconnues. Les Directeurs qui ne se succéderaient pas, accepteraient-ils aussi facilement de se laisser détrôner ? Sans doute Barras n'avait-il point de conscience et on lui faciliterait bien les choses, mais ne se raccrocherait-il pas au pouvoir ? Tout était à craindre !

Et lui ?

Peut-être Bonaparte paraissait-il « simple comme quelqu'un qui peut prétendre à tout », dira Mme Reinhard, mais n'était-ce point là une attitude ? En réalité, au fur et à mesure que la date approchait, il se sentait « angoissé » plus qu'à la veille d'une bataille...

Les projets des conjurés transpirent dans le public et les trois membres du Directoire qui ne se trouvaient point du côté du manche en furent plus ou moins instruits. Se rencontrèrent-ils le lendemain ? Se confièrent-ils leurs inquiétudes ? Mais que pouvaient-ils faire ? Donner l'ordre d'arrêter le futur dictateur ? Où l'aurait-on mis ? Aurait-on même trouvé des geôliers pour le garder ? Des juges pour le mettre en accusation et l'interroger ? Ils demeurèrent inertes. D'autant plus qu'en cette journée pluvieuse du 17 brumaire, ils ne pensaient nullement que le complot devait éclater dès le lendemain... Ce soir-là, Joséphine — vraie « rouerie de femme galante » — a simplement demandé à son fils d'aller porter ce billet à Gohier : « Venez, mon cher Gohier, et votre femme, déjeuner avec moi à huit heures du matin. N'y manquez pas, j'ai à causer avec vous sur des choses très intéressantes. Adieu mon cher Gohier, comptez toujours sur ma sincère amitié. Lapagerie-Bonaparte. »

— En fait de conspiration, tout est permis, avait dit Bonaparte.

Son but était simple : avoir Gohier sous la main.

Le lendemain matin, dès sept heures, par un temps beau, mais frais — l'Observatoire a noté la première gelée blanche de la saison — le jardin et la petite allée étroite, longue de quatre-vingt-dix mètres, qui de la rue de la Victoire conduit au petit hôtel de Napoléon, regorgent d'officiers en grande tenue. En voyant l'affluence tous comprennent : « C'est pour aujourd'hui ! »

Le général Lefebvre qui commande la garnison de Paris — y compris la garde nationale du Directoire — a été, bien entendu, lui aussi, convoqué. En apercevant la foule des officiers, il témoigne quelque surprise, mais Bonaparte lui offre le sabre qu'il portait en Égypte, lui parle de ces « b… d'avocats » d'où vient tout le mal, et le mari de Mme Sans-Gêne jure de les jeter tous « à la rivière ».

Le général Debelle apparaît en habit bourgeois…

— Comment, s'étonne un ami, tu n'es pas en uniforme ?

— Je ne savais rien… mais, attends, ce ne sera pas long.

Et se tournant vers un canonnier, ordonnance d'un officier, il lui demande :

— Donne-moi ton habit, mon brave !

Et, en pleine rue, les deux hommes changent de costume.

Et Gohier ? Pourquoi ne vient-il pas ?

Le Directeur, surpris par l'heure matinale que Joséphine a indiqué dans son billet — un déjeuner à huit heures du matin ! —, avait préféré déléguer sa femme. Celle-ci, en arrivant rue de la Victoire et en voyant l'afflux de plumets et de galons, comprend aussitôt la situation.

— Quoi ! s'exclame Bonaparte en l'accueillant, le président ne vient pas ?

— Non, général, il ne lui est pas possible…

Napoléon l'interrompt :

— Il faut absolument qu'il vienne. Écrivez, madame, et je vais lui faire porter votre lettre.

— Je vais lui écrire, général, et j'ai des gens ici qui se chargeront de ma lettre.

Mme Gohier prend la plume et trace ces mots :

« Tu as bien fait de ne pas venir, mon ami ; tout ce qui se passe ici m'annonce que l'invitation était un piège. Je ne tarderai pas à te rejoindre… »

Au tour de Joséphinee d'essayer de convaincre la récalcitrante :

— Tout ce que vous voyez, madame, doit vous faire pressentir ce qui doit infailliblement arriver. Je ne puis vous exprimer combien je suis désolée de ce que Gohier ne se soit pas rendu à mon invitation, concertée avec Bonaparte, qui désire que le président du Directoire soit un des membres du gouvernement qu'il se propose d'établir. En lui envoyant ma lettre par mon fils, c'était assez marquer l'importance que j'y attachais.

— Je vais, madame, aller le rejoindre, répond Mme Gohier, ma présence est de trop ici.

Mais le ménage ne comprit pas où se trouvait ce matin-là son intérêt… et Gohier demeura au Luxembourg ! Il n'avait même pas été surpris par le départ, de grand matin, de la garde du Directoire qui, sous le prétexte de manœuvres, quitta le Luxembourg au son des tambours et des trompettes… La troupe ne prit d'ailleurs nullement le chemin du champ de tir, mais celui des Tuileries.

Il est plus de huit heures et les décrets transférant les assemblées à Saint-Cloud, et nommant Bonaparte commandant en chef, ne sont pas encore arrivés rue de la Victoire. A plusieurs reprises, Napoléon a envoyé aux nouvelles. Les Pères conscrits se feraient-ils tirer l'oreille ? On sait simplement qu'affublés du déguisement indescriptible dont David possédait le secret, ils se trouvent en séance depuis une bonne heure !

Tout marchait cependant comme prévu : les députés convoqués pour sept heures avaient écouté Régnier, l'un des conjurés, s'exclamer :

— La République est menacée par les anarchistes et le parti de l'étranger ; il faut prendre des mesures de salut public ; on est assuré de l'appui du général Bonaparte ; ce sera à l'ombre de son bras protecteur que les Conseils pourront délibérer sur les changements que nécessite l'intérêt public.

Où se rendrait-on avec ce « bras protecteur » ? A Saint-Cloud !

— Là, avait poursuivi Régnier qui avait bien appris sa leçon, là, mis à l'abri des surprises et des coups de main, vous pourrez dans le calme et la sécurité songer aux moyens de faire disparaître les périls actuels...

La majorité de l'assemblée avait adopté alors le projet de décret proposé par Régnier : le transfert à Saint-Cloud et la nomination de Bonaparte.

Porteur de ces bonnes nouvelles, Fouché accourt rue de la Victoire, et entre dans la petite salle à manger en rotonde qui sert en même temps d'antichambre.

— Croyez à mon dévouement et à mon zèle, dit-il à Bonaparte. Je viens de faire fermer les barrières, d'arrêter le départ des courriers et des diligences.

— Tout cela est inutile, affirme le nouveau commandant en chef ; vous le voyez, l'affluence des citoyens et des braves accourant autour de moi vous dit assez que c'est avec et pour la Nation que j'agis ; je saurai faire respecter le décret du Conseil et maintenir la tranquillité publique.

Quelques instants plus tard, on voit arriver, en grand équipage, les inspecteurs du Conseil des Anciens, venus lire à Bonaparte les quatre décrets :

Art. 1er. — Le Corps législatif est transféré dans la commune de Saint-Cloud ; les deux Conseils y siégeront dans les deux ailes du palais. *Art. 2.* — Ils y seront rendus demain 19 brumaire, à midi. Toute continuation de fonctions, de délibérations, est interdite ailleurs et avant ce temps. *Art. 3.* — Le général Bonaparte est chargé de l'exécution du présent décret. Il prendra toutes les mesures nécessaires pour la sûreté de la représentation nationale. *Art. 4.* — Le général Bonaparte est appelé dans le sein du Conseil pour y recevoir une expédition du présent décret, et prêter serment.

Il lui faut donc sans tarder aller jurer fidélité au système qu'il s'apprête à jeter à bas :

— Suivez-moi ! crie-t-il en se retournant vers les officiers qui l'entourent.

Il veut, en effet, pour affirmer son loyalisme, se trouver entouré d'un nombreux état-major. Soudain, avant de descendre l'escalier, il revient vers Bernadotte et lui demande de partir avec lui. Le mari de Désirée secoue la tête : il préfère s'abstenir. Bonaparte l'abandonne à ses scrupules. Puis, tout en courant, il crie à Bourrienne :

— Gohier n'est pas venu, tant pis pour lui !

Napoléon saute sur un grand cheval noir à tête blanche prêté par l'amiral Bruix, et qui semble d'ailleurs quelque peu rétif. A la tête de ses généraux et officiers, il descend le boulevard. Le cortège passe sous les fenêtres du financier Ouvrard — fournisseur de la Marine — qui habite au coin de la rue de Provence et de la Chaussée-d'Antin. Ouvrard a compris d'où va souffler le vent... Quittant sa fenêtre, il s'assied à son bureau pour écrire à l'amiral Bruix :

« Citoyen amiral, le passage du général Bonaparte, se rendant au Conseil des Anciens, quelques mouvements de troupes, me font pressentir qu'il se prépare du changement dans les affaires politiques ; cette circonstance peut nécessiter des besoins de fonds. Je vous prie, mon cher amiral, d'être l'interprète de l'offre que je fais d'en fournir... »

Pour la première fois, au Conseil des Anciens, Bonaparte doit prendre la parole devant des parlementaires et paraît mal à l'aise. Son débit est haché et hésitant :

— La République périssait, vous l'avez reconnu, déclare-t-il, vous avez rendu un décret qui va la sauver... Nous voulons une république fondée sur la liberté, sur l'égalité, sur les principes sacrés de la représentation nationale. Nous l'aurons, *je le jure !*

Les tribunes applaudissent à tout rompre, tandis que l'état-major du général Bonaparte crie d'une voix vibrante :

— Nous le jurons !

Fouché, lui, a quitté la rue de la Victoire et a pris le chemin du Luxembourg où il a annoncé au président Gohier le décret transférant les séances du Corps législatif au château de Saint-Cloud.

Les Directeurs Sieyès et Roger Ducos sont déjà réunis à la commission des inspecteurs des Anciens.

En effet, Sieyès, après une ultime leçon d'équitation, était parti — à cheval — pour les Tuileries où Roger Ducos, sous prétexte « d'aller aux nouvelles », l'avait rejoint.

— La majorité est au Luxembourg, affirme vivement Gohier en haussant la voix, et si le Directoire a des ordres à donner, il en confiera l'exécution à des hommes dignes de sa confiance.

Fouché parti, Gohier a mis Moulins au courant, puis tous deux se sont rendus chez Barras. Celui-ci trempe dans son bain et fait déclarer qu'il ne peut les recevoir. Lorsqu'il sortira de sa baignoire — après une heure de macération — le vicomte fera minutieusement sa barbe, puis il se déclarera malade et refusera de rencontrer ses deux collègues qui courent à la dérive. Il espérait recevoir, sinon la visite de Bonaparte, du moins celle de l'un de ses émissaires l'appelant aux Tuileries. Rien ne vint, si ce n'est son secrétaire Bottot qui lui rapporta la scène pénible qui venait de se dérouler dans le jardin des Tuileries.

Bonaparte avait, en effet, quitté la salle du Conseil des Anciens. Il s'était retrouvé dans le jardin des Tuileries, face aux dix mille hommes qui devaient le reconnaître comme commandant suprême. Et c'est alors qu'il avait aperçu, essayant de fendre la foule pour arriver jusqu'à lui, Bottot, envoyé par Barras. En un instant, Bonaparte, avec son instinct de metteur en scène de l'Histoire, avait compris le parti qu'il allait pouvoir tirer de la présence du malheureux Bottot. A défaut du maître, c'est le subalterne qui supportera le poids du courroux du général ! Ahuri, Bottot se vit entraîner face aux grenadiers, Bonaparte lui tenant le bras, l'œil enflammé, avait alors prononcé sa fameuse harangue :

— Qu'avez-vous fait de cette France que je vous avais laissée si brillante ? Je vous ai laissé la paix, j'ai retrouvé la guerre ! Je vous ai laissé des victoires, j'ai retrouvé des revers ! Je vous ai laissé des millions d'Italie, j'ai retrouvé partout des lois spoliatrices et la misère ! Qu'avez-vous fait des cent mille Français que je commandais, mes compagnons de gloire ? Ils sont morts ! Cet état de choses ne peut durer !…

Bottot, éberlué, prend rapidement le chemin du Luxembourg afin de mettre en garde Barras. Au loin, la foule regarde le spectacle. Le temps s'est réchauffé, le thermomètre marque six degrés et un pâle soleil fait briller les ors des uniformes. Les Parisiens, à leur réveil, ont pu lire sur les murs les affiches blanches posées par les soins de Roederer et de Regnault, au nom du département. C'est le procès du régime… En caractère gras ressortent ces mots : *« Il ont tant fait... »* , puis un peu plus bas : *« Qu'il n'y a plus de constitution. »*

A son poste de commandement, aux Tuileries, Bonaparte reçoit la visite de Gohier et de Moulins, à qui il déclare :

— Il n'y a plus de Directoire.

Gohier s'exclame avec colère :

— Il n'y a plus de Directoire ? Vous vous trompez, général, et vous savez que c'est chez son président que vous avez pris l'engagement de dîner aujourd'hui. Serait-ce pour mieux cacher des projets hostiles que vous avez accepté cette invitation, que vous en avez vous-même fixé le jour ?

— Mes projets ne sont point hostiles. La République est en péril, il faut la sauver... Je le veux !... Et ce n'est qu'avec des mesures énergiques que nous y parviendrons. Sieyès et Ducos donnent leur démission, Barras a envoyé la sienne ; abandonnés tous les deux à votre isolement, vous ne refuserez pas la vôtre !

Mais les deux Directeurs ne veulent pas encore renoncer à leur cinquième de trône :

— Tout se réglera demain à Saint-Cloud ! s'exclame Gohier.

Bonaparte pose sur lui un tel regard que, deux heures plus tard, Gohier enverra sa démission. « Moulins, qui n'avait jamais su pourquoi et comment il était entré au Directoire, nous rapporte Mme Reinhard, suivit l'exemple de celui derrière lequel il se rangeait toujours. »

Et Barras ?

En dépit du discours rapporté par Bottot, il ne se résout pas encore à agir. Il demeure persuadé que Bonaparte n'osera le toucher et viendra le chercher. Il tombe de haut en recevant vers midi Bruix et Talleyrand, venus au nom du commandant en chef afin « de négocier sa retraite » :

— Bonaparte est déterminé à employer contre vous tous les moyens de force qui sont en son pouvoir, si vous essayez de faire la moindre résistance pour entraver ses projets...

Talleyrand lui tend alors une lettre toute rédigée, que Barras est censé adresser à la législature « pour lui notifier sa résolution de descendre à la vie privée ».

Il « descend » avec d'autant plus de bonne volonté « à la vie privée » que Talleyrand et Bruix ont pris la précaution de se munir d'une fort copieuse somme d'argent — l'argent d'Ouvrard. Quelques minutes plus tard, les dragons de Bonaparte font à l'ex-Directeur une escorte, dite d'honneur, pour l'accompagner jusqu'à son château de Grosbois. M. le vicomte de Barras, qui a mis à Bonaparte le pied à l'étrier, quitte pour toujours l'Histoire.

Pendant ce temps, les conjurés conviennent de l'établissement, le lendemain, de trois consuls provisoires : Bonaparte, Roger Ducos et Sieyès.

— Peut-être, suggère ce dernier, pourrait-on faire arrêter une quarantaine d'opposants ?

— L'expédient est trop prématuré, répond Napoléon. Il n'y aura ni opposition ni résistance.

— Vous verrez demain à Saint-Cloud, lance Sieyès d'un air piqué...

Sieyès n'avait point tort ; le lendemain, il faudra un miracle pour que l'affaire ne se termine point, plaine de Grenelle, devant le peloton d'exécution réservé aux généraux qui manquent leur coup et sont à jamais traités de traîtres par les manuels d'Histoire — s'ils le réussissent, chacun sait qu'ils deviennent alors les héros d'un peuple.

Le matin du 10 novembre — le 19 brumaire — Bonaparte prend le chemin de Saint-Cloud. La pluie a cessé, le vent d'ouest a dégagé le ciel, mais il fait froid et humide. « Je l'ai vu, racontera plus tard Couture, je le vois encore dans le jardin des Tuileries, partant pour Saint-Cloud, le visage basané, maigre et long, les cheveux plats coupés à deux pouces de l'oreille, le petit chapeau, le pantalon jaune, sur lequel s'étale une large tache à l'extérieur de la cuisse gauche, le petit uniforme, la botte à demi-jambe, et sous lui, un cheval de haute taille dont la robe était d'un gris fer et dont la tête était blanche, le général enfin, tel de sa personne, sans embonpoint alors... »

En passant par les Champs-Élysées, peut-être Bonaparte a-t-il pensé aux Parisiens toujours cabrés, à l'image des chevaux de Marly ? Quelles seront leurs réactions en se voyant imposer un nouveau régime ?

La route de Paris à Saint-Cloud est couverte d'officiers à cheval, de curieux, de voitures remplies de députés, de fonctionnaires, de journalistes — et surtout de troupes marchant en tenue de campagne. Les cuirassiers — on disait les *gros talons* — trottent lourdement et les canons — car il y avait des canons... — font en roulant un bruit d'enfer. Tous montent la rampe qui conduit aujourd'hui à l'entrée de l'autoroute de l'Ouest.

Suivant les ordres conçus par Bonaparte, ils vont prendre position autour du château.

Les badauds regardent Bonaparte qui, à son tour, gravit la rampe. Arrivé dans la cour, il se renseigne. Quel est le pouls des adversaires et de ceux qui ont promis de le soutenir ? Les conversations sont, paraît-il, fort animées. La plupart ignorent les projets des conjurés. Quant aux initiés, ils en parlent d'une manière vague. On va sauver la République, affirment les uns ; la perdre, répondent les autres.

Les salles de séance — le *Grand Salon* pour les Anciens, l'*Orangerie* pour les Cinq-Cents — ne sont, hélas, pas prêtes. Les députés — les deux assemblées mêlées — commencent un fâcheux congrès en plein air. Ils bavardent, tout en regardant avec inquiétude la profusion d'uniformes. Les Anciens semblent plus résignés, mais les Cinq-Cents parlent haut et ferme :

— Ah ! il veut être un César, un Cromwell !... Il faut que cela se décide !

Les Anciens mollissent. Ceux qui font partie du complot n'osent plus parler aussi ouvertement. Un vent d'opposition commence à se lever. Vers une heure — on l'annonce à Bonaparte — le Conseil des Anciens, précédé de sa musique qui exécute *la Marseillaise*, entre dans le Grand Salon. Les conjurés essayent d'amuser le tapis. Tous savent que rien ne commencera *vraiment* avant que les Cinq-Cents puissent entrer en séance.

Il est déjà trois heures lorsque l'Orangerie est enfin prête. Les Cinq-Cents on revêtu leur toge et leur ample manteau rouge. Ils s'installent... et c'est immédiatement la tempête. Les cris montent :

— Point de dictature ! Nous sommes libres ici ! Les baïonnettes ne nous effrayent pas !

Le président — Lucien Bonaparte — essaie, mais en vain, de rétablir un semblant de calme. Fort heureusement, ces messieurs, qui se prennent pour des Romains, ont une prédilection pour les « scènes à effet ». L'un d'eux propose de prêter serment à la Constitution de l'an III. Peut-être un sang nouveau va-t-il être ainsi infusé au Directoire agonisant ? Lucien s'incline. Dans le dessein de gagner du temps, il est prêt à jurer fidélité au régime qu'il renversera tout à l'heure au profit de son frère. Chaque député monte donc à la tribune, étend le bras droit dans un joli mouvement de toge, prononce son serment et regagne sa place. Il est d'usage, lorsqu'on arrive au nom de Roberiot, l'un des malheureux ambassadeurs de Rastadt, de crier d'un ton sépulcral :

— Égorgé par la maison d'Autriche !

Tous les rites sont scrupuleusement respectés. Il y en a au moins pour cinq heures d'horloge... !

— Il faut en finir ! s'exclame Bonaparte en battant le parquet de sa cravache.

S'il n'intervient pas personnellement, tout est perdu ! Il décide de commencer par les Anciens. Ce sont eux, espère-t-il, qui entraîneront les Cinq-Cents !

Il entre dans la salle et commence par fustiger les prétendus conspirateurs. Des cris fusent :

— Qu'il nomme les conspirateurs ! Oui, nommez, nommez !

— S'il faut s'expliquer tout à fait, s'il faut nommer les hommes, réplique Bonaparte, je les nommerai. Je dirai que les Directeurs Barras et Moulins m'ont proposé de me mettre à la tête d'un parti tendant à renverser tous les hommes qui ont des idées libérales.

— Il faut créer un comité général pour entendre ces révélations, crient les uns.

— Non, non, s'exclament d'autres représentants, point de comité général ! On vient de dénoncer les conspirateurs, il faut que la France entende tout !

On demande alors à Bonaparte d'entrer dans le détail des vagues accusations qu'il vient de formuler contre Barras et Moulins :

— Vous ne devez plus rien cacher !

« C'est alors, poursuit Bourrienne, que ces interruptions, ces apostrophes, ces interrogations le troublèrent, et il se crut perdu. » Il bredouille même :

« Si je suis un perfide, soyez tous des Brutus... Je déclare que, ceci fini, je ne serai plus rien dans la République que le bras qui soutiendra ce que vous aurez établi !

Les Anciens veulent bien être des Brutus, mais exigent d'autres noms que ceux des deux Directeurs démissionnaires. Comment Bonaparte pourrait-il en donner, puisque le prétendu complot terroriste n'existe pas ? Il se trouble, se sent ridicule et de plus en plus lamentable. Son discours devient vite une manière de conversation débridée, menée à bâtons rompus avec le président. Si les questions posées par celui-ci sont claires et précises, les réponses de Bonaparte sont « ambiguës et entortillées ». Après avoir évoqué ses frères d'armes et sa franchise de soldat, il parle de « volcans, d'agitations sourdes, de victoires, du 18 fructidor, de César, de Cromwell, de tyran ». A plusieurs reprises, on l'entendra affirmer, dans le tumulte qui monte :

— Je n'ai plus que cela à vous dire.

« Et il ne disait rien, constate Bourrienne désespéré, ou pas grand-chose. » On devine, plus qu'on ne comprend : « Liberté... Égalité... hypocrites... intrigants.... Je ne le suis pas... J'abdiquerai le pouvoir, aussitôt que le danger qui menace la République sera passé... »

« On ne peut véritablement pas s'en faire une idée à moins d'avoir été présent, racontera Bourrienne. Il n'y avait pas la moindre suite dans tout ce qu'il balbutiait, il faut bien le dire, avec la plus inconcevable incohérence, Bonaparte n'étant point orateur. On peut bien supposer qu'il était plus accoutumé au bruit des batailles qu'à celui des discussions de tribune. Sa place était plutôt devant une batterie que devant le fauteuil du président d'une assemblée. »

Soudain, Bonaparte cesse de balbutier : il semble avoir trouvé un sujet et se met à menacer les représentants :

— Et si quelque orateur payé par l'étranger parlait de me mettre *hors la loi,* que la foudre de la guerre l'écrase à l'instant ! S'il parlait de me mettre *hors la loi*, j'en appellerais à vous, mes braves compagnons d'armes !

Il se tourne vers les quelques grenadiers demeurés au seuil de la porte :

— A vous, braves soldats, que j'ai tant de fois menés à la victoire !

A vous, braves défenseurs de la République, avec lesquels j'ai partagé tant de périls pour affermir la liberté et l'égalité ! Souvenez-vous que je marche accompagné du dieu de la Victoire et du dieu de la Fortune.

C'est là une phrase qu'il avait lancée avec succès au Diwan du Caire, mais, à Saint-Cloud, l'effet produit est déplorable. Bourrienne le tire par la manche et lui murmure — du moins il l'affirmera :

— Sortez, général, vous ne savez plus ce que vous dites !

Bonaparte balbutie encore quelques mots, puis s'exclame en se dirigeant vers la porte :

— Qui m'aime me suive !

Mais personne ne le suit que Bourrienne et Berthier... Aux Cinq-Cents, en dépit de la présidence de Lucien, c'est bien pis ! Dès l'entrée de Bonaparte, alors qu'il n'a encore rien dit, sa seule présence déclenche les hostilités. Les « tape-dur » de la Montagne se jettent sur lui, le martèlent à coups de poing. Au milieu des cris poussés avec fureur par les Cinq-Cents, on devine :

— Hors la loi le dictateur ! A bas le dictateur !

— Quoi ! des baïonnettes, des sabres, des hommes armés ici !

— Mourons à notre poste ! Vive la République et la Constitution de l'an III !

Députés, spectateurs et soldats se battent maintenant comme des chiffonniers ; un des représentants se prend même le pied dans sa toge et tombe de tout son long. Au pied de la tribune se déroule une scène d'une violence inouïe. Les grenadiers se frayent un chemin pour venir dégager leur chef pris à partie par l'énorme Destrem — le député au visage enluminé — qui hurle aux oreilles de Napoléon :

— Est-ce donc pour cela que tu as vaincu ?

Destrem, dont on dit qu'un « coup de sa main » valait « un coup de poing d'un autre », empoigne le chétif Bonaparte par l'épaule au moment où celui-ci, à demi évanoui et ne se rendant plus compte de rien, est enfin dégagé et emmené par ses soldats. C'est une effroyable déroute !

Lucien essaye de défendre son frère mais un député vocifère :

— Bonaparte s'est conduit en roi !

— Aucun de vous, poursuit Lucien, ne peut soupçonner de projets liberticides celui qui...

Une voix de stentor l'interrompt :

— Bonaparte a perdu sa gloire ! Je le voue à l'opprobre, à l'exécration des républicains.

Des cris d'approbation fusent sur tous les bancs. Une autre exclamation couvre le tumulte :

— Je demande que le général Bonaparte soit traduit à la barre pour y rendre compte de sa conduite.

— Et moi, s'exclame Lucien, je demande à quitter le fauteuil !

Lucien abandonne sa place au-dessous de la tribune — le perchoir —, laissant la présidence à Chazal. Mais les choses ne s'arrangent pas pour autant. La confusion augmente, les cris redoublent et c'est enfin la proposition qui avait autrefois détrôné Robespierre :

— Aux voix, la mise *hors la loi* du général Bonaparte !

Lucien quitte alors sa place de député, remonte à la tribune et — théâtral, ainsi que l'exige l'époque — enlève sa toque et sa toge en déclarant :

— Il n'y a plus ici de liberté. N'ayant plus le moyen de me faire entendre, vous verrez au moins votre président, en signe de deuil public, déposer ici les marques de la magistrature populaire.

On le supplie de rester : il cède.

Bonaparte et Sieyès sont toujours dans le Grand Cabinet. En apprenant que l'apprenti dictateur se trouve maintenant *hors la loi*, l'abbé se retourne vers Bonaparte :

— Ils rêvent 93 !... Ils nous mettent hors la loi ! Eh bien, général, contentez-vous de les mettre hors la salle.

Bonaparte dégaine, brandit son épée, ouvre la fenêtre et hurle :

— Aux armes !

Une seconde plus tard, le héros d'Italie apparaît dans la cour en criant :

— Mon cheval !

En voyant réapparaître son animal gris de fer qui rue, piaffe et se cabre, Bonaparte qui n'a jamais été un cavalier brillant a un sursaut. Deux hommes ont du mal à maintenir la bête. Non sans difficulté, le général l'enfourche et essaie de cavalcader noblement. Dans sa fièvre il égratigne les boutons qui couvrent ses joues. Il saigne, ce qui lui permet d'affirmer que les Cinq-Cents ont voulu l'assassiner. Les soldats semblent prêts à « franchir le Rubicon », mais les grenadiers du Corps législatif sont hésitants. Il est plus de cinq heures, le jour baisse, une froide brume de novembre noie le parc, le ciel est de plus en plus couvert, il faut en finir avant la nuit. Lucien vient de faire passer à son frère un appel angoissé : « Avant dix minutes, il faut interrompre la séance ou je ne réponds plus de rien. »

Bonaparte donne enfin des ordres précis.

Quelques instants plus tard, un peloton de grenadiers fait irruption dans la salle des séances. Lucien se demande d'abord si tout n'est pas perdu. Son frère a-t-il manqué son coup ? Vient-on l'arrêter ? Vient-on le délivrer ?

— Vous me parliez de réconciliation, lance-t-il aux députés, et vous me faites arrêter !

Mais les grenadiers se contentent de le conduire auprès de Bonaparte et de Sieyès. Pendant ce temps, dans la cour du château, le général Sérurier a tenté de galvaniser ses troupes :

— Les Anciens se sont réunis à Bonaparte, les Cinq-Cents ont voulu l'assassiner !

Une affaire de « civils » ! Les grenadiers sont demeurés impassibles. Puis Bonaparte leur a expliqué :

— J'allais leur indiquer les moyens de sauver la République et ils ont voulu m'assassiner !

Se tournant vers les grenadiers, il demande :

— Soldats, puis-je compter sur vous ? Je vais mettre les députés à la raison !

Le silence lui a répondu. Mais tout va changer avec l'arrivée de Lucien, puisque « l'apparence de la légalité » est ainsi venue rejoindre les conjurés. Plus prompt que son frère, Lucien ordonne :

— Un cheval pour moi, général !... Un cheval !... et un roulement de tambour !

Il saute à cheval et lance :

— Citoyens, soldats ! Le président du Conseil des Cinq-Cents vous déclare que l'immense majorité de ce conseil est dans ce moment sous la terreur de quelques représentants du peuple à stylets, qui assiègent la tribune, présentent la mort à leurs collègues et enlèvent les délibérations les plus affreuses. Je vous déclare que ces audacieux brigands, sans doute soldés par l'Angleterre, se sont mis en rébellion contre le Conseil des Anciens, et ont osé parler de mettre *hors la loi* le général chargé de l'exécution de son décret ; comme si nous étions encore à ce temps affreux de leur règne, où ce mot : *hors la loi*, suffisait pour faire tomber les têtes les plus chères à la patrie. Je vous déclare que ce petit nombre de furieux se sont mis eux-mêmes hors la loi par leurs attentats contre la liberté de ce conseil.

Un frémissement parcourt les rangs. Bonaparte sent que la chance commence à lui revenir.

— Que la force les expulse !... Ces brigands ne sont plus les représentants du peuple, mais les représentants du poignard. Que ce titre leur reste, qu'il les suive partout !..., et lorsqu'ils oseront se montrer au peuple, que tous les doigts les désignent sous ce nom mérité de représentants du poignard ! Vive la République !

Cependant, malgré les cris de *Vive Bonaparte !* qui suivent cette harangue, l'hésitation qui règne dans la troupe se poursuit. Tourner leurs armes contre la représentation nationale —même qualifiée de « représentants du poignard » — les fait hésiter. D'autant plus que l'on peut voir plusieurs députés qui, des fenêtres, crient en désignant Bonaparte du doigt :

— A bas le dictateur ! Hors la loi !

— Soldats, lance maintenant Bonaparte, je vous ai menés à la victoire, puis-je compter sur vous ?

Des cris encore trop rares fusent çà et là :

— Oui ! Oui !... Vive le général !... Qu'ordonnez-vous ?

— Soldats, on avait lieu de croire que le Conseil des Cinq-Cents sauverait la patrie, au contraire, il se livre à des déchirements. Des agitateurs cherchent à le soulever contre moi ! Soldats, puis-je compter sur vous ?

— Oui ! Vive Bonaparte !

— Eh bien ! je vais les mettre à la raison. Depuis assez longtemps, la patrie est tourmentée, pillée, saccagée ; depuis assez longtemps ses défenseurs sont avilis, immolés !

A nouveau, les hommes crient :

— Vive Bonaparte !

Et il poursuit, fréquemment interrompu par des : *Vive Bonaparte !*

— Trois fois, vous le savez, j'ai sacrifié mes jours pour ma patrie ; mais le fer ennemi les a respectés : je viens de franchir des mers sans craindre de les exposer une quatrième fois à de nouveaux dangers ; et ces dangers je les trouve au sein d'un Sénat d'assassins !

Cette fois une immense clameur de *Vive Bonaparte !* monte jusqu'aux Cinq-Cents qui répondent en hurlant :

— Vive la République ! Mourons pour la liberté ! Hors la loi le dictateur ! Vive la Constitution de l'an III !

Lucien tire alors son épée et l'appuie sur la poitrine de Bonaparte en criant :

— Je jure de percer le sein de mon propre frère si jamais il porte atteinte à la liberté des Français !

Le geste a emporté les dernières hésitations. La garde acclame l'orateur et Bonaparte peut donner l'ordre de marcher. Les tambours battent le pas de charge. C'est le glas du régime. Quelques secondes plus tard, le général Leclerc entre dans l'Orangerie. A la porte on voit luire les baïonnettes.

Leclerc crie d'une voix de stentor :

— Représentants, retirez-vous, le général a donné l'ordre !

Puis, comme les députés ne semblent pas devoir obéir, il crie :

— Grenadiers, en avant ! Tambours, la charge !

Tandis que Murat, se retournant vers ses hommes, lance un commandement moins réglementaire :

— Foutez-moi tout ce monde-là dehors !

Puis, s'adressant aux députés :

— Citoyens, leur dit-il, vous êtes dissous !

Avec rage les tambours frappent sur leurs caisses. Au pas de course, le colonel Dujardin et ses grenadiers traversent « le sanctuaire des lois ». Lorsqu'ils sont arrivés au bout de la pièce ils font demi-tour et foncent vers ceux qu'ils appellent les « pigeons battus ». C'est aussitôt, au milieu d'un nuage de poussière, un sauve-qui-peut général. Les Cinq-Cents enjuponnés, ridicules dans leur déguisement romain, sautent par les fenêtres, se perdent dans le parc. Quelques récalcitrants s'accrochent à leurs sièges ; les soldats les prennent à bras-le-corps et les déposent à l'extérieur. Ceux qui résistent par trop sentent l'acier des baïonnettes leur caresser l'échine.

« Nous voyons, racontera le capitaine Coignet, de "gros monsieurs" qui passaient par les croisées ; les manteaux, les beaux bonnets et les plumes tombaient par terre ; les grenadiers arrachaient les galons de ces beaux manteaux. »

Dehors, c'est la déroute, une fuite éperdue dans la nuit qui tombe sur les bosquets. Pour courir plus vite, les députés — « les factieux intimidés », dira Bonaparte — abandonnent leurs défroques dans les sauts-de-loup et sur les pelouses, taches pourpres traînant dans le brouillard...

A un député expulsé, errant tristement dans le jardin, Réal lance au passage :

— La farce est jouée !

Cette farce rend quelque importance aux Anciens que l'on a presque oubliés. « Incarnant par le fait toute la représentation nationale », ainsi que le leur affirme le président gagné à la conspiration, ils adoptent le décret suivant :

« Le Conseil des Anciens, attendu la retraite *(sic)* du Conseil des Cinq-Cents, décrète ce qui suit : Quatre des membres du Directoire exécutif ayant donné leur démission et le cinquième étant mis en surveillance, il sera nommé *une commission exécutive provisoire, composée de trois membres. »*

Ce n'est pas encore le Consulat. Le mieux ne serait-il pas d'essayer de retrouver quelques Cinq-Cents, même sans leurs jupes ? Les huissiers partent à la découverte, vont dans les ginguettes des environs, cherchent à gauche et à droite et, bientôt, peuvent réunir une bonne poignée de députés qui, en attendant d'obtempérer aux ordres, somnolent sur les banquettes de l'Orangerie. Ils sont prêts à tout, et pour le prouver ils commencent par exprimer leur reconnaissance à Bonaparte et proclament « que lui, Murat, Lefebvre, Gardanne et autres généraux ont bien mérité de la patrie ».

Sur la proposition de l'avocat Chazal, ancien girondin — qui récite la leçon soufflée par Bonaparte et Sieyès — ce nouveau parlement-croupion vote avec une totale docilité le décret final :

« Le Corps législatif crée provisoirement une commission consulaire exécutive composée des citoyens Sieyès, Roger Ducos, ex-Directeurs, et de Bonaparte, général, qui porteront les noms de consuls de la République. »

En dorant la pilule, on la leur ferait plus aisément avaler, aussi Chazal propose-t-il que les indemnités parlementaires continuent à être versées aux représentants pendant les vacances « forcées ». Proposition, on s'en doute, adoptée avec enthousiasme...

De l'autre côté de la porte, Bonaparte piaffe. Fort heureusement il ne reste plus qu'à faire entrer, au son d'une sonnerie de trompettes, les trois consuls qui viennent prêter serment de « fidélité inviolable à la souveraineté du peuple, à la République française une et indivisible, à l'égalité, à la liberté et au système représentatif ».

Un serment de plus... que, bien entendu, Bonaparte ne pourra pas tenir !

A Paris dans les cafés, dans les théâtres, des ordonnances à cheval ont apporté aux Parisiens une déclaration rassurante établie par Fouché. On a interrompu les représentations et un acteur est venu lire cette proclamation aux spectateurs : « Les Conseils étaient réunis à Saint-Cloud pour délibérer sur les intérêts de la République et de la liberté, lorsque le général Bonaparte, étant entré au Conseil des Cinq-Cents pour dénoncer des manœuvres *contre-révolutionnaires,* a failli périr victime d'un assassinat. Le génie de la République a sauvé ce général ; il revient avec son escorte. »

En roulant vers Paris avec « son escorte », Bonaparte dépasse les troupes qui, le ventre creux, regagnent leurs quartiers sous la pluie qui tombera presque toute la nuit. Les soldats chantent les anciens refrains révolutionnaires.

Ah ! ça ira, ça ira, ça ira,
Les aristocrates, à la lanterne
Ah ! ça ira, ça ira, ça ira,
Les aristocrates on les pendra

La Révolution n'en est pas moins bien morte. En entrant dans la danse — au son des tambours — les baïonnettes du général en chef, prédites par Mirabeau voici déjà plus de dix années, ont achevé le régime.

Le lit est fait pour Bonaparte.

LE PREMIER CONSUL

Il n'y a rien de si difficile à harnacher qu'un peuple qui a secoué son bât.

NAPOLÉON.

Le lendemain, Paris se réveille sous le Consulat.

Le 20 brumaire se trouve être un décadi — le dimanche révolutionnaire — aussi les magasins sont-ils fermés et — il fait plus doux que la veille — les Parisiens, entre deux ondées, se promènent, lisent les affiches et commentent les nouvelles. Sans doute certains demeurent-ils méfiants, mais plus nombreux sont ceux qui arborent un sourire radieux. Un poids semble enlevé des poitrines. On respire... et, s'il faut en croire les journaux — tel *l'Ami des Lois* — « l'on s'embrassait sur les places publiques avec un effusion qui tenait du délire ».

Le soir, en dépit de la pluie et d'un vent assez fort, tout Paris illumine, des cortèges d'officiers publics — commissaires et juges de paix — et de troupes précédées de leur musique parcourent la ville pour lire à la clarté des torches la loi votée au milieu de la dernière nuit et créant le Consulat. Des cris de *Vive la République ! Vive Bonaparte ! Vive la paix !* interrompent le discours.

Le 11 novembre, dès dix heures du matin, après une nuit assez brève, Bonaparte, en civil — redingote d'un gris sombre, chapeau de castor noir — a pris place dans une voiture fort simple, entourée seulement par six dragons. C'est en ce modeste équipage qu'il se rend au Luxembourg pour son premier acte de chef d'État. Aux abords du palais, quelques badauds crient : *Vive Bonaparte !* Il semble n'avoir pas entendu et donne l'ordre d'arrêter sa voiture devant la porte du Petit-Luxembourg, demeure de Sieyès.

A midi, après une conversation avec « l'abbé », a lieu la première réunion entre les trois consuls. Roger Ducos, ex-juge de paix, un peu surpris de se trouver encore chef d'État, déclare, en s'inclinant vers Bonaparte :

— Il est bien inutile d'aller aux voix pour la présidence, elle vous appartient de droit.

Sieyès fait la grimace et se mord les lèvres. Bonaparte, avec adresse, propose une présidence par roulement et par vingt-quatre heures. L'ordre alphabétique lui permet de prendre aussitôt le fauteuil pour cette séance historique.

Le nouveau ministre des Finances, Gaudin, nommé le même jour, trouve dans la caisse du Trésor une somme de cent soixante-sept mille francs en numéraire provenant d'une avance de trois cent mille francs faite la veille. Or il y a quatre cent soixante-quatorze millions de dettes ! — sans parler des bons de réquisition impayés et des promesses d'inscriptions de rente non tenues ! Pour faire face aux premières dépenses, le nouveau ministre utilisera des traites d'adjudicataires des coupes de bois. Ces traites lui seront d'ailleurs protestées, car, depuis trois ans, aucune livraison n'a été faite !

La gabegie règne partout. Bonaparte explose :

— Quelles gens ! s'écrie-t-il devant Bourrienne. Quel gouvernement ! Quelle administration ! Concevez-vous quelque chose de plus pitoyable que leur système de finances ?

Lorsque Napoléon veut expédier un courrier, pas le moindre viatique à lui donner pour ses frais de route ! Le nouveau consul désire alors connaître la « force précise de l'armée ». Personne ne peut le renseigner.

— Mais, insiste-t-il, vous devez avoir des rôles au bureau de la guerre ?

— A quoi nous serviraient-ils, il y a eu tant de mutations dont on n'a pu tenir compte.

— Mais du moins vous devez avoir l'état de la solde qui nous mènera à notre but ?

— Nous ne la payons pas !

— Mais les états des vivres ?

— Nous ne les nourrissons pas !

— Mais ceux de l'habillement ?

— Nous ne les habillons pas !

Sieyès qui, lors de ce premier conseil, a vu Bonaparte parler avec science des finances, de l'administration, de l'armée, de la politique et des lois, sort absolument abasourdi en répétant :

— Messieurs, vous avez un maître ! Cet homme sait tout, veut tout et peut tout !

Le 15 novembre, premier pas vers le trône, Bonaparte s'installe dans ses appartements du Petit-Luxembourg, aujourd'hui résidence de la présidence du Sénat.

C'est là que se réunissent les trois consuls et les trois commissions législatives. Les conférences s'ouvrent à neuf heures du soir et se prolongent jusque bien avant dans la nuit.

Le gouvernement garde l'initiative des lois et l'on crée un Conseil d'État, chargé de mûrir, de rédiger les projets et les règlements de l'administration publique. Demeure le principal : « On savait que le gouvernement de Sieyès devait se terminer en pointe, en une espèce de sommité monarchique plantée sur des bases républicaines, idée dont il était entiché depuis longtemps ; on attendait avec une curiosité attentive et même impatiente qu'il découvrît enfin le chapiteau de son édifice constitutionnel. »

Sieyès, voulant se débarrasser du « sabre », propose alors à Bonaparte de le transformer en « chapiteau », c'est-à-dire de lui donner les fonctions de « Grand Électeur » chargé de désigner les deux consuls, avec un traitement de six millions, une garde de trois mille hommes et la résidence de Versailles.

A Versailles ?

— Je veux rester à Paris, s'exclame violemment Bonaparte. Cela ne sera pas ! Il y aura plutôt du sang jusqu'aux genoux !

Puis, il ne peut y tenir : « se levant et poussant un éclat de rire, il prend le cahier des mains de Sieyès et sabre d'un trait de plume ce qu'il appelle tout haut des niaiseries métaphysiques » :

— Est-ce que je vous entends bien ? On me propose une place où je nommerais tous ceux qui auront quelque chose à faire et où je ne pourrais me mêler de rien… Cela est impossible ! Je ne ferai pas un rôle ridicule !

Il se tourne ensuite vers l'abbé piteux et humilié :

— Comment avez-vous pu croire, citoyen Sieyès, qu'un homme d'honneur, un homme de talent et de quelque capacité dans les affaires, voulût jamais consentir à n'être qu'un cochon à l'engrais de quelques millions dans le château royal de Versailles ?

« Le cochon à l'engrais » fait fuser les rires et le Grand Électorat est coulé à fond.

On finit par voter la création de deux consuls figurants — ils ne seront que les deux bras du fauteuil du Premier consul.

Il s'agit maintenant d'élire les trois consuls : un étalon de décalitre, placé sur une table, sert d'urne. Pendant le scrutin, Bonaparte, adossé à la cheminée, se chauffe. Au moment où on va commencer le dépouillement il s'avance vers la table, ramasse les bulletins et, se tournant vers Sieyès, il dit gravement :

— Au lieu de dépouiller, donnons un nouveau témoignage de

reconnaissance au citoyen Sieyès en lui décernant le droit de désigner les trois premiers magistrats de la République, et convenons que ceux qu'il aura désignés seront censés être ceux à la nomination desquels nous venons de procéder.

Les bulletins sont bien vites brûlés. La Constitution de l'an VIII est faite : Sieyès s'élimine lui-même — Bonaparte le regrettera plus tard — Roger Ducos, se rendant compte qu'il ne fait pas le poids, s'efface et Bonaparte, « désigné » par Sieyès, va choisir lui-même ses deux assesseurs-satellites. Il nomme d'abord Cambacérès qui a été président du Salut public et dont on disait qu'il était le plus propre à mettre de la gravité dans la bassesse... Talleyrand lui conseille ensuite de désigner Charles-François Lebrun qui représente en quelque sorte ce qu'il y a de bon dans le passé, c'est-à-dire le « despotisme éclairé » à la sauce voltairienne.

Alors que Lebrun mènera un train de petit-bourgeois, Cambacérès éclaboussera ses hôtes par son luxe royal. Cinquante à soixante laquais en livrée de drap bleu galonné d'or s'empresseront autour des ses invités — sans parler des nombreux maîtres d'hôtel, de soie vêtus. On mettra plaisamment ces mots dans la bouche de l'efféminé second magistrat de la République :

— J'allais voir les filles comme un autre, mais je n'y restais pas longtemps ; dès que mon affaire était finie, je leur disais : *adieu Messieurs !* et je m'en allais.

Quant « au citoyen et à la citoyenne Bonaparte », ils vivront fort simplement. Nul apparat au Petit-Luxembourg. On campera encore. Les domestiques n'auront ni galons ni livrées. Il n'y aura qu'un seul maître d'hôtel — ce qui sera surprenant pour l'époque. Quelque temps après sa nomination au Consulat, on représenta à Bonaparte que ses dîners étaient trop brefs ; il les allongea de quelques minutes.

— Général, lui dit Roederer, vous êtes devenu moins expéditif à table.

Il répondit :

— C'est déjà la corruption du pouvoir.

Le Consulat provisoire est achevé, et Bonaparte prononce les dernières paroles de cette brève magistrature :

— Citoyens, la Révolution est fixée aux principes qui l'on commencée ; elle est finie.

Le frère de Louis XVI, qui, en exil, avait pris le nom de comte de Lille et le titre de Louis XVIII, écrivit au Premier consul :

« ...Dès longtemps, mes yeux sont fixés sur vous ; dès longtemps je me suis dit que le vainqueur de Lodi, de Castiglione, d'Arcole, le conquérant de l'Italie, de l'Égypte, sera le sauveur de la France...

Aujourd'hui que vous réunissez le pouvoir aux talents, il est temps que je m'explique, il est temps que je vous montre les espérances que j'ai fondées sur vous... Si je m'adressais à tout autre qu'à Bonaparte, j'offrirais, je spécifierais des récompenses. Un grand homme doit lui-même fixer son sort, celui de ses amis ; dites ce que vous désirez pour vous, pour eux, et l'instant de ma restauration sera celui où vos vœux seront accomplis. »

En remettant la lettre à son favori, le duc d'Avaray, « M. le comte de Lille » avait ajouté en soupirant :

— C'est un billet bien cher, joué à une loterie de fort peu d'espérances.

Mais Avaray ne parvient point à faire passer la lettre — et Louis XVIII récidivera plus tard. Bonaparte lui répondra alors : « J'ai reçu, Monsieur, votre lettre ; je vous remercie des choses honnêtes que vous m'y dites. Vous ne devez plus souhaiter votre retour en France ; il vous faudrait marcher sur cent mille cadavres... Sacrifiez vos intérêt au repos et au bonheur de la France ; l'histoire vous en tiendra compte. Je ne suis pas insensible aux malheurs de votre famille !... Je contribuerai avec plaisir à la douceur et à la tranquillité de votre retraite. »

— Si je restaure les Bourbons, s'exclame-t-il, ils m'élèveront une statue et mettront mon corps dans le piédestal !

On lui avait proposé de se coiffer, en sa qualité de consul, d'un bonnet rouge, mais il avait répondu — et ceci était également une profession de foi :

— Ni bonnet rouge ni talon rouge !

Il était l'avenir et rien du passé ne pouvait lui convenir... Pensait-il déjà à ceindre lui-même la couronne ? George Washington venait de s'éteindre dans sa chère propriété du Mount Vernon, devant ce merveilleux paysage du large Potomac coulant vers son embouchure entre ses collines boisées. Voici ce qu'il pourrait peut-être devenir pour la France : « un Washington ».

Et c'est bien dommage ! Peut-être, pour sa gloire, aurait-il mieux valu que Bonaparte ne coiffât point la couronne. La France — elle l'a prouvé sous le Consulat, qui fut un gouvernement de gauche sans étroitesse de vue — aurait parfaitement pu vivre commandée par un Washington non couronné. Quoi qu'il en soit, cette couronne « de gauche », il ne pouvait cependant point être question pour le futur empereur de la prendre dès maintenant. En février 1800, la mort de George Washington lui a permis simplement de parler « à toutes les troupes de la République » et d'évoquer la liberté : « Washington est mort. Ce grand homme s'est battu contre la tyrannie. Il a consolidé la liberté de sa patrie. Sa mémoire sera toujours chère au peuple français comme à tous les hommes libres des deux mondes, et spécialement aux soldats français qui, comme lui et les soldats américains, se battent pour l'égalité et la liberté. »

Dix jours plus tard — le 17 février — le deuil est terminé et Bonaparte, premier pas vers cette « tyrannie » évoquée à l'occasion de la mort du grand Américain, décide d'aller s'installer aux Tuileries. A plusieurs reprises, il a parcouru le château et ordonné de badigeonner les murs couverts de graffiti révolutionnaires et de bonnets rouges. Bourrienne l'a entendu dire à Lecomte, alors architecte des Tuileries :

— Faites-moi disparaître tout cela, je ne veux pas de pareilles saloperies.

— Comme les Tuileries sont tristes, général, remarqua Bourrienne.

— Oui, répondit-il, comme la grandeur.

Ce même jour, Bonaparte, vêtu en civil, se promène dans Paris, incognito, suivi seulement de deux officiers. A tous les carrefours, avec accompagnement de trompettes et de tambours, on publie les résultats du plébiscite approuvant la nouvelle Constitution. Aux Halles, la lecture est accueillie par le cri révolutionnaire de *Ça ira !* Dans les quartiers plus élégants — tel celui de la place Vendôme — on signale quelques cris de : *Vive le Roi !*

Le lendemain matin, le ciel est malheureusement couvert — on est en pluviôse et demain en ventôse...

Dans les cours des Tuileries et du Carrousel se trouvent rangés trois mille hommes de troupe accompagnés de leur musique, et commandés par Lannes, Murat et Bessières. Le cortège débouche sur la place du Carrousel, une place alors relativement étroite et difforme. Après un piquet de grosse cavalerie, les conseillers d'État se sont entassés dans des fiacres baptisés *carrosses* par les journaux du temps — les numéros des locatis ayant été cachés par des bandes de papier. Puis une musique militaire, composée de cinquante musiciens chamarrés et dorés, fait son entrée. Elle précède l'état-major à cheval, tout emplumé et ceinturé de tricolore. Après les ministres — eux aussi installés dans des voitures de louage — on voit déboucher les guides de Bonaparte : cavaliers à colback et à dolman verts ornés d'aiguillettes rouges. Roustam, caracolant sur son cheval arabe, précède les consuls. Leur voiture, entourée par des guides, trompettes sonnantes, est tirée par six chevaux blancs, cadeau de l'empereur François au lendemant de Campoformio.

Un grand cri de *Vive Bonaparte !* retentit...

« Aussitôt que la voiture des consuls se fut arrêtée, Bonaparte en descendit rapidement, rapporte Bourrienne, et, sur-le-champ, monta ou, pour mieux dire, sauta à cheval, et passa les troupes en revue... » Après avoir parcouru les rangs, il vient se placer auprès de la porte des Tuileries. Quand le consul voit passer devant lui les drapeaux ne présentant plus qu'un bâton et quelques lambeaux d'étoffe criblés de balles et noircis par la poudre, il ôte son chapeau et s'incline. Une immense acclamation monte vers lui.

Ce même jour — ordre symbolique — il ordonne d'arracher les nombreux arbres de la Liberté plantés dans la cour, sous le prétexte qu'ils ôtent de la lumière aux appartements. Il fait aussi gratter l'inscription que l'on pouvait lire jusqu'alors sur l'un des corps de garde flanquant la grille du Carrousel : *Le dix août 1792, la Royauté est abolie et ne se relèvera jamais.*

« Jamais » n'est pas, lui non plus, un mot français, comme Napoléon le dira un jour du mot *impossible.*

Évoquant les acclamations qui l'avaient salué ce jour-là, il constate :

— La joie du peuple était vraie, le peuple a raison. Et d'ailleurs consultez le grand thermomètre de l'opinion, voyez le cours des rentes : à onze francs, le 17 brumaire ; à seize francs le 29 ; et aujourd'hui à vingt et un francs ! Avec cela, je puis laisser caqueter les Jacobins. Mais qu'ils ne parlent pas trop haut !

Puis il ajoute :

— Ce n'est pas tout que d'être aux Tuileries, il faut y rester. Qui est-ce qui n'a pas habité ce palais ? Des brigands, des conventionnels. Tenez, montre-t-il à Bourrienne, en se penchant par une fenêtre du palais, voilà la maison de votre frère. N'est-ce pas là que j'ai vu assiéger les Tuileries, et enlever le bon Louis XVI ? Mais, soyez tranquille, qu'ils y viennent !

Quel chemin parcouru en seulement huit années !

Il ne peut s'empêcher, le soir du 19, au moment de se coucher pour la première fois aux Tuileries, d'évoquer le passé en disant à Joséphine, en riant peut-être, mais non sans orgueil :

— Allons, petite créole, venez vous mettre dans le lit de vos maîtres !

Les journaux nés de la Révolution affectent de traiter avec dédain la « pompe consulaire » indigne, prétendent-ils, d'un vrai républicain. Et pourtant les Tuileries ne sont pas encore une cour. Cependant, peu à peu la simplicité, de mise au Luxembourg, évolue.

« Lorsque, à dix heures, la porte s'ouvrit, rapportera Élisabeth Pétrowna Divow, et qu'un huissier cria : “Le Premier consul !”, je puis assurer que si une mouche eût volé dans la chambre, on l'aurait entendue. Tout le monde se leva pour le saluer et c'est dans ce moment que je lui fus présentée. Il causa pendant quelques minutes d'une manière bien aimable avec moi, et tout le monde alla à table. Chaque cavalier donnait le bras à une dame. »

Il s'agit là d'un « petit dîner » qui se donnait chez sa femme, mais les grandes « cohues » réunissant deux cents personnes ont lieu tous les dix jours, au premier étage, dans la Galerie de Diane. Petit à petit, Bonaparte prendra l'habitude de passer le premier à table. Le repas est, bien sûr, toujours servi au pas de charge. Il se prolonge rarement au-delà de vingt minutes ou d'une demi-heure.

— Si l'on veut manger vite, déclare alors Bonaparte, il faut venir chez moi ; manger bien, chez le second consul, et manger mal, chez le troisième.

Après le dîner officile, les personnalités invitées en « cure-dents » envahissent les salons, et l'ennui tombe sur les Tuileries. Nouvelle revue, nouvelles présentations, nouvelles banalités... Lui n'est guère aimable. Il s'intéresse cependant aux robes de ses invitées, mais pour des raisons politiques. Hortense nous le rapporte : « Le Premier consul, pour faire revivre les manufactures de Lyon et nous affranchir d'un tribut payé à l'Angleterre, nous défendait de porter de la mousseline et jetait au feu tout ce qui lui paraissait de fabrication anglaise. Quand ma mère et moi entrions fort parées, sa première question était toujours :

— Est-ce de la mousseline que vous portez-là ?

« On répondait souvent que c'était du linon de Saint-Quentin ; mais un sourire nous trahissait et, à l'instant, ses doigts partageaient en deux la robe étrangère. Ce désastre des toilettes se répéta plusieurs fois, et il fallut en venir au satin et au velours. La mode acheva ce que le Consul avait commencé et ce qu'il n'eût pas obtenu sans elle, car les shalls de Cachemire, malgré les fréquentes menaces de les brûler, survécurent à la proscription. »

Qu'elle soit revêtue de mousseline anglaise ou de velours français, Bonaparte admire sa femme qui, dans son fameux salon jaune, évolue avec grâce et sait mettre ses invités à l'aise — des ménages de fonctionnaires souvent un peu gênés de se trouver là... Elle connaît l'art de recevoir, cet art si difficile que, épouse séparée d'Alexandre de Beauharnais, elle a acquis à l'époque déjà lointaine où elle s'était réfugiée au couvent de Panthémont. Elle a *de l'esprit* — expression devenue intraduisible — et, pour l'instant, Bonaparte qui ne pense pas encore à créer une dynastie a abandonné l'idée de se séparer d'une auxiliaire précieuse qui tient fort bien sa place dans son œuvre de reconstruction. Il désire qu'elle soit pour le nouveau régime une manière de reine.

— Je veux que tu sois éblouissante de parure et richement habillée, entends-tu bien ?

Bonaparte n'avait pas attendu le résultat du plébiscite — résultat sans précédent puisque trois millions douze mille cinq cent soixante-neuf Français, contre seulement quinze cent soixante-deux, avaient approuvé le changement de régime— il n'avait pas attendu pour réédifier cette France, qui, nous l'avons dit, n'était plus qu'un amas de décombres. Sans doute certaines pierres demeuraient-elles bonnes, mais il fallait les retailler afin qu'elles puissent trouver leur place dans le nouvel edifice.

L'anarchie, on le devine, n'avait nullement cessé avec l'effondrement du Directoire. Pillages et rapines prenaient le plus souvent le visage affreux de la guerre civile. Il fallait avant tout pacifier l'ouest de la France ! Il fallait que le conflit ne s'éternisât point. Une seule solution : trancher dans le vif pour en finier une fois pour toutes. Pacifier en attaquant !

Bientôt Bretons et Normands sont aux abois : l'un des premiers ; Cadoudal, encerclé, accepte de livrer ses canons et ses fusils et de rencontrer le Premier consul. Bonaparte reçoit ce « gros Breton », ainsi qu'il a le tort de l'appeler, et essaye de le gagner au parti de la paix. Ils ne se plaisent ni l'un ni l'autre. « C'était un fanatique, racontera Bonaparte, je l'émus sans parvenir à le convaincre. Au bout d'une demi-heure, je n'étais pas plus avancé qu'au commencement. Il voulait conserver ses bandes et ses armes. Je lui répliquai qu'il ne pouvait y avoir un État dans l'État. »

Le consul ne parvient pas à convaincre le Chouan, en effet, car l'ex-cadet gentilhomme de Buonaparte traite si dédaigneusement ce fils de meunier que, ulcéré, « Georges »— ainsi que tous l'appelaient— n'a désormais plus qu'une idée en tête : se venger, ranimer l'insurrection et, surtout, montrer ce qu'il désignait par ces mots : « le coup essentiel », autrement dit l'assassinat de Napoléon. S'abouchant avec Hyde, il s'enfuira de Paris, gagnera Londres avant de revenir en France mettre au point ses projets.

Nous le retrouverons.

Si la faiblesse du Directoire obligeait le défunt régime à gouverner en donnant des coups de barre à droite, puis à gauche, afin de s'appuyer à tour de rôle sur les deux forces opposantes, et à les amoindrir du même fait, Bonaparte est contraint de museler presque simultanément Royalistes et Jacobins.

— Je traite la politique comme la guerre, dira-t-il, j'endors une aile pour battre l'autre.

« Considérant que la plupart des journaux de Paris sont au mains des ennemis de la République », Napoléon exécute d'abord les feuilles royalistes. Les gazettes d'extrême gauche sont, au début, laissées libres d'agir. Mais les Jacobins ne demeurent point tranquilles. Anciens révolutionnaires, terroristes que leur passé par trop rouge a exclus des places— on les appelle d'ailleurs des *exclusifs* — ils conspirent ferme contre le Premier consul. Eux aussi parlent de massacrer Bonaparte sans tarder. Ainsi que le précise un rapport de police : « si d'un côté les royalistes se remuent et cherchent à culbuter le gouvernement, il est démontré que les anarchistes visent au même but par des moyens beaucoup plus expéditifs » — ce qui n'était pas peu dire. Les mauvaises nouvelles reçues au début de germinal de l'armée d'Italie— Savone a été reprise — ont permis à certains agitateurs des deux bords de faire souffler un vent de panique sur Paris : on parle d'arrestations de Royalistes, de complot des Jacobins, d'un attentat préparé contre le Consul. Les spéculateurs jouent à la baisse. Des estrades improvisées se dressent aux carrefours où les bateleurs politiques propagent les fausses nouvelles aux badauds. Les pamphlets circulent, hurlés par les crieurs— tel celui-ci : « Le passé m'a trompé, le présent me tourmente et l'avenir m'épouvante. »

La France est également mise à l'encan par ceux qui sont chargés de la gérer. Celui qui reçoit la missions de faire cesser le brigandage sera bientôt désigné : c'est le préfet, qui « devra visiter ses communes au moins deux fois l'année ». Surtout répandre, affirmer, répéter que tout va *déjà* mieux. Bonaparte le recommande aux hauts fonctionnaires.

— On ne conduit le peuple qu'en lui montrant un avenir : un chef est marchand d'espérance.

Bonaparte découvre par degrés l'ampleur du désordre ; le manque d'unité apparaît dans les secteurs les plus inattendus. Si bourgeois et villageois sont bien obligés d'observer le repos du *décadi* républicain, loin des gendarmes, paysans et campagnards préfèrent chômer le dimanche. Partout l'on recommande aux préfets de ne pas heurter de front les goûts et les habitudes prises.

— Ma politique, dira Bonaparte, est de gouverner les hommes comme le plus grande nombre veut être gouverné ; c'est là, je crois, la manière de reconnaître la souveraineté du peuple.

Il affirmera encore :

— On ne fait de grandes choses en France qu'en s'appuyant sur les masses ; d'ailleurs un gouvernement doit aller chercher son point d'appui là où il est.

Il lui fallait aussi un autre « point d'appui » : de saines finances. Celles-ci n'étaient point en désordre : elles n'existaient toujours plus ! La pauvreté évoque un semblant de bien, si minime soit-il. Ici rien que le néant… et un effroyable passif. « Le Premier consul, lit-on dans un rapport du 24 février, invite le ministre des Finances à lui faire connaître sous le plus bref délai en quelles mains se trouve le *Régent.* » Le fameux diamant « égaré » parmi les prêteurs du Directoire !

On vivait encore à force d'expédients à la petite semaine — on verdait le bois du parc de Versailles, on transformait le métal des cloches en monnaie… Bonaparte compte sur le retour de la confiance pour faire revenir l'or dans les caisses — on sait que l'or, cette manière de « personnage », défiant, timide et timoré, se cache au moindre danger. Et, afin de ramener la confiance — afin d'avoir un établissement de crédit presque officiel sinon indépendant — Bonaparte crée, ou plutôt transforme l'ex-caisse des comptes courants en *Banque de France.*

Pour arriver à cette résurrection, pour revenir à l'œuvre de la première Assemblée révolutionnaire, il fallait aller prudemment — et même avec calcul.

— Si je donnais trop d'élan, trop d'influence à vos constitutionnels de 1791, à ceux que vous appelez exclusivement le parti des *gens de bien*, dira Napoléon à Mathieu Dumas, je ne tarderais pas à produire une réaction embarrassante. J'ai bientôt appris, en m'asseyant ici, qu'il faut bien se garder de vouloir tout le bien qu'on pourrait faire ; l'opinion me dépasserait ; le cheval amaigri bondirait bientôt dans la bonne pâture et deviendrait indomptable.

Sans doute l'herbe n'était-elle pas encore grasse et belle, mais la « pâture », bien ensemencée, va lever. Déjà on pouvait dresser un bilan positif.

Le soir peu après huit-heures, dans les boutiques de la rue de l'Arbre-Sec ou de la rue Saint-Honoré — les magasins restent ouverts l'été jusqu'à la nuit — on pouvait rencontrer un jeune homme à la mode, l'un de ces jeunes gens « qui se ressemblent tous », à l'habit très court orné de boutons jaunes. Sa chemise montait très haut, et tout en rehaussant le coin de sa cravate, il demandait d'un ton affecté :

— Votre boutique me paraît bien achalandée, il doit venir beaucoup de monde ici ? Voyons, que dit-on de ce farceur de Bonaparte ?

Parfois, certaines boutiquières mettaient le jeune homme à la porte — comment osait-on parler aussi cavalièrement de celui qui était en train de sauver la France ! Le jeune homme s'éclipsait alors en riant, et semblait ravi… car c'était Bonaparte lui-même !

Le Premier consul souffre de son inaction alors que la guerre — une guerre dont il n'est nullement responsable car le conflit est l'héritage de la Révolution — a repris avec violence en Italie et tend à s'allumer de nouveau en Allemagne. « Je suis aujourd'hui, écrit-il le 15 mars à Moreau, une espèce de mannequin qui a perdu sa liberté et son bonheur. Les grandeurs sont belles, mais en souvenir et en imagination. J'envie votre heureux sort ; vous allez, avec des braves, faire de belles choses. Je troquerais volontiers ma pourpre consulaire pour une épaulette de chef de brigade sous vos ordres. Je souhaite fort que les circonstances me permettent de venir vous donner un coup de main. »

La situation de Moreau à la tête de cent mille hommes, échelonnés de Strasbourg à Constance, est enviable. Que ne ferait pas Bonaparte avec une telle armée ! Malheureusement la Constitution de l'an VIII ne lui permet pas de s'emparer du commandement de l'armée… Son rôle se limite à « distribuer les forces » et à en « régler la direction ». Il ne doit pas prendre l'épée lui-même. Vis-à-vis des généraux, le Premier consul se trouve dans l'obligation de négocier avec eux, sans pouvoir les commander même de loin. Et le « coup de main » dont il parle dans sa lettre à Moreau est un hameçon lancé à son ancien rival. « Il n'est pas impossible, lui avait-il encore dit, si les affaires continuent à bien marcher ici, que je sois des vôtres pour quelques jours. » Mais Moreau, en lisant ces lignes, fait semblant de croire qu'il se trouve dessaisi de son commandement et s'exclame :

— Je ne veux pas d'un petit Louis XIV à mon armée !

Il n'en fut pas moins convenu que Moreau traverserait le Rhin et foncerait vers Ulm. Pendant ce temps, Bonaparte, abandonnant son rôle de « mannequin », véritablement point fait pour lui, se mettrait, au dernier moment, à la tête d'une armée de réserve concentrée à Dijon, et dont le chef serait — officiellement — Berthier, remplacé par Carnot au ministère de la Guerre. Cette armée, l'armée de Marengo — car c'est vers l'Italie que l'on s'élancerait — serait grossie du tiers de l'aile droite des forces de Moreau, les trente mille hommes de Lecourbe. Le chef des forces massées sur le Rhin devrait s'incliner — il le fera même de bonne grâce — puisque, « distribuant » les forces de la République, le Premier consul demeurait ainsi dans le cadre de ses attributions.Cependant les nouvelles que Bonaparte reçoit d'Italie sont mauvaises. Masséna, ayant sur les bras toute l'armée autrichienne de Melas, a été obligé d'abandonner Savone et s'est enfermé dans Gênes avec la moitié de ses forces, tandis que le reste recule vers Nice. L'œuvre du général Bonaparte en Italie semble perdue !

Pour tous… sauf pour le Premier consul !

Le 17 mars, Bourrienne le trouve étendu à plat ventre sur la grande carte d'Italie, et piquant ses fameuses épingles rouges sur les points où il conduira ses troupes. Son plan est simple. En passant par le col du Grand-Saint-Bernard Bonaparte pourrait arriver sur les arrières de l'ennemi. En « s'enfournant » sottement, selon son expression, sur Gênes et Savone, les Autrichiens ont ouvert le chemin de la haute Italie. Il faut s'y porter « à plein collier » ! L'armée « de réserve » doit quitter Dijon sans tarder et prendre la route de Genève et du Valais !

Malheureusement, Moreau perd du temps. Bonaparte — cela fait toujours partie de ses prérogatives — a beau envoyer Berthier à Bâle se concerter avec le commandant en chef de l'armée du Rhin pour « l'exécution du plan de campagne », l'auteur de l'admirable retraite sur le Danube, en 1796, traîne et Bonaparte doit le faire tancer — prudemment — par Carnot : « Faites-lui sentir que ses retards compromettent essentiellement la sûreté de la République. »

Enfin l'entêté Moreau — il n'est point Breton pour rien... — franchit le Rhin. Ce même jour, « l'imprenable » fort de Hohenville capitule et — le 5 mai — alors que Bonaparte s'apprête à aller inspecter « l'armée de Berthier », la nouvelle de la victoire de Stokach arrive à Paris : « Je partais pour Genève, écrit le Premier consul à Moreau, lorsque le télégraphe m'a instruit de la victoire que vous avez remportée sur l'armée autrichienne : gloire et trois fois gloire ! » Napoléon va ce même soir à l'Opéra où il fait lire la dépêche annonçant la vicoire de Moreau : il mêle ses applaudissements aux acclamations du public.

Il est toujours impossible au Premier consul d'avouer qu'il va prendre le commandement, aussi, ce soir-là, déclare-t-il aux membres du gouvernement :

— Dites que je suis parti pour Dijon où je vais inspecter l'armée de réserve ; vous pouvez ajouter que j'irai peut-être jusqu'à Genève, mais assurez positivement que je ne serai pas absent plus de quinze jours.

Il se tourne ensuite vers le second consul :

— S'il se passait quelque chose, je reviendrais comme la foudre ! Je vous recommande à tous les grands intérêts de la France ; j'espère que bientôt on parlera de moi à Vienne et à Londres.

Un peu avant l'aube — détail significatif, son habit de consul sous son long manteau gris —, il monte dans une berline noire attelée en poste et prend la route de Bourgogne qu'il a déjà « parcourue tant de fois dans les circonstances bien différentes ». Il déjeune à Sens à onze heures et, le soir, atteint Avallon ayant franchi deux cent huit kilomètres en quinze heures. Arrivé de Gênes à l'instant, le commandant Franceschi l'attend. Il est parvenu le 28 avril à quitter en barque le port bloqué par la croisière anglaise, mais, sur le point d'être pris par une corvette, a déchiré ses dépêches, s'est jeté à l'eau, son sabre entre les dents et, en cet équipage, a réussi à gagner à la nage un point de la côte occupé par Suchet. Il peut faire au Premier consul le tableau de la situation telle qu'elle se présentait neuf jours auparavant : elle est tragique. Les cinquante mille Autrichiens et Melas investissent Gênes défendue par quinze mille Français affamés et qui sont devenus de véritables spectres, tandis que l'escadre de lord Keith empêche tout ravitaillement par mer.

Déjà le 27 avril — veille du départ de Franceschi — on fabriquait du pain d'amidon et « des mercenaires arrachaient l'herbe poussée dans les cimetières pour la mettre au pilon avec des ossements blanchis ». Le matin, on ramassait les morts à pleins tombereaux. Cependant Masséna se refusait encore à envisager la capitulation.

Bonaparte, attristé et soucieux, se met au lit. Le 7 mai, de grand matin, il quitte Avallon. Le spectacle qu'il voit le long des routes n'est point fait pour le réconforter : des traînards appartenant à des demi-brigades devant rejoindre Dijon, faute de transports, clopinent ou sont étendus le long du chemin. A midi, il est à la préfecture de Dijon où Berthier s'efface, reprenant ses fonctions de chef d'état-major.

A trois heures du matin — le 9 mai — il arrive à Genève — devenue le chef-lieu du département du Léman — où il loge chez le fils du naturaliste Horace-Bénédict de Saussure. Son hôte lui a fait préparer un repas froid qu'il mange « gaiement ». Cependant, il est toujours inquiet : il se méfie de Moreau dont il connaît les atermoiements, la jalousie, la volonté d'indépendance qui va devenir peut-être encore plus vive au lendemain de sa victoire de Stokach. Il se souvient avec énervement combien il a été long à mettre ses troupes en mouvement. Bonaparte n'a pas non plus confiance en Bernadotte à qui est dévolu le commandement de l'armée de l'Ouest. Les nouvelles de Vendée ne sont guères bonnes : Cadoudal serait revenu, dit-on... Le département des Alpes-Maritimes est envahi. Les Autrichiens occupent le col de Tende. Quand à Masséna, Bonaparte n'ose penser à la tragédie qu'il est en train de vivre ! Et ce n'est pas tout ! Napoléon sait le grand nombre d'ennemis — Jacobins et Royalistes ou simples intrigants — qu'il laisse à Paris en son absence, et craint la faiblesse de ses ministres et de ses deux collègues : Cambacérès qui n'est point « fort sur ses étriers », et le trop tiède Lebrun. Il n'est pas non plus sans appréhension pour l'armée commandée par Lannes. Celui-ci a beau affirmer que le Grand-Saint-Bernard est « une petit monticule facile à franchir au pas de course », parviendra-t-il, selon l'ordre que Bonaparte lui a donné le 10 mai, à faire passer le col à l'avant-garde et à « culbuter les postes avancés de l'ennemi » ?

Il lui faut une victoire ! Une victoire sur laquelle il joue tout : son avenir et celui de la France !

Le 12 mai, en fin d'après-midi, Bonaparte arrive à Lausanne, et le lendemain, à six heures du matin, près de Saint-Maurice de Valais, il inspecte l'infanterie de Lannes qui après l'avant-garde s'apprête à prendre le chemin du Saint-Bernard. La pluie qui tombe depuis huit jours s'est arrêtée. Le soleil luit.

Son cœur se serre également en voyant l'équipement de l'armée de Lannes. Nombreux sont encore les hommes qui partent en sabots à l'assaut des Alpes ! D'autres portent des chaussures neuves reçues à Dijon, mais qui les blessent à un tel point qu'ils préfèrent les enlever. Aussi, par bataillon, a-t-on formé des « pieds-nus » qui, selon la coutume, espèrent bien se chausser dès le premier combat en déchaussant les morts… Mais, comment, en attendant, franchiront-ils le Grand-Saint-Bernard ?

A son retour à Lausanne, il trouve Lescuyer arrivant de Gênes d'où il est parti le 29 avril. La situation, depuis le départ de Franceschi, s'est, on s'en doute, encore aggravée dont il fait à Bonaparte un tableau navrant :

— Au long des rues et des boulevards, on voyait des hommes fléchir à chaque pas ; de seuil en seuil, des femmes hagardes se traînaient pour demander du pain, et les cadavres jetés à la voirie faisaient, aux lueurs des flambeaux qu'on allumait le soir, d'indescriptibles spectacles…

— Allez porter à Masséna, lui répond Bonaparte, que vous m'avez vu près du Saint-Bernard. Dans peu de temps d'Italie sera reconquise et Gênes délivrée.

A Paris, au fur et à mesure que s'écoulent les jours, la crainte s'appesantit sur la ville. L'absence de Bonaparte suscite une véritable angoisse. Sans doute n'est-on point dupe et sait-on qu'il est parti pour se porter « à grands pas au secours de l'armée d'Italie ». Mais arrivera-t-il à temps pour tendre la main à Masséna ? Et s'il n'y parvenait point ? S'il était battu ? Dans quel chaos ne retomberait-on pas ? Les Royalistes reprennent espoir, se réjouissent et recommencent à comploter ferme. Des combinaisons s'échafaudent déjà. Anciens thermidoriens et brumairiens mécontents — tel Sieyès — préparent chacun un « gouvernement de rechange » dans le cas où « il » reviendrait battu… Les intrigues redoublent. Joseph Bonaparte, lui-même, refuse de se rendre aux Tuileries. Il se pose en « héritier présomptif » et ne veut pas « travailler avec les consuls ». Il est certain que Cambacérès et Lebrun ne sont guère à la hauteur… Balzac aura raison de faire dire plus tard à l'un des personnages d'*Une ténébreuse affaire,* à propos de Bonaparte :

— Vainqueur, nous l'adorerons ; vaincu, nous l'enterrerons.

MARENGO OU LA CONSÉCRATION DU RÉGIME

Les guerres inévitables sont toujours justes.

NAPOLÉON.

A Martigny, petite cité tapie dans la vallée du Rhône au pied du massif du Grand-Saint-Bernard, la maison des Bernardins, faisant face au chevet entouré de marronniers de l'église paroissiale, existe toujours. C'est la résidence du supérieur de la Congrégation — prélat portant crosse et mitre — un peu une maison de repos pour les chanoines qui mènent au célèbre hospice du col une dure existence, en luttant, aidés de leurs chiens, afin d'arracher à la mort les voyageurs égarés. Comme nous aujourd'hui, Bonaparte, le matin du 17 mai 1800, est reçu par les chanoines en soutane noire ornée d'un petit cordon blanc — dérivé du rochet des chanoines réguliers. Il monte les quatre marches basses du perron qui conduisent à la porte étroite, surmontée d'une imposte vitrée en demi-cercle. L'architecture rappelle celle que le consul verra à l'hospice : plafonds voûtés en croisés d'ogive, murs épais, dalles gris-bleu. Après avoir gravi les dix-huit marches de l'escalier — précédé par le prévôt —, il suit un couloir étroit, voûté lui aussi, et se trouve devant la magnifique grille de clôture séparant l'ancien bâtiment de celui qui vient, en 1800, d'être construit en retour d'équerre, et dans lequel Bonaparte va séjourner.

La pièce où Bonaparte a vécu quatre jours demeure — bien que repeinte et lambrissée — avec ses quatre fenêtres donnant sur la place ombragée. Elle sert aujourd'hui de réfectoire, elle était alors réservée à l'évêque de Sion lors de ses visites. Sur l'ordre de Bonaparte, les sapeurs élèvent une cloison de bois et construisent ainsi pour le Premier consul une manière de réduit où son valet de chambre place le lit de camp et le nécessaire de toilette. Sitôt installé, Bonaparte étale sur la table des cartes du Valais et du Piémont, et place sur elles toute une série de dés représentant l'emplacement des demi-brigades et des régiments. Bourrienne le voit sabrer de grands coups de crayon bleu les obstacles — naturels ou artificiels — que les troupes vont devoir rencontrer avant de déboucher dans la plaine.

Depuis deux ans déjà, le col, à deux mille quatre cent soixante-douze mètres, est occupé par un petit poste français. Deux pièces de canon sont braquées vers le val d'Aoste et tiennent en respect la petite garnison austrosarde. Celle-ci, commandée par le prince de Rohan, et apprenant que les Républicains tiennent le défilé, est allée occuper le bourg de Saint-Rhémy, le premier village sur l'autre versant du col.

Du côté de la Suisse, l'avant-garde de Lannes, au milieu des rafales glacées et des menaces d'avalanches, est déjà en train de monter vers l'hospice. « Nous luttons contre la glace, la neige, les tourmentes et les avalanches. Le Saint-Bernard, étonné de voir tant de monde le franchir si brusquement, nous oppose quelques obstacles. » C'est en ces termes colorés que Bonaparte annonce à ses deux collègues-figurants le début d'une nouvelle épopée : l'exploit d'Annibal qu'il va renouveler, non sur un cheval cabré et presque en équilibre sur une roche comme le montre David, mais plus modestement sur une mule...

A l'hospice, les bons pères ont fait venir des deux vallées, mais surtout du versant suisse, une grande provision de fromage, de pain et de vin. Des tables sont dressées, entre la maison et la route ; et chaque soldat, en défilant, boit un verre de vin, prend du pain avec un morceau de fromage et laisse vite la place à celui qui le suit.

En trois jours, trente mille hommes, glissant, tombant, se relevant, vont grimper ainsi par des chemins exécrables et enneigés dès que l'on dépasse une certaine altitude. Il faut également qu'une centaine de canons et des milliers de caisses de vivres et de munitions franchissent le col. On s'aperçoit vite que, même en plaçant dix mulets à la file de chaque attelage, le verglas, la neige, les torrents débordés rendent l'opération impossible. C'est alors qu'intervient un paysan :

— J'ai ouï-dire, au temps de ma prime jeunesse, déclare-t-il à un vieux caporal qui avait fait longtemps la guerre d'Italie, que pour passer du canon dans la montagne, il fallait d'abord tout démonter. Ensuite on prend un tronc de gros sapin de sept pieds de long, on l'arrondit aux deux bouts pour qu'il ne pique pas en terre ; on creuse dedans afin de loger la pièce ; un piquet de fer permet de fixer des cordages. Sur ces cordages, on attelle des hommes ou des mulets ; et ça va tout seul, paraît-il.

Ainsi fait-on...

Écouvillon, vis et accessoires sont également placés dans un seul tronc creusé en forme d'auge et traîné par trente hommes. Il en faut vingt pour l'affût, tandis que les roues sont transportées à dos de mulet ou bien à bras d'hommes — dix pour chaque roue. Un cauchemar pour les hommes, un calvaire pour les bêtes de somme, mais l'armée et son matériel passeront au milieu d'ouragans de neige et de tourbillons de vents glacés.

Enfin, le 18 mai, un courrier apporte à Martigny une bonne nouvelle : à la tête de l'avant-garde, Lannes, qui a dépassé l'hospice, a occupé la ville d'Aoste, défendue par une poignée de Croates autrichiens. Napoléon annoncera ainsi cette manière de victoire à Talleyrand : « Depuis Charlemagne, le Saint-Bernard n'avait vu une armée aussi nombreuse ; il a voulu surtout s'opposer au passage de nos grosses pièces de campagne, mais enfin la moitié de notre artillerie est à Aoste. »

Mais le « pas de course » de l'avant-garde est brusquement interrompu par la résistance du fort de Bard qui, tenu seulement par deux cents Autrichiens, domine la vallée escarpée de la Doire, à la hauteur du mont Albaredo. La citadelle qui tient sous son feu le passage vers Ivrée et la plaine paraît imprenable... « Tentez l'impossible, mais passez », commande Bonaparte à Berthier.

Le 20 mai, à huit heures du matin, revêtu de sa redingote grise, Bonaparte quitte la maison des Bernardins et s'engage sur la route qui, dès la sortie de la petite ville, commence à monter. Alpiniste et savant botaniste, le chanoine Murith — futur prévôt, mais alors chanoine de l'hospice — descendu la veille du col, suit en char à bancs avec le R.P. Terretaz. On longe la Dranse coupée de cascades, et, lorsque la gorge se resserre, la route, par de petits ponts de bois ou de pierre, passe et repasse de la rive droite à la rive gauche du torrent.

A Saint-Pierre, on semble entrer dans un autre monde : celui des cimes. En face du chevet de la petite église, se trouve l'*Auberge de la colonne milliaire,* la vingt-quatrième jalonnant la route romaine du col et qui existe encore. Par le perron de six ou sept marches Bonaparte entre dans la salle de l'auberge — devenue aujourd'hui le *café Napoléon* — une salle commune basse de plafond et percée de petites fenêtres. C'est la dernière halte avant l'ultime montée. Il s'assied devant une table que l'on montre toujours aujourd'hui, ainsi que le fauteuil à oreillettes dont il s'est servi.

Bonaparte rejoint ensuite, à la porte de l'auberge, le guide qui l'attend auprès de sa mule et qui le prend pour un simple officier.

En route pour l'hospice !

La neige, de plus en plus épaisse, recouvre le sol. A un moment, impatient et ayant un peu pressé sa mule sur le chemin de Cherreyre — ou de Saraire — il manque glisser avec sa monture dans l'abîme de la Dranse et vide l'étrier. Fort heureusement, le guide le retient à temps et le remet en selle d'une poigne solide.

Il commence à faire froid et Bonaparte boutonne haut sa redingote. Le vent se lève. La montée est rude et les dragons de l'escorte mettent pied à terre pour tenir leurs chevaux par la bride. Le chemin devient de plus en plus étroit.

Peu avant l'hospice, voici le pas de Marengou — que l'on devait bientôt transformer en pas de Marengo, comme si Bonaparte avait manqué à cet endroit précis rouler vers le précipice, alors que sa chute se fit dans le défilé de Saraire, ainsi que l'on orthographie aujourd'hui le chemin de Cherreyre. Bonaparte regarde à peine l'admirable paysage, il semble soucieux et triste, étonné de ne voir aucun courrier venir à sa rencontre de la vallée d'Aoste pour lui apporter la nouvelle de la prise du fort de Bard qui arrête toujours l'avant-garde dans sa marche vers la plaine.

Brusquement, niché au creux du col, coincé presque entre la Suisse et l'Italie, apparaît à ses yeux le bâtiment de l'hospice qui compte alors deux étages et a été construit à l'emplacement, et peut-être même en partie avec les restes d'un temple consacré à Jupiter. La pierre du lourd édifice paraît encore plus grise sous l'épaisse couche de neige qui en cette saison l'enserre de toutes parts.

Le père Murith, en poussant sa mule, a devancé Bonaparte et, à son arrivée, lui présente les chanoines. Le consul gravit les quelques degrés qui n'ont pas été recouverts par la neige et entre dans l'hospice. Un couloir conduit, à gauche, à quelques marches débouchant à la salle d'attente où une cloche annonce les visiteurs. La pièce où l'on introduit Bonaparte est aujourd'hui le vaste salon précédant le trésor, où les chanoines reçoivent leurs invités. C'était alors le réfectoire où se trouvait une grande table en fer à cheval. Le consul y prend place : on lui sert du pot-au-feu, des légumes secs et un ragoût. Après avoir vu la chapelle, Bonaparte visite la morgue — aujourd'hui murée — où, vision apocalyptique, les corps des voyageurs morts égarés se décharnent par le froid en une lente putréfaction...

Bonaparte demande que l'on mette une chambre à sa disposition. Elle existe toujours, cette pièce étroite et voûtée où le consul se retira avec Bourrienne. Un feu de bois pétille dans la cheminée. Là, il dicte quelques ordres après avoir reçu de mauvaises nouvelles de Berthier : l'avant-garde se trouve toujours arrêtée par le fort de Bard. Bonaparte ne comprend pas. Il comprendra quelques jours plus tard lorsqu'il verra, à sa tour, le fort barrer la vallée de sa lourde masse.

Est-ce dans la bibliothèque, dans cette petite pièce, qu'il lut quelques pages d'un exemplaire de Tite-Live, racontant le passage d'Annibal à travers les Alpes ? S'agit-il du bel exemplaire in-4°, publié au XVIIIe siècle, que, en compagnie des chanoines, j'ai pu retrouver dans la bibliothèque de l'hospice ? Les souvenirs du latin enseigné à Brienne étaient-ils demeurés assez vivaces chez l'arrière-cadet « la paille au nez » pour pouvoir lire Tite-Live dans le texte ?

Vers six heures, commence la descente et, à neuf heures du soir, il arrive à Étroubles, bourg qui s'étage à mi-pente autour de l'église et d'un clocher carré. Pour passer la nuit, il se rend au presbytère — c'est aujourd'hui la maison de la poste, du moins telle est la tradition à Étroubles. Sa chambre est un vrai galetas. Pour fuir l'humidité, il fait poser un matelas sur deux bottes de paille, et dort mal, enroulé dans une couverture de coton, insuffisamment protégé du froid. Après une nuit détestable, Bonaparte se remet en route pour Aoste. La vallée est souriante et les arbres sont en fleurs. Les soldats de l'armée de réserve ne sont pas dépaysés. Tout le val parle français — et il en est encore ainsi aujourd'hui.

Bonaparte quitte Aoste le matin du 25 mai pour rejoindre Berthier qui se trouve à Verrès, à une quarantaine de kilomètres de là. La route de Turin suit maintenant le fond de la vallée, coupée de défilés rocheux et plantée de vignes élevées en treilles et soutenues par des fûts de pierre ou de bois taillés. Il passe la nuit à Verrès où il apprend que le fort de Bard, à huit kilomètres de là, résiste toujours. Si l'infanterie, au prix de mille difficultés, a pu prendre un sentier qui, à travers la montagne, lui a permis de rejoindre la vallée de l'autre côté du défilé, l'artillerie demeure, elle, toujours immobilisée devant le fort.

Le Premier consul veut se rendre compte par lui-même et se remet en route.

Brusquement, surgit devant lui le fort de Bard : plusieurs bâtiments de pierre grise superposés, épais, trapus, percés de meurtrières, coiffant un gigantesque rocher qui semble avoir basculé de la cime du mont Albaredo. De sa haute masse, il ferme la vallée. L'obstacle — encore aujourd'hui — paraît infranchissable. Bonaparte ordonne à sa maigre escorte de se mettre au galop pour gagner, sur la gauche « du vilain castel », un petit sentier de chèvres qui mène au mont Albaredo et qu'il gravit à pied. Arrivé sur le plateau qui domine de très près le fort, il se dissimule derrière les broussailles pour éviter les coups des assiégés et examine le fort avec la plus grande attention : l'ouvrage relié par des galeries souterraines à des batteries avancées, dont seize de fort calibre, est bardé d'enceintes, de fossés, de ponts-levis, de tours, de corps de garde. Le capitaine Bernkopf commande une garnison de trois cent cinquante à quatre cents Sardes et Croates.

Il faut absolument enlever cette maudite forteresse ! Bonaparte indique l'emplacement d'une nouvelle batterie pour attaquer un point précis, « et garantit qu'aux premiers coups de canon le fort se rendrait ».

Ce n'est pas si simple ! Les trois colonnes de grenadiers et de carabiniers qui s'élancent sous ses yeux à l'assaut du fort sont repoussées avec de lourdes pertes. Cependant, on parviendra, sous une pluie diluvienne, à monter des batteries à l'endroit désigné par Bonaparte et, dès le lendemain, prélude à la prochaine reddition, un terrible bombardement s'abattra sur la forteresse.

En « mouvement perpétuel », selon son expression, Bonaparte est le 1er juin à Novare. Le lendemain, la journée est fertile en bonnes nouvelles. A l'*hôtel de France* de Turbigo, il apprend la chute du fort de Bard, puis un courrier expédié par Murat lui annonce que la citadelle de Milan vient de capituler. Napoléon décide aussitôt de faire, dans la capitale lombarde, un entrée digne de l'événement qui est considérable. C'est en chef d'État, et non en général, qu'il veut se montrer. On découvre, à Buffalora, un vieux carrosse appartenant au marquis Del Monte. On le répare — car il est quelque peu vétuste — on y attelle six chevaux blancs et, l'équipage vient se ranger devant l'*hôtel de la Couronne de France.*

Bonaparte monte dans le carrosse qui prend la route, mais un orage épouvantable ayant brusquement éclaté, il doit s'arrêter à l'entrée de Quarta-Cagnino. La pluie transperce le toit de la voiture dont les occupants sont obligés d'aller se réfugier dans une ferme. On repart, mais une nouvelle averse transforme en barbets crottés et mouillés les hommes de l'escorte et l'état-major doré et emplumé qui suit à cheval. Devant ce spectacle, si loin de l'entrée triomphale du général Bonaparte en 1797, les Milanais sont d'autant moins enclins à s'enthousiasmer et à acclamer les Républicains qu'ils craignent encore un retour victorieux des Autrichiens. Quelles seraient alors les réactions de Melas ? Contenue par les cavaliers de Murat, la foule demeure muette, et, à son arrivée au palais archiducal, Napoléon ne cache pas sa fureur.

Cependant, peu à peu, la confiance revient. L'état-major organise une soirée à la Scala où les acclamations sont commandées, ainsi que l'inévitable bouquet de fleurs à l'invité d'honneur et les cris de *Vive Bonaparte ! Vive le libérateur de l'Italie !* « Le peuple de Milan paraît très disposé à reprendre le ton de gaieté qu'il avait du temps des Français, pourra annoncer le *2e Bulletin.* Le général en chef — Berthier — et le Premier consul ont assisté à un concert qui, quoique improvisé, a été fort agréable... »

D'autant plus « agréable » que lors de ce concert — le 3 juin — Bonaparte entend chanter la fameuse Grassini qu'il avait déjà rencontrée lors de son premier séjour à Milan. Mais, à cette époque, encore très amoureux de Joséphine, il n'avait prêté aucune attention à ce visage d'une rare beauté. Cette fois, il est tellement aimable pour elle que la diva s'étonne et lui rappelle « qu'elle avait débuté précisément lors des premiers exploits du général de l'armée d'Italie ».

— J'étais alors dans tout l'éclat de ma beauté et de mon talent. Il n'était question que de moi dans *La Vierge du Soleil.* Je séduisais tous les yeux, j'enflammais tous les cœurs. Vous seul étiez demeuré froid, et pourtant, vous seul m'occupiez ! Quelle bizarrerie, quelle singularité ! Quand je pouvais valoir quelque chose, que toute l'Italie était à mes pieds, que je la dédaignais héroïquement pour un seul de vos regards, je n'ai pu l'obtenir, et voilà que vous les laissez tomber sur moi aujourd'hui que je n'en vaux plus la peine, que je ne suis plus digne de vous !

La Grassini mésestimait ses charmes — elle avait vingt-sept ans ! — et le consul trouve que la cantatrice à la voix d'or vaut certes encore « la peine ». En effet, arrivant le lendemain matin dans la chambre de Bonaparte, Berthier surprend son général, prenant son petit déjeuner avec la prima donna tout aussi satisfaite...

Ce même jour, Napoléon réunit deux cents prêtres de la ville. Stupéfaits, ils entendent le Premier consul de cette République française qui passe toujours pour athée, leur déclarer :

— J'ai désiré vous voir tous rassemblés ici afin d'avoir la satisfaction de vous faire connaître par moi-même les sentiments qui m'animent au sujet de la religion catholique, apostolique et romaine. Persuadé que cette religion est la seule qui puisse procurer un bonheur véritable à une société bien ordonnée et affermir les bases d'un bon gouvernement, je vous assure que je m'appliquerai à la protéger et à la défendre dans tous les temps et par tous les moyens.

Et celui qui vient de passer la nuit entre les bras de la Grassini, ajoute :

— Nulle société ne peut exister sans morale ; il n'y a pas de bonne morale sans religion ; il n'y a donc que la religion qui donne à l'État un appui ferme et durable...

Le soir du 6 juin, une bien mauvaise nouvelle, qui lui est portée par le jeune sous-lieutenant Marbot, vient l'assombrir : Masséna a été obligé de capituler. Le fils du général Marbot — celui-ci venait de mourir du typhus à Gênes — brosse à Bonaparte un tableau atroce des derniers jours du siège : « Le typhus avait fait d'affreux ravages ; les hôpitaux étaient devenus d'affreux charniers ; la misère était à son comble. Presque tous les chevaux avaient été mangés. » Bref, Masséna avait dû ouvrir les portes de la ville, mais l'ennemi — l'amiral Keith — avait déclaré :

— Monsieur le général, votre défense est trop héroïque pour qu'on puisse rien vous refuser !...

« Il fut donc convenu que la garnison ne serait pas prisonnière, qu'elle garderait ses armes, se rendrait à Nice, et pourrait, le lendemain de son arrivée dans cette ville, prendre part aux hostilités. »

Sans doute ces conditions ne sont-elles pas mauvaise. Par ailleurs, Plaisance vient d'être enlevée. Cependant, victorieux au nord et battu au sud, le Premier consul se doit de remporter un succès définitif. Il n'ignore pas qu'à Paris la nouvelle de l'entrée dans Milan sera éclipsée par la perte cruelle de Gênes. Il faut au surplus une victoire rapide, car les vingt mille assiégeants de Gênes ne vont pas manquer d'aller grossir les troupes de Melas.

Le 12 juin, Bonaparte marque la journée d'une pierre blanche : son ami le général Desaix, retour d'Égypte, arrive ! Le Premier consul s'enferme avec lui durant trois heures. Et, comme Bourrienne s'étonne, Bonaparte répond :

— Oui, j'ai été longtemps avec lui, mais vous savez que j'en fais le plus grand cas. Aussitôt mon retour à Paris, je le fais ministre de la Guerre : il sera toujours mon second ; je le ferais prince si je pouvais ; je lui trouve un caractère antique.

Dès le lendemain, Bonaparte confie à Desaix le commandement de deux divisions. Ce même jour, à 10 heures, Bonaparte arrive à San Giuliano et aperçoit, au milieu de la plaine s'étendant devant Alexandrie, le petit village de Marengo, situé entre la route de Tortona, bordée de mûriers, et un ruisseau : le Fontanone. Bonaparte paraît perplexe. Sous une pluie d'orage, il monte au sommet de la tour de San Giuliano pour observer la campagne. Là, il se rend compte que Marengo, le village qui va donner son nom, le lendemain, à la bataille, constitue la clef de la situation. Après s'être montré surpris de voir que l'ennemi n'a pas mieux défendu la place, il redescend de son observatoire, fait allumer un feu de fagots pour se sécher et va passer la nuit à Torre di Galifolo.

Avant de se mettre au lit, il envoie un officier d'état-major reconnaître si les Autrichiens n'ont pas jeté un pont sur la Bormida qui, avant de rejoindre le Tanaro, en aval d'Alexandrie, multiplie ses méandres entre la ville et Marengo. L'aide de camp revient peu après annoncer qu'il n'existe aucun passage. Bonaparte s'endort, tranquillisé. Cependant, il a trop élargi ses forces : Desaix est parti vers Novi et a repassé le Pô...

Napoléon est réveillé au matin par le canon : les Autrichiens sont sortis d'Alexandrie, ont jeté deux ponts sur la Bormida et sont en train de déboucher dans la plaine !

La colère de Bonaparte est affreuse, il accuse le malheureux officier de lâcheté : sans aucun doute, la peur a empêché l'aide de camp de s'avancer suffisamment pour remplir sa mission et surprendre les préparatifs de l'ennemi ! En grande hâte, Napoléon envoie ces lignes à Desaix : « Je croyais attaquer l'ennemi ; il m'a prévenu ; revenez, au nom de Dieu, si vous le pouvez encore. »

Soucieux, anxieux même, il a sauté à cheval. Assurément, la situation n'est guère brillante. Et, ce 14 juin, il va jouer toute sa fortune ! Il ne possède que quinze canons tandis que, par ces deux maudits ponts, Melas a pu faire passer une centaine de pièces ! Rapidement la bataille fait rage. L'artillerie autrichienne — sept fois plus forte que celle de Bonaparte — tonne et fait de sanglantes trouées. Bientôt l'infanterie française se trouve dans l'obligation de battre en retraite sous la poussée de quarante mille Autrichiens. Les cartouches viennent à manquer. Du haut du clocher de San Giuliano, Bonaparte, affectant une tranquillité qui n'est pas dans son cœur, fait donner la Garde des consuls. Les grenadiers à cheval, en brillant uniforme, chargent au galop, culbutant la cavalerie ennemie. « Ah ! raconte le grenadier Coignet, ça nous fit respirer un moment, ça nous donna de la confiance pour une heure. »

Le baron de Melas se bat avec acharnement : lui aussi joue tout son avenir : s'il est battu, il sera forcé de capituler ! Les Autrichiens se montrent admirables — Napoléon le rappellera à Sainte-Hélène — et reprennent l'offensive avec vigueur. Aussi le bref répit terminé, Coignet et ses camarades battent-ils encore en retraite — mais en bon ordre.

Il est midi.

Déjà Mélas envoie d'Alexandrie un courrier de victoire à Vienne. « Regardant derrière nous, reprend Coignet, nous vîmes le consul assis sur la levée du fossé de la grande route d'Alexandrie, tenant son cheval par la bride, faisant voltiger des petites pierres avec sa cravache. Les boulets qui roulaient sur la route, il ne les voyait pas. Quand nous fûmes près de lui, il monta sur son cheval et partit au galop derrière nos rangs :

— Du courage, soldats, dit-il, les réserves arrivent. Tenez ferme.

« Les soldats de crier : *Vive Bonaparte !* Mais la plaine était jonchée de morts et de blessés, car on n'avait pas le temps de les ramasser ; il fallait faire face partout. Les feux de bataillons par échelons en arrière les arrêtaient, mais ces maudites cartouches ne voulaient plus descendre dans nos canons de fusils ; il fallait encore pisser dedans pour pouvoir les décrasser. Ça nous faisait perdre du temps... Nous baissions l'oreille. Il était deux heures :

— La bataille est comme perdue, dirent nos officiers... »

Au même moment, autour de Bonaparte, l'état-major ne dissimule pas son inquiétude. Desaix, qui débouche à cet instant sur le champ de bataille avec huit mille hommes de troupes fraîches, n'en répète pas moins, lui aussi :

— La bataille est perdue !

Cependant, il ajoute :

— Mais il n'est que deux heures, nous avons encore le temps d'en gagner une aujourd'hui, nous sommes frais, et s'il le faut nous nous ferons tuer.

Le consul donne ses ordres à Berthier afin de prendre maintenant l'offensive et essayer de transformer la retraite en assaut. Déjà, les Autrichiens sûrs de leur victoire ont placé sur leurs shakos des feuillages et avancent l'arme sur l'épaule « comme s'ils faisaient route pour aller chez eux ». Ils ne font même plus attention aux Français qu'ils croient en pleine déroute. Mais les soldats de Bonaparte sont justement en train de reprendre courage : ils ont vu arriver, en rangs serrés, sur le champ de bataille, les troupes amenées par Desaix, marchant calmement, sans se hâter, « comme une forêt que le vent fait vaciller », l'artillerie dans les intervalles des demi-brigades et un régiment de grosse cavalerie fermant la marche. L'ennemi, de plus en plus assuré, semble vouloir les dépasser sans les voir, « lorsque, raconte encore Coignet, la foudre part sur leur tête de colonne... Mitraille, obus, feux de bataillon pleuvent sur eux, et on bat la charge partout ! Tout le monde fait demi-tour. Et de courir en avant ! On ne criait pas, on hurlait... »

A deux heures, tout n'était que désolation et angoisse. C'était la défaite, la fin peut-être de Bonaparte et de sa fortune ! A cinq heures, la victoire « redevenue fidèle au drapeau d'Arcole » fait briller les yeux et met la joie au cœur. Bonaparte a conquis l'Italie pour la seconde fois... Mais Desaix a disparu : il est tombé près de San Giuliano. C'est en marchant à la tête de la 9e demi-brigade légère qu'une balle lui a traversé la poitrine. S'il faut en croire la légende, il aurait murmuré :

— Allez dire au Premier consul que je meurs avec le regret de n'avoir pas assez fait pour la postérité.

Savary cherche longtemps son corps au milieu des morts, il reconnaît enfin son général à son abondante chevelure. L'enveloppant dans un manteau de hussard il le fait porter au quartier général. Bonaparte est bouleversé. On l'entend soupirer :

— Pourquoi ne m'est-il pas permis de le pleurer ?

Le même soir, il écrit aux consuls : « Je serai bientôt à Paris. Je ne peux pas vous en dire davantage ; je suis dans la plus profonde douleur de la mort de l'homme que j'aimais et que j'estimais le plus. »

Le lendemain matin à quatre heures, des parlementaires autrichiens sortent d'Alexandrie et viennent demander l'armistice. Bonaparte le leur accorde à la condition d'évacuer immédiatement Mantoue, tout le Piémont et la Lombardie. Il le précise : les places devront être livrées avec leur artillerie. Le 18, Bonaparte écrit de Milan à ses deux collègues : « Aujourd'hui, malgré ce qu'en pourront dire nos athées de

Paris, je vais en grande cérémonie au *Te Deum* que l'on chante à la métropole de Milan... J'espère, ajoute-t-il, que le peuple français sera content de son armée. »

Paris sera d'autant plus « content » que l'opinion publique revenait de loin.

Les bruits les plus pessimistes couraient en effet dans la capitale. Des nouvelles circulaient : on parlait d'une « terrible défaite », de la mort « d'un grand chef ». Le gouvernement semblait atterré. Mme Danjou écrivait à Avaray, le compagnon de Louis XVIII, pour annoncer que consuls et ministres s'étaient réunis afin de savoir qui remplacerait Bonaparte s'il était mort ou vaincu, « ce qui paraît très probable et synonyme ».

Les consuls se trouvaient « dans la plus grande anxiété » et se demandaient quel visage ils feraient le 2 messidor — 22 juin — lors de la réception bimensuelle du corps diplomatique. Fort heureusement, ce même jour à onze heures, un courrier, puis un second, enfin un troisième, annonçaient l'éclatante victoire de Marengo, que *le Moniteur* écrira d'ailleurs *Maringo.*

Ce fut du délire.

« Dès midi, nous dit un rapport de police, au premier coup de canon, les ouvriers ont pour la plupart quitté leurs ateliers, se sont rassemblés dans les rues et sur les places pour écouter avec avidité les nouvelles. Ils se groupaient en nombre autour des placards que le préfet de police avait, par ordre du gouvernement, fait poser dans la ville et surtout dans les faubourgs. Aux cris de *Vive la République ! Vive Bonaparte !* succédaient les propos les plus grivois, les saillies les plus gaies. »

Le matin du 3 juillet, le canon annonce aux Parisiens que le vainqueur a regagné les Tuileries dans la nuit. Aussitôt la foule se précipite. C'est une véritable mer humaine qui vient battre le château. On réclame le Premier consul. Il paraît au balcon tandis que la musique de la garde éclate. De longs cris d'enthousiasme montent vers lui. Soudain, il prend le bras de Bourrienne :

— Entendez-vous ? Eh bien, ces acclamations sont aussi douces à mon cœur que la voix de Joséphine.

Sa joie pourrait cependant être plus entière. Elle a été ternie en apprenant que, déjà, le croyant tué au combat, des plans avaient été échafaudés pour sa succession :

— Eh bien, on m'a cru perdu, et on voulait essayer encore du Comité de Salut public !... Je sais tout !... Et c'était des hommes que j'ai sauvés, que j'ai épargnés ! Me croient-ils un Louis XVI ? Qu'ils osent et ils verront ! Qu'on ne s'y trompe plus : une bataille perdue est pour moi une bataille gagnée... Je ne crains rien ; je ferai rentrer tous ces ingrats, tous ces traîtres dans la poussière... Je saurai bien sauver la France en dépit des factieux et des brouillons...

Le ton n'est plus celui du général Bonaparte : c'est déjà, celui de l'Empereur Napoléon.

Deux jours plus tard, sous un clair soleil de messidor, tout Paris se porte au Carrousel pour la parade maintenant traditionnelle du Quintidi. Derrière un mameluk tenant un arc à la main, Bonaparte apparaît à midi précis, sous le porche du château. Une gigantesque ovation s'élève vers lui. Simplement vêtu de son habit gris, il monte un cheval blanc caparaçonné de velours nacarat. Derrière lui, c'est une cohue scintillante d'aides de camp empanachés et dorés. « Aucun de ses portraits n'est ressemblant, dira Charles Nodier qui le vit dans cette gloire ; il est impossible de saisir le caractère de sa figure, mais sa physionomie terrasse... Il a le visage très long, le teint d'un gris de pierre, les yeux fort enfoncés... »

Il fait beau — dix-huit degrés à midi — et dans le ciel bleu passent quelques nuages. Bonaparte va se placer, selon l'usage consacré depuis ventôse, face au château à l'endroit où s'élève aujourd'hui le petit arc de triomphe. Tandis que la musique militaire fait entendre ses marches lentes et solennelles, les troupes défilent, symphonie d'habits bleus, de buffleteries jaunes, d'épaulettes rouges, de jambes guêtrées de blanc, de plumets vermillon, de hauts bonnets à poil. De son regard « brillant comme du cristal », Bonaparte regarde ces hommes avec lesquels il va conquérir l'Europe...

Le soir du 14 Juillet, après les jeux et réjouissances, tandis que Paris n'est que démonstrations de joie, illuminations, orchestres et feux d'artifice, aux Tuileries le consul lève son verre « au quatorze juillet, au peuple français, notre souverain à tous ». Et cinq cents convives lui répondent d'une seule voix : *Vive Bonaparte !*

Marengo a donné naissance à César et a fait naître la dictature — mais une dictature qui permettra à Bonaparte d'imposer le Concordat et le Code civil, de donner le goût aux émigrés de regagner leur pays, de guider tout naturellement l'or vers le chemin des caisses de l'État, chemin qu'il avait perdu — et, du même coup, de faire renaître l'abondance.

La confiance renaît et — le 13 août — à leur grand étonnement, les rentiers, qui n'avaient touché depuis la Révolution que « des papiers », prennent connaissance de l'Arrêté suivant — qui leur prouve que le gouvernement de Bonaparte tient ses engagements : « A compter du second semestre de l'an VIII, les rentes et pensions de l'État seront acquittées en numéraire. »

Les *Te Deum* se succèdent dans toute la France. Les rapports sont unanimes : les villes de province ont pavoisé et témoigné leur enthousiasme au son des salves de canon — jusqu'à la Vendée qui semble réjouie par cet événement qui doit lui apporter la paix.

Il serait cependant faux de dire que cet enthousiasme est universel — trop de Royalistes et de Jacobins considèrent Marengo comme une catastrophe puisque la victoire consolide le coup d'État de Brumaire. Si la France achève sa convalescence, demeure le drame des Royalistes, de ceux qui ont quitté la France pendant la Révolution et se sont battus dans l'armée des « princes ».

Aux barrières de Paris, il n'est pas rare de rencontrer des citoyens plus ou moins bien déguisés, qui, nantis d'une fausse identité, se glissent clandestinement dans la capitale. Ces hommes sont des émigrés bravant le terrible décret pris par le Directoire au lendemain des événements de fructidor, décret toujours en vigueur et condamnant à mort tout émigré appréhendé sur le territoire de la République.

Bonaparte se penche sur la question, « une des grandes plaies » de l'État, selon son expression. Désormais, pourront regagner la France « les parents ou héritiers d'émigrés, les femmes ayant suivi leur mari, les artisans et cultivateurs, les gens à gages ». Évidemment, il n'est point question de rendre leurs biens aux *rentrants :* les acquéreurs des biens nationaux peuvent dormir tranquilles. En attendant l'amnistie du 26 avril 1802, qui permettra le retour de tous les émigrés qui le désirent, plus de cinquante mille personnes peuvent regagner la France. Tous ceux qui reviennent d'exil racontent leurs craintes, leur terreur même en approchant du premier poste français. De quelle manière les républicains vont-ils accueillir les *ci-devant ?* Mme de Boigne, qui regagnera la France un peu plus tard, rapportera comment, le cœur battant, elle avait pénétré dans le bureau de la douane. Elle s'était tenue debout devant l'employé qui, lentement, traçait son signalement. Le chef de bureau s'était avancé :

— Mettez donc « jolie comme un ange », ce sera plus court et ne fatiguera pas tant madame !

Brusquement, Mme de Boigne s'était sentie de nouveau chez elle.

Le « monde ordonné » commence à renaître. Les *rentrants* se regardent timidement « comme des gens ayant échappé à un naufrage et se retrouvant dans une île déserte ». Peu à peu l'attitude du Premier consul leur rendra le goût de vivre. Bonaparte ne considère nullement, comme l'affirment certains de ses ennemis, que la France a commencé le 19 Brumaire.

Extrémistes jacobins et extrémistes royalistes, également ulcérés de voir la majorité des anciens révolutionnaires et la plupart des émigrés s'incliner devant le nouveau maître, ont repris leur projet : tuer Bonaparte. Dans l'ombre du Consulat, les assassins cherchent le moyen le plus efficace : tirer un coup de pistolet dans le dos de Napoléon pendant une revue au Carrousel, ou — entreprise plus hardie encore — introduire un baril de poudre dans les caves des Tuileries. Particulièrement les Royalistes ont la haine chevillée au cœur. Sur l'ordre de deux conjurés royalistes : le chevalier de Limoëlan et son ami Saint-Régent, le nommé Carbon, jadis au service de Limoëlan, acheta une vieille jument noire et une mauvaise charrette à ridelles. Sur cette dernière, les conspirateurs placèrent un tonneau bourré de poudre.

Où opérerait-on ?

Le 24 décembre au soir, 3 nivôse, an IX — les journaux l'avaient annoncé — le Premier consul devait se rendre à l'Opéra, alors situé à l'emplacement de notre place Louvois, pour assister à *la Création,* un oratorio de Haydn. Le mieux ne serait-il pas de profiter de cette sortie nocturne pour placer la machine sur un point du parcours ?

Le jeudi 22 décembre, Saint-Régent se fait conduire en fiacre jusqu'à la place du Carrousel, juste devant l'hôtel de Longueville, en face des Tuileries, et qui abritait, en 1800, les écuries du consul. La place était alors étroite, sombre, resserrée. L'entrée du château s'ouvrait entre deux pavillons servant de corps de garde. Saint-Régent — le cocher le racontera plus tard — regarde la longue façade grise, le dôme coiffant le pavillon central, tire sa montre, puis, tournant le dos au « palais du gouvernement », il paraît réfléchir. Il se retrouve exactement à l'angle de la place et de la rue Saint-Nicaise, ancien chemin de ronde du rempart de Charles V. Cette rue était parallèle au château ; sur quelques dizaines de mètres, elle traversait le Carrousel et formait le fond de la place. Elle commençait à la galerie du bord de l'eau et, après avoir franchi l'emplacement des futurs guichets de Rohan, allait s'achever rue Saint-Honoré, à la hauteur de notre place du Théâtre-Français. Presque dans son prolongement se trouvait la rue de la Loi, notre rue de Richelieu, qui conduisait à l'Opéra. Saint-Régent, après avoir réfléchi, trouva l'endroit excellent. On placerait la charrette et son tonneau dans la rue Saint-Nicaise, vers la rue Saint-Honoré, à une vingtaine de mètres de la place. L'un d'eux fera le guet devant l'hôtel de Longueville, au fond du Carrousel ; il verra par conséquent la voiture sortir des Tuileries et pourra donner le signal à celui qui, à l'aide d'une longue mèche, mettra le feu à la machine.

Quelques jours auparavant, Bonaparte avait dit à Roederer :

— Si je mourais d'ici trois ou quatre ans de la fièvre, dans mon lit, et que pour achever mon roman je fisse un testament, je dirais à la nation de se garder du gouvernement militaire ; je lui dirais de nommer un magistrat civil.

« Si je mourais... »

Le soir du 24 décembre, une nuit de nivôse brumeuse et froide tombe sur Paris. Alors que de nombreux Parisiens préparent le réveillon — les messes de minuit n'ont pas été rétablies, mais les cérémonies sont tolérées dans les églises privées — Bonaparte s'est installé dans le salon jaune de sa femme. Assis au coin du feu qu'il tisonne selon son habitude, il ne semble pas désirer sortir, même pour aller entendre Garat — tout « incomparable » qu'il soit. Il commence même à s'endormir sur un canapé lorsque Joséphine, qui a peut-être commandé une robe pour la circonstance et tient à la montrer, vient le réveiller :

— Allons, Bonaparte, insiste-t-elle, cela te distraira, tu travailles trop.

Mais le consul ferme les yeux et murmure :

— Vous n'avez qu'à partir, je resterai ici.

Enfin, après une véritable discussion, il cède et fait donner l'ordre d'atteler. Bonaparte part le premier, précédé d'une escorte de cavaliers de la garde des consuls. Lannes, Berthier et Lauriston ont pris place auprès de lui. Huit heures sonnent au clocher voisin de Saint-Roch, tandis que l'équipage, après avoir traversé le Carrousel, tourne à gauche et s'engage dans la rue Saint-Nicaise. Bonaparte somnole...

Soudain une effroyable explosion déchire l'air.

La déflagration a brisé les vitres et de la voiture — et sa réaction est celle d'un soldat :

— Nous sommes minés !

La voiture s'arrête après avoir tourné la rue Saint-Honoré et le cocher vient prendre les ordres. Il faut repartir au plus vite, sans perdre une minute dont l'ennemi pourrait profiter pour l'abattre, sans même savoir si Joséphine est sortie indemne de l'attentat ! Bonaparte ignore l'importance des forces des conjurés. Peut-être quelqu'un le guette-t-il pour l'abattre... Et il crie :

— A l'Opéra !

Derrière lui, le spectacle est affreux. Si la machine n'a éclaté qu'entre le passage des deux voitures, elle n'en a pas moins fauché la fin de l'escorte, fait une dizaine de morts, blessé vingt-huit personnes et endommagé quarante-six maisons dont certaines, trop détériorées — des plafonds s'étant écroulés — devront être démolies. Partout, des corps étendus, des « membres épars ».

Après une brève apparition à l'Opéra où — sitôt connue la nouvelle de l'attentat — une immense acclamation monte vers lui, il décide de regagner les Tuileries. Le salon du rez-de-chaussée donnant sur la terrasse est déjà encombré de fonctionnaires venus aux nouvelles. Les premiers détails commencent à circuler. On apprend avec indignation que le cheval attelé à la charrette était tenu en main par une fillette de quatorze ans — la petite Pensol, fille d'une marchande des quatre-saisons de la rue du Bac, précisera l'enquête. C'est l'un des assassins qui a donné douze sous à la malheureuse enfant tandis que lui-même s'écartait après avoir allumé la mèche. Du moins on le pense, car tout a disparu, pulvérisé, volatilisé par l'explosion : la petite fille, la voiture et le cheval. Nulle trace des meurtriers. Mais tout le monde s'exclame d'une seule voix : ce sont les Jacobins qui ont fait le coup ! Un tonneau, bourré de mitraille, placé sur une charrette et sautant lors du passage du chef du gouvernement, n'est-ce pas là un plan conçu par les *exclusifs ?* Les conspirateurs du 7 novembre n'ont d'ailleurs pas encore passé en jugement et, pour les sauver, leurs complices n'hésitaient pas à exterminer le maître de la France !

Bonaparte, lui non plus, ne pense pas aux Chouans :

— Voilà l'œuvre des Jacobins, s'exclame-t-il ; ce sont les Jacobins qui ont voulu m'assassiner !... Il n'y a là-dedans ni nobles, ni prêtres, ni Chouans !... Je sais à quoi m'en tenir et l'on ne me fera pas prendre le change. Ce sont des scélérats couverts de boue qui sont en révolte ouverte, en conspiration permanente, en bataillon carré contre tous les gouvernements qui se sont succédé.

Si on ne peut les enchaîner ; il faut qu'on les écrase ; il faut purger la France de cette lie dégoûtante ; point de pitié pour de tels scélérats !...

L'un des rares, Fouché, accuse les Chouans. Bonaparte le regarde avec mépris : bien entendu, le régicide, le massacreur de Lyon, veut sauver ses amis d'antan !

Imperturbable et silencieux, Fouché supporte les injures. Il va sauter sur l'occasion et préparer soigneusement une liste de cent trente noms de *septembriseurs* appartenant à « cette classe d'hommes qui, depuis dix ans, s'étaient couverts de tous les crimes » — le futur duc d'Otrante oublie aussi bien les fusillades de Lyon dont il a été l'un des ordonnateurs que les massacres de Toulon... Il signe la liste en ajoutant sans ironie : « Tous ces hommes n'ont pas été pris le poignard à la main, mais tous sont universellement connus pour être capables de l'aiguiser et de le prendre. » Et, le 14 nivôse — onze jours après l'attentat — Bonaparte prend un arrêté déportant aux îles Seychelles une centaine d'extrémistes.

Cependant, tout en se débarrassant d'amis compromettants, Fouché poursuivait son enquête. Il avait fait ramasser rue Saint-Nicaise quelques débris de la jument noire et avait convoqué tous les maquignons de Paris. Dès le surlendemain de Noël, le marchand grainier Lambel reconnaissait le cheval noir qu'il avait vendu à Carbon. Peu après, le loueur de carrosses Thomas venait préciser que l'équipage avait été garé dans son écurie, et un maréchal-ferrant indiquait qu'il avait ferré la jument. Tous donnaient le signalement de Carbon. Il ne fallut guère de temps pour l'identifier. Les Chouans possédaient chacun leur fiche signalétique. L'aînée des nièces de l'ancien domestique de Limoëlan fut longuement interrogée et finit par avouer que son oncle se cachait chez des religieuses de la rue Notre-Dame-des-Champs. Le 18 janvier Carbon était arrêté. Il nia tout d'abord, puis « donna » Saint-Régent et Limoëlan. Le chef de la conspiration demeura introuvable, mais Saint-Régent, qui errait dans Paris sans oser demander l'hospitalité à qui que ce soit, finit par être pris, le 25 janvier 1801, par un policier qui le rencontra par hasard rue du Four.

Devant le tribunal criminel, Carbon essaya de sauver sa tête en prouvant qu'il avait quitté ses complices, place des Victoires, plus d'une heure avant l'attentat de nivôse. Il n'en fut pas moins condamné à mort avec Saint-Régent, qui supplia ses juges de l'envoyer à l'échafaud le plus vite possible. Ils furent exécutés le 20 avril — 30 germinal an IX — tandis que la foule applaudissait longuement.

Le lendemain du jour où Fouché est venu apporter à Malmaison la preuve de la culpabilité des Chouans et de l'innocence des Jacobins, on entendit Bonaparte, parlant d'autres irréductibles soi-disant ralliés au régime, déclarer au Conseil des ministres :

— Ils sont là douze à quinze métaphysiciens bons à jeter au feu... Il ne faut pas croire que je me laisserai faire comme Louis XVI. Sorti du sein du peuple, je ne souffrirai pas qu'on m'insulte comme un roi.

La même semaine on lui propose de débaptiser la place Bellecour à Lyon, pour l'appeler la place Bonaparte, il refuse :

— De tels honneurs ne doivent pas être donnés à un homme vivant !

Et la paix ?

L'Autriche s'est fait prier pour la signer, et Bonaparte a dû menacer Vienne de reprendre les hostilités à la fois en Italie et sur le Rhin.

Après l'Autriche, l'Angleterre se résigne à traiter : elle a besoin de rcpos, si court fût-il. Elle considère cette paix comme honteuse et « plus désavantageuse que la guerre ». Dans son esprit il ne peut s'agir que d'une trêve destinée à reprendre haleine. Et le 23 septembre de cette même année 1801, se trouvant à Malmaison, Napoléon apprendra la signature de la paix à Amiens.

— A Amiens, dira-t-il plus tard, je croyais de très bonne foi le sort de la France, celui de l'Europe, le mien fixés. Pour moi, j'allais me donner uniquement à l'administration de la France et je crois que j'eusse enfanté des prodiges.

Le 10 novembre 1801, il reçoit lord Cornwallis, représentant de l'Angleterre à Amiens. Bonaparte — pour la première fois depuis dix ans — désire montrer que la France a retrouvé le décor digne de son passé. Les consuls sont entourés d'une cour brillante. « Au milieu de tous ces riches uniformes, nous rapporte Constant, le sien était remarquable par sa simplicité ; mais le diamant appelé *le Régent,* depuis quelques jours dégagé par le Premier consul, étincelait à la garde de son épée. »

Un matin, à Malmaison, la petite cour voit Bonaparte repousser son assiette après avoir à peine déjeuné. Il fait les cent pas, demande trois tasses de café, puis monte à cheval suivi de Rapp et de Jardin. « Tant que nous fûmes en vue du château, racontera Rapp à Junot, le général alla au pas, mais une fois que nous eûmes gagné et dépassé la grille, il lança son cheval, lui enfonça ses éperons dans le ventre et la pauvre bête monta au galop de chasse cette route pierreuse de Bougival... Moi qui l'ai vu, je sais que ne ce n'est pas de l'humeur qu'il a, c'est du chagrin, c'est de la peine. »

Napoléon vient d'apprendre la perte de l'Égypte.

Les canons se sont tus au bord du Nil et Kléber a été assassiné par le fanatique Soleyman — un patriote, diront les Turcs. A l'ombre de la paix d'Amiens, Bonaparte fait passer la défaite égyptienne.

« L'Histoire, du moins, dira Bonaparte, ne taira pas ce qu'ont fait les Français pour y reporter la civilisation et les connaissances de l'Europe. Elle dira par quels efforts ils l'avaient conquise ; par quelle sagesse, par quelle discipline ils l'ont si longtemps conservée et, peut-être, en déplorera la perte comme une nouvelle calamité du genre humain... »

Bonaparte veut apporter une solution au drame né en France par la Constitution civile du clergé. Et, en faisant cesser cette douloureuse anarchie, il sera approuvé par la majeure partie du pays, demeurée foncièrement catholique. Déjà, à peu près partout, le « culte décadaire » a été abandonné au profit du culte catholique. Seuls, à contrecœur, les fonctionnaires suivent encore le service officiel, tandis que la masse des fidèles a retrouvé ses autels et ses prêtres — de préférence réfractaires.

Un décret autorise bientôt la *liberté des cultes.* Il s'agit sans doute d'un premier pas vers le retour à l'ordre ancien, malheureusement — et ce n'était point là le but recherché — cette première étape va donner naissance à de nombreux schismes dus à l'existence de prêtres constitutionnels ou clandestins, insermentés soumis ou insoumis. Des collectivités religieuses de tendances diverses apparaîtront. C'est ainsi qu'on pourra lire dans *les Petites Affiches* cette annonce concernant une « église à louer » : « S'il se présentait une société d'ecclésiastiques *bien d'accord* entre eux, on pourrait traiter avec eux d'une manière satisfaisante. »

Bonaparte est à peine déiste. En outre, bien des choses le gênent dans l'Église catholique :

— Je suis loin, avoue-t-il, d'être athée, assurément ; mais je ne puis croire à tous ce que l'on m'enseigne, sans être faux et hypocrite.

Bonaparte croit en Dieu par raison d'État et reconnaît l'utilité de la religion — ne serait-ce que pour aider les déshérités à admettre l'inégalité. Il ne veut surtout point, à l'instar des gouvernements qui l'ont précédé durant dix années, détruire la religion mais l'utiliser à son profit. Il se confie à Roederer :

— C'est en me faisant catholique que j'ai fini la guerre de la Vendée, en me faisant musulman que je me suis établi en Égypte, en me faisant ultramontain que j'ai gagné les esprits en Italie. Si je gouvernais un peuple de juifs, je rétablirais le temple de Salomon.

Au lendemain de Marengo, s'arrêtant à Verceil, il avait prié le cardinal Marciana de bien vouloir faire connaître au pape son désir de voir cesser le véritable schisme qui divisait le clergé français. Bonaparte, en dépit de ses victoires, savait qu'il ne parviendrait pas à rétablir la paix et l'unité religieuse sans l'appui de Rome. Seul le pape pourrait mettre fin au chaos.

L'autorité du pape placée au sommet de la hiérarchie catholique lui paraît indispensable :

— Si le pape n'avait pas existé, il eût fallu le créer pour cette occasion, comme les consuls romains faisaient un dictateur dans les circonstances difficiles.

Il le constate :

— Jamais le pape ne pourra me rendre un plus grand service ; sans effusion de sang, sans secousse, lui seul peut réorganiser les catholiques de France sous l'obéissance républicaine. Je le lui ai demandé

Cependant, il était plus facile d'élaborer les bases d'un accord, que d'atteindre le but : le Concordat.

— Comment dois-je le traiter ? demande à Bonaparte son premier envoyé auprès de Pie VII.

— Traitez-le comme s'il avait deux cent mille hommes, répond-il avec superbe.

Tout en désirant sincèrement aboutir à une conclusion, Bonaparte, avec une obstination inébranlable, exige une Église plus gallicane que papiste. C'est seulement le 22 juin 1801 qu'il reçoit le cardinal Consalvi.

— Qu'il vienne en costume le plus « cardinal » possible, a-t-il recommandé.

Dès le lendemain, une commission est créée. Et, non sans mal, le Concordat se prépare. Les négociateurs se mettent d'accord : désormais le catholicisme est reconnu — c'était une vérité à la manière de La Palice — « comme religion professée par la majorité des Français ». La « hiérarchie de l'Église » est, elle aussi, admise par l'État qui nommera les nouveaux évêques, recevra leur serment de fidélité, leur donnera un traitement, tandis que le pape leur accordera l'investiture canonique.

— Nous avons fini le roman de la Révolution, déclare Bonaparte ; il faut en commencer l'histoire.

Il ajoutera :

— Le Concordat n'est le triomphe d'aucun parti, mais la consolidation de tous.

En s'intitulant « le dévoué fils de Sa Sainteté », Napoléon annonce lui-même au pape la promulgation du Concordat pour le jour de Pâques — 18 avril 1802 —, journée où l'on doit aussi célébrer la paix d'Amiens. Ce matin-là, le son du bourdon de Notre-Dame, muet depuis dix années, tire les Parisiens du sommeil.

— Le bourdon ! s'écrit un ouvrier. J'aime mieux cela que le canon d'alarme !

La France redevient la fille aînée de l'Église.

Au-dessus de Paris le ciel est couvert et le vent souffle. La journée commence par la traditionnelle revue du Carrousel, puis, dès qu'il a revêtu son célèbre costume rouge de Premier consul, Bonaparte s'apprête à partir pour Notre-Dame. Précédé d'un corps de mameluks — escorte inattendue pour se rendre à un *Te Deum* — le Premier consul prend place avec ses deux collègues dans un carrosse, tiré par huit superbes chevaux bais — cadeau du roi d'Espagne... un Bourbon ! Les mameluks, qui tiennent par la bride les chevaux, sont tout de vert et d'or habillés, ainsi que les piqueurs et les valets de pied. La veille, le clergé avait demandé s'il devait encenser en même temps Bonaparte, Cambacérès et Lebrun...

— Non, pas eux, avait répondu le futur empereur. Pour mes deux collègues, cette fumée est encore trop solide...

Un témoin anglais, Henri Redhead York, le raconte : « Trois trônes étaient placés en face de l'autel, pour les consuls ; celui de Bonaparte avait été mis un peu devant les autres, mais il accusa encore la distance avant de s'y asseoir. Il resta fièrement assis sur son fauteuil pendant toute la cérémonie, excepté à la consécration de l'hostie et à la communion, où il se tint debout, et au moment de l'élévation où, non content de se relever, il se signa dévotement. Le consul Lebrun était à sa droite, et Cambacérès à sa gauche. Ces deux automates se montrèrent parfaitement indifférents à toute la cérémonie. Quand la grand-messe fut terminée, les évêques s'approchèrent à tour de rôle pour prêter serment de fidélité : lorsque chacun des prélats mitrés s'agenouillait devant Bonaparte, celui-ci répondait d'un aimable signe de tête... »

La cour consulaire semble bien ébahie de se trouver là. Le lendemain, Bonaparte désire savoir comment Augereau a trouvé la cérémonie.

— Très belle, répond le général ; il n'y manquait qu'un million d'hommes qui se sont fait tuer pour détruire ce que nous rétablissons.

Bonaparte est d'autant plus irrité par ce propos qu'il prend son rôle de protecteur de l'Église fort au sérieux.

Talleyrand le reconnaîtra : « Lorsque, en 1802, Napoléon rétablit le culte en France, il a fait non seulement acte de justice, mais aussi de grande habileté... Le Napoléon du Concordat, c'est le Napoléon vraiment grand, éclairé, guidé par son génie. »

Le génie de Bonaparte ne s'est pas seulement manifesté à propos des questions religieuses. Le Code civil reste l'une des plus évidentes manifestations de son génie. Napoléon disparaîtra, son empire s'écroulera, mais sa pensée continuera à régir les peuples.

A son retour de Marengo, Cambacérès lui avait exposé les projets de lois qu'il avait rédigés et qui avaient été autrefois débattus devant la Convention. Bonaparte l'en avait félicité :

— J'ai lu. Il y a là un esprit d'analyse dont j'ai été satisfait... Vous avez fait plusieurs codes, ne pensez-vous pas qu'il serait utile de les refondre et de présenter au Corps législatif un projet qui fût à la hauteur des idées du siècle et digne du gouvernement ?

La Justice ne serait qu'un mot vide de sens si le Consulat ne lui donnait point une arme, c'est-à-dire des lois. Animée par Bonaparte, conduite par Cambacérès, une Commission commence son immense travail : il en sortira un jour le Code civil qui deviendra le Code Napoléon.

« Dès la première réunion, Bonaparte s'explique en des termes positifs, rapporte Cambacérès, sur la nécessité de donner plus d'intensité à l'autorité paternelle, sur l'utilité de revoir la loi du divorce, sur la libre disponibilité des biens, sur l'adoption... Tout ce qu'il dit étant plein de raison, je ne manquai pas d'y applaudir. »

Il préside plusieurs fois par semaine les séances, B. de Molleville, l'ancien ministre de Louis XVI, nous avoue sa stupéfaction en écoutant le Premier consul discourir : « Mais où diable avait-il appris tout cela ? » se demandait-il. Lorsqu'on discute l'article du Code concernant l'obéissance de la femme à son mari, on entend Bonaparte préciser :

— Ce mot est bon pour Paris surtout où les femmes se croient en droit de faire tout ce qu'elles veulent. Je ne dis pas que ça produira de l'effet sur toutes, mais il en produira sur quelques-unes.

Les séances du Conseil d'État le passionnent encore bien davantage. Il s'y rend entouré d'un certain cérémonial. Le tambour, au bas de l'escalier des Tuileries, annonce son approche. Il entre suivi d'un aide de camp — plus tard, il sera précédé d'un chambellan. S'asseyant dans un fauteuil, dont les bras sont tailladés des coups de canif qu'il donne au cours de débats, il pose près de lui sa tabatière. Il prise d'ailleurs fréquemment et le chambellan de service doit toujours lui glisser à portée de la main une tabatière pleine.

Dès que les portes sont fermées au verrou, la séance commence. Il écoute avec patience et attention, interroge d'une manière lapidaire, ne rougit nullement d'avoir à avouer ne rien connaître à certains problèmes. Il multiplie alors les questions, demandant le sens exact et la définition des mots qu'il ignore. Puis commencent les contradictions, objections et réfutations. La polémique demeure ouverte. A cette époque, il admet encore le débat — ce qu'il ne supportera plus quelques années plus tard.

On l'entend parfois apostropher un conseiller :

— Voyons, vous qui êtes jacobin, donnez-nous votre opinion.

Puis il se tourne vers un autre membre du Conseil :

— Et vous, qui êtes royaliste, dites-nous quelle est la vôtre.

Il sait laisser dormir son instinct dominateur et demeure extraordinairement calme « portant jusqu'à l'excès la patience de tout entendre » :

— Je suis tantôt renard et tantôt lion. Tout le secret du gouvernement consiste quand il faut à être l'un ou l'autre.

Chaque jour, il parvient à réunir plusieurs conseils où l'on agite tous les objets d'administration, de finances ou de jurisprudence. Certaines réunions se prolongent souvent jusqu'à cinq heures du matin, car il refuse d'abandonner une question sans que son opinion soit solidement faite. Certains conseillers ou ministres ont le plus grand mal à se plier à ce train d'enfer.

— Vous êtes un peu paresseux, déclare-t-il à l'un d'eux ; cependant il faut se hâter. Tout le monde crie après nous ; on nous accuse de ne pas aller assez vite en besogne.

Et il ajoute :

— Je conviens que c'est un terrible écheveau à démêler, mais il faut marcher, il faut marcher !

Parfois, après de nombreuses heures de délibération, il arrive que quelques conseillers, exténués, s'assoupissent — pour peu de temps, car ils ne tardent pas à être réveillés par les bourrades du Premier consul :

— Allons, citoyens, secouez-vous, leur dit-il. Il n'est que deux heures. Il faut bien gagner l'argent que la France vous donne !

Mais lui-même, parfois, ayant travaillé toute la nuit, s'endort en plein conseil. Il ne fait rien d'ailleurs pour se tenir éveillé. N'a-t-il pas le « sommeil à son commandement », comme le disait Thibaudeau ? Les membres se retirent alors sans bruit.

Lorsque tout se sera écroulé, lorsqu'il ne sera plus qu'un prisonnier cloué sur son rocher, il pourra dire :

— Ma gloire n'est pas d'avoir gagné quarante batailles... Ce que rien n'effacera, ce qui vivra éternellement, c'est mon Code civil, ce sont les procès-verbaux du Conseil d'État.

L'été, Bonaparte se rend chaque fin de décade au délicieux château de Malmaison, acheté par Joséphine pendant la campagne d'Égypte. Le ménage consulaire y vit, durant les « week-ends » du Consulat, en châtelains bourgeois recevant leurs amis.

Mais sa tâche de Premier consul demeure toujours pour lui à la première place. Dès cinq ou six heures du matin, il quitte sa chambre qui est également celle de Joséphine — elle y mourra un jour —, une chambre alors ornée d'une frise pompéienne où jouent les amours. Il laisse Joséphine seule sous le vaste baldaquin du lit.

— Pour être heureux, affirme-t-il, le mariage exige un continuel échange de transpiration.

A Sainte-Hélène, il rappellera l'importance que la créole attachait au lit commun.

— Une femme qui veut exercer de l'influence sur son mari doit toujours coucher avec lui.

Il n'en abandonne pas moins un jour la chambre conjugale de Malmaison pour s'installer, à l'autre bout du château, juste au-dessus de sa bibliothèque, placée dans un pavillon d'angle, du côté du midi. Le décor de cette bibliothèque n'a pas changé. On peut croire que le Premier consul va venir s'installer derrière son vaste bureau. Quoiqu'il ait trouvé « que cette pièce ressemblait à une sacristie d'église, il a été forcé de reconnaître qu'il était difficile de faire mieux dans un local aussi peu convenable ». La cheminée des cuisines passe en effet par la pièce et, pour la dissimuler, l'ébéniste Jacob « a montré une intelligence rare ».

C'est là qu'il travaille avec son secrétaire. Les séances réunissant les consuls, les conseillers ou les ministres venus de Paris, se déroulent dans la pièce voisine toute tendue de coutil rayé bleu et blanc et décorée de trophées guerriers. Parfois il entraîne son visiteur vers le parc. Ils passent par le petit pont qui enjambe les douves — il lui arrive, l'été, de travailler sur ce pont protégé du vent par des toiles. Lorsqu'il marche à travers le parc, un peu courbé, les mains croisées derrière le dos, « il fait fréquemment un mouvement involontaire de l'épaule droite qu'il relève un peu, rapporte un témoin, et en même temps un mouvement de la bouche de gauche à droite. Si l'on n'a pas su que ces deux mouvements musculaires ne sont qu'un tic d'habitude, on pourrait les prendre pour des mouvements convulsifs. Il a l'habitude, quand il se promène avec quelqu'un qu'il traite familièrement, de passer son bras sous le sien, et de s'appuyer dessus. »

Et voici une image bien inattendue :

« Quand il était de bonne humeur, que le temps était beau, nous raconte Laure d'Abrantès, et qu'il avait à sa disposition quelques minutes dérobées à ce travail constant qui le tuait alors, il jouait aux barres avec nous. Il trichait comme au reversi, par exemple. Il faisait tomber, il arrivait sur nous sans crier : *barre !* Enfin c'étaient des tricheries qui provoquaient des rires de bienheureux. Dans ces occasions-là, Napoléon mettait habit bas et courait comme un lièvre, ou plutôt comme la gazelle à laquelle il faisait manger tout le tabac de sa tabatière, en lui disant de courir sur nous, et la maudite bête nous déchirait nos robes et bien souvent les jambes. »

Lorsqu'il fait beau le dîner est servi dans le parc où la table est dressée devant le château sur la gauche de la pelouse, « et un peu en avant de l'allée droite ».

Le 6 mai 1802, Chabot monte à la tribune !

— Le Sénat, déclare-t-il, est invité à donner aux consuls un témoignage de la reconnaissance nationale.

Il s'agit de donner un caractère plus définitif au régime né en Brumaire an VIII.

On décide de proroger le pouvoir du Premier consul pour dix années. Bonaparte espérait davantage, aussi remercie-t-il la députation du Tribunal par quelques phrases banales, mais, au Conseil, il lance cet avertissement :

— On a tout détruit, il s'agit de recréer. Il y a un gouvernement des pouvoirs, mais tout le reste de la Nation, qu'est-ce ? Des grains de sable... Nous sommes épars sans système, sans réunion, sans contact. Tant que j'y serai, je réponds bien de la République, mais il faut prévoir l'avenir. Croyez-vous que la République soit définitivement acquise ? Vous vous tromperiez fort. Nous sommes maîtres de la faire, mais nous ne l'avons pas, et nous ne l'aurons pas, si nous ne jetons pas sur le sol de France quelques masses de granit.

Le Sénat semble ne pas avoir compris — à moins que les sénateurs aient eu peur de se voir écrasés par « la masse de granit ». Aussi se contentent-ils de ratifier, le 8 mai 1802, le vote du Tribunat.

Bonaparte trouve le cadeau insuffisant : c'est garder le pouvoir jusqu'à sa mort qu'il ambitionne et il demande que l'on prenne l'avis du peuple. Aussi, le 10 mai, le Conseil d'État vient-il soumettre au Premier consul le texte des deux questions qui doivent être posées au peuple français : « 1° Napoléon Bonaparte sera-t-il consul à vie ? — 2° Aura-t-il la faculté de désigner son successeur ? »

C'est en somme le retour à la monarchie, la création d'une nouvelle dynastie. Le mot « successeur » est écrit en toutes lettres, et Napoléon ne pourra plus dire désormais :

— Mon héritier, c'est le peuple français.

La nouvelle dynastie aura son ordre. *Le Moniteur* du 19 mai 1802 publie le texte instaurant la Légion d'honneur — une « chevalerie de la Révolution » ironiseront les royalistes. « Cette création d'un ordre de chevalerie dans un pays où l'on ne marche qu'au milieu d'institutions républicaines, dira de son côté la duchesse d'Abrantès, parut d'abord une sorte de monstruosité dans une République. »

— Ce Bonaparte échappé d'Égypte, s'exclama Mme de Staël, se prend pour un pharaon !

Mais c'est le « Pharaon » qui aura le mot de la fin :

— Ce sera un hochet de vanité, lui dit quelqu'un.

— Eh bien, répondit-il, c'est avec des hochets qu'on mène les hommes !

Le 29 juillet 1802, le Sénat proclame les résultats du plébiscite : « Le peuple français nomme et le Sénat proclame Napoléon Bonaparte, Premier consul à vie. » Sur trois millions cinq cent soixante-dix-sept mille deux cent cinquante-neuf votants, il n'y eut que huit mille trois cent soixante-quatorze Français à ne point vouloir faire de Bonaparte une manière de roi.

Soixante mille trois cent quatre-vingt-quinze électeurs de Paris ont voté *oui*. Les opposants ne sont que soixante ! Et la Vendée ? On attendait avec impatience le vote de ce département royaliste : on compta dix-sept mille soixante-dix-neuf *oui* contre six *non !*

Certains électeurs ont accompagné leur vote de souhaits. C'est ainsi que les pensionnaires de l'Hôtel des Invalides « qui se sont rendus en foule à la mairie du Xe arrondissement », ont déclaré tout naturellement :

— Que Bonaparte soit consul à vie et que Dieu le protège !

Que nous voilà loin — et en quelques mois — du peuple souverain... Et, en remerciant le Sénat, venu lui apporter la Proclamation du Consulat à vie, Napoléon évoque, lui aussi, le droit divin :

— Content alors d'avoir été appelé, par l'ordre de celui de qui tout émane, à ramener sur la terre la justice, l'ordre et l'égalité, j'entendrai sonner la dernière heure sans regret et sans inquiétude sur l'opinion des générations futures.

Déjà son prénom prestigieux apparaît sur les monnaies et, le 15 août — date de la naissance du nouveau maître — est décrété fête nationale. Et Cobenzl mande à Colloredo : « Où dont s'arrêtera ce torrent plus rapide et plus dévastateur dans la paix que dans la guerre ? »

Napoléon a déjà été élu président de la République italienne et, à la fin de cette même année, le titre de médiateur de la Confédération suisse lui est apporté par les députés des dix-huit cantons helvétiques. Même certains royalistes commencent à l'admirer et à trouver que Bonaparte a du bon.

— Qui diable mettrions-nous à la place de ce petit polisson-là ? se serait exclamé le duc de Laval, émigré récemment rentré, et pourtant exilé à quarante lieurs de Paris par une manière de lettre de cachet signée par le « petit polisson ».

La République est déjà un souvenir. Un homme de l'ancienne cour bavardait un jour avec Lucien Bonaparte et lui parlait de la Normandie et du Languedoc, « les plus belles provinces du royaume ».

— Vous m'excuserez, dit-il à Lucien, c'est une vieille habitude.

— Oh ! vous n'avez pas besoin d'excuse, répondit le frère du Premier consul avec esprit, cela est tout simple, je me surprends bien quelquefois à parler de république.

Pour Bonaparte qui se considère déjà l'égal des rois — en attendant d'être leur maître —, la France doit retrouver au plus vite sa place en Europe. Et celle-ci ne peut être que la toute première.

Bonaparte va-t-il s'installer à Versailles ? Il trouve le château « un monstre affreux » — l'admirable palais paraissait alors aussi démodé que, pour les Parisiens d'aujourd'hui, les anciennes entrées du Métropolitain. Aussi Napoléon préfère-t-il le château de Saint-Cloud, point « moderne » assurément, mais plus à l'échelle humaine. C'est là qu'il fera ses premiers pas de souverain et que J.F. Reichardt, le compositeur allemand républicain, l'a vu, revêtu de son « petit uniforme vert à parements rouges... Il s'est mis à causer avec la première dame qui s'est trouvée à sa portée, lui a fait quelques compliments et des questions qui, d'après ce que j'ai pu entendre moi-même, ou apprendre par d'autres, ont invariablement porté sur le climat de son pays, sur le voyage, sur la durée du séjour à Paris. Son sourire n'a pas varié pendant toute l'audience... Deux préfets du palais, plus petits que Bonaparte, se tenaient à ses côtés ; l'un demandait à la dame que Bonaparte allait aborder son nom, son pays, et le Premier consul la saluait d'une inclination de tête avant de lui parler... »

Nombreux sont alors les étrangers qui, en tremblant d'abord quelque peu, viennent visiter cette France nouvelle, dont les frontières leur sont fermées depuis dix années, cette fille turbulente de l'Europe qui a osé jeter au monde la tête d'un roi ! Leurs récits sont d'autant plus précieux que, en abordant la France consulaire et son chef, ils ont un peu la mentalité de l'explorateur découvrant une peuplade inconnue. Sir John Dean Paul pénètre à la Comédie-Française au moment où le Premier consul va se retirer : « C'est un petit homme, comme chacun le sait, écrit-il en parlant de Napoléon, mais son visage respire l'intelligence, et ses yeux reflètent un esprit peu commun. Ses cheveux plats sont sans poudre, et taillés très court. »

Reichardt verra encore Napoléon sortir de la chapelle des Tuileries « saluant de la tête et souriant, tout comme faisait le roi à Versailles... Il parla avec beaucoup d'esprit, d'aisance et de facilité sur toutes sortes de sujets, et lorsqu'il s'approcha de moi pour la seconde fois, il fut encore question de théâtre. Il gratifia les Allemands de l'épithète de "mélancoliques", trouva que les drames "touchants" empiétaient un peu trop sur le domaine de la tragédie française et qu'il n'aimait pas à pleurer. »

Point de bornes à notre admiration, devant le chef, l'homme aux admirables formules, le génie qui laisse les simples êtres humains loin derrière lui. On admire même cette façon bien à lui de considérer tous ceux qui l'entourent comme des imbéciles... Mais on demeure pantois en le voyant peu à peu se transformer sous nos yeux en autocrate-impérator.

Comment ne pas sursauter en l'entendant dire :

—Pour être conquérant, il faut être féroce !

Sa tyrannie s'exerce principalement sur les siens.

Il faut cependant reconnaître que Napoléon a été affligé d'une famille insatiable et qu'il ne connut que déboires et déceptions avec ses frères et sœurs — sauf avec la chère Pauline.

Selon certains, Bonaparte aurait même été l'amant de *Paganetta.* Simonville, l'une des passades de l'amoureuse « petite païenne », prétendait que la sœur du Premier consul lui aurait dit, peu après le 18 Brumaire :

— Je suis très bien avec mon frère. Il a déjà couché deux fois avec moi.

De la nymphomane et inconsciente Paoletta, rien ne peut surprendre. Si *Napoleone caro mio* le lui avait demandé, pourquoi aurait-elle refusé ? Mais, tout au long de sa vie, les sens peu exigeants de Bonaparte ne semblent pas l'avoir poussé à commettre une action aussi amorale. Sa manière de se comporter au lit, avec Joséphine ou avec ses maîtresses, paraît avoir été celle d'un homme peu enclin aux complications et fantaisies érotiques...

Et Hortense ? Nombreux sont les contemporaines qui ont affirmé que la belle-fille de Bonaparte avait été sa maîtresse. Sans doute aucun lien du sang ne les unissait, sans doute Hortense était bien plus sensuelle que Napoléon, mais on l'imagine mal se laissant aller dans les bras du mari de sa mère qu'elle adorait.

On a également prêté au consul, puis à l'Empereur, plus de maîtresses qu'il n'en eut vraiment, bien que ses amours d'antichambres et de coulisses aient été fréquentes. Et Joséphine, si elle ne voulait pas déclencher une scène, devait fermer les yeux et admettre que les infidélités de son mari comptaient fort peu pour lui.

— L'amour n'existe pas réellement, dira-t-il un jour. C'est un sentiment factice né de la société. Je suis peut-être peu propre à en juger : je suis trop raisonnable...

N'avait-il pas adoré Joséphine à la folie ?

— J'ai pu passer huit jours, explique-t-il, quinze jours sans dormir à cause d'une femme, mais ce n'est pas là de l'amour. On a beau dire, l'amour ne résiste pas à l'absence.

Il semble avoir oublié aujourd'hui son désespoir lorsque la volage créole se refusait à venir le rejoindre en Italie.

On le vit au début du Consulat s'intéresser à une jeune pensionnaire du Théâtre-Français, Thérèse-Étiennette Bourgoin, ancienne danseuse, et dont le physique de petite fille se rendant au catéchisme formait un piquant contraste avec ses « plaisanteries épicées ». Chaptal appréciait fort celle que l'on nommait « la déesse de la joie et des plaisirs », et la protégeait officiellement. Sans doute le ministre de l'Intérieur — la police ne dépendait point alors de ses services — ignorait-il l'intérêt que Bonaparte portait à sa maîtresse, car il fut stupéfait, un soir de 1804, alors qu'il travaillait avec Napoléon — celui-ci venait de prendre la couronne — d'entendre annoncer : « Mlle Bourgoin. »

— Qu'elle attende ! jeta le maître.

Comprenant ce que signifiait pareille visite à cette heure tardive, le ministre prit son portefeuille, s'en alla et, le lendemain, envoya sa démission — définitive cette fois.

L'Empereur l'avait-il fait exprès pour se débarrasser de Chaptal, qu'il appelait « papa clystère » ?... On ne sait. Quoi qu'il en soit, Mlle Bourgoin en voulut mortellement au maître.

Plus tard il regrettera de n'avoir pas consacré plus de temps aux femmes — même simplement pour bavarder avec elles « sur le canapé ».

— J'aurais appris beaucoup de choses. C'est une rivière qui a besoin d'eau et à qui il faut en apporter.

On entendit un jour retentir une fois de plus le fameux :

— Qu'elle attende !

Il s'agissait, cette fois, d'une autre comédienne : Mlle Duchesnois — Catherine-Joséphine Raquin — qui n'était guère jolie. Affligée d'un nez « dont le sifflement, dira Alexandre Dumas, répondait à l'ampleur », son visage faisait penser « à l'un de ces lions de faïence qu'on met sur les balustrades ». Mais, comme elle était aussi bien faite que la Vénus de Milo, elle se hâtait de le montrer et de se donner, afin de faire oublier la première — et fâcheuse — impression.

En lançant son « qu'elle attende », sans doute le Premier consul, absorbé par son travail, ne se souvenait-il que du nez et des sifflements. Cependant, le corps de la comédienne dut lui revenir à l'esprit puisque, apprenant que Mlle Duchesnois était toujours là, il déclara quelque temps plus tard :

— Qu'elle se déshabille et qu'elle se couche !

Ce soir-là, le nez eut le dernier mot, car, lors du troisième rappel de la présence de Mlle Duchesnois, Bonaparte ordonna :

— Qu'elle se rhabille et qu'elle s'en aille !

Mlle George, la grande ennemie de Mlle Duchesnois, n'avait pas à craindre pareil traitement, et avec elle les choses allèrent plus loin qu'une étreinte entre deux dictées. Il la remarqua le 28 novembre 1802 au Théâtre-Français, lors d'une représentation d'*Iphigénie en Aulide* où elle tenait le rôle de Clytemnestre. De son véritable nom : Marguerite-Joséphine Weimer, enfant de la balle, élève de Raucourt, elle avait alors seize ans. Déjà majestueuse, elle faisait penser à la statue d'une jeune et noble Romaine. « Belle comme l'antique, s'exclamait Mirecourt. Une taille de reine et une beauté splendide ! » Elle non plus ne voulait point garder cachées ces splendeurs, puisqu'elle avait commencé, à quatorze ans, sa vie amoureuse — amours de théâtre, bien sûr — dans les bras d'un acteur, son « beau Lafon », ainsi qu'elle l'appelait. Elle se trouvait alors la maîtresse du prince polonais Sapieha. Elle n'en fut pas moins quelque peu effarouchée lorsque — le soir même de la représentation d'*Iphigénie en Aulide* — Constant vint chez elle la prier, de la part du Premier consul, de se rendre le lendemain, à huit heures du soir, à Saint-Cloud.

— Il désire vous complimenter lui-même sur vos succès, lui annonça le valet de chambre.

L'effarouchement dura seulement quelques secondes :

— Dites au Premier consul, monsieur, que j'aurai l'honneur de me rendre demain à Saint-Cloud. Vous pourrez venir me prendre à huit heures, mais pas chez moi, au théâtre.

Ceci, sans doute, afin que nul ne l'ignore...

Le lendemain, vêtue d'un négligé blanc en mousseline, la tête couverte d'un voile de dentelle et un cachemire sur les épaules — on était en frimaire — elle monte en voiture avec Constant. En arrivant au château, son cœur bat à se rompre, du moins elle le racontera. Précédée par Constant, elle traverse l'orangerie et, par la porte-fenêtre donnant sur la terrasse, pénètre dans la chambre à coucher où veille Roustam.

— Je vais prévenir le Premier consul...

La voici seule. Un immense lit, un grand divan... tout cela lui paraît assez menaçant. Enfin, il entre. « Le Consul, racontera-t-elle, était en bas de soie, culotte satinée blanche, uniforme vert, parements et collet rouges, son chapeau sous le bras. Je me levai. Il vint à moi, me regarda avec ce sourire enchanteur qui n'appartenait qu'à lui, me prit par la main et me fit asseoir sur cet énorme divan, leva mon voile qu'il jeta à terre sans plus de façon... »

Selon Mlle George, dans ses *Mémoires,* —coquetterie de vieille dame écrivant ses souvenirs un demi-siècle plus tard... — elle demeura jusqu'à cinq heures du matin auprès du consul et — chosc difficilement croyable — il ne se passa rien. Simplement, apprenant que son voile était un cadeau du prince Sapieha, Bonaparte le déchira « en mille petits morceaux ». Pour le remplacer, Constant dut aller chercher « un cachemire blanc et un grand voile d'Angleterre »... vraisemblablement dans la garde-robe de Joséphine.

Mlle George nous raconte ses quatre nuits de Saint-Cloud. S'il faut la croire, s'est seulement lors de la troisième nuit qu'elle devint sa maîtresse : « Il défaisait petit à petit toute ma toilette. Il se faisait femme de chambre avec tant de gaieté, tant de grâce et de décence qu'il fallait bien céder, en dépit qu'on en ait. Et comment n'être pas fascinée et entraînée vers cet homme ? Il se faisait petit et enfant pour me plaire. Ce n'était plus le Consul, c'était un homme amoureux peut-être, mais dont l'amour n'avait ni violence ni brusquerie... »

Lui, qui a horreur des « abats canailles », selon son expression, est émerveillé par les mains de *Georgina.* Des mains « frappées de fossettes, dira Théophile Gautier, de vraies mains royales faites pour le sceptre ». Les pieds sont moins heureux. A quelqu'un qui s'exclamait : « Elle a un port de reine ! », un plaisantin aurait ajouté : « Et des pieds de roi »...

« Il riait, racontera-t-elle encore, il jouait avec moi, il me faisait courir après lui. Pour éviter de se laisser attraper, il montait sur l'échelle qui sert à prendre les livres, et moi, comme l'échelle était sur roulettes et très légère, je promenais l'échelle dans toute la longueur du cabinet, lui riant et me criant :

— Tu vas me faire mal ! Finis ou je me fâche ! »

Toute la vie de Georgina fut illuminée par son aventure. Lorsqu'elle parlait de Napoléon, ce n'était qu'avec un tremblement dans la voix.

— Il me quitta pour se faire empereur, dira-t-elle.

Un soir, il lui « fourra dans la gorge » un gros paquet de billets de banque — quarante mille francs :

— Pourquoi me donnez-vous tout cela ?

— Je ne veux pas que ma Georgina manque d'argent pendant mon absence.

« Jamais l'Empereur ne m'a fait remettre d'argent par personne.

C'était toujours lui qui me le donnait. Il fut plus tendre, ce soir-là, que je ne l'avais encore vu... »

Quarante mille francs ! Et pour une absence de quelques semaines ! Bonaparte devait, en effet, aller inspecter le camp de Boulogne et les côtes de la mer du Nord, car la guerre allait reprendre.

Depuis le 28 décembre 1802, on se trouvait « en froid » avec l'Angleterre. Le Premier consul, « surpris et affligé », avait appris que ce jour-là, le comte d'Artois, frère de Louis XVI, s'était permis de passer en revue un régiment anglais en arborant les ordres de l'ancienne monarchie !

— C'est là une injure perpétuelle faite au peuple français !

Bonaparte est en droit de dire à Talleyrand, pour qu'il le transmettre à lord Whitworth, que les deux pays ne lui paraissent « pas être en paix, mais seulement en trêve... »

Un mois plus tard, Bonaparte pense que l'heure est venue de mettre la France en garde contre « la perfide Albion »... Le Conseil municipal d'Orléans avait demandé si la ville pouvait rétablir la statue élevée en l'honneur de Jeanne d'Arc. Le Premier consul fait alors écrire au citoyen Crignon des Ormeaux, maire d'Orléans, pour lui faire savoir que ce vœu lui a été « très agréable ». « L'illustre Jeanne d'Arc, précise-t-il, a prouvé qu'il n'est pas de miracle que le génie français ne puisse produire dans les circonstances où l'indépendance nationale est menacée. » Puis, profitant de l'occasion, il ajoute : « Nos voisins, plus calculateurs et plus adroits, abusant de la franchise et de la loyauté de notre caractère, semèrent constamment parmi nous ces dissensions d'où naquirent les calamités de cette époque et tous les désastres que rappelle notre histoire. »

Selon le traité d'Amiens, l'Angleterre devait avoir quitté Malte au mois de septembre 1802. Or, cinq mois plus tard, elle n'avait même pas commencé ses préparatifs d'évacuation. Bonaparte considérait Malte comme un second Gibraltar et estimait que la volonté témoignée par l'Angleterre d'occuper en Méditerranée ces deux positions clefs démontrait d'une façon évidente « le dessein d'unir au commerce, presque exclusif des Indes, de l'Amérique, de la Baltique, celui de la Méditerranée ». Le 15 février 1803, le consul précisait encore sa pensée en ces termes : « De toutes les calamités qui peuvent survenir au peuple français, il n'en est point de comparable à celle-là. »

La position anglaise était simple. Hawkesbury l'expliquait au même moment au ministre français Otto :

— Le Piémont a été réuni ; vous êtes sur le point de disposer du sort de l'Allemagne, de la Suisse et de la Hollande et, malgré les déterminations que nous avons prises de ne nous mêler en aucune façon des affaires du Continent, nous y sommes entraînés malgré nous, autant par les plaintes qui nous sont adressées que par l'opinion qui se prononce ici avec une énergie sans exemple.

Pour Londres, le fait que la France avait annexé le Piémont au mois de septembre 1802 — et n'avait point évacué la Hollande — donnait l'autorisation à la Grande-Bretagne de garder Malte. A cet argument spécieux, la France pouvait répondre que le traité d'Amiens ne spécifiait absolument rien au sujet de la Hollande ou du Piémont — c'est le traité de Lunéville, remplacé en quelque sorte par la paix d'Amiens, qui en parlait.

Le 18 février 1803, Bonaparte convoque lord Whitworth, ambassadeur d'Angleterre à Paris, et lui fait une scène violente se prolongeant durant près de deux heures — et en présence du corps diplomatique « muet d'étonnement et de crainte ».

Tous les griefs ressassés depuis des mois fusent et s'amoncellent. La voix du Premier consul tonne :

— Vous voulez la guerre. Nous nous sommes battus pendant quinze ans. C'en est déjà trop. Mais vous voulez la guerre quinze années encore et vous m'y forcez !

Puis, se tournant vers les représentants de la Russie et de l'Espagne, il leur explique :

— Les Anglais veulent la guerre ; mais s'ils sont les premiers à tirer l'épée, je serai le dernier à la remettre. Ils ne respectent pas les traités. Il faut dorénavant couvrir les traités de crêpe noir.

Whitworth préfère se taire et laisser passer l'orage.

— Pourquoi ces armements ? reprend Bonaparte en élevant encore la voix. Contre qui ces mesures de précaution ? Je n'ai pas un vaisseau de ligne armé dans les ports de la France. Mais si vous armez, j'armerai aussi. Vous pouvez peut-être tuer la France, mais l'intimider, jamais !

Sans perdre son calme, l'ambassadeur essaye de placer un mot et espère qu'une « explication amicale »... Mais Bonaparte l'interrompt :

— Il n'y a pas à en donner sur des stipulations aussi claires et aussi positives que celles du traité d'Amiens.

Puis, avant de quitter la pièce, il lance :

— Nous nous battrons dans quinze jours... Malte ou la guerre !

Malte ? Les Anglais ne voulaient — ne pouvaient — l'évacuer. Aussi, après quatorze mois de paix, la guerre va-t-elle reprendre, une guerre de douze années...

En regagnant l'hôtel de l'ambassade ; lord Whitworth écrit à son chef : « J'ai cru plutôt entendre un capitaine de dragons que le chef d'un des plus puissants États de l'Europe. »

Le 1er mai, lord Whitworth fait à Talleyrand une « offre d'accords » concernant Malte — que l'Angleterre conserverait durant dix ans — et la Hollande — que les troupes françaises devraient évacuer immédiatement. En plus, le gouvernement de « Sa Majesté » garderait en toute propriété l'île de Lampédouze, voisine de Malte. L'Angleterre, ajoute-t-il, demande une réponse de la France dans un délai de sept jours.

La mise en demeure met Napoléon autant en colère que la différence de traitement. Pourquoi l'Angleterre pourrait-elle occuper Malte durant dix ans alors que la France devrait abandonner sans tarder sa conquête hollandaise ?

— Je désire, dit-il à Talleyrand, que la conférence ne se tourne pas en *parlage.* Montrez-vous y froid, altier et même un peu fier. Si la note contient le mot ultimatum, faites-lui sentir que ce mot renferme celui de guerre, que cette manière de négocier est celle d'un supérieur à un inférieur.

Il faut en finir :

— Si la note ne contient pas ce mot, faites qu'il le mette, en lui observant qu'il faut enfin savoir à quoi nous en tenir, que nous sommes las de cet état d'anxiété...

La « conférence » n'a évidemment apporté aucune détente. Aussi le lendemain — le 2 mai — lord Whitworth demande-t-il ses passeports. Conseillé par Bonaparte, Talleyrand tente de sauver la paix en proposant que l'île de Malte soit remise entre les mains d'une des puissances garantes du traité d'Amiens. L'ambassadeur — et son attitude prouve bien son désir de rupture — se contente de répondre en rappelant les précédentes propositions de l'Angleterre.

Le 16 mai, le Premier consul déclare à Lucchesini :

— Je vais hasarder l'entreprise la plus difficile, mais la plus féconde en résultats effrayants que la politique ait conçue. En trois jours, un temps brumeux et des circonstances un peu favorisantes peuvent me rendre maître de Londres, du Parlement, de la Banque...

Quatre jours plus tard, la rupture de la paix d'Amiens est annoncée aux Assemblées, Bonaparte ne se décide assurément pour la guerre « qu'avec la plus grande répugnance ».

Tout en poursuivant sa vie officielle le Premier consul multiple ses préparatifs. Il crée même une compagnie de « guides interprètes ». En même temps, il fait activer les travaux du camp de Boulogne et ordonne que l'on apprenne aux soldats à nager « en se relevant toutes les trois heures ». Il commande la construction d'une flottille de bateaux plats qui permettront de traverser la Manche.

Le consul n'a cependant guère fait attention à cet article paru dans *le Journal des débats* trois jours après son retour : « On a fait l'épreuve d'une invention nouvelle dont le succès complet et brillant aura les suites les plus utiles pour le commerce et la navigation intérieure de la France. Depuis deux ou trois mois, on voyait, au pied du quai de la pompe à feu de Chaillot, un bateau d'une apparence bizarre, puisqu'il était armé de deux grandes roues posées sur un essieu comme pour un chariot et que derrière ces roues était une espèce de grand poêle avec un tuyau, que l'on disait être une petite pompe à feu destinée à mouvoir les roues et le bateau. Des malveillants avaient, il y a quelques semaines, fait couler bas cette construction. L'auteur, ayant réparé le dommage, obtint avant-hier la plus flatteuse récompense de ses soins et de son talent. A six heures du soir, aidé seulement de trois personnes, il mit en mouvement son bateau et deux autres attachés derrière, et pendant une heure et demie il procura aux curieux le spectacle étrange d'un bateau mû par des roues comme un chariot, ces roues, armées de volants ou rames plates, mues elles-mêmes par une pompe à feu. En le suivant le long du quai, sa vitesse contre le courant de la Seine nous parut égale à celle d'un piéton pressé, c'est-à-dire de deux mille quatre cents toises par heure ; en descendant, elle fut bien plus considérable... L'auteur de cette brillante invention est M. Fulton, Américain, et célèbre mécanicien. »

Mécanicien, en effet, puisque Fulton, en juillet 1801, a fait évoluer à Brest son *Nautilus,* un véritable sous-marin d'une longueur de six mètres quarante, naviguant en surface avec une voile, et en plongée — fort lentement sans doute — à l'aide d'une hélice qu'un matelot faisait mouvoir en tournant une manivelle... L'engin plongeait lorsqu'on pompait de l'eau dans ses ballasts et s'enfonçait jusqu'à près de sept mètres. A bord, un réservoir d'air sous pression permettait de demeurer immergé durant six heures. Le but du *Nautilus* ? Aller poser des caisses bourrées d'explosifs sous les flancs des navires ennemis !

On parle au Premier consul des deux inventions. Bonaparte hausse les épaules :

— Il y a dans toutes les capitales une foule d'aventuriers et d'hommes à projets offrant à tous les souverains de prétendues merveilles qui n'existent que dans leur imagination. Ce sont autant de charlatans et d'imposteurs : cet Américain est du nombre ; ne m'en parlez pas davantage.

Lorsqu'il reviendra sur sa décision, il sera trop tard : Fulton aura été porter ses inventions aux Américains...

Se trouvant à Boulogne, il écrit le 16 novembre — à Cambacérès : « Tout commence à prendre ici le mouvement et la direction qu'il doit y avoir. J'ai vu des hauteurs d'Ambleteuse les côtes d'Angleterre, comme on voit des Tuileries le Calvaire — en haut de la butte Montmartre. On distinguait les maisons et le mouvement. C'est un fossé qui sera franchi lorsqu'on aura l'audace de le tenter. »

L'Angleterre, sur le pied de guerre, attend que retentisse le terrible cri : « Ils arrivent ! », et les engagés s'inscrivent pour repousser l'envahisseur *Boney.* C'est ainsi qu'ils ont surnommé Napoléon. « La cavalerie des volontaires est ce qu'il y a de plus risible, nous apprend le rapport d'un agent secret diffusé à Boulogne en ce même mois d'août. La plus grande partie n'a que des chevaux de louage, qu'ils prennent les jours de service, après quoi monsieur le cavalier est à pied... Il y a un régiment qui n'est pas dans ce cas, c'est celui des dragons de Saint-James, c'est tout ce qu'il y a de plus riches jeunes seigneurs en Angleterre... Chaque cavalier tient à sa suite cinq ou six domestiques à cheval, l'un porte le porto, l'autre la liqueur, l'autre des habits bourgeois destinés à son maître. Ainsi quand monsieur le dragon de Saint-James est fatigué d'être dans le rang, il peut quitter l'uniforme et devenir simple particulier... »

Il n'empêche que l'Angleterre, à côté de ses soixante-dix mille miliciens, peut aligner une armée de cent trente-six mille hommes — non compris les équipages des escadres. Cependant, l'Angleterre qui n'a jamais été envahie depuis Hastings commence à trembler. Le nouveau cabinet, présidé par le fameux Pitt, met tout son espoir, non seulement dans les batteries côtières anglaises, mais surtout dans la vaste conspiration qui se monte à Paris. Georges Cadoudal, dont les poches ruissellent d'or anglais, a débarqué, le 20 août 1803, sur les côtes normandes, déposé par le brick *El Vencejo* au pied des falaises de Biville. le terrible Georges a gagné Paris et, en ce début de l'année 1804, il s'y trouve depuis cinq mois sans qu'un seul policier s'en doute. Pitt se frotte les mains : assurément, étant donné les appuis dont dispose le Chouan, le pouvoir du Premier consul va s'effondrer ! Sans parler de l'opposition des salons !

— La France est perdue si Bonaparte ne l'est pas bientôt, s'écrie Mme de Staël. Ma vie, ma fortune, est pour le mortel généreux qui aurait frappé le tyran. Pourquoi n'ai-je qu'un cœur à lui offrir ? Je l'adore, je l'épouse !

Épouser l'insupportable Corinne ? Il y avait de quoi décourager les plus audacieux... Plutôt que les postulants à la main de Mme de Staël, Bonaparte pouvait craindre davantage Cadoudal qui, à la tête de ses *tape-durs* a promis de mettre au point le rapt du *tyran.* Bien sûr, si le consul opposait la moindre résistance à son enlèvement, on saurait lui fermer la bouche — et pour toujours ! Le ministre britannique Wyndham le précisait avec confiance : « M. de Cadoudal possède cette aisance et cette assurance naturelle qui sont la marque d'un esprit supérieur ; de tous ceux que j'ai vus engagés dans les affaires royalistes, c'est lui qui me donne le plus la sensation qu'il est né pour devenir grand. » Assurément — les Anglais le pensaient — cet « esprit supérieur » mettrait fin à la carrière de ce maudit général qui empêchait Pitt de dormir ! Ainsi que l'écrivait l'ultra-royaliste comtesse d'Albany : « C'est une terrible chose qu'un petit bout d'homme mette le monde sens dessus dessous. »

Mais « le petit bout d'homme » n'avait nullement l'intention de se laisser faire.

Le 13 janvier 1804, le conseil d'État François Réal, chargé de la police, arrive fort agité à Malmaison. Aussitôt reçu par Bonaparte, il lui annonce une grave nouvelle :

— Pichegru est à Paris. Cadoudal l'a fait venir de Londres !

C'est un prisonnier chouan — Quérelle — condamné à mort qui, espérant sauver sa vie, vient de l'avouer *in extremis* au cours d'un ultime interrogatoire. Le Premier consul a blêmi. Si Pichegru est à Paris, c'est assurément pour participer aux projets homicides de Georges Cadoudal et de sa troupe de tueurs.

Pichegru ! Étonnante destinée que celle de ce paysan de l'Arbois qui, en douze années, devint général de division sous la Révolution et général en chef de l'armée du Nord. Héros national qui a conquis la Hollande en une magnifique campagne ! En 1796, sous le Directoire, il quitte l'armée et entre au Conseil des Cinq-Cents. Mêlé au coup d'État du 18 fructidor, il est arrêté et déporté à Cayenne. Moins d'un an plus tard, Pichegru s'évade du bagne, parvient à Londres, et offre ses services au gouvernement anglais qui l'engage et lui sert une pension.

La paix de 1801 le jette dans l'inaction. Il se ronge de plus en plus, en veut à son heureux rival, Bonaparte, et finit par l'exécrer. C'est alors que le Chouan Cadoudal, parmi tant de conspirateurs qui viennent frapper à la porte de Pichegru, apparaît. Il est à la tête d'une organisation solide et lui offre de devenir l'âme du complot destiné à tuer le Premier consul. Le général accepte, d'autant plus que le général Moreau fait partie du complot.

Un Chouan, arrêté, met la police au courant. La ville est aussitôt mise en état d'alerte. La peine de mort est prévue pour ceux qui donneront asile aux « brigands » et, bientôt, les trois chefs de la conspiration tombent entre les mains du pouvoir.

— Que veniez-vous faire à Paris ? demande-t-on à Cadoudal.

— Je venais attaquer le Premier consul.

— Aviez-vous beaucoup de monde autour de vous ?

— Non, parce que je ne devais attaquer le Premier consul que lorsqu'il y aurait un prince à Paris et qu'il n'y est point encore...

— Le plan a donc été conçu et devait être exécuté d'accord avec un ci-devant prince français ?

— Oui, citoyen juge.

Un prince français ?... Une terrible affaire commençait ! Ce prince, selon Bonaparte, ne pouvait être que Louis-Antoine de Bourbon-Condé, duc d'Enghien, l'un des chefs de l'armée des émigrés, celui que les soldats républicains avaient surnommé le *Duc-va-de-bon-cœur,* et qui demeurait à Ettenheim non loin de la rive droite du Rhin. Alors qu'en réalité, les conjurés attendaient l'arrivée du prince de Polignac, qui n'appartenait point à la famille des Bourbons.

Un gendarme — le maréchal des logis Lamothe —, déguisé en bourgeois, est envoyé de Strasbourg et va s'installer à l'*Auberge du Soleil* d'Ettenheim. Selon son habitude, il fit bavarder le propriétaire. Celui-ci prononça à l'allemande le nom du marquis de Thumery, un fidèle compagnon du prince : dans sa bouche le *t* devint un *d,* la dernière syllabe se transforma en *riey,* et le maréchal des logis comprit Dumouriez. De même, dans son rapport, le gendarme métamorphosa le nom du lieutenant Schmidt en celui de *Smith.*

Lorsque, le 8 mars, le rapport parvient aux Tuileries, Bonaparte entre dans une effroyable colère. Ainsi, Dumouriez, ce traître à la République, ce déserteur passé à l'ennemi, a rejoint le duc d'Enghien ! Smith, le fameux Spencer Smith sans doute, l'agent anglais de Stuttgart, se trouve lui aussi à Ettenheim ! Tel un ours en cage, le Premier consul va d'un mur à l'autre de son cabinet :

— Suis-je donc un chien qu'on peut assommer dans la rue, tandis que mes meurtriers sont des êtres sacrés ? On m'attaque au corps... Je rendrai guerre pour guerre... Je saurai punir les complots : la tête du coupable m'en fera justice !

Que peut-on reprocher au duc d'Enghien ? Sans doute est-il pensionné par Londres, sans doute, à plusieurs reprises, a-t-il offert son épée au gouvernement anglais pour combattre la France, mais il n'y a rien là de très nouveau ! Depuis 1792, les émigrés ne sont-ils pas à la solde des ennemis de la République ? Il n'est pour rien dans la conjuration de Cadoudal. Il avait même tout d'abord cru le complot inventé de toutes pièces, puis s'était rendu à l'évidence après les aveux des premiers complices arrêtés par la police consulaire.

C'est à Malmaison que Bonaparte apprend que l'arrestation du prince s'est passée sans heurt. Les troupes françaises ont pénétré en territoire étranger et, au mépris du droit des gens, ont enlevé le duc d'Enghien. Bonaparte reçoit un rapport précis du commandant Charlot, qu'il faut relire : « Le général Dumouriez n'est autre que le marquis de Thumery... je l'ai arrêté. J'ai pris des renseignements pour savoir si Dumouriez avait paru à Ettenheim ; on m'a assuré que non, et je présume qu'on ne l'y a supposé qu'en confondant son nom avec celui du général Thumery. Le duc d'Enghien, à qui j'en ai parlé, m'a assuré que Dumouriez n'était point venu à Ettenheim ; qu'il serait cependant possible qu'il eût été chargé de lui apporter des instructions d'Angleterre, mais que, dans tous les cas, il ne l'aurait pas reçu, étant au-dessous de son rang d'avoir affaire à de pareilles gens ; qu'il estimait Bonaparte comme un grand homme, mais qu'étant prince de la maison de Bourbon il lui avait voué une haine implacable, ainsi qu'aux Français auxquels il ferait la guerre dans toutes les occasions... »

Ainsi Bonaparte a la preuve que le maréchal des logis Lamothe s'est lourdement trompé. Le Premier consul pourrait encore arrêter toute l'affaire, mais, irrité par la dernière ligne du rapport du commandant Charlot, il refuse de s'arrêter à la méprise commise par le gendarme. Il ne change rien à ses ordres. Quarante-huit heures plus tard, tandis que le duc d'Enghien quitte Strasbourg et roule vers Paris, un second courrier apporte à Malmaison les papiers saisis à Ettenheim. Des pièces prouvent que le duc se trouvait à la tête d'un réseau antirépublicain, assez paisible, il est vrai, mais ayant des ramifications jusqu'en France. La copie d'une lettre démontre que le prince a pensé à l'éventualité de la mort de Bonaparte : « Il est d'un grand intérêt pour moi de rester rapproché des frontières, écrit-il à son grand-père, le prince de Condé, car, au point où en sont les choses, la mort d'un homme peut amener un changement total. » Sans doute Enghien pense-t-il à la mort du dictateur sur un champ de bataille — il abhorre le poignard — mais Bonaparte ne veut voir là qu'une allusion à la réussite des projets de Cadoudal. Le brouillon d'un long rapport adressé par le prince à sir Charles Stuart accuse le dernier des Condés :

« Le duc d'Enghien, écrit-il, sollicite des bontés de Sa Majesté britannique la grâce de jeter les yeux sur lui pour l'employer n'importe comment ni en quel grade, contre ses implacables ennemis, en daignant lui confier le commandement de quelques troupes auxiliaires, dans lesquelles il pût placer d'anciens officiers fidèles de sa nation et les déserteurs qui pourraient le rejoindre. Le nombre en serait grand dans ce moment, dans les troubles de la République. Le duc d'Enghien, pendant un séjour de deux années sur les frontières de France, a été à portée de s'en convaincre d'une manière positive. »

Joséphine, ayant appris ses projets de la bouche même de son mari, le supplie de ne pas souiller ses mains du sang des Condés.

— Les femmes doivent demeurer étrangères à ces sortes d'affaires, lui répond-il. Ma politique demande ce coup d'État ; j'acquerrai par là le droit de me rendre clément dans la suite. L'impunité encouragera les partis, je serai donc obligé de persécuter, d'exiler, de condamner sans cesse, de revenir sur ce que j'ai fait pour les émigrés, de me mettre dans les mains des jacobins. Les royalistes m'ont déjà plus d'une fois compromis à l'égard des révolutionnaires. L'exécution du duc d'Enghien me dégage vis-à-vis de tout le monde.

Le soir, Joséphine insiste encore et Bonaparte perd patience :

— Allez-vous-en, vous n'êtes qu'une enfant !

— Eh bien, réplique-t-elle, eh bien, Bonaparte, si tu fais tuer ton prisonnier, tu seras guillotiné toi-même, comme mon premier mari, et moi, cette fois, par compagnie avec toi !

Bonaparte hausse les épaules. Les femmes n'entendent rien à la politique : c'est là une pensée bien ancrée chez lui.

Fouché aura-t-il plus de chance ? Il arrive à Malmaison le matin à neuf heures. Bonaparte se promène à grands pas dans le parc :

— Je vois, lui dit-il, ce qui vous amène. Je frappe aujourd'hui un grand coup qui est nécessaire.

« Je lui représentai alors qu'il soulèverait la France et l'Europe, raconte le régicide, s'il n'administrait pas la preuve irrécusable que le duc conspirait contre sa personne à Ettenheim. »

— Qu'est-il besoin de preuve ? s'écrie Bonaparte. N'est-ce pas un Bourbon, et de tous le plus dangereux ?

Fouché insiste, expose « des raisons politiques propres à faire taire la raison d'État ». C'est en vain. Le consul finit par lui dire avec humeur :

— Vous et les vôtres n'avez-vous pas dit cent fois que je finirais par être le Monk de la France et par rétablir les Bourbons ? Eh bien, il n'y aura plus moyen de reculer. Quelle plus forte garantie puis-je donner à la Révolution que vous avez cimentée du sang d'un roi ? Il faut d'ailleurs en finir. Je suis environné de complots. Il faut imprimer la terreur ou périr.

Or, l'on raconte encore dans toute l'Europe — ce qui est faux — que le duc d'Enghien traverse fréquemment le Rhin pour se rendre à Strasbourg. La colère de Bonaparte est sans bornes :

— Les Bourbons croient qu'on peut verser mon sang comme celui des plus vils animaux ! Mon sang cependant vaut bien le leur ! Je vais leur rendre la terreur qu'ils veulent m'inspirer. Je pardonne à Moreau sa faiblesse et l'entraînement d'une sotte jalousie, mais je ferai impitoyablement fusiller le premier de ces princes qui tombera sous ma main... Je leur apprendrai à quel homme ils ont affaire...

— Je pense que si un personnage tel qu'un membre de la famille des Bourbons était en votre pouvoir, la rigueur n'irait pas à ce point ? insinue Cambacérès.

— Que dites-vous, monsieur ? Sachez que je ne veux pas ménager ceux qui m'envoient des assassins.

Le lendemain, 10 mars, le Premier consul réunit son conseil aux

Tuileries : Cambacérès, Lebrun, Réal, Murat, le grand juge Régnier, Fouché et Talleyrand. Ces deux derniers vont tout faire — et ce ne sera guère difficile — pour pousser Bonaparte à creuser l'irréparable entre la France d'hier et la France impériale de demain. Ainsi, le futur empereur, qui n'a pas trempé dans la Révolution, deviendra le complice des conventionnels. Le calcul est juste, et Bonaparte, sans tarder, leur en fournit la preuve en lançant au demi-régicide Cambacérès, qui estime qu'avant de violer une frontière on pourrait peut-être prendre des renseignements complémentaires :

— Vous êtes bien avare, aujourd'hui, du sang des Bourbons !

Mais Cambacérès ne se considère point comme battu. Le conseil terminé, il suit Bonaparte dans son cabinet et lui représente « avec plus de force encore les conséquences de l'acte qu'il va commettre ». Le second consul parle du droit des gens violé, du sang des rois versé, de l'Europe entière qui, à la suite du rapt que l'on prépare, pourrait se soulever contre la France :

— Jusque-là étranger à tous les crimes de la Révolution, vous allez nous imiter.

— La mort du duc d'Enghien, répond Bonaparte, ne sera aux yeux du monde qu'une juste représaille de ce qu'on tentait contre moi-même. Il faut bien apprendre à la maison de Bourbon que les coups qu'elle dirige sur les autres peuvent retomber sur elle-même ! La mort, c'est le seul moyen de la forcer à renoncer à ses abominables entreprises !

Puis il répète l'argument mis en avant par Talleyrand :

— Lorsqu'on est aussi avancé, il n'est plus possible de reculer !

L'arrivée du duc d'Enghien à Paris est prévue pour le même soir. Bonaparte aurait alors ordonné à Murat, nouveau gouverneur de Paris : « Faites entendre aux membres de la commission (chargée de juger le prisonnier) qu'il faut terminer dans la nuit, et ordonnez que la sentence, si, comme je n'en puis douter, elle porte condamnation à mort, soit sur-le-champ exécutée et le condamné enterré dans un des coins du fort. » Le document — controversé — est-il authentique ? Quoi qu'il en soit, la commission doit juger dans la nuit — et Bonaparte le confirmera au général Hulin, commandant des grenadiers de la Garde consulaire. Tandis que le duc d'Enghien arrive à Vincennes, tandis que la commission militaire — effarée du rôle qui lui est imposé — prend connaissance du dossier, un dossier de cinq feuillets contenant uniquement les questions à poser à l'accusé, Bonaparte adresse ce billet au « grand juge » Réal : « Rendez-vous sur-le-champ à Vincennes pour faire interroger le prisonnier. Voici l'interrogatoire que vous ferez : "— Avez-vous porté les armes contre votre patrie ? — Avez-vous voulu offrir vos services à l'Angleterre ? — N'avez-vous pas oublié tout sentiment de la nature jusqu'à appeler le peuple français votre plus cruel ennemi ? — N'avez-vous pas proposé de lever une légion et de faire déserter les troupes de la République, en disant que votre séjour pendant deux ans près des frontières vous avait mis à même d'avoir des intelligences parmi les troupes qui sont sur le Rhin ?" Et enfin : "—Avez-vous connaissance du complot tramé par l'Angleterre et tendant au renversement du gouvernement de la République, et le complot ayant réussi ne deviez-vous pas entrer en Alsace et même vous porter à Paris, selon les circonstances ?... »

Réal dort paisiblement chez lui, mais, à Vincennes, dans une petite pièce attenante au « tribunal », un capitaine interroge le prisonnier. Enghien raconte sa vie, reconnaît recevoir une pension de l'Angleterre — ses biens ne sont-ils pas confisqués par la République ? — et affirme n'avoir jamais été en contact avec Cadoudal et Dumouriez. Il n'a participé à aucun complot ; il combat à visage découvert.

Le bref interrogatoire terminé, on lui tend la plume. « Avant de signer le présent procès-verbal, écrit Enghien, je fais avec instance la demande d'avoir une audience particulière avec le Premier consul. Mon nom, mon rang, ma façon de penser et l'horreur de ma situation me font espérer qu'il ne refusera pas ma demande. »

Les juges délibèrent. Ne faut-il pas surseoir au procès afin de transmettre au Premier consul la demande légitime du prisonnier ? Réal devrait se trouver là ce soir, mais il dort toujours... Nul doute que le conseiller aurait transmis au maître la requête du prince. Il est permis de penser qu'après cette entrevue entre le soldat de Rivoli et celui de Berstheim, le sang n'aurait peut-être pas coulé... Mais en l'absence de Réal, c'est Savary qui commande. Les juges sont là pour « juger sans désemparer ». Qu'ils obéissent !

On ouvre la porte du salon. Quelques officiers montent de la cour. Savary resté debout derrière la chaise du président, le général Hulin, se chauffe à le cheminée. Le prince, entouré de gendarmes, pénètre dans la pièce. On devine avec quelle curiosité, avec quel intérêt, ces officiers — six sur sept sont des soldats de la République — regardent ce Bourbon aux longs cheveux châtains, aux yeux clairs, au nez en bec d'aigle, ce dernier des Condés qu'ils vont juger sans documents, sans pouvoir même lui accorder un avocat. Ce n'est pas un procès, mais un assassinat.

— Avez-vous pris les armes contre la France ?

— Regardez-moi, je suis un Bourbon : c'est vous qui avez tiré les armes contre moi. J'ai soutenu les droits de ma famille. Un Condé ne peut rentrer en France que les armes à la main. Ma naissance, mon opinion me font à jamais l'ennemi de votre gouvernement.

Selon Savary, dans ses *Mémoires*, Hulin aurait alors fait allusion au complot de Cadoudal.

— Vous ne parviendrez jamais à nous faire croire que vous étiez indifférent à des événements dont les conséquences devaient être capitales pour vous...

— Monsieur, je vous comprends très bien, aurait répondu Enghien après un silence ; mon intention n'était pas d'y rester indifférent. J'avais demandé à l'Angleterre du service dans ses armées et elle m'avait fait répondre qu'elle ne pouvait m'en donner, mais que j'eusse à rester sur le Rhin, où j'avais incessamment un rôle à jouer, et j'attendais. Monsieur, je n'ai plus rien à vous dire.

Si telles furent véritablement les paroles prononcées par le prince, ce demi-aveu pouvait apaiser la conscience des juges et leur permettre de croire à une certaine complicité avec Georges.

— Emmenez l'accusé et faites évacuer la salle.

La délibération est brève. Hulin dicte au greffier :

Le conseil délibérant à huis clos, le président a recueilli les voix en commençant par le plus jeune en grade ; le président ayant émis son opinion le dernier, l'unanimité des voix a déclaré l'accusé coupable et lui a appliqué...

Le général s'arrête. En vertu de quelle loi vont-ils condamner ce cousin de Louis XVI, qui, en combattant la République régicide, a essayé de venger ses morts et de reprendre ce qui lui a été pris ? Hulin hésite, puis se lance... On complétera le jugement plus tard !

...Et lui a appliqué l'article... de la loi du... ainsi conçu... et, en conséquence, l'a condamné à la peine de mort. Ordonne que le présent jugement sera exécuté de suite à la diligence du capitaine rapporteur...

Hulin reprend maintenant la plume pour demander au Premier consul d'accorder au condamné l'audience qu'il sollicitait.

— Que faites-vous là ? lance Savary en voyant le président commencer sa lettre.

— J'écris au Premier consul...

L'exécuteur des hautes œuvres tranche le débat :

— Votre affaire est finie. Le reste me regarde !

Moins d'une heure plus tard, dans les fossés du château, une salve éclate, roule et se répercute longuement. Le duc d'Enghien a cessé de vivre... et son cadavre est jeté dans un trou préparé là depuis le début de l'après-midi...

Réal n'a pas été réveillé. Il dort toujours, et la lettre du Premier consul attend là, bien en évidence, sur sa table de nuit. Il en prend connaissance à son réveil. Affolé, il revêt rapidement sa tenue de conseiller d'État et se hâte sur le chemin de Vincennes. A la barrière il rencontre Savary qui lui demande où il va.

— A Vincennes, lui répond-il ; j'ai reçu hier au soir l'ordre de m'y transporter pour interroger le duc d'Enghien.

Réal, stupéfait, entend alors Savary, tout aussi stupéfait, lui dire que tout est fini : le duc d'Enghien vient d'être fusillé... Tandis que Réal, tremblant pour sa place, rentre chez lui, Savary prend la route de Malmaison. A onze heures, il est introduit chez le Premier consul et lui annonce que l'affaire est terminée. Bonaparte semble surpris. Cette hâte l'étonne — ce qui tendrait à prouver que l'ordre donné à Murat la veille est peut-être apocryphe. Savary commence son récit que Bonaparte écoute avec attention, fixant le général de ses « yeux de lynx » :

— Il y a là quelque chose qui me dépasse, dit-il ; voilà un crime qui ne mène à rien et qui ne tend qu'à me rendre odieux.

En sortant du cabinet de travail du consul, Savary rencontre Joséphine :

— Eh bien ? Est-ce donc fait ?

— Oui madame, il est mort ce matin, et, je suis forcé d'en convenir, avec beaucoup de courage... Après sa mort, on a permis aux gendarmes de prendre ses vêtements, sa montre, et l'argent qu'il avait sur lui : aucun n'a voulu y toucher.

Joséphine se serait alors précipitée dans la chambre de Bonaparte :

— Le duc d'Enghien est mort, lui aurait-elle dit. Ah ! mon ami, qu'as-tu fait ?

Le Premier consul aurait répondu :

— Les malheureux ont été trop vite.

Il paraît sincèrement regretter la rapidité avec laquelle tout a été conduit — selon ses propres désirs — mais il va couvrir ses sous-ordres. Le dîner se déroule dans le plus profond silence. En se levant de table, Bonaparte — semblant répondre à cette muette réprobation — s'écrie, violent :

— Au moins, ils verront ce dont nous sommes capables. Dorénavant, j'espère qu'on nous laissera tranquilles !

Passé au salon où le lourd silence se prolonge, il lancera encore :

— J'ai versé du sang, je le devais, et j'en répandrai peut-être encore, mais sans colère et tout simplement parce que la saignée entre dans les combinaisons de la médecine politique. Je suis l'homme de l'État, je suis la Révolution française, et je la soutiendrai.

Le 24 mars, pour prendre le pouls de la capitale, Bonaparte se rend à l'Opéra avec Joséphine. « De l'air de quelqu'un qui marche au feu d'une batterie », il s'avance vers le devant de la loge. Les applaudissements crépitent. Ainsi, selon le mot de Chateaubriand, « le vent avait soufflé et tout était fini ».

Cependant, à Saint-Cloud, en apercevant un buste du Grand Condé placé dans un passage conduisant à son cabinet, il ordonna, d'un ton brusque et d'une voix agitée :

— Qu'on porte ce buste ailleurs !

Dix jours avant de mourir, Napoléon fit rouvrir son testament et ajouta ces lignes :

J'ai fait arrêter le duc d'Enghien parce que c'était nécessaire à la sûreté, à l'intérêt et à l'honneur du peuple français, lorsque le comte d'Artois entretenait, de son aveu, soixante assassins dans Paris. Dans une semblable circonstance, j'agirais encore de même.

Après cet aveu, il serait puéril de reprocher à Savary sa hâte trop féroce et à Réal son sommeil trop profond. La nuit de Vincennes est bien l'œuvre de Bonaparte. C'est lui — et lui seul — qui, en pleine conscience, a fait du duc d'Enghien « de la poussière avant le temps ».

Le roulement du feu de peloton de Vincennes se fait entendre à travers toute l'Europe. Les Russes sont les plus révoltés. Ceux qui, avec l'accord d'Alexandre, ont massacré quatre ans auparavant — et de quelle manière ! — le tsar Paul Ier, fustigent « le plus lâche des usurpateurs, ce vrai tigre qui gouverne la France ».

Le tsar, qui ordonne à sa cour de prendre le deuil — alors qu'il n'a avec les Bourbons aucun lien du sang — entraîne l'Europe dans une véritable croisade contre « le chef des brigands, le monstre tapi dans son repaire des Tuileries ». Mais l'Autriche, bien que « troublée à la nouvelle du drame de Vincennes », n'ose rien dire. Cobenzl l'avoua sans ambages : son pays « avait peur de Bonaparte ». Le tsar garde cependant l'espoir que l'Électeur de Bade, dont on a violé le territoire, sera poussé par la diète germanique à faire davantage que la molle lettre de protestation écrite au lendemain du guet-apens d'Ettenheim. Il n'en fut rien : au seul nom de Bonaparte, l'Électeur était pris de tremblements. Quant aux Bourbons d'Espagne, de Naples et de Florence, ils se gardent même de prendre le deuil de leur cousin.

La « cour de Pétersbourg » en fut donc pour les frais de son « incartade », selon l'expression de Napoléon, et c'est Talleyrand qui, tout en riant derrière son masque, eut le mot de la fin en écrivant au chancelier russe : « On peut se demander, si, lorsque l'Angleterre méditait l'assassinat de Paul Ier, on eût connaissance que les auteurs de ces complots se trouvaient à une lieue des frontières, on n'eût pas été empressé de le faire saisir. »

Cadoudal mourut comme il avait vécu : en homme d'esprit. En montant à l'échafaud, il s'exclama :

— Nous avons fait plus que nous le pensions : nous venions donner un roi à Paris, nous lui donnons un empereur !

En effet, la crainte de voir disparaître le Premier consul va hâter le dénouement. Pour les Jacobins, les anciens régicides, Bonaparte a désormais versé le même sang qu'eux :

— Je suis enchanté, s'exclame le « républicain éprouvé » Curée, Bonaparte s'est fait de la Convention.

Assurément — éternelle crainte — il n'imitera point le général Monk. On peut lui offrir la couronne à laquelle il pense depuis un an : il la gardera pour lui ! Napoléon se trouve poussé vers la monarchie, non seulement par quelques sénateurs arrivistes — tel Fontanes — mais aussi par la force même des choses. Ainsi que le constate un agent royaliste : « Il n'a que son épée, et c'est un sceptre qui se transmet. » Un dictateur ne peut cesser d'être, si j'ose dire, viager qu'en ceignant une couronne. De tous les côtés — et surtout émanant de l'armée — parviennent des adresses aux Tuileries, demandant que le consul — les deux autres n'existent déjà plus — se fasse empereur. On voit même, nous rapporte Thibaudeau, des marins de l'escadre de Toulon exiger le prompt divorce d'avec Joséphine, afin que Bonaparte puisse se remarier et créer une dynastie. Partout, on parle de l'empire comme étant « le moyen certain de fixer la paix et la tranquillité de la France ».

C'est Fouché — le massacreur de Lyon — qui vient se proposer pour matérialiser les désirs de la Nation, rallier les hésitants, gagner les opposants. Une commission est créée et, le 27 mars, une semaine après l'exécution du duc d'Enghien — on ne perdait point de temps... — le Sénat « invite » le Premier consul « à achever son ouvrage en le rendant immortel comme sa gloire »...

Le corps du malheureux qui pourrissait dans les douves de Vincennes allait servir de marche au nouveau trône.

Le Sénat ayant également posé la question du pouvoir héréditaire, Joséphine, en cette veille du règne, tremble toute !

— Bonaparte, murmure-t-elle, ne te fais point roi !

Il hausse les épaules. Son parti est maintenant pris.

Le 25 avril, il répond à la demande des sénateurs, les invitant « à lui faire connaître leur pensée tout entière ».

Le 30 avril, Curée — « républicain » toujours « éprouvé » — prend la parole au Tribunat. On lui a soufflé sa leçon : il demande que le gouvernement de la République soit confié à un empereur, et que cet empire soit héréditaire. Après trois jours de débats, le Tribunal émet le vœu suivant :

1° — Que Napoléon Bonaparte fût nommé empereur et en cette qualité fût chargé du gouvernement de la République française.

2° — Que le titre d'Empereur et le pouvoir impérial fussent héréditaires dans sa famille, de mâle en mâle, par primogéniture.

3° — Enfin, qu'en apportant à l'organisation des autorités constituées les modifications que commandait l'établissement d'un pouvoir héréditaire, l'égalité, la liberté, les droits du peuple fussent conservés dans leur intégralité.

Le 4 mai — le ciel est couvert et quelques gouttes d'eau tombent par intervalles — une délégation du Tribunat est reçue par le Sénat et lui fait part du « vœu » qui a été formé : la création d'une nouvelle monarchie. Le président de la haute assemblée leur déclare alors, et le plus sérieusement du monde :

— Vous exercez pour la première fois près du Sénat cette initiative républicaine et populaire que vous ont déléguée les lois fondamentales.

Le Consulat s'achève. Dans quelques jours, au son du canon, le Sénat apportera à Bonaparte le décret instaurant pour lui la dignité impériale.

L'EMPEREUR DE LA RÉVOLUTION

On ne monte jamais si haut que quand on ne sait pas où on va.

NAPOLÉON.

Bonaparte séjourne à Saint-Cloud tandis que le Sénat, le jeudi 10 mai 1804, vote à l'unanimité l'instauration du gouvernement impérial, « dont il est important pour l'intérêt du peuple français que Napoléon soit chargé ».

Par la même proclamation, l'hérédité du pouvoir est déclarée « dans la descendance de Napoléon Bonaparte, et, à défaut d'enfants, dans celle de Joseph et de Louis », qui sont créés *princes impériaux*. La suite avait fait grimacer Joseph, puisque le *sénatus-consulte* précisait que l'Empereur pourrait adopter pour son successeur celui de ses neveux qu'il désignerait, mais seulement lorsque l'heureux choisi aurait atteint dix-huit ans. Pour les siècles à venir, l'adoption demeurait interdite. Ainsi les futurs empereurs des Français sans héritier direct ne pourraient désigner leurs successeurs.

Saint-Cloud bourdonnc d'inquiétudes. Quels seront les titres et les places de chacun ? Aucune décision n'a encore été prise, aussi assiège-t-on Talleyrand et Fouché qui sont, dit-on, dans le secret. Joseph et Louis sont à peu près tranquilles : ils deviendront assurément *altesses impériales*, mais mesdames Bacciochi et Murat — Élisa et Caroline — sont plus agitées. Leurs époux semblent ne pas devoir être nommés princes — et elles demeureront, de ce fait, roturières ! Alors que ces « étrangères » — Julie, née Clary et Hortense, née Beauharnais — porteront le titre de princesses !

Et les ministres ? Les anciens consuls ? Les grands dignitaires ? Les chefs militaires ? Quel sera leur sort ? Puisqu'un empire était créé, une cour titrée et chamarrée ne devenait-elle pas indispensable ?

Le 17 mai, le bruit court que le lendemain sera le « grand jour ». En effet, dès l'aube du 18, les salves se succèdent et, bientôt, précédés d'un régiment de cuirassiers, les sénateurs arrivent au château. Napoléon, en uniforme de colonel de la Garde, les attend dans le Grand Salon. Entouré par les conseillers d'État et les généraux, il est calme et semble parfaitement maître de lui, alors que pour la première fois il va s'entendre appeler « sire », et « Votre Majesté ».

Le moment solennel est venu. Cambacérès s'avance et, après avoir harangué le nouveau souverain, achève son discours par ces mots :

— Pour la gloire comme pour le bonheur de la République, le Sénat proclame à l'instant même Napoléon Empereur des Français.

— J'accepte, répond l'Empereur, j'accepte le titre que vous croyez utile à la gloire de la Nation. Je soumets à la sanction du peuple la loi d'hérédité. J'espère que la France ne se repentira jamais des honneurs dont elle environnera ma famille. Dans tous les cas, mon esprit ne serait plus avec ma postérité, le jour où elle cesserait de mériter l'amour et la confiance de la grande nation.

Un grand cri de : *Vive l'Empereur !* ponctue ces mots et fait vibrer les vitres du salon.

Le « prince impérial » Joseph est ensuite nommé grand électeur, et le « prince impérial » Louis, connétable. Il ne peut évidemment point être question de Lucien qui, réfugié à Rome, refuse de divorcer, ni de Jérôme, non seulement quasi déserteur, mais qui, aux États-Unis, a osé se marier sans en avoir sollicité l'autorisation.

Cambacérès et Lebrun, qui cessent d'être consuls, deviennent, l'un archichancelier de l'Empire et l'autre, architrésorier. Puis les sénateurs se rendent chez Joséphine qu'il se « félicitent de saluer les premiers » du titre de « Majesté Impériale ».

Avant de passer à table, Duroc annonce à la cour que, désormais, on appellera *Monseigneur* les deux anciens consuls et les hauts dignitaires. Les ministres auront droit au titre d'*Excellence* et les seize nouveaux maréchaux à celui de *Monsieur le Maréchal.*

Ostensiblement, l'Empereur, en arrivant au salon, prend un certain plaisir à appeler ses belles-sœurs : *princesse Joseph* et *princesse Louis.* Si Murat, par crainte de son impérial beau-frère, demeure apparemment calme, il n'en est pas de même de sa femme. Caroline éprouve en effet un violent desespoir.

Le lendemain, dans le salon de l'Impératrice, Mme Murat fait à l'Empereur une scène épouvantable. Dans la pièce voisine, officiers de service, chambellans et dames d'honneur entendent ses cris, ses larmes et même ses sanglots :

— Pourquoi veut-on me condamner avec mes sœurs à l'obscurité et au mépris, tandis que l'on couvre des étrangères d'honneur et de dignités !

— Je suis le maître, s'exclame l'Empereur, de répartir les dignités à ma volonté.

Et comme les glapissements de Caroline redoublent, Napoléon fait remarquer :

— En vérité, à voir vos prétentions, mesdames, on croirait que nous tenons la couronne des mains du feu roi notre père !

Mme Murat, ne trouvant rien à répondre devant une remarque aussi pertinente, prend le parti de s'évanouir. En voyant le corps de sa sœur étendu tout de son long sur le tapis, Napoléon sent la pitié l'envahir : désormais : Mmes Murat et Bacciochi seront princesses et altesses impériales... mais les maris demeureront — provisoirement — roturiers.

La nouvelle paraît au *Moniteur* du 20 mai. C'est un dimanche — ou, pour être plus précis, le décadi 30 floréal an XII, jour de la *Houlette*, car le calendrier révolutionnaire se trouve toujours en vigueur. Floréal s'achève, prairial commencera dans quelques heures, mais le temps n'en est pas moins maussade et une boue épaisse couvre les chaussées de Paris.

Ce qui est bien fâcheux ce jour-là. En effet, dès le matin, massés sur les trottoirs — une nouveauté due au Consulat — les Parisiens, goguenards, regardent un étrange spectacle. Précédés d'une clique à cheval, d'une musique placée sur un char à gradins, de dragons de la gendarmerie, flanqués d'une cohorte de généraux empanachés, suivis d'un corps de trompettes et de timbaliers, quinze à vingt civils à cheval, en bas de soie et culotte courte, essayent, sans trop y parvenir, de se donner des airs de cavaliers. Ces messieurs les maires de Paris — depuis la veille on ne disait plus *citoyen* —, les présidents et chanceliers du Corps législatif et du Sénat, s'en vont lire en cet équipage, sur les principales places de la capitale, le décret proclamant Napoléon Bonaparte Empereur des Français. La lecture terminée, la mascarade — le mot est de Fontanes, président du Corps législatif — repart au son d'une marche allègre qui fait se cabrer les chevaux. Celui du président — il le racontera — manquera le « jeter vingt fois dans la boue ».

Les Parisiens contemplent « ce cortège de mardi gras » — expression empruntée au même Fontanes — tout en applaudissant, bien sûr, mais sans enthousiasme délirant. La majorité est sans doute satisfaite de voir « les factions anéanties » et « les fureurs révolutionnaires » n'être plus qu'un mauvais souvenir, mais le peuple n'en est pas moins un peu désarçonné par ce retour à des formules qu'il croyait définitivement bannies.

Des fausses notes se font entendre.

— Le premier capitaine du monde, vouloir qu'on l'appelle Majesté ! s'écrie dédaigneusement Paul-Louis Courier. Être Bonaparte et se faire roi !

— Ce n'est donc qu'un homme ordinaire ! soupire Beethoven. Et, d'un trait rageur, il biffe le sous-titre de sa troisième symphonie : *Buonaparte*, puis trace ces mots : *Sinfonia eroica, composta per festiggiare il sovvenire d'un grand'Uomo*. Pour Ludwig von Beethoven, le génie de la Révolution est mort.

Le 19 mai, en entrant dans la chambre de son maître, Constant entend le nouvel Empereur lui demander, selon l'usage :

— Quelle heure est-il ? Quel temps fait-il ?

Le valet de chambre, sûr de son effet, répond :

— *Sire*, sept heures, beau temps.

Napoléon sourit et Constant, s'étant approché du lit, il lui tire l'oreille et le frappe sur la joue en l'appelant :

— Monsieur le drôle !

« C'était son mot de prédilection lorsqu'il était plus particulièrement content de mon service », racontera le valet de chambre.

Assurément satisfait de lui-même — et quel homme ne le serait-il pas ? — Bonaparte est entré dans la peau de son personnage impérial avec une extraordinaire maestria.

Le 15 juillet se déroule la première fête du nouvel empire. Après le *Te Deum*, à Notre-Dame, Napoléon se rend aux Invalides pour recevoir le serment « à l'Empereur » des légionnaires. Le ciel, vaporeux le matin, s'est couvert. Devant la grille, le gouverneur présente les clefs de l'hôtel. Au portail de l'église, le cardinal de Belloy, d'une voix aussi forte que son grand âge le lui permet, harangue l'Empereur et lui offre l'eau bénite. Napoléon, remarque Stendhal, sourit du « sourire de théâtre, où l'on montre les dents, mais où les yeux ne sourient pas ». Sous le dais, l'Empereur gagne son trône. Les « monseigneurs » et les « excellences », tout ce qui touche de près ou de loin au nouvel État, se trouvent là, emplumés, dorés, galonnés — et souvent étonnés de retrouver aussi vite l'ancien ordre des choses. Le cardinal-légat commence la messe. Lacépède, après l'Évangile, se lance dans un discours ampoulé...

Sous les vivats, Napoléon quitte les Invalides : le ciel est maintenant lourd et orageux. Devant l'église, sur l'esplanade, a été édifiée une fontaine, piédestal prestigieux destiné à présenter aux Parisiens le lion de Saint-Marc volé à la République de Venise... Tout cela paraît déjà fort naturel. Ainsi que le dira Napoléon, un jour :

— J'épouserais la Madone que je ne parviendrais pas à étonner les Parisiens.

Napoléon a revêtu ce jour-là son costume déjà légendaire : l'uniforme de colonel de sa Garde. Il est, au surplus, botté, éperonné et a le petit chapeau en tête. Il estimera — à tort d'ailleurs — qu'il lui fallait maintenant une tenue impériale. Aussi trois jours plus tard, décide-t-il de porter dans les grandes occasions une tunique blanche brodée d'or et un manteau de velours pourpre où butineront des abeilles d'or. Il se coiffera d'une couronne d'or formée de feuilles de laurier entrelacées, tiendra un sceptre d'or, une main de justice d'or et portera un glaive à poignée d'or clouté de diamants. Joséphine portera, elle aussi, un manteau de velours « pourpre impérial » sur une robe de soie blanche brodée d'or.

Il ne manque qu'un sacre et un couronnement. Napoléon y pense déjà et attend à ce sujet la réponse du pape, aussi termine-t-il le décret relatif à la pompe impériale par ces mots : « Tout ce qui est relatif aux cérémonies et aux fêtes du Couronnement sera ultérieurement réglé. »

En voyant vivre Bonaparte, on ne pouvait se douter qu'il avait pu être le pensionnaire de la pauvre chambre numéro 9 de l'*Hôtel de Cherbourg* et qu'il avait mangé pour six sous dans quelque gargote du quartier des Halles.

Aujourd'hui, à son lever, l'Empereur prend du thé ou de la fleur d'oranger servi dans une tasse de vermeil. Il demeure dans le palais de Catherine de Médicis, la mère de trois rois de France. Sa chambre à coucher, éclairée par deux fenêtres, au premier étage des Tuileries, a vue sur les jardins ; c'est l'ancienne chambre de parade de Louis XVI. Dans son cabinet topographique où le roi dormait autrefois, Catherine de Médicis y travaillait. Se souvient-il que lui-même, il n'y a guère, à la veille de Vendémiaire, pénétrait dans ce même palais, si pauvrement vêtu, les culottes si usées qu'il avait demandé à Mme Tallien de lui procurer, grâce à ses relations, du drap d'uniforme ?... Il montait alors chaque jour jusqu'au cinquième étage du pavillon de Flore — devenu *pavillon de l'Unité* — où siégeaient les bureaux topographiques du Comité...

Dans ce qui était autrefois le cabinet de travail de Louis XVI, chaque matin, l'Empereur macère dans son bain, un madras noué sur la tête, dont les deux pointes tombent jusqu'à son cou pendant qu'il se fait lire les dépêches et les journaux.

Le bain pris ou les dépêches lues, Napoléon s'approche de son « athénienne » en porcelaine de Sèvres et commence sa toilette. « Je le rasais, avant que je lui eusse appris à se raser lui-même, racontera Constant. Quand il eut pris cette habitude, il se servit d'abord, comme tout le monde, d'un miroir attaché à la fenêtre. Mais il s'en approchait si près et se barbouillait si brusquement de savon, que la glace, les carreaux et les rideaux, la toilette et lui-même en étaient inondés. Pour remédier à cet inconvénient, le service se rassembla en conseil, et il fut résolu que le mameluk Roustam tiendrait le miroir. Lorsque l'Empereur était rasé d'un côté, il tournait l'autre côté au jour et faisait passer Roustam de gauche à droite ou de droite à gauche, suivant le côté par lequel il avait d'abord commencé. »

Sa barbe terminée, il se lave le visage et les mains, et se fait les ongles avec soin. « Il avait de belles mains, nous raconte Bourrienne, et il tenait beaucoup à cette beauté. Aussi en avait-il un soin particulier, et quelquefois, en causant, il les regardait avec complaisance. »

« Ensuite, poursuit Constant, je lui ôtais son gilet de flanelle et sa chemise, et lui frottais tout le buste avec une brosse de soie extrêmement douce. Je le frictionnais ensuite d'eau de Cologne dont il faisait une grande consommation, car tous les jours on le brossait et arrangeait ainsi. C'est en Orient qu'il avait pris cette habitude hygiénique dont il se trouvait fort bien... Tous ces préparatifs terminés, je lui mettais aux pieds de légers chaussons de flanelle ou de cachemire, des bas de soie blancs — il n'en a jamais porté d'autres —, un caleçon de toile très fine ou de futaine, et tantôt une culotte de casimir blanc avec des bottes molles à l'écuyère, tantôt un pantalon collant de la même étoffe et de la même couleur, avec de petites bottes à l'anglaise qui lui venaient au milieu du mollet. Elles étaient garnies de petits éperons en argent qui n'avaient pas plus de six lignes de longueur. Toutes ses bottes étaient ainsi éperonnées.

« Je lui mettais ensuite son gilet de flanelle et sa chemise, une cravate très mince de mousseline, et par-dessus un col en soie noire. Enfin, un gilet rond de piqué blanc, et soit un habit de chasseur, soit un habit de grenadier, mais plus souvent le premier. Sa toilette achevée, on lui présentait son mouchoir, sa tabatière et une petite boîte en écaille remplie de réglisse anisée coupée très fin.»

S'il ne se prépare point pour la chasse, sitôt habillé, il pénètre dans son cabinet de travail d'où partent des ordres destinées aux quatre coins de l'Europe. La vue de l'unique fenêtre domine le jardin. En se penchant un peu, on voit les berges de la Seine « peuplée de lavoirs ». Face à la fenêtre se trouve une grande bibliothèque vitrée au milieu de laquelle une horloge à balancier égrène les heures. L'Empereur travaille, le dos à la cheminée, sur un bureau d'acajou à cuivres dorés — le meuble a été dessiné par lui et a la forme d'un violon. Il lacère — ici aussi — les bras de son fauteuil de coups de canif, et essuie sa plume aux manches de son habit. En face de lui une console divisée en casiers destinés aux dossiers. Sur le marbre s'alignent « les livres nouveaux de la semaine ».

Le secrétaire intime, « silencieux comme un meuble », se tient à une petite table placée dans l'embrasure de la fenêtre. Le supplice commence pour le malheureux. Napoléon dicte d'abord assis, puis, au fur et à mesure que les idées affluent, que ses pensées se précipitent — sans se heurter — il se lève et reprend son légendaire va-et-vient.

« Cette promenade, rapporte Méneval, durait pendant tout le temps de sa dictée. Sa parole était grave, accentuée, mais n'était interrompue par aucun repos. A mesure qu'il entrait dans son sujet, l'inspiration se faisait sentir. Elle se décelait par un ton plus animé et par une espèce de tic qui consistait dans un mouvement du bras droit qu'il tordait, en tirant avec la main. » Il dicte avec une effarante rapidité. Il faut saisir à la volée, sauter des mots, les remplacer par des blancs que l'on remplira plus tard. Il écorche tous les noms, ou les transforme : Salamanque devient Smolensk ou l'Ebre, l'Elbe.

— Écrivez !

Il passe d'un sujet à un autre. Mais chacun de ses secrétaires a fini par connaître ses manies, ses tours de phrase, ses expressions favorites, ce que le baron Fain appelle l'idée dominante du moment. On la retrouve dans toutes ses lettres et dans toutes ses conversations du jour.

« Napoléon écrivait rarement lui-même. Écrire était une fatigue pour lui. Sa main ne pouvait suivre la rapidité de ses conceptions. Il ne prenait la plume que lorsque, par hasard, il se trouvait seul, et qu'il avait besoin de confier au papier le premier jet d'une idée. Mais après quelques lignes, il s'arrêtait et jetait la plume... Son écriture était un assemblage de caractères sans liaison et indéchiffrables. La moitié des lettres manquaient aux mots. Il ne pouvait se relire, où il ne voulait pas en prendre la peine... »

Parfois, entre deux dictées, l'Empereur va s'étendre sur la causeuse placée près de la cheminée. Il ferme les yeux et réfléchit :

— Quand je médite, avoue-t-il, je suis dans une agitation tout à fait pénible. Je suis comme une fille en couches.

Mais, extérieurement, il semble somnoler.

— Si je parais toujours prêt à tout, à faire face à tout, explique-t-il un jour à Roederer, c'est qu'avant de rien entreprendre, j'ai longtemps médité, j'ai prévu ce qui pourrait arriver. Ce n'est pas un génie qui me révèle tout à coup en secret ce que j'ai à dire et à faire dans une circonstance inattendue pour les autres, c'est la méditation.

Ce premier travail terminé, il commence sa vie de souverain. Sortant de ce qu'il appelle son « intérieur », il passe dans son salon, ancienne chambre de la reine Marie-Thérèse, femme de Louis XIV, puis de Madame Royale, fille de Louis XVI. On introduit les grandes entrées, ceux qui, par leur charge ou par faveur spéciale, ont obtenu ce droit. « Bien des gens, écrira le chambellan Bausset sous la Restauration, qui semblent aujourd'hui l'avoir oublié, attachaient alors un très grand prix à l'usage d'une si flatteuse distinction. » Il adresse la parole à chacun — ce que ne faisaient point les rois — puis, la tournée terminée — il est alors neuf heures et demie — se retire pour prendre son déjeuner. Le préfet du palais le précède dans le salon où le repas est servi par le premier maître d'hôtel. Comme autrefois le roi, l'Empereur mange seul sur un petit guéridon en bois d'acajou recouvert d'une serviette. Souvent, le déjeuner ne se prolonge pas au-delà de huit minutes... Mais lorsqu'il éprouve le besoin de « fermer son cabinet », comme il l'annonçait, le déjeuner peut durer assez longtemps. « Et alors, nous rapporte Bausset, rien n'égalait la douce gaieté et le charme de sa conversation. Ses expressions étaient rapides, positives et pittoresques. J'ai dû à ce moment de mon service les heures les plus agréables de ma vie. »

Parfois, sur la proposition de Bausset, tout en déjeunant, il reçoit des savants ou des artistes, mais ne va pas, comme Louis XIV, jusqu'à prier l'un d'eux de partager son repas. A Talma, qu'il a vu interpréter Jules César, il donne, entre deux bouchées, des conseils de simplicité :

— Vous fatiguez trop vos bras. Les chefs d'empire sont moins prodigues de mouvements ; ils savent qu'un geste est un ordre, qu'un regard est la mort ; dès lors ils ménagent le geste et le regard... Il est aussi un vers dont l'intention vous échappe ; vous le prononcez avec trop de franchise :

« Pour moi qui tiens le trône égal à l'infamie... »

« César ne dit point là ce qu'il pense. Ne faites pas parler César comme Brutus. Quand l'un dit qu'il a les rois en horreur, il faut le croire ; mais non pas l'autre. Marquez cette différence.

Après le repas, le vrai travail commence. Retiré de son cabinet, Napoléon gouverne, reçoit les ministres et les directeurs généraux ou préside les conseils.

— Sire, voilà un projet...

— Les demandes se précipitent :

— Est-il complet ? Tous les cas sont-ils prévus ?

— Pourquoi ne vous occupez-vous pas de ceci ?

— Cela est-il nécessaire à dire ?

— Cela est-il juste ?

— Cela est-il utile ?

— Comment cela était-il autrefois ? A Rome ? En France ?

— Comment cela est-il maintenant ?

— Comment cela est-il ailleurs ?

Il ne se lasse pas de poser ces deux questions :

— Cela est-il juste ? Cela est-il utile ?

Quand il s'écrie : « Cela n'est pas juste », sa voix a, paraît-il, un accent tout particulier. Et il répète sa déclaration à plusieurs reprises en l'étayant chaque fois par une nouvelle raison. Parfois, il se lève, va consulter ses « outils », c'est-à-dire ses états de situation qui lui permettent — bien que tout soit classé dans sa tête — de trouver instantanément l'effectif ou la position d'un régiment, ou encore l'état des recettes et des dépenses concernant chaque ministère.

Au Conseil d'État, en ce début du règne, on discute d'un problème important : quel emblème gravera-t-on sur le sceau impérial ?

— Un lion !

— Un éléphant !

— Un coq !

Napoléon remarque :

— Le coq est de basse-cour. C'est un animal trop faible...

On vote, le coq est élu à la majorité, mais Napoléon insiste :

— Le coq n'a point de force : il ne peut pas être l'image d'un empire tel que la France. Il faut choisir entre l'aigle, l'éléphant ou le lion... Il faut prendre un lion, étendu sur la carte de France, la patte prête à dépasser le Rhin. Malheur à qui me cherche !

Bien qu'on ait un peu l'air d'imiter l'Autriche et la Russie, l'aigle est finalement adopté.

Le dîner est servi à six heures. Napoléon n'aime pas interrompre son travail et fait souvent attendre Joséphine au-delà des limites permises. Ne vit-on pas un jour vingt-trois poulets mis successivement au four, afin qu'il y ait toujours une volaille cuite à point pour l'Empereur ?

Aux Tuileries et à Saint-Cloud, Napoléon et Joséphine dînent seuls, sauf le dimanche où la famille impériale, assise sur des chaises — à l'exception de Madame Mère qui a le droit d'occuper un fauteuil — est conviée à prendre place autour de la table. Le service est fait par les pages, secondés par les valets de chambre, les maîtres d'hôtel, les écuyers tranchants mais jamais par la livrée. Le repas se prolonge, cette fois, durant une vingtaine de minutes. L'Empereur boit du vin de Chambertin coupé d'eau.

Les plats recouverts de cloches d'argent sont disposés sur la table — c'est le service dit à l'ambigu — et l'Empereur fait son choix. Il ne mange souvent qu'un potage, un plat et un dessert, et commence parfois par les sucreries...

Après le repas, lorsqu'il ne se dirige pas aussitôt vers son cabinet de travail, Napoléon se rend chez Joséphine — au rez-de-chaussée du palais, dans les anciens appartements de Marie-Antoinette.

Parfois aussi il exécute son numéro de charme. Bausset le dira : « Rien n'égalait la grâce et l'amabilité de Napoléon. Doué d'un esprit abondant, d'une intelligence supérieure et d'un tact extraordinaire, c'est dans ces moments d'abandon et de causerie qu'il étonnait et enchantait le plus. »

En acteur consommé, il jouait de son fameux sourire autant que de son regard d'acier. Le verbe est bref et n'admet aucune velléité de réplique. Ce mélange d'intransigeance et de séduction fascine, inquiète, fait trembler.

— Lorsque je le voyais passer, dira quelqu'un, mon cœur battait et mon front se couvrait de sueur, quoiqu'il fit très froid.

Que de contrastes chez lui ! Et de contrastes constants ! Il est l'homme qui dira un jour à Montalivet :

— Je ne demande pas qu'on m'aime, mais qu'on me serve bien... Je ne suis pas un homne, je suis un personnage historique !

Ce qui ne l'empêchera pas de pleurer devant Corvisart en évoquant les dérèglements de Pauline, ou, plus tard, d'éclater en sanglots en annonçant à Hortense sa décision de divorcer et en lui disant :

— Je sacrifie mon bonheur et le vôtre.

Il épluche très bourgeoisement les factures, fait repasser son célèbre chapeau, en fait changer la « coiffure piquée de soie » lorsqu'elle est usée — le compte du chapelier Poupart et Cie le prouve.

Le cercle de la cour se tient dans les salons du premier étage ouvrant sur le Carrousel. Souvent, l'Empereur s'y montre maladroit et manquant d'éducation. « On imaginerait difficilement plus de gaucherie qu'il n'en avait dans un salon », racontera Metternich. « Il ne sait ni entrer, ni sortir », constatera de son côté Mme de Rémusat.

« Il ignore comment on salue, comment on se lève, comment on s'assoit. Il se promène à droite et à gauche, ne sachant que faire et que dire. A Grétry, il pose pour la vingtième fois la même question :

— Comment vous appelez-vous ?

— Sire, toujours Grétry, soupire le compositeur.

Avec les femmes — peut-être par timidité ? — il est d'une étonnante maladresse frisant la muflerie. Il osera, un soir, au cercle des Tuileries, demander assez grossièrement à la duchesse de Fleury :

— Alors, madame, aimez-vous toujours autant les hommes ?

— Oui, sire, répondra l'interpellée, lorsqu'ils sont polis.

Il a rarement quelque chose d'agréable à leur dire. Souvent même il leur fait de mauvais compliments :

— Ah ! mon Dieu, comme vous avez les bras rouges !

Ou bien encore :

— Vous avez là une robe bien sale !... Est-ce que vous ne changez jamais de robe ? Je vous ai déjà vu celle-là vingt fois.

Il se connaît fort bien :

— Il y a en moi deux hommes distincts : l'homme de la tête et l'homme du cœur.

Chez lui, l'homme de cœur existe, en effet, quoi qu'on en ait dit. Napoléon n'oubliera jamais ceux qui l'ont aidé dans sa jeunesse, tel le grand Carnot, à qui son républicanisme fera perdre sa pension. Non seulement l'Empereur la lui fera rétablir, mais il lui accordera une retraite d'ancien ministre se montant à dix mille francs. La garde reçoit l'ordre de présenter les armes devant le maréchal de Ségur qui, en 1784, avait contresigné son brevet d'officier du roi. Le général du Theil, le premier peut-être qui, à Auxonne, s'était rendu compte de la valeur du jeune lieutenant en second, n'est pas davantage oublié. Mme de Montesson, qui l'a couronné le jour de la distribution des prix de Brienne, reçoit un douaire de cent soixante mille francs.

S'il juge impitoyablement l'incapacité des nouveaux venus, il pardonne volontiers les erreurs et les fautes de ses anciens compagnons, non sans leur dire vertement ce qu'il pense au préalable. On sait aussi combien il pleurera Desaix, Lannes et Duroc, tous trois mortellement atteints sur le champ de bataille.

Sa sensibilité est extrême et, de ses sens, l'odorat semble avoir été le plus développé. Demeurer dans une chambre récemment peinte lui est extrêmement pénible. « Il avait une perception si subtile, nous dit Méneval, qu'il devinait le voisinage d'un souterrain, d'une cave ou d'un égoût très éloignés, ou d'odeurs émanant de lieux hors de portée et qui n'étaient soupçonnés par aucune des personnes qui l'accompagnaient. »

Son extrême fébrilité se manifeste lorsqu'il se déshabille : il arrache et jette ses vêtements à terre avec une manière de rage. Sa nervosité déclenche chez lui de terribles colères. Ceux qui l'entourent — depuis ses maréchaux et sa famille jusqu'au dernier valet de pied — se trouvent traités de benêt, d'incapable, de traître, de voleur, de lâche...

A Lucien, il criera un jour :

— Je te briserai comme cette montre.

Et il la jettera à terre. Les ailes du nez se dilataient, « gonflées par un orage intérieur », ses yeux fulguraient. Il paraissait alors véritablement « terrible ». Mollien nous le rapporte : « Ses yeux, ses traits, tous ses gestes, la vivacité, la singularité de ses expressions, l'incorrection même de quelques-unes d'elles, le ton absolu de ses décisions, tout en lui semblait dire que, dans de tels moments, ceux qui l'entouraient n'avaient d'autre parti à prendre que celui du silence et de la soumission. »Mais le lendemain, il se souvenait à peine de l'orage de la veille.

La sottise est assurément ce qui le révolte le plus.

— J'ose espérer, lui dira le ministre Barbé-Marbois, à qui il venait d'enlever le portefeuille des Finances, que Votre Majesté ne m'accusera pas d'être un voleur.

Il lance alors — implacable :

— Je le préférerais cent fois : la friponnerie a des bornes, la bêtise n'en a pas.

Il semble que, parfois aussi, ses terribles fureurs — « ma figure d'ouragan », disait-il — soient voulues, et même contrôlées :

— Vous m'avez cru bien en colère, dit-il un jour à l'abbé de Pradt, détrompez-vous...

Et, montrant son cou, il explique :

— Chez moi, la colère n'a jamais dépassé cela.

La paresse cependant le met hors de lui. Infatigable, il est sans pitié pour les autres dont il ne peut admettre le manque d'énergie.

Il tue ses aides de camp à la tâche :

— Il faut être de fer pour résister au métier que nous faisons, soupira l'un d'eux.

S'il ne parvient pas à s'endormir, il prie tout naturellement Joséphine de lui faire la lecture. Parfois, il se réveille à trois heures du matin et appelle :

— Ohé ! Oh ! Oh ! Monsieur Constant !...

Il demande au valet de chambre de lui préparer un bain. Le plus souvent, il fait chercher Méneval, lui dicte jusqu'à l'aube, et s'étonne de voir le jeune secrétaire lutter contre le sommeil :

— Qu'avez-vous donc, Méneval ? Vous dormez debout !

Mais reprenons le cours de sa vie.

« Madame et Chère femme, écrit de Boulogne, le 20 août 1804, Napoléon à Joséphine, en la vouvoyant, je serai dans dix jours à Aix-la-Chapelle. De là, j'irai avec vous à Cologne, Coblence, Mayence, Trèves, Luxembourg... Vous pouvez m'y attendre, à moins que vous ne craigniez d'être fatiguée par une si longue route... Il me tarde de vous voir, de vous dire tout ce que vous m'inspirez et de vous couvrir de baisers. C'est une vilaine vie que celle de garçon, et rien ne vaut une femme bonne, belle et tendre... » Bien entendu, Joséphine part avec une partie de sa cour pour Aix-la-Chapelle où elle attendra son mari qui semble bien fringant. Le 24, il lui écrit encore : « Comme il serait possible que j'arrivasse de nuit, gare aux Amoureux ! Je serais fâché si cela les dérange. Mais l'on prend son bien partout où on le trouve. Ma santé est bonne. Je travaille assez. Mais je suis trop sage. Cela me fait du mal. Il me tarde donc de vous voir et vous dire mille choses aimables. »

Elle est toujours sa maîtresse et sa compagne.

— Une belle femme plaît aux yeux, disait-il, une bonne femme plaît au cœur ; l'un est un bijou, l'autre est un trésor.

Joséphine est pour lui l'un et l'autre...

Le 27 août, il quitte Boulogne avec Eugène. Ce soir-là il s'arrête à Saint-Omer. Il y reste toute la journée du 28. Puis il couche deux nuits à Arras, et une au château de Laeken, aux portes de Bruxelles. Le

2 septembre il arrive à Aix-la-Chapelle où il s'installe à la préfecture de la Roer. La joie de revoir l'Empereur fait pleurer Joséphine. Elle est si heureuse qu'elle ne s'aperçoit pas que son mari jette le mouchoir à l'une de ses dames : la jolie Élisabeth de Vaudey. Amours ancillaires qui, on le devine, ne nuisent en rien au gouvernement.

Résidant encore à Aix-la-Chapelle, il ordonne que les insignes qui ont servi au sacre de Charlemagne soient portés au cours d'une procession solennelle : couronne, épée, main de justice, globe impérial, éperons d'or. Le crâne de l'empereur d'Occident et l'os de l'un de ses bras sont exhibés. En assistant à la cérémonie, Napoléon pense à son propre sacre. Dès son retour, on en discute les détails. Comment sera habillé le souverain ? Le Conseil d'État préconise le fastueux costume que l'on connaît. Ce qui n'enchante d'ailleurs pas l'Empereur, et il est bien regrettable que l'on n'ait pas suivi sa première réaction :

— Quand vous m'emmailloterez de tous ces habits-là, avait-il protesté, j'aurai l'air d'un magot. Avec vos habits impériaux vous n'en imposerez pas au peuple de Paris qui va à l'Opéra où il en voit de plus beaux à Lais et à Chéron qui les portent beaucoup mieux que moi. Est-ce que vous ne pouvez pas ajuster votre manteau par-dessus mon habit, comme je suis là ?

Les conseillers, très préoccupés par leurs propres tenues, refusent. Si le principal personnage de la cérémonie ne brille point par l'éclat de ses habits, comment pourront-ils réclamer pour eux des vêtements d'or et d'argent ?

Le lieu du couronnement est également débattu. Pourquoi pas à Aix-la-Chapelle ? Vingt empereurs y ont été couronnés et Napoléon penche pour ce choix.

— Quand ce ne serait que pour faire voir aux Parisiens qu'on peut gouverner sans eux !

Il hait Paris et « sa canaille » — le mot est de lui.

— Cette ville qui a toujours fait le malheur de la France ; ses habitants sont ingrats et légers ; ils ont tenu des propos atroces contre moi.

Au Conseil, personne ne prend la défense de la capitale et Napoléon renchérit :

— Tant que j'aurai du sang dans les veines, je ne me laisserai pas faire la loi par les Parisiens. Il ne me faudra pas deux cent mille hommes, j'en ai assez de quinze cents pour mettre Paris à la raison. Je finirai par mettre la main sur ces messieurs et les envoyer à deux cents lieues ! Ce sont des gens à p... dessus...

Plusieurs membres protestent : il n'y a plus d'opposition aujourd'hui à Paris ! Il s'exclame :

— Je crois bien ! Il ne peut y en avoir.

Quelqu'un murmure :

— On est tranquille...

— Parce qu'on ne peut pas bouger, conclut l'Empereur.

Paris n'en est pas moins choisi pour le couronnement. Cependant, Napoléon ne se fait guère d'illusion sur sa popularité. Les Parisiens sont muselés et s'ils bronchent c'est en silence. Napoléon, jamais rassuré lorsqu'il s'agit de la terrible ville, prendra presque chaque jour le pouls de la capitale grâce aux rapports établis par Fouché. On l'entendra dire un jour : « L'homme parfaitement heureux est celui qui parvient à se cacher de moi, de telle façon que je ne puisse soupçonner son existence. »

Lorsqu'il demandera à l'un de ses chambellans : « Que dirait le monde si je mourais ? », le courtisan répondra que ce serait là, à coup sûr, pour tous, la plus grande catastrophe, Napoléon haussera les épaules :

— Vous vous trompez, mon cher, le monde dirait *ouf* !

Mais n'anticipons pas. En 1804 on s'interrogeait seulement pour savoir si le pape accepterait ou non de se rendre à Paris pour couronner celui que Louis XVIII, dans son exil, nommait déjà « monsieur l'Usurpateur ».

Les projets du maître rencontrèrent d'abord quelques difficultés au sein même du Conseil d'État. Tous les membres se trouvèrent d'accord avec les protestants et de nombreux athées qui criaient au scandale, pour affirmer que ce serait là donner au chef de l'Église le pouvoir, en quelque sorte, d'élire un souverain. N'était-ce point là les prérogatives du peuple ? L'Empereur sut leur répondre en plaçant la question sur le plan politique :

— Messieurs, vous délibérez à Paris, aux Tuileries. Supposez que vous délibériez à Londres dans le cabinet britannique, que vous soyez les ministres du roi d'Angleterre et que l'on vous apprenne que le pape passe en ce moment les Alpes pour sacrer l'Empereur des Français, regarderiez-vous cela comme une victoire pour l'Angleterre ou pour la France ?

L'argument avait un certain poids, et on le vit bien en constatant la réaction des Français de l'extérieur. En apprenant, en effet, que « le fils de la Révolution « désirait être sacré par le pape, émigrés et royalistes poussèrent de hauts cris. Joseph de Maistre, ministre de Sardaigne à Saint-Pétersbourg, considérait l'éventuel sacre comme un « forfait » où une « apostasie » et ne trouvait « point de termes pour peindre son chagrin ».

Comment poser la question à Pie VII ?

Napoléon fit venir à Saint-Cloud le légat du pape, le cardinal Caprara. Fondateur de la IVe dynastie, il lui déclara comme s'il s'agissait là d'une chose toute naturelle :

— Toutes les autorités me font sentir combien il serait glorieux que mon sacre et mon couronnement fussent faits par les mains du pape et quel bien il en résulterait en même temps pour la religion. Je n'adresse pas dès à présent une prière formelle au pape parce que je ne veux pas m'exposer à un refus. Faites donc l'ouverture et dès que vous m'aurez transmis la réponse je ferai, comme je le dois, les démarches nécessaires.

Les cardinaux se résigneraient à la pensée que le chef de l'Église couronnerait le petit Corse, mais ils n'admirent pas qu'il se déplace : « M. de Buonaparte » n'avait qu'à se rendre dans la Ville Éternelle ! Charlemagne n'avait-il pas fait le voyage de Rome pour se faire couronner par Léon III ?

Pie VII n'ignorait pas, ainsi que le lui écrivait son légat, que le nouvel empereur « regarderait comme une injure que Sa Sainteté élevât des difficultés ». Le refus éventuel du pape semblait à un tel point effrayer Caprara « qu'il n'osait pas l'aborder même en imagination ». C'est Talleyrand — ancien évêque... — qui se chargea de mettre les choses au point. Dans une note détaillée, il souligna d'abord « l'extrême surprise de Sa Majesté ». Puis, sans ambages, il entra dans le vif du sujet : Pie VII ne devrait-il pas se montrer reconnaissant ? L'œuvre du nouvel empereur vis-à-vis de l'Église n'avait-elle pas été considérable ? La note — un véritable bilan — n'entendait-elle pas proposer au Vatican d'attendre d'autres avantages ? En acceptant de se rendre à Paris — et c'était là un interminable voyage, surtout pour un vieillard valétudinaire — Pie VII ne pouvait-il pas espérer voir modifier certains articles organiques concernant les statuts du clergé de France, véritablement assujetti à l'État ? Peut-être — et en cela le pape se faisait encore des illusions — Napoléon le remercierait-il en lui rendant les Légations ?

Un point important « affligeait profondément le cœur de Sa Sainteté » : le jour du sacre, le nouvel empereur ne devait-il pas, dans son serment, jurer de respecter la liberté des cultes ? Le pape voyait là — Consalvi le faisait savoir à Caprara — « un obstacle qui, si on ne parvient pas à l'écarter, l'empêchera de mettre à exécution le projet où il était d'aller faire lui-même le sacre et la consécration de Sa Majesté Impériale... »

Napoléon n'envisageait même pas que le pape pût refuser de venir à Paris sous le prétexte que protestants et juifs étaient libres de suivre leur propre culte. Aussi Talleyrand essaya-t-il alors de démontrer au Saint-Siège que jurer de respecter les différents cultes des Français ne voulait pas dire les approuver. Chacun savait qu'en « fils soumis », le nouvel empereur conseillerait plutôt de suivre la religion catholique. Ne la pratiquait-il pas lui-même, et depuis son enfance ?

Un obstacle aplani, un autre allait surgir : le couronnement proprement dit. Si Napoléon jugeait indispensable la présence du pape à la consécration du nouvel empereur et à son sacre, il ne devait pas être question de le couronner. Il n'entendait pas être traité comme un vassal — même si le suzerain était le vicaire du Christ : c'est du peuple qu'il prétendait tenir sa couronne et non de Dieu ! Certains envisageaient de dissocier alors totalement les deux opérations et de faire du couronnement une cérémonie uniquement civile. Fesch déclara qu'une seule chose comptait : le sacre ! Il n'était pas loin de considérer le couronnement comme un acte secondaire. « Le pape, répondit Consalvi, ne croit pas convenable d'aucune manière à sa dignité qu'étant invité à se transporter expressément à Paris pour placer, de sa main, la couronne impériale sur la tête auguste de Sa Majesté, cette cérémonie puisse être exécutée par une autre main... « Une autre main ? Il était bien question de cela ! Cette autre main ne pouvait être que celle de l'Empereur ! Napoléon fit savoir à Rome « qu'il désirait prendre la couronne pour éviter toute discussion entre les grands dignitaires de l'Empire qui prétendraient la lui donner au nom du peuple ». C'est lui qui avait relevé la couronne que les Bourbons avaient laissé échapper de leurs mains incapables, c'est lui-même qui se couronnerait ! Le pape n'avait, pendant ce temps, qu'à se contenter de « prononcer une prière ».

Et puis, à quoi servait d'échanger notes, propositions et rapports, puisque les « deux moitiés de Dieu » se verraient bientôt : « Sa Majesté en discutera elle-même à Paris avec Sa Sainteté et fera pour la satisfaire tout ce qui sera compatible avec sa position, le bien de l'État et ses devoirs. »

Sans enthousiasme — et de guerre lasse — Pie VII céda : il acceptait de se rendre à Paris le 2 décembre. Le lendemain de la Toussaint, le jour des morts, après avoir célébré la messe, le pape se mit en route comme s'il partait au supplice

Tandis que Pie VII et sa suite, composée de cent huit personnes, prennent ainsi le chemin du Mont-Cenis, Napoléon est déchiré par un cruel dilemme. Si Joséphine est sacrée par le pape et couronnée par son impérial époux, pourra-t-elle encore être renvoyée ? S'il veut avoir un héritier, l'Empereur ne doit-il pas dès maintenant répudier sa femme et même se remarier ? Napoléon décide de poser franchement, aussi cruel que cela puisse être, la question à la principale intéressée. Dès les premiers mots de son mari, la créole éclate en sanglots — voilà qui ne facilite pas les choses... Devant les larmes de sa femme, il se sent désarmé :

— Si tu me montres trop d'affliction, si tu ne fais que m'obéir, je sens que je ne serai jamais assez fort pour t'obliger à me quitter ; mais j'avoue que je désire beaucoup que tu saches te résigner à l'intérêt de ma politique, et que, toi-même, tu m'évites tous les embarras de cette pénible situation.

Sur les conseils de Mme de Rémusat, Joséphine déclare à Napoléon « qu'elle attendrait des ordres directs pour descendre du trône où on l'avait fait monter ».

Autrement dit, elle acceptait d'être répudiée, mais non d'avoir l'héroïsme de solliciter elle-même son départ. Sans la moindre pudeur, le clan, persuadé que l'impératrice va quitter les Tuileries, manifeste bruyamment sa joie. Cette fois, c'en est fini de ces « Beauharnais » qui les empêchent de dormir depuis neuf années ! Napoléon, courroucé en apprenant que sa famille a osé « se vanter de l'avoir amené à ses fins », prend la résolution de garder Joséphine et de la faire couronner :

— Ma femme, explique-t-il à Roederer, est une bonne femme, qui ne leur fait point de mal. Elle se contente de faire un peu l'impératrice, d'avoir des diamants, de belles robes, les misères de son âge. Je ne l'ai jamais aimée en aveugle. Si je la fais impératrice, c'est par justice. J'ai un cœur d'homme. Je suis surtout un homme juste. Si j'avais été jeté dans une prison, au lieu de monter au trône, elle aurait partagé mes malheurs. Il est juste qu'elle participe à ma grandeur. Elle sera couronnée, dût-il m'en coûter deux cent mille hommes...

Devant une telle menace d'hécatombe, tout le monde se tait. Cependant Joseph soulève une nouvelle fois le problème de l'hérédité impériale et fait grand bruit autour de sa qualité d'aîné. Le *sénatus consulte* permettant à Napoléon de désigner son successeur parmi ses neveux — fils d'aîné ou de cadets — l'empêche de dormir.

Sur le conseil de Roederer, il cède, accepte de rentrer dans le rang, et se rend faire amende honorable à Fontainebleau où Napoléon attend le pape. Napoléon lui montre sa satisfaction :

— Je suis appelé à changer la face du monde ; je le crois du moins. Tenez-vous donc dans un système monarchique héréditaire où tant d'avantages vous sont promis.

Mais il y a aussi — aussi et surtout — les femmes du clan dont les inquiétudes sont plus terre à terre. Napoléon doit « se mettre en bataille rangée », selon son expression, pour obliger ses sœurs et belles-sœurs à porter la traîne de l'impératrice, et à la suivre pendant le long déroulement de la cérémonie. La « princesse Joseph » ne prétendait-elle pas « qu'un tel office était bien pénible pour une femme vertueuse »? Où la vertu allait-elle se nicher !

— Depuis six jours que dure cette querelle, confie l'Empereur à son frère, je n'ai pas un instant de repos. J'en ai perdu le sommeil !

Ces dames s'agitent à tel point que, par un détour subtil qui les apaise, on convient qu'elles ne porteront point le manteau, mais qu'elles le soutiendront... On leur offre même à chacune un chambellan porte-queue pour tenir la traîne de leur robe.

Le choix de l'église où la cérémonie aurait lieu n'est pas encore fixé. L'église des Invalides est proposée, mais l'absence de chœur, l'exiguïté relative du bâtiment font abandonner le projet au profit de Notre-Dame où, affirme l'Empereur, vingt mille personnes seront à l'aise.

Cependant un point contrarie les architectes et les décorateurs : le style gothique de Notre-Dame est tout à fait démodé. On ordonne de recouvrir l'édifice, à l'extérieur, de carton-pâte et, à l'intérieur, d'habiller les murs, piliers et chapiteaux. Tandis que les costumiers, tailleurs et cordonniers laissent vagabonder leur imagination vers la Renaissance, le grand écuyer, le grand chambellan, maître de cérémonies s'affairent et se penchent sur un cas délicat. Les chanoines de Notre-Dame exigent des nouveaux habillements et des objets du culte destinés aux cérémonies, « car, pour le sacre des rois, affirment-ils, l'usage est d'acheter tout à neuf ». Par ailleurs, la présence du pape et la messe dite par Sa Sainteté entraînent la présence d'un matériel et d'accessoires spéciaux tels que chaire, trônes, flabelli en plumes d'autruche, faldistoires, scabelli... Fort heureusement, le pape abandonne l'idée de se faire porter à Notre-Dame sur la *Sedia gestatoria*, par des palefreniers vêtus de costumes en damas rouge, lorsque Napoléon lui fait savoir que « l'honneur en avait été déféré à Marat » — sans parler de la déesse Raison qui, il y avait de cela onze années, avait été juchée sur un fauteuil enguirlandé et portée à dos de sans-culottes de Notre-Dame aux Tuileries. Suivie à son retour par tous les députés, celle qui avait « détrôné la ci-devant Sainte Vierge » avait parcouru exactement le même trajet que celui prévu pour le Saint-Père...

Et les rites ?

On modifie le pontifical romain en utilisant un mélange de rites provenant de Rome, de Reims, d'Allemagne et d'ailleurs. L'Empereur s'attache principalement à supprimer ou à transformer, dans le texte devant être dit par le pape, certains verbes qu'il estime déplaisants, tel *eligimus* (que nous avons élu). Pour la remise de l'épée, *concessum* (attribué) le gêne et deviendra *oblatum* (présenté).

Quant aux ornements — épée, couronnes, anneaux, sceptre, globe, main de justice — ce n'était pas sans mal qu'on était parvenu à retrouver l'épée, le sceptre et la main de justice qui, depuis plusieurs siècles, figuraient au sacre des rois et qui avaient été dispersés par la Révolution. Ils furent décorés et habillés de neuf. Le sceptre avait perdu sa hampe : on la remplaça par un bâton de chantre, fort ancien et trouvé dans le trésor de Saint-Denis. Il en fut de même pour la main de justice. Ici la hampe sera neuve. On ajouta çà et là des bijoux, des pierres fines, afin que ces objets pussent figurer dignement dans le cortège du sacre sous le nom des « honneurs de Charlemagne ».

Les difficultés décidément s'accumulent ! Avec quelle huile seront faites les onctions ? La sainte ampoule n'existe plus, Alexandre de Beauharnais, premier mari de Joséphine — ironie de l'Histoire — l'ayant fait apporter de Reims à Paris sous la Révolution pour qu'on la brulât « sur l'autel de la Patrie »! Il faudra donc se contenter du chrême réservé aux évêques. Napoléon s'insurge en apprenant qu'il devra recevoir neuf onctions. Elles seront limitées à deux applications huileuses aux mains et sur le front.

Le 20 novembre, Napoléon écrit au pape : « Je me flatte que dans cette semaine j'aurai le bonheur de voir Votre Sainteté et de lui exprimer les sentiments que j'ai pour elle. Me rendant à mon palais de Fontainebleau qui est sur la route, je me trouverai, par cette circonstance, en jouir un jour plus tôt. »

En réalité ce n'est nullement pour « jouir un jour plus tôt » de la présence de Pie VII que l'Empereur s'est rendu à Fontainebleau, mais pour éviter de devoir accueillir le pape aux portes de Paris — et de lui laisser la première place.

En ce dimanche de l'Avent — car Pie VII se refuse, bien sûr, à admettre que l'on est le quartidi 4 frimaire, jour des Nèfles — Sa Sainteté touche au terme de son voyage. Il tombe une pluie froide lorsque le cortège papal, composé d'une centaine de cardinaux, de prélats, d'abbés et d'employés de tout genre, venant de Nemours, pénètre par la longue côte de Bourron dans la forêt de Fontainebleau.

Pie VII est las. Des bandits l'ont dévalisé près de Plaisance et, à Lyon, le cardinal Borgia est mort des suites d'une brutale indisposition. Sa Sainteté est partie de Rome vingt-trois jours auparavant et est contrariée par l'allure du voyage, c'était là un train trop rapide, incompatible avec la dignité qui doit accompagner les déplacements du successeur de saint Pierre.

Au carrefour de la Croix-Saint-Hérem, Napoléon, vêtu d'une tenue verte de chasseur, feint d'interrompre une chasse au loup lorsqu'il voit le carrosse papal gravir la côte. Immobile sur son cheval, il regarde l'équipage de Pie VII venir à lui et ne s'avance nullement une minute plus tôt que prévu vers Sa Sainteté. Le pape paraît hésiter. Entre l'Empereur et lui s'étend un terrain boueux et le Saint-Père n'a aux pieds que ses mules blanches brodées d'or... Enfin, pataugeant dans un bourbier épouvantable, le premier il se dirige vers l'Empereur. Napoléon se hâte alors de descendre de cheval pour se porter au-devant de son hôte et l'embrasser. Mais il n'est pas question bien sûr, pour lui, de s'agenouiller ! D'ailleurs, étant donné l'état du terrain, le pape ne peut pas s'étonner de cette entorse au protocole. Puis, le carrosse impérial s'avance et, par une manœuvre aussi minutieusement préparée, permet à l'Empereur de monter dans la voiture par la portière de droite, laissant le Saint-Père à sa gauche.

Durant le trajet séparant la Croix-Saint-Hérem du château, les mameluks précèdent l'équipage impérial et c'est dans cette escorte quelque peu impie que Pie VII fait son entrée dans la cour du fer à cheval.

Le canon tonne, les cloches sonnent tandis qu'au bas de l'escalier Louis-XV, l'ancien évêque d'Autun : Maurice de Talleyrand-Périgord, jadis excommunié, s'incline. Puis le pape est prié d'aller « complimenter » Joséphine.

Aux Tuileries, ce même 29 novembre, à l'aide de petites marionnettes, revêtues de papier peint de différentes couleurs que l'on pose sur un plan de Notre-Dame, Isabey explique à chaque participant, sur la table même de l'Empereur, ce qu'il devra faire au cours de la cérémonie. Dans le Salon de Diane, les répétitions se déroulent au moyen d'un plan dessiné à la craie sur le parquet. Parmi les petites marionnettes, l'Empereur est là, haut d'un pouce, avec un manteau pourpre...

Parmi les généraux, les hauts fonctionnaires, les membres des délégations et députations invités au sacre, nombreux sont ceux qui étaient en place sous la Révolution. On devine leur étonnement en recevant cette lettre : « La divine Providence et les Constitutions de l'Empire ayant placé la dignité impériale héréditaire dans notre famille, nous avons désigné la date du cinquième jour du mois de frimaire prochain pour notre sacre et notre couronnement... Nous vous faisons cette lettre pour que vous ayez à vous trouver à Paris avant le premier du mois de frimaire prochain et à y faire connaître votre arrivée à notre grand maître des cérémonies. Sur ce nous prions Dieu qu'il vous ait en sa sainte garde. »

La veille du sacre, il gèle. Le ciel qui, depuis le matin, est couvert, se dégage. Le soleil perce timidement au travers des nuages, lorsque le Sénat prend le chemin des Tuileries pour faire connaître à Napoléon le résultat du plébiscite. C'est un simulacre un peu puéril. Les chiffres ont été falsifiés. Deux millions neuf cent cinquante-neuf mille huit cent quatre-vingt-onze voix « civiles » ont voté pour l'hérédité. Et deux mille cinq cent soixante-sept contre. Le vote de l'armée n'atteint pas plus de cent vingt mille trois cent deux voix. De sa mains Napoléon, imperturbable, raye ce nombre et inscrit quatre cent mille. Il agit de même pour les seize mille deux cent vingt-quatre voix des agences commerciales, qui se transforment en cinquante mille. Ce qui permet — ce 1er décembre — au président du Sénat d'annoncer trois millions cinq cent soixante-quatorze mille huit cent quatre-vingt-dix-huit voix pour l'adoption de cette proposition : « La dignité impériale est héréditaire dans la descendance directe, naturelle, légitime et adoptive de Napoléon Bonaparte et dans la descendance directe, naturelle et légitime de Joseph Bonaparte et de Louis Bonaparte. » Le président de Neufchâteau félicite ensuite l'Empereur d'avoir « fait entrer au port le vaisseau de la République »...

— Oui, sire, répète-t-il, de la République ! Ce mot peut blesser les oreilles d'un souverain ordinaire. Ici le mot est à sa place devant celui qui nous a fait jouir de la chose dans le sens où la chose peut exister chez un grand peuple.

Ce même samedi, Napoléon apprend avec fureur que Joséphine s'était jetée aux pieds du pape pour lui avouer qu'elle n'était unie que civilement à Bonaparte. Ainsi c'était un sacrilège qui allait être commis le lendemain ! Sa Sainteté s'apprêtait à bénir la concubine de l'Empereur ! Il donnerait la triple onction avec le chrême réservé aux évêques à un couple vivant en état de péché mortel ! Le pape avertit l'Empereur qu'il repartira sur l'heure, à moins qu'avant demain matin, cette faute grave envers l'Église ne soit réparée. Il veut bien sacrer l'Empereur, mais ne tolérera même pas la présence de Joséphine à Notre-Dame.

Napoléon cède, et la cérémonie du mariage est célébrée de nuit, presque clandestinement. Ce n'est pas le curé de la paroisse des Tuileries — celui de Saint-Germain-l'Auxerrois — mais Fesch lui-même qui, sans témoins, unit « M. et Mme Bonaparte ». Il y aura ainsi — Napoléon le pense — deux cas éventuels de cassation...

Tous, ce matin-là, interrogent le ciel. A l'Observatoire, le préposé à « l'état de l'air » écrit sur son registre : « Ciel très couvert, vent nord, brouillard, température — 3,3°. » Va-t-il se mettre à neiger ?

Des milliers d'invités se dirigent vers Notre-Dame, mais, hors des cortèges du pape, de l'Empereur et de l'archichancelier, aucun équipage ne peut dépasser le Palais de justice... Et les badauds s'esclaffent en voyant courir vers Notre-Dame, à travers les rues boueuses et sous la bise glaciale, des femmes décolletées retroussant haut leurs traînes et le bas de leurs robes...

Les invités, au milieu d'un désordre indescriptible, se rangent tant bien que mal sur les banquettes, placées dans la nef perpendiculairement à l'autel. Au fond de l'église, masquant le portail central et obstruant la nef, se trouve un gigantesque échafaudage de carton-pâte où l'on peut lire en lettres d'or les mots : *Honneur, Patrie et Napoléon empereur des Français.*

C'est le trône impérial.

Tout en haut, sur une estrade où on accède par vingt-quatre marches assez raides, on a juché le fauteuil de l'Empereur et, un peu au-dessous, celui, plus petit, de l'impératrice. C'est au pied et autour de ce monument que sont installés le corps diplomatique et les ministres, puis, à mi-chemin entre le trône et l'autel, se sont assis les membres du Sénat et du Corps législatif, les magistrats et les grands officiers de la Couronne. Au premier rang, près de l'autel, les dix archevêques et les quarante évêques, qui ont dû s'habiller à la Préfecture de police... Dans les bas-côtés et les transepts se trouvent massées les délégations et, dans les galeries, les invités.

Vers huit heures trente, au moment où s'ordonne le cortège du pape, un drame éclate devant le pavillon de Flore : le porte-croix, *monsignor* Speroni, refuse de prendre place dans un carrosse ; le cérémonial pontifical l'exige : il lui faut une mule. Il n'y en a pas dans les écuries impériales ; on lui offre un cheval, on lui suggère de faire la route à pied. C'est peine perdue ! Les piqueurs sont bien obligés de se mettre en quête et découvrent enfin un âne chez une fruitière de la rue du Doyenné qui, moyennant soixante-sept francs, accepte de louer son animal. On affuble l'âne d'un caparaçon de velours, en affirmant à Speroni qu'il s'agit d'une mule mal venue, et le cortège, précédé de dragons, peut se mettre en route. Cependant, l'apparition du porte-croix, curieusement coiffé d'un chapeau à trois cornes et monté sur le baudet de la fruitière, déchaîne l'hilarité. Les lazzi fusent :

— Voilà la mule du pape, c'est elle qu'on baise !

Speroni semble ravi et agite sa croix en tous sens. Les rires sont à peine calmés lorsque, derrière les hérauts d'armes, apparaît le carrosse du pape, doublé de velours blanc, surmonté de la tiare pontificale et traîné par huit chevaux gris. Arrivé à l'archevêché, le pape revêt une ample et lourde chape de drap d'or et, par une longue galerie de toile, gagne la basilique, puis va se placer dans le trône qui lui a été aménagé dans le chœur, « dans l'attente d'un pontife qui médite profondément sur les choses du ciel et pour le bonheur de la terre ».

Aux Tuileries, non sans mal, les principaux acteurs de la cérémonie ont revêtu de curieux costumes dessinés par David et Isabey, une manière de compromis entre « l'antique » et Henri III.

Si les femmes se plient à tout dans ce domaine, certains anciens soldats de l'an II déguisés « en mignons » doivent quelque peu hésiter avant de sortir de chez eux en cet équipage...

Avant le départ pour Notre-Dame, les protagonistes de la solennité sont introduits dans l'appartement de Joséphine et restent bouche bée devant l'impératrice « resplendissante de diamants, coiffée de mille boucles comme au temps de Louis XIV ». Elle semble avoir vingt-cinq ans.

— Il est onze heures.

Le canon tonne, annonçant le départ de l'Empereur et de l'Impératrice des Tuileries. Le temps ne s'est pas réchauffé, le ciel demeure couvert, mais la menace d'une chute de neige semble écartée. Cependant le soleil est toujours aussi pâle derrière le brouillard. Le célèbre carrosse étincelant d'or est traîné par huit chevaux, couleur isabelle, richement caparaçonnés. Sur l'impériale de la voiture, on voit, comme sur celle du pape, une couronne d'or soutenue par quatre aigles déployant leurs ailes. « Cette voiture, remarquable par son élégance, sa richesse et les peintures dont elle était ornée, racontera le *Journal des débats*, fixait l'attention autant que le cortège, dont il est difficile de décrire la magnificence. Qu'on se figure sept ou huit mille hommes de cavalerie de la plus belle tenue, entremêlés de groupes de musiciens, défilant entre deux haies continues d'infanterie de plus d'une demi-lieue de longueur ; qu'on y ajoute la richesse et le nombre des voitures, la beauté des attelages, le concours de quatre ou cinq cent mille spectateurs, et l'on n'aura qu'une idée imparfaite du coup d'œil qu'offrait la seule marche du cortège. »

L'ultra des ultras, M. de Frénilly — M. de Frénésie, dira lui-même Louis XVIII — n'est, on s'en doute, point d'accord : « Toute cette pompe n'était qu'une mascarade où chacun essayait son habit, où personne n'avait encore étudié son rôle depuis ce beau baladin de Murat, monté du cabaret de son père au gouvernement de Paris d'où il devait monter sur un trône, depuis les trois sœurs impériales qui avaient quitté le savonnage de leurs chemises à Marseille pour venir empanachées et couvertes de diamants porter la queue de la vieille maîtresse de Barras, depuis cette valetaille de grands officiers installée depuis quinze jours, Montmorency, Cosse, La Trémoille, etc., jusqu'à la petite culotte de peau du 13 Vendémiaire qui figurait dans sa voiture de sacre, en dalmatique et manteau blanc. Il y avait dans cette saturnale de quoi rire ou de quoi pleurer suivant les goûts ou les caractères. »

A l'archevêché, l'Empereur et l'Impératrice revêtent leur « grand habillement », les deux fameux manteaux de velours pourpre cachant en partie la longue robe à l'antique en satin blanc brodé d'or pour Napoléon, la robe de brocart d'argent pour Joséphine. Tout à l'heure, avant le départ des Tuileries, Isabey, dit-on, l'avait aidée à se maquiller, mais elle s'attarde cependant à faire un ultime « raccord ». Enfin, par la longue galerie, le cortège se dirige vers la basilique. Ainsi que prévu, les trois sœurs et les deux belles-sœurs de Napoléon *soutiennent* le manteau de Joséphine, tandis que Joseph, Louis et les deux ex-consuls *portent* celui de l'Empereur. Les maréchaux désignés pour tenir les *honneurs* suivent, habillés de velours bleu, de satin blanc, tout froufroutants de plumes. Les anciens compagnons du général Bonaparte se sont partagés le sceptre en vermeil, la main de justice ornée de perles, et la « boule du monde » également en vermeil... Toutes ces merveilles, ainsi que la couronne de laurier que l'Empereur a sur la tête, ont été confectionnées par le joaillier Biennais dont le magasin porte l'enseigne du *Singe Violet.* La facture s'est élevée à sept mille francs. Kellermann, Lefebvre et Pérignon portent les *honneurs* de Charlemagne...

A l'instant où l'Empereur apparaît dans la nef, tous les assistants se lèvent et crient : *Vive l'Empereur !* « La petite taille de l'Empereur, racontera Mme de Rémusat, se fondait sous cet énorme manteau d'hermine. Une simple couronne de laurier ceignait sa tête ; il ressemblait à une médaille antique. Mais il était d'une paleur extrême, véritablement ému, et l'expression des ses regards paraissait sévère et un peu troublée. »

Les deux orchestres attaquent une marche guerrière Ils joueront presque sans interruption durant la longue cérémonie. Il a fallu établir pour les musiciens douze mille cent trente-sept pages de copie. On voit jaillir des orchestres ces instruments à soutenir la voix des chantres et à qui leur forme curieuse avait fait donner le nom de « serpents ».

Il est midi. La cérémonie commence dans le chœur où sont placés les deux prie-Dieu de l'Empereur et de l'impératrice. Les assistants devineront à peine le déroulement du sacre et du couronnement. Napoléon ne tient nullement à ce que les anciens jacobins le voient à genoux devant le pape, le visage et les mains couverts d'huile...

C'est d'abord le serment religieux : l'Empereur « jure devant Dieu et ses anges de faire et conserver la loi, la justice et la paix de l'Église »... Suivent les oraisons, les interminables litanies du texte revu et expurgé.

« Je ne puis rendre ce que j'ai éprouvé, écrira la duchesse d'Abrantès, lorsque l'Empereur est descendu de son trône et s'est avancé vers l'autel où le pape l'attendait pour le sacrer... Napoléon paraissait fort calme. Je l'examinai — attentivement pour voir si son cœur battait sous la dalmatique impériale plus vivement que sous l'habit de colonel des guides de la Garde ; mais je ne vis rien et pourtant j'étais à dix pas de lui. La longueur de la cérémonie seulement parut l'ennuyer, et je le vis plusieurs fois étouffer un bâillement. Mais il fit tout ce qui lui fut ordonné et toujours convenablement. Lorsque le pape lui fit la triple onction, sur la tête et les mains, je m'aperçus, à la direction de ses yeux, qu'il songeait plutôt à s'essuyer qu'à toute autre chose, et, par l'habitude que j'avais de son regard, je puis dire que j'en suis certaine. »

Après avoir béni les ornements impériaux — l'épée, le globe impérial, le sceptre, la main de justice, le collier — Pie VII consacre les deux anneaux, les deux manteaux et les deux couronnes.

— Recevez cet anneau, déclare-t-il, qui est le signe de la foi sainte, la preuve de la puissance et la solidité de votre empire, par lequel, grâce à sa puissance triomphale, vous vaincrez vos ennemis, vous détruirez les hérésies, vous tiendrez vos sujets dans l'union et vous demeurerez persévéramment attaché à la foi catholique.

« Vous détruirez les hérésies »... Voilà qui allait être contredit tout à l'heure par le serment de l'Empereur garantissant la liberté des cultes !

Le grand moment est arrivé.

Tous les regards convergent vers le coussin de velours pourpre. Napoléon tend la main, saisit la couronne d'or qui étincelle, tourne avec désinvolture le dos au pape, regarde la foule qui retient son souffle, puis pose calmement la couronne sur sa tête...

Le plus étonnant destin de l'Histoire poursuit sa course : l'ancien cadet Napoleone Buonaparte, le général Bonaparte, le consul à vie de la République, est devenu l'empereur Napoléon premier.

Il regarde maintenant Joséphine qui, émue, s'avance vers lui, la traîne de son somptueux manteau d'hermine soutenue par sa fille et ses deux belles-sœurs. Les larmes de l'Impératrice roulent sur ses mains jointes — « qu'elle élevait bien plus vers son mari que vers Dieu », ainsi que l'a dit Laure d'Abrantès.

L'Empereur va accomplir son premier geste de souverain. Il prend avec « une lenteur gracieuse » la couronne de sa femme, la place un instant sur sa tête, comme s'il voulait en quelque sorte l'*impérialiser*, puis la dispose « avec coquetterie » sur le front de sa chère créole.

Joséphine s'est relevée et tous deux, suivis par le pape, se dirigent vers leurs trônes, qui, rappelons-le, sont curieusement perchés en haut d'un édifice élevé pour la circonstance au milieu de la nef. Le *Vivat* éclate.

Le Saint-Père donne l'accolade au nouvel empereur et crie :

— *Vivat Imperator in aeternum !*

— Vive l'Empereur ! Vive l'Impératrice ! répond l'assistance en une longue clameur qui résonne sous les voûtes

L'interminable messe achevée, le pape se rend vers la sacristie. Il préfère ne pas entendre le serment civil que Napoléon d'une voix forte, va prononcer la main sur Évangile — serment qu'il ne pourra d'ailleurs pas tenir :

— Je jure de maintenir l'intégrité du territoire de la République, de respecter et de faire respecter les lois du Concordat et la liberté des cultes ; de respecter et de faire respecter l'égalité des droits, la liberté politique et civile, l'irrévocabilité des ventes des biens nationaux, de ne lever aucun impôt, de n'établir aucune taxe qu'en vertu de la loi, de maintenir l'institution de la Légion d'honneur ; de gouverner dans la seule vue de l'intérêt, du bonheur et de la gloire du peuple français.

Puis le héraut d'armes proclame majestueusement :

— Le très glorieux et très auguste Napoléon, empereur des Français, est sacré et intronisé !

Tandis qu'à l'archevêché, Sa Sainteté « admet que le Clergé de Paris vienne lui baiser les pieds », Napoléon sort de Notre-Dame. La salve de cent un coups de canon se poursuit...

La nuit commence à tomber. Sous un ciel bas et neigeux, le long cortège, encadré de cinq cents porteurs de torches, reprend le chemin des Tuileries par les boulevards et la place de la Concorde, brillamment éclairés de verres de couleur et de lampions. Comme à l'aller, des grappes de pages vert et or s'accrochent devant et derrière la voiture impériale une véritable châsse surchargée de branches d'olivier et de laurier, d'aigles, de palmes, d'armoiries, de couronnes, de figures allégoriques et d'abeilles. C'est « tout un monde qui roule » ! Les trompettes et les timbales des carabiniers précèdent les cuirassiers, les chasseurs à cheval, les mamelouks et l'interminable file des carrosses où ont pris place les membres de la famille impériale et les dignitaires. Mme Letizia boude toujours à Rome... ce qui n'empêchera pas David de la « plaquer comme une enseigne » sur un célèbre tableau qui représente d'ailleurs bien plus le couronnement de Joséphine que celui de Napoléon.

— Ce sera plus gentil comme cela, avait dit la créole au peintre.

Regagnant son appartement, l'Empereur passe devant les dames de la cour, encore revêtues de leur tenue exigée par l'étiquette.

— C'est à moi, mesdames, dit-il en riant, que vous devez d'être si charmantes.

La plus « charmante » est, à ses yeux, Joséphine, et il lui demande de garder sa couronne pour dîner en tête à tête avec lui.

Durant tout ce mois de décembre, Paris est en fêtes et réjouissances. Seul, le ciel ne se met point de la partie : froid, neige, pluie et vent se succèdent. Le temps ne se calme même pas pour la distribution des aigles trois jours après le sacre : des rafales glacées transforment la fête en déroute ! On s'étonne et l'on paraît presque surpris en constatant que Napoléon ne parvienne pas à réglementer le temps... N'a-t-il pas, sur un simple geste, fait venir le successeur de saint Pierre à Paris ? Même les royalistes se taisent, éblouis, et, le 27 décembre, Napoléon pourra dire à juste titre, à l'ouverture de la session législative :

— Si la mort ne me surprend pas au milieu de mes travaux, j'espère laisser à la postérité un souvenir qui serve à jamais d'exemple ou de reproche à mes successeurs.

L'Empereur est parvenu à s'émerveiller et, au cours de la cérémonie du sacre, on l'a entendu dire à son frère :

— Ah ! Joseph, si notre père nous voyait !

Quelques semaines plus tard, le Sénat inaugure la statue de *Napoléon premier, en empereur romain*. Il était sage de le préciser car le souverain était représenté nu comme un ver... Le 26 septembre 1791, le président de l'Assemblée législative, estimant que Louis XVI était seulement « le premier fonctionnaire de la Nation », avait ordonné d'enlever de la salle des séances le trône désormais inutile... Aujourd'hui, le trône est revenu et l'on statufie vivant le nouvel empereur !

L'Italie demeurait encore une république, dont Napoléon était le président. L'empereur des Français considère cette situation comme une anomalie qu'il faut au plus tôt réviser. Il offre d'abord le trône italien à Joseph, en posant, comme condition formelle, pour le futur roi d'Italie, de renoncer à la couronne de France. Joseph, qui se prend pour le fils de « l'empereur Charles Bonaparte », refuse d'abdiquer ce qu'il appelle, sans rire, des droits « issus du vœu populaire »... Napoléon se tourne alors vers Louis et le convoque avec Hortense aux Tuileries.

— Ma politique, leur déclare-t-il, exige que j'adopte votre fils aîné pour le nommer roi d'Italie.

Aussitôt, le visage du lamentable Louis se rembrunit :

— Je ne consentirai jamais à ce que mon fils soit plus que moi !

Napoléon se tourne enfin vers Lucien, lui propose la couronne italienne sous réserve qu'il veuille bien divorcer. Dignement, celui qui, en Brumaire, a mis à son frère le pied à l'étrier, refuse... Napoléon, furieux de l'attitude du clan, sera obligé de coiffer lui-même la couronne et de faire du fidèle Eugène de Beauharnais un vice-roi. Bien sûr, le fils de Joséphine devra se considérer comme une manière de préfet et prendre le moins d'initiatives possible.

Napoléon veut cependant s'offrir le luxe de mettre lui-même sur sa tête la couronne de fer, et il part avec Joséphine pour Milan. En passant par Troyes, il quitte l'impératrice et le « gros du bagage impérial » pour se rendre à Brienne à la rencontre de ses souvenirs d'écolier. Il se donne ainsi deux jours de congé entre deux couronnes...

Mme de Brienne l'accueille au château et le conduit dans la « chambre du roi » — à ce lit devant lequel, petit cadet de l'école, il avait bâillé d'admiration.

— Vendez-moi votre château, demande-t-il à la maîtresse de maison. Veuve et sans enfants, qu'est-ce que Brienne pour vous ? Pour moi, c'est beaucoup.

— Pour moi c'est tout, répond-elle.

Le lendemain, il flâne à travers le jardin et les bâtiments de l'ancienne école. Puis, attristé par l'abandon des lieux, il monte brusquement son cheval arabe et sort de Brienne par la route de Bar-sur-Aube. Il se jette à travers champs, au triple galop, « comme un élève ou un empereur en liberté ». Il veut revoir les lieux que « l'arrière-cadet de Buonaparte » avait si souvent sillonnés jadis. Il est bientôt hors de vue. Caulaincourt, Canisy et sa suite le cherchent pendant près de trois heures. Finalement un coup de pistolet, tiré en l'air par le grand écuyer, rallie Napoléon auprès de ses officiers. Il les retrouve en riant, « heureux qu'il avait été, lui le maître de quarante millions d'hommes, d'avoir été le sien pendant trois heures ! » Son cheval est couvert de sueur, du sang sort de ses naseaux et de sa bouche. L'ancien boursier du roi a dû parcourir au moins — Caulaincourt l'estime — une quinzaine de lieues. Où a-t-il été ? Il n'en sait rien lui-même ! Il a galopé à travers bois, parcouru des champs, traversé des villages. Il a entrevu dans le lointain la silhouette du château de Brienne, et cette image familière a « guidé son retour ».

Vers midi, avant de remonter en voiture, il regarde la plaine s'étendant vers La Rothière et murmure :

— Quel beau champ de bataille on ferait ici !

Pour retrouver ce champ de bataille, il lui faudra attendre neuf années — et il aura alors toute l'Europe lancée contre lui. Ce matin-là — le matin du 1er février 1814 — avant de prendre le chemin de La Rothière où il allait être battu, il évoquera encore ses souvenirs de boursier du roi — et on l'entendra soupirer :

— Pouvais-je croire alors que j'aurais à défendre Brienne contre les Russes ?

Du 24 au 29 avril, il réside à Turin. Le 1er mai, par une coquetterie de gloire, il revêt l'uniforme qu'il portait à Marengo — chapeau galonné, déjà noirci par le temps, et sabre républicain compris — et entraîne Joséphine vers le champ de bataille, où une division exécute rétrospectivement les mouvements accomplis par l'armée le 14 juin 1800. Un « frémissement de douleur » passe dans les rangs lorsque l'Empereur, dans le discours prononcé pour célébrer ce pèlerinage, prononce le nom de Desaix dont le corps sera bientôt transporté à l'hospice du Grand-Saint-Bernard.

Le 6 mai, à Alexandrie, il se dispose à recevoir son frère Jérôme avec lequel il est au plus mal. Cette entrevue va se dérouler après dix jours de pourparlers.

Le plus jeune des Bonaparte — il a quinze ans de moins que Napoléon — est véritablement un plaisant personnage. Lorsqu'il avait atteint sa seizième année, son frère, alors Premier consul, l'avait fait nommer aspirant de marine.

A dix-huit ans — il se trouvait en rade de la Martinique — on avait pris le risque de lui confier le commandement d'un brick. Devenu « maître à bord », il s'empressa — la guerre ayant été déclarée entre la France et l'Angleterre — d'envoyer au feu son navire... après qu'il l'eut abandonné pour aller visiter les États-Unis, où il sema des dettes considérables sur son chemin.

Le frère du citoyen Premier consul était tout bonnement déserteur ! N'ayant pas pris la guerre au sérieux — c'est le moins que l'on puisse en dire — il devait prendre tout aussi légèrement son mariage. Sans l'autorisation de son frère aîné Joseph, de Napoléon, chef de la famille, ou de Madame Letizia — il n'était pas encore majeur — il épousa la Belle de Baltimore, la jolie Élisabeth Patterson et, tout en empruntant sans scrupule aux agents français des milliers de dollars, fila avec sa femme le parfait amour.

Napoléon, qui s'apprêtait alors à monter sur le trône, fut en proie à une colère indescriptible lorsqu'il apprit la nouvelle frasque de l'écervelé. Mais que faire ? L'Atlantique séparait les deux frères...

Alléchés par la pourpre impériale, M. et Mme Jérôme Bonaparte débarquent au printemps 1805 à Lisbonne. Suivant les instructions du maître, le chargé d'affaires de France leur annonce qu'il tient à la disposition du frère de « Sa Majesté impériale » un passeport, mais qu'il est rigoureusement interdit « à la femme avec laquelle il est » — tels sont les propres termes employés par l'Empereur — de pénétrer sur le territoire de l'Empire. « Il faut, avait encore précisé Napoléon, qu'on ne la laisse pas débarquer à Bordeaux, et qu'il lui soit signifié l'ordre de retourner en Amérique. L'appeler *Mademoiselle Patterson* dans la signification qu'on lui fera. Vous sentez combien cette affaire m'intéresse. »

Jérôme prend alors le parti d'aller se jeter aux pieds de son frère ; il est persuadé, assure-t-il à sa femme, d'obtenir son pardon et la reconnaissance de leur mariage. On s'embrasse, on se jure un amour éternel et les époux se séparent...

Ils ne devaient plus jamais se revoir !

Avant que Jérôme ne le rejoigne, l'Empereur écrit d'Alexandrie à son frère, lui précisant qu'il « n'y a point de faute qu'un véritable repentir » n'efface à ses yeux. Mais — et c'est la question primordiale — comment liquider ce stupide mariage ? Napoléon ne s'embarrasse pas pour autant : « Votre union avec Mlle Patterson est nulle aux yeux de la religion comme aux yeux de la loi. Écrivez à Mlle Patterson de retourner en Amérique. Je lui accorderai une pension de soixante mille francs sa vie durant, à la condition que, dans aucun cas, elle ne portera mon nom. »

Durant dix jours, les deux frères négocient un arrangement sans se voir. Jérôme résiste — lutter dix jours contre Napoléon, c'est une performance !... — mais, le onzième jour, il cède et fait sa soumission. Il est enfin reçu et sort une heure plus tard du cabinet impérial « visiblement agité », nous dit un témoin. Résigné, Jérôme a abandonné tout espoir de retrouver sa femme — d'autant plus que la malheureuse, repoussée de tous les ports européens, ira se réfugier en Angleterre où elle mettra un fils au monde... vivante preuve, pour les ennemis de Napoléon, du despotisme impérial. En compensation — le 2 juin — Jérôme sera nommé capitaine de frégate et l'Empereur lui donnera le commandement d'une escadre, en lui écrivant le plus sérieusement du monde : « Ne vous fiez pas sur le nom que vous portez, il est glorieux de ne rien devoir qu'à son mérite. » Jérôme estime le dédommagement insuffisant. De sa propre autorité, il endossera — c'est décidément une habitude ! — un uniforme de capitaine de vaisseau et s'adjugera, en outre, le titre d'*Altesse impériale !* Il multipliera à un tel point ses dépenses que Napoléon, cette même année 1805, écrira : « Mon intention est de le laisser emprisonner pour dettes si cette pension ne lui suffit pas... Il est inconcevable ce que me coûte ce jeune homme pour ne me donner que des désagréments et n'être bon à rien à mon système. »

Après neuf mois de navigation qui le mèneront aux Antilles, Jérôme parviendra à capturer onze navires de commerce anglais. Son vaisseau — le *Vétéran* — ayant réussi à rejoindre Concarneau en dépit de la présence de quatre frégates britanniques, ces faits d'armes lui vaudront le grade de contre-amiral et le titre de prince français... Bien mieux, l'Empereur lui annoncera que, son mariage étant nul, il se trouvera fiancé avec la princesse Catherine, fille du roi de Wurtemberg. Mais, avant de convoler, il lui faudra se couvrir de gloire et l'Empereur le placera — nous serons alors à la veille de la campagne de 1806 — à la tête d'un corps d'armée ! Jérôme général sera aussi ahurissant que Jérôme amiral... Il se contentera d'entrer dans les villes que prendront ses sous-ordres, de distribuer des légions d'honneur à ses amis, de faire des dettes et de mener galante vie.

Le 26 mai 1805, le couronnement a lieu dans la cathédrale de Milan, tendue de gaze et de crêpe — le style gothique n'est pas plus apprécié dans la capitale de la Lombardie qu'à Paris. Joséphine, qui ne sera pas couronnée, regarde la cérémonie d'une tribune. L'Empereur emprunte la galerie qui a été construite afin de lui permettre de se rendre du palais à la cathédrale Saint-Ambroise. Le sol est recouvert de tapis multicolores. On était allé chercher à Monza la célèbre couronne de fer, et le nouveau roi d'Italie la tient à la main en pénétrant dans le Duomo, comme s'il s'agissait d'un chapeau. Suivent les dignitaires portant, comme à Notre-Dame, les honneurs dits de Charlemagne. La couronne lombarde déposée sur l'autel, Napoléon, après que l'archevêque de Milan l'eut bénite, « l'enfonce hardiment plutôt qu'il ne la pose sur sa tête », en prononçant les paroles sacramentelles :

— *Dio me l'ha data, guai a chi la torchera !* — Dieu me l'a donnée, gare à qui la touchera !

« Ce que l'on ne saurait se figurer, nous dit un témoin, c'est l'expression de la physionomie de l'Empereur en ce moment : elle était rayonnante de joie. »

Quelques jours plus tard, le Sénat de la république de Gênes, à la demande de son doge, sollicite, par vingt voix sur vingt-deux, sa réunion à l'Empire. En apprenant ces nouvelles, le tsar s'exclamera :

— Cet homme est insatiable, son ambition ne connaît pas de bornes, il est un fléau pour le monde, il veut la guerre, il l'aura, et le plus tôt sera le mieux !

Déjà, avant le couronnement, les Alliés s'étaient concertés pour la formation d'une troisième coalition. La Russie, prenant la tête des opérations diplomatiques, avait envoyé des émissaires à Londres, à Berlin, à Stockholm et à Vienne. Hors la Prusse, désireuse de demeurer neutre — non par goût, bien sûr, mais par prudence — tous avaient promis des subsides ou des troupes afin de prendre le nouvel empire à la gorge. L'Autriche — le 6 novembre 1804 — avait signé une convention avec le tsar, promettant d'aligner deux cent trente-cinq mille hommes.

Napoléon couronné roi d'Italie, il y avait là de quoi alarmer l'empereur François, ancien maître d'une partie de la péninsule. La France et l'Autriche n'avaient-elles pas désormais une frontière commune ? Vienne avait intérêt, pour ne pas être dévorée, à pousser ses armements ! De son côté, l'Angleterre, le 11 avril 1805, se liait avec la Russie par un traité d'alliance, « pierre angulaire » de l'édifice qui, dans la pensée du tsar, s'élevait pour rendre la paix à l'Europe. Il s'agissait de construire un barrage — pour ne pas dire un garde-fou — qui s'opposerait aux débordements français. Le sage traité secret signé par les puissances acceptait de laisser à la France la frontière de la Moselle et du Rhin, Londres semblait alors faire son deuil d'Anvers. En revanche, il était précisé que l'Italie, tout en étant un royaume gouverné par un napoléonide, ne devrait *jamais* être réunie à la France.

Quel prétexte l'Europe invoquera-t-elle pour rompre la paix ?

Le 5 août 1805, Voronzov l'explique sans ambages : « Quant au motif et à là justice d'une coalition contre Bonaparte, elle ne peut être reconnue que comme juste et nécessaire par ses infractions des traités d'Amiens et de Lunéville, sa royauté de l'Italie, l'usurpation de Gênes, et enfin tout ce qu'on peut attendre de son audace et de la puissance énorme et gigantesque qu'il s'est formée et qui menace toute l'Europe. »

Pour l'instant, Napoléon ne s'inquiète pas outre mesure des bruits de bottes qui viennent de Russie ou d'Autriche. Abattre l'Angleterre lui semble son objectif principal et il attache, de ce fait, une importance capitale aux mouvements et aux buts assignés à ses armées navales : « Elles auront une grande influence sur les destinées du monde », affirme-t-il. Au début de l'année, il a envoyé à ses amiraux l'ordre de partir « dans le plus court délai », avec toutes leurs escadres, pour la Martinique.

Au total, les forces ainsi réunies devraient former une armada de quarante à cinquante vaisseaux de ligne. Pourquoi les envoyer ainsi, chacune de leur côté, rallier la lointaine mer des Caraïbes ? L'Empereur pensait, de cette manière, dérouter les Anglais et essouffler Nelson parti à la poursuite de Villeneuve commandant la flotte de Toulon. Les escadres françaises ainsi rassemblées, sous le commandement de Ganteaume, reviendraient vers l'Europe, attaqueraient les vaisseaux anglais qui pourraient se trouver au travers d'Ouessant, forceraient ensuite le passage de la Manche, et occuperaient enfin le détroit du Pas de Calais pour protéger le futur débarquement de l'armée impériale en Angleterre... Tel était le plan mûri par Napoléon durant les premiers mois de l'année 1805 — plan que les marins d'aujourd'hui considèrent comme moins extravagant que certains l'ont pensé.

Pour lui, traverser deux fois à la voile l'Atlantique paraissait aussi simple que d'ordonner à quelques brigades légères d'aller se cacher derrière un mamelon et de surprendre l'ennemi en surgissant le moment venu sur un champ de bataille...

Le projet va se trouver mis en échec par les courants, le calme plat et les marées qui semblent dédaigner les plans impériaux et obéir aux ordres de l'Amirauté britannique :

Le 6 juillet, Napoléon quitte brusquement — et fébrilement — Gênes pour Paris. Tout en roulant vers la capitale, il demeure hanté par les mouvements que doivent exécuter ses escadres, obéissant aux ordres portés par des corvettes que l'Empereur est très étonné de ne pas voir bondir sur les flots... Puisqu'il lui faut faire son deuil de la concentration martiniquaise, le regroupement devra se faire au large des côtes françaises. L'amiral Villeneuve, avec toutes ces forces réunies, manœuvrera de manière à bousculer les soixante-dix bâtiments de la croisière britannique qui, dans le *Channel* continue à monter la garde et à former une barrière qui, du camp de Boulogne, paraît infranchissable.

En résumé, il le répète, la flotte française devra se rendre maîtresse du Pas de Calais, ne fût-ce que durant trois, quatre ou cinq jours... Ces quelques jours que Napoléon mendie presque à ses amiraux, et qui doivent lui permettre — du moins il le pense — d'envahir enfin la perfide Angleterre.

Lorsque, le 3 août, l'Empereur arrive au charmant petit château de Pont-de-Briques, tout semble prêt pour l'invasion des îles Britanniques. Déjà les premières médailles commémoratives de la descente en Angleterre ont été frappées ! Déjà la troupe du Vaudeville a reçu l'ordre de se préparer à s'embarquer, elle aussi, afin de donner des représentations du répertoire français à Londres !... Vingt millions de cartouches attendent d'être réparties entre les hommes des « armées des côtes de l'Océan ». Les caisses que les chaloupes et les *prames* emporteront le jour « J » sont rassemblées. Napoléon l'a décidé : le débarquement — sur un front d'une largeur de deux cents bâtiments — se fera sur la côte à treize kilomètres de Douvres, à l'endroit même où Jules César avait pris terre autrefois. Point de direction : Londres, par Cantorbéry et Chatham. Peut-être — car ceci est également prévu, nous apprend Albert Chatelle — les Anglais tenteront-ils « une dernière défense » à dix kilomètres de Londres à Bleakheath où Cromwell avait jadis mis en déroute les troupes de Charles Ier. Les projets les plus extravagants sont agités. Un membre de l'Académie des sciences propose le plus sérieusement du monde au maréchal Davout la création d'un corps de marsouins montés. L'équipement prévoit selle, mors et brides. Si le marsouin, attiré par quelque sardine, désarçonnait son « cavalier », il était conseillé de doter celui-ci de deux vessies natatoires...

Boulogne a la fièvre, comme toute la France, une *fièvre de guerre*, ainsi que l'a baptisée *le Moniteur*. Le moral de la troupe est excellent « Les Anglais ne savent pas ce qui leur pend à l'oreille ! annonce Napoléon au ministre Decrès. Tout est ici en bon train ; si nous sommes maîtres douze heures de la traversée, l'Angleterre a vécu ! »

Ah ! si Villeneuve pouvait arriver ! Il se voyait déjà débarquant, entrant dans Londres puis, rapidement, après avoir organisé sa conquête, faisant volte-face vers l'Allemagne afin de se porter au-devant de la lente concentration des troupes austro-russes. Napoléon n'ignore rien en effet de ce qui se passe derrière l'Inn. Le 5 août, Laforest affirmait à Hardenberg :

— L'Empereur pénètre toutes les vues de ses ennemis et en embrasse d'un coup d'œil rapide les conséquences les plus éloignées.

Napoléon compte, en effet, prévenir l'attaque des nouveaux alliés et se trouver « à Vienne avant le mois de novembre prochain ». Pour l'instant, l'Empereur s'imagine toujours que le chef de la flotte combinée et l'amiral Ganteaume qui se trouve à Brest ont pu se joindre et que leurs voiles arriveront ensemble, et à temps, devant Boulogne pour participer au grand projet. Malheureusement, le 25 août, il est informé que Villeneuve, après avoir croisé durant treize jours au large des côtes espagnoles, est revenu à Cadix. L'Empereur ne trouve pas de mots pour qualifier cette « conduite infâme ». Tout est désormais perdu ! Comment traverser le Pas de Calais, ayant en face de soi l'importante et menaçante croisière britannique ? Napoléon établit un nouveau plan : « Dès ce moment, écrit-il à Talleyrand, je change mes batteries... Il s'agit de gagner vingt jours et d'empêcher les Autrichiens de passer l'Inn pendant que je passerai le Rhin... Ils ne s'attendent pas avec quelle rapidité je ferai pirouetter mes deux cent mille hommes. »

Il ne laissera, face à l'Angleterre, que vingt-cinq mille soldats — ce qui sera pleinement suffisant pour éviter toute velléité d'un débarquement britannique. Bien entendu, l'Empereur ruse et fait répandre le bruit que seulement trente mille hommes de l'armée des côtes de la Manche vont se diriger vers le Danube :

— Quand j'aurai donné une leçon à l'Autriche, je reviendrai à mes projets.

Et le formidable *demi-tour* en avant marche s'ordonne avec une précision mathématique. « Les camps de Boulogne, d'Ambleteuse, d'Amiens, de Saint-Omer, racontera le capitaine Aubry, s'ébranlent au son des tambours, des trompettes, des musiques. C'est un brouhaha, un vacarme, un enthousiasme qu'on ne peut imaginer. »

Nuit et jour, les hommes marchent vers le Rhin. « Nous inondons les villes et les villages... la joie est sur tous les visages et dans les cœurs. »

L'armée de Boulogne traverse la France — en dormant... « On se tenait par rang les uns aux autres pour ne pas tomber, dira le capitaine Coignet, ceux qui tombaient, rien ne pouvait les réveiller. Il en tombait dans des fossés, les coups de plat de sabre n'y faisaient rien du tout. La musique jouait, les tambours battaient la charge, rien n'était maître du sommeil... »

L'Empereur a tout prévu, tout coordonné, tout réglé, il dicte à Daru, « frappé d'admiration », l'itinéraire des sept torrents qui traverseront le nord de la France et marcheront au bruit « des lourds canons roulant vers Austerlitz ». Lorsque Napoléon, en cours de route, rencontre quelque petite unité égarée, sans consulter la moindre note, il lui indique son gîte d'étape.

De quelles forces au juste va-t-il pouvoir disposer, puisqu'il a dû laisser vingt-cinq mille hommes à Boulogne et cinquante mille en Italie, sous le commandement de Masséna ? La « grande armée » impériale d'Allemagne peut aligner cent quatre-vingt-six mille Français et trente-trois mille Bavarois, Badois ou Wurtembergeois, ses nouveaux alliés. En face, deux cent quarante-cinq mille Autrichiens et Russes, auxquels il faut ajouter cinquante mille Anglais, Suédois et Napolitains qui ont décidé de se mettre de la partie. La disproportion des forces n'effraie pas l'Empereur. Un seul point l'inquiète : la Prusse. Si elle se tourne contre lui, Napoléon aura deux cent mille hommes de plus à combattre ! Fort heureusement, en dépit de la pression exercée par le tsar, Frédéric-Guillaume tergiverse. Il faut donc le gagner de vitesse :

— Le temps presse, déclare Napoléon, et les jours sont des années !

En passant par Saint-Cloud, ses ministres remarquent son air d'allégresse :

— Avant le 12 octobre, l'Autriche sera déchirée, prédit-il.

En attendant, les Autrichiens passent à l'offensive et attaquent l'Électeur de Bavière, allié de l'Empereur.

La reprise de la guerre sur le Continent — et de l'inévitable conscription — ne réjouit personne. La paix a été de si courte durée ! Vienne attaque Munich ? Mais Munich n'a jamais été occupée par la France ! Les stratèges des carrefours ne comprennent pas pourquoi l'agression autrichienne doit forcément déclencher un conflit national ! Et la presse, qui se fait trop ouvertement l'écho de l'opinion, s'entend reprocher par le maître de ne pas avoir le cœur assez français. La Bourse baisse, les faillites se multiplient. Napoléon le constate avec amertume : la Banque de France, elle-même, éprouve « de l'embarras ». On s'attroupe devant les guichets où il faut faire la queue durant plus d'une heure pour changer les billets contre de l'or. Napoléon a besoin d'argent et la Banque pour répondre aux demandes a dû recourir à l'inflation. Le billet se trouve déprécié de dix pour cent. Il s'agit de remplir les caisses ! Ainsi que le constate l'Empereur :

— Ce n'est pas ici que je puis y mettre ordre.

C'est au soir d'une bataille victorieuse ! Il en est de même pour le mécontentement général. De nouveau, comme à la veille de Marengo — et il en sera ainsi durant encore dix années — Napoléon ne peut être vaincu sans voir s'écrouler son empire : il est condamné à vaincre toujours.

L'Empereur a retrouvé l'armée à Strasbourg. Le 1er octobre, les divisions franchissent le Rhin. Les soldats portent de petites branches d'arbres fixées au revers de leurs uniformes, en guise de lauriers, et, sous une pluie battante, défilent devant leur dieu. Les cris de *Vive l'Empereur* poussés par les troupes lui font chaud au cœur, mais il ne se laisse pas distraire de ses pensées. Mack, à la tête de quatre-vingt mille Autrichiens, s'est avancé en Bavière et occupe Ulm, au bord du Danube. Le plan de l'Empereur consiste, le Rhin franchi, à opérer un vaste mouvement en éventail vers le sud, un demi-cercle, afin de tomber sur l'ennemi, le tourner et déborder la place. Ainsi, il coupera toute possibilité de retraite vers Vienne aux Autrichiens.

Et la campagne commence, au pas de charge, et sous une pluie qui tombe inexorablement. Le 7 octobre, Napoléon est déjà parvenu à Donauwörth, en aval d'Ulm, où il assiste au passage du Danube par la Garde. En dépit des nuages qui se déversent sur les grenadiers et les chasseurs, la tenue de marche est impeccable : en frac, col noir, guêtres grises, le chapeau et la capote roulés sur le sac, le plumet ficelé sur le fourreau du sabre.

Napoléon marche sous la pluie, comme eux, se moque de la neige et du vent, comme eux ! Avec quelle adresse, aussi, il sait leur parler : « Il nous haranguait à la manière des empereurs romains, écrira l'un d'eux, parlait de la situation de l'ennemi, d'un projet d'une grande bataille, et de la confiance qu'il avait en nous ! »

Les troupes que le général Karl Mack, « pelotonné » dans Ulm, vient d'appeler du Tyrol à son secours, ont été rencontrées par Murat à Wertingen, et dispersées ! Napoléon — le 10 — a couché à Augsbourg chez l'Électeur de Trèves ! Le général autrichien apprend avec ahurissement que les trois ponts qui enjambent le Danube entre Ulm et Donauwörth ont été pris. Et Ney — du côté d'Elchingen — est en train de forcer le fleuve, par un quatrième passage situé derrière Ulm !

L'archiduc Ferdinand parvient cependant à quitter Ulm à la tête de vingt mille hommes et à foncer vers la Bohême. Murat va se lancer à sa poursuite, le rattrapera et s'emparera de douze mille prisonniers, de sept généraux, et du trésor de l'armée.

Et Mack ?

Il est resté dans Ulm avec trente mille hommes.

Au matin du 16 octobre, d'une hauteur exposée au feu de l'ennemi, Napoléon regarde le spectacle : Ulm est là, au-dessous de lui, comme une belle proie qu'il va pouvoir cueillir. La place — relativement petite — est en effet mal défendue. La garnison tente une ultime sortie. Les dragons de La Tour chargent, les chasseurs à cheval de la Garde et les mamelouks mettent le sabre à la main et, en quelques instants, la mêlée devient effroyable. « Les hommes, rapportera le capitaine Krettly, luttaient corps à corps sur leurs chevaux, enfoncés dans la boue jusqu'à l'étrier. Si près les uns des autres nous ne pouvions nous servir de la pointe de nos sabres, et nous frappions à la figure de notre lourde poignée. »

Les cavaliers ennemis se replient et l'Empereur ordonne de commencer le bombardement de la ville.

Finalement, Mack accepte de capituler sans conditions. Le 20 octobre, la garnison d'Ulm prisonnière, soit vingt-sept mille hommes, dix-huit généraux, quarante drapeaux et soixante canons attelés, défile devant Napoléon. Trois mille blessés sont restés dans la ville. Descendu de son cheval blanc, l'Empereur va se placer devant ses généraux. Il porte sa redingote grise et son « mauvais chapeau ». A droite et à gauche se rangent les corps de Ney et de Marmont dont les armes demeurent chargées. Le premier, le général vaincu s'avance et tend son épée à l'Empereur en s'exclamant :

— Voici le malheureux Mack !

En défilant, les prisonniers ralentissent leur marche. Beaucoup crient : *Vive l'Empereur !* « Un pareil spectacle ne peut se rendre, écrira le maréchal Marmont bien des années plus tard, et la sensation en est encore présente à mon souvenir. De quelle ivresse nos soldats n'étaient-ils pas transportés ! »

Après être resté quelques jours en Bavière, Napoléon reprend la route vers Vienne où la famille impériale s'apprête, dans la neige et le froid, à fuir les soldats de « l'Ogre de France ». Une fausse nouvelle fait croire à la victoire des troupes autrichiennes. Et une petite archiduchesse nommée Marie-Louise écrit : « Nous avons appris avec joie que Napoléon était présent à la grande bataille qu'il a perdue. Puisse-t-il aussi perdre la tête ! On fait ici beaucoup de prophéties sur sa fin prochaine et l'on dit que c'est à lui que s'applique l'Apocalypse. On affirme qu'il doit mourir cette année à Cologne, dans une auberge appelée *A l'Écrevisse Rouge.* Je n'attache pas grande importance à toutes ces prédictions, mais comme je serais heureuse de les voir se réaliser ! »

Le dimanche 10 novembre, Napoléon arrive au monastère bénédictin de Melk, la plus belle abbaye peut-être du XVIIIe siècle, assurément la plus vaste. Et, aujourd'hui, lorsque, arrivant par le plateau, on découvre la longue façade *jaune Marie-Thérèse* et l'église baroque dominant la prenante vallée du Danube, on demeure le souffle coupé.

L'Empereur s'installe dans l'appartement impérial chauffé par de grands poêles de faïence blanche, trois vastes pièces que Marie-Antoinette, se rendant en France pour épouser le dauphin, avait occupées avant lui, pour passer sa première *Nachtstation.*

Le 13 novembre, Vienne se rend à Murat. « C'est un enivrement, raconte Thiébault, que d'entrer après cent lieues de victoires dans la capitale de l'ennemi, surtout quand cette capitale est celle des modernes Césars. » Les Viennois regardent, abasourdis, le spectacle. La garde nationale fait la haie et ses drapeaux s'inclinent devant les aigles.

— Je n'ai jamais été si fier d'être français, s'exclame un soldat.

Ce même mercredi soir, tandis que l'armée poursuit les Russes en direction du nord, Napoléon, « un peu fatigué », il l'avoue, arrive à Schoenbrunn. La noble façade — elle aussi « jaune Marie-Thérèse » — lui plaît. Il gravit rapidement l'escalier bleu et traverse les appartements d'apparat où s'épanouissent les enflures et les rotondités blanc et or du baroque. A-t-il jeté un coup d'œil sur le plafond de l'admirable galerie où, au milieu de nuées d'azur, trône Marie-Thérèse couronnée ? En tous les cas, le souvenir de « la grande reine », ainsi qu'il l'appelle, demeure présent à son esprit, puisqu'il en parle dans le *Bulletin* du surlendemain. Il a choisi la vaste chambre dont les fenêtres donnent sur le parc qui s'achève par les arcades de la Gloriette se découpant sur le ciel. Entre ces murs ornés de tapisseries bruxelloises dues au talent de Van den Bosch, son fils rendra le dernier soupir... Mais qui peut prévoir l'avenir ? Le présent n'est-il pas déjà incroyable ? Aujourd'hui, en six semaines, toute l'Autriche, du Danube à l'Italie, est conquise. L'armée de quatre-vingt mille hommes est anéantie ! Trente mille prisonniers, quatre-vingt-six drapeaux partent pour la France. Enfin, pour la première fois, Napoléon loge dans le palais même d'un souverain qu'il a vaincu.

Tel est le résultat de la pirouette qui, en quelques semaines, a conduit l'Empereur du Pas de Calais au cœur de l'Europe — et ce tour de force fera heureusement passer au second plan le désastre français de Trafalgar, dont on recevra, le 16 novembre, la tragique nouvelle.

Le 20 novembre 1806, Napoléon qui s'est porté à la rencontre des Austro-Russes, quitte Brünn et gravit, à la sortie de la ville, la longue côte de la route d'Olmütz, actuellement Olomouc.

Il va choisir son champ de bataille.

Où se trouve l'ennemi ? Sa grand-garde se tient vers Olmütz, exactement à Wischau — Vyskov, en tchèque. C'est donc bien, à mi-chemin, du côté d'Austerlitz — aujourd'hui Slavkov — que l'on se battra. La route monte et descend épousant les molles ondulations des collines — cette route dont le tracé n'a pas changé et qui va jouer un grand rôle dans l'histoire des journées qui vont suivre. Ce jour-là, l'artillerie et l'immense charroi l'empruntent afin d'aller prendre leurs positions.

Après avoir franchi une dizaine de kilomètres, l'Empereur remarque sur sa droite, en avant du hameau de Schlapanitz, à 200 mètres de la route, un monticule. Aussitôt, Napoléon se dirige vers lui : il s'agit du tertre de Zuran — un ancien tumulus tartare — d'où l'on domine un fort beau paysage. Arrêté en haut de la butte, Napoléon, immobile, regarde.

C'est là qu'il battra l'ennemi !

Devant lui, la plaine descend en pente douce vers une très modeste vallée où coule, du nord au sud, la Goldbach — la Basantnice — un humble ruisselet qui traverse, ou borde, une série de villages : Girzhowitz, Puntowitz, Kobelnitz, Sokolnitz, Telnitz et Moenitz. Peu après le lit incertain de la Goldbach, se dresse, vers l'est, une colline longue de 5 à 6 kilomètres : le plateau de Pratzen, qui va entrer dans l'Histoire. Il limite tout l'horizon et se trouve couronné par deux mamelons : le Pratzberg, à droite, et le Stary-Vinohrady à gauche. Il est bon de le préciser, le tertre de Zuran où se tient l'Empereur a une altitude de 197 mètres, tandis que le ruisseau coule à 90 mètres plus bas, et que les deux hauteurs s'élèvent, la première à 324 mètres et la seconde à 298 mètres. Entre ces deux croupes, on devine une manière d'ensellement où s'est niché le charmant village de Pratzen — Prace aujourd'hui — dont la petite église recouverte de crépi jaune — son aspect n'a pas changé — est construite sur une butte plantée d'acacias et de noyers. Avec sa lunette, Napoléon peut encore distinguer à sa droite, à l'extrémité sud du plateau, la chapelle Saint-Antoine entourée de cerisiers qui surplombe presque le village d'Aujzd — Ujezd.

Pour l'instant, les troupes françaises occupent tous ces hameaux, campent sur les deux hauteurs couronnant le plateau et même, au-delà, derrière Pratzen, se sont installées au village de Krenowitz — Krenovice — et encore plus au loin, vers l'est, tiennent solidement le bourg plus important d'Austerlitz.

Durant une semaine, l'Empereur va parcourir le futur champ de bataille, dont il connaîtra bientôt le terrain « aussi bien que les environs de Paris », nous précise l'un de ses familiers. Toute la déclivité et les creux des petites carrières qui, lorsqu'on vient d'Olmütz, précèdent le tertre de Zuran serviront aux dépendances du grand quartier général. Durant dix jours, ce sera là un incessant va-et-vient de courriers, d'estafettes, d'aides de camp, d'officiers d'ordonnance en uniformes dorés et multicolores, un perpétuel piétinement d'hommes et de chevaux. L'endroit est bien choisi. Il y a même là, en contrebas du mamelon, à gauche de la route, juste avant la côte, une auberge, celle de Gandie — ou de Kandia — dont l'intérieur est de nos jours à moitié en ruine.

Minutieusement, au pas de son cheval, l'Empereur étudie le terrain. A 1 500 mètres en avant du tertre de Zuran, la chaussée monte le flanc d'une colline surmontée, à gauche de la route, d'une véritable verrue sur laquelle s'élève une chapelle — la chapelle Sainte-Marie. C'est le Bosenitz-Berg que les anciens soldats d'Égypte ont vite surnommé le Santon, car cette hauteur leur rappelle les tertres de Palestine coiffés d'un marabout — autrement dit d'un *santon.* Un nom qui se trouvera bientôt, lui aussi, dans toutes les bouches, et a prévalu aujourd'hui sur son ancienne dénomination. Encore un peu plus loin, à près d'une lieue, une route se détache de la chaussée d'Olmütz et se dirige vers la Hongrie. Napoléon s'y engage, ce qui va lui permettre de passer derrière le plateau de Pratzen. Après une descente, il atteint Austerlitz occupé par les troupes de Soult.

D'Austerlitz, Napoléon va d'ailleurs contourner la colline de Pratzen, pour se rendre d'abord à Aujzd — Ujezd-u-Brno — dont, rappelons-le, il a vu du tertre de Zuran, avec sa lunette, la chapelle Saint-Antoine. Il poursuit son chemin vers la Goldbach. Cette dernière est d'humeur paresseuse. Elle traîne tant — elle et ses modestes affluents — qu'elle a formé avec la Littawa, ce ruisseau qui longe le bord oriental du plateau, des marais et trois larges étangs recouverts de glace — on est en frimaire. Ils sont aujourd'hui asséchés, mais on en devine encore fort bien les berges entre les villages d'Aujzd, de Telnitz et de Moenitz, et — surtout — devant Satschan, le village tchèque de Zatcany. Suivant le bord occidental du plateau, on imagine maintenant l'Empereur remontant vers le nord, traversant Sokolnitz, Kobelnitz et atteignant le bourg de Pratzen qui sera le cœur de la bataille.

Napoléon, au soir du 28 novembre, prend une nouvelle fois la route d'Olmütz. Il dépasse d'abord son quartier général, longe le Santon et va au-delà du croisement de la route de Hongrie. Il s'avance vers le quartier général de Murat installé dans la maison de poste de Posorsitz — *Pozoricza Posta.* Sa façade sans étage, aux huit fenêtres à petits carreaux grillés, borde toujours la chaussée en haut de la descente vers le hameau.

C'est là, en attendant l'Empereur, que se déroule une scène qui aura des répercussions infinies. Lannes vient d'arriver. Murat et Soult lui font un tableau bien noir de la situation. Selon les derniers renseignements reçus aux avant-postes, l'armée russe serait forte de quatre-vingt-treize mille hommes et posséderait deux cent soixante-dix-huit canons. L'Empereur ne peut leur opposer que soixante et onze mille hommes — si Davout et Bernadotte le rejoignent en temps voulu ! Et il n'a que cent trente-neuf pièces d'artillerie ! Il faut se replier ! Lannes approuve et, à la demande de ses deux camarades, commence une lettre destinée à l'Empereur.

Soudain, la porte s'ouvre. C'est Napoléon.

— Eh bien, messieurs, nous sommes bien ici ? demande-t-il en s'approchant du feu.

— Ce n'est pas ce que nous pensons, s'exclame Lannes, et j'écrivais à Votre Majesté pour le lui dire.

Napoléon tend la main, lit la lettre et s'étonne :

— Comment, Lannes conseille la retraite ! C'est la première fois que cela lui arrive. Et vous, maréchal Soult ?

— De quelque manière, répond celui-ci, que Votre Majesté emploie le 4e corps, il lui fera raison de deux fois son nombre.

C'est là, pour Lannes, une traîtrise.

— Il n'y a pas un quart d'heure que je suis ici, lance-t-il avec colère. Je ne sais sur notre position que ce que ces messieurs m'en ont dit ; c'est sur leur affirmation que s'est fondée mon opinion, comme c'est d'après leurs instances que je vous écrivais ; la réponse du maréchal Soult est donc une *jeanfoutrerie,* à laquelle j'étais loin de m'attendre, que je tiens à offense et dont j'aurai raison.

L'Empereur a écouté sans mot dire.

Selon son accoutumée, les mains derrière le dos, il fait les cent pas d'un mur à l'autre de la pièce. Soudain, il s'arrête et annonce :

— Et moi aussi, je juge une retraite nécessaire...

Il ouvre la porte et fait appeler Berthier. Les maréchaux ont le sourire. En réalité, Napoléon est résolu à mettre le plus tôt possible son plan en action.

Un plan célèbre par sa hardiesse.

Ses troupes, rappelons-le, tiennent actuellement Austerlitz, et tout le plateau de Pratzen. Napoléon ordonne d'évacuer dès l'aube du lendemain ces deux positions clefs qui seront, il le prévoit, aussitôt occupées par les Austro-Russes. Il décide de fortifier sa gauche. Sur le Santon même — le sommet, alors dégagé d'arbres dont il est maintenant recouvert, se présentait comme une vraie plate-forme — on placera l'artillerie du général Claparède. Au centre, sur la rive gauche de la Goldbach, entre les villages et le bas du plateau, Napoléon concentrera le principal de ses forces. Sa droite, aux effectifs réduits, devra être placée en retrait — en échelon refusé en quelque sorte — et s'appuiera, vers le sud, aux villages de Sokolnitz, de Telnitz et de Moenitz.

Napoléon dicte en somme là le plan de l'adversaire ; il l'incite, après avoir occupé le Pratzberg et le Stary Vinohrady, à quitter le plateau pour descendre vers Aujzd et à attaquer la droite française, cette droite volontairement dégarnie et faible. Dès que le plateau et ses deux mamelons seront en partie évacués, Napoléon attaquera au centre, occupera Pratzen et se rabattra à gauche et surtout à droite, sur l'ennemi.

Afin de duper encore plus sûrement l'adversaire, Napoléon, le 29 novembre, délègue Savary auprès du tsar pour lui proposer une entrevue « demain à l'heure qui lui conviendra, entre les deux armées ». Alexandre est d'autant plus persuadé que Napoléon est anxieux, qu'il a appris à son réveil le repli des troupes impériales. Il le proclame : les Français refusent le combat et se replient sur Vienne ! Il ne peut soupçonner la vérité, le repli stratégique de Napoléon ressemble tant à une retraite ! Aussi se contente-t-il de faire raccompagner Savary par le prince Dolgorouki, son premier — et fort jeune — aide de camp. L'Empereur se trouve alors à son quartier général, derrière le tertre de Zuran. Dès qu'il apprend la présence du prince, il monte à cheval et galope, à sa rencontre, vers la grand-garde, avec tant de hâte que son piquet d'escorte a bien du mal à le suivre. Le prince — un blanc-bec prétentieux, un « polisson », selon l'expression même de l'Empereur — attend sur la chaussée de Brünn à Olmütz, non loin de la route se dirigeant vers Austerlitz, lorsqu'il voit surgir, racontera-t-il, « une petite figure fort sale et mal accoutrée »...

C'est Napoléon.

Vite, l'Empereur entraîne l'aide de camp sur la route et le laisse parler. Dolgorouki d'emblée prend un ton hautain qui déplaît à Napoléon. « J'eus avec ce freluquet, écrira l'Empereur au futur roi de Wurtemberg, une conversation dans laquelle il me parla comme il aurait pu parler à un bagnard qu'on voudrait envoyer en Sibérie. »

— Mon maître, poursuit le prince, ne combat que pour l'indépendance de l'Europe, pour la Hollande et pour le roi de Sardaigne.

— La Russie, répond Napoléon, doit suivre une tout autre politique, et ne se préoccuper que de ses propres intérêts.

Cependant, l'Empereur, déjà quelque peu agacé par les manières arrogantes du « freluquet », se contraint pour demander à quelles conditions le tsar accepterait de faire la paix. Le prince Dolgorouki qui prend l'extrême modération de l'Empereur « pour une marque de grande terreur » — et Napoléon fera tout pour le laisser s'ancrer dans cette attitude — ne se départ point de son arrogance et laisse tomber de ses lèvres dédaigneuses les « conditions » de son maître : la couronne de fer sur la tête du roi de Sardaigne — avec Gênes et une partie des autres départements français d'Italie —, la renonciation à la rive gauche du Rhin, l'abandon de la Belgique et de la Hollande données à un prince de Prusse ou d'Angleterre.

Abandonner même les conquêtes de la Révolution ? Cette fois, l'Empereur explose :

— Quoi ! Bruxelles aussi ? Mais nous sommes en Moravie, et vous seriez sur les hauteurs de Montmartre que vous n'obtiendriez pas Bruxelles !

Dolgorouki, comme s'il n'avait pas entendu, offre à l'Empereur « de le laisser se retirer sain et sauf derrière le Danube, s'il promettait d'évacuer sur-le-champ Vienne et les États héréditaires ».

Napoléon, dont la colère monte et fait briller les yeux, s'écrie :

— Eh bien, nous nous battrons ! Retirez-vous ! Allez, monsieur, allez dire à votre maître que je n'ai point l'habitude de me laisser insulter ainsi, retirez-vous à l'instant même !

Le prince Dolgorouki raccompagné jusqu'aux avant-postes russes, la fureur de Napoléon ne s'apaise pas. Les officiers le voient fouetter la terre de sa cravache, tout en s'écriant :

— L'Italie !... Qu'eussent-ils donc fait de la France si j'eusse été battu ? Mais puisqu'ils le veulent, je m'en lave les mains, et, s'il plaît à Dieu, dans les quarante-huit heures je leur donnerai une leçon sévère !

Le « polisson » de Dolgorouki n'a rien compris. Il croit — il l'affirmera au tsar — que « Napoléon tremblait de peur ».

— L'avant-garde alliée suffira à le battre, ajoute-t-il en haussant les épaules.

Aussi, trois jours avant la bataille, au camp russe, l'euphorie — dangereuse — demeure totale ! Quant à Napoléon, il sait maintenant que, en dépit de ses efforts sincères, il va falloir en venir aux mains. Une fois de plus — et le répéter devient un leitmotiv — s'il est vaincu, Naples et la Prusse viendront l'achever — et ce sera la curée ! Sans parler de la situation financière qui, à Paris, s'est, depuis son départ, considérablement aggravée ! Les royalistes répètent le mot du préfet flagorneur La Chaise : « Dieu fit Bonaparte et se reposa » — et on ajoute : « Dieu eût mieux fait de se reposer un peu plus tôt »...

Napoléon se rend compte aussi que son armée est lasse. Pour un Berrichon, un Provençal ou un Girondin — sans parler du Parisien naturellement frondeur — se battre en Moravie sous la grêle, la neige et le vent glacial n'a rien d'exaltant. Aussi, le 1er décembre, tient-il à leur expliquer sa stratégie : « Pendant qu'ils marcheront pour tourner ma droite, ils me présenteront le flanc. » Pour lui, la victoire est certaine ! Mais l'Empereur n'oublie pas de menacer ses hommes :

—je dirigerai moi-même vos bataillons. Je me tiendrai loin du feu, si, avec votre bravoure accoutumée, vous portez le désordre et la confusion dans les rangs ennemis. Mais si la victoire était un moment incertaine, vous verriez votre Empereur s'exposer aux premiers coups.

Ces derniers mots « électrisent » véritablement les troupes. Aussi, au moment où il passe, ce 1er décembre, devant le front du 28e de ligne, un soldat lui crie :

— Nous te promettons que demain tu n'auras à combattre que des yeux !

Et « demain » sera l'anniversaire du sacre !

Suivi de quelques officiers, l'Empereur galope entre les nouvelles lignes où cosaques et vedettes françaises sont à portée de fusil. Des balles sifflent à ses oreilles. Un peu avant 4 heures, il retourne sur le tertre de Zuran et prend sa longue-vue — cette lunette qu'il emportera à Sainte-Hélène et qu'il léguera à son fils... Il dirige son regard vers Pratzen et devine le mouvement de l'ennemi — ce mouvement qu'il a inspiré. Certaines colonnes russes et autrichiennes abandonnent le plateau et commencent déjà leur descente vers Aujzd, Satschan et les étangs, afin de se lancer demain matin sur la droite française. Ségur entend l'Empereur s'exclamer :

— C'est un mouvement honteux ! Ils donnent dans le piège ! Ils se livrent ! Avant demain soir cette armée sera à moi !

Il se tourne vers Murat qui reçoit l'ordre de se mettre à la tête de quelques cavaliers et de donner, par une marche hésitante, l'apparence d'une vive inquiétude, puis de se replier délibérément dans le plus grand affolement, en constatant que le demi-cercle ennemi semble vouloir prendre les Français comme dans un étau et les couper de leur retraite, c'est-à-dire de la route de Vienne. Napoléon rit, détendu, en dépit d'un temps épouvantable — pluie et grêle — heureux de l'extraordinaire mise en scène qu'il est en train de monter, regagne son bivouac qui est à deux pas, derrière le tertre tartare.

Après un dernier verre de vin de Tokay, l'Empereur, enroulé dans son manteau, s'étend dans sa baraque sur une botte de paille. Il s'endort, mais Savary le réveille : on échange des coups de feu à l'extrême droite du dispositif — ce dispositif qui, demain, supportera le premier choc. L'avant-garde française a même dû céder un peu de terrain.

L'Empereur se rend au centre du dispositif où deux divisions auront à occuper Pratzen et gravir le plateau demain matin.

C'est de ce côté que se trouvent le lieutenant Dupin et ses hommes du 4e de ligne qui viennent d'arriver et n'ont pas mangé depuis soixante-douze heures. Le jeune officier a fait allumer des feux « mais, nous raconte-t-il dans son texte inédit, il fallait que nous fussions toujours placés à vingt ou trente pas à droite ou à gauche de nos feux, parce que c'était le point de mire de l'ennemi. Eh bien, nous riions encore comme des bienheureux lorsque les balles des Russes faisaient sauter en l'air nos tisons »...

Napoléon vient de quitter Puntowitz et remonte vers son bivouac, lorsqu'il trébuche sur un tronc d'arbre renversé. Alors un grenadier tord un bouchon de paille, le fiche sur une branche et y met le feu pour éclairer la marche de son dieu. Les hommes du bivouac voisin croient qu'il s'agit là d'un signal. Ils allument à leur tour des torches et l'on crie :

— C'est l'anniversaire du Couronnement ! Vive l'Empereur !

Napoléon a beau s'exclamer :

— Silence ! A demain ! Ne songez à présent qu'à aiguiser vos baïonnettes !

Les soldats des douze bivouacs de l'armée n'en mettent pas moins leurs abris à terre, allument des perches de feu tout en dansant la farandole, et, « en un instant, racontera le vélite Barrès, sur une ligne de deux lieues, des milliers de gerbes de flammes s'élèvent, aux cris mille fois répétés de *Vive l'Empereur !* C'était magnifique, prodigieux... » Tandis que l'Empereur galope sur le front des bandière, les hommes continuent à hurler : *Vive l'Empereur !* la musique joue, les tambours battent aux champs et les Russes peuvent voir de leurs positions les sept corps d'armée français, sept lignes de feu qui leur font face. Eux aussi sont joyeux, ils croient naïvement que les soldats de Napoléon s'apprêtent à se retirer et qu'ils brûlent leurs abris ! Quant à l'Empereur, attendri, ému, il s'exclame en regagnant son bivouac :

— Cette soirée est la plus belle de ma vie !

Lorsque le jour se lève un brouillard épais couvre le champ de bataille — ce champ de bataille qui se présente comme un carré de huit kilomètres de côté. On n'y voit pas à dix pas. Il fait froid. Le silence est absolu. « On n'eût jamais pensé, rapportera Savary, qu'il y avait autant de monde et de foudre enveloppés dans ce petit espace. »

Après un léger repas, l'Empereur s'adresse à ses officiers :

— Maintenant, messieurs, allons commencer une grande journée !

Le brouillard vient seconder ses vues et dégage le sommet du plateau, tandis que la purée de pois continue à dissimuler aux yeux de l'ennemi les mouvements et l'emplacement des troupes françaises échelonnées dans la plaine, au bas de la collines et qui vont se tapir dans la ravine. Vers 7 h 30, Napoléon appelle au tertre de Zuran les chefs des corps d'armée, afin de leur donner ses dernières instructions et les modifications conçues à la suite de son inspection nocturne. Tous écoutent, formant autour de l'Empereur un cercle redoutable. « Il me semble les voir encore recevoir successivement son inspiration, racontera Ségur, et aussitôt, comme s'ils eussent emporté la foudre, s'élancer de toutes parts pour en aller briser les forces réunies des deux empires ! Ma vie aurait la durée de celle du monde que jamais l'impression d'un tel spectacle ne s'effacerait de ma mémoire. »

Le maréchal Davout reçoit l'ordre d'arrêter tant bien que mal, à l'extrême droite, la violente progression de l'ennemi. De ce côté, durant la plus grande partie de la matinée, le combat sera dur, âpre, héroïque.

Soult, demeuré le dernier près de l'Empereur, paraît impatient et veut s'élancer à l'assaut du plateau de Pratzen. Napoléon le retient... Il est 8 heures du matin. Le brouillard, enfin, se dissipe. Le soleil d'Austerlitz se lève, pur et radieux sur l'horizon de la Moravie. Une légère vapeur adoucit les lointains et l'Empereur peut voir les quatre-vingt-dix mille baïonnettes de Koutousov luire au soleil, et former un gigantesque croissant dont les deux pointes continuent à s'avancer vers l'armée française, tandis que le centre, sur le plateau de Pratzen, ne cesse de se dégarnir.

Vingt-cinq mille bonnets à poil — « et des gaillards », précise Coignet — l'arme au bras, sont descendus vers les bas-fonds et sont prêts à franchir le ruisseau.

Soult piaffe.

— Combien vous faut-il de temps pour couronner ce sommet ? lui demande Napoléon.

— Dix minutes.

— Partez donc, mais vous attendrez encore un quart d'heure et alors il sera temps !

Un quart d'heure plus tard, les divisions Vandamme et Saint-Hilaire, prenant chacune comme objectif les deux mamelons du plateau, commencent à gravir les pentes. Le givre craque sous leurs bottes.

Les musiques, placées au centre de chaque bataillon, jouent :

On va leur percer le flanc.
Que nous allons rire !

Les tambours répètent :

Rantanplan, tirelire en plan !

« C'était à entraîner un paralytique... »

A mon tour, j'ai gravi, mais à pas lents — chassant devant moi lièvres et perdreaux — la longue côte qui, de Pratzen, monte vers la déclivité séparant les deux mamelons. Il était midi, et des villages de la petite vallée me parvenait de la musique enregistrée, un peu criarde, que des haut-parleurs déversaient, durant une heure, sur les travailleurs enrégimentés de la coopérative — car toute la campagne appartient à l'État. A ma droite, le paysage est dominé aujourd'hui par le lourd et disgracieux monument pyramidal de la Paix, d'une hauteur de vingt-six mètres érigé là en 1812 à la mémoire « des soldats tombés à Slavkov » et où une dalle en syénite, sur laquelle se trouvent gravés les mots de *Paix et honneur,* recouvre l'ossuaire. Des milliers d'hommes sont tombés là, dans ces champs où, chaque année, le printemps étend à présent un magnifique manteau doré de fleurs de colza.

J'imaginais les soldats de Soult, de Saint-Hilaire, de Vandamme, de Nansouty, grimpant la pente en chantant...

Il me semblait les voir déboucher sur le plateau inondé de soleil ; au grand effroi des dernières troupes austro-russes. Celles-ci rétrogradent et se jettent sur les hommes de Vandamme. Mais les Français sont très vite maîtres du plateau. Napoléon — il est alors onze heures trente — peut s'installer sur le Stary-Vinohbrady, à l'endroit même où se trouvait quelques heures auparavant Koutousov. De là, une vue d'ensemble de la bataille lui permet de se rendre compte que sur la gauche française, vers le Santon, Lannes et Murat sont arrivés à disloquer l'armée russe et à la couper du reste des forces ennemies. A sa droite, la situation, après avoir été périlleuse — Davout lutte à un contre trois — se rétablit. Dix mille Français sont parvenus à arrêter trente-cinq mille Russes et Autrichiens ; les villages de Telnitz, de Sokolnitz ont été repris. La ligne de la Goldbach a tenu.

C'est au centre, sur le Pratzberg, que les choses vont, durant quelques instants, se gâter. Alexandre a fait donner sa garde pour reprendre le plateau. Les chevaliers-gardes foncent « comme des furieux », nous raconte Dupin qui se trouve au cœur de cette fournaise. En quelques minutes le 4e de ligne est fauché. « Nous étions couchés par terre sous les pieds des chevaux, mais les Russes commirent une grande faute, ils descendirent de cheval pour nous tuer et prendre nos dépouilles. A l'instant nous sentîmes la terre trembler sous nous, c'étaient les chasseurs à cheval de la garde qui arrivaient... »

L'Empereur avait, en effet, ordonné à Rapp de prendre avec lui deux escadrons de chasseurs, le corps des mamelouks, des grenadiers à cheval, et de partir au grand galop pour savoir où en étaient les choses. Rapp, arrivé à une portée de canon du Pratzberg, a aperçu le désastre : la cavalerie ennemie se promène comme chez elle au milieu des carrés et sabre des fantassins. Voyant Rapp et ses escadrons, l'ennemi a fait face et quatre pièces d'artillerie de la garde d'Alexandre sont mises en batterie. De tous les côtés, les boulets tombent. Rapp crie à ses troupes :

— Voyez-vous nos frères, nos amis, qu'on foule aux pieds, vengeons-les, vengeons nos drapeaux !

Le torrent d'hommes suit Rapp et renverse l'artillerie. « Cette fois, nous dit Dupin, le choc fut terrible et le carnage effroyable. » Le malheureux lieutenant se trouve toujours le nez plaqué au sol. « Quoique blessé et moulu, je me relève et crie : *Aux armes* ! A ce cri mille fois répété, tous ceux qui peuvent se lever sautent sur leurs armes et secondent les grenadiers et les mamelouks, mais jamais on ne pourra se faire une idée de cette mêlée et de ce carnage. »

Arrivé de l'autre côté du Pratzberg, Rapp réunit ses escadrons et effectue une seconde charge.

— Faisons pleurer les dames de Saint-Pétersbourg ! crient les cavaliers en sabrant les chevaliers-gardes du tsar.

Les mamelouks font merveille. « Avec leur sabre recourbé, raconte Coignet, ils enlevaient une tête d'un seul coup, et avec leurs étriers tranchants ils coupaient les reins d'un soldat. L'un d'eux revint, à trois reprises différentes, apporter à l'Empereur un étendard russe. A la troisième, l'Empereur voulut le retenir, mais il s'élança de nouveau, et ne revint plus. Il resta sur le champ de bataille. »

Enfin Russes et Autrichiens se débandent. Le tsar et l'empereur d'Autriche assistent, abasourdis, à la défaite de la garde russe qui, dans leur pensée, « devait fixer la victoire ».

Maintenant libérés, Dupin, Coignet et leurs camarades changent de cap et se dirigent vers la chapelle Saint-Antoine, à l'extrémité sud du plateau. L'aile gauche russe est prise entre deux feux. Bientôt, les Français dégringolent les pentes vers Aujzd et les étangs.

Napoléon a suivi la Garde et met pied à terre devant la chapelle Saint-Antoine — aujourd'hui reconstruite. Il mange une tranche de viande froide et un morceau de pain. De son observatoire, il domine Aujzd et voit les étangs de Satschan et de Melnitz.

L'ennemi en déroute est acculé au bord des étangs gelés et n'a d'autre ressource que de s'y engager. Napoléon donne immédiatement l'ordre à l'artillerie de tirer à boulets sur la place... Des milliers d'hommes disparaissent, l'Empereur lui-même parle de vingt mille noyés. C'est faux : l'eau ne dépasse pas les poitrines, et il n'y eut même pas une centaine de morts — la plupart par le froid. Les malheureux sortent de l'eau glacée, claquent des dents et sont tout heureux d'être faits prisonniers. A ce spectacle, « toutes les troupes battaient des mains, rapporte le cher Coignet, et notre Napoléon se vengeait sur sa tabatière ; c'était la défaite totale ».

L'armée russe est maintenant en pleine débâcle. La nuit tombe vite le 2 décembre et le brouillard — un brouillard glacé qui se transforme en pluie fine — voile les êtres et les choses. L'Empereur recommande le silence « afin de pouvoir entendre les gémissements de nos malheureux soldats mutilés ». Napoléon lui-même va les secourir, leur faisant donner par Yvan et son mamelouk Roustam de l'eau-de-vie de sa cantine. Le plateau et la plaine sont jonchés de morts, les villages pleins de traînards et de blessés. Il traverse tout le champ de bataille pour aller passer la nuit à la *Lechtauberge,* deux ou trois bâtiments qui sont encore debout en contrebas de la chaussée, peu avant la route d'Austerlitz.

Le lendemain, il va coucher au très beau château baroque d'Austerlitz — deux corps de logis reliés par un bâtiment en retour aujourd'hui propriété de l'État. De ses fenêtres du rez-de-chaussée, il voit le dos du plateau de Pratzen qui lui a donné la victoire. C'est là, sur une table de style XVIIIe siècle précieusement conservée, qu'il trace sa proclamation célèbre :

« Soldats !

« Je suis content de vous. Vous avez, à la journée d'Austerlitz, justifié tout ce que j'attendais de votre intrépidité, vous avez décoré vos aigles d'une immortelle gloire ; une armée de cent mille hommes, commandée par les empereurs de Russie et d'Autriche, a été, en moins de quatre heures, ou coupée, ou dispersée. Quarante drapeaux, les étendards de la Garde impériale, de la Garde russe, cent vingt pièces de canon, vingt généraux, plus de trente mille prisonniers sont les résultats de cette journée à jamais célèbre !... Mon peuple vous reverra avec joie, et il vous suffira de dire : *J'étais à la bataille d'Austerlitz,* pour qu'on vous réponde : *Voilà un brave !* »

Il date sa proclamation d'Austerlitz, ce petit bourg morave qui donne son nom à la bataille, alors que Pratzen eût davantage mérité cet honneur.

Le 4 décembre, après avoir reçu le prince Jean de Liechtenstein venu demander l'armistice, Napoléon se dirige vers la Hongrie et s'arrête à quinze kilomètres d'Austerlitz, dans le val de Ziarochitz — Zarosice — au « Moulin brûlé » — Spaleny Mlyn — dont les bâtiments, non loin du croisement de la route de Damborice, existent toujours. C'est là — à « mon bivouac », dira fièrement Napoléon — qu'il doit rencontrer l'empereur d'Autriche. Le moulin ne plaît guère à l'Empereur, aussi préfère-t-il que la réunion se déroule en plein air. Il y a là, à mi-pente de la colline, sous un tilleul, « une espèce d'anse ». Les sapeurs y allument un feu, tandis que deux chasseurs installés sur la colline surplombent et surveillent la scène. Il est deux heures après midi. Le vaincu d'Austerlitz se fait attendre assez longtemps, Napoléon commence à s'impatienter. Enfin, voici l'empereur François. Il est accompagné de plusieurs généraux, parmi lesquels le prince Jean de Liechtenstein. Les tambours de la garde battent aux champs, les trompettes sonnent la marche. « Le spectacle était magnifique », nous dit un témoin. Napoléon s'avance sur la châussée, aide François à descendre de sa voiture, et l'embrasse en lui adressant quelques paroles que les assistants ne peuvent saisir. « Mais il lui parla certainement des Anglais, racontera Thiard, car j'entendis l'empereur d'Autriche prononcer très distinctement ces mots :

— Les Anglais, ce sont des marchands de chair humaine. »

Napoléon conduit alors l'empereur François vers l'endroit qu'il a choisi, où ils demeurent seuls, près d'un feu qui pétille. La masse impressionnante de la garde demeure immobile, l'arme au pied et dans le plus profond silence. Un des officiers entend encore l'empereur d'Autriche dire à son vainqueur :

— Il n'y a point de doute, dans sa querelle avec l'Angleterre, la France a raison.

François demande alors une trêve pour l'armée russe.

— L'armée du tsar est cernée, pas un homme ne pourrait échapper, mais, ajoute Napoléon, je désire faire une chose agréable à l'empereur Alexandre ; je laisserai passer l'armée russe, j'arrêterai la marche de mes colonnes ; mais Votre Majesté me promet que l'armée russe retournera en Russie et évacuera l'Allemagne et la Pologne autrichienne et prussienne.

— C'est l'intention de l'empereur Alexandre, répond l'empereur d'Autriche ; je puis vous l'assurer : d'ailleurs, dans la nuit, vous pourrez vous en convaincre par vos propres officiers.

A la fin de la longue conversation, François s'écrie :

— Allons ! C'est donc une affaire arrangée ! Ce n'est que depuis ce matin que je suis libre ! J'ai dit à l'empereur de Russie que je voulais vous voir ; il m'a répondu qu'il m'en laissait maître.

Napoléon lance encore :

— Ainsi, Votre Majesté me promet de ne plus recommencer la guerre ?

— Je le jure et je tiendrai parole.

L'entretien terminé, Napoléon reconduit François d'Autriche jusqu'à sa voiture, l'embrasse puis s'incline tandis que l'équipage s'éloigne.

Comme il monte à cheval, il répète encore pour l'état-major :

— Messieurs, nous retournons à Paris. La paix est faite.

Au galop de son cheval arabe, il reprend le chemin d'Austerlitz. Les musiques jouent. La Garde « fait retentir les airs de cris mille fois répétés » de *Vive l'Empereur !*

En apprenant la nouvelle d'Austerlitz, la jeune archiduchesse Marie-Louise a éclaté en sanglots. « Il me paraît impossible que ces tristes nouvelles soient vraies, écrit-elle ; il me semble que je rêve ; je ne puis pas croire qu'une semblable calamité nous arrive, mais il le faut cependant. Je ne veux pas encore douter que Dieu ne nous accorde la victoire sur ce Napoléon abhorré et l'achève... »

La petite archiduchesse, pour se venger, appelle les punaises qui infestent les logis de rencontre de la famille impériale en fuite des *napoléons,* et laisse son frère François-Charles brûler l'une de ses poupées en déclarant « qu'il rôtit le *Corsicain* ».

L'allié de l'Empereur, l'Électeur de Bavière, devient roi, et accorde la main de sa fille à Eugène de Beauharnais. Napoléon, par le mariage de son beau-fils, entre dans la famille des rois. La Révolution est bien terminée !... Aussi, le 1er janvier 1806 — ce jour où Napoléon fait le premier roi d'une liste qui deviendra impressionnante — le calendrier révolutionnaire laisse-t-il la place au calendrier grégorien et le 1er janvier redevient le jour de l'An.

Napoléon commande au temps...

Les drapeaux pris à l'ennemi traversent Paris au milieu d'un enthousiasme indescriptible. A la Bourse, la rente monte de treize points.

Demeurent cependant l'Angleterre, victorieuse à Trafalgar, et la Prusse qui vient d'échapper à la guerre. Son roi n'attend qu'une occasion pour démontrer que son armée est toujours celle du grand Frédéric...

La quatrième coalition est déjà en route.

« LA GLOIRE DE MON RÈGNE »

Aux yeux des fondateurs d'empire,
les hommes ne sont pas des hommes,
mais des instruments.

NAPOLÉON.

Napoléon est déifié. on entreprend de fondre les deux cent cinquante pièces de canon ou couleuvrines prises aux Russes et aux Autrichiens afin d'élever, place Vendôme, une colonne « exécutée sur les proportions de la colonne Trajane. Elle devait primitivement supporter l'effigie de Charlemagne, enlevée d'Aix-la-Chapelle par les armées révolutionnaires, mais cette statue se présentait sous un aspect si "gothique elle était d'une exécution si grossière" que placée à attirer les regards, elle provoquerait les ris et les sarcasmes même du public ». Quelle autre statue pourrait occuper la place laissée vacante par Charlemagne, si ce n'est celle du « prince chéri par toute la France » ? flagorne un ministre. Et Napoléon consent à être représenté à quarante-cinq mètres de hauteur déguisé en empereur romain — habillé cette fois. Certes, il aurait préféré — et avec raison — comme il le fut plus tard, se voir figurer en tenue de campagne...

En 1808, l'Empereur refusera d'être transformé en aurige, sceptre en main, conduisant un char juché sur le sommet de l'arc du Carrousel et tiré par quatre chevaux, trophées ramenés de Venise.

— Jamais je n'ai voulu ni ordonné que l'on fit de ma statue le sujet principal d'un monument élevé par mes soins et à mes dépens à la gloire de l'armée que j'ai eu l'honneur de commander.

Le char demeura vide — ce qui permit aux frondeurs de murmurer : *Le char l'attend.*

Sur ce petit arc commémorant la bataille de Marengo, on placera, supportée par des colonnes de marbre rose prises au château de Meudon, un chasseur à cheval, un dragon, un cuirassier et enfin un sapeur-grenadier pour lequel posa le soldat Mariole — ce fameux Mariole qui présenta un jour les armes à l'Empereur, non avec son fusil, mais avec une « pièce de quatre », d'où l'expression : *Ne fais pas le mariole* ! Sous la Restauration, il faudra rendre aux Vénitiens les quatre chevaux de cuivre qui, avant d'orner la place Saint-Marc, avaient été pris au IVe siècle, à Constantinople, par les Croisés — mais les Turcs ne réclamèrent rien ; il y avait d'ailleurs prescription...

— Vous ne rentrerez dans vos foyers que sous des arcs de triomphe, avait promis Napoléon aux vainqueurs d'Austerlitz.

Aussi, dès le 18 février 1806 l'Empereur ordonne-t-il la construction d'une porte monumentale « près du lieu où était la Bastille ». Chalgrin préconise plutôt un autre emplacement : la croisée des chemins de Chaillot et des Ternes, l'ancien carrefour de chasse de l'Étoile, une butte que le frère de Mme de Pompadour — le marquis de Marigny — avait fait aplanir pour livrer passage aux Champs-Élysées, et dont les terres qu'on avait dû enlever avaient été rejetées sur le côté de l'avenue.

— Un arc de triomphe, approuve Champagny, fermerait de la manière la plus majestueuse et la plus pittoresque le superbe point de vue que l'on a du château impérial des Tuileries. Il frapperait d'admiration le voyageur entrant dans Paris. Il imprimerait à celui qui s'éloigne de la capitale un profond souvenir de son incomparable beauté... Quoique éloigné, il serait toujours en face du triomphateur. Votre Majesté le traverserait en se rendant à la Malmaison, à Saint-Germain, à Saint-Cloud et même à Versailles.

Napoléon écoute Chalgrin et Champagny. Et la première pierre de l'arc de triomphe de l'Étoile sera posée le 15 août 1806 pour la fête de l'Empereur.

Durant les sept mois qui séparent les deux coalitions, il séjourne à Paris et, de son cabinet de travail, organise ses armées. Tout converge vers sa table. Mais ici, il faut laisser la parole à Méneval :

« Son étonnante mémoire s'emparait de tous les détails ils y restaient gravés, de sorte qu'il savait aussi bien, et même mieux que les bureaux des ministres de la Guerre et de la Marine et que les états-majors eux-mêmes, quels étaient le personnel et le matériel des corps. »

Napoléon est sans doute arrivé à Paris auréolé par ses victoires, mais aussi par les 50 millions que les Autrichiens ont dû verser à la France. Heureuse manne, car les finances, en dépit de la remontée de la rente, demeurent bien malades. La disette de numéraire est devenue grave. Les *Négociants réunis*, qui ont Ouvrard à leur tête, ont « tripoté » dans le Trésor. La richesse de Gabriel Ouvrad déplaît à l'Empereur : « Un homme qui possède 30 millions, dit-il, est trop dangereux. » En réalité, Ouvrard possédait bien davantage — et

Napoléon semblait avoir oublié qu'il lui avait emprunté des sommes considérables : 68 millions en 1805 !

L'assainissement s'opère rapidement. « J'ai fait rendre gorge à une douzaine de fripons, annonce l'Empereur quelques jours plus tard à son frère Joséph. J'étais bien résolu à les faire fusiller sans procès. Grâce à Dieu, je suis remboursé. » Les *Négociants réunis* devront verser 87 millions au Trésor.

La place étant nette, il faut remettre sur pied les finances. Avant tout, ne pas imiter Louis XIV qui s'est ruiné parce qu'il ne savait pas compter « et faire un budget ».

« Le budget est ma loi, écrit l'Empereur, il faut s'y conformer parce que les finances, de toutes les branches de l'administration, sont la première de mes affaires. »

Sans trop de grincements, le budget de 684 millions, en 1806, sera peu à peu doublé. Sans doute de lourds tributs imposés aux vaincus viendront-ils sans cesse apporter de l'or au Trésor, mais en plus Napoléon créera des contributions indirectes, que tous les régimes qui lui succéderont se garderont bien de supprimer :

— Je veux faire le bien de mon peuple, déclare-t-il, je ne serai point arrêté par les murmures des contribuables, je vis pour la postérité ; il faut à la France de grandes contributions ; elles seront établies... Je veux préparer à mes successeurs des ressources sûres qui puissent leur tenir lieu des moyens extraordinaires que j'ai su me créer.

Un an plus tard, on peut constater le résultat : le numéraire, abondant et même surabondant, encombre les caisses et on lui préfère les billets !

À quelle tâche ne s'attellera-t-il pas ? Le Code de procédure civile, le Code commercial, l'Université, l'Enseignement. Comme au temps du Consulat, il préside toujours les séances du Conseil d'État avec un infini plaisir. « J'ai assisté à des séances du Conseil présidées pendant sept heures consécutives par l'Empereur, rapporte Trémont. Son influence stimulante, la prodigieuse pénétration de son esprit analytique, la lucidité avec laquelle il résumait les questions les plus compliquées, le soin qu'il apportait, non pas même à supporter, mais à provoquer la contradiction, produisaient un entraînement égal à celui qu'il exerçait sur l'armée. On s'épuisait de travail, comme on mourait sur le champ de bataille. »

Parfois cependant, il manifeste lui-même quelques signes de fatigue :

— Autrefois, je disais à Montesquieu plusieurs fois dans la journée : « Montesquieu, apportez-moi un verre de limonade. » Maintenant, c'est une tasse de café, ou un verre de vin de Madère que je demande et dont je sens le besoin. Ah ! croyez-moi, à partir de trente ans, on commence à être moins propre à faire la guerre. Alexandre est mort avant de pressentir le déclin.

Le déclin ? Il n'y pense pas sérieusement... Et les membres du Conseil l'entendent dire au début de 1806 :

— Un beau matin, j'en suis persuadé, on verra ressusciter l'*Empire d'Occident*, parce que les peuples fatigués se précipiteront sous le joug de la nation la mieux gouvernée.

La même semaine où parvenait à Paris la nouvelle de la victoire d'Austerlitz, une dépêche annonçait le débarquement à Naples d'un corps de troupes anglo-russes. Telle était la réponse de la reine Marie-Caroline — le roi *Nasone* ne comptait pas — aux victoires napoléoniennes en Autriche. Un traité de neutralité liait pourtant Naples à la France. Aussitôt l'Empereur prend des mesures et, le 25 décembre, annonce au public « Le général Saint-Cyr marche à grandes journées sur Naples pour punir la trahison de la femme qui, avec tant d'impudeur a violé tout ce qui est sacré parmi les hommes. »

Il se rend le 24 février à l'Opéra. On applaudit longuement le vers : *Et quel temps fut jamais si fertile en miracles* ?

Quelques instants plus tard, la représentation est interrompue et Telma vient annoncer sur la scène même que l'armée française est entrée à Naples. Aussitôt l'enthousiasme touche au délire. Le lendemain, tout Paris se porte à la parade du Carrousel. La foule acclame longuement les vainqueurs d'Austerlitz « qui viennent de fixer le sort de l'Europe ».

Et Caroline ?

— La reine de Naples a cessé de régner, répond l'Empereur à quelqu'un venu lui demander quel serait le sort de la sœur de Marie-Antoinette.

Quant au royaume de Naples, il l'offre d'abord à Joseph.

— Je veux asseoir sur ce trône un prince de ma maison : vous d'abord, si cela vous convient, un autre si cela ne vous convient pas.

Joseph qui, l'année précédente, a refusé le royaume d'Italie pour ne pas devoir abandonner ses « droits » à l'Empire français, accepte le trône du roi *Nasone* puisqu'il peut demeurer cette fois l'héritier de son frère. D'autre part, — hommage de l'arrière-cadet à l'aîné — Napoléon donne l'ordre de continuer à lui verser son traitement attaché à la charge de Grand Électeur.

Joseph, parti rejoindre son poste, prend aussitôt son rôle de roi de Naples au sérieux. Il essaye de faire passer les intérêts financiers napolitains avant ceux de l'Empire français et, tant que faire se peut, exerce son droit de grâce. Sa tolérance et sa mansuétude lui valent même une mercuriale impériale : Pour Napoléon, dans un pays conquis « la bonté n'est pas de l'humanité ». Il le lui précise : « mon Frère, ce n'est pas en cajolant les peuples qu'on les gagne, et ce n'est pas avec ces mesures que vous donnerez les moyens d'accorder de justes récompenses à votre armée. Mettez 30 millions de contributions sur le royaume de Naples. Je n'entends pas dire que vous ayez fait fusiller aucun *lazzarone.* » Et, fort penaud, Joseph répond :

« Votre Majesté ne doit pas être inquiète : on fait fusiller tout ce qui mérite de l'être. »

Le 14 mars, moins d'une semaines après la lettre de reproches adressée à Joseph, Napoléon, hanté par l'idée de « ressusciter l'Empire d'occident » — ainsi qu'il l'avait déclaré au Conseil — fait savoir qu'il a décidé d'ériger la Hollande républicaine, actuellement « sans pouvoir exécutif », en royaume sur lequel régnerait son frère Louis. Cependant, l'amiral Verhuel, chargé de prendre à La Haye le pouls de l'opinion, « doit au dévouement sans bornes qu'il porte à l'Empereur, précise-t-il sans ambages, de lui dire avec franchise que la première ouverture des intentions de Sa Majesté a fait naître une consternation générale ». Schimmelpenninck, Grand Pensionnaire qui occupe les fonctions de Stathouder, sans en avoir le titre trop royal, informe de son côté Napoléon que « son projet est tout à fait inadmissible ». L'Empereur ne l'écoute pas davantage que l'amiral Verhuel. Comment la Hollande pourrait-elle lutter ? Si elle ne veut pas être purement et simplement annexée, il n'est pas question pour elle de refuser de se transformer en royaume. La République batave, créée sous le Directoire, ne se trouve-t-elle pas en pleine impasse budgétaire ? Elle doit en effet 229 millions à la France et son déficit annuel atteint 45 millions ! Il faut donc se résigner ! Mieux : l'Empereur exige que les Hollandais demandent eux-mêmes leur changement de régime. Napoléon « condescend » alors à accorder l'investiture au nouveau souverain *choisi* par les républicains bataves et on verra — le 5 juin 1806 — une malheureuse députation néerlandaise se prétendant « chargée d'exprimer le vœu des représentants du peuple hollandais », reçue aux Tuileries dans la salle du trône :

— Nous prions Votre Majesté, déclare Verhuel, de nous accorder comme chef suprême de notre République, comme roi de Hollande, le prince Louis, frère de Votre Majesté, auquel nous remettons avec une entière et respectueuse confiance la garde de nos lois, la défense de nos droits politiques et tous les intérêts de notre chère patrie.

L'Empereur qui, ce jour-là, doit assurément penser à Louis XIV offrant son petit-fils à l'ambassade espagnole venue lui demander un roi, répond, après un bref silence :

— L'offre que vous faites de la couronne au prince Louis est conforme aux intérêts de votre patrie, aux miens, et propre à amener le repos général de l'Europe. Je proclame roi de Hollande le prince Louis.

Puis, se tournant vers son frère, Napoléon ajoute, pastichant le Roi-Soleil :

— Vous, prince, régnez sur ces peuples... Mais ne cessez jamais d'être Français... Entretenez dans vos sujets des sentiments d'union et d'amour pour la France. Soyez l'effroi des méchants et le père des bons, c'est le caractère des grands rois !

Les nouveaux souverains ne sont guère satisfaits. Louis, roi malgré lui, ne pense qu'à ses rhumatismes et trouve le climat de la Hollande infiniment trop humide et trop froid pour son perpétuel état de valétudinaire. Hortense, de son côté, accepterait à la rigueur de devenir reine de Hollande mais à la condition de ne pas quitter Paris... Résignés — il le faut bien ! — ils partent sans entrain pour leur royaume.

Dès la frontière, ils s'étonnent : l'accueil des Hollandais est plus que réservé. Se serait-on mépris sur les vœux « spontanés du peuple batave » ?

Bientôt, à La Haye comme à Naples, les reproches s'accumulent.

« Vous allez comme un étourdi sans envisager la conséquence des choses. »

Napoléon se mêlera même de « l'intérieur » de son frère

« Vos querelles avec la reine percent dans le public. Vous menez une jeune femme comme on mènerait un régiment. Vous avez la meilleure femme et le plus vertueuse, et vous la rendez malheureuse. »

L'Italie se transforme en une manière de fédération napoléonienne. La chère Pauline — « ma bien-aimée sœur Paulette » — reçoit elle aussi un beau hochet : la principauté de Guastalla. D'abord Mme la princesse Borghèse semble ravie. De Guastalla émane un amusant parfum d'opérette... Mais lorsqu'elle apprend qu'il s'agit seulement de dix kilomètres carrés peuplés de dix mille habitants, elle fait la moue. *Paganetta* ne va même pas prendre livraison de sa principauté — et, l'argent lui semblant infiniment plus utile — se hâte de vendre 1 500 000 francs son nouvel État au royaume d'Italie — c'est-à-dire à son frère qui le lui avait donné.

Elisa — et accessoirement son mari — ont accepté de « régner » à Lucques et à Piombino. Au tour des Murat de réclamer une couronne ! Caroline surtout pousse de hauts cris en voyant Elisa — cette Bacciochi ! — devenue princesse régnante, alors qu'elle n'est « rien » qu'une altesse impériale ! L'Empereur leur propose la principauté de Neuchâtel, mais ils refusent cette terre, prussienne à l'époque, comme étant indigne d'eux. Finalement — et en attendant mieux — ils reçoivent le duché de Berg cédé par la Bavière, auquel on adjoint le duché de Clèves.

Le 21 mars 1806, deux divisions françaises occupent les États allemands échus à « Joachim, prince et grand amiral de France ». Le nouveau souverain fait, le 24 mars, une entrée à la Franconi — Napoléon *dixit* — dans sa capitale, Düsseldorf.

L'Empire d'Occident est en marche et Napoléon, prenant goût à la création de ces marches frontières formant un glacis autour de l'Empire français, crée à côté des grands fiefs un certain nombre de duchés et de principautés. Bernadotte, le mari de Désirée, devient prince de Ponte-Corvo, localité située dans le royaume de Naples. Talleyrand reçoit la principauté de Bénévent, Cambacérès le duché de Parme, Lebrun celui de Plaisance. Berthier se verre offrir la principauté de Neuchâtel dedaigné par les Murat. Enfin, et c'est là le grand coup — puisque François Ier d'Autriche n'est plus l'empereur d'Allemagne François II et que le Saint Empire est devenu une antiquité de musée — pourquoi ne pas réunir les États germaniques privés de chef suprême ? Ne pourrait-on placer au sommet de l'édifice décapité l'empereur des Français ? Napoléon n'est-il pas déjà le *médiateur* de la Confédération helvétique ? Les Allemands de l'Ouest désirent-ils vraiment « se précipiter vers la nation française assurément mieux gouvernée », ainsi que l'a affirmé Napoléon sans fausse modestie ? La Bavière, le Wurtemberg et même Bade se sentent suffisamment « protégés », mais treize autres princes, tels ceux de Hesse-Darmstadt et de Hohenzollern, ont besoin — l'Empereur l'affirmait — de se confédérer. Bien entendu, Murat, nouveau grand-duc de Berg et de Clèves, devra, lui aussi, entrer dans la nouvelle combinaison.

Cependant, Napoléon, bien que se considérant comme le successeur de Charlemagne, ne voyait pas encore de quelle façon il pourrait réaliser ses projets. Il appartenait à Charles de Dalberg, archevêque-électeur de Ratisbonne, de lui fournir les moyens de parvenir à ses fins. Le prélat gouvernait des débris de l'Empire germanique et, pour faire de ces débris une sorte d'État — et conserver sa place — il choisit adroitement comme coadjuteur l'oncle de l'Empereur, le cardinal Fesch. Flagorneur à souhait, il écrit à Napoléon et le supplie de ne pas « se borner à créer le bonheur de la France ». « La Providence, précise-t-il, accorde l'homme supérieur à l'Univers. L'estimable nation germanique gémit dans les malheurs de l'anarchie politique et religieuse ; soyez, Sire, le régénérateur de la Constitution. »

Requête « spontanée » qui amène Napoléon à accepter tout naturellement de devenir le chef de feu le Saint Empire romain germanique. Il sera, non le *Régénérateur*, mais le *Protecteur* de la nouvelle agglomération baptisée *confédération*, à la tête de laquelle on placera nominativement Dalberg — il l'avait bien mérité — avec le titre de prince-primat et grand-duc de Francfort. En réalité, l'Empereur est le maître de la mosaïque allemande. Rois, princes et ducs allemands ne sont plus, dès lors, que des super-préfets d'un empire fédératif.

Un empire qui tend d'ailleurs à devenir familial !... Hier, c'était le mariage d'Eugène avec Augusta de Bavière ; demain, celui de Stéphanie Tascher de La Pagerie — cousine de Joséphine — qui convolera avec le prince d'Arenberg.

Certes, l'Empereur n'a nulle envie de faire la guerre et la thèse de Napoléon pacifique ne peut être plus évidente qu'à la veille de la quatrième coalition. « M. de Buonaparte ainsi que l'appellent ses ennemis, ne décide-t-il pas ce qu'il veut ? — et, sans prendre les armes, ne peut-il pas, presque à sa guise, déplacer les poteaux frontières ? Mais toute l'Europe regarde, atterrée, cette France atteinte de boulimie, qui s'étend plus ou moins directement, et sous des noms divers, depuis les villes hanséaniques jusqu'à Naples, et de Brest aux rives de l'Elbe, en attendant d'atteindre l'Oder et, un jour — certains le prévoient déjà prochain — les bords de la Vistule et du Niémen... Passe encore pour l'Italie primitivement morcelée en possessions autrichiennes, ou même quelque peu espagnoles, mais les États européens ne peuvent demeurer impassibles en voyant des terres allemandes cesser d'être prussiennes ou autrichiennes. Pour eux, pas d'autre solution que la guerre, afin de regagner ce qui leur a été arraché par la force des armes — des armes brandies par la Révolution française, puis par celui qui est devenu son héritier. Or, que peut gagner Napoléon à livrer de nouvelles batailles ? Sinon se faire de nouveaux ennemis puisque, prisonnier de ses conquêtes présentes et futures, il lui faut bien les garder !

Seule l'Autriche semblait provisoirement muselée. Quant à la Prusse, espérant la désarmer et lui faire accepter la création de la Confédération du Rhin, Napoléon lui a donné le Hanovre — possession anglaise sur le continent. En échange, le gouvernement de Berlin doit accepter une alliance offensive et défensive avec l'Empereur, et se trouve dans l'obligation de fermer aux navires anglais ses ports et les embouchures de ses fleuves. Il lui faut même rompre avec la Russie ! La reine Louise fulmine contre les exigences du « tyran français ». Frédéric-Guillaume pleure... mais, tremblant de peur, n'ayant le choix qu'entre la guerre et la ratification, le roi de Prusse signe le traité et fait savoir à l'Angleterre qu'il est *contraint*, à son corps défendant, d'occuper le Hanovre.

Napoléon avait pourtant gardé, pendant quelque temps, l'espoir de signer la paix avec l'Angleterre. William Pitt était mort le 23 janvier 1806 et Charles Fox, le chef du parti Whig, semblait bien plus accommodant que son rival et prédecesseur. Le 20 février, il avait pris la peine d'écrire à Talleyrand pour le prévenir qu'un tueur était venu lui proposer d'assassiner « le chef des Français ». « Je reconnais là les principes d'honneur et de vertu qui ont toujours animé M. Fox », répondit l'Empereur. Peu après, — le 2 mars — il déclarait au Corps législatif :

— Je désire la paix avec l'Angleterre, je serai toujours prêt à la conclure en prenant pour base les stipulations du traité d'Amiens.

Mais, après des essais de réconciliation, après bien des tractations entre Yarmouth et Clarke, après tant d'espoir, tout s'écroula : Fox mourait à son tour.

— La mort de M. Fox, dira Napoléon, a été une des fatalités de ma carrière... S'il eût continué à vivre, la paix se serait effectuée.

Sans doute, en Russie, au lendemain d'Austerlitz, la colère contre « cet infâme Corse couvert de sang qu'il répandait pour plaire à Robespierre » a-t-elle redoublé, toutefois le temps avait, en partie, arrangé les choses et, au mois de juillet le tsar s'est résigné à envoyer à Paris le baron d'Oubril afin de commencer des pourparlers en vue d'une paix prochaine. Celle-ci est signée, peut-être trop rapidement par Oubril, car le tsar, craignant de déplaire à l'Angleterre — Londres qualifiait le traité de « mortifiant » —, refuse de ratifier les accords conclus pourtant en son nom. Aussitôt la Prusse ne se sent plus de joie.

Le projet de rétrocession du Hanovre à l'Angleterre mettra le feu aux poudres. Au cours des transactions avec l'Angleterre, Napoléon avait, en effet, proposé de rendre le Hanovre occupé par la Prusse à la maison royale anglaise, à la condition d'offrir une compensation à Berlin, mais lord Yarmouth, venu à Paris pour essayer de rapprocher les deux pays, éprouva le besoin de faire des confidences au ministre de Prusse en France, Lucchesini, se garda bien de parler de *compensation* — et la Prusse se crut jouée. Cette omission, volontaire ou non, permet à Napoléon de croire que la « perfide Albion » a agité devant les Prussiens un chiffon rouge destiné à les pousser à sa battre pour l'Europe.

Aiguillonné par sa femme, le sot et faible Frédéric-Guillaume prend aussitôt une attitude de matamore. A coups de fouet on battra Napoléon ! Inutile de dépenser de la poudre ! Le général von Blücher se montre plein d'illusions :

— Je ne crains pas de rencontrer les Français... Je préparerai le tombeau de tous ceux qui se trouvent le long du Rhin.

Il s'exclame même :

— Avec ma cavalerie, je me charge d'aller à Paris !

En rompant avec son « alliée la France », Berlin anéantit les espoirs de paix que Napoléon peut alors encore conserver, tant avec l'Angleterre qu'avec la Russie. L'attitude de la Prusse étonne d'autant plus l'Empereur qu'il semble jusqu'à présent avoir singulièrement ménagé les Hohenzollern. Ceux-ci, pourtant, n'ont pas cessé d'accumuler, vis-à-vis de la France des actes de tromperie, de duplicité et même de fourberie. Napoléon admire, on le sait, le Grand Frédéric, mais son petit-neveu prend l'émerveillement de l'Empereur pour la peur que *Buonaparte* doit ressentir à la seule pensée d'avoir à se battre pour la première fois contre les imbattables soldats de Frédéric II.

Le 6 septembre 1806, Frédéric-Guillaume, persuadé que l'Empereur appréhende la guerre, annonce au tsar :

— C'est donc moi, à ce qu'il paraît, qui devrai prendre l'initiative des ouvertures décisives. Mes troupes marchent de tous les côtés pour en hâter le moment.

On peut voir, — image célèbre, — les officiers prussiens aiguiser leurs sabres sur le perron de l'ambassade de France, tandis que leur colonel affirme :

— Il n'y a pas besoin de sabres, des gourdins suffiront pour ces chiens de Français !

Néanmoins, Napoléon, espérant encore l'impossible, écrit le 12 septembre au roi de Prusse : « Si je suis contraint à prendre les armes pour me défendre, ce sera avec le plus grand regret que je les emploierai contre les troupes de Votre Majesté. Je considérerai cette guerre comme une guerre civile, tant les intérêts de nos deux États sont liés. Je ne veux rien d'elle ; je ne lui ai rien demandé. »

Ces lignes n'empêchent nullement Frédéric-Guillaume d'envoyer à son ambassadeur Lucchesini ses lettres de rappel et, le 20 septembre, Napoléon annonce à Brune :

— La Prusse a levé le masque.

Napoléon part pour la guerre. Il lui faut lutter contre la quatrième coalition qu'il espère bien cette fois être la dernière. Mais la guerre se prolongera durant dix mois, une guerre qui, avant de lui permettre de revenir aux Tuileries, le conduira d'Iéna à Berlin, de Varsovie à Eylau, de Friedland à Tilsit — et, à chaque étape, il aura le droit de lancer à nouveau ces mots :

— Mes armées n'ont cessé de vaincre que quand je leur ai ordonné de ne plus combattre.

C'est à Bamberg que l'Empereur reçoit l'ultimatum prussien daté du 26 septembre et qui court après lui depuis Paris. L'ultimatum expire le lendemain, 8 octobre. Le texte — « un comble de déraison et de folie », déclare-t-il — exige le retrait de l'armée française jusque derrière le Rhin !

— Le roi de Prusse se croit-il en Champagne ? s'écrie-t-il.

« Monsieur mon frère, répond Napoléon le dimanche 12, je n'ai reçu que le 7 la lettre de Votre Majesté... Elle m'a donné rendez-vous le 8. En bon chevalier je lui ai tenu parole : je suis au milieu de la Saxe. Qu'Elle m'en croie, j'ai des forces telles que toutes ses forces ne peuvent balancer longtemps la victoire. Mais pourquoi répandre tant de sang ? A quel but ?... Je ne prise point une victoire qui sera achetée par la vie d'un bon nombre de mes enfants. Si j'étais à mon début dans la carrière militaire, et si je pouvais craindre les hasards des combats, ce langage serait tout à fait déplacé. Sire, Votre Majesté sera vaincue... Elle est aujourd'hui intacte et peut traiter avec moi d'une manière conforme à son rang ; elle traitera, avant un mois, dans une situation différente... »

Le roi ne répondra même pas !

Napoléon, le lendemain, atteint Iéna, au bord de la Saale. Sitôt arrivé, il monte à travers les vignes par un sentier raide « comme le toit d'une maison », jusqu'au Landgrafenberg, une énorme butte, qui existe toujours, surplombant la ville, dominant d'un côté la profonde vallée de la Saale, et de l'autre la plaine de Weimar. De là, l'Empereur croit avoir devant lui toute l'armée prussienne — en réalité, il n'y a, l'attendant de pied ferme, que les cinquante mille soldat d'Hohenlohe. Il ordonne au tiers de ses forces, soit vingt-sept mille hommes, de prendre position sur la hauteur, où ils se trouveront tassés, les dos du premier rang contre les poitrines du second.

Napoléon quitte son bivouac — une borne, le *Napoléon-stein*, ombragé d'un frêne, marque aujourd'hui son emplacement — et passe en souriant devant le front de bandière. Mais il s'étonne : douze canons de la division Suchet ne se trouvent pas aux positions désignées. Il part lui-même à la recherche des pièces et les découvre au bas du Landgrafenberg, engagées à un tel point dans une gorge qu'elles ne peuvent plus avancer ni reculer :

— Où sont vos officiers ?

— Ils sont allés souper à Iéna.

Napoléon redevient le *capitaine Canon* d'autrefois. Il donne des ordres, fait chercher des pics, des pioches, des pelles, et, un falot à la main, dirige en personne les travaux. Deux heures plus tard, une véritable route permet aux batteries attelées à douze chevaux de monter jusqu'à leurs positions. On voit ensuite l'Empereur, dans la nuit « assis les deux coudes sur une mauvaise table couverte de cartes, la tête dans ses mains », étudier longuement son plan de bataille, puis rentrer sous sa tente et s'endormir.

Avant le jour, il est à cheval pour visiter son monde. La nuit est encore si épaisse qu'il est obligé de faire éclairer sa marche. Les Prussiens, voyant des lumières qui vont et viennent en face de leurs lignes, ouvrent le feu. Mais l'Empereur n'en poursuit pas moins sa course et fait maintenant prendre les armes.

Et ce fut la bataille d'Iéna.

Le petit jour ne paraît pas encore et la brume est à couper au couteau, comme au matin d'Austerlitz. « Les Prussiens nous souhaitent le bonjour par des coups de canon qui passent par-dessus nos têtes », raconte Coignet.

Sans doute n'y eut-il pas « deux cent cinquante mille à trois cent mille » combattants, comme l'assure Napoléon dans le *Bulletin d'Iéna*, mais la garde ne fut, en effet, pas engagée. Et voici le mot fameux qui fit la fortune des marchands d'estampes. Un vélite de la Garde, en voyant l'Empereur passer devant le front des troupes, osa crier : « En avant ! »

— Qu'est-ce ? dit Napoléon en se retournant. Il n'y a qu'un jeune homme sans barbe qui peut vouloir présager ce que je dois faire. Qu'il attende d'avoir commandé dans trente batailles rangées avant de prétendre me donner des avis.

Les Prussiens sont bientôt culbutés et en pleine retraite. « A deux heures de l'après-midi, racontera von der Goltz, l'armée ressemblait à un fleuve de fuyards ». Le champ de bataille est couvert de morts, et la légende napoléonienne reprend son vol ! Un soldat, les deux cuisses brisées, crie :

— Je n'ai presque rien, si je pouvais seulement me lever, je m'écrierais : Vive l'Empereur !

Napoléon est tellement accablé de fatigue que, penché sur ses cartes, dictant à Berthier les ordres concernant la poursuite de l'armée prussienne, il s'endort.

Ce soir-là, l'Empereur croit bien avoir vaincu toute l'armée prussienne. Il pense que Davout, chargé de couper la retraite de l'ennemi, réussit à poursuivre et à décimer les fuyards. Sa stupéfaction est totale en apprenant que Davout s'est trouvé brusquement devant soixante-dix mille hommes commandés par le roi de Prusse en personne et par le duc de Brunswick — et qu'il les a battus à Auerstaedt avec seulement vingt mille hommes ! Alors que lui, Napoléon, avec quatre-vingt mille hommes, n'avait eu à combattre que les cinquante mille soldats de Hohenlohe chargés de contenir l'armée française !

Tandis que Napoléon frappe la Prusse et ses alliés d'une imposition considérable de près de 160 millions de francs, tandis qu'il prend paisiblement la route qui le conduira à Potsdam, puis à Berlin, les maréchaux donnent la chasse aux Prussiens, en pleine panique. Vaincus d'Iéna et d'Auerstaedt refluent, la même peur les serrant à la gorge.

D'étape en étape, l'Empereur suivra, par les billets de ses lieutenants, l'étonnante poursuite — une poursuite sans relâche, sans répit, sans trêve, une poursuite, l'épée dans les reins, qui mènera les maréchaux d'Iéna à Leipzig, du Brandebourg au Mecklembourg, pour s'achever, au nord de Hambourg, par la prise de Lübeck, non loin des rives de la Baltique et de la frontière du Danemark ! En trente-six jours de campagne, l'armée impériale a capturé cent dix mille prisonniers et deux cent cinquante drapeaux. Ainsi que l'avait écrit, avec superbe, Murat à son impérial beau-frère :

« Sire, le combat finit, faute de combattants. »

Le 15 octobre, le roi de Prusse demande à son vainqueur les conditions de l'armistice. Napoléon ne peut s'offrir le luxe de ne pas mettre à genoux ses adversaires. Poussé par un étrange sentiment, il a épargné le tsar au lendemain d'Austerlitz. Il agira de même, l'année suivante, au lendemain de Friedland — et c'est Alexandre qui aura un jour le dernier mot. Pour Frédéric-Guillaume, nulle pitié. Le 23 octobre, outre une lourde contribution de guerre, la Prusse doit céder tous les États prussiens situés entre le Rhin et l'Elbe. L'aigle française remplacera partout les aigles prussiennes, mais les deux pays n'en demeurent pas moins en guerre.

Le 24 octobre 1806, Napoléon — quelque peu ému — s'installe Potsdam au château de Sans-Souci. On le sait, il porte à Frédéric une profonde admiration :

— Son génie, son esprit et ses vœux étaient avec la France qu'il a tant estimée et dont il disait que, s'il en était roi, il ne se tirerait point un coup de canon en Europe sans sa permission.

L'Empereur visite l'appartement du Grand Frédéric, essaye sa lorgnette de bataille, ouvre ses livres préférés annotés de sa main, et — dépouilles de guerre — s'empare de la ceinture du roi, de ses grands cordons et de son épée.

— Je préfère ces trophées, assure-t-il, à tous les trésors du roi Guillaume. Je les enverrai à mes vieux soldats du Hanovre ; je les donnerai au gouverneur des Invalides, qui les gardera comme témoignage des victoires de la Grande Armée et de la vengeance qu'elle a tirée des désastres de Rossbach.

Il prend également le réveille-matin du roi — une grosse montre d'argent qu'il emportera à Sainte-Hélène et qui sera accrochée là-bas, dans sa petite maison de bois, à gauche de la cheminée de sa chambre.

Le 26, il va visiter le tombeau de Frédéric II, il s'y rend à pied et y demeure dix minutes « immobile et silencieux et comme absorbé dans une méditation profonde ».

Le 27 octobre, au son des tambours et de la musique de la Garde, l'Empereur fait son entrée à Berlin par la porte de Brandebourg, où attendent les notabilités ayant à leur tête le gouverneur, le prince de Hatzfeldt. Puis Napoléon monte à cheval — un cheval gris — et pénètre dans la ville précédé des mamelouks et des grenadiers coiffés de leur célèbre bonnet d'ourson. La foule se presse et les croisées sont garnies comme à Paris, « le jour de notre arrivée d'Austerlitz », nous précise Coignet.

Napoléon s'avance, seul, vêtu de son habit vert de colonel des chasseurs de la Garde, barré par le grand cordon de la Légion d'honneur, Derrière lui, à dix pas, suivent les maréchaux, les généraux, les aides de camp, l'état-major rutilants d'or, d'argent et de plumes. Mais on ne voit pourtant que lui, « avec son petit chapeau et sa cocarde d'un sou ». Dans ses yeux passent des éclairs, il faut aux Berlinois — l'un d'eux le reconnaîtra, stupéfait — une rare énergie pour ne pas courber la tête sous ce regard. Après lui marchent la gendarmerie d'élite et la Garde, « en tenue aussi belle qu'aux Tuileries ». On les acclame et cet enthousiasme des Berlinois étonne les vainqueurs. Les habitants semblaient « bien aise, nous dit le vélite Barrès, qu'on ait donné une bonne raclée à leur roi ».

Arrivé devant la statue du Grand Frédéric, l'Empereur décrit autour d'elle un cercle au galop de son cheval et salue à la fois de l'épée et d'un large coup de chapeau. L'état-major est bien obligé de l'imiter et se découvre.

Napoléon s'installe au palais royal, laissant du prince de Hatzfeld sa fonction de gouverneur de Berlin. Mais une lettre du prince au comte de Hohenlohe a été interceptée. Elle contient des renseignements sur la position des troupes et sur le nombre des caissons de munitions entrées dans la ville. L'Empereur, dont on devine la violente colère, ordonne à Rapp de faire arrêter immédiatement le gouverneur et — en dépit des remarques de Berthier et de Rapp — de le traduire devant une commission militaire. L'affaire permettra à Napoléon de jouer une scène qui passera à la postérité. La princesse de Hatzfeldt attend un enfant et vient se jeter aux pieds de l'Empereur, ignorant qu'il possède la preuve de la déloyauté du gouverneur. Elle proclame l'innocence de son mari. Napoléon fait alors appeler l'aide de camp de service et demande qu'on lui apporte la dépêche révélatrice :

— Lisez, madame.

La princesse, après avoir lu, s'effondre en sanglotant.

— Eh bien, madame, reprend l'Empereur en montrant la cheminée, puisque vous tenez entre vos mains la preuve du crime, anéantissez-là et désarmez ainsi la sévérité de nos lois de guerre !

Une heure plus tard, Hatzfeldt, libéré, quitte Berlin pour ses terres...

« Tu vois donc, ajoute l'Empereur en contant la scène à Joséphine, que j'aime les femmes bonnes, douces, et naïves ; mais c'est que celles-là seules te ressemblent. »

Le 22 novembre, l'Empereur signe le décret de Berlin ordonnant le blocus continental contre l'Angleterre, dont les « intrigues », selon son expression, ont poussé la Prusse et la Russie à la guerre.

— Je veux conquérir la mer par la puissance de la terre.

Pour atteindre ce but, pas d'autre solution que de pousser l'Angleterre à la ruine en la coupant de ses clients du continent. C'est par le commerce qu'on l'attaquera, à défaut de la fameuse « descente » aujourd'hui abandonnée. Désormais les îles Britanniques sont déclarées « en état de blocus ». Tout commerce et toute correspondance sont interdits à la France et à ses alliés — plus ou moins volontaires. On ferait ainsi le « siège » de l'Angleterre et on la réduirait à la famine comme une place forte assiégée. Mais, pour mener à bien ce vaste projet, il fallait être le maître de *tout* le continent et lui imposer les privations découlant du décret — c'est-à-dire prier par exemple tous les Européens de prendre leur café sans sucre, en attendant que se développe la fabrication de la betterave sucrière...

La Pologne se considère comme libérée du joug prussien et accueille les Français avec beaucoup de gentillesse. Quant à Varsovie, les Russes y sont si mal reçus que le tsar donne l'ordre à ses troupes de se replier. Décision qui permet à Murat, le 28 novembre, de faire dans la capitale polonaise une entrée à grand spectacle. Coiffé de plumes, ceinturé d'or, il a adopté le costume polonais le plus représentatif : chapska rouge doublée de martre, il est acclamé. Grisé par cet accueil, le beau-frère de Napoléon échangerait volontiers son grand-duché de Berg contre le titre de roi de Pologne. L'Empereur, le 2 décembre, anniversaire du Sacre, le rappelle à l'ordre : « Faites sentir à la Pologne que je ne viens pas mendier un trône pour un des miens : je ne manque pas de trônes à donner à ma famille. »

Certes, l'Empereur ne demande pas mieux que de libérer la malheureuse Pologne, par trois fois dépecée, mais, à certaines conditions qu'il énonce le 6 décembre à Murat :

« Je ne proclamerai l'indépendance de la Pologne que lorsque je reconnaîtrai qu'ils la veulent véritablement soutenir, et je verrai qu'ils la veulent et peuvent soutenir quand je verrai trente à quarante mille homme sous les armes, organisés, et la noblesse à cheval, prête à payer de sa personne. »

Le matin du jour de l'an 1807, sur la route gelée de Pultusk à Varsovie, tiré au grand galop par ses chevaux ferrés à glace, Napoléon chante — faux.

La veille, encore à Pultusk, il avait appris qu'Eléonore Denuelle de La Plaigne, lectrice de sa sœur Caroline, a mis au monde — le 13 décembre — un garçon qu'elle affirmait né de ses amours avec l'Empereur. Il peut donc procréer ! C'est Joséphine qui était devenue stérile !

Mais Napoléon doute encore... Il se souvent sans déplaisir de ce joli visage d'Eléonore, aux beaux yeux noirs, de son corps mince et souple. Il ignore cependant que cette petite coquette raconte partout que lorsque l'Empereur « s'occupait » d'elle, elle regardait le cartel suspendu au-dessus du lit et « trouvait le moyen de pousser la grande aiguille et de l'avancer de trente minutes ».

— Déjà ! s'exclamait Napoléon en levant les yeux.

Et il quittait bien vite la place.

Il l'avait connue en 1805 au retour d'Austerlitz. Elle était âgée de dix-huit ans et déjà divorcée — ce qui lui avait été aisé, son mari, le capitaine Revel, ayant été emprisonné pour faux et vol. Eléonore avait tout fait pour attirer l'attention et y était fort bien parvenue puisque — en dépit de la pendule — le fruit de leurs amours venait de naître.

Tout en roulant vers Varsovie, le visage de l'Empereur peu à peu se rembrunit. L'enfant — le futur comte Léon — est-il bien de lui ? La mère le crie sur tous les toits, mais la rouée n'a-t-elle pas eu également des bontés pour Murat ?

Napoléon doute — et de ce même doute découle la lancinante question : pouvait-il donner la vie ? Quant au reste, il s'en moque. Ses amours d'antichambre comptaient si peu pour lui !

Il y avait eu, peu avant le sacre, Elisabeth de Vaudey, une des dames de Joséphine qu'il recevait fort rapidement à Saint-Cloud. — pour ne pas dire qu'il l'expédiait — dans un petit entresol situé au-dessus de son cabinet de travail. Il y accédait par un escalier dérobé. Un jour, Joséphine, qui flairait l'intrigue, avait frappé à la porte alors que son mari se trouvait avec Elisabeth. Quand il ouvrit, l'Impératrice, en voyant le « désordre » qui régnait, ne se fit aucune illusion sur la nature de l'audience accordée à sa dame de compagnie. Tandis que Mme de Vaudey sanglotait, une scène terrible avait éclaté, et ce soir là Napoléon faillit répudier sa femme.

— Il faut vous préparer à quitter Saint-Cloud, lui avait avait-il dit. Fatigué d'une surveillance jalouse, je suis décidé à secouer ce joug et à écouter désormais les conseils de la politique qui exigent que je prenne une femme capable de me donner des enfants !

Et puis les choses s'étaient arrangées, pour peu de temps, il est vrai, car il y eut encore Mme Duchâtel.

Elle était ravissante. Brune de vingt-deux ans, à la taille moyenne, elle possédait de très jolies dents et les plus beaux yeux du monde, des yeux bleu foncé « à longue et soyeuse paupière ». Elle avait le pied petit, le sourire charmant, dansait et chantait agréablement. Telle quelle, elle avait plu à Napoléon. Elle se nommait Marie-Antoinette-Adèle Papin, et avait épousé Charles Duchatel alors directeur général de l'Enregistrement, qui offrait aux yeux de l'Empereur le principal mérite d'avoir trente ans de plus que son épouse...

Il était, en effet, devenu presque amoureux de cette jeune femme désintéressée, qui ne demandait rien, ni pour les siens ni pour ses amis. Il la retrouvait dans une petite maison de l'Allée des Veuves. Un soir, à Malmaison, Joséphine surprit son mari qui, à travers les corridors carrelés et glacés, allait rejoindre la belle... Aussitôt les larmes de la créole s'étaient mises à couler, les plaintes avaient surgi ! L'Empereur n'avait pourtant pas la moindre intention de créer une place de favorite :

— Je ne veux nullement à ma Cour de l'empire des femmes. Elles ont fait tort à Henri IV et à Louis XIV ; mon métier à moi est bien plus grave que celui de ces princes et les Français sont devenus trop sérieux pour pardonner à leur souverain des liaisons affichées et des maîtresses en titre.

Brusquement, un soir, Joséphine crut rêver. « Bonaparte est seul auprès d'elle, il lui parle avec une voix qu'elle connaît bien, la voix de l'amoureux d'autrefois. Oui, il l'avoue, il a aimé Marie-Antoinette Duchâtel, mais la grande passion n'est plus...

— C'est maintenant fini, conclut-il.

Joséphine sent s'envoler le poids qui oppresse son cœur depuis plusieurs mois. Bien plus, l'Empereur, après avoir fait des confidences intimes sur ses amours, finit par demander à sa femme de l'aider à rompre sa liaison.

Joséphine s'y emploie, on l'imagine, au mieux ! Mme Duchâtel étant l'intelligence et le désintéressement mêmes, les choses se passent fort bien.

Napoléon a réclamé, par l'intermédiaire de Duroc, les lettres d'amour qu'il a envoyées à la jeune femme, elle les lui a remis sans se faire prier et a refusé le collier de diamants qu'il voulait lui offrir... Elle se contente simplement d'accepter de recevoir parfois son impérial amant, lorsque les souvenirs le pousseront à reprendre le chemin de l'Allée des Veuves.

Mais Joséphine l'ignorera.

Il ne croit guère à l'amour. Rappelons-le, il avait dit autrefois :

— L'amour est une sottise faite à deux... Je crois en définitive, ajoutait-il, que l'amour fait plus de mal que de bien et que ce serait un bienfait d'une divinité protectrice que de nous en défaire et d'en délivrer les hommes.

C'est avant de connaître Joséphine qu'il s'était montré aussi désabusé ! C'est toujours vers la femme qu'il a le plus aimée — de son propre aveu — que Napoléon tournait les yeux lorsqu'il parlait des infidélités, des dettes et de la coquetterie des femmes. C'est l'image de la chère et frivole créole qui se présenta à lui lorsqu'il établit le Code civil. C'est ainsi indirectement à Joséphine que les femmes mariées doivent encore aujourd'hui — en dépit des modifications apportées au Code Napoléon — de n'être pas tout à fait les égales de l'homme...

— Ce qui n'est pas français, déclarait-il, c'est de donner de l'autorité aux femmes !

Et c'est pourquoi il avait énoncé ce qui devait être pour lui la base même des lois :

— Il faut que la femme sache que, sortant de la tutelle de sa famille, elle passe sous celle de son mari !

Il aurait même voulu aller plus loin encore en suggérant :

— Ne devrait-on pas ajouter que la femme n'est point maîtresse de voir quelqu'un qui déplaît à son mari ?

Toujours Joséphine ! Joséphine qui n'avait pas hésité à recevoir des personnages de réputation équivoque et à tremper dans des affaires véreuses de fournitures militaires.

— Pour une qui nous inspire quelque chose de bien, il en est cent qui nous font faire des sottises !

Et il ajoutait un peu méchamment, comme s'il avait voulu se venger :

— Les femmes ont deux choses qui leur vont bien : le rouge et les larmes !

Les larmes l'attendriront toujours ; c'est par ces éternelles larmes féminines que ses deux épouses, ses maîtresses et ses sœurs auront barre sur lui. Si devant une femme bouleversée, les yeux noyés de pleurs, la voix étranglée par les sanglots, son cœur se met alors à battre un peu plus vite, c'est qu'elle lui apparaît alors « sensible et bonne, naïve et douce ». Et Joséphine, qui possède à la perfection le don de la comédie larmoyante, est, de tous les visages féminins qui l'entourent, celui qui garde la plus grande influence sur Bonaparte, ainsi qu'elle le nomme toujours.

Certes, la brûlante passion n'est plus qu'un souvenir. Le brasier qui a consumé le cœur du jeune général de la campagne d'Italie s'est éteint. Mais une flamme persiste encore. Il désire toujours sa chère créole. Entre deux amours sans importance, il aime revenir à ce corps souple comme une palme de son île natale, cette femme qui — fait rare à l'époque, — parvenait, à force d'artifices, à paraître dix ans de moins que son âge. Plaire était pour elle une seconde nature.

Il éprouve pour « l'incomparable Joséphine » une infinie tendresse. Cet être délicieux, merveilleux, insupportable, l'attendrit peut-être davantage par ses défauts si féminins — cette rouerie, ces mensonges venant naturellement à ses lèvres, ces dettes faites avec une désarmante inconscience — que par ses immenses qualités de cœur, cette bonté native, cette perpétuelle gentillesse, cette manière « d'accommoder ses bienfaits » qu'elle possède à la perfection.

— Les femmes sont toutes ou bien meilleures ou bien pires que les hommes, affirmait-il.

Joséphine, assurément, possède infiniment plus de cœur que Napoléon. Rappelons-le : elle n'a « point d'ongles » avec lui, selon son expression, et c'est là sans doute une qualité majeure aux yeux d'un mari — surtout lorsque ce mari se prénomme Napoléon. Ce n'est certes pas en pensant à elle qu'il s'est exclamé un jour :

— On ne doit jamais s'emporter avec les femmes, c'est en silence qu'on doit les entendre déraisonner.

Soudain la voiture s'arrête. Où se trouve-t-on ? Au relais de Bronie, dernière maison de poste avant Varsovie. Toute une foule est là qui se presse et se bouscule pour l'apercevoir. La Pologne l'accueille en libérateur. Son compagnon, le général Duroc, est descendu de la berline pour faire hâter le relayage. Soudain une toute jeune femme en costume de paysanne — une jeune fille peut-être ? — attrape gentiment l'officier par la manche et lui dit en français « d'une voix suppliante » :

— Ah ! monsieur, tirez-moi d'ici et faites que je puisse entrevoir l'Empereur un instant, un seul instant !

La voix est chantante, l'accent charmant, la silhouette menue et gracile, les yeux si clairs, tendres et implorants, que Duroc se laisse apitoyer.

« Il me dégagea en souriant, racontera-t-elle dans son récit inédit. Me tenant par la main, il me conduisit à la portière de la voiture de l'Empereur auquel il dit en me présentant :

— Sire, voyez celle qui a bravé les dangers de la foule pour vous !

« Napoléon ôta son chapeau, se pencha vers moi, et je ne sais ce qu'il me dit alors car j'étais trop pressée de lui exprimer ce dont j'étais pénétrée :

— Soyez le bienvenu, mille fois le bienvenu sur notre terre ! Rien de ce que nous ferons ne rendra d'une manière assez énergique, ni les sentiments d'admiration que nous portons à votre personne, ni le plaisir que nous avons à vous voir fouler le sol de cette patrie qui vous attend pour se relever !

« J'étais dans une espèce de transport de délire en laissant échapper cette explosion tumultueuse des sentiments qui m'animaient alors ! Je ne sais même pas comment, avec ma timidité naturelle, j'ai pu le faire. Souvent ce moment revient à ma pensée, sans que je puisse m'expliquer et définir la force spontanée qui a poussé mes paroles. Napoléon me regardait attentivement, il prit un bouquet qui se trouvait dans sa voiture et, me le présentant, dit :

— Gardez-le comme garant de mes bonnes intentions, nous nous reverrons à Varsovie je l'espère et je réclamerai un baiser de votre belle bouche. »

Le relayage s'achève. Demeurée au milieu de la route, la petite Polonaise, serrant contre son cœur le bouquet que lui a offert Napoléon, regarde s'éloigner la voiture escortée de cavaliers de la garde. Par la portière, l'Empereur agite son chapeau.

Qui est-elle ?

Jolie, blonde et rose, elle se nomme la comtesse Walewska. Greuze est mort depuis plus d'une année, mais semblait être revenu parmi les hommes pour donner la vie à l'un de ses modèles. Son rire était, paraît-il, un enchantement. Cependant, depuis trois années, elle ne riait guère. Son père avait disparu lorsqu'elle n'était qu'une toute petite fille et, dès sa sortie du couvent — elle n'avait pas seize ans — sa mère avait exigé qu'elle choisisse entre deux prétendants également fortunés. L'un était jeune et charmant, mais fils d'un général russe. Dix années auparavant, la Pologne avait été, pour la troisième fois, dépecée. Les trois aigles impériaux d'Autriche, de Prusse et de Russie s'étaient jetés sur elle avec tant de voracité que l'Etat polonais avait fini par disparaître de la carte de l'Europe. L'aigle blanc de Pologne n'était plus qu'un souvenir !... Epouser le fils de l'un de ces généraux du tsar qui oppriment son pays ? Marie eût préféré la mort ! Aussi s'était-elle résignée à épouser le comte Athanase Colonna Walewski, chef d'une puissante maison, mais qui, deux fois veuf, était presque septuagénaire. Son mari, plein de prévenances pour elle, avait essayé de lui faire oublier la grande différence d'âge qu'il y avait entre eux en lui donnant un fils. Il y était parvenu... Et Marie adorait cet enfant. Elle n'avait qu'un seul but dans la vie : faire de lui un homme libre dans une Pologne libre. Combien de fois — comme tant de Polonais aux heures sombres de leur histoire — n'avait-elle pas pensé que la France pourrait un jour délivrer son pays !

Elle le racontera dans ses *Souvenirs*, le matin du 1er janvier 1807, Marie apprit que Napoléon roulait vers Varsovie. Ne tenant plus en place, « tourmentée plus que les autres d'une fièvre d'impatience », elle avait formé le projet de se porter au-devant de lui. Elle s'était déguisée en paysanne — robe de drap bleu, bonnet carré de fourrure noire, voile noir — avait bondi dans sa voiture, entraînant avec elle sa cousine, et ordonné au cocher de prendre le chemin de Bronie...

La voiture impériale a depuis longtemps disparu, mais Marie est demeurée là, émue, éblouie, toujours plantée au milieu de la foule, enfouissant son clair visage dans le bouquet de fleurs que l'Empereur lui avait offert en guise d'adieu... un adieu qui serait peut-être un au revoir.

Tout en roulant vers Varsovie, Napoléon est surpris de garder si présent à l'esprit le souvenir de la jeune Polonaise. Cette paysanne qui parle le français l'étonne et l'intrigue... Et puis, quelle tendresse émane de tout son être !

— Duroc, je vous charge de la retrouver !

Aussitôt arrivé, le général se met en campagne. Minutieusement, il décrit celle que l'Empereur appelle « l'inconnue de Bronie » au prince Joseph Poniatowski, chef du gouvernement provisoire polonais. Grâce à l'indiscrétion de la cousine de Marie, qui a conté l'épisode du bouquet, Marie est identifiée. Prévenu, Napoléon ordonne que la comtesse Walewska soit conviée à la réception donnée par Poniatowski en son honneur. A moins que ce ne soit le chef du gouvernement, poussé d'ailleurs par Talleyrand ravi de voir l'Empereur « occupé » par une aventure, qui ait proposé à l'Empereur d'inviter Mme Walewska. Quoi qu'il en soit, Poniatowski se rend lui-même au palais Walewski. Marie commence par refuser l'invitation : elle ne va à aucun bal.

— Votre présence est indispensable. Napoléon l'exige.

Elle refuse encore. Il faudra l'insistance du comte Walewski en personne pour que Marie accepte de se rendre au bal du palais Blacha. Cependant, elle réfléchit. Pour qui l'a prise Napoléon ? Elle se révolte et revêt sa robe la plus modeste — un fourreau de satin blanc sous une tunique de tulle blanc. Pas un brillant, pas une perle, mais un simple diadème de feuillage orne ses cheveux d'or. L'Empereur comprendra sûrement ce que signifie ce refus de se parer en son honneur. Elle n'est pas prête au sacrifice !

Avec un air buté, elle refuse tous les danseurs qui viennent l'inviter. Louis de Périgord, aide de camp de l'Empereur, et le général Bertrand papillonnent autour d'elle. Napoléon, qui voit leur manège, appelle Berthier et lui ordonne d'expédier sur-le-champ Périgord au 6e corps, sur la Passarge, et Bertrand au quartier général de Jérôme devant Breslau.

Tous se regardent avec inquiétude. Pour la première fois depuis les lointaines amours où Joséphine le trompait au vu et au su de tous avec ce freluquet d'Hippolyte Charles, Napoléon est jaloux. Et ici rien n'est encore commencé !...

Mais la danse s'arrête. L'heure de la « revue » traditionnelle des invités a sonné. Napoléon paraît fébrile. Arrivé devant Marie, il la regarde, fait semblant de ne pas la reconnaître, jauge la robe, admire son teint éclatant et, afin de montrer qu'il a compris la raison de cette simplicité, lance à voix haute :

— Le blanc sur le blanc ne va pas, Madame.

Et il ajoute plus bas, et pour elle seule :

— Ce n'est pas l'accueil auquel j'avais le droit de m'attendre après...

Marie n'a évidemment pas répondu, mais ses joues nacrées se sont colorées de rose... et son trouble augmente lorsque, l'Empereur passé, elle devient le point de mire de toute l'assistance. On chuchote derrière les éventails. Que lui a dit Napoléon à voix basse ? Les commentaires marchent leur train...

En rentrant au palais Walewski, elle trouve un bouquet de fleurs, avec ce billet : « Je n'ai vu que vous, je n'ai admiré que vous. Une réponse bien prompte pour calmer l'impatiente ardeur de N. »

— Le messager attend, lui dit la femme de chambre.

— Il n'y a pas de réponse, déclare Marie profondément blessée.

Encore une fois, pour qui l'Empereur la prend-il ? Mais la femme de chambre revient, annonçant que c'est Joseph Poniatowski lui-même qui a apporté le billet. Marie se révolte. Ainsi le chef du gouvernement se mue en entremetteur ! Bien plus, Poniatowski vient maintenant parlementer à la porte de sa chambre. Mais en pure perte ! De même qu'elle a refusé de danser, elle ne répond pas et, après une demi-heure de palabres, le prince quitte la place — furieux.

Mais tout va pousser Marie dans les bras de l'Empereur.

Elle reçoit à nouveau un billet de Napoléon : « Vous ai-je déplu, Madame ? J'avais cependant le droit d'espérer le contraire. Me suis-je trompé ? Votre empressement s'est ralenti, tandis que le mien augmente. Vous m'ôtez le repos ! Oh ! donnez un peu de joie, de bonheur, à un pauvre cœur tout prêt à vous adorer... Une réponse est-elle si difficile à obtenir ? Vous m'en devez deux. N. »

Marie refuse toujours de répondre et l'Empereur s'impatiente. Le complot devient alors assez écœurant. Des membres du Cabinet — Talleyrand dans l'ombre — la supplient de ne pas se montrer cruelle :

— Madame, les petites causes produisent souvent de grands effets. Les femmes, en tout temps, ont eu une grande influence sur la politique du monde. L'histoire des temps reculés comme celle des temps modernes nous certifient cette vérité. Tant que les passions domineront les hommes, vous serez, Mesdames, une des puissances les plus redoutables.

Les mailles du filet se referment sur elle surtout après avoir reçu cette nouvelle lettre :

« Il y a des moments où trop d'élévation pèse, et c'est ce que j'éprouve. Comment satisfaire le besoin d'un cœur épris qui voudrait s'élancer à vos pieds et qui se trouve arrêté... Oh ! si vous le vouliez ! Il n'y a que vous seule qui puissiez lever les obstacles qui nous séparent. Oh ! Venez, venez ! Tous vos désirs seront remplis. Votre patrie me sera plus chère quand vous aurez pitié de mon pauvre cœur. N.

La fin de la lettre la bouleverse. Marie est vaincue cette fois... et aux envoyés de l'Empereur, elle murmure :

— Faites de moi ce que vous voudrez...

Napoléon poursuit sa cour pressante, nous le savons par les lettres qu'il adressera à Marie. Craignant que son écriture soit parfaitement illisible, il dicte ces lignes, qu'il se contentera de signer et de dater :

Mercredi 28 à 11 heures du matin :

« Madame,

« Vous étiez triste lundi au cercle, cela m'a peiné... Je vous ai écrit deux fois mais tout le monde est parti, et mes lettres ne vous sont pas arrivées... Je désire, Marie, vous voir ce soir à huit heures. Allez chez votre amie, celle dont vous m'avez parlé. Une voiture viendra vous y prendre.

« J'espère et j'ai besoin de vous dire ce soir tout ce que vous m'inspirez et toute la contrariété que j'ai éprouvée...

« Mille baisers sur les lèvres de ma Marie. »

Une fois de plus, au lendemain d'un nouveau tête-à-tête où rien ne s'est encore passé, à son réveil, on remet à Marie, de la part de l'Empereur, un bouquet de diamants accompagné de ces lignes :

« Marie, ma douce Marie, ma première pensée est pour toi, mon premier désir est de te revoir. Tu reviendras, n'est-ce pas ? Tu me l'as promis. Sinon l'aigle volerait vers toi ! Je te verrai à dîner, l'ami le dit. Daigne donc accepter ce bouquet : qu'il devienne un lien mystérieux qui établisse entre nous un rapport secret au milieu de la foule qui nous environne. Exposés aux regards de la multitude, nous pourrons nous entendre. Quand ma main pressera mon cœur, tu sauras qu'il tout occupé de toi, et pour répondre tu presseras ton bouquet ! Aime-moi, ma gentille Marie, et que ta main ne quitte jamais ton bouquet ! N. »

— Il n'y a pas de réponse, déclare-t-elle de nouveau.

Et elle jette à terre l'écrin de maroquin rouge qui contient le bijou :

— Ces diamants ! Je n'en veux pas ! Me prend-il pour une fille !

Le soir même, au dîner, Marie n'a pas mis son présent à son corsage. La jeune femme a peur de la scène qu'elle sent monter. Avec un pauvre sourire, elle met sa main à l'emplacement où le bouquet devrait se trouver et Napoléon s'apaise. Il fait le même geste que Marie. L'orage est passé — momentanément. Dès le repas expédié, il se retire dans un petit salon et fait convoquer Marie Walewska par Duroc.

— Vous voilà enfin ! Je n'espérais plus vous voir.

Mais laissons le soin à Marie de raconter la scène : « Il me débarrassa de mon manteau et du chapeau, et me plaçant dans un fauteuil, il me dit :

— Je veux... Entends-tu bien ce mot : Je veux te forcer à m'aimer. Marie, j'ai fait revivre le nom de ta patrie, la souche existe grâce à moi. Je ferai plus encore ! Mais songe aussi que, comme cette montre que je tiens en mes mains, je peux la briser à tes yeux...

« En effet, elle vola à mes pieds...

— C'est ainsi que son nom périra. Et toutes tes espérances, si tu me pousses à bout, en refusant mon cœur et me refusant le tien.

« Je tombai roide à ses pieds, achève Marie. L'effroi m'avait abattue. Il était dans un état de violence indescriptible... »

La fureur de l'Empereur a mis le cœur de Marie à si rude épreuve qu'elle est tombée évanouie. Lorsqu'elle se réveille, elle comprend. Napoléon, éperdu, a profité de son malaise pour abuser d'elle. Il est là, à ses genoux, lui jurant qu'il l'aime à la folie — cette folie qui est sa seule excuse ! Il trouve les mots qui touchent le cœur de la malheureuse jeune femme... et Marie ne s'enfuit pas.

« Celui qui voyait l'Univers à ses pieds, poursuit-elle, était aux miens et essuyait mes larmes. Il me releva avec tendresse :

— Tu peux être sûre, Marie, que la promesse que je te fis sera remplie. »

Elle lit tant de passion dans les yeux de Napoléon que, émue par la violence de cet amour — un peu éblouie peut-être aussi — elle pardonne. Bien plus, elle se met à l'aimer, témoin cette lettre qu'il lui adresse, semble-t-il, dès le lendemain matin à cinq heures, et dans laquelle il lui dit tout son amour :

« Madame,

« J'ai un véritable désir que vous m'appreniez que vous n'êtes pas incommodée, et de quelle manière vous avez passé la nuit. Vous avez été à la même place toute la nuit dans mes idées. Je conserverai longtemps le souvenir de cette nuit... Je sens le besoin de vous dire combien vous m'êtes chère ; si vous en doutiez, vous m'affligeriez véritablement. Vous m'avez promis bien des choses, ne pourriez-vous pas m'envoyer ce qui peut être fait aujourd'hui ? Marie, songez que je vous aime, que vous m'avez flatté de partager tous mes sentiments. N'est-ce pas que vous serez constante ? Mille baisers sur vos mains, un sur ce cœur dont je voudrais troubler un peu la tranquillité. Vous voyez que c'est là l'esprit de vengeance. Adieu, mon amie, que je serai aise de vous voir ce soir ! »

Ce jour-là, Marie écrit à son époux. Elle a pris la décision de rompre avec lui. « Votre première idée, lui écrit-elle, sera de me reprocher ma conduite, mais vous n'accuserez que vous. J'ai tout fait pour vous ouvrir les yeux. Hélas ! vous étiez aveuglé par une vanité sans nom et, je le reconnais, par votre patriotisme, vous n'avez pas voulu voir le danger. »

Le comte Walewski comprend la situation et se retire à Walewice, tandis que les deux belles-sœurs de Marie servent de chaperons à celle qui est traitée par tous comme la maîtresse du maître. Personne ne s'en offusque à Varsovie. La morale n'existe pas lorsqu'il s'agit des amours royales ou impériales.

Mais l'Histoire peut-elle se montrer aussi compréhensive devant le comportement de Napoléon ?

En admettant que l'Empereur ait été aveuglé par son désir, que désabusé par ses précédentes et trop faciles conquêtes, il ait à ce point manqué de perspicacité sur la vraie nature de Marie, rien ne peut justifier qu'il se soit conduit plus en soudard qu'en souverain. Cette façon d'abuser de la faiblesse d'une femme est difficilement excusable. Cependant une explication peut être fournie : Il n'a jamais su parler aux femmes autrement que s'il avait affaire à des recrues. Elles le déconcertent, devant elles, il se sent gauche, embarrassé, et dissimule derrière une brusquerie sa timidité. Il est *naturellement* et *inconsciemment* impoli avec elles.

Mais n'y a-t-il pas d'autre excuse à ce comportement qui nous surprend et nous gêne ? Que pouvait penser l'Empereur ? Une Polonaise, qui n'est plus une jeune fille, mais une mère de famille de dix-neuf ans — au surplus fort mal mariée — se jette littéralement à sa tête, se déguise pour l'approcher et lui parler. Napoléon peut parfaitement croire que Marie Walewska est prête à se donner à lui. Il ignore à peu près les pressions abominables que va subir la comtesse pour devenir sa maîtresse. Craignant avec raison de déplaire à Napoléon, le prince Poniatowski, pas plus que les membres du gouvernement provisoire polonais, ne l'ont mis au courant du véritable siège qu'ils ont été obligés d'accomplir pour parvenir à leurs fins : faire céder Marie et la conduire, pour le plus grand bien de la Pologne, dans le lit de l'Empereur.

Infiniment moins excusable est l'appel au patriotisme qu'a employé l'Empereur pour faire céder la vertu de Marie, le vrai chantage qu'il a exercé pour forcer Mme Walewska à venir à ses rendez-vous, cette reconstruction de l'État polonais présentée sans cesse comme un appât : « Votre patrie me sera plus chère quand vous aurez eu pitié de mon pauvre cœur. » Il a tracé ces lignes, alors qu'il n'avait qu'une idée en tête : s'entendre avec le tsar dès qu'il l'aurait vaincu. Ne savait-il pas déjà — et fort bien — que c'était encore le grand-duché de Varsovie qui paierait la note de cette réconciliation ?

Marie n'a d'ailleurs jamais reproché à Napoléon sa violence, et toute son attitude a prouvé qu'elle ne lui en voulait pas.

Elle lui écrit, en effet, des lettres fort tendres, s'il faut en croire cette réponse :

« Madame,

« Votre lettre est comme vous parfaite, elle m'a fait du bonheur... J'aurais bien voulu vous parler hier, je sentais qu'un mouvement involontaire me conduisait toujours où vous étiez, souvent il fallait s'arrêter en chemin... J'ai, je ne sais pourquoi, trouvé votre ruban charmant, peut-être vous doutez-vous de la cause ? Mais vos pendants d'oreilles, trois mots seulement, méchante, ai-je fait de même ? Méchante, non, non, bonne, belle et toute parfaite Marie... Vous dormez actuellement bien tranquillement... Je désire bien vous voir ce soir, ne serait-ce qu'un moment pour vous entendre me dire ce que vous m'avez écrit et ce qu'il me fait tant de bien à entendre... Mon amie, ce cœur est-il un peu agité du mal que vous faites ? Je ne sais, il me paraissait hier voir un peu de douce mélancolie dans vos yeux ! Je les couvre de baisers pour l'augmenter encore, et je me mets à vos pieds. »

Quelques jours plus tard, il lui adresse ces lignes où l'on entend les battements de son cœur :

« Vous étiez si belle et si bonne hier au soir que longtemps dans la nuit il me semblait vous voir encore. Il n'y a point de ténèbres qui empêchent que l'on ne vous voie, vous êtes comme un ange.

« Je me fais un bonheur de vous voir danser ce soir et de lire dans vos yeux les émotions de votre cœur... *mio dolce amore*, un délicieux baiser sur votre charmante bouche et mille bien respectueux sur vos mains. »

Mio dolce amore ! Comme autrefois lorsqu'il écrivait à Joséphine... Maintenant que Marie l'aime, tout en lui assurant qu'il ne perd pas de vue sa promesse de faire revivre la Pologne, il peut lui expliquer :

— J'ai déjà forcé la Prusse à lâcher la part qu'elle usurpait, le temps fera le reste. Ce n'est pas le moment de réaliser tout. Il faut patienter. La politique est une corde qui casse quand on la tend trop fort. En attendant, vos hommes politiques se forment. Car combien en avez-vous ? Vous êtes riches et bons patriotes ; vous avez des bras, j'en conviens : l'honneur et le courage sortent par tous les pores de vos braves, mais cela ne suffit pas : il faut une grande unanimité.

Et puis il y a aussi les intérêts de la France :

— Songez que de trop grandes distances nous séparent : ce que je puis établir aujourd'hui peut être détruit demain. Mes premiers devoirs sont pour la France, je ne puis faire couler le sang français pour une cause étrangère à ses intérêts et armer mon peuple pour courir à votre secours chaque fois qu'il sera nécessaire.

Marie est devenue pour lui sa « femme polonaise » comme il l'appelle. Il l'aime autant qu'on a le temps d'aimer lorsqu'on a toute l'Europe sur les bras. Il ne peut se passer d'elle. Quand il partira dans quelques jours à la tête de ses troupes, il lui enverra journellement un courrier.

S'il cesse de geler et de neiger, la terre se gorge d'eau jusqu'aux entrailles par le dégel se transformant en marécages.

— Dieu, pouvait remarquer Napoléon, a créé pour la Pologne un cinquième élément : la boue.

Et dans cette boue épaisse, effroyable, d'une profondeur inimaginable, le corps d'armée de Bernadotte, ne recevant qu'une demi-ration de vivres par jour, reculait devant les quatre-vingt mille hommes de Bennigsen, devenu général en chef de l'armée russe. L'Empereur espérait que personne ne bougerait avant le printemps.

Il s'était trompé.

Il s'était trompé également sur la valeur des soldats russes. Il les avait mésestimés. Cependant, avec ce génie qui lui permet de faire face à toutes les situations, l'Empereur se réjouit de cette retraite. En avançant vers la basse Vistule, Bennigsen va prêter le flanc à la Grande Armée. Il sera pris comme dans un moule à gauffre — d'autant plus que le temps se met au froid et que les chemins deviennent « superbes », ainsi que l'annonce Napoléon à Talleyrand le 29 janvier 1807. Deux jours auparavant — par une dépêche du 27 — il a expliqué son plan à Bernadotte : qu'il poursuive son mouvement de recul, et la victoire est certaine ! Malheureusement, l'officier porteur du message a été fait prisonnier par les Cosaques. Voici Bennigsen averti ! « Cette dépêche, racontera le général russe, me découvrait les intentions et tout le plan d'opérations de l'ennemi. » Et il donne aussitôt l'ordre à ses quatre-vingt mille hommes, non seulement de suspendre la poursuite de Bernadotte, mais de se retirer vers Eylau où il installe son quartier général. L'Empereur ne peut lui opposer que soixante-cinq mille soldats affamés, trempés et transis — en comptant les vingt mille hommes de Ney.

Le repli de l'armée du tsar, laissant en chemin pièces de canon, drapeaux et bagages — s'effectue dans le plus grand désordre. Napoléon l'écrit à Daru : l'ennemi « ne sait où il va ». Bennigsen le sait bien, lui ! Il veut empêcher l'Empereur d'occuper Landsberg, position clef contrôlant le cirque de collines qui entoure Eylau. Et les Français talonnent toujours l'ennemi.

Le 7 février, à Hol, l'armée russe fait face. L'Empereur, qui n'est pas encore sur place, donne l'ordre de faire intervenir les cuirassiers du général Joseph-Ange d'Hautpoul qui enlèvent la position. Mais le cavalerie russe sort de la place et commence à charger « en poussant des hourras terribles ». « Voyant notre calme, écrit Dupin, ils n'osent pousser leur charge à fond et se contentent de nous dire des bêtises... »

Les Français attaquent. On se bat avec acharnement. Le second bataillon du 4e de ligne parvient à s'emparer du cimetière d'Eylau où l'on se bat encore, lorsque, à onze heures du soir, Napoléon atteint Eylau accompagné de Murat et de Soult. La ville est encombrée de blessés affamés et transis. Enfin le gros de l'armée russe se retire en bon ordre et va occuper des positions situées derrière les mamelons qui, en demi-cercle, entourent la petite ville. Les Russes, à peine installés, se livrent à un vif barrage d'artillerie. Est-ce pour protéger leur retraite ? Est-ce, au contraire, pour empêcher les Français de venir chasser les soldats du tsar de leurs bivouacs ? Napoléon, un instant, veut voir lui-même ce qui se passe sur les collines, mais l'état-major l'en dissuade.

On verra au jour !

Sa Majesté impériale n'était-elle pas fatiguée, lasse, épuisée ? Voilà sept jours qu'Elle n'a pas retiré ses bottes ! La haut, les boulets « pleuvent » ! Pourquoi s'exposer inutilement ? Finalement, après avoir hésité, Napoléon consent à « faire l'empereur ». Sitôt arrivé à la maison de poste, il s'écroule tout d'une masse sur une chaise et s'endort. A six heures du matin — il fait encore nuit, une nuit noire comme de l'encre — il est réveillé en sursaut par l'arrivée d'un officier :

— Sire, l'ennemi pénètre dans la ville, massacre les soldats endormis dans les maisons. Sire, vite, fuyez !

En quelques minutes, l'Empereur a rejoint le bivouac de la garde. Il va falloir livrer bataille ! Il n'a que cinquante-quatre mille hommes et deux cents canons à opposer aux quatre-vingt mille soldats de Bennigsen, dont l'artillerie est forte de cinq cents bouches à feu !

Il ne fait pas excessivement froid, mais le vent du nord souffle en tempête. La neige tombe à gros flocons et aveugle les Français, alors que les Russes ont la chance de recevoir la neige dans le dos. La nuit s'achève, et un jour gris, sale, filtre à travers les nuages qui roulent bas.

— Les lâches iront mourir en Sibérie ! crie Davout à ceux qui s'apprêtent à partir pour la mêlée ; les braves mourront ici, en gens d'honneur !

Et la tuerie commence.

Les Russes ont la supériorité : leurs boulets pleuvent comme grêle sur les Français, « telle que de mémoire d'homme on n'en avait jamais vu », remarquera le général Marbot. Une « avalanche » précisera Paulin. Les ravages sont épouvantables. Un coup de *biscaïen* — une balle sphérique d'une boîte à mitraille qui vient d'éclater — transperce le bras droit du capitaine Hugo. « Je donnai une poignée de main à mon bras gauche, racontera-t-il, pour m'assurer que mon bras droit était encore là. Je vis seulement un grand trou dans ma manche. »

Après plusieurs heures d'une bataille indécise et affreusement meurtrière, l'Empereur se rend compte que l'ennemi essaye de couper en deux la longue ligne de bataille française. Une colonne de quinze mille grenadiers russes, baïonnettes croisées, sans brûler une amorce, s'avance vers le cimetière au pas de charge, ne se laissant pas impressionner par le feu terrible de quarante pièces d'artillerie de la Garde en position non loin de l'Empereur. Sans casser de braquer sa lunette sur cette mouvante forêt d'acier, Napoléon ne peut s'empêcher de s'exclamer :

— Quelle audace ! Quelle audace !

— Oui, constate Berthier, mais Votre Majesté ne s'aperçoit pas qu'avec cette audace-là, elle est à cent pas des balles !

L'Empereur se soucie fort peu du danger.

— Murat, s'écrie-t-il, prenez tout ce que vous avez sous la main de cavalerie !

Le grand-duc de Berg et de Clèves part ventre à terre, suivi de soixante-dix escadrons, dont vingt ont été détachés de la Garde impériale. La masse d'infanterie ennemie abandonne son pas de charge et se forme en carré pour soutenir la ruée. L'attaque russe est littéralement clouée au sol, couchée à terre « comme un champ de blé qui vient d'être dévasté par un terrible ouragan ». Mais, vers quinze heures, les huit mille Prussiens de Lestocq débouchent sur le champ de bataille et les Russes reprennent le dessus. A seize heures, c'est au tour de Ney d'apparaître sur le terrain à la tête de six mille baïonnettes. Cette fois, l'ennemi semble vouloir amorcer le repli.

L'Empereur rentre alors dans Eylau où depuis la veille on n'a pas cessé de se battre. En voyant l'horrible spectacle des morts et des blessés confondus, des larmes coulent de ses yeux. Ce soir-là, il mange des pommes de terre qu'il a fait cuire lui-même sur les braises d'un feu de bivouac de la Vieille Garde. Il s'endort, tout habillé et botté, sur un matelas, à une demi-lieue en arrière d'Eylau. C'est là que Saint-Chamans le découvre, « l'air fatigué, inquiet et abattu ».

— Qu'y a-t-il de nouveau ? demande-t-il d'une voix lasse.

L'officier lui répond en peu de mots que le maréchal Soult l'envoie près de Sa Majesté afin de lui rendre compte de la retraite de l'ennemi. Napoléon est radieux, son visage rayonne de plaisir. Eylau est bien une victoire ! Jusqu'à cet instant, il en avait douté.

Bennigsen, en effet, a battu en retraite, mais son repli a été si bien ordonné qu'il pourra annoncer au tsar : « La bravoure et le courage inébranlable des Russes ont arraché une victoire disputée depuis longtemps. » Alexandre le félicite « d'avoir eu la glorieuse fortune de vaincre celui qui n'avait jamais été battu ». Et, sans vouloir être ironique, il ajoute : « Je vous avoue que mon seul regret a été d'apprendre que vous avez reconnu nécessaire de vous replier. »

Dès l'aube, Napoléon, avec une barbe de deux jours — ce qui jusqu'à ce jour ne lui était jamais arrivé —, sa culotte et son gilet blanc encore tout maculés de boue, ses gants de fine peau de daim noircis par la bride des chevaux successivement montés durant cette terrible journée du 8 février, parcourt le champ de bataille. Il ne veut pas attendre une minute de plus. Il lui faut se faire voir dans le cirque d'Eylau, peut-être pour démontrer à tous qu'il est bien le vainqueur. Victoire quelque peu indécise, « chanceuse », selon son expression.

Autour de lui, l'affreux, le cauchemardesque prolongement de la bataille s'offre au regard : douze mille morts russes, quatorze mille blessés, sont étendus, et qui mourront faute de soins. Du côté français, vingt mille tués ou blessés. « Je n'ai jamais vu, rapportera Saint-Chamans, autant de morts réunis sur un aussi petit espace de terrain ». Des divisions entières, russes et françaises, ont été exterminée à la place qu'elles occupaient. Sur un quart de lieue, on ne voit que des monceaux de cadavres.

On entend l'Empereur murmurer :

— Quel massacre ! Et sans résultat ! Spectacle bien fait pour inspirer aux princes l'amour de la paix et l'horreur de la guerre !

A-t-il dit aussi, en retournant avec le pied un cadavre :

— C'est de la petite espèce !

Revenu au quartier général, il dicte le bulletin de victoire reconnaissant l'effroyable hécatombe. Cette franchise étonne certains.

— Un père qui perd ses enfants, explique-t-il en soupirant, ne goûte aucun charme de la victoire. Quand le cœur parle, la gloire même n'a plus d'illusions.

Il est indispensable de cacher à l'Allemagne ce qu'est devenue la Grande Armée. On restera donc en Pologne et en Prusse Orientale ! Un continuera à tenir les Russes à distance et l'on aménagera, à Osterode, un camp pour la Garde — des baraques entourées de palissades.

Napoléon s'installe avec ses grognards dans un bâtiment de briques élevé au centre du cantonnement.

C'est là, durant plus de cinq semaines, alors que gel et dégel se succèdent, qu'il apprend les réactions de l'Europe au lendemain de la meurtrière journée d'Eylau. Assurément, « Bonaparte » a manqué être battu — certains parlent même de défaite. Il n'est donc pas invulnérable !

Une intense activité diplomatique commence. La Prusse considère Eylau comme une revanche d'Iéna. Elle essaye de louvoyer, se rapproche davantage du tsar, tout en envoyant un émissaire — Kleist — au camp d'Osterode. Celui-ci trouve Napoléon « furieusement inquiet » — ce qui est d'ailleurs quelque peu excessif. Alexandre, apprenant l'inquiétude de Napoléon est affermi dans ses conviction. Il va abattre enfin l'empereur des Français et demande à l'Autriche de reprendre les armes.

— Battez-le encore une fois, répond prudemment le vaincu d'Austerlitz et d'Ulm.

Les Autrichiens ont tort d'hésiter. Napoléon le leur dira deux ans plus tard :

— Vous avez fait une sottise de ne pas m'attaquer après la bataille d'Eylau ; j'étais dans un fier embarras.

L'empereur François ne doute pas de l'importance de cet « embarras » et se contente de se proposer avec prudence et humilité aux belligérants comme médiateur afin de « conclure une paix assurée et solide ».

Alexandre préférait en découdre et Napoléon ne doutait pas de vaincre définitivement son ennemi. Aussi, dans l'unique pièce de son bâtiment de briques entouré tantôt par la boue tantôt par la neige gelée, décide-t-il de faire venir, non seulement quatorze mille soldats en provenance des dépôts, mais d'appeler les quatre-vingt mille hommes de la conscription de 1808. Le principal est surtout de refaire le moral et la santé de son armée exsangue.

Le 1er avril, l'armée ayant retrouvé son âme — et presque sa force — le quartier général émigre vers le château de Finckenstein, construit au XVIIIe siècle et appartenant au comte de Dohna, grand-maître de la Maison du roi de Prusse. La demeure — aujourd'hui une carcasse brûlée par la guerre — lui plaît : c'est « un très beau château où j'ai beaucoup de cheminées, écrit-il à Talleyrand, ce qui m'est fort agréable, me levant la nuit. J'aime à voir le feu. »

Voici Marie maintenant à ses côtés. Son « épouse polonaise » s'attache chaque jour davantage à l'empereur. Elle l'aime désormais ce grand homme qui lui faisait si peur, elle l'aime et comprend qu'en dépit de ses promesses, il ne peut encore créer le royaume polonais.

Dans son château, à six cents lieues des Tuileries, durant plus de deux mois, Napoléon gouverne l'Empire. Il a sous la main non seulement les sacs de cuir contenant les plans, les cartes, les états, les rapports des corps d'armée — matière première pour établir ses fameux bulletins — mais encore les fourgons du « Cabinet », toute cette paperasserie concernant les affaires civiles, suivent l'Empereur en campagne. Sans cesse les courriers fourbus, endormis sur leur cheval, ayant cent fois changé de monture depuis Paris, arrivent au quartier général. Mais ce sont les dépêches portées par les estafettes qui atteignent le plus vite le maître. Le portefeuille en cuir portant gravés sur une plaque de cuivre ces mots : « *Dépêche de l'Empereur* » a été fermé à Paris à clef par les services de La Valette, et passe de main en main, de poste en poste, d'estafette en estafette jusqu'au « palais » où réside l'Empereur. Son secrétaire a la clef. Si l'Empereur est absent — comme cela se produit lorsqu'il livre bataille — on lui porte les dépêches. Même en plein combat, il se jette sur elles avec avidité, et dans sa hâte fébrile, afin d'en lire sans tarder le contenu, il lui arrive parfois de déchirer le portefeuille de cuir. L'un d'eux, mis ainsi en piètre état, a été pieusement conservé.

Au moins une fois chaque semaine, un auditeur au Conseil d'État quitte Paris, emportant les portefeuilles de tous les ministres, et rejoint Napoléon là où il séjourne. Si, au début, les fonctionnaires furent épouvantés à la pensée de devoir, en plein hiver, courir la poste à toutes brides, peu à peu, ainsi que nous le dit Pasquier, ils finirent par regarder comme la chose la plus simple du monde l'épouvantable fatigue de traverser d'un bout à l'autre, sans s'arrêter, l'Europe entière : « Le gigantesque entrait dans les habitudes. »

Ce « gigantesque » est à la mesure de Napoléon surhomme. Du quartier général de Finckenstein, non loin des rives de la Baltique, partent les ordres que des courriers portent chaque jour vers Paris, Amsterdam ou Naples. Il est étonnant — et unique dans l'histoire des hommes — que l'Empereur, à des milliers de kilomètres de Paris, en dépit des préoccupations d'une guerre acharnée, puisse plier son esprit jusqu'à dicter quatre ordres à la fois sur des sujets les plus divers.

Parallèlement aux affaires de l'intérieur, il lui faut aussi continuer son métier de chef d'armée — et, sans relâche, il va inspecter ses troupes. Outre la cohorte des officiers généraux, des membres de l'état-major, des aides de camp, des écuyers, des officiers d'ordonnance, des pages, le piquet de service — un officier et vingt chasseurs — attend toujours devant le « palais », car le départ impérial s'effectue avec la rapidité de l'éclair.

Une brigade — il y en avait dix — de chevaux de selle se tient prête à être enfourchée par l'Empereur et sa suite. Pour lui : deux chevaux de bataille et un cheval d'allure : trois montures dites « du rang de Sa Majesté ». Les autres chevaux sont réservés au grand écuyer, à l'écuyer de service, au mamelouk Ali, veillant sur une fiole d'eau-de-vie, le manteau et le frac de l'Empereur, au chirurgien véhiculant « un assortiment de tout ce qu'il faut pour panser », au piqueur préposé à la cantine et au portemanteau d'effets, aux deux valets de chambre ayant avec eux charpie, sel, vin de Madère, instruments de chirurgie, aux trois maîtres d'hôtel et à leur cantine — plus sérieuse celle-ci. Enfin des palefreniers transportant les portefeuilles et les cartes. Un page est chargé de la « lunette sur le devant de sa selle des sacoches qui renferment un mouchoir et une paire de gants pour Sa Majesté et un petit assortiment de bureau contenant papier, plumes, encre, crayons, compas, cire d'Espagne, le tout conforme à l'*état B* ; il porte sur le derrière de sa selle un petit portemanteau avec des armes à son usage ». Lorsque l'Empereur saute à cheval, tout ce monde s'élance, non à sa suite, mais à sa poursuite.

A la fin du mois de mai, le jour où il reçoit l'ambassadeur de Turquie, Napoléon apprend la prise de Dantzig — dernière place forte prussienne. Quatorze mille hommes se sont rendus et un considérable approvisionnement tombe entre les mains de l'armée impériale, à la veille même de sa nouvelle entrée en campagne. Aussitôt l'Empereur demande sa berline et prend la route de la Baltique.

Et la machine impériale s'ébranle derrière lui.

Dans sa berline tirée à quatre chevaux, des compartiments ont été aménagés pour enfermer les papiers et les cartes. Napoléon dicte des lettres, des rapports et des notes pour Duroc et Berthier — les ordres seront expédiés dès le prochain relais. Quand il n'écrit pas, il lit un livre de sa bibliothèque de voyage, un livre de petit format imprimé spécialement pour lui, qui, s'il ne l'intéresse pas, est jeté par la portière... Le bureau de campagne est démontable — le musée de Malmaison possède l'un d'eux, — un fauteuil, une table accompagnent Napoléon dans une voiture de suite. Puis viennent les fourgons-pourvoyeurs, les fourgons-cuisines dans une voiture en forme de coucou, la cave pourvue de vins fins pour l'état-major et de chambertin pour l'Empereur, vendu 6 francs la bouteille marquée d'un *N*, et fourni par la maison Soupé et Pierrugues, 338, rue Saint-Honoré. Sous la bâche, on place la batterie de cuisine et un fourneau portatif. Quelquefois, Napoléon fait une halte en plein champ, s'assied sous un arbre et demande son déjeuner. Roustan et les valets de pied sortent de leurs étuis de cuir la vaisselle et les petites casseroles d'argent couvertes où se trouvent des plats tout préparés. Chacun mange sur ses genoux.

« On allumait du feu pour chauffer le café, nous explique Constant, et moins d'une demi-heure après tout avait disparu. Les voitures roulaient dans le même ordre qu'avant la halte. » L'effectif complet comptait cinquante-deux voitures et six cent trente chevaux et mulets !...

Les beaux jours venus, l'ennemi a repris l'offensive et fonce sur les troupes de Soult, de Bernadotte et de Ney. Ce dernier a été si violemment attaqué à l'aube du 5 juin par cinquante mille Russes que son corps, fort seulement de vingt-cinq mille hommes, a dû se replier vers Guttstadt.

Si l'état-major s'inquiète, Napoléon se réjouit. Le samedi 6 juin, de Finckenstein, il écrit à Fouché : « Huit jours après que vous aurez reçu cette lettre tout sera fini. Une semaine en effet après avoir tracé ces lignes, il livrera bataille. Une fois de plus le victoire doit être totale, décisive ! Si par malheur, elle ne l'était pas, les Autrichiens se joindraient aux Russes et ce serait la curée !

Où et comment se fera la rencontre ?

Le matin du 10 juin, alors que le soleil est déjà chaud l'Empereur a quitté Guttstadt pour Heilsberg, il avise soudain un mamelon dominant la campagne. L'état-major et la Garde à cheval suivent. Arrivé au sommet, il arrête son cheval :

— Berthier, mes cartes !

« Aussitôt, racontera Norvins, le grand écuyer Caulaincourt fit signe à l'ordonnance chargée du portefeuille des cartes, l'ouvrit et le remit au major général qui, le chapeau bas ainsi que lui, déploya par terre une carte immense, sur laquelle l'Empereur se mit d'abord à genoux, puis se courba sur ses mains, puis se coucha enfin de tout son long, armé d'un petit crayon dont il la pointait. Il resta une grande demi-heure, profondément silencieux, dans cette attitude. En avant de lui, dans l'attente d'un signe ou d'un ordre, les deux grands dignitaires restaient debout, immobiles, la tête toujours découverte, malgré le brûlant soleil des étés du Nord. La cavalerie de la garde encadrait le tableau... » Soudain, Napoléon se relève en riant et « en montrant ses belles dents ». Il vient de trouver la tactique qu'il va employer pour battre les Russes. Il faut immédiatement profiter de l'erreur commise par l'adversaire ! L'offensive des troupes ennemies est « un coup d'étourdi ». Pour les attirer vers lui, Ney doit continuer de reculer. Pendant ce temps, Napoléon rassemblera ses forces et amènera les Russes sur un terrain choisi par lui :

— Je les engagerai dans une bataille afin d'en finir !

Cette fois, on ne les laissera pas s'échapper ! La souricière s'apprête. Il semble les tenir déjà. Il remonte à cheval et part comme l'éclair sur la route qui va le conduire à Friedland. Tandis que le gros de l'armée française prend le chemin de Koenigsberg, base des opérations et centre de la ligne de résistance ennemie, on apprend que Bennigsen se dirige vers le nord. Il remonte, en effet, avec toutes ses forces la rive droite de l'Alle, une rivière qui serpente le plus souvent dans le creux d'une vallée encaissée. Bien protégé par cette défense naturelle, le général russe ne craint pas de voir son flanc menacé. Mais on vient lui annoncer qu'une avant-garde française a pénétré dans Friedland, située sur la rive gauche et placés entre deux boucles de l'Alle. Il s'agit du corps de Lannes qui précède toute l'armée impériale. Bennigsen commet alors la faute dont il se repentira toute sa vie : afin d'anéantir l'adversaire, il fait traverser la rivière au gros de ses forces et se précipite vers Friedland. Lannes, qui n'a sous la main que dix mille hommes, doit abandonner sa position, d'autant plus que l'artillerie russe s'est mise en batterie sur les hauteurs de la rive droite qui domine la ville.

Bennigsen ne peut s'imaginer que l'Empereur se trouve à quelques lieues et que toute l'armée française s'apprête à fondre sur lui, sans qu'il puisse reculer autrement qu'en passant par les ponts étroits qui enjambent l'Alle aux rives fort escarpées à cet endroit. Pour tout arranger les abords de Friedland sont rendus difficilement accessibles par deux autres obstacles naturels : un étang et le Mühlenbach — le ruisseau du Moulin, affluent de l'Alle — dont les méandres coulent au fond d'un ravin. Bennigsen ne se rend toujours pas compte du danger. Il continue à s'installer sur la rive gauche — cette rive qui sera sa perte. Il se frotte les mains en apprenant l'arrivée d'un autre corps français — celui d'Oudinot... Et la bataille, la première bataille de Friedland s'engage, une bataille très difficile pour les Français bien inférieurs en nombre — vingt-six mille contre soixante-dix mille ! — mais les impériaux se battent avec une énergie farouche, certains de voir arriver Napoléon à la tête de cinquante mille hommes.

Au même instant, l'Empereur ayant appris que Bennigsen est tombé dans le piège qu'il lui a préparé et qu'il s'est placé dos à la rivière — une rivière infranchissable rapidement — quitte Eylau « rayonnant de joie ». Sitôt arrivé en vue du champ de bataille — il est alors midi — il monte sur le plateau, s'assied dans son fauteuil, placé près d'un moulin et commence à déjeuner d'un morceau de pain noir « fait en forme de brique » et bardé de longues pailles. Il rit, heureux, détendu, et demande sa lunette de campagne au page de service. Il constate que la ville se trouve au centre du dispositif ennemi. Celui-ci, formé de deux ailes, suit en aval le cours de l'Alle et par conséquent est disposé en échelon un peu refusé. Le plan de l'Empereur ? Laisser les Russes s'enferrer davantage sur la rive gauche, tout en faisant passer sur la rive droite, dans la boucle de l'Alle, le maximum de monde par les ponts que la génie a rapidement construits en amont. Tout à l'heure, selon la manœuvre classique et habituelle, on brisera le centre pour battre ensuite séparément les deux ailes.

— Voilà le but, explique-t-il à Ney, marchez sans regarder autour de vous ; pénétrez dans cette masse épaisse quoi qu'il puisse vous en coûter ; entrez dans Friedland, prenez les ponts, et ne vous inquiétez pas de ce qui pourra se passer à droite, à gauche, ou sur vos arrières. L'armée et moi sommes là pour y veiller.

Pourquoi l'Empereur ne passe-t-il pas immédiatement à l'attaque décisive ? Parce que l'armée française ne sera vraiment rassemblée que vers cinq heures. Ne vaudrait-il pas mieux remettre au lendemain ? L'Empereur hoche la tête : il voit l'état-major russe qui ne parvient pas à venir à bout des corps de Lannes, d'Oudinot et de Mortier, et commet la folie de faire passer sans cesse de nouvelles réserves de l'autre côté de la rivière.

— Non, s'exclame Napoléon, on ne surprend pas deux fois l'ennemi en pareille faute !

On pouvait attendre : au mois de juin, non loin de la Baltique, le crépuscule ne tombe guère avant onze heures du soir ! L'Empereur, « cinglant et brisant de hautes herbes avec sa cravache », demande au général Berthier :

— Quel jour sommes-nous aujourd'hui ?

— C'est le 14 juin, Sire.

— Jour de Marengo ! Jour de victoire ! s'écrie Napoléon.

Et il continue « à jouer sa bataille comme une partie d'échecs ». A cinq heures trente, on entend tonner une batterie française forte de vingt canons : c'est le signal de l'attaque. Toutes les forces impériales sont maintenant à pied d'œuvre. Les combattants se lèvent en criant :

— Vive l'Empereur ! A Friedland ! En avant !

Et, une fois de plus, tout se meut et va se dérouler comme il l'a prévu.

Ney a ordonné la marche en avant, l'arme au bras, pendant que les canons ennemis — toujours placés sur les collines de la rive droite — font pleuvoir sur les Français une grêle de boîtes à mitraille qui « éclataient sur nos têtes, racontera le chef d'escadron Levasseur, et faisaient un cliquetis affreux dans les fusils élevés ». La fumée aveugle les hommes qui obliquent trop à droite. Les Cosaques pénètrent dans l'intervalle. Levasseur, envoyé par Ney, arrive au galop près d'un colonel :

— Appuyez à gauche ! hurle-t-il.

« Mais pendant que je lui parle, continue Levasseur, un boulet l'enlève. Un commandant met aussitôt un chapeau au bout de l'épée en criant :

— Vive l'Empereur ! En avant ! »

Un second coup arrive et le commandant tombe sur les genoux, les deux jambes coupées. Un capitaine lui succède et fait à grand-peine exécuter le même mouvement.

Le canon français tonne maintenant. En trois heures — chiffre considérable pour l'époque — l'artillerie impériale tire deux mille six cents coups de canon, contraignant d'abord les batteries russes à se taire, puis démolissant un à un les carrés de l'adversaire. Ensuite vient le tour de l'infanterie française qui exécute des feux de peloton et avance au pas de charge.

C'est le coup de grâce.

Alors que la Garde est demeurée l'arme au bras sans recevoir l'ordre d'intervenir, les masses ennemies se décomposent sous les yeux ravis de Napoléon. Avant que le soleil ait touché l'horizon, c'est le sauve-qui-peut. Les ponts de bateaux trop étroits entravent la débâcle de l'ennemi. Les Russes se jettent dans la rivière pour gagner plus vite l'autre rive, l'Alle est profonde, beaucoup se noient. Les fuyards ne prennent pas le temps de chercher un gué. Il en existe pourtant un, vers l'aval, à la hauteur de la tuilerie de Klochenen.

La défaite russe est, cette fois, totale. Cela n'empêche pas Bennigsen d'expliquer au tsar : « Les Français eurent beau jeu puisque la prudence exigeait qu'on ne leur disputât pas le champ de bataille. » Mais piteux, tombé de haut, il lui faudra bientôt avouer l'effroyable réalité et la « boucherie » que Friedland fut pour son armée. Il suffit, pour s'en convaincre, de parcourir le lendemain avec l'Empereur, le champ de bataille couvert de cadavres. La chaleur est torride, la puanteur atroce. Le projet d'enterrer les morts est abandonné. Il faut faire vite, et l'ordre est donné de traîner jusqu'à l'Alle les cadavres des hommes et des chevaux. L'opération, rapidement menée, se termine par les gros rires des soldats, égayés à la vue des morts cabriolant le long des pentes du ravin avant de disparaître dans la rivière...

Sept mille Français sont tombés, eux aussi... On essaye de n'y pas trop penser. Friedland ! *Pays de paix* ! Un seul fait éblouit l'Empereur : le 19 juin, Murat, lancé à la poursuite des vaincus, est parvenu à la frontière de l'empire russe. Napoléon peut écrire fièrement à Fouché : « Mes Aigles sont arborées sur le Niémen. »

Napoléon va-t-il donner l'ordre aux vainqueurs de Friedland de traverser le fleuve et de pénétrer en Russie ? Il est fou de joie et, du hameau dominant Tilsit, de toute la vitesse de son cheval, il dévale vers le fleuve. Certains craignent que, grisé par sa victoire, il ne le franchisse. Talleyrand, de Dantzig, écrit le 18 juin à l'Empereur pour lui dire qu'il considère la victoire de Friedland comme « un avant-coureur de la paix ». Il précise même : « C'est par là qu'elle m'est chère ; car, toute belle qu'elle est, je dois l'avouer, elle perdrait à mes yeux plus que je ne puis dire si Votre Majesté devait marcher à de nouveaux combats... »

Talleyrand a tort de s'inquiéter : Napoléon, réflexion faite, désire maintenant regagner Paris après cette longue absence. Pour lui — il l'écrit le 20 juin — Friedland est un « dénouement ». Les Russes s'avouent vaincus et crient à tue-tête : *la paix* ! »

Cependant, quelques « vieux Russes » souhaitent que le tsar laisse le vainqueur franchir la frontière. Ils l'affirment, — « l'armée de M. Buonaparte », loin de ses bases, harcelée et affaiblie par une guerre de guérillas, périrait dès la première grande rencontre, comme celle de Charles XII, Bennigsen semble oublier qu'il vient d'être battu à plate couture. La débandade de Friedland n'est plus pour lui qu'un repli stratégique.

— Nos renforts nous mettront sous peu en état de devenir plus redoutables que jamais à Bonaparte.

Alexandre demeure songeur. Et si Napoléon reformait le royaume de Pologne ? Cette Pologne que le tsar rêvait de transformer en un vaste glacis devant le Niémen, ne marcherait-elle pas avec l'envahisseur, si les Français pénétraient dès maintenant en Russie ?

Pour la Sainte Russie, mieux valait la paix.

Aussi, le vendredi 19, se refusant à écouter Bennigsen, le tsar envoie le prince Lobanov à Napoléon pour lui demander un armistice. Le prince revient très optimiste de sa mission. Les exigences de l'empereur des Français seront certainement fort modérées. En outre, le tsar, peu secondé ou abandonné par ses alliés, se met à admirer Napoléon. Il l'assure : l'union de la France et de la Russie lui paraît la seule garantie pour « le bonheur et le repos de l'univers ». Il déclare même à Caulaincourt :

— Nous avons été battus, mais vous conviendrez que nous nous battons bien. Nous sommes deux grandes nations, pour faire la paix, nous devrions prendre le globe et le partager.

Napoléon paraît être de cet avis puisque, le 22 juin, il dit au prince Lobanov, de nouveau reçu à Tilsit, en lui montrant la Vistule sur une carte :

— Voici la limite entre les deux empires. D'un côté doit régner votre souverain, moi de l'autre.

Il fallait que les deux empereurs se voient au plus vite ! Napoléon ne tient tout d'abord que « médiocrement » à cette entrevue — il l'écrira à Talleyrand la veille même de la rencontre — mais une idée s'impose à son esprit : pourquoi ne pas faire la paix en abandonnant avec grandeur d'âme les avantages que Friedland lui permettait d'exiger du tsar ? Au lieu de créer un vaste État polonais menaçant la Russie, ne vaudrait-il pas mieux se contenter d'un avant-poste sur la Vistule, composé de l'ancienne Pologne prussienne ? Pourquoi ne pas laisser à Alexandre les mains libres, à la fois au nord pour s'emparer de la Finlande, et, au sud, pour s'approprier une part importante de l'empire ottoman qui est en train de se désagréger ? Sans doute Napoléon avait-il signé récemment une alliance avec le sultan Selim, son ancien adversaire de la campagne égyptienne — ex-sultan depuis le 27 mai, il est vrai — sans doute encore, en ne ressoudant pas les morceaux de la Pologne allait-il affreusement décevoir les magnats polonais qui avaient mis leur confiance en lui — et surtout Marie... ! — mais le partage du monde valait bien un sacrifice sur les rives du Niémen et de la Vistule.

Massés sur les rives, tous regardent en se réjouissant le radeau placé au milieu du Niémen et sur lequel les pontonniers s'affairent pour élever une double tente meublée et décorée de guirlandes de fleurs et de verdure.

Le jeudi 25 juin 1807, Alexandre — uniforme vert et rouge de général du régiment Preobrajenski, culotte blanche, chapeau orné de plumes blanches et noires — monte en barque pour se rendre vers le radeau. Napoléon, vêtu avec sa simplicité habituelle, atteint le premier le lieu du rendez-vous. A ses côtés Duroc, Berthier, Caulaincourt et Bessières.

Les deux empereurs s'embrassent.

— Sire, déclare Alexandre, je hais les Anglais autant que vous.

— En cas, s'exclame l'Empereur, la paix est faite !

Cependant, le tsar se méprend sur les mobiles qui poussent Napoléon à ne pas traiter son adversaire en vaincu. Il ne voit dans cette modération et ce désintéressement que l'orgueil d'un parvenu nommé Bonaparte, qui ose parler d'égal à égal avec un tsar, et il écrit à sa mère : « Avec tout son génie, il a un côté vulnérable : la vanité, et je me suis décidé à faire le sacrifice de mon amour-propre pour le salut de l'Empire. » Peut-être était-ce là simplement une excuse destinée à apaiser à l'avance sa mère horrifiée en pensant que son fils puisse entretenir des relations amicales avec celui qu'elle nommait le *Corsicain* !

Napoléon trouve Alexandre « un fort beau, bon jeune homme, ayant plus d'esprit qu'on ne pense communément ». Et il précise encore : « C'est un héros de roman. Il a toutes les manières d'un des hommes aimables de Paris. » Après une deuxième entrevue, le lendemain, on estime que les conversations peuvent difficilement se prolonger sur un radeau flottant, aussi, afin de ménager la susceptibilité d'Alexandre, décide-t-on de neutraliser le bourg de Tilsit où, seuls, demeureront les deux empereurs, leurs états-majors et leurs gardes.

Entre les deux souverains en train de se partager l'Europe, c'est une véritable amourette. On les rencontre, le soir, se tenant tous les deux par le bras. « Moi, passer mes journées avec Bonaparte, écrit le tsar, être des heures entières avec lui ! Je vous demande un peu si tout cela n'a pas l'air d'un rêve ? »

Les projets bouillonnent... La Russie aurait l'Orient, la France l'Occident ! Une alliance est même envisagée. Et Alexandre, stupéfait, écrit à sa sœur Catherine : « Dieu nous a sauvés, au lieu de sacrifices, nous sortons de la lutte avec une sorte de lustre ! »

Pour le tsar, les conditions de paix sont étonnamment favorables. Sans doute le roi de Saxe reçoit-il le duché de Varsovie, mais Alexandre se tire d'affaire en abandonnant ses possessions méditerranéennes auxquelles l'Empereur tient beaucoup, car il désire que la Méditerranée devienne une mer exclusivement française. Un traité d'alliance est prévu et — surtout — le tsar prend l'engagement d'être le médiateur entre la France et l'Angleterre. Si son rôle d'arbitre ne parvenait à aucun résultat, la Russie déclarerait la guerre à Londres et adhérerait au Blocus continental. Enfin, le tsar reconnaissait la Confédération du Rhin, les royaumes napoléoniens, et approuvait la mutilation projetée de la Prusse...

Alexandre a, en effet, pu obtenir, non sans mal, que l'on fasse venir Frédéric-Guillaume à Tilsit. Le malheureux arrive en piteux état, lamentable, amaigri, telle une victime. Coignet s'exclame :

— Le vilain souverain !

Lorsque les trois monarques partant à cheval, les deux empereurs, meilleurs cavaliers, distancent le roi. Et Napoléon constate, impitoyable :

— C'est un homme entièrement borné, sans caractère, sans moyen, un vrai benêt, un balourd, un ennuyeux !

Le tsar avoue son impuissance au pauvre souverain venu mendier un morceau de sa couronne. Il ne reste au roi qu'un espoir : faire venir à Tilsit sa femme, la ravissante, sentimentale, intelligente reine Louise. Frédéric-Guillaume compte que la beauté de son épouse pourra attendrir le vainqueur. Bien qu'elle aimât d'un amour platonique Alexandre — elle le considérait comme un dieu — Louise était une femme modèle. « Les conditions sont effroyables », lui fait savoir son mari en la suppliant de prendre le chemin de Tilsit. Louise fond en larmes, mais n'en obéit pas moins au désir de son mari. Elle se met bravement en route afin d'affronter « le monstre ». Le 6 juillet 1807, la souveraine tout de blanc vêtue, le deuil des reines, arrive au « palais de son époux : un ancien moulin branlant. Napoléon se fait annoncer. C'est à peine s'il lui demande des nouvelles de son voyage. Il la considère comme seule responsable du conflit qui lui a été imposé, et attaque aussitôt :

— Comment avez-vous osé me déclarer la guerre ?

— Sire, la gloire du Grand Frédéric nous a trompés, elle était si éclatante que cette erreur nous était vraiment permise.

Elle s'enhardit et demande :

— Ne nous laisserez-vous pas Magdebourg et la Westphalie ?

— Vous demandez beaucoup, mais je vous promets d'y songer... Vous avez une bien jolie robe, qu'est-ce que c'est, madame, cette étoffe-là... Est-ce du crêpe ou de la gaze d'Italie ?

Louise l'interrompt, les larmes aux yeux :

— Sire, parlerons-nous chiffons dans un moment aussi solennel ?

Le soir, au dîner, assise à côté du vainqueur, elle épuise tous les moyens de séduction. N'est-elle pas la plus belle reine de son temps ? Mais Napoléon se contente de lui demander :

— Pourquoi donc portez-vous un turban ? Ce n'est pas pour faire la cour à l'empereur Alexandre puisqu'il est en guerre avec les Turcs.

Faire la cour à Alexandre ? Non ! Il l'a déçue, terriblement déçue ! Conquis par Napoléon, épris même, le tsar pactise avec l'ennemi commun ! Elle le lui dira d'ailleurs sans ambages :

— Vous m'avez cruellement trompée.

Le dîner terminé, Napoléon tend une rose à la reine :

— Je l'accepte, murmure-t-elle, mais au moins avec Magdebourg.

Il ne répond pas.

Lorsqu'ils se quittent, elle supplie encore :

— Est-il possible qu'ayant vu d'aussi près l'homme du siècle, il ne me laisse pas la satisfaction de pouvoir l'assurer qu'il m'a attachée pour la vie ?

— Je suis à plaindre, madame, c'est un effet de ma mauvaise étoile.

Mais il est heureux comme il ne l'a jamais été — et ne le sera jamais plus.

La Prusse subit un véritable écrasement. Napoléon, stipulera le traité, « par égard pour S.M. l'Empereur de toutes les Russies et voulant donner une preuve du désir sincère qu'il avait d'unir les deux nations par les liens d'une confiance et d'une amitié inaltérables », condescend simplement à ne retirer à Frédéric-Guillaume que ses places fortes — dont Magdebourg —, les territoires à l'ouest entre le Rhin et l'Elbe, et toute la part du gâteau polonais, découpé lors des fameux partages. C'était « un chef-d'œuvre de destruction », ainsi que l'écrivait Pozzo di Borgo, horrifié. Et ce n'était pas tout : la Prusse était contrainte d'entrer dans l'alliance française et les provinces qui lui étaient arrachées allaient former un royaume pour Jérôme !

« Vous avez été reconnu roi de Westphalie, écrira Napoléon à son frère, le royaume comprend tous les États dont vous trouverez ci-joint l'énumération. » Cassel sera la capitale de ce royaume de sept mille kilomètres carrés qui, aux provinces prussiennes, réunissait le duché de Brunswick et quelques duchés de Hesse enlevés à leur propriétaire « à cause de sa perfidie ». Il n'y avait dans cette mosaïque, hors la langue commune, aucune unité historique ou géographique. La Westphalie n'était bordée ni par le Rhin ni par la mer. C'est Talleyrand qui se chargera de composer les armoiries de cette arlequinade, en rassemblant deux lions, un cheval et un aigle qui s'ébattaient dans les armes des principautés et duchés composant le nouveau royaume.

— Cela fait bien des bêtes, remarquera l'Empereur.

Il faut assagir le nouveau roi, donc le marier et lui faire épouser sa fiancée depuis la fin de 1806, la grassouillette Catherine de Wurtemberg, fille du ventripotent roi de Wurtemberg par la grâce de Napoléon... si ventripotent que l'on avait fait faire des encoches dans les tables devant lesquelles il devait s'asseoir.

— Dieu l'a créé, disait Napoléon, pour démontrer à quel point la peau humaine est extensible.

Sa Majesté wurtembergeoise parut enchantée de devenir le beau-père du frère de Napoléon — ou Elle fit semblant de l'être... mais le pape avait refusé autrefois d'annuler le mariage de Jérôme et d'Elisabeth Patterson — il ne trouvait, avait-il dit alors, « aucun motif » qui puisse l'autoriser à déclarer nuls les liens unissant les conjoints de Baltimore. Sa Sainteté avait achevé sa lettre en espérant que Sa Majesté Impériale verrait là « comme un témoignage de son affection personnelle ».

Napoléon l'avait surtout considéré comme un affront.

On s'était donc adressé à l'Officialité de Paris, qui s'empressa d'obtempérer. On se contenta de prévenir Pie VII qui, ayant avalé tant de couleuvres impériales depuis 1805, se résigna à remercier « Sa Majesté de sa lettre gracieuse et pleine des plus vives expressions de sa piété filiale ». Imperturbable — on croit rêver — il souhaite aux jeunes mariés « non seulement les plus grandes, mais les plus pures consolations ».

Le 29 juillet 1807, vingt-quatre heures après son retour de Prusse, Napoléon donne aux Tuileries ses audiences dès huit heures du matin. « Je crois le voir encore, dira le chancelier Pasquier, tel qu'il était ce jour-là, vêtu de son costume d'apparat... Les traits de sa figure calme et sérieuse rappelaient les camées représentant les empereurs romains. Il était petit, et cependant, l'ensemble de sa personne était en harmonie avec le rôle qu'il avait à soutenir. L'habitude du commandement et le sentiment de ses forces le grandissaient. Une épée étincelante de pierreries pendait à son côté ; le fameux diamant connu sous le nom de “Régent” en formait le pommeau. Son éclat ne permettait pas d’oublier que cette épée était la plus rude et la plus victorieuse qui eût paru dans le monde depuis celles d’Alexandre et de César. »

— Je vous dispense de me comparer à Dieu, déclare Napoléon au ministre Decrès, je veux croire que vous n’avez pas réfléchi à ce que vous m’écriviez.

Decrès n’a pourtant pas tort : l’Empereur peut se prendre pour une émanation divine. L’ancien petit Nabulione a humilié les empereurs, rogné les ongles des rois, coupé leurs ailes aux aigles russes, allemandes et autrichiennes, et maintenant, après dix mois de campagne, il est heureux de redevenir empereur.

— J’aime le pouvoir, moi, dit-il à Roederer, mais c’est en artiste que je l’aime... il y a en moi deux hommes distincts : l’homme de la tête et l’homme de cœur ; je joue avec les enfants, je cause avec ma femme, je leur fais des lectures, je leur lis des romans...

L’Empereur, plus que jamais ébloui, fasciné par lui-même, perd le sens de la mesure. Il règne — il faut bien se résigner au mot — en despote.

— J’ai assez fait le métier de général, déclare-t-il, je vais reprendre celui de Premier ministre et recommencer mes grandes revues d’affaires qu’il est temps de faire succéder aux grandes revues d’armées.

Assurément, l’Empereur pense de nouveau — et avec une force redoublée par son triomphe de Tilsit — à son successeur. La mort du petit Napoléon-Charles, le fils de Louis et d’Hortense, lui avait fourni l’occasion de parler à Joséphine « de la nécessité où peut-être un jour il se trouverait de prendre une femme qui lui donnerait des enfants ». L’Impératrice avait blêmi, tandis qu’il poursuivait

— Si pareille chose arrivait, Joséphine, alors ce serait à toi de m’aider à un tel sacrifice. Je compterais sur ton amitié pour me sauver de tout l’odieux de cette rupture forcée. Tu prendrais l’initiative, n’est-ce pas ? Et, entrant dans ma position, tu aurais le courage de décider toi-même de ta retraite ?

— J’obéirai à tes ordres, lui avait-elle répondu, résignée.

Puis, avec adresse, elle avait ajouté :

— Mais je n’en préviendrai jamais aucun.

Ce fut dit d’un « ton calme et assez digne qu’elle savait fort bien prendre vis-à-vis de Bonaparte et qui n’était pas sans effet », nous rapporte Mme de Rémusat. Napoléon se tut. On verrait plus tard !

Joséphine n’en tremble pas moins et elle propose à son mari — celui-ci le racontera à Sainte-Hélène — de « faire un enfant à quelque demoiselle qui passerait pour le sien ». Napoléon refuse de jouer une comédie incompatible avec sa dignité, mais tous les décrets pris au début de 1808 tendent vers ce but : forger un empire héréditaire. Aussi, après avoir créé des souverains, décide-t-il de composer une noblesse impériale. D'abord, de droit, les grands dignitaires sont nommés princes, les ministres, les archevêques, les conseillers d'État reçoivent le titre de comtes, et les évêques, préfets et maires sont promis barons. De 1808 à 1815, Napoléon distribuera ainsi trente et une couronnes de ducs à huit fleurons, quatre cent cinquante-deux couronnes de comtes à seize pointes, cent tortils de barons et quatre cent soixante quatorze de chevaliers. Le plaisant de l'opération est que certains nobles de l'Ancien Régime se voient *retitrés*, c'est-à-dire renommés comtes impériaux. Un ancien duc dégringolera au rang de comte, ce qui permettra à Talleyrand, très pince-sans-rire, de lui écrire : « Je vous félicite, car il faut espérer qu'à la première promotion vous serez baron. »

Les anciens soldats de la République, qui ont fait trembler les rois, reçoivent cette poussière d'or avec une joie qu'ils ne cherchent nullement à dissimuler.

Son Altesse Sérénissime, le prince de Bénévent, autrement dit Talleyrand, devient vice-grand-électeur.

— Le seul vice qui lui manquât, ricane Fouché en apprenant la nouvelle distinction donnée à son ennemi.

Napoléon demeurait fidèle à son principe qui voulait qu'un de ses ministres ne puisse cumuler son portefeuille avec une charge de grand dignitaire. Dès les premiers jours du mois d'août — décision grave pour l'avenir — il retire au prince de Bénévent le ministère des Relations extérieures pour le confier à Champagny. Or Talleyrand espérait que l'Empereur ferait une exception pour lui. Il manifeste une certaine rancœur que cache mal son ton de détachement.

En fait, Talleyrand ne cessait « qu'officiellement » ses fonctions. L'Empereur continuera à utiliser ses talents de diplomate, le tenant au courant des affaires et le chargeant des négociations les plus délicates. Mais, en le renvoyant du ministère, en le blessant, il allait, « lui fournir l'occasion de se montrer infidèle ». L'été suivant, il exécutera avec brio cette infidélité...

Dès qu'il eut pris la décision du blocus continental, Napoléon trouva tout naturel que les États du pape entrassent dans le système fédératif. Il prenait Sa Sainteté pour un chef douanier.

— Comme prince temporel, explique l'Empereur à Talleyrand, le pape fait partie de ma confédération, qu'il le veuille ou non. S'il fait un arrangement avec moi, je lui laisserai sa souveraineté. S'il n'en fait pas, je m'emparerai de toutes ses côtes.

Pie VII estimait n'avoir aucun motif pour se considérer l'allié de celui qu'il avait couronné. Le successeur de saint Pierre ne s'arrogeait pas le droit d'expulser les Anglais de Rome et de fermer ses ports au commerce britannique. Un commerçant des bords de la Tamise ou de la Seine possédait, à ses yeux, l'un comme l'autre, la qualité de chrétien — et c'était là tout ! Pour Napoléon, le pape, en se considérant comme le père des fidèles et le *roi de Rome*, ne suivait pas le chemin que « Jésus-Christ mourant sur une croix » lui avait tracé.

— Si le pape n'en passe point par où je veux, déclare Napoléon au Nonce, Mgr Arezzo, je supprimerai son domaine temporel, mais je le respecterai toujours comme chef de l'Église. Il n'y a aucune nécessité à ce que le pape soit souverain de Rome. Les papes les plus saints ne l'étaient pas.

Votre Majesté, répondit Mgr Arezzo, me permettra de lui répéter ce qui lui a déjà été dit tant de fois : que le pape étant le père commun des fidèles ne peut se séparer des uns pour s'attacher aux autres : son ministère étant un ministère de paix, il ne peut faire la guerre à personne ni se déclarer l'ennemi de qui que ce soit sans manquer à ses devoirs et compromettre son caractère sacré.

— Mais je ne prétends pas qu'il fasse la guerre à personne ! s'exclame l'Empereur. Je veux qu'il ferme ses portes aux Anglais et qu'il ne les reçoive pas dans ses États et que, ne pouvant défendre ni ses ports ni ses forteresses, il me les donne à défendre.

Si le pape refuse, Napoléon lui ôtera ses États.

— Les excommunications ne sont plus de mode et mes soldats marcheront sans hésiter où je voudrai.

Lorsqu'on rapporte ces paroles à Pie VII, il proclame :

— Vous êtes les plus forts. Vous serez, quand vous le voudrez, le maître de mes États. Sa Majesté peut, quand elle le veut, exécuter ses menaces et m'enlever ce que je possède. Je suis résigné à tout, et prêt, si elle le veut, à me retirer dans un couvent ou dans les catacombes de Rome. Si l'Empereur nous renverse, son successeur nous relèvera.

La lune de miel entre l'Empereur et le pape est bien terminée. Le drame monte... Dans sa fureur, Napoléon va jusqu'à prétendre qu'il envisage de renouveler à son profit le parti pris autrefois par Henri VIII :

— Je ne craindrai pas de réunir les églises gallicane, italienne, allemande, polonaise, dans un concile, pour faire mes affaires sans pape, et mettre mes peuples à l'abri des prétentions des prêtres de Rome... C'est la dernière fois que j'entre en discussion avec cette prêtraille.

Epouvanté à la pensée de voir naître un schisme sous son pontificat, Pie VII accepte à contrecœur, de fermer ses ports aux Anglais. Napoléon exige plus encore : Rome doit faire cause commune avec l'Empire et se déclarer « l'ennemi » de tous les ennemis de la France !

Attitude inadmissible pour le lieutenant de Dieu sur la terre ! Aussi, cette fois, le pape refuse-t-il de s'incliner... et le 10 janvier 1808, le général Miollis reçoit l'ordre de marcher sur la Ville éternelle.

— Il n'y aura pas de résistance militaire, soupire Pie VII, mais nous ordonnerons qu'on ferme les portes de Rome. Nous nous retirerons au château Saint-Ange avec les personnes qui voudront nous accompagner ; on ne tirera pas un coup de fusil parce que nous avons en horreur l'effusion de sang. Il faudra que votre général fasse briser les portes. Nous nous placerons à l'entrée du fort, les troupes seront obligées de passer sur notre corps et l'univers chrétien saura que l'Empereur fait fouler aux pieds celui qui l'a sacré...

Les cardinaux, moins courageux, font comprendre au Saint-Père que le martyre n'arrangerait guère les choses. Le mieux est de céder à la force. En attendant la fin de la tragédie, Pie VII supportera avec résignation le joug et les vexations des occupants. On poussera même l'inconvenance jusqu'à lui remettre son courrier ouvert !

Cependant, c'est le pape, cette ombre d'homme, qui aura le dernier mot. Napoléon le dira un jour :

— Il n'y a que deux puissances dans le monde, le sabre et l'esprit... A la longue, le sabre est toujours battu par l'esprit !

LA PENTE IRRÉSISTIBLE

La plus grande faute que j'ai faite
est l'expédition d'Espagne.

NAPOLÉON.

Le Saint-Père a été contraint de se plier au blocus continental et, en ce printemps de 1808, Napoléon dans le conflit qui l'oppose à l'Angleterre vient de marquer un nouveau point. En revanche, tout à fait à l'ouest, les Anglais ont fait beaucoup plus que *commercer* avec le continent européen : ils y ont pris pied grâce à la complaisance du Portugal devenu une manière de colonie britannique.

A Fontainebleau — le 15 octobre 1807 — Napoléon avait lancé ces mots à l'ambassadeur de Lisbonne :

— Je ne souffrirai pas qu'il y ait un envoyé anglais en Europe ! Si le Portugal ne fait pas ce que je veux, la maison de Bragance ne régnera plus en Europe dans deux mois.

Le gouvernement de Lisbonne, en accord avec Londres, fait le simulacre d'adresser une déclaration de guerre aux Anglais, mais Napoléon ne se laisse pas duper par cette comédie. Aussi ordonne-t-il, le 27 octobre 1807, à Junot, mis à la tête d'une fort lamentable armée de conscrits, d'envahir le Portugal. Cependant, pour atteindre la frontière portugaise, les troupes françaises devront traverser plusieurs provinces espagnoles. Et c'est ainsi que l'affaire du Portugal — qui ne sera d'ailleurs qu'une promenade militaire, en dépit de la médiocrité de l'armée de Junot — va se transformer en l'*affaire d'Espagne.* Non point parce que Charles IV veut s'opposer au passage des troupes françaises d'invasion — la platitude de ce roi Bourbon devant Napoléon finit par écœurer – mais, bien au contraire, parce que, convoitant une part du gâteau portugais, le roi d'Espagne en signant — ce même 27 octobre 1807 — avec l'Empereur un traité de partage, devient son allié. Aussi, tout naturellement, lorsque se déclenchera à Madrid un conflit familial, qui dégénérera vite en conflit national, le descendant de Louis XIV appellera-t-il Napoléon au secours.

Point de personnages plus désastreux que les membres de la famille royale espagnole — « des crétins sans chair, sans âme et sans sentiment », précisait la comtesse d'Albany — et il suffit de regarder l'impitoyable tableau de Goya pour se convaincre qu'il n'y a là nulle exagération. Un jeu de massacre ! Ils sont trois dégénérés au prognathisme prononcé : Charles IV, sa femme Marie-Louise, leur fils le princes des Asturies ; et, brochant sur le tout, Manuel Godoy, une manière de taureau devenu Premier ministre, amant depuis vingt ans de la reine et favori du roi qui a nommé « son cher Manuel » prince de la Paix.

Charles IV se souvenait qu'il appartenait à la famille des Bourbons seulement lorsque le sort des batailles napoléonniennes obligeait son ministre à se rapprocher de Moscou, de Vienne ou de Berlin. L'Empereur avait même trouvé à Potsdam une lettre de Charles IV que Frédéric-Guillaume avait oubliée dans sa fuite, et dans laquelle le roi d'Espagne s'engageait à attaquer dans le dos les Français, tandis que Napoléon se trouverait encore sur les rives de l'Elbe.

Il est important de rappeler cette gracieuse proposition afin de comprendre le dédain témoigné par l'Empereur vis-à-vis de ces fantoches. Ce mépris, d'une part, sa méconnaissance du sentiment des Espagnols pour leur monarchie, d'autre part, vont égarer Napoléon et le pousser à intervenir dans les événements d'Espagne. Le drame espagnol sera ainsi la première fissure dans l'édifice. Le proscrit de Sainte-Hélène l'avouera plus tard :

— J'embarquai fort mal cette affaire !

Tandis que Junot remporte la victoire qui lui vaudra le titre de duc d'Abrantès et occupe Lisbonne, tandis que la famille royale de Bragance part pour le Brésil, Murat, — grand-duc de Berg et de Clèves — devenu lieutenant général de son beau-frère, franchit les Pyrénées avec la mission d'affoler Charles IV par sa seule présence, de le contraindre à abandonner son trône et à s'embarquer, lui aussi, pour l'Amérique.

Les Espagnols n'accueillent pas trop mal les Français, croyant qu'ils viennent délivrer le pays et le roi de la dictature de Godoy. Napoléon ne s'est point trompé : à Aranjuez, un château sans unité qui s'étire mélancoliquement au-dessus du Tage, Charles IV, en voyant son État partiellement occupé par les troupes napoléonniennes, envisage de quitter son royaume pour le Nouveau Monde. N'est-il pas également « roi des Indes occidentales et orientales » ? Mais son fils Ferdinand, prince des Asturies, « cœur de tigre et tête de mule », ainsi que le dit aimablement sa mère, s'oppose au projet. Il s'y opposera même par la force, menace-t-il !

A dix lieues de là, Madrid entre aussitôt en ébullition. Les manifestants, guidés par quelques grands seigneurs partisans de l'héritier du trône, se portent vers Aranjuez, viennent battre les grilles du château, puis vont envahir l'hôtel de Godoy. Le personnage exécré est fait prisonnier. Les mêmes grands seigneurs qui ont fomenté l'émeute ont fait le siège du roi, en lui répétant que la chute de son favori ne suffirait point à détourner la foudre populaire, et que, seule, une abdication en faveur de Ferdinand parviendrait à conjurer la révolution qui gronde.

Charles IV s'incline. Murat, qui a refusé de reconnaître Ferdinand VII, fait dès le lendemain occuper Madrid et suggère à Charles IV de reprendre — provisoirement — sa couronne et d'adresser à Napoléon cette mise au point : « J'ai été forcé d'abdiquer, mais pleinement confiant, à l'heure qu'il est, dans la magnanimité et dans le génie du grand homme qui s'est toujours montré mon ami, j'ai pris la résolution de me conformer en tout à ce que ce grand homme décidera au sujet de mon sort, de celui de la reine et de celui du prince de la Paix ».

Murat — bien sûr — espère, grâce à cet imbroglio, obtenir de son impérial beau-frère la couronne d'Espagne. Napoléon n'y pense nullement et le rappelle en ces termes au grand-duc de Berg et de Clèves : « Je songerai à vos intérêts particuliers, n'y songez pas vous-même... Qu'aucun projet ne vous occupe et ne dirige votre conduite : cela me nuirait, et vous nuirait encore plus qu'à moi. »

Et le pseudo-Ferdinand VII ?

« Le prince des Asturies, ajoute l'Empereur, n'a aucune des qualités qui sont nécessaires au chef d'une nation. »

Les projets de Napoléon ne sont pas encore arrêtés. Il croit nécessaire de chasser les Bourbons d'Espagne « pour être sûr du trône de France », mais que faire, ensuite, de ce pays qui semble chaque jour se désagréger davantage ?

— Deux partis se présentent à moi, explique-t-il. Ou m'emparer de toute l'Espagne et y établir un prince de mon sang, en prenant pour prétexte de venger la révolte d'un fils contre son père, d'un sujet contre son roi, ou m'approprier et réunir à la France la province septentrionale de l'Espagne en traitant avec Ferdinand VII et le reconnaissant, sous la condition de cet abandon, roi d'Espagne et des Indes.

C'est le premier parti — le moins sage — qui va l'emporter : l'annexion de toute l'Espagne. Napoléon adresse alors ces lignes fameuses à son frère Louis, roi de Hollande : « Le roi d'Espagne vient d'abdiquer ; le prince de la Paix a été mis en prison... J'ai résolu de mettre un prince français sur le trône d'Espagne. Le climat de la Hollande ne vous convient pas. Je pense à vous pour le trône d'Espagne. Répondez-moi catégoriquement. Si je vous nomme roi d'Espagne, l'agréerez-vous ?... »

Louis, vexé d'être déplacé comme un sous-préfet — « indigné » même, ose-t-il déclarer — refuse, et c'est Joseph qui reçoit l'ordre d'échanger son trône de Naples contre celui de Madrid. Napoléon se souvient qu'il est Corse, il a le tort de vouloir associer le clan à sa fortune, cette fortune qui dépasse l'échelle des valeurs humaines. Non seulement ses frères ne sont nullement préparés à la tâche qui leur incombe — l'intelligent Lucien refusant toujours d'entrer dans le système sans sa femme — mais de plus ils se considèrent comme des rois *de droit.*

— On n'est pas roi pour obéir, soupirera Murat.

Louis, Jérôme, Joseph, et prochainement Murat, parlent de « leurs peuples ». Dans l'esprit de l'Empereur, les souverains de Hollande, de Naples ou de Westphalie — et demain d'Espagne — ne sont uniquement que des vice-rois qui doivent servir avant tout l'intérêt français, et ne régner que sur des royaumes inféodés.

Or ils ne sont même pas des alliés sur lesquels le frère à qui ils doivent tout puisse compter. A Naples, Joseph, n'opérant aucune réforme, ne s'entourant que d'idéologues, s'est montré un lamentable souverain. Chef de guerre tout aussi incapable, avec une armée de quarante-cinq mille hommes, il n'a même pas tenté une descente en Sicile. Mieux ! Il s'est fait prendre l'île de Capri par les Anglais qui le narguent ainsi sous ses yeux, avec d'autant plus d'insolence.

C'est pourtant à lui que Napoléon offre l'Espagne ! Sans doute l'Empereur ne s'est-il pas encore emparé de la couronne de Charles Quint, mais il ne doute pas du succès de l'opération. Il exploitera assez indignement, il faut le reconnaître, la présence de deux rois en plein désaccord pour en imposer un troisième... Pour atteindre son but Napoléon prépare une bien ténébreuse machination. Qui en sera le *deus ex machina ?* Qui va conduire les Bourbons au guet-apens de Bayonne ? Qui mettra Ferdinand VII dans l'obligation de disparaître ? Qui fera abdiquer Charles IV au profit de Joseph Bonaparte ?

Le général Savary, nouveau duc de Rovigo.

Sa mission consiste d'abord à berner le chanoine Escoïquiz, ancien précepteur et confesseur du nouveau souverain. Avec une apparente candeur, Savary expose l'étonnement de Napoléon devant l'abdication puis la rétractation de son allié Charles IV. L'Espagne ne peut avoir deux roi ! Ils faut clarifier la situation ! Pourquoi Ferdinand VII, s'il veut dissiper toute équivoque et se faire reconnaître souverain de l'Espagne par l'Empereur, ne vient-il pas plaider lui-même sa cause devant Sa Majesté Impériale ?

Savary commence par jeter l'inquiétude dans l'esprit de Ferdinand :

— L'Empereur met tant d'intérêt à ce qui se passe en Espagne qu'il s'approche lui-même de la frontière, et je suis assuré qu'en ce moment il est parti de Paris. Il recevra un courrier en chemin, ainsi que beaucoup d'autres qui lui adresseront les différentes autorités qui sont ici. Vous avez à craindre que beaucoup de rapports ne vous soient pas aussi favorables que vous paraissez le croire, et que l'Empereur ne veuille prendre aucun parti avant de s'être entendu avec le roi Charles sur tout ceci.

Ferdinand réfléchit... aurant que son intelligence bornée le lui permet. Ne vaudrait-il pas mieux devancer le vieux roi ? D'autant plus que Savary laisse entendre que son maître ne fera pas de difficultés pour s'incliner devant le changement de règne.

Tel un écolier — l'expression est de Savary — le malheureux souverain prie le général de le mener près de Napoléon.

Où se ferait la rencontre ?

C'est vers Bayonne — et de gré ou de force — qu'il faut entraîner Ferdinand ! A Bayonne où se tisse déjà « la toile d'araignée où viendront se prendre les malheureuses proies royales ».

Arrivé à Burgos, Ferdinand qui croyait Napoléon en marche pour se porter à sa rencontre est stupéfait de ne pas trouver l'Empereur. Savary se lance alors dans une nouvelle scène de son répertoire. Assurément Sa Majesté Impériale attend « le roi » à Vitoria...

Et le cortège reprend la route.

Bien entendu, à Vitoria point d'Empereur. Cette fois, la résistance de Ferdinand devient énergique. Il déclare fermement qu'il attendra le souverain français à Vitoria. A aucun prix il ne quittera ses États !

Savary galope alors vers Bayonne où il retrouve son maître au château de Marracq. Après avoir écouté l'exposé de son fidèle aide de camp, Napoléon estime qu'il doit suivre Savary sur le chemin de la ruse. « Je le dis à Votre Altesse, aux Espagnols et au monde entier, écrit-il à Ferdinand, si l'abdication du roi Charles est de pur mouvement, s'il n'y a pas été forcé par l'insurrection et par l'émeute d'Aranjuez, je ne fais aucune difficulté de l'admettre, et je reconnais Votre Altesse Royale comme roi d'Espagne. Je désire donc discuter avec Elle de cet objet. »

En réalité, Napoléon ne songe qu'à « reconnaître » son frère Joseph Ier. Et, sournois, l'Empereur ajoute avec un manque de foi qui nous gêne : « Votre Altersse Royale connaît ma pensée tout entière. Elle voit que je flotte entre diverses idées qui ont besoin d'être fixées. Elle peut être certaine que, dans tous les cas, je me comporterai avec Elle comme avec le roi son père. Qu'Elle croie à mon désir de tout concilier. »

A la lecture de cette lettre où il est simplement traité d'Altesse Royale, Ferdinand se cabre. Savary se met à jouer le grand jeu... un grand jeu qui ne sert guère sa mémoire. Il se présente devant Ferdinand et lui affirme avec autorité :

— Je veux qu'on me coupe la tête si un quart d'heure après l'arrivée de Votre Majesté à Bayonne, l'Empereur ne vous a pas reconnu pour roi d'Espagne et des Indes.

On s'arrête à Irun pour la nuit, et, le lendemain, Savary voit avec joie les voitures atteindre les rives de la Bidassoa et s'engager sur le pont. Duroc et Berthier sont là, envoyés au-devant du « prisonnier » et ne lui donnent, eux aussi, que de « l'Altesse Royale », en l'invitant à dîner, au nom de l'Empereur, au château de Marracq. Ferdinand se renfrogne. On le traite en prince et non en roi !

Le dîner se déroule sans incident, mais personne n'a encore appelé Ferdinand « Sire ». A peine le malheureux prince est-il revenu chez lui, qu'il reçoit la visite de Savary. Cette fois les yeux du prince des Asturies se dessillent : le général est chargé par l'Empereur d'une effarante mission que tout autre que lui aurait refusé.

Il lui était en effet ordonné d'annoncer à son « prisonnier » que Sa Majesté Impériale reconnaissait Charles IV comme roi d'Espagne, et lui offrait, à lui Ferdinand, s'il s'inclinait gentiment, la couronne d'Étrurie — un petit État *confectionné* avec la Toscane italienne. Ferdinand s'étrangle de fureur. Il bondit sur le balcon en hurlant :

— *Yo soy traido !*

Il est bien trahi, en effet, à la fois par l'Empereur et surtout par celui-là même qui l'a conduit vers Napoléon.

Pendant ce temps, à Madrid, Charles IV et sa femme sont épouvantés à la pensé que leur fils puisse s'entendre avec l'Empereur et nuire au cher Godoy — aussi accompagnés du prince de la Paix, prennent-ils, eux aussi, la route de Bayonne qu'ils atteignent le 30 avril.

— Avec sa peau jaune, raconte l'Empereur à Joséphine, la reine ressemble à une momie. Elle a l'air faux et méchant et il est impossible de se rien figurer de plus ridicule.

En voyant son fils, le pauvre roi s'est littéralement précipité vers lui :

— N'as-tu pas assez outragé mes cheveux blancs ? Va-t'en. Je ne veux plus te voir !

Les descendants de Louis XIV sont désormais à la discrétion de Napoléon.

Deux jours plus tard Charles IV adresse à son fils une lettre lui signifiant que ses crimes l'empêchent de lui succéder au trône et que « l'Espagne ne pourrait plus être sauvée que par l'Empereur ». Aussi, ce 2 mai, Napoléon pose-t-il au grand-duc de Berg ce singulier problème : « Je destine le roi de Naples à régner à Madrid. Je veux vous donner le royaume de Naples ou celui du Portugal. Répondez-moi sur-le-champ ce que vous en pensez ; car il faut que cela soit fait dans un jour. »

« Sire, répond Murat, je ne saurais hésiter, je donne ma préférence à la contrée où j'ai commandé ; où je pourrai plus utilement servir Votre Majesté ; je préfère Naples et je dois faire savoir à Votre Majesté qu'à aucun prix je n'accepterai la couronne du Portugal. »

Voici donc le royaume de Naples casé ! Pour Lisbonne, on verra plus tard ! Mais craignant que son frère ne fasse grise mine d'être obligé de troquer Naples contre Madrid, il vante à Joseph son cadeau espagnol : « Ce n'est pas ce qu'est le royaume de Naples : c'est onze millions d'habitants, plus de cent cinquante millions de revenus, sans compter les immenses revenus et la possession de toutes les Amériques. »

Joseph s'incline comme le grand-duc de Berg. Ainsi que le dira Chateaubriand : « L'Empereur enfonça d'un coup de main ces coiffures sur le front des deux nouveaux rois et ils s'en allèrent chacun de leur côté comme deux conscrits qui ont changé de shako. »

Cependant Charles IV, le 2 mai, jour où Napoléon fait son chassé-croisé de rois, n'a pas encore abdiqué. Ce sera chose faite le 5 mai. Ce jour-là, le roi d'Espagne cède à Napoléon ses États, à la seule condition « de respecter l'intégrité territoriale du royaume et de n'y tolérer d'autre religion que la catholique ». En échange, Charles et Marie-Louise recevront Compiègne, Chambord et six millions de francs annuels. Seul Ferdinand continue de résister et, légalement, peut toujours se considérer comme roi de toutes les Espagnes.

Soudain, ce même 5 mai, arrive à Bayonne la nouvelle de la sanglante insurrection madrilène du 2 mai — le célèbre *dos de mayo* – vigoureusement maîtrisée par les mamelouks de Murat qui ont chargé la foule à la *Puerta del Sol* — et, ce jour-là, les Espagnols se sont crus revenus à l'époque de la lutte contre les Maures ! L'événement va permettre à Napoléon de jouer avec adresse le dernier acte du dramatique guet-apens de Bayonne. En effet, Ferdinand n'est pour rien dans le déclenchement de l'insurrection — causée par le départ des Infants, par leur enlèvement plutôt — mais l'Empereur tient là un beau prétexte ! Il a reçu la nouvelle de l'émeute au cours d'une promenade à cheval et a galopé aussitôt vers Bayonne. Après avoir fait venir le prince des Asturies chez son père, Napoléon l'accuse d'avoir fomenté l'émeute. Charles IV approuve.

— Le sang de mes sujets a coulé, hurle-t-il, et celui des soldats de mon grand ami Napoléon ! Tu as eu part à ce carnage !

La reine, telle une furie, injurie ensuite copieusement son fils, le traite de bâtard, et demande « qu'on le fasse monter à l'échafaud ». Napoléon n'en réclame pas tant :

— Si d'ici minuit, déclare-t-il à « Ferdinand VII », vous n'avez pas reconnu votre père pour roi légitime et ne le mandez à Madrid, vous serez traité par moi comme un rebelle.

Ferdinand, épouvanté, cède enfin. Il n'est plus qu'un prisonnier qui ira demeurer derrière les grilles dorées du château de Valençay, avec Talleyrand comme geôlier.

Le 7 juin, Napoléon accueille le nouveau roi d'Espagne qui, très sérieusement, va se proclamer « *Don José Primero*, par la grâce de Dieu, roi de Castille, d'Aragon, des Deux-Siciles, de Jérusalem et de Navarre... » Joseph n'oublie pas de rappeler sa souveraineté sur les îles Canaries, les Indes orientales et occidentales, et, continuant sur sa lancée, s'intitule également « archiduc d'Autriche, duc de Bourgogne, de Brabant, de Milan et comte de Hasbourg »... Enfin, il trouve tout naturel de recevoir de son prédecesseur Ferdinand ces lignes de félicitations : « Je prie Votre Majesté Catholique d'agréer le serment que je lui dois, ainsi que celui des Espagnols qui sont auprès de moi. » La veulerie du prédécesseur n'a d'égale que l'inconscience du successeur...

Cependant, cent vingt députés doivent se réunir à Bayonne afin de proclamer roi de toutes les Espagnes *don José primero*, or, quatre-vingts représentants manquent à l'appel. Il en faudrait plus que cela pour décourager l'Empereur ! Il pense déjà, par l'Espagne, pouvoir passer au Maroc et, de là, occuper Alger et Tunis. Il ne se doute pas que, pour les prêtres espagnols, *Buonaparte* est l'homme de la Révolution, l'Antéchrist en personne, celui qui a osé toucher à leurs souverains, c'est-à-dire à leurs dieux. Dès que l'on apprend les détails du guet-apens, toute l'Espagne prend feu.

Des dizaines et des dizaines de milliers d'hommes se révolteront au cri de : *Mort au fidèles !* Et ce sera la plus affreuse des guerres ! Pour la première fois, les anciens soldats de la Révolution devront se battre, non contre des rois, mais contre un peuple luttant pour sa liberté, traquant l'envahisseur au détour des chemins et le massacrant non seulement avec rage, mais avec la cruauté la plus horrible.

Napoléon s'obstine encore, et envoie outre-Pyrénées des renforts qui permettront à Joseph, après la bataille de Medina de Rioseco, d'entrer — le 20 juillet — dans sa capitale. Deux jours plus tard éclatera la nouvelle de la célèbre capitulation du général Dupont à Baylen — dix-sept mille deux cent quarante-deux hommes non aguerris, écrasés de chaleur, assoiffés, surchargés de rapines, sont faits prisonniers par les trente mille soldats de l'armée espagnole de Castanos.

C'est à Bordeaux que l'Empereur apprend la catastrophe et sa colère est immense.

— Une ignominie ! crie-t-il.

A peine Napoléon a-t-il quitté Bordeaux qu'un courrier lui annonce que l'insurrection triomphe partout outre-Pyrénées. De rage, l'Empereur casse une grande bassine de faïence qui vient de lui être apportée pour prendre un bain de pieds. Au lendemain de Baylen, en effet, *don José primero* a dû abandonner sa capitale avec ses soldats. Quant à la capitulation de Junot, elle l'a obligé à se rapprocher des Pyrénées ! Le duc d'Abrantès remonte si rapidement vers la frontière que Napoléon pourra lui écrire le 16 août : « L'armée paraît commandée non par des généraux, mais par des inspecteurs des postes. Comment peut-on évacuer l'Espagne sans raison, sans même savoir ce que fait l'ennemi ? »

La honte serre l'Empereur à la gorge :

— J'ai là une tache, déclare-t-il à Joséphine en touchant le revers de son habit.

La terrible aventure est commencée. Ces dépêches qui résument bien la situation ont été échangées entre Napoléon et son frère :

« Sire, je ne suis point épouvanté de ma position, mais elle est unique dans l'Histoire : je n'ai pas ici un seul partisan. »

« Vous avez un grand nombre de partisans en Espagne, mais qui sont intimidés. Ce sont tous les honnêtes gens. Vous ne devez pas trouver extraordinaire conquérir votre royaume. Philippe V et Henri IV ont été obligés de conquérir le leur. »

« Non, Sire, vous êtes dans l'erreur, les honnêtes gens ne sont pas plus pour moi que les coquins. Votre gloire échouera en Espagne. Mon tombeau signalera votre impuissance... »

Joseph, roi philosophe, a-t-on dit, prévoyait alors l'avenir avec infiniment plus de clairvoyance que Napoléon. La « pente irrésistible » conduira l'Empereur jusqu'à l'abîme.

L'Empereur a l'impression que sont « flirt » avec le tsar commence quelque peu à tiédir. La flambée presque amoureuse de Tilsit s'éteindrait-elle déjà ? Sans doute Alexandre, sitôt reçue la nouvelle de Baylen, a-t-il déclaré à Caulaincourt : « C'est dans les circonstances difficiles que Napoléon me trouvera », mais, par son ambassadeur à Vienne, Kourakine, il n'en donne pas moins ce conseil aux Habsbourg :

— Le parti le plus sage pour l'Autriche me paraît être de rester spectateur tranquille de la lutte que Napoléon va soutenir en Espagne. Il sera toujours temps de prendre ensuite le parti que les circonstances suggéreront.

La fin de sa déclaration démontrait le double jeu mené par le tsar. Présentement, il fallait endormir l'empereur des Français... Pour la suite, on aviserait plus tard ! Et Alexandre ne demanderait alors pas mieux, son ami de Tilsit en difficulté, que de se ranger au « parti » suggéré par « les circonstances ».

Napoléon, sentant confusément la tiédeur du « jeune et bon empereur », et voulant garder toute liberté d'agir outre-Pyrénées, propose une rencontre qu'Alexandre s'empresse d'accepter. Il désire de son côté obtenir le blanc-seing de la France pour avoir les mains libres en direction des provinces danubiennes. En échange, il approuvera la conquête de l'Espagne.

Le lieu de l'entrevue est choisi : Erfurt, sur les bords de la Gera, non loin de Weimar, au cœur même de l'Allemagne. On y convoquera également, pour la fin du mois de septembre 1808, les rois de Bavières, de Saxe, de Wurtemberg, et les princes de la Confédération du Rhin.

— Je veux, avant de commencer, annonce Napoléon, que l'empereur Alexandre soit ébloui par le spectacle de ma puissance !

Napoléon pense demander un jour à Alexandre la main de sa sœur, la grande-duchesse Catherine, et envoie Talleyrand auprès du tsar afin de préparer l'entrevue.

— Mon cher Talleyrand, précise-t-il, il faut que vous soyez à Erfurt un jour ou deux avant nous... vous connaissez bien l'empereur Alexandre, vous lui parlerez le langage qui convient.

Veut-on connaître le langage que M. le prince de Bénévent estime devoir *convenir* aux intérêts de son maître ? Aujourd'hui que ces propres intérêts ne coïncident plus avec ceux de Napoléon ?

— Sire, assura Talleyrand au tsar, que venez-vous faire ici ? C'est à vous de sauver l'Europe et vous n'y parviendrez qu'en tenant tête à Napoléon. Le peuple français est civilisé, son souverain ne l'est pas. Le souverain de Russie est civilisé, son peuple ne l'est pas : c'est donc au souverain de Russie d'être l'allié du peuple français. Le Rhin, les Alpes, les Pyrénées, sont les conquêtes de la France. Le reste est la conquête de l'Empereur. La France n'y tient pas !

Et l'on se trouvait seulement en automne de l'an 1808.

M. de Talleyrand est bien décidé à trahir son maître. De toutes les erreurs irréparables de ces douze derniers mois : depuis la création du royaume de Westphalie — Jérôme, ce charmant et amusant roi-bouffe de l'épopée à sa tête — depuis la nomination, au commandement de Lisbonne, de l'incapable Junot — une tête maladivement brûlée — depuis l'occupation de Rome, depuis le guet-apens de Bayonne suivi par ce ridicule chassé-croisé de rois à Madrid et à Naples, l'envoi à Erfurt de Talleyrand, en fourrier diplomatique, est assurément la faute qui pèsera le plus lourd sur l'avenir de l'Empire.

En écoutant le ministre de Napoléon lui dévoiler le fond de sa pensée, Alexandre tressaille d'espoir.

Et ce n'est pas tout ! Le prince de Bénévent fait ensuite comprendre nettement au tsar que, loin de calmer l'Autriche, il faut au contraire pousser Vienne à s'armer afin qu'Alexandre puisse avoir un jour auprès de lui un puissant allié qui lui permettra de vaincre le perturbateur de l'Europe.

Dès les premiers entretiens, Napoléon s'étonne de ne plus trouver son ami le tsar « aussi facile » qu'à Tilsit.

— Il est devenu méfiant, confie-t-il à Caulaincourt.

Talleyrand est passé par là !

Extérieurement, l'entente règne. La foule des rois et des princes se presse pour « approcher celui qui dispense tout : trônes, misères, craintes, espérances... » Un parterre de rois et de princes...

— Une *plate-bande,* précise même quelqu'un.

L'Aigle plane et interpelle les souverains : Roi de Bavière ! Roi de Saxe ! Roi de Wurtemberg ! A-t-il été jusqu'à dire : « Taisez-vous, roi de Bavière, regardez l'homme avant de vous occuper de ses ancêtres » ?

Cependant les conversations traînent... s'enlisent même. « Au bout de huit jours, racontera Caulaincourt, chacun sondait encore le terrain, tâchant de découvrir jusqu'où allaient les prétentions de son adversaire sans pouvoir le pénétrer entièrement... »

On s'observe.

Le point de friction réside, entre le tsar et Napoléon, à la fois dans la question des provinces danubiennes qu'Alexandre désire envahir et dans le refus de l'Empereur d'évacuer les places de l'Oder.

— Puis-je abandonner ma position en Prusse, essaye-t-il d'expliquer au tsar, en un mot m'affaiblir en Allemagne dans le moment où, profitant de mes embarras en Espagne, l'Autriche me menace ?...

Le tsar n'en eût certes pas moins préféré voir la France moins avancée au cœur de l'Europe...

— Mon allié, mon ami, reprend Napoléon, peut-il me proposer d'abandonner la seule position d'où je menace les flancs de l'Autriche, si elle m'attaque pendant que mes troupes sont au midi de l'Europe, à quatre cents lieues de chez elle ?

Le tsar a du mal à se résigner. Napoléon le sent de plus en plus réticent. Un jour, l'Empereur s'emporte et jette son chapeau à terre.

— Vous êtes violent, moi je suis entêté, remarque calmement Alexandre. Avec moi, la colère ne gagne rien. Causons, raisonnons, ou je pars.

Et Caulaincourt entend son maître soupirer :

— Votre empereur Alexandre est têtu comme une mule. Il fait le sourd pour les choses qu'il ne veut pas entendre. Ces diables d'affaires d'Espagne me coûtent cher !...

Finalement, Napoléon et Alexandre cèdent l'un et l'autre et un traité est signé : la Russie pouvait s'emparer de la Finlande et des provinces danubiennes, et libre à la France de conquérir l'Espagne ! Quant à l'Autriche, si elle se montrait réticente devant le partage, ou si elle osait attaquer l'empire français, le tsar et Napoléon uniraient leurs forces contre elle.

Napoléon a bien essayé de parler au tsar d'un éventuel mariage avec la grande-duchesse Catherine, mais soudain, timide, il n'a pas osé s'aventurer. C'est Talleyrand qui a reçu la réponse d'Alexandre à cette délicate question :

— S'il ne s'agissait que de moi, je donnerais volontiers mon consentement, mais il n'est pas le seul qu'il faille obtenir.

Sans doute Catherine détestait-elle *Buonaparte,* mais à l'époque on ne prenait point la peine de demander l'avis des jeunes filles au sujet de leur mariage — et encore moins lorsqu'il s'agissait d'une princesse !... Il y avait surtout la tsarine mère qui n'autoriserait jamais une pareille union avec « l'aventurier corse ».

Le 14 octobre, « satisfaits de leurs arrangements », mais « mécontents l'un de l'autre », les deux empereurs se séparent sur le chemin de Weimar, après s'être embrassés devant leurs états-majors.

Ils ne devaient plus jamais se revoir.

Le chancelier autrichien Stadion reçoit le baron Vincent, envoyé à Erfurt en « informateur », et peut tirer la conclusion des entretiens qui viennent de s'achever : « Si la guerre n'entre pas dans les calculs de Napoléon, elle doit essentiellement entrer dans les nôtres. »

Et cet aveu nous prouve qu'il ne faut pas chercher toujours du même côté le responsable des guerres napoléoniennes...

Avec l'Autriche, on se retrouvera à Wagram, mais, en attendant il faut replacer *don José primero* sur le trône. Cependant, la guerre d'Espagne est on ne peut plus impopulaire en France — et cela dans tous les partis. Ainsi que l'expliquait Barante, « les diverses oppositions se touchèrent par un point commun : la cause espagnole, déjà sympathique aux anciens royalistes, inspirait de l'intérêt aux libéraux ». Quant aux soldats de la Grande Armée — ces soldats qui devaient tant manquer à l'Empereur dans ses guerres de 1809 et 1812 contre l'Autriche et la Russie — ils se battront outre-Pyrénées sans enthousiasme. Il ne s'agit nullement ici de donner son sang pour une cause française, mais pour sauver la couronne de l'incapable Joseph. L'indiscipline va naître au cours de cette affreuse campagne et un officier — le colonel de Gonneville — entendra l'un de ses hommes crier en parlant de l'Empereur :

— Foutez-lui donc un coup de fusil !

« Et ils s'accuseront de lâcheté de ne pas le faire. »

Le 29 octobre, Napoléon quitte Paris pour l'Espagne et, le 3 novembre, il rejoint la nouvelle armée à Bayonne. Après avoir abandonné Madrid, les cinquante mille hommes placés sous le commandement théorique de Joseph, campent, démoralisés, derrière l'Elbe. Napoléon s'apprête à les rejoindre et à jeter sur l'Espagne cent cinquante mille de ses meilleurs soldats.

Avant toutes choses, il demande à son frère de n'en plus bouger, jusqu'à ce que Madrid soit repris à « cette canaille fanfaronne », coupable d'être fidèle à sa monarchie légitime... La leçon — cette fuite à bride avalée au lendemain de Baylen — n'a guère profité à Joseph. Il se prend pour un foudre de guerre... et ne parle plus de son « tombeau » !

En quelques jours, suivant sa tactique, Napoléon anéantit la gauche anglo-espagnole commandée par Blake, détruit la droite ennemie dirigée par Palafox, puis fonce sur le centre, c'est-à-dire sur Burgos où opère le marquis de Belveder à la tête de l'armée d'Estramadure. Bessières, Mouton et Lasalle effectuent la trouée et les Espagnols s'enfuient vers Madrid. La sauvage Sierra de Guadarrama traversée, la capitale est atteinte, et, sous sa tente dressée aux portes de la cité, Napoléon reçoit, le 3 décembre, la capitulation de la ville.

Que va-t-on faire maintenant de Joseph qui a été autorisé à venir rejoindre son frère ? *Don José primero* propose à l'Empereur d'abdiquer, renonciation que Napoléon a le plus grand tort de refuser. Il le regrettera plus tard amèrement :

— C'était l'homme le plus incapable et précisément l'opposé de ce qu'il fallait !

Et Joseph redevient roi pour le plus grand malheur de tous — sauf pour les amateurs de courses de taureaux que le souverain rétablit et auxquelles il assiste avec une passion digne d'un véritable Espagnol. Plein de bonne volonté, il se rend, en effet, aux processions avec son état-major, fait semblant de manger avec gourmandise le trop huileux riz à la valenciana, qui lui donne des haut-le-cœur. Tout cela n'empêche pas la plus grande partie de son peuple de le considérer comme roi d'Espagne « par la grâce du diable ! », ou de le traiter « d'esclave couronné ».

Pour l'instant, Napoléon décide de chasser les Anglais hors de la péninsule. Venant du Portugal, sir John Moore a fait passer trente mille hommes en Espagne, et cinq mille habits rouges ont débarqué à La Corogne. Ils veulent « faire les crânes », annonce l'Empereur à Joséphine, en quittant rapidement, le 22 décembre 1808, le château de Chamartin. Pour se porter au-devant de l'ennemi marchant sur Madrid, l'obliger à reculer et le jeter à la mer, il lui faut traverser à nouveau la Sierra...

Ce fut une marche atroce.

Arrivé, le jour même de son départ, au pied de la Guadarrama, Napoléon apprend que les bataillons d'avant-garde, repoussés par les tourmentes, aveuglés par la neige, rétrogradent. L'Empereur ordonne à tous les soldats d'un même peloton de se tenir par les bras afin de ne pas être emportés par le vent. La cavalerie met pied à terre et doit marcher dans le même ordre. Les chevaux suivent tenus en main. Napoléon se fait hisser sur un canon où il se place à califourchon, l'état-major agit de même : « Nous continuâmes à marcher dans ce grotesque équipage, racontera Marbot, et nous parvînmes enfin au couvent situé sur le sommet de la montagne… »

Les jours suivants, la progression, au cœur des éléments déchaînés, se poursuit insensée, folle, inhumaine. Lui presse le pas, souffrant, peinant comme ses hommes, et faisant semblant de ne pas entendre leurs imprécations.

Le 28 décembre, l'Empereur galope vers Valderas en dépassant toutes les troupes. Le piquet de cavalerie a bien du mal à suivre son train d'enfer. Plusieurs chevaux démontés suivent, tenus par la bride. Napoléon est, en effet, un piètre cavalier, il n'a aucune assiette, aussi les chasseurs de l'escorte mènent-ils toujours avec eux cinq ou six bêtes de rechange et, lorsque l'Empereur tombe avec sa monture, ils lui en amènent aussitôt une autre toute sellée.

En arrivant à Valderas, on s'aperçoit que la cavalerie anglaise vient de se replier. Il pleut maintenant à torrents, les chemins sont d'effarants bourbiers. De toute la garde à pied, cent hommes seulement parviennent dans la nuit à Valderas.

Le 2 janvier 1809, l'Empereur, peu avant d'atteindre Astorga, reçoit de nombreuses dépêches : l'Autriche réarme de plus belle et la tiédeur du tsar s'affirme. Fait plus grave, Talleyrand et Fouché — alors au plus mal ensemble — se sont réconciliés. Personne ne peut en croire ses yeux ! On les a vus, le 20 décembre 1808, se tenir par le bras et se parler de la façon la plus aimable. Que complotent-ils ? Certains affirment avoir entendu le duc d'Otrante dire au cours de cette soirée :

— Insensé, il met le feu partout !… Il faut en finir !

De son côté, Talleyrand aurait, une fois de plus, répété qu'il désapprouvait cette folle guerre d'Espagne, alors qu'il l'avait — perfidement — conseillée à son maître… Fouché, qui affirme dans ses *Mémoires* avoir, lui aussi, parlé à Napoléon du guêpier espagnol, pensait assurément à la mort éventuelle de l'Empereur — de cet empereur sans héritier. La nouvelle guerre avec l'Autriche paraît inévitable et Napoléon semble toujours vouloir remettre à plus tard la répudiation de Joséphine ! Les deux compères que leurs intérêts avaient rapprochés ont-ils alors pensé à Murat ou à Bernadotte pour succéder à Napoléon ?

Fouché et Talleyrand ont-ils, dès cette fin de 1808, songé à la chute du dieu ? Une chute qui serait due à ce fameux boulet dont on parlait alors souvent en voyant l'Empereur s'exposer au feu de l'ennemi et qui, selon le mot favori de Napoléon, « n'était pas encore fondu ».

L'Empereur sent le danger et décide de rentrer d'urgence, laissant Soult poursuivre les Anglais — trop mollement d'ailleurs car, au lieu de les écraser, il les laissera se réembarquer à La Corogne. Napoléon se lance à toute bride sur la route de Paris. « Je suis dépassé par Savary au grandissime galop, racontera Thiébault qui roule sur la même route, et par l'Empereur donnant de grands coupes de fouet de poste sur la croupe du cheval de son aide de camp, de grands coups d'éperons au sien... A une grande minute en arrière d'eux accouraient Duroc et le mamelouk... A une égale distance galopait un guide, s'échinant pour perdre moins d'espace ; enfin quatre autres guides suivaient comme ils pouvaient... » Napoléon fait, en cet équipage, cent vingt kilomètres en cinq heures et, le 19, arrive à Bayonne.

Il laissait derrière lui les meilleurs de ses soldats — ceux d'Austerlitz, d'Iéna et de Friedland qui devaient tant lui manquer à Wagram !

Les malheureux vont vivre la plus atroce des guerres. « J'ai vu des officiers français, racontera le capitaine François, des soldats, même des femmes éventrées de la matrice à l'estomac et les seins coupés, des hommes sciés en deux — entre deux planches — d'autres les parties nobles coupées et placées dans la bouche ; d'autres enterrés vivants jusqu'aux épaules, d'autres pendus par les pieds dans les cheminées et la tête brûlée. »

Les survivants adopteront, à leur tour, les méthodes de la lutte inhumaine.

— Quelle guerre ! pourra un jour soupirer Lannes. Etre contraint de tuer tant de braves gens ou même de furieux ! La victoire fait peine !

Outre-Pyrénées, les succès céderont bientôt le pas aux défaites et Napoléon constatera plus tard — trop tard :

— Cette malheureuse guerre m'a perdu : toutes les circonstances de mes désastres se rattachent à ce nœud fatal. Elle a compliqué mes embarras, divisé mes forces, détruit ma moralité en Europe...

Le 27 janvier 1809, Fouché, le premier, est appelé aux Tuileries et courbe l'échine sous la semonce. Cependant l'Empereur ne le renvoie pas : il a trop besoin de lui et se refuse à lui appliquer sa formule : « Il faut disgracier ceux qu'on ne peut plus récompenser ! »

Le lendemain, c'est au tour de Talleyrand. Cambacérès, Lebrun, Montesquiou, Decrès et Fouché assistent à la scène.

Elle est terrible.

Après avoir déclaré que les ministres doivent « cesser d'êtres libres de leurs pensées et de leurs expressions », Napoléon précise qu'il leur faut se considérer comme le simple reflet du maître. S'ils « doutent » de lui, ils le trahissent ! Puis l'Empereur, tout en jetant feu et flamme, fait les cent pas entre la cheminée et la console où s'appuie le prince de Bénévent, « pâle comme la mort », et qui n'ose répondre.

— Étranger à la guerre d'Espagne ? Mais oubliez-vous que vous m'avez conseillé de recommencer la politique de Louis XIV ? Oubliez-vous que vous avez été l'intermédiaire de toutes les négociations qui ont abouti à la guerre actuelle ? Quels sont vos projets ? Que voulez-vous ? Qu'espérez-vous ? Osez le dire ! Vous mériteriez que je vous brisasse comme du verre ; j'en ai le pouvoir ; mais je vous méprise de trop pour en prendre la peine ! Oh ! tenez, vous êtes de la m... dans un bas de soie !

Talleyrand blêmit, mais ne dit toujours rien.

Impassible, face de plâtre, il regarde Napoléon l'insulter durant trois effroyables heures. Voulant le blesser encore davantage, ulcéré en se rendant compte que les injures et les outrages glissent sur le personnage, l'Empereur lance une dernière bordée :

— Vous ne m'aviez pas dit que le duc de San Carlos était l'amant de votre femme ?

Cette fois Talleyrand répond par la célèbre insolence qui désarçonne Napoléon :

— En effet, Sire, je n'avais pas pensé que ce rapport pût intéresser la gloire de Votre Majesté et la mienne !

Napoléon ne sait que répondre. Il se dirige vers la porte et, regardant également Fouché, il menace :

— Apprenez que, s'il survenait une révolution, quelque part que vous y eussiez prise, elle vous écraserait les premiers !

Il fallait aussi pour Talleyrand un mot de la fin. Aussi, en sortant, confie-t-il aux témoins médusés :

— C'est grand dommage, messieurs, qu'un si grand homme soit si mal élevé.

Dans l'antichambre, Ségur l'interroge : pourquoi la séance a-t-elle duré aussi longtemps ? L'ex-évêque lui prend simplement la main en murmurant :

— Il est des choses qu'on ne pardonne jamais.

Dès le lendemain, Talleyrand va trouver Metternich. Se dépouillant de tout masque, selon l'expression de l'ambassadeur, il lui déclare :

— Le moment est arrivé... Je crois de mon devoir d'entrer en relations directes avec l'Autriche.

Et, pour commencer, il demande au diplomate quelques centaines de milliers de francs. Metternich chiffrera la trahison à seulement quatre cent mille francs. Fouché, lui aussi, va voir Metternich, mais n'ose pas quémander des subsides. Il se contente d'ironiser :

— Quand *on* vous aura fait la guerre, il restera la Russie... et puis la Chine.

La Grande Armée étant retenue dans la nasse espagnole, l'Empereur doit forger une nouvelle force. Les princes de la Confédération du Rhin promettent de fournir à leur protecteur cent mille hommes. Mais que vaudront au feu ces Saxons, ces Bavarois, ces Wurtembergeois ? En appelant par anticipation la classe 1810, en mettant sous les drapeaux une partie des Français favorisés par le tirage au sort durant ces trois dernières années, en faisant revenir les quelques corps laissés en Allemagne, l'Empereur peut, en comptant la Garde ramenée d'Espagne, disposer de deux cent cinquante mille à deux cent quatre-vingt mille hommes, dont la majorité n'a jamais vu le feu. Et il lui faut au surplus envoyer des troupes au prince Eugène qui aura assurément une armée autrichienne à combattre !

A Vienne, le gouvernement, l'armée et le peuple ont soif de la guerre ! L'empereur d'Autriche a pu réunir trois cent mille hommes infiniment plus enthousiastes à la pensée d'aller en découdre que les conscrits et les rappelés français.

Le mercredi 12 avril, un courrier expédié par Berthier arrive aux Tuileries : les Autrichiens ont passé l'Inn et occupé Munich. Le roi de Bavière a dû fuir...

— C'est la guerre, soupire l'Empereur.

Une fois de plus, il va se battre, à la poursuite de cette paix qui le fuira jusqu'à la défaite... Et il décide de partir avant l'aube :

— Je m'en vais à Vienne seul avec mes petits conscrits, mon nom et mes grandes bottes.

LE MIRACLE DE WAGRAM

A la guerre, il faut s'appuyer sur l'obstacle pour le franchir.

NAPOLÉON.

En Bavière, vingt et un coups de canon sont tirés dans chaque division pour annoncer l'arrivée de l'Empereur, et sur le front des régiments, entre deux roulements de tambours, on lit ce texte : « Soldats, le territoire de la Confédération a été violé. Le général autrichien veut que nous fuyions à l'aspect de ses armes, et que nous lui abandonnions nos alliés. J'arrive avec la rapidité de l'éclair. Soldats ! j'étais entouré de vous lorsque le souverain de l'Autriche vint à mon bivouac de Moravie ; vous l'avez entendu réclamer ma clémence et me jurer une amitié éternelle. Vainqueurs dans trois guerres, l'Autriche a dû tout à notre générosité : trois fois elle a été parjure ! Nos succès passés nous sont un sûr garant que la victoire nous attend. Marchons donc, et qu'à notre aspect l'ennemi reconnaisse ses vainqueurs. »

La campagne des *Quatre Jours* va s'ouvrir. Quatre jours durant lesquels Napoléon redevient le général Bonaparte ! Et avec une armée composée, répétons-le, en grande partie de recrues et de soldats allemands !

Le mercredi 19, il est à Ingolstadt et examine ce qui, demain, au confluent du Danube et de l'Abens, sera le champ de bataille d'Abensberg. Fatigué, assis dans un fauteuil que lui a avancé un boulanger — à l'endroit même où a été placé un rocher commémoratif — il regarde passer ses troupes qui l'acclament par des vivats « tels que je n'en ai jamais entendu », rapporte le général Chlapowski.

La nuit est tombée lorsque l'Empereur accueille à son bivouac un colonel d'état-major autrichien qui vient d'être fait prisonnier et ignore devant qui il se trouve. Napoléon l'invite à s'asseoir auprès de lui et le questionne sur la position des divers corps autrichiens. Le colonel commence par répondre, puis se reprend :

— Il ne faut pas demander à un officier d'état-major d'informer son ennemi.

— N'ayez pas peur, dit l'Empereur, je sais tout déjà.

Et il commence à énumérer rapidement et avec force détails l'emplacement des différents corps et les noms des régiments qui les composent. Le colonel autrichien, frappé de voir un officier d'avant-garde aussi bien informé, s'écrie :

— Avec qui ai-je l'honneur de... ?

L'Empereur se lève et, soulevant son chapeau, répond :

— Monsieur Bonaparte !

Ce même soir, venant d'Espagne, Lannes arrive au château de Vohburg devenu le « palais ». Napoléon le reçoit affectueusement. C'est le seul de ses anciens compagnons d'armes qu'il continue à tutoyer comme autrefois. Le maréchal est découragé. Le siège de Saragosse qui s'est prolongé durant cinquante-deux jours a été atroce. Cinquante-quatre mille habitants ont péri. Un monceau de ruines !

— Je ne sais si c'est une guerre politique, confesse Lannes, mais c'est une guerre antihumaine et antiraisonnable, car pour y conquérir une couronne il faut d'abord y tuer une nation qui se défend, et cela est triste et long. La conscience est au-dessus de la force.

Napoléon essaye de se défendre. Est-ce lui qui a déclenché la guerre ?

— Sire, on vous compare à Gengis Khan et les Français aux Mongols.

Au diable l'Espagne ! C'est de l'Autriche qu'il s'agit aujourd'hui !

— Tu accompliras de grandes missions, lui promet Napoléon pour l'apaiser. Qui mieux que toi connaît le chemin de Vienne ? A Vienne nous discuterons les conditions d'une paix que l'Autriche ne pourra plus jamais violer !

Mais Lannes n'a plus de courage. L'état de paix lui paraît impossible à créer en Europe tant que les soldats français et leurs alliés monteront la garde de Varsovie à Madrid. Il faudra pour qu'il accepte de reprendre un commandement que l'Empereur mette sous ses ordres les meilleures troupes de l'armée.

— Sire, finit-il par murmurer, je ferai tout ce que vous m'ordonnerez.

Dès le lendemain — le 20 avril — Lannes est le principal artisan de la bataille d'Arensberg qui coupe l'armée autrichienne en deux tronçons. En quarante heures, l'archiduc a perdu plus de treize mille hommes.

Les Autrichiens, à travers la plaine marécageuse, se sont repliés sur Ratisbonne, mais Napoléon ne les poursuivra que le lendemain. Pourquoi marque-t-il ce bref temps d'arrêt ? Est-ce la vision de plus en plus atroce de la guerre qui l'accable ? Ces masses de cadavres qui jonchent le sol ? Est-ce la fatigue ? S'il ne connaît point de limites pour accomplir son travail qui, il le dira souvent, demeure son élément, il connaît la lassitude éprouvée par son corps et par ses jambes ! Le 23 avril, il reprend sa marche et se porte sur Ratisbonne. On le voit s'avancer témérairement vers les hauts remparts de la ville qui sont puissamment défendus. Va-t-il, comme vient de le faire Lannes, vouloir y dresser lui-même une échelle ? A cet instant, une balle tirée du haut de la muraille le blesse au talon, lui « rasant » le tendon d'Achille, ainsi qu'il l'annonce à Joséphine. Le docteur Yvan accourt.

— Ce ne peut être qu'un Tyrolien, lui affirme-t-il, ces gens-là sont fort adroits.

L'Empereur refuse de quitter la place, il s'assied sur un tambour, se fait panser et, en dépit des protestations de tous, remonte à cheval et, sans remettre sa botte, va se montrer au corps de Lannes. Les soldats, qui ont appris l'événement, l'acclament longuement. Galvanisées, les troupes se ruent à l'assaut de la ville qui est vite la proie des flammes. Ainsi se termine, à la « triste clarté des incendies », la quatrième journée de la campagne.

L'ennemi, en retraite vers la Bohême, traverse le Danube, laisse la rive droite à l'Empereur, et prend la direction de Wagram, village situé au nord et presque aux portes de Vienne. La route de la capitale est donc ouverte. Une route que les combats vont semer de cadavres.

Vienne a capitulé le 13 mai et, le même jour, accompagné par Lannes, Napoléon effectue une reconnaissance le long du Danube. En aval de la ville, le fleuve parsemé d'îlots se divise en plusieurs bras. L'un de ceux-ci enveloppe une île assez vaste puisqu'elle mesure quatre kilomètres sur six.

C'est l'île de Lobau qui va entrer dans l'Histoire.

Les Autrichiens, qui ont massé cent cinquante mille hommes sur la rive gauche, ont négligé d'occuper l'île en force, aussi l'Empereur — il semble dans le cas présent défendre Vienne — choisit-il cet emplacement pour franchir le fleuve et attaquer l'archiduc.

J'ai pu sillonner l'île en tous sens et retrouver les traces du séjour que fit ici l'armée napoléonienne durant sept semaines, de la veille du combat d'Essling au lendemain de la bataille de Wagram.

Autrefois réserve de chasse des archiducs, l'île est toujours couverte d'une magnifique forêt touffue et giboyeuse où les amoureux de Vienne aiment venir s'égarer... Les nombreux acacias, en fleur à la fin du mois de mai, parfument toute « la Lobau ». De rectilignes berges en pierre canalisent maintenant le cours violent et capricieux du grand bras du Danube qui, en face du village de Kaiser-Ebersdorf, atteignait, en 1809, une largeur de sept cents mètres. Le petit bras, large seulement d'une centaine de mètres, qui encerclait l'île en une vaste boucle, ne correspond plus directement avec le fleuve, mais est composé d'eaux moins dormantes qu'on ne croit, puisque le niveau suit les crues et les décrues du Danube. Si on a la chance de séjourner là au mois de mai — et tel fut mon cas — on a presque l'illusion, du moins par endroits, de se trouver devant le petit bras du Danube tel qu'il se présentait aux yeux de l'Empereur. Seuls les îlots qui le parsemaient sont, aujourd'hui, rattachés à la Lobau, ou bien à la terre ferme.

Dès le 18 mai, la division Molitor, forte de cinq mille hommes, franchit le grand bras et, sans grande difficulté, chasse de l'île les quelques troupes autrichiennes qui s'y trouvaient. On peut aussitôt se mettre à la construction de deux ponts de bateaux qui permettront à l'armée, d'abord de gagner l'île Lobau en traversant le grand bras, ensuite de passer sur la rive gauche du fleuve.

Ce même 18 mai, Napoléon quitte Schœnbrunn pour s'installer au village d'Ebersdorf où il surveille lui-même la construction des ponts.

Bientôt l'Empereur franchit le petit ouvrage, juste en face du village d'Aspern. Il a devant lui « une plaine superbe ». Un témoin a entendu Berthier constater quelques jours auparavant :

— Voilà une magnifique salle de bal. Nous allons y faire danser les Autrichiens.

C'est, en effet, une vaste étendue de champs sans aucun relief, qui se termine au nord, à une dizaine de kilomètres du Danube, par une levée de terre : le « plateau de Wagram ». Devant les Français, à mille bons mètres du fleuve, deux clochers marquent, comme aujourd'hui, le centre des deux villages, Aspern et Essling, occupés par l'ennemi.

Masséna commande l'aile gauche vers Aspern, Lannes, l'aile droite, vers Essling. Il a fallu laisser près de la moitié des forces pour protéger les arrières. Cependant, amener à pied d'œuvre quatre-vingt mille hommes par deux ponts, et cela sous le feu des Autrichiens, paraît une folie — Napoléon le reconnaîtra :

— C'est une faute de n'avoir jeté qu'un pont sur le petit bras.

— Voulez-vous que je vous parle franchement, prédit Lannes en montant à cheval, à l'aube du dimanche 21 mai. Je n'ai pas une bonne idée de cette affaire ; au reste, quelle qu'en soit l'issue, ce sera ma dernière bataille. Allons ! A cheval, messieurs !

Quatre-vingt-dix mille Autrichiens se sont élancés à la rencontre des Français qui débouchent dans la plaine par le petit pont. « La foudre tombait sur nos troupes », dira l'un combattants. C'est un véritable carnage. Cinq fois les villages sont pris et repris. Sans cesse, les troupes ennemies arrivent sur le terrain, alors que du côté français les combattants n'entrent dans la danse qu'avec le débit, non du fleuve, mais d'un ruisseau. Aussi l'Empereur ne parvient-il pas à appliquer sa tactique habituelle : crever le centre ennemi et se rabattre sur les deux ailes. Pour l'instant, faute de renforts, il doit se battre à un contre quatre sous le déluge de fer craché par les trois cents bouches à feu de l'archiduc.

Et durant des heures la boucherie se poursuit. La nuit tombe et les deux villages en flammes éclairent la plaine où le canon s'est tu. Sans cesse les renforts passent de l'île sur la rive gauche. Au matin du 22 mai, l'Empereur n'a encore, prêts à combattre, que trente-quatre mille hommes à opposer aux quatre-vingt-dix mille soldats de l'archiduc Charles. La journée n'en commence pas moins brillamment. Les Autrichiens semblent vouloir abandonner la lutte, tout au moins devant les villages. En canonnant, ils se replient vers Wagram. Déjà, l'archiduc croit la bataille perdue, lorsque soudain, stupéfait, il voit l'assaut français se ralentir, s'amollir, puis s'arrêter.

Que s'est-il passé ? Non seulement le petit pont a été endommagé, mais le grand pont, long, rappelons-le, de 700 mètres, joignant l'île à la rive droite, vient d'être emporté. L'ennemi a lancé contre l'ouvrage de véritables coups de bélier, à l'aide de gros bateaux chargés de pierres et de troncs d'arbres, mis à l'eau en amont et emportés par le courant extrêmement violent du Danube.

Déjà, la veille, le pont avait été touché et crevé, mais la brèche avait pu être rapidement colmatée. Cette fois, impossible de réparer le dommage : le grand pont tout entier a été enlevé, alors que l'artillerie, et les combattants commencent à manquer de munitions. Assurément, si la bataille se poursuit, les canons devront se taire. Il faut donc se retirer et regagner l'île où l'on se fortifiera avant de repartir plus tard pour livrer une nouvelle bataille. La retraite s'effectue, tandis que Lannes reçoit l'ordre de contenir la poussée ennemie et de s'arrêter, provisoirement, devant le fossé reliant Aspern à Essling. Les Autrichiens — ils ont appris la raison de l'arrêt de l'offensive ennemie — exultent et attaquent avec furie l'armée française qui se dirige calmement vers le Danube.

Les boulets tombent dru autour de l'Empereur, de son état-major et de la garde, éclaircissant les rangs. Lui, impassible, regarde avec sa lorgnette les mouvements des différents corps. Des bataillons entiers de blessés passent devant lui, revenant du feu.

Lorsqu'on aperçoit parmi les blessés des hommes valides, on les renvoie à la mitraille. Le cheval de Napoléon pousse un hennissement : il est touché. Un cri part des rangs :

— A bas les armes si l'Empereur ne se retire pas sur-le-champ !

L'Empereur obéit — mais il revient quelques instants plus tard, pour se retrouver près du petit pont maintenant rétabli et par lequel la retraite s'effectue en bon ordre. On laissera hélas, sur la rive gauche, seize mille morts — près d'un combattant sur deux ! L'archiduc, bien qu'il ait perdu vingt-sept mille hommes, n'en est pas moins vainqueur puisqu'il occupe les mêmes positions qu'avant la bataille.

Soudain Napoléon blêmit : il voit, couché sur un brancard, Lannes, grièvement blessé par un boulet qui lui a broyé les deux jambes. L'Empereur descend de cheval, fait poser la civière, se précipite, se met à genoux et embrasse son vieux compagnon en fondant en larmes :

— Montebello, me reconnais-tu ?

— Oui, Sire, vous perdez votre meilleur ami.

— Non, non, tu vivras !

Lorsqu'il se relève, son gilet est taché du sang de son ami.

— Ah ! ils me le paieront cher, dira-t-il, tandis que, la retraite achevée par Masséna, l'Empereur regagnera en bateau la rive droite du Danube.

Il demeure silencieux durant toute la traversée, se tenant debout et à l'écart sur le devant de l'embarcation. La nuit est sombre, on n'entend que le bruit des avirons frapper l'eau en cadence. Les quelques officiers qui franchissent le fleuve avec l'Empereur respectent sa douleur et n'osent échanger quelques mots qu'à voix basse. Arrivé sur la rive droite, l'Empereur prend le bras de Savary, et, s'appuyant très lourdement sur lui, il se dirige par un chemin creux et ombragé vers la maison du village de Kaiser-Ebersdorf où son quartier général a de nouveau été établi.

Le lendemain matin, sa première pensée sera d'envoyer vers l'île Lobau une barque, afin de faire transporter le maréchal Lannes à Kaiser-Ebersdorf, au premier étage d'une misérable maison en briques qui existe toujours, dans le fond de la Mailergasse. Larrey a coupé l'une des jambes du blessé, puis doit amputer la seconde et, durant quelques jours, on espère sauver le grand soldat, mais dans la nuit du 27 au 28 mai, la chaleur aidant, la gangrène se déclare, et le délire envahit le cerveau du blessé.

Napoléon accourt du château voisin où il s'est installé pour une quinzaine de jours.

— Je n'ai pas besoin de te recommander ma femme et mes enfants, lui déclare le maréchal, puisque je meurs pour toi ; ta gloire t'ordonne de les protéger.

Puis, Lannes adresse à l'Empereur de violents reproches :

— Tu viens de faire une grande faute, et, quoiqu'elle te prive de ton meilleur ami, elle ne te corrigera pas : ton ambition est insatiable ; elle te perdra ; tu sacrifies sans ménagement, sans nécessité, les hommes qui te servent le mieux, et quand ils meurent, tu ne les regrettes pas. On te trahira, on t'abandonnera ; hâte-toi de finir cette guerre ; c'est le vœu général.

Lannes devait survivre durant trois jours encore. « Ma cousine, écrit le 31 mai Napoléon à la duchesse de Montebello, le maréchal est mort ce matin des blessures qu'il a reçues au champ d'honneur. Ma peine égale la vôtre ; je perds le général le plus distingué de mes armées, mon compagnon d'armes depuis seize ans, celui que je considérais comme mon meilleur ami... »

« En déjeuner, en dînant, en mangeant sa soupe, raconte Roustam, les larmes coulaient... »

Le 17 mai, quatre jours avant la bataille d'Essling, Napoléon avait lancé, de Schœnbrunn, un décret annexant Rome et les États pontificaux à l'Empire. Quelque temps auparavant, il avait dicté sa volonté :

— Que l'on aille présenter au pape l'ultimatum suivant : « Ou bien le Pontife accepte d'adhérer à une ligue offensive et défensive contre les ennemis de la France, ou bien ce sera la rupture. » Si le pape refuse, c'est qu'il veut la guerre, or, le premier résultat de la conquête, c'est le changement de gouvernement !

Et le pape avait refusé.

Le matin du 10 juin, le pas des patrouilles françaises qui sillonnent la Ville éternelle paraît à Pie VII plus martial encore que de coutume. Sans cesse les estafettes passent au galop... Soudain, une décharge d'artillerie fait trembler les vitres et, au château Saint-Ange, l'étendard pontifical descend lentement. Puis les trois couleurs françaises montent victorieusement le long de la hampe.

Le décret daté de Schœnbrunn entrait en vigueur. Rome est devenue ville française. Pie VII, penché à sa fenêtre, ressent un vertige en entendant les paroles qui arrachent de ses mains débiles et impuissantes la ville sainte qu'il a reçue en dépôt. Des larmes montent à ses yeux. Une porte s'ouvre. C'est son ministre, le cardinal Pacca, qui se jette dans ses bras en poussant un cri de douleur :

— *Consummatum est !*

Pie VII répond avec ses armes. Doit-il envoyer la bulle *Quum memoranda*, la bulle d'excommunication ? Pacca prend la parole :

— Très Saint-Père, élevez vos yeux vers le Ciel, puis donnez-moi vos ordres et soyez sûr que ce qui sortira de votre bouche sera la volonté de Dieu...

Celui qui, quelques années auparavant, n'était qu'un pauvre moine, se met à genoux puis signe le texte prononçant contre Napoléon l'excommunication majeure.

La nouvelle de la réunion de Rome à l'empire français, qui va se matérialiser par ces mots : *Département des Bouches-du-Tibre*, chef-lieu Rome, fera peut-être davantage considérer Napoléon par l'Europe comme l'homme à abattre, mais contrebalancera quelque peu la nouvelle de l'échec d'Essling. L'homme, capable d'un trait de plume de ravaler au rang de préfecture la Ville éternelle, n'était point un vaincu ! D'autant plus que le drapeau tricolore flottait sur Vienne...

Essling n'en est pas moins une défaite : les Autrichiens l'appellent la victoire d'Aspern. La journée du 22 mai 1809 fait tressaillir d'espoir, en France, le faubourg Saint-Germain, et, en Europe, les ennemis de l'Empereur. L'Angleterre envisage alors une descente sur le continent et s'imagine déjà les Bourbons revenus à Paris. Scharnhorst, le ministre prussien de la Guerre, écrit à son roi : « Je ne veux point descendre déshonoré dans la tombe et je le serais si je ne conseillais à Votre Majesté de profiter du moment actuel pour faire la guerre à la France. Voulez-vous que l'Autriche victorieuse vous rende vos États comme une aumône ?... »

— Encore une victoire de l'Autriche, répondra avec prudence Frédéric-Guillaume, et je viens.

Au lendemain d'Essling, le tsar est bien décidé à ne pas suivre ce que lui commandait le traité d'Erfurt. Ne devait-il pas porter ses armes contre l'Autriche puisque l'empereur François était assurément l'auteur de l'agression qui avait déterminé le déclenchement de la nouvelle guerre ? Non ! Il ne bougera pas, attendant lui aussi une « seconde victoire ».

— Ce n'est pas une alliance que j'ai là, constatera amèrement Napoléon.

Tous espèrent en la prochaine curée et l'Empereur le prédit en une formule lapidaire :

— Ils se sont tous donné rendez-vous sur ma tombe, mais ils n'osent s'y réunir !

Ils attendent Wagram...

L'archiduc Charles suppose que l'Empereur va recommencer la même folie qui l'a conduit à Aspern et à Essling : faire franchir un large fleuve à une armée qui se battra, de nouveau, le dos aux berges du Danube. Mais au lieu d'attaquer — et l'autrichienne *victoire de Lobau* eût pu être décisive — l'archiduc préfère, lui aussi, demeurer dans l'expectative. Il est vrai, comme le dira Napoléon, que chacun devait lécher ses plaies... Cet atermoiement n'en sera pas moins la perte de l'Autriche !

Pour fortifier l'île, base du départ de la prochaine offensive, Napoléon ordonne de remplacer les ponts de bateaux par des ponts sur pilotis. On truffe de batteries aussi bien la rive droite du fleuve et les îlots qui parsèment le Danube, que « la Lobau ». Au débouché du grand pont, dans l'île même, les fortifications sont si importantes qu'elles ont résisté au temps. Des arbres les recouvrent, mais le tracé de cette véritable et haute forteresse demeure présent, face à la raffinerie viennoise de pétrole.

Par ailleurs, l'Empereur a prescrit la construction de trois flèches sur la rive gauche, en avant du petit pont. L'une d'elles demeure encore, enfouie sous un panache de verdure, mais parfaitement visible au milieu de la plaine. Il fallut employer les bulldozers pour avoir raison des deux autres.

Sans relâche, munitions, matériel, armes vont s'amonceler dans l'île.

Grâce aux Italiens d'Eugène et de Macdonald — ce dernier vient de battre l'archiduc Jean — grâce également au corps de Marmont venu de Dalmatie, Napoléon dispose maintenant de cent cinquante mille hommes et de six cents bouches à feu. En face, l'archiduc Charles, dont l'artillerie est devenue elle aussi considérable, a rassemblé cent soixante mille hommes devant Wagram.

L'archiduc, aveuglé par la construction des trois flèches, s'attend, comme le 21 mai, à voir déboucher les forces françaises face à Aspern et à Essling — « il croyait que la souris sortirait par où elle était entrée », ainsi que le dira l'Empereur. Aussi le généralissime autrichien construit-il lui aussi « redoutes sur redoutes » reliant les villages d'Aspern et d'Essling par des fortifications qui lui permettront, du moins le croit-il, de soutenir victorieusement le choc. D'autres ouvrages plus isolés sont élevés entre Essling et Gross-Enzersdorf.

Napoléon décide alors de traverser le petit bras du Danube beaucoup plus vers l'aval — et, cette fois, avec trois ou quatre ponts — afin de tourner avec le gros de ses forces les villages d'Aspern, d'Essling et leurs puissantes défenses. On attaquera la gauche ennemie et l'on se jettera vers le plateau de Wagram, relativement dégarni — du moins on l'espérait. Il s'agissait, en somme, d'effectuer un vaste mouvement tournant, en pivotant en quelque sorte autour d'Essling, d'Aspern et de Gross-Enzersdorf.

Ce pivot — la gauche française — va être tenu par Masséna qui, blessé la veille par une chute de cheval, combattra en calèche attelée à quatre chevaux — comme le maréchal de Saxe à Fontenoy. Le plan offre cependant quelque danger : si l'archiduc n'est pas solidement contenu dans les villages et passe à l'offensive, il pourra se glisser le long du fleuve, s'emparer des ponts et couper l'armée de sa base de Lobau.

Le mardi 4 juillet, les troupes qui ne cessent d'affluer vont rejoindre le corps de Masséna. Elles se trouvent si serrées dans l'île que les hommes se touchent « en tous sens ». L'archiduc apprend ce jour-là qu'il n'a plus seulement en face de lui Masséna, mais bien toute l'armée napoléonienne concentrée dans l'île Lobau. Il fait canonner les positions françaises. Vers 3 heures de l'après-midi, un terrible orage s'abat sur l'armée. Faut-il retarder l'attaque prévue pour le 5 et le 6 juillet ?

— Non, décide l'Empereur, vingt-quatre heures de retard et nous aurons l'archiduc Jean sur les bras !

A la tête de vingt mille hommes, celui-ci se hâtait en effet vers Wagram.

Les Français sont aussi trempés que s'ils avaient traversé le Danube à la nage. « Une pluie abondante, nous raconte l'adjudant de la garde Corniquet dans son récit inédit, nous traversa bientôt jusqu'aux os ; le tonnerre grondait de toutes parts ; les obus et les boulets tombaient comme la grêle... » La nuit descend sur l'île et le déluge continue. Mais les cataractes qui s'abattent du ciel n'empêchent pas six nouveaux ponts d'être jetés sur le petit bras. En pleine nuit, sous des torrents de pluie et de grêle, l'armée commence à franchir le fleuve par les nouveaux ouvrages et à déborder la gauche autrichienne.

Le mercredi 5 juillet va se jouer la bataille de Gross-Enzersdorf qui précède celle de Wagram.

L'armée poursuit son mouvement et les bataillons continuent à se déverser dans la plaine — par là même où ne les attend pas l'ennemi. « Dans les grains jusqu'au col », précise notre adjudant, l'armée effectue marches et contre-marches et va prendre ses positions. A neuf heures, cent cinquante mille hommes sont en ligne de bataille. Une fois de plus, les deux journées qui suivront vont décider du sort de l'Empire. Un clair soleil de juillet luit maintenant et sèche les uniformes. Plus de trois cent mille soldats se trouvent face à face. Le vaste mouvement de l'armée commence, un mouvement implacable que l'on a comparé fort justement à « une gigantesque faux emmanchée sur Masséna ».

Le plan s'exécute à merveille. Le village fortifié de Gross-Enzersdorf — une partie des vieux remparts existe toujours — est tout d'abord enlevé. Sous les rafales de l'artillerie, l'archiduc recule. A la fin de l'après-midi, son armée est menacée d'être coupée en deux tronçons. Le centre semble vouloir craquer. L'Empereur ordonne alors aux Saxons, ayant Bernadotte à leur tête, de se lancer à l'assaut du plateau de Wagram, au pied duquel coule la Rüssbach.

Que ces mots ne nous abusent pas. Le plateau n'est qu'un fort modeste plissement de terrain, de quelques mètres seulement plus élevé que le reste de la plaine. Si l'on n'est point prévenu, en suivant la petite route reliant Wagram à Neusiedl, et qui passe par Baumersdorf, on risque fort de ne même pas se rendre compte que l'on « domine » le cours d'un ruisseau et que l'on se trouve à « mi-pente » du célèbre « plateau »...

L'œil à sa lunette, l'Empereur voit les Saxons progresser sans difficulté. Assurément l'affaire sera terminée avant la nuit ! Les soldats italiens commandés par Macdonald les suivent. Mais ces derniers, voyant sur la « crête » des uniformes étrangers, prennent les Saxons pour des Autrichiens et tirent !... Voilà les troupes de Bernadotte prises entre deux feux. La panique se met dans leurs rangs. Ils reculent, refluent vers les Italiens qui, croyant à une charge, font demi-tour et s'enfuient en désordre. Sous les yeux des Autrichiens éberlués devant cette subite déroute, c'est une débandade confuse qui emporte tout sur son passage, et oblige même Oudinot, demeuré en pointe, à se replier pour s'aligner sur la nouvelle ligne. La journée s'achève sur cette maudite malchance.

Ce soir-là, sous sa tente dressée au milieu de la plaine au cœur d'un boqueteau, entre Raschdorf et Grosshofen — une stèle en indique l'emplacement — Napoléon laisse éclater sa colère. C'est pourtant à lui-même qu'il doit s'en prendre ! Les choses seraient même maintenant terminées, s'il avait avec lui, non pas des Saxons et des Italiens, mais l'armée de Friedland. Il a préféré les laisser tourbillonner dans l'affreux guêpier espagnol ! Il s'apaise en pensant qu'il a cependant réussi, en vingt-quatre heures, à amasser toute son armée devant Wagram. La victoire sera pour demain... A 1 heure il s'endort, mais, à 4 heures, ce jeudi 6 juillet, il est réveillé par une canonnade violente : les Autrichiens passent à l'offensive, descendent du plateau et attaquent le corps de Davout.

L'Empereur saute à cheval — un cheval gris et blanc nommé Cyrus.

Rapidement, la bataille — la bataille de Wagram cette fois — fait rage. Sur un front d'une quinzaine de kilomètres — largeur encore jamais atteinte — onze cents pièces d'artillerie déchaînent un ouragan de fer.

L'extrême gauche française, tenue par Masséna — le manche de la faux — plie. Dix-huit mille hommes sont attaqués par soixante mille !

— Sire, vient annoncer un aide de camp, l'ennemi longe le Danube et menace nos arrières. Toute l'artillerie de la division Boudet a été enlevée.

Pas un muscle de son visage n'a bougé.

Ainsi, les Autrichiens paraissent maintenant défendre Vienne, tandis que les Français semblent vouloir attaquer la rive gauche du Danube. Entre le fleuve et les villages, l'armée autrichienne s'engouffre.

— Tenez bon, crie Napoléon à Masséna, la bataille est gagnée !

Certains le croient fou. L'Empereur a pourtant raison : en reculant à gauche, en attirant l'ennemi vers le Danube, il libère sa droite qui — toujours selon le plan qu'il a conçu — pourra se porter sur Wagram et opérer la trouée libératrice. Pour couper l'armée autrichienne en deux morceaux et pouvoir s'élancer vers le « plateau », l'Empereur masse sur un front de quatorze cents mètres une formidable artillerie : une centaine de pièces alignées comme à la parade. C'est la fameuse batterie de Wagram qui, en tournant, entre dans l'épopée et fait pleuvoir sur les Autrichiens un déluge de feu. Le centre ennemi plie et, dans la poche qui commence à se creuser, la cavalerie fonce au son des trompettes. Derrière elle, l'infanterie de Macdonald, drapeaux au vent, précédée de ses tambours, s'engouffre à son tour. A gauche, Masséna a non seulement résisté, mais il a même reconduit l'attaque ennemie jusqu'au village de Breitenlee. A droite — à l'autre extrémité de la faux — Davout et Oudinot gravissent la faible pente du plateau, bousculant l'ennemi et, le premier, Davout atteint enfin Wagram.

Pendant ce temps, écrasé de fatigue, certain de la victoire, l'Empereur s'est étendu sur une peau d'ours et, en dépit du vacarme effroyable, dort durant vingt minutes, protégé par une pyramide de tambours. De tous les côtés, les tronçons de l'armée autrichienne se replient, poursuivis par les vainqueurs. Le miracle de Wagram s'achève. Un miracle, en effet ! Il s'en est fallu de si peu que la catastrophe ne survienne ! A Essling d'abord, six semaines auparavant, puis, la veille, lors de la panique sur les flancs du plateau et, aujourd'hui encore, au moment où Masséna s'est trouvé contraint de reculer...

— Quoi ! Masséna reculerait ? s'était exclamé Napoléon.

A dix-huit mille contre soixante mille, même lorsqu'on s'appelle Masséna, ce sont là des « accidents possibles », selon l'expression de l'Empereur.

Wagram sera ainsi la dernière grande victoire du règne. Mais à quel prix ! Quelle atroce boucherie ! Napoléon est sans doute victorieux, mais, de part et d'autre, plus de cinquante mille tués ou blessés graves gisent sur le champ.

L'Empereur a regagné sa tente et dort deux heures...

Pendant ce sommeil, à plusieurs centaines de lieues de Wagram, à Rome, le pape, qui vient de se mettre au lit, est réveillé par des cris. Il entend : « Au secours ! Trahison ! » Une cloche sonne à coups précipités. Le général Radet et ses gendarmes ont reçu l'ordre d'arrêter Pie VII et essayent de pénétrer dans le Quirinal.

En apprenant l'excommunication dont le pape l'avait frappé, l'Empereur s'était écrié :

— Je reçois à l'instant la nouvelle que le pape nous a tous excommuniés, c'est une excommunication qu'il a portée contre lui-même. Plus de ménagement, c'est un fou furieux qu'il faut enfermer. Faites arrêter le cardinal Pacca et les autres adhérents du pape.

Enfermer le pape ? Mais celui-ci ne l'est-il pas déjà ? Quoi qu'il en soit, les exécutants n'hésitent point. Radet frappe à coups de hache la porte.

— Que me voulez-vous ? demande Pie VII à Radet qui tient encore en main sa hache. Et pourquoi venez-vous à cette heure me troubler dans ma demeure ?

— Très Saint Père, répond le gendarme, je viens au nom du gouvernement français réitérer à Votre Sainteté la proposition de renoncer officiellement à sa puissance temporelle.

— Nous ne pouvons céder, affirme avec dignité le successeur de saint Pierre, ni abandonner ce qui n'est pas à nous. Le temporel appartient à l'Église, nous n'en sommes que l'administrateur.

Radet prononce alors lentement ces mots :

— J'ai ordre d'emmener Votre Sainteté.

On ne laisse même point au Saint-Père le temps d'aller chercher son bréviaire et, quelques minutes plus tard, Radet fait monter son prisonnier en voiture. Premier tour de roue vers la captivité...

Napoléon, en dépit de l'ordre qu'il a lancé, désapprouvera : « C'est une grande folie », écrira-t-il à Fouché.

L'empereur d'Autriche a demandé la paix. Les conditions posées par le vainqueur sont effroyables. Il s'agit d'un véritable dépècement. Parmi les longues négociations — Napoléon va demeurer trois mois à Schœnbrunn — François Ier essayera de lutter. Atterré, il considère avec raison que Wagram n'est pas Austerlitz. Napoléon, au contraire, en se montrant plus intransigeant en 1809 qu'en 1805, veut faire croire à l'Europe qu'il a mis l'Autriche encore bien davantage sous le boisseau et menace le vaincu de le forcer à abdiquer. Si François veut conserver son trône — et ne pas se sacrifier pour l'Autriche — il lui faudra s'incliner et signer le terrible traité de Vienne. La Bavière reçoit le pays de Salzbourg, le duché de Varsovie se voit agrandi de la Galicie du Nord. Le tsar, combattant honoraire et qui n'a rien fait, touche, en guise de pourboire, quatre cent mille Galiciens — il s'estime lésé d'ailleurs et se montre furieux de voir le duché de Varsovie s'arrondir. Il ne faudrait pas le pousser beaucoup pour qu'il dise que l'arrondissement se fait à ses dépens ! L'Autriche abandonne ainsi trois cent mille kilomètres carrés et trois millions cinq cent mille âmes. Trieste, la Carniole, une partie de la Carinthie, de la Croatie, l'Istrie, Fiume sont réunis à l'Empire français et forment avec la Dalmatie, enlevée dès 1805 à l'Autriche, les Provinces *françaises* Illyriennes. François Ier perd ainsi toute sa façade sur l'Adriatique. « Nous avons l'ambition de la Méditerranée, explique Napoléon ; nous avons l'ambition de maintenir l'indépendance de la Turquie. »

L'Empereur pensait que ces conditions effroyables, jointes à l'arrestation du pape, allaient museler l'Europe.

L'Empereur s'illusionnait.

Car tous les vaincus de ces dernières années, s'armant de patience, attendent l'inévitable hallali et « la fin de tout ceci », comme le dira un jour Talleyrand. La bataille de Wagram — répétons le mot — n'avait-elle pas été une manière de miracle ? Le Portugal n'était-il point perdu et les affaires d'Espagne n'allaient-elles pas de plus en plus mal ? Quant aux souverains superpréfets, à la grande joie de l'Europe, ils se prenaient chaque jour un peu plus pour de vrais rois et ruaient dans les brancards. Napoléon reprochait, le plus sérieusement du monde, à Louis d'être devenu Hollandais — il refusait d'appliquer le blocus — et à Joseph de s'être transformé en Espagnol.

Jérôme, au lendemain de Wagram, avait regagné Cassel, après s'être fait battre par le général autrichien Kienmeyer. Il se montrait, au surplus, furieux que son frère n'ait pas cru devoir placer Junot sous ses ordres. Aussi, Napoléon lui avait-il écrit, non sans raison : « Vous faites la guerre comme un satrape. Cessez d'être ridicule... Sachez bien que, soldat, je n'ai pas de frère. Je crains fort qu'il n'y ait rien à attendre de vous. »

L'Autriche, maintenant dépecée, est devenue une puissance de second ordre. Napoléon ira-t-il rendre visite à la famille impériale, alors réfugiée à Erlau ? Certains l'affirment. Et l'archiduchesse Marie-Louise en frémit :

« Je vous assure, écrivait-elle alors, que voir cette personne me serait un supplice pire que tous les martyres. »

Mais, quelques mois plus tard, cette même archiduchesse sera livrée au Minotaure.

Chaque matin, à 10 heures, l'Empereur assiste à la parade qui se déroule du côté du parc de Schœnbrunn, devant l'escalier en fer à cheval ou dans la cour du « palais impérial », dont deux obélisques surmontés d'aigles napoléoniens marquent l'entrée. Ils y sont toujours.

Le matin du jeudi 12 octobre, tandis que l'Empereur passe la revue habituelle de la garde, Rapp est surpris par l'attitude étrange d'un jeune Allemand à la figure de fille, qui est parvenu à s'avancer vers Napoléon. A plusieurs reprises, on l'entend répéter qu'il désire parler à l'Empereur. Sa main droite demeure enfoncée dans la poche de sa redingote. « Il me regarda, racontera Rapp, avec des yeux qui me frappèrent. » Des yeux d'un joli bleu de faïence. L'inconnu est pâle et ses traits efféminés ne sont pourtant pas inquiétants. Rapp n'en fait pas moins signe à un officier de gendarmerie. On arrête le personnage, on le fouille et on découvre sur lui un énorme couteau de cuisine enveloppé de plusieurs feuilles de papier gris. Il se nomme Frédéric Staps.

— Pourquoi vouliez-vous me tuer ? lui demande l'Empereur.

— Vous tuer n'est pas un crime : au contraire, c'est un devoir pour tout bon Allemand. Je voulais vous tuer, parce que vous êtes l'oppresseur de l'Allemagne.

L'Empereur laissera fusiller son « assassin », mais, fait étrange, il discerne mal les mobiles qui ont poussé le jeune Allemand à vouloir tuer le tyran de l'Europe. Assurément, c'est un dément ! « Il ne m'a pas paru bien savoir ce que c'était que Brutus », écrit Napoléon à Fouché. Staps se moque bien de Brutus ! Aujourd'hui en face de l'autocrate français se dresse fièrement, comme en Espagne, le peuple d'un pays asservi — et qui refuse de l'être. La tentative du régicide ne démontre nullement à Napoléon qu'il est un despote et qu'il opprime l'Europe. Il constate simplement un fait : le voici à la merci — lui et son gigantesque empire — du poignard d'un exalté. Aussi lui faut-il un héritier !

Jamais peut-être autant qu'en ce lendemain de Wagram, il n'a eu, chevillé au cœur, le désir de forger le premier maillon d'une dynastie. A la seule pensée de voir un jour ses frères — et même ses neveux — lui succéder et régner sur la France, il frémissait... Depuis peu de temps d'ailleurs, il jaugeait enfin le clan à sa juste mesure. Un jour que toute sa famille se trouve réunie, il énonce :

— Je ne crois pas qu'il existe au monde un homme plus malheureux que moi en famille. Au reste, récapitulons : Lucien est un ingrat ; Joseph, un sardanapale ; Louis, un cul-de-jatte ; Jérôme, un polisson.

Puis il ajoute, traçant un cercle avec sa main :

— Quant à vous, mesdames, vous savez ce que vous êtes.

« On le voit, dira un témoin de la scène, le tableau était court, mais complet. »

Et Eugène ?

— Eugène, soupire-t-il, ne porte pas mon nom, et, malgré les peines que je me suis données pour assurer le repos de la France, après moi, ce serait une anarchie complète. Un fils de moi peut seul mettre tout d'accord.

En ce mois d'octobre 1809, il pense d'autant moins à ses héritiers naturels, ceux du clan, que Marie Walewska, arrivée le mois précédent à Schœnbrunn — et installée au charmant village de Moëdling — vient de lui annoncer une nouvelle qui l'a transporté de bonheur : elle attend un enfant de lui ! Ainsi il peut donner la vie ! Cette manière d'impuissance à procréer n'était pas — comme il s'y était résigné — la rançon de son génie ! Il lui était maintenant impossible de douter de son pouvoir de se survivre. Avec la chère Marie, avec son « épouse polonaise », il n'y avait pas d'incertitude ! Et il devait maintenant tout faire pour se donner un successeur.

Pour cela, il fallait évidemment répudier Joséphine, et briser le lien de cette union inféconde.

— Toute ma vie, répétait-il, j'ai tout sacrifié, tranquillité, intérêt, bonheur, à ma destinée !

Cette fois, c'est un grand amour qu'il fallait sacrifier. Car il aime encore sa chère créole : « Je te conseille de te bien garder la nuit, lui écrivait-il étant à Schœnbrunn, car une de ces prochaines, tu entendras un grand bruit... »

Et elle ? Juste revanche d'un mari berné, elle l'aimait bien davantage ! Et elle l'aimait maintenant plus que le trône ! « Mon désir, lui avait-elle écrit autrefois — mais c'était aussi vrai aujourd'hui qu'au temps du Consulat — mon désir, mes vœux se réduisent tous à t'aimer ou plutôt à t'adorer. » Depuis des années elle l'adorait, depuis des années elle tremblait, depuis des années elle savait qu'un jour elle serait obligée de partir. Et ce n'était pas de quitter les Tuileries qui la faisait si souvent sangloter, mais la pensée de ne plus voir *Bonaparte* — ainsi qu'elle l'appelait toujours. C'est l'homme qu'elle regrettait et non l'Empereur.

Dès son retour, il convoque Cambacérès pour le mettre au courant :

— Je veux épouser un ventre !

Napoléon n'a point encore prévenu sa femme. C'est seulement le 30 novembre que « Bonaparte » ose franchir le pas. Joséphine a deviné que la condamnation était « pour ce soir-là ». Le dîner est silencieux, « comme jamais je ne l'avais vu », raconte Constant. Une seule fois l'Empereur rompt le silence par un gros soupir suivi de ces mots adressés à l'un de ses officiers :

— Quel temps fait-il ?

Question sans intention et sans résultat pour lui car il ne paraît point entendre la réponse.

Enfin il se lève de table. L'Impératrice le suit à pas lents et le mouchoir sur sa bouche « comme pour comprimer des sanglots ».

D'une pauvre voix, elle demande :

— Alors, tout est fini ?

Il essaye de lui expliquer la situation :

— Il n'y a aucune solidité dans ma dynastie si je n'ai pas d'enfant.

Bien sûr... Mais n'a-t-il point des neveux ?

— Mes neveux ne peuvent me remplacer ; la nation ne le comprendrait pas. Un enfant né dans la pourpre, sur le trône, au palais des Tuileries est, pour la nation et pour le peuple, tout autre chose que le fils de mon frère.

La malheureuse femme — « femme dans toute la force du terme », disait l'Empereur — fait semblant de perdre les sens.

— Vous me serrez trop fort, murmure-t-elle quelques instants plus tard, à voix basse, tandis que le chambellan Bausset aide Napoléon à transporter Joséphine *évanouie* dans ses appartements.

Cette comédie jouée par l'incorrigible créole ne l'empêche pas d'avoir un immense chagrin.

— Que les trônes sont malheureux ! avait-elle souvent soupiré... Il va lui falloir tout quitter. Napoléon, au cours de la grande scène qui vient de se dérouler, lui a offert la « principauté » de Rome, mais elle ne tient guère à s'expatrier et à s'éloigner de lui. Tout en gardant son rang, sa maison, sa pension d'impératrice, c'est à Malmaison qu'elle se retirera. Napoléon lui donnera également l'affreux château de Navarre, aux portes d'Évreux, ce château que les Ebroïciens appelaient *la Marmite.*

Le 15 décembre, à deux heures de l'après-midi, celle qui n'est plus qu'un nom dans l'État, monte dans sa berline — *l'Opale.* On abaisse les stores et, au grand galop, la voiture prend la route de Saint-Germain. Il fait froid, il vente du sud-ouest et il pleut à verse durant tout le chemin de croix qui va conduire l'impératrice répudiée jusqu'à Malmaison.

Deux heures plus tard, la pluie — « très forte », précise l'Observatoire — n'a pas cessé lorsque Napoléon quitte à son tour les Tuileries pour Trianon, après avoir passé une revue dans la cour. Le vent souffle en rafales.

Les souvenirs — leurs souvenirs — se pressent-ils à son esprit ? Comme il avait aimé Joséphine, *Mio dolce amor !* Comme il l'avait suppliée de l'aimer : « Aime-moi comme tes yeux. Mais ce n'est pas assez. Comme toi. Plus que toi, plus que ta pensée, ton esprit, ta vie, ton tout... Douce amie, pardonne-moi, je délire... Adieu, adieu, adieu. Je me couche sans toi. Je dormirai sans toi. Je t'en prie, laisse-moi dormir. Voilà plusieurs jours où je te serre dans mes bras. »

Pense-t-il aussi qu'en renvoyant Joséphine il va perdre son étoile ? Cette étoile qui a commencé à briller au lendemain de Vendémiaire lorsqu'il l'avait rencontrée ? Il est pourtant superstitieux ! Il tient cela de ses origines. Mais il doit être à cent lieues de s'imaginer que, dans dix-huit mois, un grognard pourra lancer :

— Il ne fallait pas qu'il quittât sa vieille, elle lui portait bonheur et à nous aussi !

Une préoccupation lui sert de dérivatif : qui va-t-il épouser, Marie Walewska ? Sa femme polonaise qui porte déjà un enfant de lui ? Elle seule pourrait succéder dans son cœur à la chère créole, mais ce serait là un mariage qui ne servirait point sa gloire. On ne régularise point une liaison de ce genre, on n'épouse point une divorcée lorsqu'on s'appelle Napoléon !

L'Empereur a encore l'espoir de pouvoir épouser une sœur du tsar.

Sans doute Catherine est-elle mariée avec le duc d'Oldenbourg, mais il existe la grande-duchesse Anne qui vient d'entrer dans sa seizième année. Bien qu'elle ne soit « formée que depuis cinq mois » et que le « prétendant » atteigne sa quarantième année, Napoléon n'a pas été effrayé par la différence d'âge. Le 4 novembre — plus de trois semaines avant d'annoncer à Joséphine que sa décision était prise — il avait adressé, par l'intermédiaire de Caulaincourt, une demande en règle à Saint-Pétersbourg. Le tsar, pourtant déjà préparé depuis Erfurt à cette proposition, avait été épouvanté... Mais il l'était bien plus encore en songeant à l'avenir. Un refus entraînerait non seulement, un jour ou l'autre, une guerre entre les deux empires, mais surtout Napoléon serait obligé, pour trouver une épouse, de se tourner vers l'Autriche. Les Habsbourg, qui avaient toujours une copieuse réserve d'archiduchesses, accepteraient à coup sûr d'en livrer une au Minotaure, et l'alliance inévitable qui s'ensuivrait entre les deux pays risquait fort de se retourner contre la Russie.

Alexandre décide alors de faire traîner les choses en longueur. L'extrême jeunesse de sa sœur va lui fournir un prétexte plausible pour remettre le projet à plus tard. Napoléon n'a qu'à attendre un peu... C'était mal connaître l'Empereur. Déjà préparé à un refus par le long silence du tsar — la neige avait retardé le courrier et Alexandre venait de quitter Saint-Pétersbourg — Napoléon reçoit enfin — le 27 janvier 1810 — une première réponse de Caulaincourt décrivant les tergiversations du tsar. L'ambassadeur prétendait qu'Alexandre ne refusait point de donner sa sœur à l'Empereur, mais ne savait quel moyen choisir pour vaincre la résistance de sa mère, la tsarine veuve de Paul Ier. Une fois de plus, avec cette double vue véritablement extraordinaire qui éclairait toutes ses pensées et ses actions, Napoléon devine que jamais Alexandre ne lui accordera la main de la petite grande-duchesse. Aussi, sans attendre la réponse définitive, décide-t-il de prendre pour épouse celle qui se proposait à lui. Car — on croit rêver — Metternich, devenu chancelier, avait déjà offert « en holocauste », selon le mot de la tsarine, la fille de son maître à « l'Ogre corse ».

Toutefois, voir Napoléon épouser celle qui, à la fois par son père et par sa mère, se trouve être la petite-nièce de Marie-Antoinette, gêne certains membres du Conseil. Talleyrand aurait alors déclaré — mais faut-il l'en croire ? — qu'une telle union « absoudrait la France aux yeux de l'Europe et à ses propres yeux d'un crime qui n'était pas le sien, mais celui d'une faction ». Il est soutenu par Fontanes, qui affirme :

— Sire, l'alliance de Votre Majesté avec une fille de la Maison d'Autriche sera un acte expiatoire de la part de la France et la plus belle page de votre histoire.

Cependant quelqu'un s'exclame :

— L'Autriche n'est plus une grande puissance !

— On voit bien, monsieur, s'écrie Napoléon, que vous n'étiez pas à Wagram.

Rien n'est encore décidé. Or, six jours plus tard, arrivent aux Tuileries de nouvelles dépêches de Caulaincourt. Décidément, le tsar tergiverse toujours. Il ne faut pas s'exposer à un refus définitif ! Aussi, sans attendre davantage, le 5 février, Napoléon, afin de prouver l'accord de Joséphine, envoie Eugène à Schwarzenberg. Il charge son beau-fils de dire à l'ambassadeur qu'il est prêt à épouser la fille de l'empereur d'Autriche. Craignant l'arrivée de la dépêche annonçant le refus définitif du tsar, il exige que la main de l'archiduchesse Marie-Louise lui soit accordée immédiatement par l'ambassadeur sans attendre la réponse de Vienne. Schwarzenberg est ahuri. « Jamais, ainsi que l'a raconté Eugène, ambassadeur ne se trouva dans une situation plus cruelle ; je le voyais se démener, suer à grosses gouttes, faire d'inutiles représentations. » Il lui faut bien céder. « Si j'avais hésité à signer, explique-t-il à Metternich, Napoléon aurait traité avec la Russe ou la Saxonne. »

Le fils de Joséphine retourne aux Tuileries où Napoléon l'attend avec fébrilité. « Dès que le mot *oui* sortit de ma bouche, rapporte encore Eugène, je vis le grand homme se livrer à une joie tellement impétueuse et folle, que j'en demeurai stupéfait. »

Ce même soir, sans attendre davantage, on annonce aux Français : « Il y aura mariage entre S. M. l'Empereur Napoléon, roy d'Italie, protecteur de la Confédération du Rhin, médiateur de la Confédération suisse, et Son Altesse Impériale et Royale, Mme l'archiduchesse Marie-Louise, fille de S. M. l'Empereur François, roy de Bohême et de Hongrie. »

Napoléon doit maintenant jouer la comédie avec le tsar. Il dicte deux dépêches à vingt-quatre heures d'intervalle. Dans la première, il annonce à Alexandre qu'il a renoncé à épouser la grande-duchesse Anne, étant donné son très jeune âge — comme s'il venait seulement de le découvrir — tandis que le lendemain, une seconde dépêche fait part au tsar de son prochain mariage avec l'archiduchesse Marie-Louise.

— Vous lui ferez connaître, dit-il à Champagny, que je me suis décidé pour l'Autrichienne.

Les deux courriers chargés de ces deux dépêches croisent sur le grand chemin un autre courrier expédié par Caulaincourt, et annonçant le refus définitif du tsar.

Dans cette étonnante comédie matrimoniale demeure cependant le principal : prévenir l'empereur François et annoncer à la fiancée qu'elle va devoir épouser celui qu'elle appelle toujours l'Antéchrist, ou le *Krampus*, le diable aux pieds fourchus...

— Je vais mettre la décision entre les mains de ma fille, déclare François Ier. Je ne ferai aucune pression sur elle et, avant de jeter dans la balance mes devoirs de monarque, je désire connaître son sentiment. Allez la voir, demande-t-il à Matternich, et revenez me dire ce qu'elle vous aura dit. Je ne veux pas la prévenir, pour ne pas avoir l'air d'influencer sa décision.

Lorsque Metternich, quelque peu gêné, on le conçoit, vient demander à Marie-Louise son consentement à l'extravagant projet dont il s'est fait le champion, la jeune fille répond avec noblesse :

— Je ne veux que ce que mon devoir me commande de vouloir. Quand il s'agit de l'intérêt de l'État, c'est à lui que je dois me conformer et non pas à mon sentiment. Priez mon père de consulter ses devoirs d'empereur et de ne pas les soumettre à la considération de l'intérêt de ma personne.

C'est Berthier, *prince de Wagram*, qui est désigné par Napoléon pour prendre la route de Vienne, afin d'adresser la demande officielle à l'empereur François... On lui recommande toutefois de ne faire usage que de son titre de prince de Neuchâtel ! On nage en plein délire. L'archiduc Charles — le vainqueur d'Aspern — représentera Napoléon et conduira sa nièce à l'autel pour la célébration du mariage par procuration !

— L'Autriche, ainsi que s'exclame le prince de Ligne, fait au Minotaure présent d'une belle génisse !

Et les Viennois ? Certains prennent la chose avec philosophie.

— Il vaut mieux, affirment-ils, voir une archiduchesse f..., plutôt que la monarchie.

Mais des esprits plus graves prétendent qu'on va assister à une consommation d'adultère et à la bénédiction d'une bigamie. Napoléon n'est-il pas, devant Dieu, toujours uni à Joséphine ? Le cardinal Fesch n'avait-il pas béni leur union, à la veille du sacre ? Metternich avait alors écrit à l'ambassadeur d'Autriche à Paris : « Sa Majesté — l'empereur François — ne donnera jamais son consentement à un mariage qui ne serait pas conforme aux préceptes de notre religion. »

L'Officialité de Paris, de gré ou de force, puisque Pie VII était prisonnier, dut s'occuper de l'affaire. Mais quels prétextes invoquaient l'Empereur et l'Impératrice pour demander l'annulation de leur mariage ? L'Empereur expliqua alors que, « fatigué des instances de l'Impératrice, il avait dit au cardinal Fesch de leur donner la bénédiction nuptiale, et que le cardinal la leur avait donnée dans la chambre même de l'Impératrice, sans témoins et sans curé ».

On devine la stupéfaction des prélats. Ainsi, le maître de l'Europe voulait faire croire qu'il avait été contraint et forcé d'épouser Joséphine ! Napoléon « violenté » ! C'étaient là habituellement les raisons invoquées auprès de l'Officialité par de timides jeunes filles...

Quoi qu'il en soit l'Officialité de Paris dut se résigner et déclarer que « le mariage entre Leurs Majestés devait être regardé comme nul et non valablement contracté et nul *quoad foedus*, faute de la présence du propre prêtre et de celle des témoins voulus par le concile de Trente et les ordonnances... »

La « génisse » pouvait maintenant être livrée au « Minotaure ».

Napoléon est comme un homme ivre, « ivre d'impatience, ivre de félicité ». Austerlitz et Wagram semblent l'avoir moins grisé que ce mariage avec une petite-fille de Charles Quint.

— Je me donne des ancêtres, déclare-t-il avec superbe.

Napoléon se donne aussi une famille parmi laquelle on compte Louis XVI et Marie-Antoinette, devenus par cette alliance extraordinaire le grand-oncle et la grand-tante du marié. Déjà, avant même d'avoir fait la connaissance de son épouse, il modèle l'empire du fils qu'elle *doit* lui donner. Par le *sénatus-consulte* du 30 janvier 1810, l'Italie est reprise à Eugène et les apanages des frères et de leurs descendants abolis au profit des héritiers directs de l'Empereur.

C'est comme un amant courant à son premier rendez-vous d'amour que, ce mardi 27, il traverse Soissons au grand galop de sa voiture pour se porter au-devant de sa femme. Sous la pluie, le cortège de Marie-Louise, venant de Strasbourg, roule, lui aussi, vers Soissons. Le cœur de la blonde archiduchesse bat à se rompre... mais de crainte et d'angoisse.

Assise dans le carrosse envoyé par son impérial fiancé, ayant près d'elle l'insupportable Caroline Murat qui ne cesse de vouloir en imposer à « cette petite », Marie-Louise poursuit le chemin qui la rapproche de « l'Ogre »... Bien souvent, depuis le mardi 13 mars, jour de son départ de Vienne, des larmes sont tombées de ses yeux d'un bleu clair de faïence et ont roulé sur ses joues pleines et roses. Sa bouche s'est contractée pour ne pas éclater en sanglots.

La « remise », copiée sur celle de Marie-Antoinette, s'est déroulée à Braunau, à la frontière de la Confédération du Rhin. L'Empereur a couvert sa nouvelle épouse de joyaux et de robes, mais pas plus les présents que les lettres enflammées n'ont eu raison de ses craintes et n'ont calmé son désespoir : elle va s'asseoir sur un trône dont est descendue sa grand-tante pour monter à l'échafaud. Et elle se trouve mariée avec celui qui symbolise la Révolution et qui, par deux fois déjà, entrant en vainqueur dans Vienne, a dépecé, à grands coups d'épée, l'empire des Habsbourg !

Assurément, en roulant sous la pluie vers Soissons, pense-t-elle à la grandeur de son sacrifice... Soudain les deux hussards bleu et mauve, qui précèdent le cortège, font signe au carrosse de s'arrêter. On se trouve devant la petite église de Courcelles. Un valet de pied ouvre précipitamment la portière, abaisse le marchepied. Marie-Louise n'a pas le temps de poser une question. Au même moment, le chambellan de service — M. de Seyssel — crie :

— L'Empereur !

Napoléon est devant elle et l'embrasse. Napoléon et sa redingote grise ruisselante — celle portée à Wagram qu'il a revêtue « par une coquetterie de gloire », puisqu'il va prendre Vienne une nouvelle fois...

Le programme prévu est bouleversé par la hâte de l'Empereur... Une hâte de collégien. Il s'est assis en face des deux femmes :

— Madame, j'éprouve à vous voir un grand plaisir.

En dépit de la disgracieuse toque couronnée de plumes d'ara frémissantes que porte Marie-Louise, la première impression est excellente. Marie-Louise est bien le « le beau brin de femme » qu'il attendait. Les yeux sont trop à fleur de tête — mais d'un fort joli bleu ciel — le nez trop long — mais il donne à la physionomie un air de noblesse — le menton déjà un peu lourd — mais il se marie fort bien avec la lèvre charnue. Les seins sont hauts et bien remplis comme l'exige la mode. Il se dégage de l'ensemble, sinon de la grâce, du moins une fraîcheur rose et blonde. Et puis, Marie-Louise a la main petite et le pied charmant — ce qui, on le sait, plaît à Napoléon.

De son côté, la jeune fille est agréablement surprise. Le « Minotaure » a infiniment de charme, surtout lorsqu'il sourit et cherche à plaire.

Soissons ! On brûle l'étape. L'Empereur est pressé d'arriver à Compiègne.

Il fait nuit.

La cour s'est massée précipitamment sur le perron, l'escalier et dans les salons d'apparat. Soudain les tambours battent. Le carrosse à huit chevaux pénètre dans la vaste cour éclairée par des valets portant des torches. Une musique assez triste se fait entendre. Marie-Louise descend lentement de voiture, aidée par son mari. Il lui nomme rapidement les rois et les reines qu'elle embrasse. Mais l'Empereur n'a aucune envie de s'attarder.

Ce n'est pas un mariage, mais un enlèvement.

Au pas de charge, Napoléon, interrompant présentations et révérences, propose à l'Impératrice de gagner ses appartements. Mme de Montebello, sa dame d'honneur, la guide, tandis que la jeune fille constate :

— L'Empereur est bien charmant et bien doux pour un homme de guerre si redoutable ; il me semble maintenant que je l'aimerai bien.

En entrant dans son appartement, Marie-Louise estime l'Empereur d'autant plus charmant qu'elle retrouve son canari abandonné à Vienne, son petit chien, et une tapisserie laissée inachevée dans sa chambre de la Hofburg. Une table de trois couverts est dressée ; l'Empereur, Marie-Louise et Caroline dînent gaiement. Pendant ce temps la cour commente l'arrivée et critique l'attitude un peu compassée et gênée de la nouvelle impératrice. Tandis que derrière les éventails on papote et on ironise, à l'étage au-dessus se joue une vraie comédie. Napoléon interroge son oncle Fesch. Voyons, est-il marié ? Selon les lois civiles, assurément, mais peut-être pas tout à fait selon les règles canoniques. Peut-on recevoir un sacrement par procuration ? La situation peut se discuter. Napoléon n'a certes pas l'intention de réunir un concile et, dès ce soir, sans attendre la cérémonie religieuse qui doit être célébrée lundi prochain à Paris, il compte passer à l'action. Il n'ira point passer la nuit, ainsi que le prévoit l'étiquette, à l'hôtel de la Chancellerie...

Nous connaissons la scène par Gourgaud, à qui l'Empereur la racontera, le 30 août 1817, à Sainte-Hélène. Il interrogea Marie-Louise : que lui avait recommandé son père ?

— Il m'a dit qu'aussitôt seule avec vous, j'aurais à faire absolument tout ce que vous me diriez et que je devrais obéir en tout à ce que vous pourriez exiger.

— Eh bien, je veux ce soir coucher avec vous.

— Très bien, répondit-elle.

« Elle en était fort impatiente », racontera encore l'Empereur. Caroline est chargée de donner à la nouvelle mariée les conseils d'usage, mais, déjà « à Vienne, on lui avait tout dit ». Puis Napoléon, le corps inondé d'eau de Cologne, retourne auprès de Marie-Louise... « Je vins, racontera encore l'Empereur, et elle fit tout cela en riant. »

Le lendemain matin, pinçant l'oreille de tout le monde, il déclare à son aide de camp :

— Mon cher, épousez une Allemande, ce sont les meilleures femmes du monde, douces, bonnes, naïves et fraîches comme des roses.

Quant à Marie-Louise, elle écrivit à son père :

« Depuis mon arrivée, je suis presque perpétuellement avec lui, et il m'aime extrêmement. Je lui suis très reconnaissante et je réponds sincèrement à son amour. Je trouve qu'il gagne beaucoup quand on le connaît de plus près ; il a quelque chose de très prenant et de très empressé à quoi il est impossible de résister... »

Quelque chose de très prenant...

Le mariage religieux doit être célébré dans le Salon carré du Louvre, le 2 avril. Napoléon, ébloui par son inhumaine fortune, s'avance vers l'autel au son des fanfares. Les assistants sont frappés de l'air de triomphe arboré par le marié. Il est rayonnant de bonheur et de joie. La cérémonie, célébrée par le cardinal Fesch, se déroule selon les rites — on n'oublie pas la bénédiction des treize pièces d'or, symbole du rachat de la femme — mais quel n'est pas l'étonnement des invités demeurés dans la Galerie, lorsqu'ils voient, au retour, la physionomie du maître, tout à l'heure si radieuse, devenue sombre et menaçante. Que s'est-il donc passé ?

Dès son arrivée dans le Salon carré, Napoléon s'est aperçu que, sur vingt-sept cardinaux conviés, douze seulement se trouvaient présents. Les prélats italiens, alors en résidence forcée à Paris, avaient préféré demeurer chez eux, désapprouvant ainsi par leur attitude les conclusions de l'Officialité de Paris. Pour eux, la seconde union de l'Empereur se trouvait être une manière de sacrilège. Napoléon était devenu bigame. L'héritier futur serait un bâtard ! Et, de plus, le marié étant excommunié n'avait pas le droit de recevoir le sacrement du mariage !

— Ah ! les sots ! murmure l'Empereur, je vois où ils veulent en venir : protester contre la légitimité de ma race, ébranler ma dynastie ! Ah ! les sots !

L'attitude des prélats italiens — ce sera celle, quatre ans plus tard, du Vatican — arrangera d'ailleurs un jour les affaires de Metternich, qui pourra faire croire à la fille de son maître que son mariage avec Napoléon était frappé de nullité. Mais, ce 2 avril 1810, l'intérêt de l'Autriche est tout autre. Il faut monnayer le sacrifice et plaire au vainqueur. Le soir, alors que Paris brille de mille feux, le chancelier, venu de Vienne pour la célébration du mariage, s'avance un verre de champagne à la main sur le balcon d'un des salons du Conseil d'État où a eu lieu le dîner et crie, tel un héraut :

— Je bois au roi de Rome !

Toast pour le moins surprenant dans la bouche du premier ministre de l'ex-empereur du Saint Empire romain germanique, de l'empereur qui, avant d'être couronné sous le nom de François Ier d'Autriche, avait porté lui-même — comme ses pères — le titre de roi des Romains.

Napoléon traite Marie-Louise comme un souverain oriental : il ne voulait pas qu'un homme pût se vanter de s'être trouvé en tête à tête avec l'Impératrice pendant deux minutes. Une dame d'honneur s'était vue vertement semoncée par l'Empereur parce qu'elle avait cru devoir quitter la pièce tandis que sa maîtresse prenait sa leçon de musique avec M. Paër. Mahomet ne nous assure-t-il pas qu'une femme restée seule avec un homme le temps de cuir un œuf — dur, je pense... — doit être considérée comme adultère ?

Napoléon est avec sa femme d'une grande gentillesse. Il lui apprend lui-même à monter à cheval et la tranquillise, car elle pousse des cris de frayeur :

— Allons, Louise, sois brave, que peux-tu craindre, ne suis-je pas là ?

Comme il a tremblé pour elle le soir de l'incendie qui s'était déclaré lors d'un bal à l'ambassade d'Autriche !

L'année suivante, l'Empereur au loin, Marie-Louise écrira à son amie Victoire de Crenneville : « Je ne puis être heureuse qu'auprès de lui. » Elle affirmera encore à son amie qu'elle « ne résisterait pas longtemps » à être séparée de son mari. « Un jour passé sans avoir de lettre suffit pour me mettre au désespoir. »

Assurément, la nouvelle impératrice aime l'homme que la défaite de son pays lui a donné pour époux. Il serait plus juste de dire que la sensuelle Marie-Louise — elle finira, racontera l'un de ses familiers, par mourir de « l'abus du plaisir des sens » — appréciait surtout l'amour que son initiateur lui avait révélé au cours de la « prenante » nuit de Compiègne. Mais que valait l'Empereur dans ce domaine ? Avant de devenir la maîtresse de Neipperg, il sera évidemment impossible à la jeune femme de juger avec discernement... Elle appelle son époux *Napo ou Popo*... et s'inquiète auprès de son entourage lorsque son « très méchant galant » l'abandonne durant quelques heures. En présence de la cour, Marie-Louise mettra la main sur l'épaule de son mari, « le câlinera » lorsqu'elle voudra obtenir quelque chose de lui... et ces manifestations feront perdre contenance à l'Empereur. Sans doute l'apprécie-t-il comme une « charmante enfant... », mais surtout sa vanité d'homme et de parvenu s'est trouvée agréablement flattée. Il a été surpris et touché par le désir que lui témoigne cette jeune fille de dix-neuf ans — « naïve et fraîche » — dont il pourrait être le père ! Il rit avec elle, presque sottement, semblable à ces très jeunes mariés qui, devant des tiers, semblent toujours en confidence. Marie-Louise le considère vraiment comme un amant !

Hercule filant aux pieds d'Omphale ? Marie-Louise n'était pas la reine de Lydie — sa cervelle se trouvait incapable d'être guidée par le moindre calcul — et Napoléon pouvait, dans ce domaine, encore moins être comparé à Hercule... Il n'était pas aveuglé, mais semblait béat, heureux de savourer ce bonheur domestique qu'il n'avait jamais rencontré. Il l'explique lui-même :

— Il m'arrivait une femme jeune, jolie, agréable. Ne m'était-il pas permis d'en témoigner de la joie ? Ne pouvais-je donc, sans encourir le blâme, lui consacrer quelques instants ? Ne m'était-il pas permis, à moi aussi, de me livrer quelques instants au bonheur ?

S'il n'était pas Hercule, en ces années où il touche au faîte de son destin, il est bien Jupiter — « grand au-dessus des dieux », dira un flagorneur du temps. Il n'y avait que Lui ! L'Histoire elle-même pâlissait, selon l'expression d'un contemporain. « Un seul homme, comme l'a dit Musset, était en vie alors en Europe ; le reste des êtres tâchait de se remplir les poumons de l'air qu'il avait respiré... »

L'orgueil le dévore. Il est grisé par cet encens qui, sans cesse, monte vers lui. Lui-même, en se voyant statufié en haut de la colonne Vendôme, constate en souriant :

— Comment la tête ne tournerait-elle pas quand on vous a mis si haut ?

Représenter Napoléon en empereur romain ne paraît pas suffisant à certains.

— Faites-le donc tout nu, propose l'amiral Bruix, vous aurez plus de facilité à lui baiser le derrière !...

L'adulation semble toute naturelle et même, pour quelques-uns, au-dessus des forces humaines : « Sa gloire est trop haute ! »

Ainsi Napoléon, tout naturellement, écrira à Talleyrand qui héberge par ordre Ferdinand VII détrôné : « Le prince Ferdinand en m'écrivant, m'appelle *Mon cousin.* Tâchez de faire comprendre au ministre San Carlos que cela est ridicule et qu'il doit m'appeler simplement : Sire. » Sans doute, on s'en souvient, avait-il dit à Decrès en 1808 : « Je vous dispense de me comparer à Dieu », mais n'a-t-il pas, depuis, laissé inscrire à l'Hôtel de Ville, au-dessus de son trône : *Ego sum qui sum* ?

Metternich fera plus tard à son secrétaire le récit d'une scène qui l'avait fort étonné et qu'il n'avait pas oubliée. Invité à déjeuner lors d'une chasse impériale, il entendit l'Empereur dire à son frère Louis :

— Roi de Hollande, informez-vous donc pourquoi on ne nous sert pas.

Louis courut vers les cuisines, et revint essoufflé en annonçant que tout serait bientôt prêt. Quelques minutes plus tard, l'Empereur se tourna vers son beau-frère Murat :

— Roi de Naples, allez dire que nous attendons le déjeuner, et qu'on se hâte !

Murat se précipita, lui aussi, rejoignit l'Empereur et lui assura que l'on allait enfin pouvoir se mettre à table. Mais le repas tarda toujours à être servi et Napoléon, de plus en plus impatient, ordonna à son frère Joseph :

— Roi d'Espagne, commandez que l'on apporte ce qu'il y a, et tout de suite.

Le troisième roi, plus heureux que les deux autres, revint avec le repas.

— C'est tout de même un homme extraordinaire, conclura Metternich, celui qui peut s'offrir l'orgueilleux plaisir d'envoyer successivement trois rois à la cuisine pour voir si son déjeuner est à point !

Et la cour !

— Une vraie galère où chacun ramait selon l'ordonnance, constatait Chaptal.

Combien de personnes invitées à la table impériale n'ont pu avaler que la moitié d'une assiettée de potage, le maître se levant de table au bout de quelques instants ! Comme le remarquait plaisamment Talleyrand : « L'Empereur ne badine pas : il veut qu'on s'amuse. »

C'est un Jupiter autocrate, despotique, déchaîné ! La presse n'a jamais été aussi muselée — Réal parle même d'esclavage. Seuls, quatre journaux — *le Moniteur,* le *Journal de l'Empire,* la *Gazette de France* et le *Journal de Paris* sont autorisés — et combien contrôlés ! Les prisons d'État qui n'ont reçu en onze années que quinze cents à deux mille « pensionnaires » en accueilleront deux mille de 1811 à 1814. Une main de fer s'est appesantie sur l'immense empire.

L'Empereur est agacé en voyant les grandes familles « ne chercher à s'allier qu'entre elles ». Assurément leur but est de « perpétuer chez leurs descendants l'esprit d'opposition » contre la dynastie. Aussi Savary reçoit-il l'ordre d'envoyer cette circulaire : « Messieurs les préfets sont priés de prévenir les autorités des projets d'union qui se formeraient chez les familles fortunées du département et particulièrement chez les anciens royalistes. » Ils sont en même temps chargés de relever le nom de toutes les héritières âgées de plus de quatorze ans. Là aussi des tableaux imprimés doivent leur servir de modèles : des colonnes y sont tracées entre lesquelles les hauts fonctionnaires auront à marquer l'âge des jeunes personnes, le chiffre de leur dot et leurs espérances, leurs qualités morales et leurs principes religieux, leurs talents acquis et leurs agréments naturels, sans oublier, le cas échéant, leurs défauts ou leurs infirmités...

— Messieurs, recommande le ministre, il faut s'occuper aussi des jeunes gens. Oui, veuillez noter avec exactitude tout ce qui concerne les jeunes gens de famille : leur âge, leur taille, la nature et le degré de leur instruction, voilà ce qu'il convient de me dégager.

Tout réglementé ! Tout légiféré !

Le despotisme se déchaîne. Napoléon l'a avoué dès 1807 : il aime le pouvoir comme un musicien aime son violon. Il joue de ce pouvoir non seulement sans mesure, mais il veut désormais en jouer seul ! Les ministres ne sont plus que des figurants — et ne doivent pas être autre chose ! Réunis autour de la table du Conseil — vrai troupeau tremblant — ils font tous figure d'instruments. L'instrument des volontés de Napoléon ! L'instrument à qui seul le maître donne le mouvement ! Un instrument qui, au surplus, doit sans cesse fonctionner.

— Je périrai à la peine avant la fin du mois, soupire Beugnot. Il a déjà tué Portalis, Crétet et jusqu'à Treilhard qui avait pourtant la vie dure ; il ne pouvait plus pisser et les autres non plus.

Ses ordres, torrentiels, continuent à jaillir de son cabinet des Tuileries. Il se penche toujours sur les détails les plus infimes. Decrès, pourtant habitué à la minutie pointilleuse de l'Empereur, est quelque peu éberlué en lisant, le 18 juillet 1811, cette note dictée par le maître et destinée à ses services d'administration : « Les bois des cent vingt-cinq selles que vous avez envoyées à Niort, ne sont pas ferrés aux fourches de devant et de derrière. »

N'est-il pas las parfois ?

— Je deviens trop lourd et trop gros pour ne pas aimer le repos, avoue-t-il, pour n'en pas avoir besoin, pour ne pas regarder comme une grande fatigue le déplacement, l'activité qu'exige la guerre... J'aime plus que personne mon lit et mon repos, mais je veux finir mon ouvrage.

Son ouvrage ? Ce but qu'il poursuit depuis la rupture de la paix d'Amiens : mettre l'Angleterre à genoux, l'affamer par le blocus et obtenir cette paix qui s'obstine à le fuir et qu'il n'atteindra que le 15 juillet 1815, en gravissant l'échelle du *Bellerophon.* En finir avec l'atroce guerre espagnole serait le parti le plus sage : « Il faut la tête et les bras d'Hercule, déclarait Kellermann à Berthier. Lui seul, par la force et l'adresse, peut terminer cette grande affaire, si elle peut être terminée. »

Mais, nous l'avons dit, Hercule a maintenant fait place à Jupiter ! Et Jupiter ne pense qu'au gigantesque blocus. Il faut faire de l'Europe une citadelle dans laquelle les marchandises anglaises ne pourront plus pénétrer ! Et l'Empire s'étendra encore. Depuis le 8 février 1810, la Catalogne, l'Aragon, la Navarre et la Biscaye sont « provinces militaires *françaises* ». L'ambassadeur de France à Madrid en est simplement averti par les instructions de son ministre. Napoléon s'étant contenté d'ajouter avec sa superbe maintenant habituelle :

— Vous le chargerez de déclarer au roi que c'est ma volonté.

Si Joseph n'ose plus s'écrier qu'il est le successeur de Charles Quint, Louis se considère toujours comme le descendant des stathouders, et met une mauvaise volonté évidente à établir le blocus. Sans doute les sujets du roi Louis ne boivent-ils plus de café sucré tous les jours, sans doute le coton anglais leur fait-il autant défaut pour leurs tissus, que le sel anglais pour leurs salaisons, mais dès l'automne 1809, le blocus appliqué par les anciens Pays-Bas n'est plus qu'un mot. Napoléon exagère à peine en écrivant à Louis que le commerce se fait entre la Hollande et les îles Britanniques « comme au temps de la paix ». Aussi l'Empereur prend-il un terrible décret : toutes relations commerciales se trouveront désormais coupées entre la Hollande et le vaste empire. Puisque le royaume de Louis, véritable « colonie anglaise », n'est plus qu'une entrave à la liberté de l'Empire ! Napoléon veut même aller plus loin encore et le déclare sans ambages à son frère :

— Je veux manger la Hollande !

Il se contente pour l'instant d'en dévorer un morceau et d'ordonner l'occupation de Bréda et de Berg-op-Zoom.

— Ce sont les Anglais, explique-t-il à Louis, qui m'ont obligé à m'agrandir sans cesse. S'ils continuent, ils m'obligeront de joindre la Hollande à mes rivages.

Mais Louis toujours gardé à vue à Paris, n'accepte pas de se laisser ainsi grignoter et écrit à son ministre de la Guerre « qu'il fallait résister à la prochaine avance des troupes françaises dans le royaume ». Allait-on voir les Bonaparte se déclarer ennemis comme au siècle dernier les Bourbons de France et d'Espagne ? Les ministres sont épouvantés.

« On ne résistera pas de vive force, leur recommande Louis, mais on remettra des protestations en forme. »

Le gouverneur de Berg-op-Zoom refuse de rendre la place à Oudinot. Napoléon envoie, pour le prévenir, le ministre de la Guerre à son frère :

— Votre Majesté va être responsable du sang qui coulera.

Le roi de Hollande répond « qu'il n'a pas d'explications à donner au ministre de la Guerre d'une *nation étrangère*, fût-elle amie ».

— Ainsi, constate le duc de Feltre, Votre Majesté déclare la guerre à la France et à l'Empereur ?

Le souverain malgré lui hausse les épaules :

— Pas de mauvaises plaisanteries, un prisonnier ne déclare pas la guerre ! Que l'Empereur me laisse en liberté et alors il fera ce qu'il voudra.

Louis cède, bien sûr, et Oudinot peut s'emparer de Berg-op-Zoom. Napoléon désire visiblement l'abdication de son frère.

Un traité franco-hollandais, signé le 16 mars 1810, sanctionne la possession du Brabant, de la Zélande et d'une partie de la Gueldre à Napoléon. Mais — ô ironie — soldats et douaniers chargés de veiller au blocus sur tout le territoire néerlandais seront entretenus et payés par la Hollande ! Louis envisage de résister à l'invasion de son royaume par les douaniers français :

— Je suis attaché à la Hollande comme on peut l'être à sa famille, et plus ses malheurs sont grands, plus je crois me devoir tout entier à elle. Elle n'a que moi pour intercesseur. Je ne déserterai pas un pareil devoir.

Aussi, interdit-il au duc de Reggio d'occuper Harlem. L'Empereur répond en ordonnant au maréchal Oudinot de s'avancer vers Amsterdam.

— C'en est trop, menace Louis, en refusant de s'incliner ainsi que le lui conseillent ses ministres, cela me décide ! Je vais mettre l'Empereur au pied du mur et le forcer de prouver à la face de l'Europe et de la France le secret de sa politique envers la Hollande et envers moi depuis cinq ans. Je mets mon fils à ma place.

Et, le 1er juillet 1810, Louis abdique en faveur de son fils et disparaît on ne sait où. Au moins, la fuite de son mari libère Hortense qui, désormais *émancipée,* selon l'expression de l'Empereur, va profiter de sa liberté pour se faire faire tout à loisir un enfant — le futur duc de Morny — par le beau Flahaut, fils naturel de Talleyrand.

Bien entendu, Napoléon ne pense pas une seconde à faire couronner le fils aîné de son frère. Point question de faire succéder Louis II à Louis Ier ! Le 9 juillet 1810, l'ancien royaume de Hollande est découpé en huit départements français : Bouches-de-l'Escaut, Bouches-du-Rhin, Bouches-de-la-Meuse, Zuyderzee, Yssel supérieur, Bouches-de-l'Yssel, Frise, Ems-occidental. Quelques jours plus tard — le 23 juillet — l'ex-consul Lebrun, devenu duc de Plaisance, est nommé lieutenant général de Napoléon, à Amsterdam, et adresse aussitôt ces mots à son ancien collègue du Consulat : « Sire, la terre et les eaux de Hollande sont à vous. »

L'Empire démesuré, hybride, démentiel, monstrueux, se construit ! Il faudra quinze jours aux courriers pour le traverser ! Un empire qui va dévorer nationalités, provinces et royaumes ! Car la Hollande ne suffit pas ! Le 18 août 1810, l'Empereur annonce à Jérôme :

— Je viens d'ordonner que mes troupes occupent tout le pays depuis le Holstein jusqu'à la Hollande et dans cette mesure se trouve compris le pays entre Bremen (Brême) et Vulkenbourg ; je vous prie d'en retirer vos troupes.

Cette même année 1810, le 30 novembre, l'Empire s'approprie la république du Valais, qui formera le département du Simplon, sous le prétexte que « cette chétive population, précisait Napoléon, séparait l'Italie de la France *à mon détriment ».* Treize jours plus tard, c'est au tour des vieilles villes hanséatiques — Brême, Hambourg, Lubeck — de devenir chefs-lieux de départements *français.*

— Ce n'est pas mon territoire que j'ai voulu accroître, explique-t-il, mais bien mes moyens maritimes.

Cent trente départements réunissent quarante-cinq millions de *Français* — auxquels il faut ajouter les quarante millions d'habitants des États vassaux : Italie, Espagne, Naples, le grand-duché de Varsovie, la Confédération du Rhin et la Confédération helvétique. Étranges frontières « françaises » que le Niémen, Gibraltar, Messine, Hambourg, Zara et Laybach !

Tout en marchant vers l'inévitable catastrophe, Napoléon forge ainsi l'empire de son héritier — car Marie-louise attend maintenant un enfant et cet enfant, Napoléon l'affirme, ne pourra être qu'un fils ! Il en est persuadé. Ce nouveau-né trouvera une couronne dans son berceau de vermeil. Il ne sera pas prince mais roi — roi de Rome ! On l'appellera *Sire* et *Votre Majesté !* Il sera entouré par toute une cour titrée, dorée et emplumée.

L'empereur Napoléon II ? Le maître d'un empire fédératif plutôt ! Et l'Empereur ne divague point lorsqu'il prédit :

— Mon fils doit être l'homme des idées nouvelles et de la cause que j'ai fait triompher partout... Réunir l'Europe dans les liens fédératifs indissolubles.

Mais ce n'est pas fini. Le rêve européen s'est emparé de lui.

— Ma destinée n'est pas accomplie ; je veux achever ce qui n'est qu'ébauché ; il me faut un code européen, une cour de cassation européenne, une même monnaie, les mêmes poids et mesures, les mêmes lois ; il faut que je fasse de tous les peuples de l'Europe un même peuple et de Paris la capitale du Monde.

Même un pays, alors à l'autre bout du monde — la Suède — et sur lequel il n'exerce d'autre influence que celle de son nom, propose à l'Empereur — en cette année 1810 — de désigner un de ses lieutenants pour roi.

Napoléon, en sa qualité « d'empereur d'Occident », envisage la candidature de Berthier ou de Murat. Mais Bernadotte a été choisi, Bernadotte qui, rappelons-le, a épousé Désirée, l'ex-fiancée du général Bonaparte. Sans doute Napoléon est-il furieux, au fond de son cœur, de voir que sans son intervention un maréchal de son armée a pu devenir prince *légitime,* qualité que lui-même ni aucun de ses frères ne pourra jamais revendiquer.

Son désir d'en finir avec la « perfide Albion » va le dresser, une nouvelle fois, contre le pape, lui fera prolonger la guerre d'Espagne jusqu'à la culbute finale, et le jettera ensuite dans l'épouvantable aventure russe.

Déjà, à la fin de 1811, Decrès pourra prophétiser :

— Voulez-vous que je vous dise la vérité et que je vous dévoile l'avenir ? L'Empereur est fou, tout à fait fou, et il nous jettera, tous autant que nous sommes, cul par-dessus tête et tout finira par une catastrophe.

« L'AVENIR EST À MOI ! »

Les grands hommes sont des météores destinés à brûler la terre.

NAPOLÉON.

Le mercredi 20 mars, un léger brouillard recouvre Paris. Le canon tonne et la capitale retient son souffle.

Vingt et un coups de canon doivent annoncer la naissance d'une princesse de Venise, cent un coups la venue au monde du roi de Rome... Un temps un peu plus long s'écoule après le vingt et unième coup — c'était là, paraît-il, afin de prolonger le plaisir, une manière de tradition chez les artilleurs. Puis la vingt-deuxième salve retentit. Les chapeaux volent en l'air. Une immense explosion d'enthousiasme, « une joie désordonnée », nous dit un témoin, un long cri d'amour monte de la ville. Un « coup de massue » aussi pour les royalistes puisqu'il leur semble que les batteries impériales viennent de « tuer la race des Bourbons ».

Tous quittent leurs maisons et leurs boutiques et courent vers les Tuileries. De ses fenêtres, Napoléon voit les jardins s'emplir de toute une foule criante, chantante, poussant des hourras. Il regarde l'extraordinaire spectacle. C'est bien ce jour-là le point culminant de son incroyable fortune.

Ivre de bonheur, quelques instants après le premier cri poussé par l'héritier de l'Empire — une naissance pénible et difficile —, l'Empereur a vu, dans le salon où la cour s'est massée, pénétrer son fils, porté par sa gouvernante Mme de Montesquiou et suivi par le colonel général de la garde, les officiers et dames de sa maison. L'huissier s'est avancé et a annoncé d'une voix forte :

— Le roi de Rome !

Sur le grand escalier, les grenadiers — un sur chaque marche — présentaient les armes. « Tout mouvement leur était interdit, a raconté un témoin, mais une vive émotion se peignait sur leurs mâles visages et je vis des larmes de joie couler de leurs yeux. » Après la cérémonie, les sous-officiers de la garde couperont leur moustache afin d'en faire un oreiller pour l'héritier impérial !

Les fumées de l'orgueil vont griser encore davantage Napoléon.

— Je l'envie, dira-t-il en se penchant au-dessus du somptueux et trop massif berceau offert par la Ville de Paris. La gloire l'attend, alors que j'ai dû courir après elle. J'aurai été Philippe ; il sera Alexandre. Pour saisir le monde, il n'aura qu'à tendre les bras.

Le 9 juin 1811, la voiture du sacre conduit l'Empereur et l'Impératrice à Notre-Dame pour « l'intronisation dynastique », ce baptême du roi de Rome qui semble peut-être aux yeux du maître une fête plus importante que le 2 décembre 1804. Ne forge-t-il pas ce jour-là le premier maillon de sa dynastie ? Il a remis son disgracieux uniforme impérial — cette livrée de sa grandeur, une livrée pourpre, blanc et or. Que l'on est loin déjà — seulement en dix années ! — du Bonaparte de Marengo ! Il est « jaune, obèse, boursouflé », la tête trop enfoncée dans les épaules, s'il faut en croire les témoins. Il bedonne déjà... et déçoit. « Ce n'était pas là le héros que je m'étais imaginé, dira quelqu'un. J'attendais un dieu, je ne vis qu'un gros homme... »

Lorsqu'on lui demandera plus tard à quelle époque il avait été le plus heureux, il hésitera entre Tilsit et cette journée du baptême, puis conclura en optant pour le lendemain de Friedland, avouant qu'en 1811 il ne se sentait « pas d'aplomb »...

Pas d'aplomb ? Je ne pense pas qu'en dépit de sa griserie il doute déjà de l'avenir, mais il sent autour de lui croître la lassitude de la nation. Bien sûr, la naissance du petit roi a déclenché l'enthousiasme, mais, déjà, cette joie immense devant la chance de Napoléon s'est apaisée. L'éblouissement cesse d'éblouir. A force d'avoir été saoulé de gloire, on l'apprécie moins. On la trouve « fade » comme Napoléon la considérait déjà en 1798 ! Qu'importe que des Espagnols, des Hollandais, des Allemands ou des Illyriens deviennent Français ! Cela paraît une vue de l'esprit ! Qu'importe le rêve européen ou carolingien du nouvel empereur d'Occident ! Et puis, on la paye si cher cette gloire ! Au prix de tant de sang répandu !

La venue au monde du roi de Rome, une fois les lampions éteints, apportera-t-elle la paix ?

Une inquiétude vague ne cesse de monter. Rien ne semble ni stable ni sacré. Napoléon paraît vouloir briser son propre ouvrage :

— L'Empereur, constate Réal, laboure toujours et ne sème jamais, et rien n'anéantit le présent comme ce qui tue l'avenir.

La censure, l'inquisition des agents gouvernementaux, la lourde suspicion douanière s'exerçant sur tout le territoire, la main de fer qui s'est abattue sur le pays, créent un pénible malaise.

— Je n'étais pas d'aplomb !...

Il y avait encore les affaires religieuses qui rendent l'atmosphère lourde et pesante. Le pape, toujours prisonnier, a refusé de bénir le roi de Rome, ce roi à qui l'on vient d'attribuer l'héritage de saint Pierre : Napoléon a en somme pris au pape, pour la donner à un enfant au berceau, la partie la plus visible de son pouvoir temporel — ce temporel qui n'appartenait pas à Sa Sainteté, mais à l'Église. Par ailleurs, Pie VII refuse de donner l'investiture aux évêques tant qu'il ne sera pas libre — et le drame entre le pape et l'Empereur ne cesse de monter.

Un autre drame empêche Napoléon d'être « d'aplomb » : le drame russe a commencé à poindre dès le refus par le tsar de donner sa sœur en mariage à l'ancien lieutenant d'artillerie. Prenant sa revanche, l'Empereur est tout heureux de montrer sa mauvaise humeur en faisant échouer l'emprunt que la Russie s'apprêtait à lancer en France. Or, le rouble se trouvait malade par suite de l'application du blocus, une application pleine d'infractions, mais suffisante pour gêner considérablement le commerce russe.

Au même moment, l'affaire polonaise rebondissait et cette pomme de discorde refroidissait encore les rapports entre les deux pays. Napoléon refusait de signer la convention par laquelle il devait s'engager « à empêcher à tout jamais la reconstruction de la Pologne ».

— Ce serait là, estimait-il, contraire à ma dignité et à mon honneur !... Il faudrait que je fusse Dieu pour décider que jamais une Pologne n'existera !

A l'automne de cette même année 1810, un immense convoi de douze cents bâtiments marchands anglais — voyageant, bien entendu, sous pavillon neutre, et escorté jusqu'au Sund par vingt vaisseaux de guerre britanniques — navigue à travers la Baltique à la recherche d'un port. Où débarquer les marchandises dont leurs cales sont remplies ? Le Danemark, la Prusse et la Suède ne veulent — ou ne peuvent — déplaire à Napoléon. Par ailleurs, les gabelous impériaux, protégés par les baïonnettes de Davout, gardent la côte de Dantzig à Mémel. Aussi les douze cents bâtiments prétendus neutres se mettent-ils à errer de port en port « comme les débris d'une armée en déroute ». Le tsar va-t-il accepter de les recevoir ?

« Si Votre Majesté les admet, écrit l'Empereur à Alexandre le 23 octobre 1810, la guerre dure encore ; si elle les séquestre et confisque leur chargement, le contrecoup qui frappera l'Angleterre sera terrible ; toutes ces marchandises sont pour le compte des Anglais. Il dépend de Votre Majesté d'avoir la paix ou de faire durer la guerre. »

Le tsar, on s'en doute, ouvre ses ports. Napoléon en est avisé le 11 novembre et, le lendemain, toujours pour enfermer l'Angleterre dans son île, prend une grave décision : avec l'annexion des villes hanséatiques, il donne l'ordre de saisir le duché d'Oldenbourg, situé entre Brême et la mer du Nord. Le duc n'accepte pas la compensation territoriale que l'Empereur veut lui donner et se réfugie à Saint-Pétersbourg puisqu'il a non seulement épousé Catherine, sœur du tsar, mais qu'il tient son duché de son cousin l'empereur Paul Ier, père d'Alexandre. L'affaire aura de graves répercussions car elle permettra à Alexandre de trouver le grief qu'il cherchait.

Certes, Napoléon s'est mis dans son tort, en signant le décret annexant le duché d'Oldenbourg — de ce fait l'Elbe devenait frontière *française* — mais le tsar, tout en déclarant qu'il « fait tout pour conserver la paix », prenant le prétexte de la baisse du rouble — résultant du blocus partiel — ferme ses ports, le dernier jour de l'année 1810, aux navires apportant des produits français.

— Ainsi plus de relations commerciales entre les deux empires ? Est-ce là un état de paix et d'alliance ? s'exclamera Napoléon non sans raison.

Le tsar répondra en s'étonnant. Seules, affirme-t-il, des « nécessités économiques » l'ont « contraint » d'agir de cette manière.

A Moscou, Caulaincourt, ambassadeur naïf, envoûté par Alexandre, croit à la bonne foi du souverain auprès duquel il est accrédité, alors qu'au même moment la Russie se rapproche de l'Angleterre et entame même des tractations avec elle. Le tsar est ici infiniment plus responsable que Napoléon du nouveau conflit : on le voit préparer savamment la rupture et chercher des alliés. Il tend la main à l'Autriche et, le 13 février 1811, propose en ces termes une alliance offensive et défensive à l'empereur François : « Si par le sort des armes, cette Pologne me tombait en partage, je propose à Votre Majesté de lui céder tout de suite la Valachie, la Moldavie jusqu'au Sereth... en y joignant la Serbie. »

Fort heureusement pour Napoléon, Metternich se méfie — à tort d'ailleurs — et s'exclame :

— La mariée est trop belle !

Napoléon ignore certes le double jeu moscovite mais il le devine. Il n'en écrit pas moins à Alexandre pour lui témoigner ses sentiments de confiance et d'amitié : « Ces sentiments ne changeront pas, quoique je ne puisse me dissimuler que Votre Majesté n'a plus d'amitié pour moi... » Napoléon énumère ensuite ses griefs. Pourquoi refuser la compensation qu'il offre au beau-frère du tsar pour la mainmise sur le duché d'Oldenbourg ? Pourquoi cet ukase dirigé contre la France ? Pourquoi ces fortifications « élevées sur dix points de la Dvina » ?

Le tsar ne répondra pas, mais continuera, jusqu'au départ de Caulaincourt pour Paris, d'affirmer à l'ambassadeur de France ses sentiments pacifiques. Le duc de Vicence est totalement dupé et, dès son retour, Napoléon, « fort aigre », le lui déclare sans ambages :

— On veut me faire la guerre, vous dis-je...

C'est un peu ce que le tsar avait dit à Caulaincourt en parlant de Napoléon — et l'ambassadeur le rapporte à l'Empereur :

— Si l'empereur Napoléon me fait la guerre, avait affirmé Alexandre, il est possible, même probable qu'il nous battra si nous acceptons le combat, mais cela ne lui donnera pas la paix. Les Espagnols ont été souvent battus, et ils ne sont ni vaincus ni soumis. Cependant, ils ne sont pas aussi éloignés que nous de Paris. Ils n'ont ni notre climat ni nos ressources. Nous ne nous compromettrons pas. Nous avons de l'espace et nous conserverons une armée bien organisée.

Caulaincourt, ne parvenant pas à convaincre son maître, se permet d'ajouter — du moins il l'affirmera plus tard :

— On sait trop maintenant en Europe que Votre Majesté veut conquérir des pays, plus pour Elle que pour leur intérêt propre.

— Vous croyez cela, monsieur ?

— Oui, Sire.

— Vous ne me gâtez pas, s'exclame Napoléon en riant.

La guerre est maintenant inévitable.

Les armées françaises « d'observation » passent de cinquante à quatre-vingt mille hommes.

C'était là plus facile à ordonner que de transformer l'empereur d'Autriche, les rois de Prusse et de Suède en alliés de la France. Si Metternich acceptait de fournir un contingent de trente-quatre mille hommes à Napoléon, il s'en excusait auprès du tsar, affirmant que ces troupes ne seraient qu'*auxiliaires.* Alexandre remercia en assurant qu'il ne ferait pas la moindre égratignure aux soldats autrichiens — le froid d'ailleurs s'en chargera... Le roi de Prusse dut se résigner à envoyer de son côté vingt mille hommes contre son ami Alexandre, tout en lui précisant sous le manteau :

— Si la guerre éclate, nous ne nous ferons de mal que ce qui sera d'une nécessité stricte ; nous nous rappellerons toujours que nous sommes unis, que nous devons un jour redevenir alliés.

Bernadotte s'offrait le luxe d'adresser de grandes protestations d'affection à Napoléon. Se ranger aux côtés du tsar ? On l'avilissait avec une telle pensée ! Combattre l'Empereur, son ancien compagnon d'armes ? Notre Gascon affirmait qu'il ne commettrait jamais une telle infamie ! Plutôt que d'agir de la sorte, il préférerait « se jeter dans la mer la tête la première » ou mieux encore : « se mettre à cheval sur un baril de poudre et se faire sauter en l'air ! »

Mais, en Poméranie, les Suédois appliquent si mal le blocus que Napoléon fait occuper la province donnée par la France à la Suède en 1810. La politique de Bernadotte devant cet acte — justifié mais brutal — bascule vers Alexandre. L'alliance sera bientôt signée — le

5 avril 1812 — entre les deux compères, mais en attendant d'intervenir lors de l'hallali final, le mari de Désirée donne, le 24 avril, ce conseil au tsar :

— Il faut éviter les grandes batailles, travailler les flancs de *l'ennemi,* l'obliger par là à faire des détachements et le harasser par des marches et des contremarches, ce qui est tout ce qu'il y a de plus fâcheux pour le soldat français et où il donne le plus de prise. Qu'il y ait beaucoup de Cosaques partout !

Un sentiment de malaise nous envahit en lisant ce texte écrit par un ancien maréchal de France.

Les ordres s'amoncellent et la gigantesque Grande Armée s'organise. Deux cent mille hommes demeurent en Allemagne et dans le grand-duché de Varsovie, tandis que neuf corps d'armée comptant près de quatre cent mille hommes marchent vers la frontière russe : Français, Hollandais, Belges, Allemands, Italiens, Illyriens, Danois, plus les alliés forcés : vingt mille Prussiens et trente-quatre mille Autrichiens — sans parler d'un régiment espagnol, et des cent trente bataillons occupant encore les dépôts disséminés à travers le vaste Empire.

— Mon absence sera immense, annonce l'Empereur.

Les bals ne s'en succèdent pas moins aux Tuileries malgré les embarras de l'heure présente. Ces difficultés, cette paix qui le fuit, ce double jeu mené par Alexandre — « ce Grec du Bas-Empire », comme le fustigeait l'Empereur — rendent Napoléon soucieux et absorbé.

Alexandre se trouve déjà à Vilna, attendant l'attaque de Napoléon. Attaque inévitable, puisque le 8 avril le gouvernement russe a envoyé un ultimatum à l'empereur des Français exigeant l'évacuation intégrale de la Prusse, de la Poméranie suédoise et de toutes les places occupées par la France au-delà de l'Elbe !

Devant de telles exigences, que faire, si ce n'est la guerre ? Cependant l'Empereur tarde encore à prendre le chemin de l'armée. Il attend le résultat de vagues négociations menées avec l'Angleterre, qui auraient surtout permis de mettre un point final au sanglant drame espagnol et à l'imbroglio du commandement, confié, dans la péninsule, aux seules mains de l'incapable Joseph. *Don José primero* règne déjà sur un royaume qui l'ignore ; il aura désormais le commandement suprême sur une armée de près de deux cent trente mille hommes qui lui échappera, elle aussi, jusqu'à la culbute finale — deux cent trente mille hommes formant d'excellentes troupes qui vont tant manquer à Napoléon !

Avant de chausser ses bottes, l'Empereur, jetant mille feux, va en effet jouer une dernière fois son rôle d'empereur d'Occident. Il espère que ce « triomphe » poussera Alexandre à traiter. Il semble aussi qu'il ait besoin, pour retrouver ses fameux aplombs, de présider une nouvelle fois une cour de rois et d'en imposer à son beau-père et allié.

Le 16 mai, venant de Plauen, l'Empereur et l'Impératrice sont accueillis à la frontière de Saxe par le roi et la reine. Ils font tous quatre ce même soir leur entrée à Dresde illuminé, où l'empereur et l'impératrice d'Autriche viennent les rejoindre.

Des « peuples entiers » se pressent avec l'espoir d'entrevoir Napoléon, nous dit le comte de Ségur. « Ils passaient des jours, des nuits entières, les yeux fixés sur la porte et sur les fenêtres de son palais. Ce n'est point sa couronne, son rang, le luxe de sa cour, c'est lui seul qu'ils viennent contempler ; c'est un souvenir de ses traits qu'ils cherchent à recueillir : ils veulent pouvoir dire à leurs compatriotes, à leurs descendants moins heureux, qu'ils ont vu Napoléon ! »

A l'intérieur du palais on a bien du mal à approcher le maître.

— Je suis tombé dans un embarras de rois, constatera Narbonne à Napoléon, et j'ai eu peine à fendre la presse.

Les souverains, mêlés aux grands officiers, se bousculent pour assister au lever. Napoléon a-t-il vraiment dit à l'empereur François, au cours de ces éblouissantes journées, que si « *son pauvre oncle Louis XVI* avait montré plus de fermeté, la Révolution aurait évolué différemment » ?...

François d'Autriche, en voyant Napoléon prendre le pas sur lui, passer le premier à table, se faire suivre à distance respectueuse par les souverains, présider les repas, demeurer le chapeau sur la tête, alors que lui — un Habsbourg ! — se tient tête nue, est ahuri.

— *Das ist ein ganzer Kerl !* (En voilà un gaillard !) s'exclame-t-il.

Mais il est temps d'abandonner cette nouvelle « plate-bande » de souverains et de retrouver la Grande Armée. Avant de partir, au cours d'une chasse, on voit l'Empereur s'arrêter devant une chapelle, y pénétrer, seul, et y méditer. Peut-être retrouva-t-il ce jour-là les prières de son enfance ?

A la même époque, un matin, non loin de Vilna, un prêtre lithuanien disait sa messe dans une petite église de campagne. Il n'y avait qu'un seul fidèle, un officier russe qui, la tête entre les mains, priait. Intrigué, le prêtre s'avança, l'officier releva la tête : c'était Alexandre.

Et les deux hommes, chacun de leur côté, quittent leur chapelle. Peut-être avaient-ils senti, l'un et l'autre, qu'il fallait que Dieu se mêlât de leurs affaires...

Le 23 juin, l'immense armée, une armée de quatre cent mille hommes où l'on parle dix langues différentes, une « Babel en marche », s'apprête à franchir le Niémen, à Kowno. On ne voit pas le fleuve. La forêt de Pilwisky et les rives escarpées le cachent...

Ce jour-là, le comte Roman Soltykx, chef d'escadron aux lanciers polonais, qui bivouaque non loin des rives du Niémen, voit arriver au grand galop une berline attelée de six chevaux. Napoléon en descend, préoccupé et fatigué par son voyage. L'Empereur décide d'inspecter les rives du fleuve et, pour ne pas être reconnu par les éclaireurs russes signalés sur la rive droite, change d'habit et prend celui d'un officier polonais. Ses officiers agissent de même...

Lorsqu'ils arrivent au bord du large fleuve, un chef de bataillon qui l'a traversé à la nage vient dire à l'Empereur que l'armée russe semble s'être retirée. Le soir même, vers minuit, Napoléon revient au bord du Niémen et suit le fleuve au galop, devinant, dans l'obscurité, la rive russe. Soudain son cheval fait un écart — un lièvre lui est passé entre les jambes — l'Empereur vide les étriers, tombe et se relève aussitôt. Une voix s'exclame :

— Ceci est d'un mauvais présage, un Romain reculerait !

Mais il n'était pas homme à reculer.

Le lendemain, sur une hauteur dominant le fleuve et trois ponts ayant été jetés « comme par enchantement », Napoléon regarde l'extraordinaire spectacle : « Toutes les collines, leurs pentes, les vallées sont couvertes d'hommes et de chevaux. Dès que la terre a présenté au soleil toutes ces masses mobiles, revêtues d'armes étincelantes, le signal est donné, et aussitôt cette multitude commence à s'écouler en trois colonnes vers les trois ponts. »

En abordant la rive russe, où ils pensent être accueillis par des coups de feu, les soldats s'arrêtent angoissés. « Nous nous crûmes dans un cimetière, dira l'un d'eux ; pas un être vivant à l'horizon, pas un habitant dans les villages... » Au loin, des fumées noires tordent leurs volutes. Ce sont des villages qui brûlent. Lorsque les premiers soldats les atteignent, les maisons ne sont plus que cendres. Et, toujours pas un habitant !... Impatient, Napoléon s'enfonce au galop dans la forêt qui borde le fleuve et parcourt ainsi plus d'une lieue.

Rien.

Tout à coup un bruit sourd se fait entendre. Le canon ? Non, c'est un effroyable orage qui s'apprête. Le jour s'obscurcit. Coups de tonnerre et éclairs se succèdent. Puis une pluie diluvienne noie les êtres et les choses.

Et quelques-uns virent là encore un nouveau et funeste présage.

Huit jours plus tard.

Le ministre de la Police du tsar, le général Balachov, se tient à Vilna dans la pièce que l'empereur de Russie a occupée quelques jours auparavant — cependant, ce n'est plus Alexandre qu'il a devant lui, mais Napoléon... Il est venu apporter à l'Empereur une lettre de son maître. Celui-ci offre à l'envahisseur de traiter, à la condition que la Grande Armée fasse demi-tour et repasse le Niémen. C'est là, par ce véritable ultimatum, exiger l'impossible. Napoléon n'est pas arrivé de si loin pour revenir sur ses bases de départ, alors qu'il n'a point été battu ! Pourtant — et l'Empereur ne le sait que trop — en une semaine, après avoir traversé le Niémen, la Grande Armée a déjà subi, sans combattre, de lourdes pertes.

La faiblesse des effectifs tsaristes, la jonction retardée des armées Barclay — cent trente mille hommes — et Bagration — cinquante mille hommes — ont contraint le haut commandement russe à la retraite. La tactique de la terre brûlée — sans avoir été concertée — s'imposait pour lui.

Du côté français, les approvisionnements en vivres et en fourrages, englués dans la boue, distancés par une armée faisant souvent quinze lieues par jour, ne suivent pas. Déjà cinquante mille maraudeurs, ayant quitté leurs rangs pour chercher des vivres, sont devenus des traînards. Les hommes demeurés autour de leurs aigles avancent au son des tambours, le ventre creux, tantôt sous des rafales de pluie, tantôt sous un soleil de plomb et des nuages de poussière. Au bivouac, épuisés, affamés, assoiffés, ils dorment à même la terre mouillée. On a commis l'imprudence, dès le passage du Niémen, de nourrir les chevaux avec du blé vert mêlé à de la paille arrachée aux toits des chaumines. Et, déjà, après une semaine, dix mille montures ou bêtes de trait, atteintes de dysenterie, sont mortes depuis la traversée du Niémen. Pour l'instant le terrible climat demeure le plus sûr auxiliaire du tsar.

Pour conduire Balachov auprès de l'Empereur, on a soigneusement calculé son itinéraire afin qu'il ne puisse pas se rendre compte de la désorganisation de l'armée française. L'envoyé d'Alexandre n'est point venu proposer à l'Empereur l'ouverture de négociations, son maître le lui a interdit :

— Tant qu'un soldat restera en armes sur le territoire russe, j'en prends l'engagement, je ne prononcerai ni n'écouterai aucune parole de paix.

Puisqu'il n'y a aucune tractation possible, Napoléon va d'un mur à l'autre de la pièce, tout en entraînant le général russe dans sa promenade :

— Alexandre se moque de moi. Croit-il que je suis venu à Vilna pour négocier des traités de commerce ? Je suis venu pour en finir une bonne fois avec le colosse barbare du Nord. L'épée est tirée. Il faut les refouler dans leurs glaces afin que, de vingt-cinq ans, ils ne viennent pas se mêler des affaires de l'Europe civilisée... Aujourd'hui, Alexandre voit que c'est sérieux et que son armée est coupée, il a peur et voudrait s'arranger, mais c'est à Moscou que je signerai la paix.

Il semble cependant que Napoléon ne pense point encore à pousser jusqu'à Moscou. Son plan : battre rapidement les armées russes. Il lui faut, une fois encore, une victoire. Mais Napoléon n'est pas plus aujourd'hui le Bonaparte de Rivoli que l'Empereur d'Austerlitz — et il va d'abord, en demeurant vingt jours à Vilna, perdre un temps précieux à vouloir attendre Jérôme et Eugène, tous deux en retard pour rejoindre le gros de l'armée.

Au vrai, l'Empereur espère beaucoup des quatre-vingt-quatre mille hommes placés imprudemment — c'est le moins que l'on puisse dire — sous le commandement du roi de Westphalie. Napoléon compte que son frère poussera ses forces contre l'armée du prince Bagration qui, attaquée en même temps par les soixante-douze mille hommes de Davout, se trouvera ainsi prise entre deux feux.

— Ils sont à moi, répète Napoléon.

Non seulement Jérôme n'envoie pas de nouvelles au quartier général, mais il se prélasse, de plus, à Grodno ! Il a ajouté le prénom de Napoléon au sien et estime que cette promotion lui accorde le génie militaire...

— Vous compromettez tout le succès de la campagne, lui écrit alors l'Empereur, il est impossible de faire la guerre ainsi.

Bagration réussit à éviter que la tenaille ne se referme sur lui et Napoléon envoie à Davout l'ordre suivant : « L'Empereur ordonne à Sa Majesté le roi de Westphalie de reconnaître le prince d'Eckmühl comme commandant supérieur tant que les corps d'armée seront réunis. » Napoléon-Jérôme, furieux, prend alors la tête de sa garde royale, fait demi-tour et met le cap sur la Westphalie...

Devant une telle désertion, Napoléon, résigné, se contente de s'exclamer :

— Quelle incartade !

L'ennemi poursuivant de tous les côtés son repli, l'Empereur finit par se décider à prendre la route de Vitebsk, avec l'espoir d'empêcher la jonction de Bagration et de Barclay de Tolly.

La faim, la soif, la pluie, et une chaleur étouffante se succèdent. La Grande Armée continue à fondre. Les corps perdent de vingt-cinq à cinquante pour cent de leurs effectifs. Même la garde — la moins éprouvée — ne compte plus que vingt-huit mille hommes sur trente-sept mille.

Enfin, voici Vitebsk. Il fait nuit ce 27 juillet lorsque Napoléon s'arrête en haut d'une colline : toute l'armée russe de Barclay est là. Les feux de ses bivouacs trouent l'obscurité. Enfin, on va se battre !

— Demain sera le soleil d'Austerlitz ! annonce-t-il.

Mais Barclay a appris que Bagration se dirige vers Smolensk ; il préfère se dérober une fois de plus et se fondre dans la nuit. Cachant mal son désappointement, Napoléon fait son entrée dans Vitebsk. Il va y demeurer jusqu'au 15 août, espérant toujours que les Russes viendront l'attaquer. De nouveau, le désordre et le pillage règnent. Les blessés sont privés de tout.

Lorsqu'on fait le point, on s'aperçoit que déjà cent cinquante mille hommes ont disparu. La tactique russe — volontaire ou involontaire-est bonne. Aujourd'hui, la Grande Armée — il a fallu en outre laisser ça et là des garnisons afin d'assurer les communications — ne compte pas plus de deux cent cinquante mille hommes. Comme à Vilna, Napoléon essaye, à Vitebsk, de regrouper ses forces ; de faire rejoindre les traînards, de rassembler des approvisionnements. Hélas, les rouages de la grande machine grincent...

Certains estiment préférable de s'arrêter à Vitebsk, mais, le 12 août, la marche de l'armée n'en reprend pas moins vers Smolensk. Assurément — Napoléon l'espère — les Russes défendront cet important carrefour qui est, au surplus, le sanctuaire de la Vierge miraculeuse !

Et les mêmes scènes vont recommencer. Pour les Russes, il s'agit d'une véritable guerre sainte. Les paysans brûlent leurs récoltes, leurs chaumières, et il faut envoyer des détachements mobiles piller les villages hors la grand-route. Certains de ces *commandos* se réunissent en groupes, se choisissent un chef et deviennent des déserteurs. Quant aux soldats demeurés sous leurs drapeaux, point d'autre solution pour eux que de devenir à leur tour maraudeurs, mais ils rentrent le plus souvent bredouilles.

Le 15 août, Napoléon s'arrête devant Smolensk. La ville, située sur la rive droite assez escarpée du Dniepr, est puissamment défendue par une longue, large et massive muraille flanquée de vingt-neuf tours en brique rouge et aux créneaux blanchis dont certaines existent encore. Fortifications construites autrefois à la manière tartare par Boris Godounov. De l'avant-garde, l'Empereur voit de forts mouvements de troupes. Les Russes vont-ils quitter la ville ?

— Si c'est ainsi, déclare-t-il, en m'abandonnant Smolensk, une de leurs villes saintes, les généraux russes déshonorent leurs armes aux yeux de leurs propres sujets !

Mais le lendemain, Ney entraîne l'Empereur à travers les taillis jusqu'à une hauteur. Là, il voit, dans un nuage de poussière d'où jaillit l'éclair des armes, cent vingt mille hommes qui se trouvent réunis. « Transporté de joie », Napoléon pousse son exclamation familière :

— Enfin, je les tiens !

Le 17, dès le point du jour, l'Empereur se réveille avec l'espoir de voir l'armée russe rangée sur le champ de bataille qu'il lui a presque désigné, mais le gros de l'ennemi est allé se réfugier, sur la hauteur, à l'abri des puissantes murailles de la ville. La bataille commence furieusement dans les faubourgs s'étageant sur trois ravins précédant les fortifications, enlevées après de lourdes pertes. Les troupes impériales se heurtent aux impressionnantes murailles. Canonnées, celles-ci résistent au feu de trente-six pièces, crachant à gros boulets, dans l'espoir, finalement vain, d'ouvrir une brèche. Les colonnes d'assaut laissent « une longue et large traînée de sang, de blessés et de morts ». Va-t-on devoir commencer un siège ? Les Russes croient en la victoire, mais Barclay n'en donne pas moins, une fois de plus, à ses troupes, l'ordre de reprendre la retraite — en dépit de Bagration qui ne décolère pas.

Smolensk brûle. Barclay en se retirant a donné l'ordre d'incendier la ville afin de protéger sa nouvelle dérobade.

Les maisons que les flammes ont épargnées sont livrées au pillage. « Déjà tout manque pour panser les blessés, raconte Ségur ; il n'y a plus de linge, on est forcé d'y suppléer par le papier trouvé dans les archives. Ce sont des parchemins qui servent d'attelles et de draps-fanons, et ce n'est qu'avec de l'étoupe et du coton de bouleau qu'on peut remplacer la charpie. »

Ne serait-il pas maintenant plus raisonnable d'arrêter la poursuite et d'hiverner à Smolensk ? Mais Napoléon expose sa pensée :

— Il me faut une immense victoire, une bataille devant Moscou, une prise de Moscou qui étonne le monde !...

Aussi, le 24 août, la poursuite reprend-elle. Napoléon quitte Smolensk pour Durogobouïé en répétant :

— Le péril nous pousse vers Moscou !

La route de Moscou est large. L'infanterie et la cavalerie marchent sur deux files, sur les bas-côtés, l'artillerie et le charroi roulent au milieu. A mesure que Napoléon arrive à la hauteur des divers corps, ceux-ci s'arrêtent et se rangent en bataille, les tambours battent aux champs, les aigles de la Grande Armée s'abaissent, des acclamations prolongées se font entendre. Il n'y a que la garde à qui il est interdit d'accueillir l'Empereur par des « vivats » car, entourant sans cesse sa personne, « ce cri serait devenu trop fréquent, et pour ainsi dire banal ».

L'enthousiasme éclate, en dépit des incendies qui continuent à faire rage dans toutes les directions.

Le 28 août, Napoléon arrive à Viazma, détruite, elle aussi, par les flammes. L'armée souffre toujours de la fatigue, de la faim et de la soif. « On se dispute quelques bourbiers, raconte le comte de Ségur, on se bat près des sources, bientôt troublées et taries ; l'Empereur lui-même doit se contenter d'une boue liquide... »

Le 31 au château de Velitchévo, où loge Napoléon, un cosaque fait prisonnier lui annonce que le tsar, puisque Barclay n'a « fait que sottise sur sottise », vient de nommer généralissime de son armée le vieux et obèse Koutouzov — celui que la Grande Catherine appelait *mon*

Koutouzov — le vaincu trop passif, trop fataliste d'Austerlitz, tel que le peindra Tolstoï. Aussi bien à Saint-Pétersbourg qu'à Moscou, on a forcé la main du tsar pour nommer celui qu'il appelle dédaigneusement « ce vieux satyre borgne ».

— Je n'ai pu faire autre chose que céder, soupire-t-il.

A l'annonce de cette nomination, la joie des troupes est indescriptible. Koutouzov se refusait à battre ou à gifler ses soldats — ce qui était alors monnaie courante dans l'armée russe. Et tous se préparent au combat dont va dépendre le sort de Moscou. Toutefois, pour Koutouzov, « Moscou n'est pas toute la Russie » et — il le précise — « mieux vaut perdre Moscou que l'armée et la Russie ». Néanmoins, il sait bien qu'il lui est impossible d'abandonner la ville à son sort. Il doit livrer bataille bien que l'armée russe, moins forte numériquement que celle de son adversaire, et dont la plus grande partie rétrograde depuis le Niémen, se trouve, elle aussi, en piètre état. Les hommes souffrent de la faim — « les soldats ne devaient leur rare nourriture qu'au hasard », nous dit l'historien russe Tarlé — et la cavalerie était « à peine vivante », selon l'expression de l'un des combattants.

Il n'en faut pas moins se battre et la joie des Russes à la pensée que l'on allait en découdre n'a d'égale que celle de Napoléon.

— Enfin, s'exclame-t-il, il va y avoir bataille ! Dans quinze jours, Alexandre n'aura plus ni capitale ni armée ! Alors nous pourrons conclure la paix.

Cependant, dès le lendemain, le climat donne un nouvel avertissement à l'Empereur. Des pluies diluviennes s'abattent sur l'armée. Voici les canons embourbés, le charroi immobilisé, les chevaux enfoncés dans la boue jusqu'aux jarrets. La boue russe ! Une boue qu'il faut avoir vue — et y avoir « navigué » — pour l'imaginer...

Placé en avant-garde, le roi Murat fait savoir à Napoléon le même jour que Koutouzov semble vouloir se battre et qu'il fortifie puissamment la position en avant des villages de Borodino, de Gorki et de Seménovskaïa, à cent trente kilomètres devant Moscou. Il hérisse le sol de retranchements et de redoutes qu'il truffe de canons. Les Russes se croient assurés de barrer ainsi la route de Moscou à l'envahisseur, tandis que l'Empereur est convaincu, cette fois, de remporter la victoire ! Mais la boue a englué l'armée, la clouant littéralement au sol. Fort heureusement, le soleil se met à luire, sèche en partie cet effarant marécage et les troupes peuvent reprendre leur route.

Le 5 septembre, les deux armées sont face à face et, ce jour-là, ce sont les Russes qui ont choisi leur terrain. Ils sont cent douze mille, occupent un front convexe d'une longueur de quatre kilomètres et possèdent une artillerie de six cent quarante canons tirant des boulets plus lourds que ceux employés par les canons français.

Pour mieux comprendre les péripéties de ce que Napoléon appellera la lutte des Géants, — « ma plus grande bataille », dira-t-il même à Sainte-Hélène — j'ai voulu arpenter le célèbre champ de bataille. Il demeure là, dans cette plaine coupée de molles collines et de vallons encaissés, une singulière présence. Lorsqu'on vient de Moscou, après avoir traversé une interminable forêt de bouleaux et de pins, après avoir abandonné la grande route de Minsk, on laisse à sa droite le cours tortueux de la Moskova qui, pour Napoléon, a donné son nom à la bataille : la *rivière de Moscou* parle assurément plus à l'imagination des Français que le misérable village de Borodino !

Après Mojaïsk, la première étape de cette manière de pèlerinage se trouve au centre du hameau de Gorki, en bordure de la route de Smolensk. Il s'agit d'une butte de trois mètres de hauteur sur laquelle, pendant la bataille, Koutouzov demeura assis sur son banc de bois que l'on portait toujours derrière lui. Et voici Borodino, un village composé d'une vingtaine d'isbas pouilleuses et qui n'a pas changé depuis plus d'un siècle et demi. Là se trouvaient Barclay de Tolly et l'aile droite russe.

Ce n'est cependant pas à Borodino qu'il faut se tenir pour revivre la bataille, mais à gauche du village, à six ou sept cents mètres de la route. D'ici, après la vallée de la Kolocza, on voit se profiler la colline de Kourganskaïa. C'est sur elle, au centre même du dispositif russe, que Koutouzov, adoptant l'idée du colonel Toll, a fait construire un fortin — la *Grande Redoute* — occupé par les terribles batteries du général Raïevski, une redoute dont on devine encore parfaitement l'emplacement. Plus à gauche, on aperçoit un hameau formé d'une douzaine d'isbas : le village de Semenovskaïa qui a donné son nom à un petit affluent de la Kolocza, serpentant à ses pieds dans une faille escarpée du terrain. Toujours plus à gauche un triple ouvrage défensif, les *Trois Flèches,* dont deux d'entre elles demeurent presque intactes, avec leurs courtines, leurs escarpes, leurs traverses et même leurs embrasures destinées aux canons.

A quinze cents mètres en avant des redoutes de Bagration, on voit également, coiffant une butte, le tracé de la redoute de Schvardino, position fort avancée du dispositif russe. C'est cette position que, le 5 septembre 1812, Napoléon donne l'ordre au général Compans d'enlever à l'ennemi.

L'opération coûte cinq mille hommes à l'Empereur qui installe son poste de commandement en haut de l'ouvrage. Napoléon s'est retiré sous sa tente, à deux pas de la butte. Il se réjouit d'avoir pu enlever ce « beau mamelon » dès son arrivée. La « position couvre tout » et, selon son expression, il va pouvoir attaquer le champ de bataille en le prenant « par les cornes ».

Lorsqu'il se réveille, à l'aube du 6, il est fort satisfait d'apprendre que l'armée russe occupe bien ses retranchements. Comme la veille, les baïonnettes brillent sur les collines. On l'entend répéter presque avec gourmandise :

— J'ai besoin d'une grande bataille !

Cette fois, il n'y a plus à craindre que l'ennemi se dérobe. C'est « une joie générale » — le mot est de Ségur — alors que demain combien survivront parmi tous ces combattants venus *à pied* de France, des Pays-Bas, d'Allemagne ou d'Italie ! De l'autre côté, même enthousiasme. On travaille toujours avec ardeur et passion — pour ne pas dire avec amour — afin de fortifier la *Grande Redoute.*

L'attente, cette oppressante veillée d'armes, va se prolonger durant toute la journée. De « l'autre côté », les popes — en ce dimanche 6 septembre — la croix à la main, entourent l'icône de la Vierge Sainte, emportée le 17 août de Smolensk. Pendant ce temps, Napoléon dresse ses plans : demain, dès l'aube, avec les troupes commandées par Eugène, il simulera une attaque en force contre la droite russe, c'est-à-dire le village de Borodino. Il s'agit là d'un piège : le vice-roi d'Italie devra s'arrêter dès qu'il aura atteint une position permettant à ses batteries de pilonner, à sa droite, la *Grande Redoute.* C'est contre cette puissante fortification de l'ennemi que de tous les côtés et sur un terrain plus accidenté qu'on l'a dit jusqu'ici, se succéderont les charges de cavalerie. On devra essayer, par ailleurs, de tourner par les bois la *gauche* russe — les *Trois Flèches* — ce sera le rôle dévolu à Poniatowski.

En regagnant son quartier général, situé à trois kilomètres en arrière de Borodino, Napoléon sent qu'il a pris froid et frissonne un peu... Mais l'Empereur trouve dans sa tente une caisse contenant le portrait du roi de Rome par Gérard, que Bausset vient d'apporter de Paris, et il oublie sa fièvre. Pendant que devant lui on déballe la toile, il ne dissimule pas son impatience. Dès qu'il peut enfin regarder le tableau, il déclare que c'est « un chef-d'œuvre ».

— Mon fils est le plus bel enfant de France, dit-il à Rapp.

Toute la journée, le portrait demeure sur une chaise.

— Messieurs, déclare-t-il à ses officiers venus aux ordres, si mon fils avait quinze ans, croyez qu'il serait ici autrement qu'en peinture.

Dans la soirée, les grenadiers de la garde défilent devant le roi de Rome. Avant de parcourir les bivouacs, comme il a l'habitude de le faire à la veille d'un combat, Napoléon regarde une dernière fois le portrait de son fils et ordonne :

— Retirez-le : il voit de trop bonne heure un champ de bataille.

Cette nuit-là, Napoléon ne parvient pas à commander au sommeil.

Sans cesse il se relève pour aller constater par lui-même que les feux de Koutouzov trouent toujours l'obscurité.

Une dernière fois — il est alors cinq heures du matin — il sort de sa tente et un simple coup d'œil lui apporte la certitude que les Russes occupent leurs positions.

— Enfin nous les tenons. En avant ! Ouvrons les portes de Moscou !

A cinq heures et demie, il s'avance un peu au-delà de la redoute et s'assied sur le gazon, à l'emplacement où sera élevé en 1912 le monument français — un aigle perché sur une colonne commémorative. Sous les yeux de Napoléon se déploie un terrain coupé de bouleaux et de boqueteaux. L'horizon est fermé par les *Trois Flèches.*

L'ennemi est à quinze cents mètres. La vieille garde, commandée par Lefebvre, se range en carré autour de l'Empereur, la jeune garde et la cavalerie de la garde se trouvent massées non loin, un peu en retrait de la redoute de Schvardino. Ils attendent l'arme au pied, en grande tenue — ils l'ont sortie de leur sac. Les officiers sont vêtus comme aux Tuileries. Murat caracole sur le front de la cavalerie, habillé de l'un de ces uniformes dont il a le secret.

Et brusquement le soleil du 7 septembre 1812 se lève, et dissipe le brouillard.

— Voilà le soleil d'Austerlitz ! crie Napoléon.

L'Empereur fait un geste : non loin de lui, une pièce de l'artillerie de la garde tonne. C'est le signal. L'effroyable tuerie de Borodino, le massacre de la Moskova est commencé.

Douze cents pièces vont semer le feu, le fer et la mort. Eugène est gêné par le véritable ravin de la Kolocza, mais il parvient cependant à occuper Borodino, tandis que, à huit reprises, l'aile droite française s'en va à l'assaut des trois fortifications « en flèche » de Bagration. Certains partent au son de *la Marseillaise* comme lorsqu'on se « battait pour la Liberté ». Contre les triples redoutes attaques et contre-attaques, effroyables mêlées, charges infernales, corps à corps se succèdent. Au sein d'une fumée obscurcissant le ciel, au milieu des boulets, on se bat avec un acharnement encore jamais atteint.

On se bat au fusil, au sabre, à la baïonnette, certains font même usage « de leurs poings et de leurs bâtons ». Les *Trois Flèches* résistent encore. Pour en finir, l'Empereur fait concentrer le tir de quatre cents canons contre les redans de Bagration. Enfin, l'une après l'autre, les « flèches » tombent entre les mains de Murat et de Ney. « C'est alors, nous raconte le Russe Glinka, l'un des combattants de la journée, que le grand événement eut lieu. » Bagration a deviné les projets de Napoléon : s'emparer de la gauche ennemie, puis se rabattre sur le centre. Aussi entreprend-il un magnifique exploit : « Un ordre et toute l'aile gauche, dans toute sa longueur, s'ébranle et court baïonnette au canon. » L'assaut est brisé, non seulement par le feu nourri de l'artillerie napoléonienne, par les charges de la cavalerie de Murat qui balaient le plateau, mais surtout parce qu'une nouvelle court comme une traînée de poudre à travers toute l'aile gauche russe : Bagration est mortellement blessé. « Les bras des soldats tombèrent », nous rapporte Glinka.

Il est midi.

Tandis que le malheureux Bagration est emporté en voiture, les *Trois Flèches* sont occupées par les troupes françaises. La lutte fait rage devant le ruisseau et les isbas en flammes de Semenovskaïa. L'artillerie napoléonienne est amenée en première ligne pour foudroyer les défenseurs du village. Les charges des deux cavaleries se mêlent en un prodigieux mouvement de flux et de reflux. Plus à droite, la *Grande Redoute* de Raïevski disparaît sous la fumée de l'effroyable duel d'artillerie.

Et Napoléon ?

Monté sur son cheval blanc, il s'est avancé jusqu'au bord d'une ravine. Là, il a pu mieux se rendre compte de ce qu'allait devenir la bataille, alors qu'en retrait, derrière les *Trois Flèches* qui ont changé de maître, l'aile gauche russe, véritable membre mort, s'est formée en carrés, alors que l'on se bat sur les pentes du mont Kourganskaïa, alors que la *Grande Redoute* va être reprise par l'ennemi, alors que les Italiens d'Eugène vont avoir à supporter une violente contre-attaque menée par les cosaques de Platov et la cavalerie d'Ouvarov.

Napoléon revient maintenant vers le pied de la redoute de Schvardino, descend de cheval et demeure étrangement passif. Est-ce son état de santé qui le rend soumis et résigné à sa destinée ? Et pourtant, partout, sur le vaste champ de bataille, le sang de ses soldats, des survivants de la Grande Armée, coule... Il s'assied ou se promène lentement devant la redoute. Les lourds boulets russes passent au-dessus de lui. Certains roulent jusqu'à ses pieds et il les repousse « comme des pierres qui gênent au cours d'une promenade ». Il suit avec sa lunette la bataille. Ceux qui ne savent pas qu'il souffre, qu'il est réellement malade ce jour-là, s'étonnent de voir l'Empereur ne plus faire le général, ne plus électriser les combats par sa présence. Sans cesse, on vient lui annoncer la mort de ses meilleurs généraux. Douze généraux tués ! Trente-sept gravement atteints ! Il fait alors un geste de douloureuse résignation. Maréchaux, généraux, aides de camp supplient l'Empereur de faire donner la garde « pour en finir ». Chaque fois il secoue la tête, chaque fois il répond :

— La journée sera longue, il faut savoir attendre...

On insiste.

— Et s'il y a une deuxième bataille demain, riposte l'Empereur, avec quoi la livrerai-je ?

On espère cependant qu'il va se réveiller, céder aux supplications et lancer l'ordre célèbre :

— Faites donner la garde !

Quelques murmures se font entendre près de lui. Il les fait taire :

— Nous sommes à huit cents lieues de Paris et aux portes de Moscou.

Enfin, son regard s'anime... Mais il se contente d'envoyer vers la fournaise soixante pièces de l'artillerie de la garde.

Il refusera ainsi jusqu'à la fin de voir ses chers grognards s'enfoncer dans l'épouvantable mêlée.

Au milieu des tourbillons de feu et de fumée, sous la mitraille qui tombe dru, les hommes de Koutouzov, comme « plantés sur le terrain », se battent avec une férocité et un courage que Napoléon ne peut s'empêcher d'admirer :

— Lorsqu'un soldat russe est tué, il faut encore le pousser pour qu'il tombe, dira-t-il.

Évoquant plus tard la journée de la Moskova, il le répétera à Sainte-Hélène :

— Les Russes se sont montrés dignes de rester invincibles.

On voit Bibikov — l'aide de camp du général Miloradovitch — lever le bras en pleine bataille pour indiquer au prince de Wurtemberg l'endroit où se trouve son général. A cet instant un boulet lui arrache le bras. « En tombant de cheval, Bibikov lève l'autre main et, de nouveau, montre la même direction... »

Et la *Grande Redoute* résiste encore !

Les cadavres et même les corps des blessés forment un véritable mur protégeant l'ouvrage. C'est seulement à quatre heures de l'après-midi — les trois quarts des défenseurs morts sur place — que la batterie Raïevski se tait.

Enfin les canons cessent de vomir la mort. La plus meurtrière bataille de l'histoire napoléonienne s'achève. On s'est battu durant douze heures au rythme de cent quarante coups de canon à la minute. Un record jamais atteint ! Un lugubre silence tombe avec la nuit sur le champ de bataille où gisent soixante mille morts dont quarante mille Russes. L'immense plainte poussée par les trente-cinq mille blessés monte des collines et de la plaine. Treize mille de ces blessés russes ne survivront pas. Et combien parmi les dix mille blessés français, allemands ou italiens mourront loin de leur pays !... La Grande Armée, forte encore de cent trente mille hommes le matin de ce lundi 7 septembre, n'en compte maintenant qu'un peu plus de cent mille ! Les survivants ont faim, soif et frissonnent de froid. Vers chaque bivouac trouant les ténèbres, les blessés, les agonisants se meuvent dans l'ombre, rampant, semblables à des spectres.

Le lendemain, Napoléon traçait ces lignes destinées à Marie-Louise : « Ma bonne amie, je t'écris sur le champ de bataille de Borodino. J'ai battu hier les Russes... » Au même moment, Koutouzov écrivait à sa femme : « Je me porte bien, mon amie, et je ne suis pas battu : j'ai gagné la bataille. »

La victoire russe de la Moskova ? Une « victoire morale » peut-être.

Sans doute, les canons s'étant tus, les survivants russes bivouaquent-ils cette première nuit, dans la plaine, derrière les collines qui ont marqué leurs défenses avancées, mais les Français, en attendant de voir s'ouvrir devant eux la route de Moscou — indéniable conséquence de leur victoire — occupent Borodino, Semenovskaïa et les redoutes. D'ailleurs, le lendemain, à dix heures du matin, les Russes tournent le dos au champ de bataille et battent en retraite vers Mojaïsk.

Au tour de Koutouzov de se poser la question : Que faire ? Avec cinquante mille hommes, la moitié de ce qu'il possédait la veille, impossible de reprendre le combat. Le prince ordonne donc la retraite et, quatre jours plus tard, vient prendre position aux portes de Moscou. Le maréchal — à la suite de la « victoire » de Borodino, le tsar lui a donné ce titre — s'est assis dans l'isba du paysan Sevastianov, au village de Fili, lorsqu'on vient lui annoncer l'approche des avant-gardes françaises. Les généraux Barclay de Tolly, Bennigsen, Platov et Ouvarov l'entourent et donnent leur sentiment. Pour certains la bataille n'a été décisive pour aucune des deux armées.

Si l'on abandonne la Ville sainte, comment serait-il possible de faire croire encore à une défaite française ? Koutouzov tranche la question en prononçant lentement ces mots en français :

— Vous craignez la retraite par Moscou et moi je la considère comme une Providence car cela sauve l'armée. Napoléon est comme un torrent que nous ne pouvons pas encore arrêter. Moscou sera l'éponge qui l'absorbera.

Un lourd silence s'appesantit sur l'isba, et le maréchal conclut :

— Quoi qu'il arrive, j'en prends sur moi la responsabilité devant l'empereur, la patrie et l'armée.

Koutouzov passe cette nuit-là dans la pauvre isba de Fili, et au cours de la nuit, on l'entend sangloter.

C'est en silence que l'armée s'écoulera à travers la ville muette de stupeur...

Déjà les Français apparaissent sur les collines qui, vers l'ouest, en demi-cercle, entourent la ville...

MOSCOU

Autrefois, tout voyageur russe découvrant Moscou, du haut de la colline traversée par la route de Mojaïsk, se prosternait et se signait. Aussi l'endroit avait-il été baptisé Poklonnaïa, le *Mont du Salut.* C'est là que le samedi 14 septembre, dans l'après-midi, Napoléon « transporté de joie » s'arrête et regarde. Il a devant lui Moscou, les coupoles, les clochers bulbeux dorés ou bicolores qui brillent au soleil. Au cœur de la cité, au bord de la Moskova, il peut voir surgir sur les vingts tours et les murailles crénelées d'un chaud brun-rouge d'un gigantesque burg enserrant toute une colline couverte de palais, de clochers et d'églises : le Kremlin — deux syllabes qui contiennent un étrange pouvoir d'évocation.

— La voilà donc, cette cité fameuse ! s'exclame-t-il. Il était temps.

Les troupes qui arrivent successivement s'arrêtent médusées, oubliant la terrible marche depuis le Niémen.

— Moscou ! Moscou !

Napoléon est entré au Caire, à Milan, à Vienne, à Venise, à Madrid, à Berlin, à Varsovie, mais jamais il n'a autant joui de son triomphe. L'hécatombe de la Moskova est oubliée. Que peut-il désirer de plus ? La paix ? Elle ne peut plus tarder maintenant ! Le tsar n'est-il pas mis à genoux ?

La masse des tambours de la garde se fait entendre : c'est le signal de l'entrée dans Moscou. Musique en tête, les troupes descendent vers la cité.

Pas un bruit ne monte de la ville. L'Empereur est étonné, puis anxieux que pas un « boyard », selon son expression, ne soit venu se porter au-devant de lui. On lui annonce alors la surprenante nouvelle :

— Moscou est désert !

Il doit se rendre à l'évidence : les trois cent mille habitants de la capitale russe — hors une poignée de Moscovites, hors quelques domestiques ou vagabonds, hors quelques déserteurs aussi et, bien entendu, les colonies étrangères — ont quitté Moscou à la suite de l'armée. Les officiers supplient Napoléon de ne pas entrer immédiatement dans Moscou ; il y a, dans le faubourg de Dorogonilov, non loin de la grande-route, une auberge construite en bois où S.M. Impériale pourrait loger. La chambre où Napoléon va passer sa première nuit est d'une saleté à frémir, l'odeur à tomber. Les domestiques font brûler du vinaigre, mais en vain.

Pendant ce temps, les soldats se sont répandus dans la ville pour chercher de la nourriture. L'un d'eux, qui a pénétré dans une maison encore habitée, entend — horrifié — un enfant s'exclamer avec haine :

— Des vivres pour les Français ? Le mastic des vitres est assez bon pour les nourrir !

Cependant des bruits inquiétants commencent à courir : quelques incendies — particulièrement dans le Grand Bazar — se sont déclarés et déjà des voyous pillent les maisons désertes. Dans la soirée, les foyers d'incendie se multiplient et l'on ne parvient point à les maîtriser — le gouverneur russe ayant fait donner l'ordre d'enlever toutes les pompes de la ville et de leur faire prendre la route de Riazan. Il a même ordonné bien plus que cela : l'incendie de la ville !

A Sainte-Hélène, Napoléon déclarera :

— Il ne m'est pas démontré que les Russes aient voulu brûler Moscou, ni qu'ils en aient reçu l'ordre.

Mais alors l'Empereur n'avait pas eu connaissance de la déposition du commissaire Voronenko devant le tribunal de Moscou. « Le 14 septembre, à cinq heures du matin, a déclaré ce dernier, le comte Rostopchine m'envoya à la Halle aux Vins et aux Halles Minty, au commissariat, et me chargea au cas où l'ennemi entrerait subitement d'essayer de tout anéantir par le feu ; ce que je fis, jusqu'à dix heures du soir, en divers endroits, dans la mesure de mes forces, en présence de l'ennemi. » Ce document se trouve conservé aux Archives scientifiques et militaires de Moscou, sous le numéro 4346.

Le soir du 14 septembre, un globe de feu éclate dans le quartier de la Yaouza et donne l'éveil aux habitants ; une maison est déjà la proie des flammes, tandis que de l'autre côté, près du Pont de Pierre, le grand magasin d'eau-de-vie, appartenant à la Couronne, est en feu. Vers onze heures du soir, l'incendie se propage avec violence dans les boutiques situées près de la Bourse : des magasins remplis d'huile et de suif brûlent, comme des torches. *Kitaï-Gorod*, la cité chinoise, n'est plus qu'un brasier.

Et il est toujours impossible de trouver les pompes de la ville... Les foyers d'incendie n'empêchent pas l'Empereur, le mardi 15, à peine le jour levé, de monter Émir, et de se diriger vers le cœur de la ville par l'*Arbate*, la rue habituellement la plus fréquentée de Moscou et qui, comme la veille, est désespérément vide ce matin-là... Le drapeau tricolore flotte sur le Kremlin. L'Empereur fait le tour des longues murailles en briques, construites, voilà six siècles, par le duc Daniel, pénètre dans la cité par la Koutafia, coiffée de la tour de la Trinité, et va s'installer dans l'appartement que l'empereur Alexandre occupe lorsqu'il réside à Moscou.

— Je suis donc enfin à Moscou, éprouve-t-il le besoin de répéter. Je me trouve dans l'antique palais des tsars, au Kremlin !...

Mais il ne peut se défendre d'un sentiment de malaise après avoir traversé ces rues aux maisons mortes, dépeuplées de leurs habitants qui ont fui, comme autrefois devant l'approche des Tartares. Caulaincourt remarquera ses traits « altérés ». Ces incendies qui s'allument sans raison apparente l'oppressent. Dédaignant la somptueuse couche des tsars, il s'étend sur son petit lit de fer, enveloppé de rideaux verts, que l'on a dressé, à chaque étape, depuis la traversée du Niémen.

Il est brusquement réveillé par son valet de chambre. Toute la pièce se trouve éclairée par le ciel de Moscou embrasé. Les incendies se sont propagés en d'effroyable proportions. La ville entière est maintenant livrée aux flammes. Suivi de Montesquieu et de Caulaincourt, l'Empereur monte en haut de la tour d'Yvan qui se dresse juste en face du palais à facettes. La vision, du plus haut observatoire de Moscou, est dantesque. Une mer de feu couvre la capitale, une mer dont le Kremlin, telle une île encore intacte, semble être le centre. Napoléon est atterré et demeure d'abord sans voix, puis, serrant les lèvres, ses compagnons l'entendent murmurer :

— C'est inconcevable ! Les barbares, les sauvages, brûler leur ville ! Qu'est-ce que des ennemis pourraient faire de pis ? Ils se vouent aux malédictions de la postérité.

Le soir, le Kremlin paraît bientôt cerné, assiégé par l'incendie. Il faut fuir ! Supplié par Eugène et Murat, l'Empereur consent enfin à donner l'ordre du départ. Appuyé au bras de Caulaincourt, il traverse sur un pont de bois la Neglinnaïa, cette petite rivière qui, telles des douves, entourait autrefois cette partie du Kremlin. L'Empereur débouche sur le quai et franchit la Moskova. Le voici dans le quartier des marchands. Son mouchoir sur la figure, il suit une rue étroite, tortueuse, et s'avance au travers du pétillement des brasiers. Autour d'eux, les poutres brûlantes croulent. Le petit groupe craint de s'être égaré. La fumée les aveugle. Enfin le fugitif peut retrouver l'un de ses écuyers. Il monte Tauris, prend la route de Saint-Pétersbourg et va s'installer dans le disgracieux palais de Petrovsk, où Alexandre s'était reposé avant d'entrer dans la ville, la veille de son couronnement. Le lendemain, la ville brûle toujours. La cité paraît une vaste trombe de feu qui s'élève en tourbillonnant jusqu'au ciel. Après un morne et long silence, on entend l'Empereur s'écrier :

— Ceci nous présage de grands malheurs !

Il demeurait cependant encore debout presque un tiers de la ville. Mais le pillage allait détruire ce que le feu avait épargné — un pillage absurde, grotesque, démentiel !

Napoléon, lui aussi, pille... mais à sa manière. Il donne l'ordre d'enlever la gigantesque croix d'or qui se trouve en haut de la tour d'Yvan. Elle est destinée à orner le dôme des Invalides. L'Empereur assiste à la difficile opération exécutée par les sapeurs de la garde. La rupture d'un câble fait tomber la croix, et « la terre tremble sous ce poids énorme ». Trophée inutile... car la croix disparaîtra on ne sait où pendant la retraite !

L'Empereur a certes interdit le pillage, mais il est bien difficile d'arrêter la soldatesque. Pour commencer, Napoléon donne l'ordre de faire fusiller les incendiaires. Peu à peu, il parvint, grâce à la garde, à apporter dans cette mascarade indigne un peu de calme. La discipline est rétablie.

Napoléon s'obstine à croire à la paix puisqu'il occupe la capitale russe, mais le tsar ne souhaite point la fin de la guerre : il attend l'arrivée du « général Hiver ».

Le 5 octobre Napoléon envoie Lauriston se présenter aux avant-postes russes. En dépit de l'opposition du commissaire anglais, Koutouzov reçoit l'envoyé français. Le plénipotentiaire officieux essaye de convaincre le maréchal que l'amitié qui a existé entre les deux empereurs a été brisée « de façon regrettable par suite de circonstances purement extérieures ». A présent, une bonne occasion ne se présente-t-elle pas pour rétablir cette amitié ?

— Cette guerre singulière, poursuit-il, cette guerre inouïe doit-elle durer éternellement ? L'Empereur, mon maître, a un désir sincère de terminer ce différend entre deux nations grandes et généreuses, et le terminer pour jamais.

— Je n'ai aucune instruction à ce sujet, répond froidement Koutouzov. A mon départ pour les armées le mot même de la paix n'a pas été une seule fois mentionné !

Dédaigneux, le maréchal russe déclare ne pas vouloir communiquer quoi que ce soit à son souverain :

— Je serais maudit par la postérité si l'on me regardait comme le premier moteur d'un accommodement quelconque, car tel est l'esprit actuel de ma nation.

L'ambassadeur français n'en remet pas moins une lettre adressée par Napoléon à Alexandre. Puis il retourne auprès de l'Empereur pour lui faire un compte rendu de son entrevue. Mais Napoléon — aveuglé — s'exclame :

— A la réception de ma lettre, on verra Pétersbourg faire des feux de joie !

Quand le tsar prend connaissance du rapport que Koutouzov, en dépit de se dires, lui a fait parvenir, il s'écrie :

— La paix ? Mais nous n'avons pas encore fait la guerre. Ma campagne ne fait que commencer !

Demeuré sans réponse du tsar, l'Empereur est de fort méchante humeur. Des nuits entières, dit-on, il arpente les salles du Kremlin, ou bien il lit un joli petit volume en maroquin : l'*Histoire de Charles XII*, par Voltaire...

La liaison avec Paris se fait mal. Les courriers qui mettent entre treize et dix-huit jours pour relier les deux capitales — c'est alors presque un record —sont trop souvent interceptés. L'approvisionnement n'est guère aisé. Le général de Fezensac affirme que déjà l'armée ne se procurait qu'avec peine du pain noir et de la bière. Pour découvrir de la viande, il faut envoyer de forts détachements dans la campagne prendre des bœufs dans les bois où se sont réfugiés les paysans. On possède des liqueurs, des confitures, mais on manque de viande et de pain ! On se couvre de fourrures, mais on a besoin d'habits et de souliers ! Les occupants regorgent de diamants, mais n'en sont pas moins à la veille de mourir de faim ! L'armée russe forme un cercle autour de Moscou — fourrager devient un exploit pour la cavalerie. Il fallait parfois acheter une gerbe de paille « au prix de son sang ». L'avenir le prouvera, l'ennemi ne laissera passer la Grande Armée que si elle se dirige vers l'ouest. Faut-il songer à partir ?

— Notre départ paraîtrait une fuite, tranche Napoléon ! Cela aurait des répercussions en Europe !

Cependant, le 13 octobre, la première neige tombe sur Moscou. Elle fondra dans la journée, mais ainsi que le dira le comte de Ségur, avec ces premiers flocons « tombèrent toutes les illusions dont l'Empereur cherchait à s'environner... »

Brusquement, la décision est prise : le repli sur Smolensk. On pourrait y hiverner et, au printemps, marcher sur Saint-Pétersbourg.

— Il ne s'agit en aucun cas d'un repli, mais d'une marche stratégique, précise Napoléon. Mon armée n'est pas battue que je sache !

Dès lors, l'Empereur ne songe plus qu'à la retraite, sans toutefois oser prononcer ce mot qu'il n'a plus employé depuis Saint-Jean-d'Acre... Il se contente de déclarer « que dans vingt jours il faudra que l'armée soit en quartiers d'hiver ». Il presse le départ de ses blessés. Son orgueil ne peut consentir au moindre abandon volontaire : les attelages manquent à son artillerie, désormais trop nombreuse pour une armée réduite à cent mille hommes, mais il s'irrite lorsqu'on lui propose d'en laisser une partie dans Moscou :

— Non, l'ennemi s'en ferait un trophée ! Tout marchera avec moi !

Avec inconscience — à moins qu'il ne veuille pas voir l'évidence — il ordonne, comme s'il se trouvait aux Tuileries, l'achat de vingt mille chevaux, et exige que la cavalerie s'approvisionne en fourrages « pour deux mois », alors que depuis quelques jours, les détachements envoyés fourrager pour la nourriture d'une journée reviennent bredouilles. Pour ne pas avouer sa défaite, ses aides de camp médusés le voient passer ces dernières journées « à discuter le mérite de quelques vers nouveaux qu'il vient de recevoir, ou le règlement de la Comédie-Française de Paris, qu'il met trois soirées à achever ! « Puis, rapporte encore Ségur ils le voyaient s'appesantissant, passer de longues heures à demi couché, comme engourdi, et attendant, un roman à la main, le dénouement de sa terrible histoire. »

Cependant, Napoléon trace le plan de la retraite. Puis il hésite, change d'avis et dicte, un moment plus tard, un autre itinéraire. Junot reçoit l'ordre de brûler tous les fusils des blessés, et de faire sauter les caisses en surnombre.

Le dimanche 18, Napoléon passe en revue le corps de Ney dans la cour du Kremlin. « Je vis cet homme de petite stature et de forte corpulence, raconte l'émigré Beauchamp, descendre les degrés du château ; un nombreux état-major, des maréchaux et des généraux l'entouraient. La musique militaire annonça son arrivée ; il s'avança à cinquante pas du front de la troupe ; il était vêtu d'une redingote verte et son chapeau était enfoncé d'une manière singulière jusque sur ses yeux méchants et scrutateurs. »

On entend au loin tonner le canon. Soudain, Béranger, jeune aide de camp de Murat, arrive au galop : les premières lignes du roi de Naples ont été culbutées par quatre-vingt mille hommes ayant Bennigsen à leur tête ! « Douze canons, vingt caissons, trente fourgons sont pris, deux généraux tués, trois à quatre mille hommes perdus. » Fort heureusement Poniatowski, qui se trouvait en avant-garde, a pu résister et arrêter l'avance ennemie.

— Il faut laver l'affront de cette surprise, s'exclame l'Empereur en envoyant « mille ordres d'ensemble et de détail », et surtout qu'on ne puisse dire qu'un échec nous a forcés à nous retirer !

Aussi est-ce par la route du sud qu'il faut gagner Smolensk.

— Marchons sur Kalouga, et malheur à ceux qui se trouveront sur mon passage !

Le lendemain lundi 19 octobre, sous un beau soleil, Napoléon sort du Kremlin par la porte du Sauveur. Un quart d'heure plus tard, il a quitté Moscou — sa plus lointaine et dernière conquête. Il a donné l'ordre au duc de Trévise de garder le Kremlin avec une division, une brigade, deux compagnies de sapeurs, de l'artillerie et cinq cents cavaliers... De le garder, mais aussi de l'incendier et de le faire sauter lorsque la garnison française quittera la citadelle !

L'armée, forte encore de plus de cent mille hommes — dont cinquante mille montés ou tractés — suit son chef. La garde ferme l'immense colonne.

Chaque officier possède souvent plusieurs domestiques qui ont emboîté le pas à leur maître. Des femmes infiniment plus nombreuses qu'on ne le croit communément marchent, mêlées aux combattants. Les régiments sont accompagnés de bœufs et de vaches étiques, qui mourront d'ailleurs rapidement sans qu'on doive les abattre. Des milliers de véhicules de tout genre, remplis non seulement de tout ce qu'il faut pour manger, camper, se vêtir, mais aussi d'objets volés, roulent à la suite de l'armée en un gigantesque désordre.

— Le premier raid de cosaques et la fatigue auront raison de tout cela, se contente de dire Napoléon en donnant l'ordre de brûler les voitures qui ne sont pas indispensable.

Mais chacun trouve son véhicule nécessaire. L'Empereur hausse les épaules et poursuit son chemin... ce chemin qui va devenir son chemin de croix.

Moscou a vaincu l'obstination de Napoléon.

La destruction ordonnée par l'Empereur n'est pas totale, la pluie ayant mouillé les mèches — c'est ainsi que le clocher d'Yvan-le-Grand est épargné. Cependant ce qui sera anéanti par le feu — l'Arsenal, une partie des tours et des murs du Kremlin — est suffisant pour alimenter les sentiments de haine parmi les Moscovites.

Le service de renseignements fonctionne aussi mal d'un côté que de l'autre. C'est seulement le 23 au matin que Koutouzov apprend la retraite. On réveille le maréchal et l'officier de la garde, Afinkov, le trouve majestueusement assis sur son lit, en tunique où sont épinglées ses décorations. Son unique œil brille, mais il n'arrive pas à croire au départ des cent mille Français :

— Raconte-moi, mon ami, dit-il : Napoléon a-t-il effectivement abandonné Moscou ? Raconte-moi vite, ne me fais pas languir.

L'officier répète son récit. Le vieillard se tourne alors « vers l'icône du Sauveur » et s'écrie :

— Dieu, mon Créateur, tu as enfin entendu nos prières. A partir de ce moment, la Russie est sauvée.

Koutouzov pouvait remercier le Sauveur. Napoléon demeura trente-deux jours au Kremlin, pendant ce temps le maréchal était parvenu à réunir quatre-vingt-cinq mille fantassins et trente-cinq mille cavaliers — sans parler de deux cent mille miliciens tenus en réserve. Apprenant, tout aussi tardivement, que Napoléon se dirigeait vers Kalouga pour ensuite prendre vraisemblablement la route de Smolensk où il semblait sans doute vouloir hiverner, Koutouzov décide, avec une partie de ses forces — le temps lui manque pour en rassembler davantage — de barrer la route à la Grande Armée. Il choisit, derrière Malo-Yaroslavetz, une puissante position, et il espère, peut-être par la seule présence de l'armée russe, rejeter ainsi l'Empereur sur la vieille route de Smolensk déjà suivie à l'aller et qui, totalement razziée, serait la perte de la Grande Armée. Ce n'est plus maintenant Napoléon qui impose sa volonté à ses adversaires.

Le 24 octobre, l'Empereur s'est arrêté à deux kilomètres de Malo-Yaroslavetz, dans une isba vermoulue dont la seule pièce, sale et obscure comme toutes les isbas, a été divisée en deux parties par une toile. C'est là qu'à onze heures du soir Bessières fait son entrée. Il a soigneusement parcouru le front de la position des Russes et conclut :

— Elle est inattaquable.

Peut-être, tout au plus, pourra-t-on occuper Malo-Yaroslavetz, mais après, le verrou sera fermé...

— Avez-vous bien vu ? demande l'Empereur. Est-il bien vrai ? M'en répondez-vous ?

Bessières en est convaincu :

— Trois cents grenadiers suffiraient là pour arrêter une armée !

Ségur voit Napoléon se croiser les bras d'un air consterné et baisser la tête. Le voici accablé : son armée est victorieuse ; et lui vaincu ! Sa route est coupée, sa manœuvre déjouée ; Koutouzov, un vieillard, un Scythe, l'a prévenu ! Et il ne peut accuser son étoile !... Hier encore la route de Malo-Yaroslavetz n'était-elle pas libre ? Sa fortune ne lui a donc pas manqué ! Est-ce lui qui a manqué à sa fortune ?

La ville de Malo-Yaroslavetz est cependant prise et reprise. Finalement Eugène en demeure maître. Mais la bataille — le combat de Kalouga — a fait sept cents morts ! L'Empereur hésite... Faut-il poursuivre ? Essayer de s'emparer de la position « inattaquable » ? Pour la première fois il se sent battu avant de combattre.

Le combat de Kalouga n'est assurément pas une victoire, quoi qu'en dise le *27e Bulletin.* Les Russes, eux, le considèrent bien comme la défaite de l'ennemi, puisque la bataille a empêché les Français de prendre la position tenue par Koutouzov et de descendre vers les provinces fertiles qui auraient permis de marcher vers Smolensk, tout en nourrissant la Grande Armée. Pour Koutouzov, l'événement marque l'acheminement vers la victoire.

Une ultime fois se pose pour Napoléon la question : Que faire ? Après de nouvelles hésitations, l'Empereur, le matin du 26 octobre, décide de remonter vers le nord pour rejoindre la grande route de Moscou à Smolensk qui est peut-être gardée par de nombreux postes français, mais où l'on ne trouvera aucune nourriture pour les hommes et pour les chevaux...

Koutouzov l'avait prévu.

La terrible retraite débute véritablement le 27 octobre, tandis que l'on poursuit vers le nord. Ce matin-là, l'armée s'est réveillée sous une épaisse couche de neige.

On marche de nouveau sur la route de Smolensk où la paille même des isbas a été dévorée lors du voyage d'aller ! Les troupes impériales commencent à être harcelées par les vingt régiments de cosaques de Platov qui, suivant un autre axe — celui que l'Empereur voulait emprunter — trouvent en abondance vivres et fourrages, et font sans cesse des incursions sur l'itinéraire de la Grande Armée. C'est la fameuse « marche parallèle » voulue par Koutouzov. Partout les paysans ont pris les armes et secondent l'armée régulière. Chaque nuit, on monte le lit de l'Empereur derrière de petites palissades fortifiées, espèce de relais établi pour la poste.

Déjà les cosaques, la fatigue, la faim, les tempêtes de neige, le vent glacial, le verglas — les chevaux non ferrés à glace ne pouvaient marcher — ont eu raison, non seulement du convoi extraordinaire traîné à sa suite par la « tribu », mais aussi de nombreux combattants. Et le véritable hiver n'est pas commencé !

« L'ennemi fuit, écrit Raïevski dans une lettre inédite conservée au musée d'Histoire de Moscou. Le chemin est couvert de morts, de mourants d'inanition. On les tue, on leur prend tous les jours des prisonniers : des officiers, des généraux. Peu de soldats, car on les massacre. Après toutes les horreurs qu'ils font et qu'ils ont faites, l'humanité a perdu ses droits... » Selon le défenseur de la *Grande Redoute* de Borodino, l'armée russe n'a plus désormais qu'à se croiser les bras : « la besogne » sera maintenant achevée « par les seuls cosaques... »

Des unités entières de cavalerie marchent déjà à pied. La misère s'abat sur l'armée. Guerre impitoyable. Rien d'autre ne compte que survivre ! On voit des hommes se tuer pour un morceau de viande de cheval. Faute de nourriture, les prisonniers russes ne peuvent plus avancer. On les massacre en leur fracassant le crâne, ou en leur tirant un coup de fusil.

Depuis longtemps on s'était défait des amputés et des blessés de Borodino. Ces pauvres fardeaux inutiles avaient été entassés sur des chariots ou des affûts dont certains conducteurs, intentionnellement, faisaient courir les chevaux dans les ornières. Les malheureux blessés, des amputés pour la plupart, qui tombaient du véhicule étaient alors abandonnés...

Le 6 novembre, le ciel s'obscurcit, de gros nuages noires s'inclinent vers la terre, la tempête s'élève tandis que des flocons énormes tombent dru sur le sol gelé.

L'hiver russe effectue ainsi sa grande entrée.

Le froid descend à moins vingt-deux degrés, « nos lèvres se collaient, dira le sergent Bourgogne, l'intérieur du nez ou plutôt le cerveau se glaçait ; il semblait qu'on marchait au milieu d'une atmosphère de glace ». Le 10 novembre, après la pénible traversée d'un affluent du Dniepr, Napoléon voit, dans sa lorgnette, des nuées de cosaques s'avancer vers les prisonniers français qu'ils viennent de faire, les déshabiller et les laisser mourir nus sur des monceaux de neige.

Larrey aperçoit la femme d'un colonel, vêtue d'une pelisse de martre et de satin, plonger ses mains dans le ventre d'un cheval mort pour en dévorer le foie. N'ayant pas de couteau, « elle enfonce sa tête à même les entrailles de la bête »...

Les survivants — on emploie déjà ce mot — marchent vers Smolensk comme s'ils s'avançaient au-devant de la terre promise. Là ils vont trouver des maisons chauffées ! Il pourront dormir, manger, se laver, s'habiller de vêtements propres !

Et voici enfin sa ville ! Hors la garde qui conserve ses rangs, le reste court vers les hautes murailles rouges de Smolensk, occupée par une petite garnison française, mais les portes demeurent fermées. Cette foule désordonnée, ces figures hâves, noircies de terre et de fumée, ces uniformes en lambeaux, ces vêtements bizarres, ces hommes vêtus de pelisses de satin rose ou lilas épouvantent. Enfin, après une longue attente sur les rives du Dniepr — le Borysthène, disent les Russes — les malheureux peuvent pénétrer dans la ville. Les distributeurs de vivres ne donnent les rations qu'aux officiers d'unités demeurées constituées. Les autres — les deux tiers de l'armée — ceux qui n'ont plus d'officiers, qui ignorent même où se trouvent leurs régiments, les nombreux domestiques aussi qui accompagnent les combattants, se répandent dans les rues, espérant pouvoir piller la ville. « Mais partout, racontera encore Ségur, des chevaux disséqués jusqu'aux os leur annoncent la famine ; partout les portes et les fenêtres des maisons, brisées et arrachées, ont servi à alimenter les bivouacs : ils n'y trouvent point d'asiles ; point de quartiers d'hiver préparés, point de bois ; les malades, les blessés restent dans les rues, sur les charrettes qui les ont apportés. »

L'Empereur séjourne cinq jours à Smolensk, dans une belle maison de la place Neuve qui existe toujours. Il s'emporte « jusqu'à la fureur » contre les munitionnaires chargés de concentrer dans la ville des approvisionnements. Mais le spectacle qu'il a sous les yeux ne suffit pas. De mauvaises nouvelles viennent l'assaillir : Vitebsk est aux mains des Russes, Eugène a perdu les deux tiers de son artillerie et la brigade Augereau vient d'être anéantie. L'armée russo-suédoise de

Wittgenstein semble vouloir opérer sa jonction avec les forces de Tchitchakov et fermer la retraite à celle qu'on n'ose déjà plus appeler la Grande Armée. Il faut quitter Smolensk et marcher sur la lointaine Vilna, non point par Vitesbsk comme à l'aller, puisque la ville est occupée par l'ennemi, mais par Orcha et Bobr, afin de ne pas avoir en face de soi les deux armées ennemies fortes, l'une de quarante-cinq mille hommes, l'autre de trente-cinq mille combattants, encore contenues par les corps de Victor et d'Oudinot. Il y avait aussi les soixante mille soldats de Koutouzov qui continuaient à talonner Napoléon et auraient achevé l'encerclement. Mais la nouvelle route choisie obligera à traverser la Berezina, cet affluent du Dniepr, long d'un peu plus de six cents kilomètres et rendu célèbre par le passage de Charles XII... On n'a cependant pas le choix. C'est là le seul espoir qui demeure pour *passer* !

Le matin du 14 novembre l'Empereur s'apprête à abandonner Smolensk. Le thermomètre marque vingt degrés au-dessous de zéro. Il fait encore nuit. Napoléon a échangé sa tenue légendaire contre une pelisse polonaise, bordée de peau de martre. Il s'est coiffé d'un bonnet de velours vert garni de fourrure, duquel s'échappe un gland en or ; cette toque est étrangement fixée par deux rubans noirs qui viennent se joindre sous le menton.

Tout manque d'être balayé, le mardi 17 novembre, non loin de Krasnoë, par l'armée de Koutouzov. Mais la vieille garde empêche trente à quarante mille Russes de refermer leur étau sur les survivants de la Grande Armée.

Les vieux grognards, marchant au pas de parade, suivent Napoléon qui avance à pied, un bâton ferré à la main. Il faut lire le récit de Denis Davidov qui combat dans les rangs de l'armée de Koutouzov : « La vieille garde, au milieu de laquelle se trouve Napoléon lui-même, s'approche... Nous enfourchons nos montures et nous nous plaçons près de la grand-route. Apercevant nos bandes bruyantes, l'ennemi arme ses fusils et continue fièrement sa marche, sans presser le pas. Tous nos efforts pour détacher un seul soldat de ses colonnes serrées restent vains : les hommes, comme taillés en granit, méprisent toutes nos tentatives et restent intacts. Je n'oublierai jamais la démarche libre, aisée et l'allure menaçante de ces guerriers éprouvés par tous les aspects de la mort. Avec leurs bonnets à poil, leurs uniformes bleus aux sangles blanches, leurs plumages et leurs épaulettes rouges, ils ressemblent à des pavots dressés sur un champ de neige. Nos cosaques ont l'habitude de galoper autour de l'ennemi, lui arrachant des bagages et des canons qui traînent et encerclent les compagnies éparpillées ou détachées. Mais ces colonnes-là restent inébranlables. En vain, les colonels, les officiers, les sous-officiers ou les simples cosaques foncent-ils sur elles ; les colonnes s'avancent l'une après l'autre, nous chassant à coups de feu et se moquant de nos raids inutiles... La garde de Napoléon passe parmi nos cosaques comme un navire armé de cent canons passe parmi les barques des pêcheurs. »

Et le soir, ils entrent à Orcha musique en tête. Ils ne sont plus que six mille hommes ! Six mille sur trente-cinq mille ! Eugène n'a plus que dix-huit cents soldats sur quarante-deux mille ! Davout commande à quatre mille combattants, débris d'une armée de soixante-dix mille hommes !

Et la terrible marche reprend. Le thermomètre est maintenant descendu à vingt-huit degrés au-dessous de zéro et désormais, chaque matin, on laissera des cadavres gelés et recouverts de neige autour des bivouacs ; chaque matin les survivants parviennent lentement à se mettre en route et vont grossir le nombre des traînards, horde augmentée également peu à peu par les débris d'unités dont les officiers et sous-officiers ont totalement disparu. Au moment de quitter le bivouac, on voit des hommes se lever les jambes tremblantes, le corps penché en avant puis tomber pour ne plus se relever.

Nombreux sont ceux qui ont déjà jeté leur fusil, leurs mains nues ne pouvant toucher le fer glacé « sans qu'ils éprouvent une douleur vive, semblable à la douleur qu'un charbon ardent fait éprouver ».

Le 20 novembre, à Baranoïé, Napoléon apprend aussi que le pont de Borissov, sur la Berezina, gardé par douze cents Polonais, a été pris par les Russes. La retraite se trouve coupée ! Il faut donc se préparer à foncer et à bousculer l'ennemi !

— Cette fois, confie-t-il à Caulaincourt, il n'y aura de salut que pour les braves. Si nous franchissons la Berezina, je suis maître des événements, car les deux corps frais que je vais trouver là-bas — ceux de Victor et d'Oudinot — et la garde suffisent pour battre les Russes. Si l'on ne peut pas passer, nous ferons le coup de pistolet. Voyez avec Duroc ce que l'on pourrait emporter dans le cas où on serait obligé de faire une trouée à travers champs sans voitures. Il faut d'avance être préparé à tout détruire afin de ne pas laisser de trophées à l'ememi. J'aimerais mieux manger avec mes doigts pendant le reste de la campagne que de laisser aux Russes une fourchette à mes armes.

On incendie les voitures qui ne peuvent plus être traînées, on met le feu à une partie des équipages impériaux, jusqu'aux fourgons contenant les archives, afin d'atteler le plus possible de chevaux valides aux canons et aux caissons.

Le 23 novembre, les aigles de tous les corps sont jetées dans les flammes, ces emblèmes que l'Empereur avait remis à ses soldats au camp de Boulogne.

Alignés sur le côté droit de la route conduisant à Borissov, bourg situé sur les bords de la Berezina, les vingt mille hommes du maréchal Victor attendent la Grande Armée. Le corps de réserve de Victor — le deuxième corps — comme celui d'Oudinot — le neuvième — n'avaient pas progressé jusqu'à Moscou. Napoléon leur avait donné rendez-vous sur les bords de la Berezina, afin de couvrir la retraite, tandis que l'on passerait la rivière par le pont de Borissov... que les Russes ont d'ailleurs fait sauter — mais l'empereur vient seulement de l'apprendre.

Les soldats de Victor demeurent en bon ordre. Sans doute se sont-ils battus avec des fortunes diverses contre les Russes de Wittgenstein, sans doute, après une brève accalmie, le froid est-il de nouveau très vif, mais à Smolensk ils se sont repus et, depuis lors, les approvisionnements n'ont pas été, pour eux, trop mauvais.

Ils attendent.

Et, brusquement, à leurs regards stupéfaits et horrifiés, apparaît une traînée de spectres revêtus de lambeaux, accoutrés de tenues sans nom. Visages décharnés, visages hérissés de barbe, les yeux fixes, les pieds enveloppés de paille, entortillés de chiffons, ils marchent, tels des captifs, en silence. Et parmi eux, un bâton à la main, s'avance le maître... Suivent des voitures disparates surchargées de blessés et traînées par des ombres de chevaux.

Cette horde, c'est la Grande Armée.

Les soldats du maréchal Victor, la gorge serrée par la pitié, les yeux pleins de larmes, regardent défiler lentement devant eux ces images de l'atroce désastre.

A la fois sur la rive droite de la Berezina et sur la rive gauche de la rivière — du même côté que celui où se trouve Napoléon — cent vingt mille Russes vont opérer leur jonction et préparent la curée. Bien sûr, les armées de Tchitchakov, de Wittgenstein et de Koutouzov ont, elles aussi, souffert du terrible froid mais leur marche n'a pas été encombrée de traînards, et les unités ne suivent point à la débandade. Napoléon, lui, ne peut compter que sur les cinq ou six mille hommes de la garde, sur les vingt mille soldats amenés par Victor et par Oudinot et sur la poignée de Polonais de Dombrowski qui se sont repliés après la prise de Borissov. Il est difficile d'essayer de dénombrer les combattants de la Grande Armée capables, hors la garde, de tenir un fusil. Assurément pas plus de trois mille hommes armés et disciplinés sous les ordres de Ney et de Davout. Quant au roi Murat, qui avait commencé la campagne à la tête de cinquante mille cavaliers, il y avait longtemps que la plupart de ses chevaux avaient été mangés ou attelés aux canons !

Cent vingt mille hommes prêts à fondre sur vingt-six à trente mille combattants affamés, transis de froid, et sur quarante mille traînards à demi moribonds, quarante mille malades aux membres gelés ! Il semble impossible que la Grande Armée, entassée dans un espace de quinze lieues carrées, parvienne à s'échapper !

— Je doute, s'est exclamé Woronzow, que ce monstre de Napoléon puisse éviter la mort ou la captivité !

Le soir du 25 novembre, Napoléon, accompagné de Caulaincourt, s'avance sur la partie du pont de Borissov qui n'a pas sauté. L'ouvrage a été détruit à trois endroits.

Les deux hommes s'arrêtent sur la première brèche. Au-dessous d'eux roule le flot noir de la Berezina dont les eaux — elles ne sont pas encore prises par le gel — charrient d'énormes glaçons. En amont et en aval, des îlots bas divisent la rivière en de multiples bras et les rives marécageuses portent la distance à franchir à plus de sept cents mètres. En face d'eux, sur la rive droite — vers la route qui conduit actuellement à la gare de Borissov — les batteries de l'amiral Tchitchakov tiennent sous leurs feux l'emplacement de l'ancien pont. Sans doute, s'il faut en croire Ségur, les canons de la garde auraient-ils pu les neutraliser, mais un duel d'artillerie aurait causé de nouvelles pertes et gêné l'action des pontonniers ! Aussi ne peut-il être question de reconstruire l'ouvrage et de franchir la rivière à cet endroit. Il faut donc chercher un gué tout en « battant l'estrade » à Borissov même et, en aval, vers Oukcholda, afin de faire croire aux Russes que l'on se prépare à la fois à réparer le pont détruit et à ménager un autre passage en descendant la rivière, vers le Dniepr

Trouver un gué ! Et rapidement car le temps presse ! Si l'amiral Tchitchakov se contente d'observer les Français, Wittgenstein, lui, peut d'un instant à l'autre attaquer violemment le corps de Victor, tandis qu'il est loisible à Koutouzov de se lancer à l'assaut de l'arrière-garde et du flanc gauche de la Grande Armée — ou plutôt de ce qu'il en reste.

C'est alors qu'intervient un hasard miraculeux. Marchant en avant-garde, le général Corbineau, ayant trouvé Borissov occupée par les Russes, remonta avec sa brigade fantôme les rives boisées de la rivière et se cacha dans la forêt. Sous le couvert, il rencontra un paysan lituanien dont le cheval était trempé jusqu'au poitrail. Il y a donc dans ce secteur un gué. Le paysan — de gré ou de force — accepta de conduire le général devant un endroit, situé à cinq lieues au-dessus de Borissov, devant le village de Studianka dont les isbas bordent la rive, et en face du hameau de Bytchi. La rivière, séparée ici aussi en plusieurs bras semés d'îlots spongieux, coule entre de molles collines boisées — et il se dégage encore aujourd'hui de ce paysage nostalgique une singulière présence. En dépit d'une rive droite marécageuse on peut, en effet, traverser les différents bras de la Berezina en ayant seulement de l'eau jusqu'aux aisselles. Corbineau s'était jeté courageusement dans l'eau glacée, avait perdu soixante-dix cavaliers emportés par le courant, mais la majeure partie de sa brigade était parvenue à prendre pied sur la rive droite de la rivière. Il est donc possible de construire à cet endroit des ponts sur chevalets. Napoléon donne l'ordre aussitôt au général du corps du génie Éblé et au général Dode, commandant le génie du maréchal Victor, de se mettre au travail, tandis que l'on continuera à « amuser » les Russes devant Borissov.

Dès la nuit du 25 au 26 novembre, quatre cents pionniers se trouvent à pied d'œuvre et, complètement nus, de l'eau jusqu'aux épaules, se mettent à construire des chevalets et à les poser sur le lit fangeux de la Berezina — et cela sans prendre garde aux glaçons que charrie la rivière. « Quelques-uns tombent morts et disparaissent dans le courant, a raconté le grenadier Pils, sans que le spectacle de cette fin tragique amollisse l'énergie de leurs camarades. »

Cependant, de l'autre côté de la rivière, on distingue les feux des bivouacs de l'armée russe. Il s'agit de la division Tchuplitz, forte de six mille hommes...

Au jour, les Français voient les feux abandonnés et, sur les collines, là même où se trouve aujourd'hui le monument russe, ils aperçoivent sur les hauteurs trente pièces d'artillerie en retraite. « Un seul de leurs boulets, ainsi que l'écrit Ségur, eût suffi pour anéantir l'unique planche de salut qu'on allait jeter pour rejoindre les deux rives mais cette artillerie se reployait à mesure que la nôtre se mettait en batterie. »

A la stupéfaction générale, les Russes, croyant à une ruse, viennent de lever le camp pour masser toutes leurs forces en face de Borissov et, en aval, devant Oukcholda ! Les Français poussent des cris de joie. Rapp et Oudinot courent chez l'Empereur :

— Sire, l'armée russe vient de lever le camp et de quitter sa position.

— Ce n'est pas possible !

Napoléon sort de son quartier général — la ferme appartenant au prince Radziwill — et court à la rivière. Il arrive juste à temps pour voir disparaître au loin la queue de la colonne de Tchuplitz ! Il rit, joyeux.

— J'ai trompé l'amiral !

Tout à l'heure la capture d'un prisonnier permettra de constater que Tchitchakov avait été trompé au point de faire replier les troupes de Tchuplitz et ne même pas laisser un observateur face au village de Studianka ! Doublement trompé même puisqu'on lui avait sans doute rapporté que les Français s'agitaient du côté de Studianka, mais il avait cru qu'il s'agissait là d'une feinte destinée à le berner : c'est à Borissov que le passage se ferait ! C'est devant Borissov qu'il maintiendrait une force de vingt-sept mille hommes !

Napoléon doit s'assurer de la rive droite. Aussi ordonne-t-il à cinquante cavaliers du 7e chasseurs de prendre chacun un voltigeur en croupe et de traverser la Berezina pour seconder la brigade de Corbineau et établir une tête de pont. Malgré les glaçons qui ensanglantent le poitrail et les flancs des chevaux, les chasseurs parviennent sur l'autre berge. Après plusieurs voyages effectués, tant à cheval qu'à bord de radeaux hâtivement construits, quatre cents hommes occupent la rive opposée.

Pendant ce temps, au nord, sur la rive gauche, le corps du maréchal Victor maintient toujours Wittgenstein à distance respectueuse. Quant à Koutouzov il paraît frappé de léthargie. Il a abandonné toute poursuite depuis quatre jours et ne semble nullement se rendre compte qu'en fonçant vers la Berezina, distante pour lui de cent quinze kilomètres, il pourrait remporter une victoire totale.

Le 26, dans la matinée, le premier pont est terminé et les neuf mille trois cents hommes du corps d'Oudinot traversent la rivière. Un autre passage, celui réservé aux canons, au charroi et aux voitures — il en restait — va être achevé vers quatre heures de l'après-midi. Mais, le soir même, les eaux en crue emportent une partie de l'ouvrage. Le pont devait se briser encore le lendemain à deux autres reprises. Chaque fois les pontonniers se jetteront dans l'eau, dont le niveau va bientôt atteindre un mètre soixante de hauteur, et travailleront au milieu des glaçons.

Les quarante mille traînards campent sur les rives et se battent pour s'arracher quelques morceaux de pain. Les maisons de Studianka et la forêt voisine leur ont fourni du bois. Pour la première fois depuis plusieurs jours, ils ont chaud et refusent, au cours de la nuit du 26 au 27, de traverser la Berezina en dépit des officiers envoyés par Napoléon. On essaye d'engager quelques-uns de ces malheureux à se rendre sur la rive droite, mais c'est en vain : ils préfèrent demeurer la nuit accroupis devant les tisons d'un mauvais feu de bivouac... Quand le jour paraît — le jour du 27 novembre — les traînards se précipitent.

« Ce fut surtout, écrit Ségur, quand la garde sur laquelle ils se réglaient s'ébranla. Son départ fut comme un signal : ils accoururent de toutes parts ; ils s'amoncelèrent sur la rive. On vit en un instant une masse profonde, large et confuse d'hommes, de chevaux et de chariots, assiéger l'étroite entrée des ponts qu'elle débordait. Les premiers, poussés par ceux qui les suivaient, repoussés par les gardes et par les pontonniers, ou arrêtés par le fleuve, étaient écrasés, foulés aux pieds, ou précipités dans les glaces que charriait la Berezina. Il s'élevait de cette immense et horrible cohue tantôt un bourdonnement sourd, tantôt une grande clameur, mêlée de gémissements et d'affreuses imprécations. »

Toute la journée, — par un froid de moins vingt degrés — l'armée continue à s'écouler lentement. Napoléon à plusieurs reprises vient assister au passage. La nuit suivante — le thermomètre descend à moins trente degrés — les ponts sont de nouveau libres, car la horde est retournée à ses feux.

Ce 28 novembre, Victor a toute l'armée Wittgenstein sur les bras. Non seulement il parvient à la contenir, mais pour sauver les dernières unités qui franchissent les deux ponts, il se met à attaquer et réussit à refouler l'ennemi et à lui infliger de lourdes pertes. Les cinq mille cavaliers de Wittgenstein sont culbutés dans un ravin par les huit cents sabres du général Fournier ! Tandis que sur la rive droite, Oudinot, Ney et Mortier maintiennent les vingt-sept mille hommes de Tchitchakov qui a enfin compris la situation, Victor, sur la rive gauche, réussit à résister jusqu'à la nuit. Mais l'ennemi revient en nombre et le maréchal, sur l'ordre de l'Empereur, décroche. Non sans mal, deux compagnies de la garde tiennent libre l'entrée des deux ponts vers lesquels le deuxième corps se dirige en employant la force pour traverser la masse des traînards. A peine l'armée de Victor est-elle passée que le flot d'hommes se précipite. Sous cette ruée, une nouvelle fois le tablier s'effondre. Les pontonniers se remettent à l'eau. Deux heures plus tard, le passage reprend.

Lorsque Éblé reçoit l'ordre de brûler les ponts, il reste encore près de douze mille traînards sur la rive gauche. Il est alors sept heures du matin. Le chef des pontonniers attend jusqu'à neuf heures pour exécuter l'ordre, et ne met le feu aux deux ouvrages que lorsqu'il voit les cosaques dévaler vers la berge. Il reste huit mille hommes sur l'autre rive. « On les voit errer par troupes désolées sur les bords de la rivière. Les uns s'y jettent à la nage, certains se risquent sur les glaçons, s'élancent tête baissée au milieu des flammes du pont qui s'effondre sous eux. » Ségur aperçoit « les corps des uns et des autres s'amonceler et battre avec les glaçons contre les chevalets ». Les survivants, assis dans la neige, résignés, attendent les Russes.

Si plus de sept mille débandés vont être massacrés par les cosaques de Wittgenstein, les débris de la Grande Armée ont réussi, tant bien que mal, à passer. Le célèbre passage n'a pas été le désastre tant de fois dépeint, après le récit du comte de Ségur. Raïevski est assurément quelque peu injuste en écrivant, dans une autre lettre inédite, que « le grand Napoléon » s'était montré à la Berezina « un bien petit génie militaire ».

C'est au lendemain du 29 novembre que va commencer l'épreuve la plus horrible que connurent les combattants de tous les temps.

L'épouvante !

En trois jours, les vingt-cinq mille combattants de la Berezina, confondus avec la horde, devenus « une foule en fuite », marchent pêle-mêle, semant sur la route armes et canons, ces trophées que l'on peut voir aujourd'hui orner tant de musées soviétiques. Seul ce qui reste de la garde conserve encore un air martial. « Les vieilles moustaches, racontera Caulaincourt dans ses *Mémoires*, se déridaient dès qu'elles apercevaient l'Empereur et le bataillon de garde qui prenait chaque jour le service était dans une tenue à étonner. »

De même le quartier impérial, composé au départ de Moscou de six cent trente chevaux et de cinquante-deux voitures, ne compte plus que la calèche de l'Empereur et une vingtaine de véhicules. Cependant, Napoléon aura chaque jour du linge propre, du pain blanc, son vin de Chambertin, de la viande de bœuf ou de mouton et surtout — ce qu'il aime particulièrement — du riz, des fèves ou des lentilles.

Le froid qui est descendu à moins vingt et un degrés, tombe certains jours à moins trente et un degrés ! Les corbeaux meurent foudroyés, raidis en plein vol, l'haleine gèle au contact de l'air avec un bruit sec qui ressemble à de petites détonations.

Un détail horrible nous est donné par les *Souvenirs* inédits du sergent Corniquet : Bien des survivants marchaient nu-pieds en s'aidant avec deux morceaux de bois, mais « leurs pieds étaient tellement gelés qu'ils sonnaient sur la route comme une paire de sabots... »

Dès qu'un homme s'effondre, la horde n'attend pas le dernier soupir du mourant : elle se précipite pour lui prendre ses vêtements. Les derniers chevaux meurent de faim. Aussitôt l'animal tombé, un troupeau d'affamés se jette sur lui. Les premiers arrivés attaquent le flanc et s'emparent du foie qui est, paraît-il, le morceau le plus tendre. « Tout cela se passait sans que personne songeât à tuer la pauvre bête, tant on était pressé de se remettre en route. »

Le 3 décembre, Napoléon arrive à Malodeczno. Quelques vivres s'y trouvent, le fourrage y est relativement abondant, la journée belle, le soleil brille, le froid paraît supportable. Enfin, les courriers rejoignent tous à la fois le grand quartier impérial. Jusque-là, l'Empereur semble n'avoir pas conçu le projet de quitter son armée. Mais, vers le milieu de ce jour, il annonce tout à coup à Daru et à Duroc sa résolution de partir incessamment pour la France. Sans cesse, il pense à l'affaire Malet, à ce général de brigade qui, à la suite d'une conspiration fort bien menée, le 23 octobre, à Paris, annonçait la mort de l'Empereur à Moscou et a manqué prendre sa place ! Sans doute l'affaire n'a-t-elle duré que quelques heures, mais Napoléon n'en pense pas moins qu'il lui faut rentrer. Cet échappé d'une maison de santé est parvenu à ébranler le régime ! Assurément, les rescapés de la catastrophe pourront regagner Vilna sans lui, s'y nourrir et s'y reposer en attendant le printemps !

A Snorgoni, le samedi 5 décembre à dix heures du soir, après avoir — faute capitale — confié le commandement de l'armée au roi Murat, et non à Eugène, l'Empereur, sous le nom de son grand écuyer, part avec Caulaincourt. Une course folle en dormeuse, puis en traîneau, enfin en cabriolet, une course de treize jours et quatorze nuits commence à travers la Pologne et l'Allemagne.

La nuit du 6 au 7, entre Vilna et Kovno, est atroce. Le froid, épouvantable. Caulaincourt le racontera : « L'Empereur, quoique enveloppé de laine et couvert d'une bonne pelisse, les jambes dans des bottes fourrées et de plus dans un sac d'ours, s'en plaignait au point que je dus le couvrir de la moitié de ma pelisse d'ours. Notre respiration gelait sur nos lèvres et formait de petits glaçons sous le nez, aux sourcils et autour des paupières. Tout le drap de la voiture, notamment l'impériale où la respiration montait, était blanc et dur... L'Empereur grelottait ; on eût dit qu'il avait le frisson... »

En arrivant à Kovno, deux heures avant le jour, les voyageurs trouvent un repas qui paraît excellent à Caulaincourt : « du bon pain, de la volaille, une nappe... ». Napoléon qui, durant la retraite, n'a jamais été privé, est moins surpris...

Le maître de poste de Gragow apprend à Caulaincourt que le seigneur du lieu — le comte Wylicki — a fait construire pour sa fille qui vient de se marier une berline montée sur patins de traîneau. Le comte accepte de la céder aux voyageurs lorsqu'il apprend que « Monsieur de Caulaincourt » est en réalité l'empereur des Français.

Sur le traîneau du comte Wylicki, Napoléon glisse maintenant vers le Niémen. Le voici optimiste :

— Vilna, bien approvisionnée, fera tout rentrer dans l'ordre. On y a plus de moyens qu'il n'en faut pour résister à l'ennemi. Les Russes, au moins aussi fatigués que nous et souffrant comme nous du froid, prendront des cantonnements.

Cependant l'accueil qui l'attend à Paris l'inquiète :

— Nos désastres feront une grande sensation en France, mais mon arrivée en balancera les fâcheux effets.

Sans cesse, tandis que le traîneau prend la route de Pultusk, il revient sur les causes de sa défaite :

— Nous sommes victimes du climat ; le beau temps m'a trompé. Si j'étais parti quinze jours plus tôt, mon armée serait à Vitebsk. Tout a mal tourné parce que je suis resté trop longtemps à Moscou. Si j'en étais parti quatre jours après l'avoir occupé, comme j'en ai eu l'idée après avoir vu l'incendie, la Russie était perdue. L'empereur Alexandre eût été trop heureux de recevoir la paix que je lui aurais alors généreusement offerte de Vitebsk.

A Varsovie, l'ambassadeur de France — Pradt — et le ministre des Finances du grand-duché de Varsovie félicitent l'Empereur d'avoir échappé à tant de dangers.

— Dangers ? Pas le moindre, riposte-t-il en se grisant de paroles. L'armée est superbe. J'ai vingt mille hommes. J'ai toujours battu les Russes. Ils n'osent pas tenir devant nous. Ce ne sont plus les soldats de Friedland et d'Eylau. On tiendra dans Vilna. Je vais chercher trois cent mille hommes. Le succès rendra les Russes audacieux. Je leur livrerai deux ou trois batailles sur l'Oder, et dans six mois je serai encore sur le Niémen. Je pèse plus sur mon trône qu'à la tête de mon armée. Sûrement, je la quitte à regret. Mais il faut surveiller l'Autriche et la Prusse... tout ce qui arrive n'est rien. C'est un malheur. C'est l'effet du climat. L'ennemi n'y est pour rien. Je l'ai battu partout.

Dans la chambre de l'auberge le maigre feu s'éteint. Le froid gagne les assistants, sauf l'Empereur qui ne s'en aperçoit pas : il se réchauffe à force de parler et de marcher d'un mur à l'autre de la pièce :

— Je ne me suis jamais mieux porté, conclut-il. Quand j'aurais le diable, je ne m'en porterais que mieux.

« Telles furent ses dernières paroles, racontera Pradt. Aussitôt il monta dans l'humble traîneau qui portait César et sa fortune, et disparut. Un choc violent manqua le renverser en franchissant le seuil de la porte. »

Le 15 décembre, il passe à Erfurt. Que de souvenirs ! Le baron de Saint-Aignan lui a prêté sa dormeuse. Enfin, il peut s'assoupir, mais un timon se brise sur les mauvais chemins de Westphalie. Une lieue avant de traverser le Rhin. Napoléon rencontre Anatole de Montesquiou, déjà revenu de Paris. Le 16 décembre, enfin, il traverse le fleuve en bateau et arrive à Mayence. Le voici dans un département *français*.

Le Moniteur publie ce jour-là le célèbre et terrible Bulletin qui va « foudroyer la France », selon le mot de la maréchale Oudinot : « Jusqu'au 6 novembre le temps a été parfait, et le mouvement de l'armée s'est exécuté avec le plus grand succès. Le froid a commencé le 7 ; dès ce moment, chaque nuit, nous avons perdu plusieurs centaines de chevaux, qui mouraient au bivouac... Cette armée, si belle le 6, était bien différente dès le 14, presque sans cavalerie, sans artillerie, sans transports... Cette difficulté, jointe à un froid excessif subitement venu, rendit notre situation fâcheuse. Des hommes que la nature n'a pas trempés assez fortement pour être au-dessus de toutes les chances du sort et de la fortune parurent ébranlés, perdirent leur gaieté, leur bonne humeur, et ne rêvèrent que malheurs et catastrophes... L'ennemi, qui voyait sur les chemins les traces de cette affreuse calamité qui frappait l'armée française, chercha à en profiter... »

Il est un quart d'heure avant minuit — le temps est couvert, la température de trois degrés — lorsque la chaise de poste pénètre dans la cour des Tuileries. Caulaincourt passe sa tête par la portière et se nomme ; le suisse refuse de reconnaître, en ce spectre, le grand écuyer. Enfin, à demi convaincu, il laisse passer l'équipage qui s'arrête en bas du grand escalier.

Encore coiffé de son pittoresque bonnet de fourrure, avec une barbe de quinze jours, le col enfoncé dans sa pelisse, l'Empereur apparaît à la portière. Le piqueur Amodru qui, depuis Smorgoni, galope devant l'équipage, déplie le marchepied, puis s'effondre, ivre de fatigue.

— Bonsoir, Caulaincourt, lance Napoléon, vous avez aussi besoin de repos.

Puis il entre dans l'appartement de Marie-Louise...

Quelques jours plus tard, l'Empereur qui croyait les réchappés de la Berezina en train de se reposer en Lituanie, apprend que Murat a abandonné « le squelette disloqué » de la Grande Armée. C'est le coup de grâce. A la sortie de Vilna, sur la route de Kovno, l'artillerie de la garde et les derniers fourgons impériaux n'ont pu monter la côte verglacée du défilé de Ponari. On a dû se défaire des canons et éventrer les sacs contenant le trésor. « Les soldats de l'arrière-garde qui passaient devant ce désordre, nous dit Ségur, horrifié, jetèrent leurs armes pour se charger de butin ; ils s'y acharnèrent si furieusement qu'ils n'entendirent plus le sifflement des balles et les hurlements des cosaques qui les poursuivaient. »

Désormais, il n'y avait plus d'artillerie, Ney, qui veillait sur quelques canons, avait été obligé de les abandonner. On vit le maréchal Victor marcher *seul* vers Kovno, l'arrière-garde qu'il commandait l'ayant quitté... Et le maréchal Berthier pourra adresser à l'Empereur ce dernier rapport :

« Je dois dire à Votre Majesté que l'armée est dans la débandade la plus complète ; de même que la garde, qui ne se compose plus que de quatre ou cinq cents hommes. Les généraux et les officiers ont perdu tout ce qu'ils possédaient, la plupart d'entre eux ont telles ou telles parties du corps gelées, les routes sont jonchées de cadavres, les maisons sont bondées de mourants. Toute l'armée ne représente plus qu'une colonne étirée sur une longueur de quelques lieues, qui part le matin et s'arrête le soir sans recevoir aucun ordre ; les maréchaux marchent avec tout le monde...

« *L'armée n'existe plus...* »

LA CURÉE

L'étoile pâlissait ; je sentais les rênes m'échapper, et je n'y pouvais rien !

NAPOLÉON.

Napoléon a presque sauté de sa chaise de poste pour s'asseoir sur son trône et, le lendemain même de son retour, fatigué et soucieux — on l'eût été à moins — il réunit ses ministres :

— Eh bien, messieurs, la fortune m'a ébloui. Je me suis laissé entraîner au lieu de suivre le plan que j'avais conçu. J'ai été à Moscou, j'ai cru y signer la paix, et j'y suis resté trop longtemps. J'ai cru obtenir en un an ce qui ne devait être exécuté qu'en deux campagnes.

Il ignore encore l'anéantissement quasi total de la Grande Armée. Il s'imagine que les rescapés sont en train de se reformer sur les bords du Niémen et que, augmentées des garnisons récupérées çà et là, ses forces sont encore de cent cinquante mille hommes !

Il ajoute :

— J'ai fait une grande faute, mais j'ai les moyens de la réparer.

Il estime avoir suffisamment battu sa coulpe devant ses ministres-aides de camp. A leur tour d'être confondus, et sans plus tarder, il leur parle de l'affaire Malet :

— Vos serments, vos principes, vos doctrines ! Vous me faites frémir pour l'avenir !

Avec l'espoir que l'on crierait, à l'instar du vieux cri royal : *L'Empereur est mort, Vive l'Empereur !* avec cet espoir, il s'était appliqué à suivre scrupuleusement les usages de l'Ancien Régime, aussi bien pour la naissance de son fils que pour la composition de sa maison et pour son éducation. Mieux ! Il avait fait de son héritier, non un dauphin, mais un roi, un souverain semblable au roi des Romains, titre non seulement porté par l'empereur d'Occident avant d'être couronné, mais aussi par le successeur reconnu de ce même empereur. Pour cela, d'un trait de plume, il avait révoqué la donation que son « prédécesseur » Charlemagne avait faite à Sa Sainteté. Il avait ordonné un baptême à Notre-Dame, cérémonie qui, dans son esprit, devait prouver, par son éclat et sa pompe, l'établissement définitif de la dynastie napoléonienne, régnant sur un empire homogène où les peuples, devenus les habitants de départements français, perdraient peu à peu conscience d'avoir été autrefois hollandais, italiens ou allemands. Et tout ceci n'avait servi à rien ! On n'avait pas plus pensé à Napoléon II qu'à « l'Impératrice-Reine » ! Napoléon mort — et au cours de la terrible retraite la chose n'eût pas été impossible — l'Empereur disparu, l'Empereur s'effondrait de lui-même. Napoléon devait en convenir : il régnait sur un « empire viager ». Il ne pouvait se survivre ! Il a eu beau mettre dans son lit la fille des Césars et donner des ancêtres à son fils, le petit roi n'hériterait pas de son père !

Il faut donc — et sans tarder, puisque la guerre allait reprendre — trouver le moyen d'associer en quelque sorte le petit roi de Rome au gouvernement de l'Empire et cimenter ainsi son droit de succession. On devait couronner le successeur de Napoléon Ier, du vivant même de son père. Et le faire sacrer évidemment par le pape ! Mais, avant de parler d'onction et de couronne à poser sur un front, il est indispensable de mettre un point final à la querelle opposant l'Empereur et Pie VII.

Napoléon décide de s'en occuper lui-même.

Le 19 janvier 1813, l'Empereur se rend à Fontainebleau, où le pape demeure depuis une année, sous la garde du capitaine de gendarmerie Lagorse, travesti en chambellan. La première entrevue rappelle les heures passées dans ce même palais à la veille du sacre. Les deux hommes s'embrassent :

— Mon père !

— Mon fils !

Dès le lendemain, les entrevues sont moins cordiales. Durant cinq jours, les scènes se succèdent. Le point de vue de Napoléon est simple : Rome est la seconde ville de l'Empire et n'appartient plus au pape. Pourquoi Sa Sainteté ne s'installerait-elle pas en Avignon ? Ce qui ne l'empêcherait point de garder, comme une manière de résidence secondaire, le Vatican, qui n'avait jamais été occupé par les troupes françaises.

Pie VII met une telle obstination à conserver la souveraineté de l'héritage de saint Pierre que l'Empereur ne parvient pas à maîtriser sa colère. « Un jour, racontera le pape, dans la chaleur de la dispute, au sujet de la renonciation aux États romains, selon l'habitude qu'il en avait, Napoléon me prit par un bouton de ma soutane et me secoua si fort en le tirant que tout mon corps remuait. »

Mais — contrairement à ce que Chateaubriand affirmera — Napoléon ne traîne pas le Souverain Pontife par ses cheveux blancs !

Un point capital demeurait à régler : l'éternelle institution des évêques, question qui restait pendante depuis des années. « Dans une conférence, rapportera encore le pape, l'Empereur, pris de colère en raison de mes constants refus, accomplit à mon égard un acte qui me fit lui dire : "Oh ! l'affaire a commencé par une comédie et veut finir en tragédie !" » Telle est l'origine du célèbre : *Commediante, tragediante !* de la légende.

Cette fois, Pie VII devra céder : après un délai de six mois, si le pape refusait d'instituer un nouvel évêque, celui-ci serait établi, soit par le métropolitain, soit par le prélat le plus ancien de la province ; il n'était pas spécifié que cette désignation serait faite *au nom du pape.*

Le 25 janvier, en présence de l'Empereur, le traité est présenté à Pie VII. Le prisonnier de Fontainebleau implore du regard les cardinaux témoins de la scène, qui, devant l'expression implacable du visage de Napoléon, baissent les yeux... Le Souverain Pontife pousse alors un pesant soupir, prend la plume et signe. Napoléon pose ensuite son illisible griffe au bas du nouveau Concordat. Après une telle abdication, il importe peu à Pie VII de promettre de couronner lui-même le roi de Rome et l'Impératrice — et Napoléon s'en retourne à Paris en vainqueur. Mais, quelques jours plus tard, le cardinal Pacca, rendu à la liberté, arrive à Fontainebleau et s'avance vers le pape. C'est à peine s'il reconnaît son maître dans l'être qui se porte à sa rencontre, une ombre d'homme au regard angoissé.

— Nous avons fini, hélas, par nous rouler dans la fange, soupire Pie VII. Les cardinaux m'ont traîné à cette table et m'ont fait signer. Ah ! mon ami, je ne dors ni jour ni nuit, je crains de mourir fou comme Clément XIV.

— Il n'est pas question de mourir, s'exclame le prélat, mais de réparer le mal fait.

— Croyez-vous donc qu'on puisse y remédier ?

— Oui, Saint-Père, à presque tous les maux il est un remède.

Ce « remède » sera la rétractation du 24 mars 1813. Ce jour-là, le pape déclarait ne pouvoir exécuter le Concordat, cet « écrit vicieux et mal fait ». Et il ajoutait :

— Comme tel, avec l'aide de Dieu, nous voulons qu'il soit réformé, afin qu'il n'en résulte aucun dommage pour l'Église ni aucun préjudice pour notre âme.

La colère de Napoléon fut effroyable. La réconciliation spectaculaire du 25 janvier se trouvait désormais bien morte, mais, pour tous, elle devait subsister : « Le ministre des Cultes, dicta l'Empereur, gardera le plus grand secret sur la lettre du pape en date du 24 mars que je veux, selon les circonstances, avoir ou n'avoir pas reçue... Le Concordat de Fontainebleau est désormais une loi de l'État. Sa Majesté le regarde comme un traité plus sacré que tous les autres. »

Le roi de Rome et l'Impératrice ne seront pas couronnés. Quant à Pie VII, il demeurera prisonnier jusqu'à ce que le *commencement de la fin* vienne le libérer et lui permettre de regagner Rome, alors menacée de confiscation — ô paradoxe ! — par Murat, devenu l'allié de l'Autriche...

Pour beaucoup, Napoléon s'acheminait vers ce *commencement de la fin.* Metternich, dont l'heure va sonner, se livre, durant ces mois qui précèdent la déclaration de guerre de l'Autriche à la France, à un double jeu qui laisse pantois. D'abord l'empereur François doit devenir l'arbitre de la situation en se posant en médiateur. Metternich est tout surpris d'apprendre que Napoléon, le 31 décembre, prend la chose le mieux du monde.

— Faisons la paix, déclare-t-il au ministre autrichien Bubna. Je ne demande pas mieux que votre empereur parle à haute voix à la Russie. Je me réjouis qu'il se décide à devenir médiateur.

La veille, — mais Napoléon l'ignorait encore ce jour-là — le général prussien York, comte de Wartenbourg, a signé avec les Russes la capitulation de Tauroggen. Le corps prussien de la Grande Armée devient « neutre », en attendant, bien sûr, de se retourner contre Napoléon. Kœnigsberg est aussitôt évacuée et les forces impériales françaises — formées de la division Heudelet venue de Berlin et d'une division polonaise — sont obligées de se replier sur la Vistule.

Déjà, Schwarzenberg, à la tête du corps autrichien, a abandonné la Volhynie et, au lieu de rejoindre Eugène, s'est dirigé vers Vienne.

— Vous allez disant partout qu'il faut faire la paix, demande l'Empereur à Talleyrand, mais comment la faire ?

— Votre Majesté a encore entre les mains des effets négociables, répond le prince de Bénévent. Si elle attend davantage et qu'elle vienne à les perdre, elle ne pourra plus négocier.

Par « effets négociables », Talleyrand entend les États romains, le Piémont, la Toscane, la Hollande, les villes hanséatiques et le duché de Varsovie — territoires que Napoléon refuse de lâcher, sachant parfaitement que la première concession en entraînera une seconde, puis une troisième... et ainsi de suite jusqu'à son abdication. Il ne veut pas plus renoncer à sa médiation sur la Confédération du Rhin qu'à celle des cantons suisses ! L'Empereur aurait tout au plus consenti à donner ce qu'il ne possédait déjà plus : le Portugal, ou la Sicile qu'il n'avait même jamais pu occuper. De même — le duc de Bassano l'écrivait à Vienne, sans vouloir le moins du monde plaisanter — l'Empereur était prêt à offrir au tsar la Pologne russe, la Lituanie, la Volhynie, la Podolie, l'Ukraine... qui n'avaient jamais cessé d'appartenir à l'empereur de Russie !

Comment, dans ces conditions, obtenir la paix — cette paix que les futurs alliés n'envisagent nullement d'accorder à Napoléon ?

On s'en doute, le gouvernement autrichien ne désire pas faire aboutir la moindre concession. Metternich et son empereur, tout en assurant le tsar qu'ils ne donneraient plus un homme à Napoléon, affirmaient en même temps à Paris que l'alliance entre les deux empires leur paraissait à un tel point nécessaire « que si vous la rompiez aujourd'hui, disaient-ils, nous vous proposerions demain de la rétablir absolument dans les mêmes conditions ». François Ier, en réalité, n'a qu'une hâte : se dégager de l'alliance et, après avoir acquis son « indépendance », déclarer la guerre à son gendre. Il envie le roi de Prusse qui se trouve à la veille de pouvoir enfin franchement tourner casaque. L'armée prussienne, qui ne compte sur le papier que trente mille hommes, formera bientôt, par l'afflux des volontaires et par l'armement clandestin, un corps de cent trente-quatre mille hommes prêts à se lancer contre la France.

Le 27 février 1813, un traité d'alliance, encore secret, est signé par le roi Frédéric-Guillaume avec le tsar Alexandre qui peut encore aligner cent quatre-vingt-dix mille rescapés de la terrible poursuite. L'enthousiasme prussien est à son comble. C'est la revanche tant attendue ! Toutes les femmes échangent leurs alliances contre un anneau de fer portant ces mots : *J'ai donné de l'or pour du fer.*

Napoléon sent monter le drame. Le 16 mars, la Prusse annonce à la France que leur alliance est rompue et, dès le lendemain, le roi déclare la guerre à Napoléon. La joie, à Berlin, est indescriptible, c'est la guerre sainte qui s'arrête ! Le 19 mars, le général York entre dans Berlin et, le 22, c'est au tour du roi de retrouver sa chère ville. C'est du délire, et la haine pour la France atteint son paroxysme !

— La paix seule peut prévenir les malheurs qui nous menacent, déclare l'ambassadeur d'Autriche à Paris à Maret, mais tant que vous ne rétablirez pas les États dans leurs droits et que vous ne reconnaîtrez pas que chacun est maître chez lui, que vous ne laisserez pas le commerce libre pour faire rentrer un peu d'argent en circulation, la paix même sera une chimère.

Mais, en cette veille de printemps 1813, la situation ne paraît encore nullement dramatique à l'Empereur, en dépit, d'abord de Bernadotte qui, le 3 mars, avait signé un traité avec l'Angleterre en promettant de jeter trente mille hommes à la curée de son ancienne patrie, en dépit de l'entrée à Madrid des Anglais, en dépit, enfin, de Murat qui commençait à flancher et rêvait de devenir le Bernadotte du sud de l'Europe. Le 26 janvier, l'Empereur lui avait écrit : « Je suppose que vous n'êtes pas de ceux qui pensent que le lion est mort. Si vous faisiez ce calcul, il serait faux. Vous m'avez fait tout le mal que vous pouviez depuis mon départ de Vilna. Le titre de roi vous a perdu la tête. Si vous désirez le conserver, ce titre, il faut vous conduire autrement que vous avez fait jusqu'à présent. »

Murat, en recevant cette semonce, ne rentre pas dans le rang. Bien au contraire, ce magnifique soldat, mais piètre politique, commence à faire des avances aux adversaires de son beau-frère. À la première occasion — par exemple la déclaration de guerre de l'Autriche à Napoléon — le roi de Naples offrira ses services à l'Autriche, à la condition toutefois que les Alliés lui permettent de conserver le royaume de Naples.

Le 15 avril, après avoir laissé la régence à Marie-Louise, l'Empereur quitte Saint-Cloud. Tout en roulant, il fait ses comptes de vies humaines et croit pouvoir bientôt renforcer l'armée et porter ses effectifs à quatre cent mille hommes. Il espère même avoir la possibilité d'en aligner six cent mille en faisant appel aux anciennes classes ! Il arrive à Mayence quarante heures après avoir laissé Paris et doit se rendre à l'évidence : l'optimisme l'a trompé. Il ne dispose seulement que d'une masse de manœuvre de deux cent trente mille à deux cent cinquante mille hommes. Mais cette armée se trouve principalement composée d'Allemands, d'Italiens, de Suisses, de Hollandais — et même d'Illyriens ! — autant de troupes qui passeront à l'ennemi dès la première affaire douteuse. Quant aux Français, la plus grande partie est à peine instruite, les recrues sont âgées de dix-huit à vingt ans ! Sans doute ces jeunes soldats de 1813 sont-ils pleins de courage, mais — ainsi que le remarquera l'un de leurs officiers — « ils n'ont que les instincts et que la force des enfants »...

L'armée possède six cents bouches à feu mais, on ne le répétera jamais assez — et l'Empereur y pensait avec angoisse — les différents corps sont démunis de cavaliers. Soixante mille chevaux sont morts entre Moscou et la Vistule, ils ont pour la plupart nourri la Grande Armée... Or, la stratégie impériale — la poursuite d'un adversaire battu, décrochant et quittant le champ de bataille — exige une cavalerie puissante. Napoléon ne peu opposer, en 1813, que quinze mille soldats montés aux trente-sept mille cavaliers alliés. De plus, bien des hommes, s'ils savent monter à cheval, ignorent tout de leur métier ! Pourquoi n'a-t-il pas rappelé d'Espagne l'armée forte de deux cent cinquante mille hommes ? Parce qu'il eût fallu rendre son royaume à Ferdinand VII qui aurait assurément tendu la main aux Anglais.

Le 28 avril, Napoléon est à Weimar. La campagne d'Allemagne commence. Ney franchit la Saale, bat les Russes et la liaison entre l'armée d'Eugène et celle de l'Empereur est faite. En voyant Napoléon remonter leurs rangs, les conscrits poussent des vivats, mettent leur shako au bout de leur baïonnette. Ce jeune enthousiasme lui fait chaud au cœur et compense les mines renfrognées des maréchaux qui ne cachent pas leur lassitude.

Il déplace son armée vers la plaine de Lützen. De là, grâce à l'un de ces mouvements dont il a le secret, on pivotera sur les ailes — la droite française formant le manche de la faux — et en acculera l'ennemi aux monts de Bohême.

Le dimanche 2 mai, la bataille de Lützen commence. Les Alliés attaquent deux jours plus tôt que prévu. Ils ont bousculé Souham. À plusieurs reprises les conscrits, qui essuient le feu pour la première fois, lâchent pied. La ligne française est percée et Blücher croit déjà tenir la victoire ! Mais Napoléon tire son épée, se met à la tête de la jeune garde et part à l'assaut en s'avançant entre deux colonnes, comme au temps de la campagne d'Italie ! Sur les collines de Starsield, les batteries françaises crachent la mort — et le combat « change d'âme ». Au soir, tandis que brûle le village de Kaia qui, sans cesse au cours de la journée, a été pris et repris, Napoléon s'écrie :

— La bataille est à nous !

Vingt-deux mille Russes et Prussiens gisent sur le champ de bataille, mais on compte dix-huit mille morts dans les rangs de la nouvelle Grande Armée ! On ne peut — faute de cavalerie — poursuivre l'ennemi qui se retire vers l'Elbe... Quoi qu'il en soit, cette « affaire de Lützen », selon l'expression de l'Empereur, ouvre la route de Dresde et prouve que l'on peut compter sur les recrues qui se sont battues, ainsi que l'écrira un témoin, « comme des vétérans ».

Le 7 mai, l'Elbe est franchi et le 8, Napoléon fait son entrée dans Dresde. Les magistrats qui ont reçu les Russes avec enthousiasme se tiennent penauds et Napoléon ne leur dissimule pas sa manière de penser. Cependant « pour l'amour de leur roi » il ne traitera pas la Saxe en pays conquis. Au palais royal de Dresde, avant de s'endormir, il écrit au roi de Saxe qui s'était prudemment rapproché de la frontière autrichienne, en l'invitant à regagner sa capitale « libérée ».

Dix mille soldats saxons sont incorporés dans la Grande Armée. « Nos affaires vont bien, écrit-il à Marie-Louise. L'on cherche à tromper papa François ; l'on veut l'entraîner dans de mauvaises affaires. Metternich n'est qu'un intrigant. »

Il en a d'autant plus la certitude en recevant — le 16 — le général de Bubna qui lui communique les trois points proposés par Metternich pour établir une paix générale : le grand-duché de Varsovie serait abandonné, la France renoncerait aux territoires réunis en 1811 à l'Empire, enfin Napoléon rendrait l'Illyrie à l'Autriche. L'Empereur ne l'ignore pas : en acceptant ces conditions apparemment raisonnables, c'est le début des concessions dont Metternich profitera pour l'anéantir. Le reste — répétons-le — suivrait, jusqu'à ce qu'il soit à terre ! Aussi Napoléon rejette-t-il les propositions alliées :

— Je ne veux pas de votre médiation armée. Vous ne faites qu'embrouiller la question. Vous dites ne pouvoir rien faire pour moi : vous n'êtes donc forts que contre moi... Je ne céderai point un village de ce qui est constitutionnellement réuni à la France. Vous voulez m'arracher l'Italie et l'Allemagne !

En devin extraordinaire, il a découvert par intuition les projets de l'Autriche et ce que sera l'avenir :

— Vous voulez me déshonorer, monsieur, déclare-t-il à Bubna : l'honneur avant tout, puis la femme, puis l'enfant, puis la dynastie... L'enfant dans les veines duquel le sang autrichien coule, que deviendra-t-il ? Ce qui me tient à cœur, c'est le sort du roi de Rome. Vous commencez par me demander l'Illyrie, puis vous me demanderez le pays de Venise, puis le Milanais, puis la Toscane et vous me forcerez à me battre contre vous ; il vaut mieux commencer par là.

On pourrait supposer l'Empereur assoiffé de sang, le taxer de tyrannie, ne voulant, par ambition, admettre aucun compromis et pourtant, il n'a qu'un désir : la paix. Pour l'obtenir, cette paix, il accepterait de s'entendre avec le tsar et prendrait le risque de voir se répéter de nouvelles exigences, sitôt les précédentes acceptées. « Afin, déclare-t-il, d'épargner une effusion de sang inutile », il envoie donc Caulaincourt au quartier général d'Alexandre :

— Si j'ai des sacrifices à faire, j'aime mieux que ce soit au profit de l'empereur Alexandre qui me fait une bonne guerre et du roi de Prusse auquel la Russie s'intéresse, qu'au profit de l'Autriche qui a trahi l'alliance et qui, sous le titre de médiateur, veut s'arroger le droit de disposer de tout après avoir fait la part qui lui convient.

Mais le tsar voit dans cette demande la preuve évidente de la faiblesse de son adversaire. Il ne veut même pas recevoir Caulaincourt ! On doit aller jusqu'à l'hallali... La guerre reprend. Après la bataille de Bautzen, on essaye de poursuivre les troupes alliées en retraite vers l'Oder, cependant l'absence de cavalerie empêche toujours de tailler l'ennemi en pièces. Sans doute, le lendemain, l'infanterie talonne-t-elle Prussiens et Russes, mais les fantassins s'essoufflent à remplir ce rôle, pour lequel ils ne sont point faits, et on entend les soldats murmurer :

— Quand cela finira-t-il ? Où l'Empereur s'arrêtera-t-il ? Il faut faire la paix à tout prix !

Les Alliés, sans munitions, reculent avec précipitation, battant toujours en retraite. Glogau est bientôt évacué et l'armée napoléonienne atteint l'Oder. Il n'a pas fallu un mois à Napoléon pour faire rétrograder l'ennemi pendant trois cent cinquante kilomètres !

Metternich écrira plus tard dans ses *Mémoires* : « Il s'agissait d'arrêter ce Napoléon dans sa marche. » Aussi Russes et Prussiens demandent-ils à l'Empereur ses conditions de paix — démarche que Napoléon accueillera avec froideur. Devine-t-il que cette trêve ne sera qu'un « rideau » derrière lequel la meute pourra posément se reformer, se réunir aux forces autrichiennes et suédoises pour foncer une fois de plus sur l'homme à abattre ? Dès le 10 mai Hardenberg avait écrit : « La guerre entre l'Autriche et la France doit éclater sur le refus que Bonaparte donnera sans aucun doute aux propositions que la Russie, la Prusse et l'Autriche lui feront conjointement. »

En dépit de la victoire de Bautzen — sa dernière véritable victoire — Napoléon est angoissé. Lui a-t-on répété les mots prononcés par Duroc avant de mourir, frappé d'un boulet, lors de la retraite vers l'Oder ?

— Nous y passerons tous !

Il voit autour de lui les maréchaux las, et incapables d'initiative. Il sait aussi que poursuivre la guerre sans renforcer sa cavalerie serait une folie. Alors, il accepte l'armistice en se rendant parfaitement compte du danger qu'il court :

— Si les Alliés ne veulent pas la paix de bonne foi, cet armistice peut nous devenir bien fatal !

Afin de prouver que, de son côté, il est sincère, Napoléon accepte de se replier. Il abandonne la ligne de l'Oder. « Mon intention est d'établir mon quartier général à Dresde, explique-t-il à Murat, parce que je serai plus près de mes États... »

Les exigences des Alliés se sont accrues depuis leurs défaites. Aux conditions déjà proposées par le général de Bubna, s'ajoutent le rétablissement des villes hanséatiques, la dissolution de la Confédération du Rhin et la remise en état de la Prusse tel que se présentait le royaume *avant 1806* — ces deux dernières clauses ne seront d'ailleurs communiquées à l'Empereur que dans le cas où Napoléon accepterait les premières. Par ailleurs, les Russes et les Prussiens viennent de signer un accord avec l'Angleterre : la paix ne sera conclue qu'avec le consentement de la Grande-Bretagne et — répétons-le — Londres n'admettra jamais la présence des Français à Anvers. Metternich, mis au courant, affirme aux Alliés que, si Napoléon refusait les nouvelles propositions de paix, l'Autriche lui déclarerait la guerre. Puis le chancelier prend le chemin du grand quartier général français, en « véritable homme de Dieu chargé du fardeau du monde », ainsi qu'il l'affirme modestement lui-même.

Le 26 juin, l'Empereur croise le fer avec l'étrange « arbitre » :

— Il paraît, monsieur, qu'il ne vous convient plus de garantir l'intégrité de l'Empire français, pourquoi ne l'avoir pas déclaré plus tôt ?...

En me laissant m'épuiser par de nouveaux efforts, vous comptiez sans doute sur des événements moins rapides. Je gagne deux batailles, et vous venez me parler d'armistices et de médiations ! Sans votre funeste intervention, la paix entre les Alliés et moi serait faite aujourd'hui. Convenez-en, depuis que l'Autriche a pris le titre de médiateur, elle n'est plus de mon côté, elle n'est plus impartiale, elle est ennemie !

Et comme Metternich essaye de se défendre d'avoir d'aussi noires pensées, Napoléon se radoucit :

— Eh bien, soit ! Traitons, j'y consens, que voulez-vous ? Parlons plus clair et venons au but, mais n'oubliez pas que je suis un soldat qui sait mieux rompre que plier. Je vous ai offert l'Illyrie pour rester neutres. Cela vous convient-il ? Mon armée est bien suffisante pour amener les Russes et les Prussiens à la raison et votre neutralité est tout ce que je demande.

Le ministre — pharisien dans l'âme — s'exclame :

— Oh ! Sire, pourquoi Votre Majesté rentrerait-elle seule dans cette lutte ? Pourquoi ne doublerait-elle pas ses forces ? Il ne tient qu'à vous, Sire, de disposer entièrement des nôtres. Oui, les choses en sont au point que nous ne pouvons plus rester neutres ! Il faut que nous soyons avec vous ou contre vous !

L'Empereur n'est pas dupe. Il sait fort bien que l'Autriche va se jeter dans les bras de ses ennemis.

— On parle d'un traité avec une troisième puissance...

Enfin, il abat ses cartes :

— Apportez-vous la paix ou la guerre ?

Il ne laisse pas au ministre autrichien le temps de répondre.

— Vous voulez donc la guerre ? Eh bien, nous la ferons. J'ai détruit à Lützen l'armée prussienne, j'ai abattu les Russes à Bautzen ; vous voulez avoir votre tour, je vous donne rendez-vous à Vienne ; les hommes sont incorrigibles, l'expérience est perdue pour eux. J'ai replacé l'empereur François trois fois sur son trône, je lui ai promis de rester en paix avec lui toute ma vie, j'ai épousé sa fille ; je me suis dit dans le temps que je faisais une sottise, mais je l'ai faite et je m'en repens aujourd'hui.

Metternich, à qui Berthier a osé dire quelques instants auparavant : « N'oubliez pas que l'Europe a besoin de la paix, la France surtout... », Metternich prononce le mot.

— Eh bien, qu'entendez-vous par la paix ? s'exclame l'Empereur. Voulez-vous me dépouiller ? Voulez-vous l'Italie, le Brabant, la Lorraine ? Je ne cède pas un pouce de terrain ! Je fais la paix sur le *statu quo ante bellum*... Je donnerai même une partie du duché de Varsovie à la Russie ; je ne vous donnerai rien parce que vous ne m'avez pas battu ; je ne donnerai rien à la Prusse parce qu'elle m'a trahi ; si vous voulez la Galicie occidentale, si la Prusse veut une partie de ses anciennes possessions, cela peut se faire, mais contre compensations. Il faudra alors que vous indemnisiez mes alliés. L'Illyrie m'a coûté deux cent mille hommes à conquérir ; si vous voulez l'avoir, il faut dépenser un nombre égal d'hommes... selon le mot du tsar.

« Au fait, reprend l'Empereur, vous voulez l'Italie, la Russie veut la Pologne, la Prusse la Saxe et l'Angleterre veut la Hollande et la Belgique. Vous n'aspirez tous qu'au démembrement de l'Empire français... Oui ! il me faudrait évacuer l'Europe dont j'occupe encore la moitié, ramener mes légions la crosse en l'air derrière la Rhin, les Alpes et les Pyrénées, m'en remettre, pour un avenir douteux à la générosité de ceux dont je suis aujourd'hui le vainqueur !... Dans quelle attitude veut-on me mettre devant le peuple français ? L'empereur François s'abuse étrangement s'il croit qu'un trône mutilé puisse être, en France, un refuge pour sa fille et son petit-fils... Ah ! Metternich, combien l'Angleterre vous a-t-elle donné pour vous décider à jouer ce rôle contre moi ?

L'Empereur entraîne le ministre devant ses cartes, essayant de lui prouver sa force :

— Je vous donne un autre rendez-vous à Vienne, en octobre prochain.

— J'ai vu vos troupes, déclare paisiblement Metternich, il n'y a que des enfants. Vous avez fait périr une génération. Que ferez-vous quand ceux-ci auront disparu ?

L'Empereur bondit :

— Monsieur, vous n'êtes pas un soldat. Vous ne savez pas ce qui se passe dans l'âme d'un soldat. J'ai grandi sur les champs de bataille et un homme comme moi se f... de la vie d'un million d'hommes.

Il jette son chapeau à terre, allant et venant dans la pièce, exaspéré par la froide ironie de Metternich qui regarde le chapeau demeuré sur le parquet. Soudain, Napoléon le ramasse et se rapproche de son interlocuteur :

— Dites-moi, Metternich, n'ai-je pas été un niais d'épouser une princesse autrichienne ?

— Eh bien, puisque vous me demandez mon opinion, je dirai que Napoléon, le grand conquérant, a fait une faute.

— Et l'empereur François chassera donc aussi sa fille du trône de France !

— Sire, l'empereur d'Autriche ne considère que le bien de son empire et ne se laissera guider que par ses besoins, sans s'arrêter au sort de sa fille. Il est avant tout un souverain et n'hésitera pas à sacrifier sa famille pour le bien de son empire !

Il y a un lourd silence. Napoléon répond d'une voix sourde :

— Ce que vous avez dit ne me surprend point et ne fait que me montrer l'immensité de ma faute. Quand j'ai épousé l'archiduchesse d'Autriche, je pensais pouvoir vivifier le passé en l'unifiant aux temps nouveaux, les préjugés des anciens Goths aux lumières du siècle actuel. Je me suis trompé et aujourd'hui je comprends combien mon erreur a été grande. Elle peut me coûter mon trône, mais j'engloutirai le monde sous les ruines !

La scène s'achève. Napoléon reconduit le ministre vers la porte. Là, il s'arrête, lui posant la main sur l'épaule :

— Vraiment, vous ne me referez pas la guerre, n'est-ce pas ?

Metternich regarde l'Empereur « avec hauteur » — lui qui a toujours été si obséquieux avec lui ! De ses lèvres minces, il laisse enfin tomber ces mots :

— Vous êtes perdu, Sire ! Je m'en doutais en venant ici, maintenant je le sais !

En sortant, Metternich écrira à son ami Hudelist :

« C'en est fini de Bonaparte. »

Au lendemain de la terrible scène, l'Empereur se contente d'écrire à Marie-Louise : « J'ai causé bien longtemps avec Metternich, cela m'a fatigué. »

On l'eût été à moins...

Décidément, en dépit de la victoire de Bautzen, c'est bien pour Napoléon le commencement de la fin ! Il apprend qu'à la suite de la défaite de Vitoria, l'Espagne est définitivement perdue. « Les malheurs d'Espagne sont d'autant plus grands, écrit-il à Savary, qu'ils sont ridicules. » Un aventure, en effet, qui pourrait faire rire si elle n'avait pas été aussi sanglante et aussi tragique.

Le 8 août, l'Empereur fait demander à Caulaincourt, envoyé auprès du Congrès allié qui se tient à Prague, de hâter la remise des propositions. Le représentant reçoit la lettre le 6, et, le 7, Metternich, lui remet enfin les fameuses conditions mises au point par les coalisés. Napoléon reçoit le rapport de Caulaincourt le 9 à trois heures de l'après-midi et répond par des contre-propositions. Mais celles-ci n'atteindront Prague que le 11 au matin. Depuis le 10 à minuit, les pourparlers sont rompus et l'empereur d'Autriche a déclaré la guerre à son gendre. Napoléon apprend la nouvelle le 11 et envoie à Caulaincourt d'autres propositions. Cette fois, il abandonne la Confédération du Rhin, l'Illyrie — sauf Trieste — et le nord de l'Allemagne — sauf Hambourg et Lübeck. Mais il est maintenant trop tard... Metternich, placé « dans la plus effroyable crise dans laquelle se soit trouvé un ministre », écrit-il, refusera même la communication de la note. Les Alliés ont jeté le masque. Ils ne mettront bas les armes que lorsque la France sera rentrée dans ses anciennes limites et Napoléon mis hors d'état de nuire.

Le général Moreau, qui se trouve dans l'état-major ennemi, a fourni ce conseil aux Alliés :

— S'attendre à une défaite partout où l'Empereur donnera en personne. Éviter autant qu'on le pourra d'en venir aux mains avec lui... Attaquer et combattre ses lieutenants partout où on pourra les joindre. Enfin, les lieutenants battus et affaiblis, réunir aux forces existantes toutes celles qu'on pourra joindre, marcher sur lui, lui arracher la victoire, et ne pas lui donner de répit.

Le jeudi 26 août, Napoléon fonce au secours de Gouvion-Saint-Cyr qui, à Dresde, est attaqué par deux cent cinquante mille hommes, alors qu'il n'a sous ses ordres que vingt mille combattants. L'Empereur, suivi par le corps de Marmont et par la vieille garde, traverse au grand galop le Pont Auguste joignant Neustadt à Dresde. Quelle est la situation ? Sans doute les Russes, qui occupent les hauteurs de l'autre côté de la ville, crient-ils déjà : « A Paris ! A Paris ! », sans doute les troupes de Gouvion-Saint-Cyr sont-elles repoussées derrière les palissades des faubourgs, mais Dresde n'est pas encore prise par l'ennemi. La route de France n'est point coupée ! Ainsi que le dira le baron Peyrusse, par sa seule présence l'Empereur rend la vie et l'espoir aux habitants terrorisés. « Ils se pressent autour de lui, ils le saluent du nom de libérateur. Cet enthousiasme est partagé par toutes les colonnes que Sa Majesté fait défiler devant elle au pas de charge. » A chaque colonel qui passe devant lui, avec son unité, il indique l'emplacement des régiments. Il semble connaître Dresde aussi bien que Paris. Il a même retenu le nom de la porte Dippodiswalde...

Dans les rangs ennemis, le nom terrible court : « Napoléon !... Napoléon !... » Les musiques des régiments retentissent. Redoutes et retranchements que Gouvion-Saint-Cyr a été forcé de lâcher sont repris. Les Alliés reculent et bientôt les Français les poursuivent l'épée dans les reins.

Toute la nuit, l'Empereur dicte des ordres en faisant les cent pas dans sa chambre. A l'aube du 27 août, le brouillard permet à Murat d'aller prendre position sans avoir été vu par l'ennemi. La lutte pour Dresde reprend sous une pluie battante et avec encore plus de violence. Non loin de la porte Dippodiswalde, près d'un grand feu de bois, l'Empereur dirige la bataille au cours de laquelle Moreau sera mortellement frappé par un boulet français.

Et c'est enfin la victoire. — victoire chèrement acquise ! Le tsar, l'empereur d'Autriche et le roi de Prusse sont battus, laissant douze mille prisonniers aux mains de leur adversaire et vingt-sept mille morts sur le champ de bataille qui « fait horreur », annonce Metternich à Mme de Sagan.

Cent mille Français ont vaincu deux cent cinquante mille Alliés ! L'Empereur, mort de fatigue, laisse ses lieutenants poursuivre l'ennemi en retraite et regagne Dresde à huit heures du soir. Il est à un tel point trempé par la pluie que, remarque un témoin, « la partie de derrière de son chapeau lui pend sur le dos ». Ses bottes, nous dit Constant, « prenaient l'eau par le collet de son habit, elles en étaient entièrement remplies ». Le roi de Saxe l'embrasse en cet équipage... et Napoléon, qui tremble de fièvre, se jette dans un bain brûlant. Mais il est pris de vomissements. Pourtant le lendemain samedi, dès cinq heures du matin, le voici dispos : il saute à cheval et va se placer sur la colline de Roednitz. Durant cette troisième journée de la bataille de Dresde, on pourchasse partout l'adversaire qui se replie. Ce soir-là l'Empereur éprouve un nouveau malaise et regagne Dresde en voiture pour se mettre au lit.

Rétabli le lendemain, il écrit à Marie-Louise : « J'ai bien rossé le prince Schwarzenberg et l'empereur Alexandre. Les troupes de papa François n'ont jamais été si mauvaises ; elles sont mal tenues, toutes nues. J'en ai fait vingt-cinq mille prisonniers, trente drapeaux et bien des canons. Je vais t'envoyer tout cela... »

Mais Macdonald a été battu par Blücher, Oudinot par Bernadotte, et Vandamme, chargé de poursuivre les vaincus de Dresde, a été attaqué de dos par les Prussiens de Kleist et de face par les Russes d'Ostermann. Pris entre deux feux, il a dû se rendre. L'événement fait perdre aux forces impériales douze à treize mille hommes, prisonniers, blessés ou tués.

Le 3 septembre, l'Empereur quitte Dresde pour se porter au-devant de Blücher, mais le général prussien suit, lui aussi, les conseils de Bernadotte et se dérobe. En reprenant le chemin de Dresde, Napoléon reçoit la nouvelle de la défaite de Ney battu par Bernadotte à Dennewitz, défaite aggravée par l'abandon d'une partie des Saxons et d'une division de Bavarois passée à l'ennemi...

— Partout où je ne suis pas en personne, on ne fait que des sottises ! s'exclame-t-il.

Ney, accablé, supplie l'Empereur de lui permettre de quitter « cet enfer » :

— Commander ainsi, lui dit-il, n'est que commander à demi, et j'aimerais mieux être grenadier !

Le dimanche 12 septembre, l'Empereur est revenu à Dresde. Les maréchaux, toujours vaincus dès que Napoléon n'est pas auprès d'eux, sont de plus en plus aigris et consternés. L'Empereur n'en poursuit pas moins son projet : concentrer ses armées. Il lui faut des hommes, et encore des hommes ! Il signe le décret appelant trois cent mille nouvelles recrues qui seraient prêtes à combattre — du moins le pense-t-il — au printemps de 1814.

Où s'arrêtera cette folie ?

La grande — et définitive — bataille se prépare.

Toute l'Allemagne grouille de régiments français se dirigeant vers l'Empereur. Napoléon pense même retirer et emmener avec lui les trente mille hommes qui occupent Dresde. Mais, au dernier moment, il renoncera à cette force qui va terriblement lui manquer lors de la « bataille des Nations ». Il se privera aussi de l'aide des vingt-cinq mille soldats demeurés à Hambourg, des quinze mille combattants immobilisés à Magdebourg et des dix mille Français disséminés dans d'autres places allemandes.

Finalement, l'Empereur — en choisissant le chiffre le plus optimiste — n'aura que cent quatre-vingt-cinq mille Français et alliés à opposer aux trois cent soixante mille coalisés. Il n'en considère pas moins cette situation désespérée avec sang-froid... Mais les maréchaux et les généraux entrent presque en rébellion lorsque Napoléon leur annonce son intention de passer à l'attaque et de remonter vers Berlin.

— Mon vieil Augereau, constate Napoléon en s'adressant au duc de Castiglione, vous n'êtes plus l'Augereau de Castiglione.

Presque brutalement, celui-ci réplique :

— Sire, je serai l'Augereau de Castiglione quand vous me rendrez les soldats d'Italie !

Le mardi 12 octobre, une toute dernière et terrible information arrive au quartier général de Düben — une demeure maussade entourée de plans d'eaux : la Bavière abandonne la Confédération du Rhin et se joint à l'ennemi. Napoléon, assis mélancoliquement sur un sofa, paraît soudainement amorphe. Quand il va prendre place à table, Fain, stupéfait, le voit couvrir machinalement de grosses lettres une feuille de papier blanc. Il doit cependant sortir de cette torpeur pour affronter les maréchaux qui profitent de la volte-face bavaroise pour le persuader de modifier son plan. Ce n'est point sur Berlin qu'il faut se diriger, mais forcer la barrière de l'Elbe, ce qui permettra à l'armée de rejoindre le Rhin — et la France.

Macdonald lui déclare même sans ménagement :

— Sir, vous n'avez plus d'armée, il n'y a plus que des malheureux mourant de faim... Vous avez tout perdu, vous n'avez plus qu'à songer à la paix.

Murat, qui a déjà signé en secret avec les Alliés l'abandon de la cause de son beau-frère, ne veut se battre, lui aussi, que dans la direction de Mayence. Le jeudi 14 octobre, Napoléon s'incline :

— Ils l'ont voulu ! soupire-t-il.

Et il donne l'ordre à l'armée de marcher sur Leipzig, cette armée avec laquelle il espère encore vaincre les forces alliées qui, après la défection de la Bavière, se montent à plus du double des siennes.

Le 16 octobre se déroule, à Wachau, la première et terrible journée de la bataille de Leipzig — ou des Nations. Non loin du bourg, Napoléon dirige le combat, du haut du monticule du Galgenberg, où un monument sera élevé quarante-cinq ans plus tard. Les positions sont prises et reprises. La terre ne cesse de trembler. On se bat avec un acharnement encore jamais atteint. Napoléon jette toute sa cavalerie dans l'action, mais les cosaques et les hussards du tsar réussissent à repousser Murat, qui se bat cependant comme un lion.

— Vraiment, murmure le tsar, notre nouvel allié cache trop bien son jeu !

Le lendemain, c'est un dimanche, tout se borne à une intense canonnade, les heures s'écoulent étrangement calmes. « La journée s'est passée en repos, annonce Metternich à sa maîtresse, par la plus inconcevable faute de Napoléon : il nous a permis d'attendre le prince royal Bernadotte, Bennigsen et Colloredo. » Napoléon trouvera, en effet, le lendemain, cent dix mille hommes de plus en face de lui. L'adversaire comptera donc trois cent vingt mille combattants et les Français seront à un contre trois.

Le 18 octobre, il fait encore nuit lorsque l'Empereur vient s'installer, près de Probstheyda, sur une butte, le Thonberg — à l'endroit où a été élevé aujourd'hui le *Napoleonstein*, une grande et lourd stèle surmontée du chapeau légendaire. L'état-major se tient dans le moulin à tabac, voisin de la butte. Bientôt, le feu des quinze mille canons alliés se déchaîne. Les armées ennemies enveloppent par trois côtés les forces impériales. Pour la première fois, Bernadotte, ex-maréchal de France, beau-frère du roi Joseph, combat l'Empereur. L'attaque est encore plus violente que l'avant-veille ! Les munitions commencent à manquer — on a tiré deux cent mille coups de canons — et, il fallait s'y attendre, les Saxons passent à l'ennemi ! La vieille garde se porte sur la brèche, tandis que l'Empereur, « froid, réfléchi, concentré », mais « des symptômes de découragement sur son visage », se met lui-même à la tête de cinq mille cavaliers et fonce vers les Suédois et les Saxons qui reculent, épouvantés. Puis, à leur tour les Wurtembergeois se précipitent dans les bras de l'ennemi et retournent leurs armes contre les Français !

Au soir, le bilan est terrible. Pour cette seule journée, Napoléon a perdu vingt mille hommes — morts, blessés ou prisonniers.

L'Empereur se décide à abandonner Leipzig et à ordonner la retraite. Une retraite qui s'effectue sous les boulets ennemis, d'abord par le seul pont enjambant l'Elster situé à gauche de l'église Saint-Paul, qui existe toujours, et ensuite par celui franchissant la Pratsch — deux ouvrages auxquels Lindenau, faubourg occidental de Leipzig, a donné son nom. Le mouvement commence dans la nuit, au son des caissons de poudre que l'on ne peut emmener, faute de chevaux, et que l'on fait sauter. Cette même nuit, l'Empereur envoie l'ordre de regagner la France aux garnisons demeurées dans les villes allemandes.

Mais ces cent mille hommes pourront-ils se replier ?

Napoléon ne veut pas quitter Leipzig sans avoir fait ses adieux au roi de Saxe, atterré par la défection de son armée. Il est neuf heures du matin. Devant le palais, la garde royale saxonne présente les armes de mauvaise grâce. Elle aussi attend le départ des Français pour passer à l'ennemi. Napoléon fait semblant de ne s'apercevoir de rien.

Pour atteindre les ponts de Lindenau il lui faudra faire un long détour. Impossible de franchir la porte de Ranstadt encombrée au-delà du possible : Napoléon devra emprunter la porte Saint-Pierre, de l'autre côté de la ville. Il est tellement las que, monté au premier étage du moulin où se trouve l'état-major, il s'endort...

Tandis que tonnent quinze cents canons, la retraite se poursuit par l'unique pont enjambant l'Elster. On se bat avec acharnement dans les faubourgs. On lutte presque poitrine contre poitrine, quatre cent cinquante mille hommes s'affrontent dans un espace de sept ou huit kilomètres de largeur.

Une nouvelle catastrophe s'abat sur l'armée impériale. Les Hessois, alliés de Napoléon, abandonnent la grande rue aboutissant au premier pont, montent sur les remparts et commencent à faire feu sur les Français. C'est la panique. Un vrai sauve-qui-peut ! Dans un incroyable désordre l'armée impériale s'engage vers le pont de l'Elster. Les vaincus vont connaître maintenant l'ultime désastre : affolés en voyant les troupes ennemies apparaître au loin dans la grande rue, les sapeurs du génie font sauter l'ouvrage. Une immense clameur de désespoir couvre le bruit de la bataille : douze ou quinze mille hommes de l'arrière-garde se trouvent encore dans la ville. Certains essayent de traverser la rivière en se jetant à l'eau, mais la plupart se noient sous les yeux de leurs camarades...

Ainsi par cette nouvelle perte — s'achève la bataille des Nations où dix peuples rassemblés se sont battus sous le commandement de trois empereurs et d'un roi — sans parler du prince royal Bernadotte qui fait son entrée dans Leipzig sur « son cheval drapé de velours violet et chamarré d'or, empanaché aux couleurs suédoises, un sceptre de parade à la main », en s'attribuant la victoire. La *sainte cause* a triomphé, ainsi que l'annonce Metternich, ivre de joie.

L'explosion n'a pas tiré l'Empereur de son sommeil.

Murat et Augereau viennent le réveiller pour lui annoncer la terrible nouvelle.

« Il ne restait donc qu'à combattre, dira-t-il plus tard, et chaque jour, par une fatalité ou une autre, nos chances diminuaient ! »

Napoléon prend la route d'Erfurt. Derrière lui, les maréchaux accablés marchent en grondant :

— Est-ce que le bougre sait ce qu'il fait ? lance Augereau à Macdonald. Ne vous êtes-vous pas aperçu déjà, n'avez-vous pas remarqué, dans ces derniers événements et dans la catastrophe qui les a suivis, qu'il a perdu la tête ? Le lâche, il nous abandonne, nous sacrifiant tous...

Avec cent dix mille hommes sortis de l'enfer de Leipzig, — dont un tiers suit à la débandade — Napoléon se dirige vers Mayence, talonné par l'ennemi qui n'ose cependant attaquer les vaincus. Pendant ce temps, à Francfort, les Alliés vont palabrer et mettre au point leurs conditions. Faudrait-il laisser à la France la frontière du Rhin ou seulement ses anciennes limites de 1792 ? Bernadotte a, quant à lui, un point de vue précis et personnel, à la fois sur le problème et sur l'ancien fiancé de sa femme :

— Bonaparte est un coquin, vocifère-t-il, il faut le tuer, tant qu'il vivra il sera le fléau du monde. Il ne faut plus d'empereur, ce titre n'est pas français ; il faut à la France un roi, mais un roi soldat. La race des Bourbons est une race usée qui ne remontera jamais sur l'eau. Quel est l'homme qui convient mieux que moi à la France ?

Bernadotte a choisi un chemin — ce n'est pas celui de l'honneur — sur lequel Murat est de plus en plus tenté de s'engager...

Le 7 novembre, après un séjour d'une semaine, Napoléon quitte Mayence et tourne le dos au Rhin pour la dernière fois.

Il va chercher des hommes...

— Il me faudrait cent hommes comme cela ! a-t-il dit, en frappant la poitrine de Drouot.

—Non, Sire, avait répondu gravement le sage de la Grande Armée, vous vous trompez. Il vous en faudrait cent mille.

Tout va se désagréger. Les Hollandais se révoltent aux cris de : *Vive les Alliés ! Vive Orange !* Les troupes françaises — fortes seulement de deux mille hommes — évacuent le pays à l'arrivée du corps de Bülow. Guillaume d'Orange — le fils du dernier stathouder — suit dans les bagages prussiens.

Quelques jours plus tard, Napoléon, revenu aux Tuileries, rend l'Espagne à Ferdinand — à la condition que les Cortes veuillent bien donner leur accord. Elles le donneront !...

Quant à Murat, à la suite d'un ultimatum de Metternich apporté par Neipperg — le futur époux de Maris-Louise — et après quatre jours de temporisations, il met un terme à une année de négociations secrètes avec l'Autriche.

Le traité est bientôt signé : le roi de Naples acceptait de mettre à la disposition des Alliés un contingent de cinquante mille hommes et s'engageait à ne conclure la paix que d'accord avec l'Autriche. Lorsque Napoléon apprend l'incroyable traîtrise, il se promène « à pas précipités dans son salon »...

— Murat ! mon beau-frère ! s'exclame-t-il. Murat ! En pleine trahison ! Je savais bien que Murat était un mauvaise être, mais je croyais qu'il m'aimait. C'est sa femme qui est la cause de sa défection... Caroline, ma sœur, me trahir ! Murat fait tirer des coups de canon sur des Français ! C'est abominable ! C'est odieux ! Le voilà le Bernadotte du Midi !

Maistre déclare à Blacas :

— Le monstre est à terre.

Plus élégant, Talleyrand répète son fameux mot :

— Je crois que c'est le commencement de la fin...

Le dimanche 23 janvier, il neige. En cette avant-veille de son départ pour l'armée, Napoléon a réuni sept à huit cents officiers de la garde nationale de Paris, dans la vaste salle des Maréchaux. L'Empereur entre, portant le roi de Rome dans ses bras. Un profond silence se fait. La voix de Napoléon s'élève.

— Messieurs, une partie du territoire de la France est envahie ; je vais me placer à la tête de mon armée, et, avec l'aide de Dieu et la valeur de mes troupes, j'espère repousser l'ennemi au-delà des frontières.

« J'espère repousser... » Il espère seulement ! C'est là un langage qu'il n'a jamais employé. Il est vrai que jamais encore un tel raz de marée n'a déferlé vers le cœur de la France :

— Si l'ennemi approche de la capitale, je confie au courage de la garde nationale l'Impératrice et le roi de Rome... Ma femme mon fils...

Quelques officiers sortent des rangs et vont embrasser les mains de l'Empereur et du petit roi. Tous — même les opposants à la dictature guerrière qui pèse sur les épaules de la France depuis dix années — tous ont la gorge serrée...

L'Empereur s'est retiré dans son cabinet et regarde ses états. L'affreuse réalité est là, obsédante, tenace, et tient toute dans un chiffre : soixante mille hommes ! Il se penche sur ses cartes. Comment, avec soixante mille hommes, arrêter à la fois Blücher et Schwarzenberg ? Blücher et son armée de Silésie forte de quatre-vingt mille hommes qui ont traversé le Rhin et avancent en Lorraine ; Schwarzenberg et son armée de Bohême, composée de cent quarante mille homme qui sont passés par la Suisse et marchent vers le plateau de Langres ?

Sans parler d'une seconde armée autrichienne ! Sans parler des deux renégats : Bernadotte et ses Suédois, Murat et ses Napolitains.

C'est quatre cent soixante mille hommes qui vont se ruer sur la France ! Mais ce soir l'Empereur ne veut penser qu'aux deux cent vingt mille soldats qui ont déjà pénétré dans le pays. On verra plus tard pour le reste de la meute qui, tapie derrière le Rhin, n'ose pas encore forcer la barrière. Soixante mille hommes contre deux cent vingt mille ! En attendant, il se grise de mots :

— Soixante mille hommes et moi, cela fait cent soixante mille !

— Je vais battre papa François ! annonce-t-il le lendemain à Marie-Louise qui ne cesse de pleurer.

La scène se déroule après le dîner. L'Impératrice et Hortense se chauffent devant l'âtre, dont le feu est alimenté par les liasses de papiers que Napoléon y jette sans cesse. Chaque fois qu'il s'approche de la cheminée, il embrasse la jeune femme :

— Ne sois pas triste, aie confiance en moi !

Le jour du 25 janvier n'est pas encore levé lorsque l'Empereur, avant de monter dans sa berline, va, sur la pointe des pieds, regarder dormir son fils, le petit roi sans royaume qu'il ne devait plus jamais revoir.

C'est à travers une France anxieuse et frappée de stupeur que la berline impériale roule durant toute cette journée du lundi 25 janvier. Il gèle et la neige recouvre le sol. Aux relais, les femmes et les enfants se groupent autour de la voiture, tandis que les hommes, transformés à la hâte en gardes nationaux, veillent sur les routes, croyant à chaque instant voir surgir les cosaques.

Napoléon n'est parvenu à rassembler que trente-trois mille hommes à Châlons, trente-trois mille hommes aussi épuisés moralement que physiquement ! En face de l'Empereur : les deux cent vingt mille combattants ennemis sont réunis. Leurs chefs s'entendent peut-être mal, mais tous se croient déjà à Paris et sont à cent lieues d'imaginer que Napoléon va foncer sur eux.

Ayant bousculé et battu une division russe, laissée par Blücher à Saint-Dizier, l'Empereur apprend que le général prussien se dirige vers Brienne à la tête de trente mille hommes. Napoléon décide d'engager l'action avec seulement dix-huit mille combattants ! Le reste de ses forces rejoindra plus tard.

Brienne ! Les souvenirs lui remontent au cœur en foulant cette terre que l'ancien cadet a si souvent parcourue ! Près de Mézières, le curé du village s'avance vers lui. C'est le père Henriot, ancien professeur minime de l'École militaire.

— Mon Père, s'écrie Napoléon, vous allez me servir de guide !

Et le prêtre enfourche le cheval de Roustam.

Blücher a violemment réagi. Sans un heureux coup de pistolet tiré par Gourgaud, un cosaque aurait transpercé, ce jour-là, Napoléon de sa lance. Mais, grâce à une violente contre-offensive impériale, l'ennemi est obligé d'abandonner précipitamment la place et se retire vers Bar-sur-Aube où les Prussiens espèrent retrouver Schwarzenberg.

Lui entre dans le château des Loménie, cette belle demeure où il a été reçu étant enfant, où il a passé une nuit alors qu'il partait pour l'Italie se faire couronner. De la terrasse, il regarde la vue qu'il connaît si bien. Le champ de bataille du lendemain est là, sous ses yeux :

— Qui m'aurait dit autrefois que je devrais me battre ici, contre les Russes et les Prussiens !

Napoléon a appelé à lui Marmont et Gérard. Il a maintenant ses trente-trois mille hommes sous la main, mais Blücher a reçu, lui aussi, des renforts. Les Prussiens sont cent cinquante mille et attaquent ! La bataille de La Rothière se déroule le 1er février sous des rafales de neige. La disproportion des forces est telle que les Français doivent bientôt battre en retraite ! Quatre mille soldats de l'Empereur ont été tués et l'ennemi a fait deux mille prisonniers.

La nuit tombe. De sa chambre, l'ancienne *chambre du Roi*, au premier étage du château, Napoléon voit les feux des Alliés entourer, en un vaste croissant, les bivouacs de la petite armée française. On laisse les feux français allumés, on attise même les tisons et, sur la pointe des pieds, l'armée plie bagage... Au réveil, Blücher — déjà surnommé « le héros de La Rothière » — s'aperçoit que les vingt-sept mille Français ont disparu.

Méconnaissable, couvert de boue, Napoléon entre dans Troyes et va loger rue du Temple, chez le maire Duchâtel-Berthelin. Pas d'acclamations ! Pas de cris...

Les Alliés, après leur victoire de La Rothière, croient en effet la campagne terminée. Pour eux, la route de Paris est ouverte et ils commettent la faute grave de se séparer. Blücher et son armée de Silésie sont descendus le long de la Marne, tandis que Schwarzenberg et son armée de Bohême suivent les deux rives de la Seine. La décision de l'Empereur est vite prise : se tournant tantôt vers les Austro-Russes, tantôt vers les Allemands, il battra Autrichiens, Prussiens et soldats du tsar. Il va chausser ses bottes de 93 et écrire dans l'Histoire sa plus belle campagne !

Blücher a éparpillé ses forces en quatre groupes. L'Empereur doit donc les attaquer successivement !... Pourra-t-il y parvenir ? Aussi, ce même matin écrit-il à Joseph : « S'il arrivait bataille perdue et nouvelle de ma mort, vous en seriez instruit avant mes ministres. Faites partir l'Impératrice et le roi de Rome pour Rambouillet. »

Enfin, il ajoute ces lignes prophétiques qu'on ne peut lire sans un serrement de cœur :

« Je préférerais qu'on égorgeât mon fils plutôt que de le voir jamais élevé à Vienne, comme prince autrichien ; et j'ai assez bonne opinion de l'Impératrice pour être aussi persuadé qu'elle est de cet avis, autant qu'une femme et une mère peuvent l'être. Je n'ai jamais vu représenter *Andromaque* que je n'aie plaint le sort d'Astyanax survivant à sa maison, et que je n'aie regardé comme un bonheur pour lui de ne pas survivre à son père. »

Le jeudi 10 février, Blücher, grisé, annonce de son côté à sa femme : « Nous ne sommes plus qu'à quinze milles de Paris. Dans huit jours, nous serons certainement sous les murs de la capitale, et Napoléon perdra vraisemblablement sa couronne. »

Mais l'Empereur, suivi de sa poignée d'hommes boueux, a rejoint Marmont devant Saint-Gond, et lance ses troupes à l'attaque contre les Russes. Dès que les hauts bonnets à poil couronnent les hauteurs de Champaubert, les troupes du tsar hésitent et fléchissent. Une charge des dragons de la garde coupe l'ennemi en deux masses. Les soldats d'Alexandre jettent leurs armes et se sauvent dans les bois où les paysans viennent prêter main-forte à la petite armée impériale.

L'Empereur a avec lui près de cinq mille grognards, quatre mille sept cents cavaliers et moins de dix-huit cents jeunes recrues, baptisées les *Marie-Louise.* A neuf heures du matin, ce vendredi 11, Napoléon rencontre à Montmirail le Poméranien Sacken qui se trouve à la tête d'un corps d'armée russe. Quatorze mille contre trente mille ! La garde et la division Ricard enlèvent avec tant d'ardeur la ferme de la Cour d'Airain, à Marchais, que, sans remettre au lendemain, Napoléon distribue mille sept cent cinquante croix de la Légion d'honneur. Puis, il se met au lit dans la ferme des Gréneaux, entre Marchais et Fontenelle. Le « palais » est sans carreaux et les murs sont criblés de boulets. L'un de ceux-ci sera même conservé et — émouvante relique — sera encastré dans la maison qui prendra plus tard sa place.

Quels sont ses rêves ? Continuer à battre l'ennemi à un contre trois ? Le chasser hors de France ? Ce même jour, Sens a été pris. Parviendra-t-il à rejoindre Blücher en retraite vers Château-Thierry ?

Il y parviendra et, pour la troisième fois en trois jours, remportera une nouvelle victoire. Le plateau de Nesle est pris. Mais l'adversaire en retraite a brûlé les ponts sur la Marne, et Napoléon ne peut le poursuivre. Quelle guerre effroyable ! Lorsqu'il entre à Château-Thierry — le dimanche 13 à trois heures de l'après-midi — le sac de la ville par les Prussiens d'York lui étreint le cœur et lui donne la nausée. Les cosaques se comportent tout aussi affreusement. Une seule consolation : les atrocités commises par l'ennemi vont armer les paysans. C'est la guerre, la faux à la main — et même la guerre au couteau.

Au cours de la nuit du 13 au 14 février, Napoléon apprend par un message de Marmont que Blücher poursuit sa marche vers Montmirail, semblant ne pas se douter de la défaite de l'avant-veille. L'Empereur accourt, et — ce lundi 14 — c'est la bataille de Vauchamps. La garde attaque aux cris de *Vive l'Empereur !* Grouchy charge à la tête de trois mille cinq cents cavaliers. Victoire totale : Blücher laisse six mille hommes sur le terrain.

Napoléon est ivre de joie. Assis près d'un bivouac, il regarde passer les huit mille prisonniers. Les soldats qui viennent lui apporter un étendard ou un canon reçoivent la croix. Sur les drapeaux impériaux, on pourra broder les noms de Montmirail, Champaubert, Vauchamps, Château-Thierry — et bientôt de Montereau.

Le vendredi 18 février, il n'oublie pas sa légende en pointant lui-même un canon sur le champ de bataille. Son état-major est effrayé à juste titre.

— Allez, mes amis, répète-t-il, ne craignez rien, le boulet qui doit me tuer n'est pas encore fondu !

Mot qui fera la fortune de plusieurs générations d'imagiers.

Le soir du samedi 19, à Montereau, dans sa chambre n° 2 de l'*Hôtel du Grand-Monarque* — on peut encore l'occuper — Napoléon reçoit une lettre de l'Impératrice accompagnée de « *son* bonbonnière » ornée du portrait du roi de Rome exécuté par Mlle Thibaud. Le « petit roi » a abandonné ses jouets ; il est représenté, priant à genoux, les mains jointes, le visage douloureusement penché. Dès le lendemain, avant de se mettre en route, il dicte cette lettre à l'intention de Champagny, l'intendant général de la Couronne : « L'Impératrice m'a envoyé un petit portrait du roi de Rome qui prie Dieu et m'a paru entièrement intéressant. Il faudrait que Denon fît graver cette légende : *Je prie Dieu pour mon père et pour la France.* Cette petite gravure, si elle peut être faite en quarante-huit heures, serait d'un bon effet. »

Il enverra la gravure un peu plus tard à l'empereur François qui sera peut-être attendri en voyant son petit-fils prier pour son père... mais du côté autrichien, il n'y aura aucun résultat — il est vrai que l'enfant priait, en somme, également pour la retraite des troupes de « Papa François »...

Et Napoléon poursuit sa marche. Les maréchaux, une fois de plus abattus et déprimés, exigent la paix. Napoléon se rend assurément compte qu'ils ont raison. Le 21 février, de Nogent, il s'adresse à son beau-père pour lui proposer de cesser le combat. Or, depuis le 4 février, on palabrait déjà à Châtillon sans succès. Caulaincourt, au nom de Napoléon, avait offert de traiter sur les bases des clauses de Francfort, « le pré carré français », c'est-à-dire toute la rive gauche du Rhin. Le grand écuyer voulait ainsi imposer le vieil adage :

Quand la France boira le Rhin
Toute la Gaule aura sa fin.

Quant aux Alliés, ils estimaient devoir seulement accorder à leur ennemie ses frontières d'avant la Révolution « et l'interdiction à la France de participer aux arrangements qui seraient pris pour l'organisation de l'Europe ».

Le grand écuyer fut sidéré. Que l'on se trouvait loin des conditions de Francfort !

— Si j'acceptais votre proposition, demanda-t-il, signeriez-vous immédiatement et feriez-vous cesser en ce moment l'effusion de sang ?

Les Alliés tergiversèrent. L'Europe ne désirait point la paix. Le Congrès de Châtillon, comme le Congrès de Prague, l'année précédente, n'était qu'une comédie. Les Alliés ne se trouvaient animés que par une pensée : abattre *Buonaparte* !

— Il s'agit, déclarait Metternich, de porter à l'existence de Napoléon un coup décisif.

Tandis que, de son côté, lord Castlereagh écrivait : « Votre paix, qui aurait rejeté Napoléon dans les anciennes limites de la France, n'aurait été qu'un armistice ridicule. »

Tous ceux que Napoléon avait écrasés depuis la première campagne d'Italie — et qu'il venait de culbuter dix fois depuis le malheureux combat de La Rothière — ne songeaient qu'à gagner du temps. Un jour ou l'autre, le nombre l'emporterait sur la stratégie impériale ! Napoléon — plein d'illusions — croyait encore que son génie prévaudrait sur la force et ne poussait nullement Caulaincourt à conclure. Il désirait faire lui-même « son ultimatum ».

Le jeudi 24 février — il a passé la nuit aux portes de la ville — l'Empereur entre dans Troyes libéré. L'enthousiasme, à sa vue, est indescriptible. On embrasse ses bottes. Pris d'une véritable panique, les trois souverains étrangers n'ont eu que le temps de s'enfuir.

Les souverains alliés tiennent une conférence. Que faire ? Schwarzenberg, à la tête de cent vingt milles soldats, penche pour la retraite, tandis que le tsar voudrait continuer la lutte. Avec les forces dont on dispose, il n'est pas possible que les coalisés ne parviennent pas à anéantir soixante-quatorze mille Français ! Finalement, on prend la décision de faire reculer l'armée de Bohême jusqu'au plateau de Langres. Le 1er mars, à Chaumont, les souverains et les ministres alliés signent un traité — prélude de la Sainte-Alliance — qui lie entre elles les puissances ennemies de Napoléon pour vingt années, obligeant la Russie, l'Autriche et la Prusse à fournir, chacune, à la coalition cent cinquante mille hommes, tandis que lord Castlereagh ouvre largement sa bourse en offrant aux alliés de l'Angleterre cent cinquante millions de francs à se partager.

Blücher a été laissé libre de faire ce qu'il jugerait bon. Avec quarante mille combattants, il s'apprête à commencer une marche de flanc sur Paris. Napoléon part à sa poursuite. Son plan est d'écraser rapidement — il dit même *exterminer* — l'armée de Silésie, puis d'aller tendre la main aux garnisons qui occupent les places fortes du Nord-Est. Ensuite, on se retournera contre les Austro-Russes. Cependant, le mardi 1er mars, Napoléon se trouve déjà arrêté dans son entreprise. Il ne peut traverser la Marne : Blücher, en se retirant, a fait détruire les ponts... On va les rétablir. Pendant ce temps, Russes et Prussiens courent vers Soissons, occupé par les Français. L'un des ponts réparé, Napoléon, le 2 mars, à deux heures du matin, s'élance. Il quitte la Ferté-sous-Jouarre pour Château-Thierry. Assurément, Soissons tiendra et le maréchal *Vorwärts* — en avant — pris dans « les replis » de l'Aisne, sera irrémédiablement perdu ! Mais le soir du 4, l'Empereur apprend la capitulation — la veille — de Soissons dont la prise ouvre la route de Paris à Blücher !

L'Empereur ne décolère point. Blücher va pouvoir emprunter le pont de Soissons et traverser l'Aisne ! L'armée de Silésie est tirée d'affaire ! Napoléon doit renoncer à l'écraser dans la nasse qu'il a préparée.

Le coup est rude. Pour la première fois une profonde tristesse envahit l'Empereur. Dès lors, nous dit son valet de chambre « ses sourires furent forcés et pénibles ». De Fismes même — le matin du samedi 15 mars — il signe le décret ordonnant la levée en masse mais se doute qu'il n'y a plus d'espoir. Il ne peut être présent partout à la fois, et, il le sait bien maintenant : là où il ne se tiendra pas à la tête de l'armée, les troupes impériales seront battues.

Le dimanche 6 mars, après avoir quitté le presbytère de Berry-au-Bac, où il a cherché en vain le sommeil, il traverse l'Aisne et, sur la route gelée, marche sur Laon. Il pense ainsi devancer Blücher et le battre sur le champ de bataille choisi par lui. Mais le feld-maréchal, au lendemain de la prise de Soissons, a vu ses forces augmentées des dix-huit mille Russes de Wintzingerode. Déconcerté par le mouvement de Napoléon, le Prussien modifie le dispositif de ses troupes et décide d'occuper le plateau de Craonne afin de menacer le flanc de l'armée napoléonienne. Le soir, rentré dans sa chambre de *l'Écu de France*, à Corbeny, l'Empereur se penche sur ses cartes et, longuement, travaille... afin de préparer le combat du lendemain : celui de Craonne.

Selon la *Correspondance* de Napoléon et *le Moniteur*, la bataille fut une victoire décisive. S'il faut en croire Thiers, trente mille Français enlevèrent la position inexpugnable tenue par les cinquante mille hommes de Voronzoff, de Sacken et de Langeron. Pour les historiens russes, il s'agit « d'un éclatant triomphe » remporté par les troupes du tsar, qui n'étaient que quinze mille contre trente mille. En réalité, les combattants étaient sensiblement de même force : vingt mille Français en face de vingt-deux mille cinq cents Austro-Russes.

Quoi qu'il en soit, Napoléon demeure maître du plateau — de ce plateau où gisent fraternellement mêlés dans la mort cinq mille quatre cents Français et cinq mille ennemis — mais c'est là une victoire à la Pyrrhus, et nullement définitive.

Dans l'après-midi du jeudi 10, l'Empereur apprend que Soissons a été repris ; il décide d'abandonner la bataille de Laon pour se réfugier dans la ville reconquise. Partout ailleurs les armées impériales rétrogradent ! Les Pyrénées ont été franchies par les Anglo-Espagnols.

Fort heureusement Reims est réoccupé par les Français. C'est un succès complet, le dernier scintillement de l'étoile impériale. Napoléon entre dans la ville peu après minuit et va loger chez le sieur Ponsardin, à l'angle de la rue de Vesle. Dès qu'ils ont appris l'arrivée de l'Empereur, les habitants illuminent. « Ce n'étaient que lumières, nous raconte Coignet, on aurait pu ramasser une aiguille... »

Découragées par la reprise de Soissons et la victoire de Reims, les troupes coalisées qui étaient de nouveau passées à l'offensive s'arrêtent partout. Voilà Blücher et Schwarzenberg immobilisés. Assurément, de Reims, Napoléon va rejoindre les garnisons de ses places fortes. Langeron, chef de corps de l'armée de Silésie, le racontera : « Ce terrible Napoléon, on croyait le voir partout. Il nous avait tous battus, les uns après les autres ; nous craignions toujours l'audace de ses entreprises, la rapidité de ses marches et ses combinaisons savantes. A peine avait-on conçu un plan qu'il était déjoué par lui. »

Durant les deux journées qu'il passe à Reims, l'Empereur apprend l'esprit défaitiste qui règne dans la capitale et écrit à son ministre : « Vous ne m'apprenez rien de ce qui se fait à Paris. Il y est question d'adresse, de régence et de mille intrigues aussi plates qu'absurdes. Qu'ils sachent bien que je suis aujourd'hui le même homme que j'étais à Wagram et à Austerlitz ; que je ne veux dans l'État aucune intrigue ; qu'il n'y a point d'autre autorité que la mienne ! »

Napoléon quitte Reims le jeudi 17 mars avec vingt-trois mille hommes pour aller attaquer les cent mille soldats de Schwarzenberg difficilement contenus par les trente mille hommes de Macdonald. La jonction opérée, les Français seront à un contre deux ! La disproportion n'est pas si terrible puisque l'Empereur aime toujours à répéter :

— Cinquante mille hommes et moi, cela fait cent cinquante mille !

Schwarzenberg, toujours peureux et versatile, se dérobe — il effectue un repli précipité — l'Empereur est persuadé qu'il va pouvoir « se porter en toute hâte sur ses places ». C'est à Arcis-sur-Aube que le feld-maréchal autrichien arrête son recul. C'est la peur suprême qui va le sauver. Un « prurit d'énergie », a-t-on dit... Ses forces — cent mille coalisés — se trouvent, un peu par hasard, concentrées autour de lui. Il décide d'attaquer Napoléon, puisque l'Empereur n'a encore avec lui que vingt-trois mille hommes.

Ce dimanche 20 mars, l'Empereur est à Torcy-le-Grand lorsqu'il entend une violence canonnade du côté d'Arcis. Il part au grand trot et tombe en pleine bataille. Le vent de la défaite souffle déjà... L'épée à la main, il se réfugie dans un carré — celui du bataillon de la Vistule. Puis on le verra, quelques instants plus tard, arrêter les fuyards sur le pont en criant :

— Qui de vous le passera avant moi ?

La garde qui arrive au pas de charge réussit à contenir le flot et, lorsque tombe la nuit, les Français tiennent toujours la ville qui n'est plus qu'un gigantesque incendie. L'Empereur le dira plus tard à Caulaincourt :

— J'ai tout fait pour mourir à Arcis !

Le lendemain matin, Napoléon veut engager l'action avec les trente-mille hommes qu'il a pu rassembler au cours de la nuit — Oudinot est venu le rejoindre — mais le jour se lève et, d'une éminence, il découvre les cent mille Autrichiens, Wurtembergeois, Bavarois et Russes commandés par Schwarzenberg dont les forces sont appuyées par quatre cents bouches à feu.

L'armée impériale n'a plus qu'à repasser l'Aube, tandis que l'arrière-garde contient la poussée de toute l'armée ennemie. L'Empereur se tient près d'un pont, « l'air rêveur et chagrin ». La nuit tombe lorsqu'il franchit la rivière avec le dernier corps. Son entourage est frappé de torpeur. La démoralisation est totale.

Le découragement n'empêche nullement Napoléon de mettre au point un nouveau plan : attirer vers lui, dans la direction de la frontière, les Austro-Russes, puis revenir sur l'Aube.

— J'irai ainsi coucher dans le lit de l'ennemi !

Il l'écrit à Marie-Louis : « J'ai résolu de me porter sur la Marne afin d'éloigner l'ennemi de Paris et de me rapprocher de mes places. »

Malheureusement, le courrier est enlevé par les cosaques, Blücher se fait traduire la lettre, en expédie une copie à Schwarzenberg puis, galamment, avec une gerbe de fleurs, fait parvenir les lignes de Napoléon à l'Impératrice.

Le général prussien pouvait bien envoyer un bouquet à Marie-Louis ! La lettre saisie lui permettait de connaître les intentions de Napoléon : assaillir l'armée ennemie par-derrière et rompre ainsi ses communications. Aussitôt, les Alliés décident de se réunir à Châlons et de marcher vers Saint-Dizier afin de fondre sur la petite armée française.

Le jeudi 24 mars, une lettre de Savary à Napoléon est, elle aussi, interceptée par les Alliés. Le duc de Rovigo conjurait son maître de revenir à Paris où les intrigues royalistes se donnaient libre cours. A Sommepuis, dans une petite mairie où il vient de passer la nuit, le tsar réunit un conseil de guerre.

— Maintenant que nos communications sont rétablies avec Blücher, dit-il à ses officiers, devons-nous suivre Napoléon pour l'attaquer avec des forces supérieures ou devons-nous marcher directement sur Paris ?

Le général Toll donne le meilleur avis :

— Dans les circonstances où nous sommes, il n'y a qu'un seul parti à prendre. Il faut nous avancer sur Paris, à marches forcées, avec la totalité de notre armée, en détachant seulement dix mille cavaliers contre l'empereur Napoléon afin de lui masquer notre mouvement.

Il ne restait plus, ce même jour, qu'à convaincre le roi de Prusse et Schwarzenberg. Avec enthousiasme, ils se rallient tous deux aux conceptions du tsar. D'autant plus que Talleyrand fait passer ce billet aux Autrichiens : « Il est temps d'être clair ; vous marchez sur des béquilles ; servez-vous donc de vos jambes et veuillez ce que vous pouvez ». M. le prince de Bénévent trahissait dans le sens de ses intérêts...

Les armées coalisées sont dans la joie. Ainsi, on va en terminer avec ces batailles sans cesse renaissantes où l'on voit cent mille hommes poursuivre, engager l'action, puis se replier devant vingt ou trente mille Français insaisissables.

Napoléon, à Saint-Dizier, multiplie ses directives. Mais autour de lui il ne voit que des visages inertes et désespérés.

— Vous êtes tous des trembleurs, leur lance-t-il.

Napoléon ne se doute pas du tout du mouvement des armées ennemies. Le 26 mars, il se bat à Saint-Dizier contre les Russes. C'est la dernière victoire. Cependant, l'Empereur témoigne quelque inquiétude : c'est un corps dépendant de Blücher qu'il a vaincu, alors qu'il était persuadé d'avoir devant lui les cavaliers de Schwarzenberg. L'explication lui sera fournie le lendemain. Devant Vitry, Napoléon reçoit un flot de dépêches interceptées. Il lit fébrilement une masse de bulletins et de courrier ennemis. Le voile se déchire : les forces alliées marchent sur Paris. Il n'a autour de lui que quelques troupes prussiennes et russes chargées de le tromper et de battre l'estrade...

Que faire ?

Ne vaudrait-il pas mieux poursuivre son plan, l'élargir même, et ne pas plus s'inquiéter de Paris que le tsar ne s'était soucié de Moscou en 1812 ? En demeurant en Lorraine on pourrait rassembler toutes les garnisons d'Allemagne, proclamer la levée en masse, détruire les colonnes de ravitaillement ennemies, reprendre les grandes villes occupées par les Austro-Russes. Mais n'avait-il pas aussi répété tant de fois :

— Si l'ennemi arrive sous Paris, il n'y a plus d'espoir.

N'avait-il pas souvent promis :

— Jamais Paris ne sera occupé de mon vivant !

Bonaparte l'emportera-t-il sur Napoléon ?

Napoléon, le soir du lundi 28 mars, n'a pas encore pris sa décision. A Saint-Dizier, il reçoit ce billet chiffré de Lavalette : « La présence de l'Empereur est nécessaire, s'il veut empêcher que sa capitale soit livrée à l'ennemi. Il n'y a pas un moment à perdre. »

Cette fois Napoléon l'emporte sur Bonaparte. Il ordonne :

— A Paris !

Mais l'Empereur n'ose pas galoper avec un seul piquet de service à travers un pays infesté de cosaques. Il lui faut attendre au moins la garde.

Ce même lundi soir à dix heures, aux Tuileries, on réunit le Conseil. L'ennemi approche. Quelle décision va prendre l'impératrice Marie-Louis ? En se jetant dans les bras de son père, en accueillant aux Tuileries le tsar et le roi de Prusse, peut-être pourrait-elle éviter le pire ? Peut-être le règne de Napoléon II serait-il envisagé comme la seule solution possible ?

La discussion se prolonge. Tous, sauf le roi Joseph, estiment que quitter Paris serait une lourde faute. Partir, n'est-ce pas laisser le champ libre aux Bourbons ? On vote. L'unanimité est presque acquise : l'Impératrice et le gouvernement doivent rester. C'est alors que Joseph donne lecture de la lettre de l'Empereur, déjà ancienne de quelques semaines, par laquelle Napoléon ordonnait le départ général vers la Loire « s'il arrivait bataille perdue ».

Le maître a parlé. Tous s'inclinent. Mais tous savent qu'en abandonnant Paris l'Impératrice perd sa couronne.

Il est trois heures du matin. Dans la cour du Carrousel, Talleyrand monte en voiture et laisse tomber ces mots de ses lèvres minces :

— Voilà donc la fin de tout ceci. Ma foi, c'est perdre une partie à beau jeu !

L'AGONIE DE FONTAINEBLEAU

Les grands pouvoirs meurent d'indigestion.

NAPOLÉON.

Le jour du mardi 29 mars 1814 n'est pas encore levé sur Paris lorsque Marmont, commandant la place de Paris, envoie des avant-postes ce billet : « L'ennemi gagne du terrain : nous pouvons être cernés ce soir. »

Assurément, la ville ne pourra tenir au-delà de vingt-quatre heures !

C'est le sauve-qui-peut.

A neuf heures du matin, sous un ciel pluvieux, l'exode commence. Les Parisiens, amorphes, regardent en silence un long cortège remonter les Champs-Élysées et prendre la route de Rambouillet. Un escadron de grenadiers et de chasseurs précède les berlines vertes aux armes impériales, dans lesquelles se sont entassés l'Impératrice, le roi de Rome, Mme Letizia, la reine de Westphalie, Cambacérès, les dames d'honneur et les ministres.

Les pages du roi de Rome ont pris place dans de grandes « gondoles » attelées de huit chevaux. Puis, encadrés de lanciers de la garde, viennent les lourds carrosses du sacre dont les ors brillent dans la brume matinale. A l'intérieur on devine les harnais et les selles d'apparat, jetés en vrac sur les coussins de satin.

Enfin, fermant la marche, roulant avec fracas sur les pavés, passent les fourgons contenant les bijoux de la couronne, les costumes du sacre, le glaive impérial, l'argenterie, la vaisselle de vermeil et le trésor : trente-deux petits barils d'or.

De tout le gigantesque empire, il ne reste plus que cette parodie de l'épopée, cette caravane traînant après elle un bric-à-brac doré...

Le 30 mars à l'aube, Napoléon abandonne la garde et part à cheval avec une simple escorte. A Villeneuve-l'Archevêque, il quitte même l'escadron de service, se jette avec Caulaincourt dans un cabriolet d'osier prêté par un boucher et, simplement suivi de Gourgaud et du maréchal Lefebvre, roule vers Paris. Il déjeune à Sens, change de voiture et, vers dix heures et demie du soir, arrive au lieu dit la Cour de France, peu après Juvisy.

Le temps est couvert. Le paysage s'estompe dans un léger brouillard. Le thermomètre de l'Observatoire indique huit degrés. Des cavaliers, des troupes encombrent le relais. Napoléon descend de voiture. Un officier sort de la brume.

— Qu'est-ce qui est là ?

— C'est le général Belliard, Sire.

— Eh bien ! Belliard, qu'est-ce que cela ? Comment êtes-vous ici avec votre cavalerie ? Où est l'ennemi ?

— Aux portes de Paris, Sire.

— Et l'armée ?

— Elle me suit.

— Et qui garde Paris ?

— Il est évacué, l'ennemi doit y entrer demain à neuf heures.

Et les questions pleuvent.

— Et ma femme, et mon fils, que sont-ils devenus ? Où est Mortier ? Où est Marmont ?

— L'Impératrice, votre fils et toute la cour sont partis pour Rambouillet hier matin... Les maréchaux Mortier et Marmont sont sûrement encore à Paris pour terminer tous les arrangements de la capitulation.

Alors la colère de l'Empereur éclate ; il oublie qu'il a lui-même donné l'ordre à Joseph d'éloigner Marie-Louise et le gouvernement si Paris se trouvait menacé par l'ennemi. Il crie à pleine gorge :

— Tout le monde a donc perdu la tête ! Voilà ce que c'est que d'employer des hommes qui n'ont ni sens commun ni énergie... Ce cochon de Joseph qui s'imagine être en état de conduire une armée aussi bien que moi !... Et ce jean-foutre de Clarke qui n'est pas capable de rien si on le sort de la routine de ses bureaux !

Les vaincus continuent à défiler devant lui, mais pas un soldat ne salue l'Empereur.

— Quelle lâcheté... capituler ! Joseph a tout perdu... Quatre heures trop tard ! Si j'étais arrivé quatre heures plus tôt, tout était sauvé !

Sa voix semble voilée par la douleur. Brusquement, son énergie revient :

— En quelques heures, le courage, le dévouement de mes bons Parisiens peut tout sauver. Ma voiture, Caulaincourt : allons à Paris. Je me mettrai à la tête de la garde nationale et des troupes : nous rétablirons les affaires... Général Belliard, donnez ordre aux troupes de retourner.

Belliard lui fait remarquer « que la capitulation étant signée, on ne pouvait y manquer ; qu'il ne trouverait plus de troupes à Paris ; qu'il ne pouvait donc y aller de sa personne... »

D'un geste il balaie l'objection.

— Caulaincourt, ma voiture ! et vous, Belliard, suivez-moi avec votre cavalerie ! Quelle est cette convention ? De quel droit l'a-t-on conclue ? Qu'est devenu le ministre de la Guerre ?

Soudain, pris d'une idée, il revient vers le relais — dont les écuries existent toujours — et fait déployer ses cartes :

— L'empereur Alexandre va s'enorgueillir dans Paris ! Il va passer en revue son armée disséminée sur les deux rives de la Seine ! Et je n'ai point la mienne sous la main !

— Dans quatre jours, elle sera là, Sire.

— Quatre jours ! Ah ! deux jours seulement, et dans Paris que de défections ! L'Impératrice elle-même !

Soudain, il se souvient des directives qu'il a données.

— Oui, j'ai voulu son départ, car Dieu sait à quoi l'on aurait pu entraîner son inexpérience !

Puis, on le voit se pencher de nouveau vers ses cartes et on l'entend s'exclamer :

— Oui, je les tiens ! Dieu me les livre ! Mais il me faut quatre jours ! Ces quatre jours, vous pouvez me les gagner en pourparlers !

Il dicte à Caulaincourt :

« Nous ordonnons au duc de Vicence, notre grand écuyer et notre ministre des Relations extérieures, de se rendre près des souverains alliés et du général en chef de leurs armées, pour leur recommander nos fidèles sujets de la capitale. Nous l'investissons, par la présente, de tout pouvoir pour négocier et conclure la paix, promettant de ratifier tout ce qu'il fera pour le bien de notre service. »

Il ajoute :

— Allons, Caulaincourt, il faut partir ; allez sauver la France et votre Empereur. Faites ce que vous pourrez. On nous imposera sûrement de dures conditions, mais je m'en remets, dans ces circonstances, à votre honneur comme Français, et à la fidélité comme à l'attachement dont vous m'avez donné des preuves.

Maintenant, il est près de trois heures du matin.

L'Empereur remonte dans sa voiture :

— Route de Fontainebleau !

Il y arrivera à six heures pour s'installer dans son appartement du premier étage. Après quelques heures de repos, il se lève et va inspecter les positions occupées par les onze mille hommes de Marmont échappés de Paris et qui forment devant Essonnes l'avant-garde de l'armée impériale. Le temps est très nuageux. En fin d'après-midi, il tonne et la pluie se met à tomber. A son retour, Napoléon apprend que de nouveaux régiments ont rejoint. D'ici trois jours, toutes les forces dont peut disposer l'Empereur — soixante mille hommes — seront là, prêtes à reprendre le combat...

Pour les Parisiens, puisque la capitale est tombée, l'Empire est à terre. Le Sénat — un sénat-croupion de soixante-quatre sénateurs, nommés par Napoléon — se réunit à trois heures en cet après-midi du vendredi 1er avril et élit un gouvernement provisoire.

Le 2 avril, il pleut et le vent souffle. L'Empereur assiste à la parade de la garde et est acclamé. Il reprend courage. Recommencer la lutte ne lui paraît pas impossible. Cependant, mieux vaudrait la paix ! Caulaincourt arrive à Paris. Il a vu le tsar la veille et lui a parlé du désir de son maître.

— La paix avec Napoléon ne serait qu'une trêve, avait répondu Alexandre.

— Et Napoléon II ? avait proposé le grand écuyer.

— Mais alors, que faire de l'Empereur ? Le père est un obstacle invincible à la reconnaissance de son fils.

Le soir, en se mettant au lit, dans ce lit en bois sculpté et doré — il occupe toujours la pièce — Napoléon espère que « Papa François » ne détrônera pas sa fille et son petit-fils. L'empereur autrichien saura-t-il tenir tête à Metternich qui, lui, Napoléon le sait, veut sa perte ? Une archiduchesse *régente de France ?* Ne serait-ce pas là un beau succès pour Vienne ? Le vaincu s'accroche à cette pensée tandis que la nuit enveloppe le château.

Le 4 avril, à Fontainebleau, il tombe une petite pluie fine. Après la parade de la garde montante, les soldats crient à nouveau leur amour pour l'Empereur et exigent le départ pour Paris. Les maréchaux vont entrer en scène. Ils ont accueilli la défaite avec une manière de satisfaction, mais ne pensent pas encore aux Bourbons. Pour eux, le règne du roi de Rome leur paraît être le seul moyen de sauver l'Empire et leurs dotations, puisque le Sénat vient de voter la déchéance de Napoléon. Ils suivent l'Empereur d'un pas sonore de vainqueurs et, sans y avoir été conviés, entrent derrière lui dans son cabinet.

Napoléon, « affectant une assurance qui n'est pas en lui », expose ses projets :

— Les Alliés ! Je vais les écraser dans Paris. Il faut marcher sur la capitale sans tarder !

— Nous ne pouvons exposer Paris au sort de Moscou, geint Macdonald. Notre parti est pris, nous sommes résolus à en finir.

— Je ferai appel à l'armée ! crie presque l'Empereur.

— L'armée ne marchera pas ! avertit Ney.

— L'armée m'obéira, répond Napoléon.

La réplique claque comme une gifle :

— Sire, l'armée obéit à ses généraux.

Il y a un silence. Accablé, il reprend :

— Enfin, que voulez-vous donc, messieurs ?

— L'abdication.

C'est Oudinot et Ney qui auraient lâché le terrible mot. Lefebvre ajoute, d'une voix tremblante et ridicule :

— Voilà ce que vous avez gagné à ne pas suivre les conseils d'un ami quand il vous engageait à faire la paix.

L'Empereur a haussé les épaules. Il prend une feuille de papier et écrit son abdication conditionnelle : « Les puissances étrangères ayant déclaré que l'Empereur Napoléon était un obstacle au rétablissement de la paix et de l'intégrité du territoire français, fidèle à ses principes, à ses serments de tout faire pour le bonheur et la gloire du peuple français, l'Empereur Napoléon déclare qu'il est prêt à abdiquer en faveur de son fils et à en faire remettre l'acte en due forme au Sénat par un message aussitôt que Napoléon II sera reconnu par les puissances, ainsi que la régence constitutionnelle de l'Impératrice. A cette condition, l'Empereur se retirera sur-le-champ dans le lieu qui sera convenu. Fait en notre palais de Fontainebleau, le 4 avril 1814. Signé : Napoléon. »

Les maréchaux sortis, Caulaincourt est appelé dans le cabinet de l'Empereur.

— Partez sur-le-champ pour Paris, lui ordonne le vaincu. Vous connaissez mes intentions, mes projets. Si je suis le vainqueur, nous aurons une paix honorable... Si je perds la bataille, la pauvre France subira la loi. Quant à moi, je vous le répète, je n'ai besoin de rien.

Mais après un silence, il demande, songeur :

— Voudra-t-on de mon fils ?

Assurément, on fera semblant de vouloir du fils pour se débarrasser plus facilement du père ! Et Napoléon ne se fait guère d'illusion. Accompagné de Ney et de Macdonald, le grand écuyer part sous la pluie pour Paris à quatre heures et demie, tandis que la garde et la petite armée de l'Empereur — à l'abri derrière le corps de Marmont — se disposent à combattre pour Napoléon II. En chemin, les plénipotentiaires s'arrêtent au quartier général du duc de Raguse et lui font part de la décision prise tout à l'heure par Napoléon.

— L'Empereur abdique ! constate alors le général Bordesoulle, commandant la cavalerie de Marmont. Voilà, monsieur le maréchal, qui nous tire de peine !

Ney, Macdonald et Caulaincourt s'étonnent. Que veut dire le général ? Marmont est alors obligé de leur avouer que ce matin même il a déclaré à un envoyé de Schwarzenberg qu'il « était prêt à quitter, avec ses troupes, l'armée de l'empereur Napoléon », à la condition de pouvoir se rendre en Normandie. Il demandait également, en échange, qu'une situation convenable « dans un pays circonscrit » soit faite à l'Empereur. La lettre partie, le maréchal avait appelé ses généraux afin de régler avec eux les détails de leur défection. Souham, le principal divisionnaire, avait accepté avec enthousiasme, les autres s'étaient inclinés avec plus ou moins de bonne grâce. Bordesoulle y avait été le plus opposé :

— Comment, monsieur le maréchal, vous ouvririez la route de Fontainebleau ! Vous laisseriez l'Empereur à la merci de l'ennemi ?

Marmont — il l'avoue aux envoyés de l'Empereur — n'en a pas moins maintenu sa décision : le mouvement doit se faire le soir même.

— Avez-vous signé ? interroge Caulaincourt, abasourdi.

— Pas encore...

— Alors, vous pouvez venir avec nous ! En passant à Chevilly, vous direz à Schwarzenberg que vos pourparlers sont rompus.

Marmont accepte et, avant de partir, remet le commandement du 6e corps au général Souham, lui ordonnant de n'opérer aucun mouvement pendant son absence, mais il ajoute :

— Dès mon départ, vous rassemblerez la troupe et lui apprendrez l'abdication de l'Empereur.

Il se garde bien de préciser qu'il s'agit d'une abdication conditionnelle au profit de Napoléon II. En outre, la décision de Napoléon devait rester secrète tant que les Alliés ne l'auraient pas acceptée.

A l'hôtel Talleyrand où Alexandre est descendu, tout semble d'ailleurs bien commencer. La première question du tsar est de demander aux quatre plénipotentiaires si l'Empereur consent à abdiquer.

— Oui, Sire, pour son fils.

Alexandre semble écouter avec attention, il « cause, raisonne sur tout, ne fait d'objection que sur des choses de peu d'importance », et finit par déclarer :

— Je ne tiens nullement aux Bourbons, je ne les connais pas. Je vais faire savoir à mes alliés vos propositions et je les appuierai. Il me tarde aussi d'en finir.

Il congédie alors ses interlocuteurs, les priant de revenir le lendemain à midi.

— J'aurai alors conféré avec le roi de Prusse et les ministres alliés.

Le 4 au soir – en dépit des intrigues de Talleyrand, en dépit aussi de l'attitude des autorités impériales devenues brusquement royalistes – la cote de Napoléon II remonte un peu : la rente passe de quarante-neuf à cinquante-huit francs...

Le lendemain, en déjeunant à 11 h 30 chez Ney, les quatre plénipotentiaires de l'Empereur, tout en ne se dissimulant pas les difficultés qui les attendent, gardent quelque espoir. Au moment où Caulaincourt et les maréchaux s'apprêtent à se rendre au rendez-vous que leur a donné le tsar, un officier vient demander le duc de Raguse. Le maréchal sort et revient quelques instants plus tard, « le visage renversé », décomposé, pouvant à peine parler : le corps d'armée de Marmont, sous les ordres du général Souham, a traversé pendant la nuit les avant-postes autrichiens et vient de passer à l'ennemi.

— Je suis déshonoré. Souham a désobéi, trahi ses devoirs : il est passé avec tout le 6e corps... Je donnerais un bras pour que cela ne fût pas arrivé.

— Dites la tête ! hurle Ney. Ce ne serait pas de trop.

Voici ce qui s'était passé : en l'absence de son chef, Souham avait ouvert un pli du quartier général adressé à Marmont : « Monsieur le maréchal, l'intention de l'Empereur est que vous vous rendiez ce soir au palais de Fontainebleau à 10 heures. » Quelques minutes plus tard était arrivé Gourgaud qui venait confirmer l'ordre. Souham et les autres généraux s'étaient affolés. En réalité, Napoléon, qui ignorait tout, avait convoqué à Fontainebleau tous les commandants de corps d'armée dans le but de préparer l'éventuelle reprise des hostilités. Mais les divisionnaires de Marmont s'étaient imaginé que l'Empereur avait été mis au courant de la défection acceptée par Marmont.

— Le maréchal a pris la fuite ! s'était exclamé Souham. Je suis plus grand que lui, je ne tiens pas à me faire raccourcir !

Si l'on voulait échapper à l'Empereur, il fallait passer à l'ennemi : Bordesoulle lui-même s'en était déclaré convaincu. Les ordres avaient couru à travers les cantonnements :

— Tout le monde en armes sur la route !

Et, à l'aube, le 6e corps, entre deux haies de troupes ennemies présentant les armes, était entré dans les lignes russes. Le chemin de Fontainebleau est ouvert ! Napoléon ne peut plus désormais poser de conditions.

Marmont est livide.

— Quel déshonneur ! Tout est perdu ! Je vais rejoindre mes troupes pour tâcher de tout réparer...

Tout est perdu, en effet. Le tsar, aussitôt après avoir appris la nouvelle, signifie aux envoyés du vaincu que les Alliés « ne traiteront ni avec l'Empereur ni avec aucun membre de sa famille ». Il ne reste à Napoléon que l'abdication sans conditions. Marmont et Souham ont achevé le régime.

A deux heures du matin — nous sommes maintenant le mercredi 6 avril — les plénipotentiaires arrivent à Fontainebleau et, en dépit de l'heure tardive, sont immédiatement reçus par l'Empereur. Gourgaud a appris à Napoléon la trahison du corps de Marmont et l'Empereur se raccroche à l'espoir que le tsar se souviendra de leur ancienne amitié. D'une voix mal assurée, il les interroge :

— Avez-vous réussi ?

Les officiers le mettent au courant de l'ampleur de la catastrophe.

Aussitôt, le « général Bonaparte » se réveille :

— Je trouverai des braves pour mourir avec moi. La guerre n'offre rien de pire que la paix ! On peut encore tout sauver !

Une heure plus tard, il se rend compte de sa folie, et appelle Caulaincourt :

— Que faire ?... Si je résiste, la France a la guerre civile. J'aime trop la France ! Je n'ai jamais voulu que sa gloire ! Je ne ferai pas son malheur ! Je ne veux pas que ce beau pays soit ravagé par moi. On veut que j'abdique... Eh bien ! j'abdiquerai !

Le jour levé, il appelle les maréchaux. Ils sont encore là, attendant la curée. Les cheveux embroussaillés, l'uniforme à demi boutonné, Napoléon essaye une dernière fois de lutter. Ne pourrait-on pas se jeter dans la vallée du Rhône, tendre la main à l'Italie ? Les lieutenants de l'Empereur ne répondent même pas. Alors, brisant le lourd silence, il lance :

— Vous voulez du repos ? Eh bien, ayez-en !

Et sur le fameux guéridon d'acajou de Fontainebleau — est-ce celui que l'on montre au public dans le salon rouge ? — Napoléon trace alors ces quelques lignes presque indéchiffrables qui écorchent le papier :

« Les puissances ayant déclaré que l'Empereur Napoléon était le seul obstacle au rétablissement de la paix en Europe, l'Empereur Napoléon, fidèle à ses serments, déclare qu'il renonce, pour lui et ses enfants, aux trônes de France et d'Italie, et qu'il n'est aucun sacrifice, même celui de sa vie, qu'il ne soit prêt à faire à l'intérêt de la France. »

De sa plume tombe un énorme pâté en forme de V qui macule le centre de la pièce et la rend encore plus illisible...

Le 6 avril, *le Moniteur* publie les lettres d'adhésion des généraux au roi Louis XVIII.

— Je suis humilié, soupire Napoléon en lisant la liste, que des hommes que j'ai élevés si haut se ravalent si bas... Que doivent penser les souverains de toutes les illustrations de mon règne ? Tout ce qui déflore cette France m'est comme un affront personnel. Je m'étais tant identifié à elle !

Ce jour-là, les sénateurs se sont réunis aux députés pour appeler « librement au trône Louis-Stanislas-Xavier de France, frère du dernier roi »... de ce dernier roi que certains de ces sénateurs ont d'ailleurs envoyé autrefois à la guillotine.

Le lendemain, jeudi 7 avril, un brouillard épais couvre Paris. « Les commissaires de la Pitié », ainsi que Caulaincourt a baptisé ses deux compagnons — Ney et Macdonald — et lui-même sont reçus par le tsar qui parle maintenant de Napoléon avec tristesse — et même avec attendrissement. Les négociations commencent... Alexandre va se montrer le meilleur soutien de l'Aigle blessé. C'est lui qui, le premier, proposera la souveraineté de l'île d'Elbe pour son ami de Tilsit, et fixera à deux millions la rente que Louis XVIII devra verser au « roi de l'île d'Elbe ».

Autour du maître vaincu, tout s'écroule. Maréchaux, généraux, domestiques s'empressent de fuir.

Napoléon, dans ce même palais où il a reçu le pape et six rois, erre comme une ombre. Plus un mot ne s'échappe de ses lèvres. Il tombe, nous dit son valet de chambre, dans « une espèce de marasme, au point de ne rien voir de ce qui est près de lui ».

A Paris, c'est un déchaînement de brochures antibonapartistes. Le vaincu est traité « d'infâme, d'assassin et de tyran ». Il devient à la fois Cromwell, Attila et Robespierre ! On lance des distiques :

Enfin ! Grâce à Napoléon
On ne parle plus de Néron !

A Blois, Marie-Louise ignore encore l'ampleur de l'effondrement. Autour d'elle règne la consigne du silence. Elle n'a qu'un désir : rejoindre son mari. Elle se sentirait « plus courageuse et plus calme - elle le lui écrit - si elle pouvait se trouver auprès de lui, partageant son sort et le consolant de ses revers. Elle espère même pouvoir lui être utile « à quelque chose ». Il est certain qu'en faisant venir près de lui sa femme et son fils, l'Empereur constituerait encore une manière de puissance. Déjà, si le roi de Rome et sa mère avaient été à ses côtés dès le 2 avril, le règne de Napoléon II eût été infiniment plus réalisable. Quelle belle carte dans le jeu de Caulaincourt, que la présence à Fontainebleau de la fille et du petit-fils de l'empereur d'Autriche !

Mais Napoléon semble vouloir abandonner à Marie-Louise le soin de sa décision. Il ne l'empêche pas de venir le rejoindre à Fontainebleau, mais il ne le lui ordonne point.

Devant des dispositions aussi vagues, peut-on faire grief à l'Impératrice d'avoir pris la résolution de se rendre *d'abord* auprès de l'empereur François avant de prendre *ensuite* le chemin de Fontainebleau ou de l'île d'Elbe ? Pour expliquer sa détermination, elle adresse ces lignes à Napoléon : « Si tu veux me laisser aller voir mon père, je suis sûre, presque sûre, que j'obtiendrai la Toscane. »

Le plus stupéfiant fut que Napoléon sembla croire, lui aussi, à l'urgence de la rencontre entre le père, la fille et le petit-fils. Comment ne se rendit-il pas compte que François ne les laisserait pas rejoindre le proscrit ?

Grâce au tsar, Caulaincourt finit par faire ajouter au traité de Paris cet article : « Les duchés de Parme, Plaisance et Guastalla seront donnés en toute propriété et souveraineté à S.M. l'Impératrice Marie-Louise. Ils passeront à son fils et à sa descendance en ligne directe. Le prince, son fils, prendra, dès ce moment, le titre de prince de Parme, Plaisance et Guastalla. »

Le soir du 12 avril, Marie-Louise quitte Orléans. L'empereur François a envoyé au-devant d'elle, pour la conduire à Rambouillet, les princes Esterhazy et Lichtenstein. Après avoir parlé avec les deux représentants de son père, un doute commence déjà à percer dans son esprit. La laissera-t-on rejoindre ensuite son mari ? « Il faudrait être bien barbare pour m'en empêcher, écrit-elle à Napoléon, et si on le voulait, je t'assure que l'on ne pourrait pas. Je veux partager ton malheur, je veux te soigner, te consoler, t'être utile et adoucir tes chagrins. Je sens que j'ai besoin de cela pour vivre, pour ne pas succomber à ce dernier coup. »

Cependant, dès les premiers tours de roues, en compagnie des deux princes, Marie-Louise comprend qu'elle est prisonnière avec son fils. En pleine nuit, sur la route d'Orléans à Rambouillet, elle parvient à griffonner ce mot au crayon : « Il y a des ordres pour m'empêcher d'aller te rejoindre, même à recourir à la force. Sois sur tes gardes, mon cher ami, on nous joue... »

Cette nuit du mardi 12 au mercredi 13 avril, Napoléon, qui n'a pas encore reçu les deux dernières lettres de l'Impératrice, a tout deviné. Le matin, peu avant midi, il a appris que le comte d'Artois, frère de Louis XVIII, avait fait son entrée dans Paris, pavoisé de blanc, et était allé s'installer aux Tuileries. La foule avait embrassé ses bottes, et même l'encolure et le poitrail de son cheval... A la barrière de Bondy, le futur Charles X avait été accueilli par les maréchaux Ney et Moncey !

Tard dans la soirée, entre les quatre murs de sa chambre ornés de quarante *N* dorés et où l'aigle autrichien — celui de Marie-Antoinette et de Marie-Louise — surmonte la cheminée, l'Empereur passe « la revue des abandons et des trahisons ». Puis, il congédie Caulaincourt. Le grand écuyer regagne sa chambre « frappé et affecté » par cette phrase que Napoléon a répétée comme un leitmotiv :

— La vie m'est insupportable... insupportable !

A trois heures du matin, un valet vient le chercher : l'Empereur le demande. Vite ! Qu'il se hâte ! Lorsque le grand écuyer pénètre dans la chambre, il voit son maître couché. Une lampe de nuit éclaire faiblement les ors de la pièce.

— Approchez et asseyez-vous !

La voix est d'une faiblesse extrême.

Napoléon, étendu sur le lit où volettent des abeilles, vient de tenter de se suicider. Entre deux hoquets, il avoue à Caulaincourt, terrifié, qu'il a pris du poison préparé jadis par le docteur Yvan et qu'il porte à son cou depuis le *hourra* de Malo-Yaroslavetz, au lendemain du départ de Moscou. La raison ? Il la donne à son écuyer en s'interrompant souvent « comme quelqu'un qui éprouve des angoisses qui suspendent les facultés » :

— Je prévois qu'on va me séparer de l'Impératrice et de mon fils ; on va me réserver toutes sortes d'humiliations ; on cherchera sûrement à m'assassiner, au moins à m'insulter, ce qui serait pour moi pire que la mort... On ne me laissera pas arriver à l'île d'Elbe. J'ai bien pesé ma situation, bien réfléchi sur ma position.

Non sans peine, il saisit une lettre sous son oreiller. Elle est destinée à l'Impératrice : « Tu es ce que j'aime le plus au monde. Mes malheurs ne me touchent que par le mal qu'ils te font... Donne un baiser à mon fils. Adieu, chère Louise. Tout à toi... »

Caulaincourt pleure à chaudes larmes.

— Donnez-moi votre main, reprend l'Empereur... Embrassez-moi ! Dans peu, je n'existerai plus. Portez ma lettre à l'Impératrice... Dites-lui que je meurs avec le sentiment qu'elle m'a donné tout le bonheur qui dépendait d'elle.

Un hoquet le force à s'interrompre. Le grand écuyer veut appeler à l'aide, mais l'Empereur l'en empêche :

— Je ne veux que vous, Caulaincourt. Ne cherchez pas à prolonger mon agonie. Ce que j'ai éprouvé depuis quinze jours est bien plus douloureux que le moment actuel.

« Je cherchais vainement à m'échapper, écrira Caulaincourt, à appeler quelqu'un près de lui ; il me retenait avec une force irrésistible. Les portes étaient fermées, le valet de chambre ne m'entendait pas. Le hoquet augmentait ; ses membres se raidissaient ; son estomac et son corps se soulevaient. Un froid de glace avait succédé à une sueur froide puis à une chaleur brûlante... Il me parut faire ce qu'il pouvait pour s'empêcher de vomir ; ses dents étaient serrées. »

— Qu'on a de la peine à mourir ! Qu'on est malheureux d'avoir une constitution qui repousse la fin d'une vie qu'il me tarde tant de voir finir !

Mais bientôt les vomissements se succèdent... l'Empereur retient son écuyer avec une telle force qu'un côté de l'uniforme de Caulaincourt manque de lui rester entre les mains.

Le malade souffre atrocement. « Son visage est profondément défait, on peut dire renversé, les traits contractés. » Au matin, « il est d'un changement effrayant ». Non sans peine, Caulaincourt parvient à soutenir Napoléon jusqu'à la fenêtre ouverte... Peu à peu le spectre de la mort s'éloigne.

— J'ai pris mon parti... Je vivrai puisque la mort ne veut pas plus de moi dans mon lit que sur le champ de bataille. Il faudra aussi du courage à supporter la vie après de tels événements.

Quelques heures plus tard, il accepte de signer le traité qui donne à l'homme qui a régné de Hambourg à Rome la souveraineté de l'île d'Elbe – ce caillou dont il avait vu autrefois, de sa Corse natale, la silhouette se découper à l'horizon...

Ce même matin, le valet de chambre Hubert gratte à la porte de la chambre et vient annoncer l'arrivée de la comtesse Walewska.

Napoléon a-t-il seulement entendu l'annonce de son valet de chambre ? Prostré, épuisé par cette agonie nocturne, sa pensée ne quitte pas l'Impératrice et le roi de Rome qui, cette même nuit, sont devenus les « prisonniers » de l'Autriche... et il oublie la présence, à deux pas de lui, de la chère Polonaise. Marie demeure le reste de la journée, puis toute la nuit dans l'antichambre, attendant vainement que s'ouvre la porte impériale. A l'aube enfin, triste et brisée, elle quitte le château pour rejoindre sa voiture.

— La pauvre femme ! soupire Napoléon retrouvant ses esprits après le départ de la comtesse, elle se croira oubliée !

A peine est-elle rentrée chez elle, qu'elle expédie un mot à son ancien amant, et cette fois, il répond aussitôt :

« Les sentiments qui vous animent me touchent vivement. Ils sont dignes de votre belle âme et de la bonté de votre cœur... Portez-vous bien, n'ayez point de chagrin, pensez à moi avec plaisir et ne doutez jamais de moi. »

Napoléon écrit également à Marie-Louise qui vient d'arriver à Rambouillet :

« Je suis si dégoûté des hommes que je n'en veux plus faire dépendre mon bonheur. Toi seule y peux quelque chose. Adieu mon amie. Un baiser au petit roi, bien des choses à ton père ; prie-le qu'il soit bon pour nous. »

Bon pour nous ! Le surlendemain il recevra cette lettre de Marie-Louise :

« Mon père vient d'arriver il y a deux heures, je l'ai vu sur-le-champ, il a été très tendre et très bon pour moi, mais cela a été anéanti par le coup le plus affreux qu'il ait pu me porter, il m'empêche de te rejoindre, de te voir, il ne veut pas me permettre de faire le voyage avec toi. J'ai eu beau lui représenter que c'était mon devoir de te suivre, il m'a dit qu'il ne le voulait point et qu'il voulait que je passasse deux mois en Autriche et qu'après je m'en aille à Parme d'où j'irai te voir. Ce dernier coup me tuera, tout ce que je désire, c'est que tu puisses être heureux sans moi, car, pour moi, il m'est impossible d'être heureuse sans toi. Je t'écrirai tous les jours et je penserai toujours à toi... Je suis si triste que je ne sais que te dire, je te prie encore une fois (de croire) que je suis bien malheureuse. Je t'embrasse et t'aime de ton mon cœur.

« Ta fidèle amie Louise. »

Ainsi l'Empereur, après avoir perdu Marie Walewska, perd également sa femme et son fils.

Une seule consolation pour Napoléon durant cette lente agonie morale de Fontainebleau : il a le droit — le traité l'y autorise — de désigner quatre cents hommes pour le suivre en exil. Comment choisir ? Tous veulent l'accompagner.

Les demandes sont si nombreuses que le chiffre est porté à six cents hommes. Sous les ordres du général Cambronne, la glorieuse phalange, drapeau en tête, quitte le château, précédée de sa musique : quatre clarinettes, une flûte, un cor et quelques tambours. Ils escortent quatre canons, les vingt-sept voitures de l'Empereur et ses chevaux favoris.

Les 17, 18 et 19 avril arrivent à Fontainebleau les commissaires alliés chargés d'accompagner l'Empereur déchu jusqu'à l'île d'Elbe : un Anglais, sir Neil Campbell, deux Autrichiens, le feld-maréchal Koller et le général Clam-Martiniz, un Russe, le général Schouvalov, et un Prussien, le général comte de Waldbourg-Truchsess.

Les geôliers dorés et empanachés ont le cœur battant en se présentant devant leur « prisonnier ». Le spectacle les stupéfie. « Il avait tous les signes de l'esprit le plus troublé, raconte Koller, se frottant le front avec les mains, puis se mettant les mains dans la bouche et s'en mordant les extrémités de l'air le plus agité. »

C'est au tour de sir Neil Campbell d'être présenté à l'empereur déchu : « J'éprouvai une étrange confusion lorsque l'aide de camp, après m'avoir annoncé, se retira en fermant la porte et que je me trouvai soudain tête à tête avec l'homme extraordinaire dont le nom avait été, pendant des années, la pierre de touche de mes sentiments, soit comme Anglais, soit comme militaire, et dont la figure s'était offerte à mon imagination sous toutes les formes que l'exagération et la caricature pouvaient rendre les plus frappantes. Je vis devant moi un petit homme à l'air actif qui arpentait rapidement son appartement, semblable à un animal sauvage dans sa cage. Il portait un vieil uniforme vert à épaulettes d'or, un pantalon bleu, des bottes à revers rouges. Il n'avait ni la barbe faite ni les cheveux peignés. Le tabac à priser souillait sa lèvre supérieure et son gilet. Averti de ma présence, il se tourna vivement vers moi avec un sourire courtois, cherchant évidemment à cacher, sous une affectation de placidité, son inquiétude et son agitation. »

Et ce furent les adieux de Fontainebleau...

Le mercredi 20 avril, l'heure du départ a sonné. Le temps est couvert et brumeux. Il fait froid : sept degrés à huit heures. Dès que « le roi de l'île d'Elbe » apparaît en haut de l'escalier en fer à cheval, le général Drouot annonce d'une voix qui s'entend jusqu'au fond de la cour :

— L'Empereur !

Ce qui reste de la Garde — le 1er régiment de grenadiers à pied et les marins de la jeune garde — se trouve aligné sur deux files. Au loin, derrière les grilles, toute la population de la ville s'est massée.

Il y a d'abord un lourd silence, puis les tambours se mettent à battre. D'un geste, Napoléon les interrompt. Suivi des commissaires étrangers et de ses derniers fidèles, il descend les degrés. Parvenu au pied de l'escalier, il s'arrête. D'une voix claire, il lance les paroles immortelles :

— Officiers, sous-officiers et soldats de ma vieille garde, je vous fais mes adieux. Depuis vingt ans, je vous ai constamment trouvés sur le chemin de l'honneur et de la gloire... Avec des hommes tels que vous, notre cause n'était pas perdue. Mais la guerre était interminable : c'eût été la guerre civile, et la France en fût devenue plus malheureuse. J'ai donc sacrifié nos intérêts à ceux de la patrie.

Sa voix s'étrangle. Après un silence, il poursuit :

— Je pars ! Vous, mes amis, continuez à servir la France... Ne plaignez pas mon sort. Si j'ai consenti à me survivre, c'est pour survivre encore à votre gloire... Adieu, mes enfants ! Je voudrais vous presser tous sur mon cœur. Que j'embrasse au moins votre général, votre drapeau !

Les larmes aux yeux, le général Petit s'avance. L'Empereur ouvre ses bras. Une émotion indicible plane. Les généraux ennemis sentent leur gorge se serrer.

— Qu'on m'apporte l'Aigle !

La garde d'honneur entourant le drapeau du 1er régiment de grenadiers s'avance. Des noms prestigieux y sont bordés : *Marengo, Austerlitz, Iéna, Eylau, Friedland, Wagram, Vienne, Berlin, Madrid, Moskowa, Moscou.* Napoléon fait un pas au-devant du drapeau et l'embrasse :

— Cher Aigle, que ce dernier baiser retentisse dans le cœur de tous mes soldats.

On entend des sanglots. L'Empereur fait un dernier effort et reprend d'une voix ferme :

— Adieu, encore une fois mes vieux compagnons, que ce dernier baiser passe dans vos cœurs.

Dans les rangs court un frémissement...

Rapidement, l'Empereur se dirige vers sa voiture où Bertrand l'attend. Le général Petit suit en pleurant. La portière claque. Le cocher enlève ses six chevaux et la berline passe devant la garde, franchit la grille, puis, arrivée sur la place, prend, à gauche, la route de la forêt. L'Empereur roule vers l'exil... Dès que la voiture eut disparu, a raconté le capitaine Parquin, « d'un mouvement spontané et unanime, les soldats brûlèrent les aigles, et quelques-uns, pour ne pas s'en séparer, en avalèrent les cendres ».

Quatre jours plus tard, Napoléon atteint la Provence. Le drame va commencer.

Le dimanche 24 avril, la *dormeuse* impériale arrive à Montélimar. L'Empereur est inquiet... et interroge M. Chabeaud qui tient l'*Hôtel de la Poste.* Est-il exact qu'en Provence les habitants sont extrêmement montés contre lui ? A-t-on vraiment traîné son buste dans la boue ?

Le même soir, dès la traversée de Donzère, ville royaliste — il est neuf heures et demie — l'Empereur est fixé. Les habitants essayent d'immobiliser sa voiture, demandant « qu'on leur livre le Corse ». Enfoncé dans la berline, l'Empereur, pour la première fois de sa vie, entend les cris de *A bas le Tyran !* et de *Vive le Roi !...* Le cortège brûle la poste.

A l'aube du lundi 25 avril, la dormeuse impériale approche d'Avignon. Se souvient-il, lorsqu'il n'était qu'un maigriot capitaine d'artillerie, d'avoir écrit ici, il y a un peu plus de vingt ans, chez le pharmacien Renaudet, rue Haute, le républicain *Souper de Beaucaire* ? Par mesure de précaution, le relais a été préparé hors la ville. Mais la foule est là, grondante et menaçante. Dès qu'apparaît la voiture de l'*Ogre,* des cris s'élèvent :

— A la potence Napoléon !

Des hommes en armes entourent l'équipage. Un certain Mollot, enrôlé, dit-on, par le comité royaliste de Paris, s'efforce d'ouvrir la portière. Bertrand et Drouot s'interposent. Le chasseur Noverraz braque un pistolet sur Mollot qui recule. Enfin, la garde urbaine dégage le cortège. Vite, on attelle et, quelques minutes plus tard, la berline, distançant les véhicules de la suite, part au grand galop.

La voiture impériale pénètre dans Orgon et descend vers l'auberge où devrait se trouver le relais. Rien n'est prêt. L'Empereur décide alors de déjeuner à l'hostellerie. Mais la foule s'amasse à l'extérieur et veut empêcher les palefreniers de changer les chevaux.

L'Empereur peut cependant monter en voiture. Mais la berline ne parvient pas à franchir la place où les gens du village, ameutés, poussent en la voyant une immense clameur. Napoléon met la tête par la portière ; il est horrifié. Devant lui, s'élève une potence où se balance un mannequin souillé de sang, et portant au cou une pancarte sur laquelle flamboie un mot en lettres rouges : *Bonaparte.* Tandis que les cris redoublent, le feu est mis à la grotesque marionnette, et l'Empereur, les yeux fixes, assiste à l'exécution et regarde brûler son effigie. Des individus montent à l'assaut de la voiture en hurlant :

— Meurs, tyran !

Quelques femmes clament :

— Rends-moi mon fils !

Une grêle de pierres s'abat sur la berline. Des carreaux sont cassés. « Une femme jeune et jolie était si acharnée contre moi, racontera l'Empereur à Sainte-Hélène, qu'elle aurait, j'en suis sûr, bu mon sang ! » La colère des assaillants devient de la rage. Le maire se tient à la portière, prêt, affirme-t-il, « à donner sa vie plutôt que de souffrir un lâche régicide ». Le commissaire russe intervient et harangue la populace :

— N'avez-vous pas honte d'insulter un malheureux sans défense ? Il est assez humilié par la triste situation où il se trouve... Abandonnez-le à lui-même ! Regardez-le : vous voyez que le mépris est la seule arme que vous devez employer contre cet homme qui a cessé d'être dangereux !

L'Empereur blêmit. Quelle humiliation !

Orgon est enfin dépassé.

D'autres villages attendent le proscrit. Napoléon ne veut pas revivre semblable cauchemar. Les commissaires le trouvent si épouvanté qu'ils acceptent sa proposition : il désire précéder sa voiture d'une heure et jouer le rôle de son propre courrier. Les généraux le voient revêtir une mauvaise redingote bleue, coiffer un chapeau rond sur lequel est piquée une cocarde blanche. Il enfourche un bidet de poste et, suivi d'un postillon, s'élance sur la route, plantant là les commissaires stupéfaits...

Pour la première fois depuis plus de quinze ans, Napoléon chevauche sans être suivi par un escadron d'aides de camp. L'Empereur éperonne sa bête, ce cheval que les Anglais de passage dans la région, nous apprend Louis-Edmond Rostand, le maire d'Orgon, « paieront ensuite bien cher pour le monter »... A Saint-Cannat, il n'a pas été reconnu ; il change rapidement de cheval et repart sans reprendre haleine. Le mistral souffle, soulevant la poussière et courbant les cyprès. Sans ralentir son allure, le cavalier traverse les villages. Il connaît bien cette terre brûlée pour l'avoir souvent parcourue vingt-huit années auparavant, alors qu'il n'était qu'un pauvre sous-lieutenant portant manchettes de mousseline et habit bleu roi d'artilleur de La Fère...

Trois heures après avoir quitté le cortège, il s'arrête quelques kilomètres avant Aix, devant la longue façade grise d'une mauvaise auberge de routiers nommée *la Calade*, et qui, toujours aussi sinistre, existe encore un peu en contrebas de la grand-route. Il descend de cheval, pénètre dans la salle commune — aujourd'hui sombre et enfumée — se présente comme un officier anglais de l'escorte de Napoléon : le colonel Campbell, et demande que l'on prépare rapidement un dîner pour « l'ex-empereur et sa suite ». L'hôtesse répond « qu'elle serait bien fâchée de préparer un dîner pour un tel monstre ». Puis, elle commence à aiguiser sur une meule un couteau et demande à l'Empereur d'en toucher la pointe.

– N'est-ce pas qu'il est bien affilé ? demande-t-elle. Si quelqu'un veut s'en servir pour poignarder l'Empereur, je le lui prêterai volontiers.

— Vous le haïssez bien, cet Empereur. Que vous a-t-il donc fait ?

— Ce qu'il m'a fait ? Ah ! le monstre ! Il est la cause de la mort de mon fils, de mon neveu et de tant de jeunes gens !

Et la conversation se poursuit sur ce ton ! En arrivant, une heure plus tard, à *la Calade*, les commissaires trouvent « le ci-devant souverain du monde plongé dans de profondes réflexions, la tête appuyée dans ses mains ».

« Je ne le reconnus pas tout d'abord, a écrit le commissaire prussien, et je m'approchai de lui. Il se leva en sursaut en entendant quelqu'un marcher et me laissa voir son visage arrosé de larmes. Il me fit signe de ne rien dire, me fit asseoir près de lui, et tout le temps que l'hôtesse fut dans la chambre, il ne me parla que de choses indifférentes... On se mit à table, mais comme ce n'étaient pas ses cuisiniers qui avaient préparé le dîner, il ne pouvait se résoudre à prendre aucune nourriture, dans la crainte d'être empoisonné. Cependant, nous voyant manger de bon appétit, il eut honte de nous faire voir les terreurs qui l'agitaient et prit de tout ce qu'on lui offrit. Il fit semblant d'y goûter, mais il renvoyait les mets sans y toucher. Quelquefois, il jetait dessous la table ce qu'il avait accepté pour faire croire qu'il l'avait mangé. Son dîner fut composé d'un peu de pain et d'un flacon de vin, qu'il fit retirer de sa voiture et qu'il partagea même avec nous... »

Comment « tromper le peuple d'Aix » qui doit être prévenu de son passage et l'attend au prochain relais ? A son gré, les commissaires ne semblent pas bien saisir la gravité de la situation. Aussi, Napoléon leur raconte ce que l'hôtesse lui a demandé : « On noiera Bonaparte, n'est-ce pas ? »

— Vous voyez bien à quel danger je suis exposé !

La suite du récit du commissaire prussien est-elle exacte ? Les historiens napoléoniens, qui ne nient pas son authenticité, ont le plus souvent évité de transcrire ces lignes :

« Il nous pria d'examiner s'il n'y avait pas quelque part une porte cachée par laquelle il pourrait s'échapper, ou si la fenêtre, dont il avait fait fermer les volets en arrivant, n'était pas trop élevée pour pouvoir sauter et s'évader ainsi. La fenêtre était grillée au-dehors, et je le mis dans un embarras extrême en lui communiquant cette découverte. Au moindre bruit, il tressaillait et changeait de couleur. »

Elle existe toujours cette fenêtre, à plus de deux mètres au-dessus du sol carrelé de la petite pièce — presque un débarras — donnant dans la salle commune. Et l'on ne peut voir cette manière de trappe sans avoir le cœur serré.

Toute une foule venue des hameaux environnants s'est peu à peu amassée devant l'auberge ; l'Empereur décide de quitter *la Calade* à minuit. Il met l'uniforme du général Koller, se décore de l'ordre de Sainte-Thérèse que porte l'officier autrichien, coiffe la casquette du comte de Waldbourg-Truchsess et s'enveloppe dans le manteau du commissaire russe. L'aide de camp du général Schouvalov revêt la redingote bleue et le chapeau rond portés par Napoléon à son arrivée.

Les voitures sont avancées.

Précédé par le général Drouot, le faux Napoléon sort de l'auberge. Il est suivi par l'aide de camp et par les commissaires, au milieu desquels, la casquette enfoncée jusqu'aux sourcils, se dissimule l'Empereur sous son étrange déguisement d'uniformes ennemis. « Nous traversâmes ainsi la foule ébahie qui se donnait une peine extrême pour tâcher de découvrir parmi nous celui qu'elle appelait *son tyran.* »

Le soir du 26 avril, l'Empereur passe la nuit au Luc, au château de Bouilledou. Il retrouve là sa sœur Pauline. La « petite païenne » est effarée en voyant son frère encore vêtu de son curieux accoutrement.

— Je ne puis vous embrasser, lui aurait-elle déclaré, tant que vous porterez cet uniforme autrichien.

Avec un pauvre sourire, il va se changer.

Le jeudi 28 avril, il est prêt à embarquer, mais le vent manque et il reste dans sa chambre du *Chapeau Rouge.* Il est pris de malaises et de vomissements. Est-ce l'émotion de la route ? Ou bien est-il incommodé par la langouste qu'il a mangée la veille ?... Le soir, il se rend à Saint-Raphaël où l'attend une frégate anglaise, l'*Undaunted,* et s'embarque près de l'actuelle douane. En montant à bord, il est reçu avec les honneurs dus à un souverain.

Le vendredi 29, à 11 heures du matin, le vent revenu, la frégate anglaise lève l'ancre. L'Empereur demeure sur le pont, le rivage s'éloigne lentement, ce même rivage qu'il avait vu surgir de la mer le 17 vendémiaire an VIII, à son retour d'Égypte, il y a de cela quinze années...

Quinze ans !

Toute la prodigieuse épopée s'est déroulée en cent quatre-vingts mois ! Celui qui n'est plus aujourd'hui que le roi de l'île d'Elbe — cette royauté à la Sancho Pança ! — continue à fixer l'horizon comme s'il pouvait encore distinguer les contours des côtes de France qui s'estompent peu à peu dans la brume. Près de lui se tient le feld-maréchal Koller. L'Empereur pense à cette terrible journée du lundi 25 avril, il évite le regard narquois du général de son beau-père.

— Je me suis montré cul nu, lui avoue-t-il sans oser le regarder.

Napoléon a eu peur ! Lui qui n'a jamais tressailli sur un champ de bataille, une foule hurlante l'a fait trembler ! Il a la phobie de l'émeute et la bête humaine déchaînée lui fait horreur. Le 19 brumaire il avait été comme paralysé. Cette fois, l'agonie de Fontainebleau, cette impression d'être « au milieu des loups », cette mort qui s'est refusée à lui, ont ébranlé ses nerfs... Et la panique lui a fait prendre le galop sur la route pierreuse de Provence ; et dans la triste salle commune de l'auberge de *la Calade*, l'angoisse lui a étreint le cœur.

Il aurait, d'ailleurs, préféré mille fois la mort. Ne l'oublions pas, il est l'être de ce mot admirable :

— Je suis un homme qu'on tue, mais qu'on n'outrage pas !

Le soir du mardi 3 mai, après avoir dépassé l'îlot de Capraja, ayant derrière lui les côtes de la Corse et à sa gauche celles de la Toscane, Napoléon voit surgir des flots une île haute sur la mer Tyrrhénienne et occupant peu à peu tout l'horizon. Le bras de mer qui la sépare de Piombino — là où régnait encore quelques semaines auparavant sa sœur Élisa — n'est large que de six milles.

L'Empereur regarde la chaîne des monts rocheux qui, de ce côté, atteignent mille mètres — le Monte Capanne les dépasse même de dix-huit mètres. Les côtes semblent rongées, découpées, déchiquetées par la mer, mais la silhouette de l'île, frappée à cette heure-là de plein fouet par le soleil couchant, n'en est pas moins rendue scintillante par le granit trouant la terre ferrugineuse. Aussi les Anciens appelaient-ils cette terre tourmentée : Athalia-la-Brillante.

Ce n'était plus que l'île d'Elbe, faisant partie du département *fran-*

çais de la Méditerranée, chef-lieu Livourne, sous-préfecture Porto-Ferrajo, capitale du royaume d'opérette accordé par les Alliés à celui qui les a si souvent humiliés.

Alors que l'Empereur vogue vers son îlot, Louis XVIII fait sa « joyeuse entrée » dans Paris. Il a pris place dans une calèche traînée par huit chevaux blancs des écuries impériales, tenus par des piqueurs revêtus de la livrée de l'Empereur. La voiture est précédée ou suivie — les témoins ne sont pas d'accord sur ce point — par la garde impériale. Certains vieux grognards ont descendu leur bonnet à poil jusque sous leurs yeux. Ils préfèrent ne pas regarder. « Leur mâchoire se contractait de rage impuissante... Quand ils présentaient les armes, c'était avec un mouvement de fureur, et le bruit de ces armes faisait trembler... »

Ce n'est pas l'entrée de Louis XVIII, mais la chute de Napoléon que l'on célèbre.

LE ROITELET DE L'ÎLE D'ELBE

L'homme de génie se retrouve toujours, après une faute comme après un malheur.

NAPOLÉON.

Napoléon avait emporté de la bibliothèque de Fontainebleau un petit livre : *Notice sur l'île d'Elbe,* et il ne fut pas trop surpris en ne voyant, du pont de l'*Undaunted,* que deux forts qui encadraient, au sommet de la colline, les toits de deux ou trois masures. Pour découvrir Porto-Ferrajo, qui, en contrebas, s'étage en croissant entre ces deux forts, il faut en effet pénétrer dans le petit golfe. Tournant curieusement le dos à la mer, Porto-Ferrajo est construit sur une presqu'île. En 1814, un fossé coupait même l'isthme, et la capitale était entourée d'eau salée.

Pour pénétrer dans le port, l'*Undaunted* dut d'abord s'engager dans le goulet et s'avancer vers le fond de la baie, puis le navire dépassa la Linguella — où se dresse la *Torre di Martello* ou *di Passanante,* une grosse tour ronde et trapue qui servait de prison du temps de Cosme de Médicis — et enfin, avant de jeter l'ancre, la frégate opéra un demi-tour complet et se trouva alors dans un petit lac s'étendant devant la ville.

Napoléon reste à bord, tandis que Bertrand, Drouot et Campbell prennent place dans une chaloupe et sont accueillis sur le quai par le général Dalesme à qui ils remettent cette lettre de l'Empereur : « Général, j'ai sacrifié mes droits aux intérêts de la patrie, et *je me suis réservé* la souveraineté et propriété de l'île d'Elbe, ce qui a été consenti par toutes les puissances. Veuillez faire connaître le nouvel état des choses aux habitants, et *le choix* que j'ai fait de leur île pour mon séjour, en considération de la douceur de leurs mœurs et de leur climat. »

Le choix ! Napoléon pensait ainsi donner le change, et chacun — les généraux, le sous-préfet et le maire Pietro Traditi — de jouer le jeu et de préparer pour le lendemain l'entrée de l'Empereur — car Napoléon, « roi de l'île d'Elbe », n'en gardait pas moins son titre impérial.

Il fallait d'abord amener du haut des deux forts, le *Falcone* et le *Stella* — le Faucon et l'Étoile — le pavillon blanc de Louis XVIII et hisser à sa place le nouvel emblème. Napoléon, qui pensait à tout, avait songé à ce dernier durant la traversée et l'avait fait exécuter à bord même de la frégate. Il savait que l'écu des Médicis, anciens souverains de l'île, se composait d'une bande de gueules sur fond d'argent. Aussi avait-il simplement ajouté à ces couleurs trois abeilles d'or « semées » sur la bande transversale.

Le lendemain matin, le nouveau drapeau elbois avait été hissé sur les forts, tandis que, pour saluer Napoléon, tonnaient les batteries des forts ainsi que les canons de l'*Undaunted.* Toute cette artillerie se remet en branle lorsque l'Empereur quitte la frégate. Les marins anglais présentent les armes, sabre au clair, et poussent les hourras réglementaires.

Devant lui, alors que la chaloupe avec ses vingt-quatre rameurs s'approche du débarcadère, l'Empereur voit le quai où la foule, en habits clairs — cette foule si semblable à celle de son enfance — s'est rassemblée et crie : *Evviva il Imperatore !* dans le vacarme des cloches qui sonnent et des roulements des tambours.

La chaloupe s'arrête.

Le maire, Pietro Traditi, s'avance portant sur un plat d'argent les clefs de la Porte de la Mer. Napoléon a lancé au maire la phrase traditionnelle :

— Reprenez ces clefs, monsieur le maire, elles ne peuvent être en meilleures mains.

Les soldats du 35e et les gardes nationaux font la haie. L'Empereur s'apprête à se diriger vers la Porte de la Mer lorsque le vicaire général, le Corse Arrighi — il se prétend, comme tant de Corses, cousin de Napoléon — fait un geste de la main. Effaré, l'Empereur voit alors venir vers lui un dais en papier doré orné d'abeilles en carton scintillantes au soleil que portent quatre gaillards en habits de fête. Il n'ose refuser cet honneur, réservé habituellement au Saint-Sacrement, et va se placer sous l'étrange baldaquin. Les autorités, pêle-mêle avec les officiers de l'Empereur et les commissaires alliés, suivent le dais. Au son des tambours scandant la marche, la procession — vrai cortège de carnaval — passe sous la Porte de la Mer et entre dans la nouvelle capitale de l'Empereur. Quelques pas séparent l'arc de triomphe de l'église paroissiale. Devant l'autel, un prie-Dieu attend l'Empereur afin qu'il puisse se recueillir tandis que l'on va chanter un *Te Deum.* Un *Te Deum,* comme après Austerlitz ou au lendemain de la naissance du roi de Rome !

La cérémonie terminée, Napoléon reprend place sous son baldaquin, et se met en route pour la mairie, qui se trouve à quelques pas, dans un renfoncement, de l'autre côté de la place d'Armes, appelée place Hutré. L'*Imperatore* pénètre dans le bâtiment au son d'un piètre orchestre de chambre. Il donne audience, dans le « grand salon », aux personnalités elboises, avant de gagner les appartements qui lui ont été hâtivement préparés.

Dès le lendemain de son arrivée, l'attention de l'Empereur est attirée par un ensemble de constructions qui dominent la ville entre les deux forts et dont la vue donne à la fois sur la mer et sur le golfe. Il s'agit de bâtiments construits jadis par Jean-Gaston de Médicis pour servir de palais de justice et de prison, mais vite déchus de leur destination première, ils avaient été transformés en logement pour le jardinier. Deux moulins — d'où le nom de *Mulini* — y tournaient au vent du large. Quelques années avant l'arrivée de l'Empereur, ils avaient été détruits et les commandants français — ceux de l'artillerie et du génie — s'étaient installés aux « Mulini » après les avoir réparés et agrandis. Napoléon décide d'établir à cet emplacement — le plus beau de Porto-Ferrajo — son « palais ». Il fait remanier le rez-de-chaussée, en réunissant les deux pavillons qui existent déjà et en ordonnant d'élever un étage.

Lorsqu'on pénètre aujourd'hui dans cette maison dont l'aspect extérieur est plutôt riant, avec ses murs roses et ses volets verts, on est envahi par un navrant sentiment de tristesse. L'Empereur s'est réservé pour son « intérieur », selon son expression, quatre petites chambres. Côté jardin : son cabinet de travail et un petit salon ; côté ville : une bibliothèque et sa chambre à coucher. Pour obtenir le grand salon du premier étage — celui que viendra habiter Pauline — il faudra la surface de ces quatre pièces.

Ce salon, en dépit de ses nobles proportions, ne suffisait point à la *courette* elboise ; aussi, en retour d'angle, l'Empereur fera-t-il transformer l'ancien entrepôt des farines en une longue *salle de bal* donnant sur le jardin par sept portes-fenêtres. Elle sert aujourd'hui de salle de congrès, et l'on devine encore sur ses murs les peintures en trompe-l'œil exécutées à l'époque.

Pour meubler son palais, Napoléon va tout bonnement piller sa famille. Il envoie un voilier à Piombino. Là se trouve le palais qu'Élisa — grande-duchesse de Toscane et princesse de Piombino — a été contrainte d'abandonner, en dépit du pacte qui la lie à Murat. Le palais est occupé par le général autrichien Starhemberg, qui pousse des cris en voyant les fourriers du roi d'*Isola Elba* emporter les meubles, les rideaux, et même les planchers de sa demeure — et ne lui laissant, en échange, qu'un simple reçu. Napoléon hérite ainsi du lourd et disgracieux lit doré d'Élisa, un lit sculpté — torchères aux angles, ciel de lit soutenu par des cygnes et surmonté d'une lyre — dans lequel la *Bacciocha* — ainsi que l'appelaient ses sujets toscans — avait passé des heures quelque peu légères...

— J'ai puni ma sœur et volé l'Autriche qui lui a succédé, déclara l'Empereur en riant.

Voici les Mulini bien pourvus.

Le jardinet, joliment dessiné, nous émeut et nous charme. La mer, qui vient battre à une trentaine de mètres plus bas les rochers, ce vaste horizon bordé dans le lointain par la côte italienne, les deux forts qui de leur masse grise encadrent le paysage, font oublier la mélancolie qui se dégage du « palais ». On imagine le proscrit, chassé la nuit de sa chambre par la chaleur, sortant dans son jardin pour y rêver.

Le simulacre d'étiquette qui règne aux Mulini est aussi la marque caractéristique de la chute du titan. On devait avoir l'impression d'un cruel pastiche des résidences impériales. Le dimanche, il y a le lever « comme aux Tuileries ». Le visiteur ne peut être admis que « sur les présentations du grand maréchal ou d'un chambellan ». Ces derniers, vêtus de pourpre et d'argent, au nombre de quatre, ont été recrutés sur place. Il y a des ministres pour gouverner l'île ! Outre l'ancien sous-préfet qui reçoit le portefeuille de la Justice, Bertrand, Drouot et le trésorier Peyrusse se partagent les autres ministères. Les sept officiers d'ordonnance sont tous elbois, ils portent l'habit vert, veste et culotte passepoilée de rouge, abeilles sur les retroussis, épaulettes et aiguillettes d'argent. Deux médecins, un aumônier et un pharmacien sont également attachés à la maison. Trois préfets du palais — des Français — gouvernent soixante-cinq domestiques.

Dans les écuries : dix chevaux de selle, quarante-huit chevaux de trait, vingt-sept voitures : berlines, calèches, landaus, chariots, fourgons. Lorsque l'Empereur sort, les postillons doivent avoir « un chapeau rond avec un galon d'or, un frac vert avec des boutons d'or, une veste rouge galonnée ». Huit piqueurs sonnant du cor précèdent la voiture, encadrée d'officiers et suivie de l'escorte. Napoléon exige également qu'il y ait « tous les jours de service » pour suivre sa voiture « cinq hommes à cheval avec leurs carabines et leurs pistolets chargés ».

Car l'Empereur possède des troupes. L'arrivée des grognards de Fontainebleau a été pour lui une grande joie.

— Maintenant que vous êtes là, leur a-t-il dit, tout est oublié !...

A ces six cent sept hommes de la garde, commandés par Cambronne — son *mot* ne l'a pas encore rendu célèbre — viendront se joindre quarante-trois canonniers, cent dix-huit chevau-légers et lanciers polonais, un bataillon assez médiocre de quatre cents hommes enrôlés à Elbe et en Corse, enfin une dizaine de sous-officiers de la gendarmerie d'élite. En tout, douze ou treize cents hommes. La « marine » se compose, outre deux ou trois petits bâtiments tels que l'*Abeille* ou la *Mouche,* ayant huit hommes d'équipage, d'un chebeck : l'*Étoile,* comptant seize hommes à son bord. Napoléon a reçu aussi de Louis XVIII un véritable navire. Le traité de Fontainebleau a prévu une corvette, mais le roi se contente d'envoyer le brick l'*Inconstant,* armé de dix canons, et dont l'équipage commandé par le lieutenant Taillade est de soixante-quatre hommes.

De même que les officiers, les fonctionnaires et les domestiques maintiennent les apparences d'une cour illusoire, Napoléon continue de jouer au chef d'État. Cependant ses ordres ne concernent plus ses armées ou ses escadres, mais une poignée d'hommes. Cette activité lui est nécessaire. Il n'empêche qu'il a créé à Isola Elba une machine de Marly là où suffisait un porteur d'eau. On a le cœur serré en parcourant le registre où sont consignées ses décisions. Les ordres de cet homme qui a mené le monde sont réduits à des préoccupations de maîtresse de maison :

Ordres concernant ses domestiques :

14 juillet : « J'approuve qu'on fasse une retenue sur les gens de la maison qui vont à l'hôpital pour des maladies vénériennes. »

3 octobre : « Faites ôter l'épaulette au suisse ; elle va mal. »

Son « armée » :

24 juin : « Il sera accordé, des magasins, à chaque homme de la garde, et sans retenue, une once de riz par jour, comme préservatif de maladies pendant les chaleurs. »

Presque chaque jour, il lance des ordres afin d'équilibrer son maigre budget, tant que Louis XVIII ne lui versera pas la rente annuelle de deux millions prévue par le traité de Paris.

22 juin : « Il ne sera donné au petit cheval corse qu'une demiration. »

28 octobre : « Les dépenses pour la pharmacie doivent être payées par la guerre... »

Il se consacre tout de même à une activité plus effective : transformer l'île. En un peu plus de dix mois, la physionomie d'Elbe a été si radicalement changée que la marque impériale s'y devine encore aujourd'hui : routes, ponts, irrigation, hygiène, voirie, mise en valeur de la maigre culture à laquelle il ajoute celle des oliviers et des mûriers. Tout ici est son œuvre. Sans cesse, il arpente son domaine. Le colonel Campbell le voit un jour se promener à pied sous un soleil ardent depuis cinq heures du matin jusqu'à trois heures de l'après-midi, puis, après avoir inspecté sa « flotte », il fait trois heures de cheval « pour se *défatiguer* », explique-t-il à l'Anglais, stupéfait.

On a dit avec raison que ce bourdonnement inlassable du roitelet cachait une intense activité secrète. Napoléon a-t-il, dès son arrivée, préparé son évasion et son retour ? Bien que le vol de l'Aigle, au mois de mars 1815, paraisse n'avoir pu se produire sans quelques accords, sans quelques promesses aussi, et même, sans quelques compromissions, il ne semble pas qu'il y ait eu un véritable complot. Si Louis XVIII avait payé la pension prévue par le traité, si Marie-Louise, tenant son fils par la main, était venue rejoindre le proscrit, Napoléon aurait peut-être accepté son exil...

L'Empereur tient à être exactement renseigné sur les événements. Et pour cela, il emploie autant, sinon plus, d'espions que les Alliés n'en ont engagé pour surveiller leur ancien vainqueur. Non seulement sa « flotte », sous n'importe quels prétextes, se rend à Livourne ou à Gênes, mais en se penchant, après Guy Godlewski, sur les comptes de la cassette impériale, on demeure stupéfait. Alors que l'Empereur fait à Porto-Ferrajo des économies sordides, contrôle le blanchissage, l'éclairage des cuisines, loue les pâtures de l'île voisine de la Pianosa, solde des vieux fers, fait même jeûner ses chevaux, au même moment il note avoir donné des « bons » d'une valeur de cent trente-six mille francs, soit une cinquantaine de millions d'anciens francs. N'est-ce point pour récompenser des services exceptionnels que Napoléon a versé des sommes aussi considérables ?

Napoléon possède une autre source de revenus : la bourse de sa mère, venue rejoindre son fils, munie d'un passeport au nom de « Mme veuve Bonaparte ».

Le passage de Pauline à « l'île du Repos » va lui permettre de se lancer dans une nouvelle et bien utile dépense. Paoletta ne séjourne à Porto-Ferrajo que deux ou trois nuits — elle devait revenir s'installer définitivement dans l'île le 1er novembre — mais est consternée par l'inconfort des Mulini, et par la chaleur de plomb qui y règne. Il faut que l'Empereur, durant les mois d'été, puisse quitter la ville ! Napoléon, au hasard de ses promenades, a remarqué plusieurs petites maisons — un vrai hameau — joliment situées à flanc de coteau, au milieu des vignes, dans le val de San Martino, à une lieue et demie de Porto-Ferrajo. De là on a une admirable vue sur le port, la ville et la forteresse de Volterraio. Malheureusement, le propriétaire — un lieutenant du 35e de ligne, nommé Manganaro — demande cent quatre-vingt mille francs pour céder sa propriété. Pauline, émue, ouvre alors son coffre à bijoux et Napoléon peut acheter le domaine de San Martino.

Sous le Second Empire, le prince Demidoff, époux séparé de la princesse Mathilde — fille de Jérôme — poussé par l'admiration qu'il porte à son ex-oncle par alliance, construisit juste *au-dessous* de la maison de l'Empereur, et semblant la supporter de son toit en terrasse, un abominable musée de près de soixante-dix mètres de façade, qui supprima la plus grande partie du jardin de Napoléon. Cependant la maison d'été du proscrit — ocre rouge et jaune aux volets café-au-lait — subsiste. Contrairement aux Mulini aucune tristesse n'émane d'elle. L'Empereur possédait là, au premier étage — au rez-de-chaussée du côté de la montagne — un délicieux appartement privé de trois pièces — antichambre, cabinet de travail, chambre à coucher.

Le plafond de la salle du Conseil imite le ciel. Deux colombes tenant chacune dans leur bec le bout d'un ruban, « dont le nœud se resserre au fur et à mesure qu'elles s'éloignent », représentent symboliquement Napoléon et Marie-Louise séparés par les circonstances...

A la fin du mois d'août, l'Empereur installe sa mère pour quelques jours dans l'une de ses résidences occasionnelles : la modeste petite maison située à la sortie du bourg de Marciana-Alta, appartenant au sieur Cerbona Vadi, adjoint au maire.

Ce déplacement, cette invitation lancée à sa mère pour qu'elle vienne le rejoindre, dissimule un véritable petit complot : l'Empereur cherche un endroit discret où il pourra cacher sa proche rencontre avec Marie Walewska. On prend le soin cependant de prévenir la comtesse qu'elle devra s'entourer de toute la discrétion possible pour débarquer à Isola Elba. Il fallait éviter soigneusement que le bruit de l'escapade de la chère Polonaise ne parvînt aux oreilles de l'impératrice Marie-Louise ! N'attendait-on pas d'un jour à l'autre à l'île d'Elbe l'arrivée de l'épouse légitime et celle du roi de Rome ? Voici pourquoi l'Empereur était parti pour Marciana-Alta. Est-ce là qu'il aura la joie, à défaut du petit roi, d'embrasser le jeune Alexandre ?

La maison située tout au bout du village, sur le chemin de Zanca, ne lui paraît point encore assez à l'abri des vues. C'est pour cette raison qu'on le voit, le 21 août, quitter Marciana, suivre la via del Fosso, puis traverser l'actuelle place de la Vittoria et gravir à pied, ou à dos de mulet — on ne sait... — les durs degrés pavés, hérissés plutôt de pierres, qui, en une quarantaine de minutes, permettent de gagner le lieu du pèlerinage le plus ancien de l'île : la Madona del Monte, à six cent vingt-sept mètres d'altitude. Ce jour-là, il n'est point vêtu de son célèbre uniforme, mais du costume de garde national elbois — habit bleu à revers blancs.

A sa gauche, montant à l'assaut de la haute masse aride du mont Giove — le mont Jupiter — il voit des châtaigniers et des petits acacias qui laissent très vite la place à des pins rabougris et à des lentisques. A sa droite, des vignes dévalent vers la mer, dont le rivage est à une demi-lieue à vol d'oiseau. Quatorze reposoirs jalonnent ce chemin de croix. Bientôt il n'y a même plus un arbrisseau : rien que des ajoncs et des buissons de romarin, de thym et de menthe qui poussent entre les pierres couvertes de lichens.

Derrière l'empereur viennent quelques hommes. Ses deux valets de chambre : Marchand — la fidélité faite homme — et le pseudo-mamelouk Ali, qui se nomme en réalité Saint-Denis et est né à Versailles. Peinant également sous le soleil, dans son uniforme bleu ciel à aiguillettes d'argent, vient l'officier d'ordonnance Bernotti, engagé à l'île d'Elbe, puis le capitaine Paoli, un Corse qui commande la gendarmerie de l'île. Il se sent pataud dans son rôle, si nouveau pour lui, d'homme de cour :

— Quelle heure est-il, Paoli ? lui avait demandé l'Empereur.

Il avait répondu :

— L'heure qui plaît le mieux à Votre Majesté.

Il y a encore le capitaine Mellini, un Elbois qui, avant d'accourir près de l'exilé, gardait la pyramide élevée à Marengo.

Que l'Empereur est tombé bas ! Entouré par des Paoli, des Bernotti, des Mellini, au lieu des Talleyrand, des Caulaincourt ou des Ségur… !

Il a terriblement grossi et si, ce jour-là il a gravi le chemin à pied, la montée sur les dalles rocheuses, coupées de marches plus hautes au fur et à mesure que l'on approche du but, a dû lui paraître atroce. Enfin, à mi-pente, couronnant un petit bois de châtaigniers dont les fruits, en cette fin de mois d'août, sont d'un vert presque jaune et prêts à éclater, voici l'ermitage.

Précédé d'une croix de fer, un enclos bordé par un muret entoure quatre gros et vieux châtaigniers, aux troncs noueux et dont les feuillages épais ombragent la petite église. Le sommet du campanile est crénelé en cette forme palmée si fréquente en Italie, qui permettait aux archers de tirer tout en demeurant protégés. De l'autre côté, face à l'entrée du sanctuaire, en demi-cercle, un mur orné de colonnes doriques sert de cadre à trois masques d'où s'échappe une eau claire et pure. A droite, séparé de la chapelle par un chemin, le *Romitorio* , une maison basse, tout en longueur, qui existe toujours. Le rez-de-chaussée, étant donné la dénivellation de la montagne, devient, du côté de l'abîme, un premier étage. C'est là, dans les cinq misérables pièces servant habituellement de cellules à des moines, que l'Empereur recevra Marie.

Il s'en va rêver, assis sur un rocher — *l'Affaciatoio* — qui, à cinq minutes de l'ermitage, surplombe la mer. De là, il voit d'abord une partie de son royaume. « L'île du Repos », avait-il dit en arrivant ici, une île qui lui avait alors semblé grande comme elle le paraît à ceux qui en font aujourd'hui le tour. Il y a tant de criques, de caps, de golfes, de pointes, d'îlots — cent quarante-sept kilomètres de côtes —

qu'Elbe fait d'abord illusion ! Et puis, on comprend l'exclamation de l'Empereur :

— Ah ! que mon île est petite !

Après les Tuileries, les Mulini de Porto-Ferrajo ! Après Fontainebleau, Rambouillet et Trianon : la maison paysanne de San Martino et maintenant le *Romitorio* de la Madona del Monte !

Mais ce n'est pas cette île devenue sa prison qu'il regarde s'étaler à ses pieds, du haut de ce rocher. C'est le rivage et les montagnes de la Corse qu'il contemple durant de longues heures. Cette Corse où il est né, cette Corse que, petit « capitaine instruit », il avait définitivement quittée à la veille du siège de Toulon, pour conquérir le monde ! Les Buonaparte étaient alors traqués par les Paolistes. Sa famille, fugitive, l'accompagnait. Ses sœurs installées à La Valette allaient devoir laver leur linge à la fontaine publique du bourg, tandis que *Napoleone*, ayant tellement tardé à rejoindre son corps, était alors considéré comme un émigré ou un déserteur.

Il y avait de cela vingt-deux ans !

Toute l'épopée n'avait duré que vingt-deux années !

En vingt-deux ans il était devenu le plus grand homme de guerre de tous les temps, il avait construit une France de cent trente départements, il était chez lui de Brest à Varsovie et de Hambourg à la pointe de la botte italienne, il avait été couronné par le pape, il avait donné à la France et à l'Europe leur structure, leurs lois et leur code, il avait créé des royaumes, fondé des États !...

En vingt-deux années !

Et maintenant, il ne peut recevoir ouvertement une femme pour laquelle il n'éprouve plus que des sentiments d'affectueuse tendresse.

Le jeudi 1er septembre, de la terrasse de la maison de Cerbona Vadi, il voit approcher le voilier qui porte Marie, son frère, sa sœur et le petit Alexandre. Le brick jette l'ancre à neuf heures du soir devant le hameau de San Giovanni, au fond du golfe, juste en face de Porto-Ferrajo dont les lumières scintillent dans la nuit. Le grand maréchal Bertrand et le capitaine Bernotti sont là, avec une voiture attelée de quatre chevaux. On part au grand trot. Soudain, près de Marciana-Marina, l'équipage s'arrête. Trois cavaliers attendent avec des torches :

— L'Empereur !

Le roi de l'île d'Elbe baise les mains de Marie et embrasse Alexandre, puis l'on repart. A Marciana-Alta, sans s'arrêter chez Madame Mère, on poursuit l'ascension à pied. Tantôt Napoléon, tantôt l'un des officiers porte le petit Alexandre dans ses bras, et il est une heure du matin lorsqu'on arrive à l'ermitage. Un souper les attend... un souper au cours duquel on entend le petit Alexandre déclarer :

— Laisse-moi manger, papa empereur !

Marie reproche à son amant de l'avoir oubliée à Fontainebleau, dans son antichambre...

— J'avais tant de choses là, s'excuse-t-il en passant la main sur son front.

Deux chambres de moines ont été aménagées dans l'ermitage pour Marie et sa sœur. Napoléon leur laisse ces deux petites cellules monacales et va passer la nuit sous une tente montée en contrebas du *Romitorio*, sous les châtaigniers. Il vient à peine de s'y retirer lorsque, vers deux heures et demie du matin, un violent coup de tonnerre éclate. Napoléon se lève prestement et, en robe de chambre, va rejoindre Marie. Sait-il que sa belle Polonaise a peur de l'orage ? Et veut-il la rassurer ?...

Le matin, Marie admire l'extraordinaire paysage, ce bois de châtaigniers et ces éboulis de rochers qui descendent vers la mer, cet horizon s'étendant de l'île de Capraja au continent. Peut-être aussi Napoléon l'a-t-il entraînée au-dessus même de l'ermitage, vers le sommet du mont Giove d'où l'on voit presque tout son royaume. L'horizon, vers la haute mer, est borné par l'île de la Pianosa — l'île plate la bien nommée — située à treize kilomètres, et qu'il est allé occuper alors que le traité de Fontainebleau ne l'autorisait point à le faire. Mainmise qui avait agité les chancelleries, autant qu'autrefois l'occupation par « l'Ogre corse » de quelque royaume...

Cependant, à Porto-Ferrajo, la nouvelle s'est répandue comme une traînée de poudre de l'arrivée auprès de l'Empereur d'une dame blonde, accompagnée d'un petit garçon tout aussi blond, et personne ne doute plus que l'Impératrice soit enfin venue rejoindre son époux à l'île d'Elbe ! Le médecin de l'Empereur — le docteur Foureau de Beauregard — revêt son plus bel habit, monte à cheval et galope vers Marciana-Alta. Puis il grimpe jusqu'à La Madona del Monte. La première personne qu'il aperçoit sous les châtaigniers est Napoléon, assis sur une chaise devant sa tente et tenant sur ses genoux le petit Alexandre avec qui il semble avoir une conversation fort animée.

— Eh bien, Foureau ! s'exclame l'Empereur en apercevant son médecin qui s'avance vers lui, comment le trouvez-vous ?

— Mais, Sire, je trouve le roi bien grandi !

Assurément — le valet de chambre de l'Empereur le remarquera — les deux demi-frères se ressemblent ; ils ont tous deux le front de l'Empereur et une tête un peu forte pour leur corps...

Napoléon éclate de rire :

— Que feras-tu quand tu seras grand ? demande-t-il à l'enfant.

— Je ferai la guerre comme Napoléon.

— Tu aimes donc l'Empereur ?

— Oui...

— Et pourquoi l'aimes-tu ?

— Parce que c'est mon papa et que maman m'a dit de l'aimer.

Foureau écoute avec attendrissement.

— Ne parlez à personne de l'Impératrice et de l'enfant, recommande Napoléon en le congédiant, ils n'iront pas à Porto-Ferrajo cette fois-ci ; ils ne font que passer et reviendront plus tard.

La bévue du médecin fait comprendre à l'Empereur qu'il ne pourra pas longtemps faire croire à cette fable. Foureau a, en effet, deviné la vérité. Marie-Louise, qui se trouve actuellement en France, aux eaux d'Aix, risque d'apprendre la présence de Marie et du petit bâtard près de Napoléon, et saisira aussitôt ce prétexte pour ne pas venir le retrouver. Aussi, au cours d'une promenade, demande-t-il à son « épouse polonaise » de quitter l'île. Marie s'incline. Elle partira le lendemain soir, le samedi 3 septembre. Soulagé, l'Empereur invite à déjeuner quelques officiers polonais qui sont à la tête de la poignée de chevau-légers et de lanciers venus rejoindre le proscrit. Le repas est servi sous la tente. Un des convives a apporté une flûte et joue une mazurka. Sous les ombrages, Napoléon enlace Marie dont une écharpe d'hermine couvre les épaules, et danse... Tous les soucis sont oubliés.

Tandis que tombe la nuit, ils se promènent de nouveau parmi les fleurs qui forment un tapis multicolore sous les hauts châtaigniers. Que de changements depuis Finckenstein et Schœnbrunn ! Que l'on est loin ici du faste des Tuileries ! Les deux amants évoquèrent-ils la gloire passée, le destin de la Pologne ou les espérances de l'avenir ? Leurs cœurs eux-mêmes avaient changé, leur amour de naguère n'était plus désormais que le tendre attachement de deux vieux amis...

Le lendemain soir, Napoléon accompagne Mme Walewska jusqu'à Marciana-Alta. C'est déjà la séparation. Marie offre à l'exilé de lui laisser ses bijoux :

— Vous avez besoin d'argent.

Napoléon refuse... Après un dernier au revoir, la comtesse descend maintenant vers Poggio et Marciana-Marina où le brick est venu jeter l'ancre. L'Empereur, une immense détresse lui serrant le cœur, la regarde s'éloigner. Le ciel s'est couvert de gros nuages aux reflets plombés, le vent souffle, une lourde et oppressante chaleur pèse sur l'île. Et, soudain, l'orage éclate, des trombes d'eau s'abattent. Napoléon envoie aussitôt un officier à Marie : il interdit l'embarquement. Mais Bernotti, qui accompagne la comtesse, en voyant la mer se creuser dangereusement, a déjà donné l'ordre au brick de mouiller de l'autre côté de l'île, dans l'anse plus abritée de Porto-Longone. Dès qu'il apprend ce changement d'itinéraire, Napoléon saute à cheval et, sous la rafale, galope vers Porto-Longone. Il longe la mer, traverse Procchio, gravit le mont qui domine la plage de la Biodola, descend vers

Bivio Boni, passe près de l'endroit où la comtesse Walewska a débarqué deux jours auparavant. Après une incroyable chevanchée de trente-quatre kilomètres, il atteint, trempé, le petit port, alors que le jour va se lever... pour apprendre que Marie, obéissant à sa volonté, a quitté l'île. En dépit du danger, le brick, tandis que les lames déferlaient sur le pont, est parvenu à gagner la haute mer.

Tout ce complot, toutes ces précautions prises pour dissimuler la venue de Mme Walewska étaient bien inutiles : le soir où Marie arrivait à la Madona del Monte, Marie-Louise avait donné, depuis la veille, sa « parole d'honneur » à son père de ne pas rejoindre son mari !

Lui comptait toujours sur sa venue. La commande du plafond de la salle du Conseil de San Martino en est la preuve. Marie-Louise était partie pour prendre les eaux d'Aix-les-Bains en compagnie du général autrichien Neipperg, qui avait reçu de Metternich des ordres précis : « Le comte de Neipperg tâchera de détourner la duchesse de Colorno, avec tout le tact nécessaire, de toute idée d'un voyage à l'île d'Elbe, voyage qui remplirait de chagrin le cœur paternel de Sa Majesté qui formule les souhaits les plus tendres pour le bien-être de sa fille bien-aimée... Au pis-aller, si toutes les représentations étaient vaines, le général suivra la duchesse de Colorno à l'île d'Elbe. »

Neipperg agit avec le tact demandé, et Marie-Louise ne s'aperçoit nullement du but poursuivi adroitement par le bel officier. Il est borgne, mais le bandeau noir qu'il porte sur l'œil lui donne un petit genre corsaire qui plaît aux dames... : « Je suis très contente du général Neuperg *(sic)* que mon père a mis près de moi, écrit-elle à son mari, il parle de toi d'une manière convenable et telle que mon cœur peut le désirer, car j'ai besoin de causer de toi dans cette cruelle absence ; quand pourrai-je enfin te revoir, t'embrasser, je le désire bien. »

Napoléon envoie alors à sa femme le capitaine Laczinski pour la prier de prendre le chemin de l'île d'Elbe. Neipperg, alors, attaque. Sans doute n'est-il pas encore devenu l'amant de Marie-Louise, mais il exerce sur elle assez d'influence pour empêcher toute fugue. Napoléon, qui ne se doute encore de rien, envoie à Aix un second messager : le capitaine Hurault, époux d'une des lectrices de l'ex-impératrice, qui remet à Marie-Louise une nouvelle lettre : « Ton logement est prêt et je t'attends dans le mois de septembre pour faire la vendange. Personne n'a le droit de s'opposer à ton voyage. Je t'ai écrit là-dessus. Viens donc. Je t'attends avec impatience. »

Mais Neipperg est parvenu à ses fins et l'Impératrice écrit le 31 août à son père : « J'ai reçu, il y a trois jours, un officier de l'Empereur avec une lettre dans laquelle il me dit de venir sans attendre, toute seule à l'île d'Elbe où il m'attend en se consumant d'amour... Soyez assuré, très cher papa, que maintenant j'ai moins envie que jamais d'entreprendre ce voyage et je vous donne ma parole d'honneur de ne vouloir jamais l'entreprendre sans vous en demander la permission. »

Quelques jours plus tard, sur le chemin du retour vers l'Autriche — exactement le 27 septembre, à l'auberge du *Soleil d'Or*, au Righi — l'amoureuse Marie-Louise, après avoir renvoyé le domestique désigné pour dormir au travers de la porte de sa chambre, se donnait à Neipperg. A son arrivée à Vienne, elle écrira à sa mauvaise conseillère, Mme de Montebello, en employant un ton désinvolte inhabituel chez elle : « Figurez-vous que dans les derniers jours de mon séjour à Aix, l'Empereur m'a envoyé message sur message pour m'engager à venir le rejoindre, à faire une escapade avec M. Hurault tout seul, et m'a fait dire de laisser mon fils à Vienne, qu'il y était *(qu'il s'y trouvait)* et que lui n'en avait pas besoin ; j'ai trouvé cela un peu fort et je lui ai répondu franchement que je ne pouvais venir à présent... Je n'irai pas pour le moment dans l'isle d'Elbe et je n'irai jamais (car vous savez mieux que personne que je n'en ai pas envie), mais l'Empereur est vraiment d'une inconséquence, d'une légèreté... »

C'est fini. Marie-Louise est redevenue autrichienne et ne sera plus jamais à Napoléon.

Si le colonel Campbell, chargé officieusement de la surveillance de Napoléon à l'île d'Elbe, n'avait pas été amoureux à en perdre la tête, assurément l'impérial exilé ne serait point parvenu à quitter son carré de choux de Porto-Ferrajo. Sans doute plusieurs générations de marchands d'estampes n'auraient-ils point fait fortune en vendant le légendaire vol de l'Aigle de clocher en clocher, « jusqu'aux tours de Notre-Dame », mais le traité de 1815 n'aurait pas arraché à la France les territoires qui lui avaient été laissés en 1814, et — surtout — le flot de sang de Waterloo n'aurait point coulé...

Le colonel Campbell possédait un œil sec et perçant. Son oreille était toujours tendue et son sourire factice. Il ne parlait « que pour faire parler ». « Son ensemble, nous dit Pons de l'Hérault, était la perfection du type britannique. » Cette perfection, on le sait, s'arrête aux portes de l'amour : un Anglais amoureux perd calme, flegme et maîtrise de soi !

Tel était le cas du colonel dont le cœur — s'il faut en croire Hyde de Neuville — battait à se rompre pour sa maîtresse, la jolie, et très mondaine comtesse Miniaci, qui parlait indifféremment l'italien, l'anglais et le français. Cette ravissante personne ne venait point retrouver son amant à l'île d'Elbe, elle préférait le rencontrer à Florence, à Livourne ou à Lucques.

De ce fait, durant les neuf mois et vingt-deux jours de l'exil de l'Empereur, son surveillant Campbell fit de nombreuses fugues sur le continent. Durant huit à quinze jours par mois, il s'absentait ainsi de l'île d'Elbe pour aller rejoindre sa belle comtesse... C'est ce qu'il appelait dans son *journal*, des voyages « pour sa santé et son amusement ».

Ainsi le 14 février 1815, à bord de sa frégate — la *Partridge* — il fit voile vers Livourne... et ses amours. Lorsqu'il revint, le mardi 28 février, à midi, à Porto-Ferrajo, Napoléon s'était envolé depuis le soir du dimanche 26, vers le golfe Juan.

Il n'avait nullement été prévu par les Alliés de placer près de l'Empereur déchu une manière de geôlier. Napoléon régnait sur son île comme un prince indépendant. A la fin du mois de mai 1814, les commissaires prussien, autrichien et russe, qui, depuis Fontainebleau, avaient accompagné Napoléon jusqu'à sa nouvelle royauté, étaient venus prendre congé de lui. C'est seulement alors que Campbell proposa à l'Empereur de rester à l'île d'Elbe. Napoléon s'empressa d'accepter. Campbell ferait ainsi figure d'ambassadeur accrédité, prouvant par sa seule présence la souveraineté de l'Empereur et pourrait, au surplus, être utile pour reprendre éventuellement le dialogue avec les Alliés.

On devine la chaude approbation du ministre des Affaires étrangères britannique, lord Castlereagh. C'était inespéré ! Non seulement un officier anglais espionnerait ouvertement le dangereux proscrit, à la faveur des contingences quotidiennes, mais encore une frégate britannique — celle de Campbell — aurait désormais Porto-Ferrajo comme port d'attache.

Campbell n'avait d'ailleurs pas compris grand-chose au génie de l'Empereur.

— Les talents de Napoléon, dira-t-il avec suffisance à lord Holland abasourdi, ne me paraissaient pas supérieurs à ceux qu'on demanderait à un sous-préfet !

Le colonel avait cru sans sourciller cette confidence que Napoléon lui avait faite au mois de septembre 1814, alors que l'Anglais revenait d'une randonnée amoureuse à Lucques :

— Je n'existe plus pour le monde. Je vous l'ai dit et je le répète, je suis un homme mort. Je ne m'occupe plus que de ma famille et de ma retraite, de ma maison, de mes vaches et de mes mulets !

Cependant l'optimisme du colonel Campbell allait se trouver quelque peu ébranlé lors de son arrivée à Livourne le 17 février où comme d'habitude, avant de mettre le cap sur Florence et ses amours, il rencontra le consul de France, le chevalier Mariotti, antibonapartiste ardent — sentiment inattendu chez un Corse, nommé de surcroît par l'Empereur l'un des premiers officiers de la Légion d'honneur...

Dès le mois de septembre 1814, Mariotti avait proposé à Talleyrand de devenir l'âme d'un complot destiné à enlever Napoléon, lors d'un de ses voyages à la Pianosa, pour le transférer — captif — dans la prison du Masque de Fer à l'île Sainte-Marguerite... Mariotti entretenait dans l'île un informateur fort adroit, un marchand d'huile — on ne le connaît que sous ce vocable — qui se montrait infiniment moins crédule que le colonel, son « collègue » en espionnage. Il rapportait ce fait précis : Napoléon aurait fait à quelques grognards des allusions inquiétantes à un changement :

— Patientez ! Nous passerons ce peu de jours d'hiver le moins mal que nous pourrons. Puis nous songerons à passer le printemps d'une autre façon.

D'après le marchand d'huile, l'Empereur envisageait de débarquer en Italie et de tendre la main à Murat demeuré sur son trône. Campbell avait aussitôt transmis l'information à son ministre, en ajoutant : « Je n'en persiste pas moins dans mon opinion que si Napoléon reçoit la rente stipulée dans les traités, il restera ici parfaitement tranquille, à moins d'un événement extraordinaire en Italie ou en France. »

Sur ce point, Campbell voyait juste : si le roi de France s'obstinait toujours à ne pas vouloir payer au roi de l'île d'Elbe la rente annuelle de deux millions prévue par le traité de Paris, la faim pourrait faire sortir le loup du bois.

Le colonel n'ignorait pas non plus que Napoléon avait appris qu'il avait été question au Congrès de Vienne de l'enlever et de le déporter loin de l'Europe. En effet, Talleyrand, à peine arrivé à Vienne, avait écrit à Louis XVIII : « On montre une intention assez arrêtée d'éloigner Bonaparte de l'île d'Elbe. Personne n'a encore d'idée fixe sur le lieu où on pourrait le mettre. J'ai proposé une des Açores. C'est à cinq cents lieues d'aucune terre. » Le roi trouva l'idée « excellente » : « Il est plus que temps, avait-il affirmé, que les puissances s'entendent pour arracher la dernière racine du mal. »

Au mois de novembre, les Açores sont estimées encore trop près et, pour la première fois, le nom de Sainte-Hélène est lâché. C'est le roi de Bavière — devenu roi par le bon plaisir de Napoléon — qui l'annonce à un membre de la délégation genevoise, en ajoutant même :

— Au moment où je vous parle la chose doit être faite, et pour mon compte, j'en suis bien charmé, car je n'étais pas tranquille tant que je savais ce diable d'homme si près du continent.

L'Empereur, apparemment, n'était au courant de rien, mettant en application sa maxime :

— On déjoue beaucoup de choses en feignant de ne pas les voir.

Mais rien ne lui échappait. Nous l'avons vu, l'Empereur possédait des observateurs. Il est certain que Cipriani, « maître Jacques employé à l'office et à la police », fit plusieurs voyages sur le continent et alla même à Vienne. Par lui et par ses « collègues », l'Empereur connaissait tout ce qui se tramait. Il n'avait, d'ailleurs, nullement besoin d'avoir à Vienne un informateur, il lui suffisait d'ouvrir *le Journal des débats* en date du 19 novembre, qui affirmait : « On dit qu'on a arrêté en Italie quelques agents ou émissaires de Bonaparte et qu'en conséquence il sera transféré à l'île Sainte-Hélène. »

— Je ne pense pas, s'exclama l'Empereur, que l'Europe veuille s'armer contre moi ; je ne conseillerais pas toutefois qu'on vienne m'attaquer ici, ils pourraient payer cher leur entreprise. J'ai des vivres pour six mois, une bonne artillerie et des braves pour me défendre. On m'a garanti la souveraineté de l'île d'Elbe ; je suis chez moi, et je ne conseille à personne de venir m'y troubler.

Le 10 février, le Congrès, dans une séance secrète, franchit le dernier pas : la déportation est décidée. Campbell, en dépit de la résignation témoignée par son « prisonnier », sentit le danger. Ces projets de rapt pouvaient forcer l'Empereur à passer à l'attaque. Aussi, dès son arrivée sur le continent, parla-t-il de ses craintes au sous-secrétaire d'État britannique Cooke qui revenait du Congrès de Vienne.

— Dites à Bonaparte, répondit Cooke en haussant les épaules, qu'il est complètement oublié, comme s'il n'avait jamais existé.

La crainte de se voir enlever et déporter comme un convict aux antipodes devait être une des raisons qui allaient pousser l'Empereur à reconquérir son trône avec une poignée d'hommes — et à risquer, en somme, le tout pour le tout. Mais il y avait d'autres motifs. D'abord la lecture des journaux anglais et français — tel, surtout, le fameux *Nain Jaune* — qui avait permis au proscrit de se rendre compte du mécontentement qui régnait en France, et des multiples fautes, balourdises et injustices commises chaque jour, bien davantage par l'entourage et la famille de Louis XVIII que par le roi lui-même.

Lorsqu'on obligerait les soldats de Louis XVIII à crier *Vive le Roi !* ils ajoutaient à voix basse *de Rome !* « On plaignait le triste sort de Napoléon, nous dit Thibaudeau, on s'attendrissait, on pleurait sur lui... » Le bras étendu, « le cœur ému », les Anciens chantaient *le Vieux Drapeau :*

Quand secouerons-nous la poussière
Qui ternit tes nobles couleurs ?

Ces battements de cœur de tout un peuple, Napoléon les savourait et il décide de regagner la France.

Le 16 février, personne ne se doute de rien. La frégate de Campbell n'a pas encore disparu à l'horizon que Napoléon donne l'ordre à Drouot de radouber le brick l'*Inconstant* — le seul navire de quelque importance qu'il possède — et de le « faire peindre comme un navire anglais ». Afin que Drouot lui-même ne puisse rien soupçonner, Napoléon précise :

— Le brick sera approvisionné pour cent vingt hommes pendant trois mois.

Trois mois ? Alors qu'il fallait trois jours pour gagner la France ! Napoléon envisageait-il de voguer vers les États-Unis ?

Le 21 février s'effectuent les premiers préparatifs qui vont donner l'éveil au marchand d'huile : on charge, de nuit, sur l'*Inconstant* et le chebec l'*Étoile*, de l'artillerie, des fusils et des caisses de cartouches et des vivres.

« Pendant ces derniers jours, rapportera Marchand, la grande carte de France fut déployée sur le tapis du salon, l'Empereur à genoux y traçait la route qu'il se proposait de tenir. »

Le 24 février, le soleil levant éclaire la *Partridge*, revenue mouiller devant Porto-Ferrajo. Campbell est-il à bord ? Non, il file encore le parfait amour à Florence ! Faudra-t-il, cependant, aborder la frégate et désarmer l'équipage ? Fort heureusement, le capitaine Adype, commandant le navire, est simplement venu présenter à l'Empereur six touristes britanniques. Napoléon les reçoit et, l'exhibition terminée, la *Partridge* remet à la voile et cingle vers Livourne. Aussitôt l'embargo est mis sur tous les bâtiments. Même les pêcheurs ne peuvent lever l'ancre. Les troupes passent des revues d'inspection.

Le soir du 25 février, Napoléon entraîne Mme Letizia au jardin des Mulini :

— Ma mère, il faut que je vous le dise, mais je vous défends de répéter mes paroles à qui que ce soit, pas même à Pauline : je pars la nuit prochaine.

— Pour aller où ?

— A Paris. Quel est là-dessus votre avis ?

— Si vous devez mourir, mon fils, aurait répondu la Madre, le Ciel qui n'a pas voulu que ce soit dans un repos indigne de vous, ne voudra pas, j'espère, que ce soit par le poison, mais l'épée à la main.

Le soir en se mettant au lit, il donne l'ordre à Marchand de préparer deux uniformes :

— Un de chasseur et un de grenadier, des chemises et rien d'autre.

« J'eus soin, ajoute le fidèle valet de chambre, de tenir avec moi, comme il me l'avait recommandé, une cocarde tricolore pour la lui remettre au moment où il me la demanderait. »

Le dimanche 26 février, Cambronne donne ses ordres à *l'armée :* la soupe sera servie à quatre heures et l'embarquement aura lieu dans l'heure suivante.

Cette fois, la nouvelle court la petite ville. Ce n'est qu'un cri :

« L'Empereur part ! » Et la foule se porte vers les Mulini... Il fait un temps magnifique. Tout Porto-Ferrajo est dans la rue et se précipite également vers le port pour contempler la maigre flottille impériale. L'*Inconstant*, l'espéronade *Caroline*, les chebecs l'*Étoile* et *Saint-Joseph* pourront-ils transporter le millier d'hommes qui constitue l'armée impériale ?

Fort heureusement, il y a là une polacre — le *Saint-Esprit* — de cent quatre-vingt-dix tonneaux. On la réquisitionne !

Les soldats descendent maintenant de leurs casernes de San Francisco, du Falcone et de l'Étoile. Tandis que l'embarquement commence et que le port présente le spectacle d'une intense activité, l'Empereur reçoit les notables elbois au « palais » :

— Je vous confie la défense de la place... Je ne puis vous donner une plus grande preuve de confiance que de laisser ma mère et ma sœur à votre garde.

Napoléon demeure ensuite quelques instants seul avec sa mère et sa sœur. Marchand — qui se tient dans la pièce voisine — voit soudain la porte s'ouvrir. Pauline lui remet en sanglotant son collier de diamants :

— Tenez, l'Empereur m'envoie vous remettre ce collier, il peut en avoir besoin.

A la nuit, il est sept heures du soir, l'Empereur — il a revêtu son costume légendaire — monte dans sa voiture qui, à travers la foule, descend au pas vers le tunnel qu'il a fait aménager en contrebas des Mulini afin de gagner plus commodément la ville. Arrivé sur la place, devant la Porte de la Mer, l'Empereur sort de sa voiture, calme d'un geste les cris de *Evviva Napoleone*, et lance d'une voix qui s'entend au loin :

— Elbois, je rends hommage à votre conduite. Tandis qu'il était à l'ordre du jour de m'abreuver d'amertume, vous m'avez entouré de votre amour et de votre dévouement. Je vous en témoigne ma gratitude. Elbois ! je ne sais pas être ingrat : comptez sur ma reconnaissance. Votre souvenir me sera toujours cher. Adieu, Elbois !... Je vous aime, vous êtes les braves de la Toscane !...

La foule entoure maintenant l'Empereur.

Non sans peine, il s'arrache aux bras qui l'agrippent de toutes parts, traverse la Porte, franchit les quelques mètres qui le séparent de l'embarcadère et prend place sur l'espéronade la *Caroline* qui, à force de rames, le conduit jusqu'à l'*Inconstant*.

Le brick tire aussitôt un coup de canon. C'est le signal du départ. Lorsque la brise du sud-est se lèvera, l'Empereur donnera l'ordre aux différents bâtiments de mettre le cap — isolément — sur le golfe Juan, en passant le plus loin possible des côtes et d'Italie et de Corse.

Le 27 février, à la hauteur de l'île de Capraja, on aperçoit à l'est, très au loin, la *Partridge* qui, Campbell à son bord, regagne Porto-Ferrajo. Le colonel a écourté sa fugue amoureuse à la suite des dernières dépêches du marchand d'huile, envoyées à Livourne. Assurément, il se passe « quelque chose d'insolite » à *Isola Elba...* Mais la frégate anglaise avait, elle aussi, été arrêtée dans sa marche par la même absence de vent et la brise du sud-est l'oblige maintenant à tirer des bordées. Le soleil, encore bas sur l'horizon, empêche les Anglais d'apercevoir la flottille qui porte Napoléon vers son destin.

Le lendemain Campbell — après que la frégate anglaise, faute de vent, est demeurée plusieurs heures en panne devant l'île d'Elbe — gagne le port à la rame. Dès qu'il franchit la passe, le colonel est frappé de stupeur : l'*Inconstant* a disparu. Un peu plus tard, consterné, anéanti, il constate que la garde nationale elboise a remplacé aux postes habituels, près de la Porte de la Mer et à l'entrée de la Darse, les grenadiers de la garde impériale.

Après avoir vainement interrogé la générale Bertrand et soumis la princesse Pauline à un véritable interrogatoire, Campbell reprend la mer pour se lancer à la poursuite de Napoléon. Il ne sait qu'une chose : la flottille se dirigeait vers les côtes de France ou de Piémont.

La carence de Campbell parut si ahurissante que certains accusèrent le *Foreign Office* d'avoir donné l'ordre de laisser échapper son soi-disant prisonnier, afin de pouvoir, soit faire la guerre aux Bourbons — le marchand d'huile l'écrira dans l'un de ses rapports — soit vaincre une fois pour toutes Napoléon et l'expédier à Sainte-Hélène. Comme l'a dit Henry Houssaye, c'est bien là l'idée « la plus chimérique » qui ait pu « hanter des imaginations troublées ».

D'autres « imaginations » en délire ont affirmé que l'Autriche se trouvait d'accord en 1815 pour laisser Napoléon reprendre son trône. Ici, l'Empereur lui-même est responsable de la naissance de cette légende. Afin d'apaiser les scrupules du malheureux Ney, venu le rejoindre à Auxerre, il lui fera croire que son beau-père n'avait en vue que l'intérêt de sa fille et de son petit-fils — et cet intérêt n'était-il pas de les replacer sur le trône de France ? Entre Parme et Paris pouvait-on hésiter ?

Aux Tuileries, Napoléon lui-même avouera sa supercherie en confiant à Davout :

— Je vais vous parler à cœur ouvert, vous dire tout. J'ai laissé et je dois laisser croire que j'agis de concert avec mon beau-père l'empereur d'Autriche. On annonce de tous côtés que l'Impératrice est en route avec le roi de Rome, qu'elle va arriver d'un moment à l'autre. La vérité est qu'il n'en est rien, que je suis seul en face de l'Europe.

L'Europe fut la première surprise par l'envol de l'Aigle. Les Alliés avaient bel et bien laissé échapper le prisonnier placé sous la sauvegarde de Campbell. Mais ils n'avaient point compté avec le charme de la ravissante comtesse Miniaci, qui est, assurément, la cause du fâcheux égarement du colonel amoureux. Depuis Cléopâtre — et même sans doute auparavant — combien de trop beaux yeux sont à l'origine des grands bouleversements de l'Histoire !...

Le mercredi 1er mars 1815, le soleil levant fait sortir de la nuit les silhouettes du cap d'Antibes et des îles de Lérins. La flottille impériale pénètre dans le golfe Juan. Napoléon, la cocarde tricolore au chapeau, apparaît sur le pont de l'*Inconstant*. Les soldats jettent aussitôt leurs cocardes blanc et rouge aux couleurs elboises et les couleurs françaises, saluées par les acclamations, montent à la corne d'artimon du navire.

La veille, Napoléon, en les datant de *« Golfe Juan, premier mars »*, a dicté « avec feu » les proclamations au peuple français et à l'armée. « Électrisé » — le mot est de son valet de chambre — scandant les phrases qui ont résonné dans la petite cabine du navire, il a lancé :

« ... Français ! dans mon exil j'ai entendu vos plaintes et vos vœux ; vous réclamez ce gouvernement de votre choix qui, seul, est légitime ; vous accusiez mon long sommeil ; vous me reprochiez de sacrifier à mon repos les grands intérêts de la patrie. J'ai traversé les mers au milieu des périls de toute espèce ; j'arrive parmi vous reprendre mes droits qui sont les vôtres... »

Puis :

« Soldats ! dans mon exil j'ai entendu votre voix ! Je suis arrivé à travers tous les obstacles et tous les périls ! La victoire marchera au pas de charge ; l'aigle, avec les couleurs nationales, volera de clocher en clocher jusqu'aux tours de Notre-Dame ! »

Paroles qui vont créer la légende de l'Aigle et faire oublier à quel point l'équipée devait être néfaste pour la France.

Il est une heure de l'après-midi lorsque l'*Inconstant*, l'espéronade, la polacre et les deux chebecs jettent l'ancre, et, aussitôt, « l'armée » quitte les navires. Tout à fait au fond de la baie, où se trouve aujourd'hui le port de Golfe-Juan, une stèle, ornée d'une disgracieuse mosaïque, marque l'emplacement où Napoléon mit le pied sur le sol de France. Il monte à cheval — l'animal a été embarqué à Porto-Ferrajo — et par l'actuelle avenue de la Gare — *Ici commence la route Napoléon*, précise une inscription — l'Empereur vient se placer non loin du carrefour du chemin de Vallauris et de la route d'Antibes — notre nationale n° 7.

Au fur et à mesure qu'elles débarquent, les troupes passent devant lui. A cinq heures tous ont quitté les navires. L'Empereur appelle Cambronne et l'envoie vers Cannes avec une quarantaine de grenadiers et de chasseurs. Ordre de réquisitionner des vivres et — en les payant — de se procurer des chevaux et des mulets.

— Cambronne, ajoute-t-il, je vous confie l'avant-garde de ma plus belle campagne. Vous ne tirerez pas un seul coup de fusil. Songez que je veux reprendre ma couronne sans verser une goutte de sang.

Pendant ce temps, enveloppé dans son vieux manteau bleu de Marengo, assis dans son fauteuil de campagne, l'Empereur s'est installé dans les dunes, qui existaient alors près de la chapelle de Notre-Dame-du-Bon-Voyage, où les grognards ont allumé le feu de leur bivouac. En attendant son dîner, il bavarde avec les passants. A défaut du maire de Cannes, celui d'une commune voisine — on ne sait laquelle — s'approche de Napoléon :

— Nous commencions à devenir heureux et tranquilles, vous allez tout troubler.

« Je ne saurais exprimer combien ce propos me remua, ni le mal qu'il me fit... », avouera Napoléon.

C'est par les Alpes que l'on gagnera Grenoble et Lyon. L'Empereur a pris cette décision voici déjà plusieurs jours. Il garde présente à la mémoire l'atroce traversée de la Provence royaliste à la fin du mois d'avril 1814, ces insultes, ces injures, cette grêle de pierres lancées contre sa berline, son exécution en effigie à laquelle il a été obligé d'assister...

Les Elbois — il est alors un peu plus de cinq heures du matin — se dirigent maintenant vers Grasse. Cambronne, toujours en avant-garde, n'a pas de chance : le maire de Grasse — le marquis de Gourdon — est, lui aussi, un ardent royaliste.

— Au nom de quel souverain faites-vous des réquisitions ? demande-t-il.

— Au nom de l'empereur Napoléon.

— Nous avons notre souverain et nous l'aimons.

— Monsieur la maire, reprend Cambronne, je ne viens pas pour faire de la politique avec vous, mais pour vous demander des rations parce que ma colonne sera ici dans un instant.

Le maire s'exécute. Mais l'Empereur, apprenant à Mouans l'agitation qui règne dans Grasse, préfère ne pas y pénétrer. Il contourne le bourg, et fait halte sur le haut plateau de Roccavignon, aujourd'hui le *plateau Napoléon*. Le grand chêne sous lequel il mange un poulet rôti ombrage toujours cette manière de terrasse d'où l'on découvre un admirable panorama, de Nice au Mont-Vinaigre. L'Empereur, ce matin-là, aurait vu, très au loin derrière le cap d'Antibes, les sommets des montagnes de Corse, éclairés par le soleil matinal, et semblant « flotter dans l'air ».

Il n'y a point de chemin entre Grasse et Digne, où l'on trouvera la route de Grenoble. Il faut donc abandonner « l'artillerie » — quatre pièces — et, en colonne par un, suivre des sentiers de montagne couverts de neige.

La nuit est tombée depuis longtemps lorsque Napoléon, titubant de fatigue, arrive au hameau de Séranon dont les quelques maisons s'étagent dans une magnifique vallée entourée de montagnes rocheuses. Il a beaucoup de peine à retirer ses bottes mouillées, et s'installe devant un grand feu, assis dans un fauteuil qui a été pieusement conservé depuis lors...

Il faut gagner de vitesse Masséna — fidèle à Louis XVIII — et arriver à Sisteron avant la garnison de Marseille, mais c'est seulement ce même 3 mars que la nouvelle du débarquement atteindra Marseille. Aussi, dès l'aube de ce vendredi, les Elbois reprennent les sentiers qui, de hautes vallées en crêtes, de cols en gorges, de cluses en escarpements, vont les conduire à Digne où l'horizon s'élargira. Voici d'abord Castellane, blotti dans un creux et dominé par son écrasant rocher coiffé de sa vieille chapelle.

Le samedi 4 mars, après avoir déjeuné d'un canard aux olives servi à l'*Hôtel du Poisson d'Or* de Volonne, l'Empereur marche vers l'extraordinaire village de Sisteron, tapi au pied de sa célèbre forteresse. Le maire — Joseph Laurent de Gombert — qui a refusé d'obtempérer aux ordres de Cambronne se porte au-devant de l'Empereur, la décoration du lys bien en évidence sur la poitrine.

— Ôtez cela pendant que je suis ici, lui conseille Napoléon, mes soldats pourraient vous insulter.

On a préparé pour l'Empereur une chambre à la pauvre *Auberge du Bras d'Or*, au numéro 20 de la sombre rue de la Saunerie. La pièce — elle existe toujours — est au premier étage, côté ville, mais au quatrième étage, côté vallée. De son unique fenêtre, on découvre une admirable vue sur la Durance et les grands pans de roche du défilé. C'est là que, tout en se restaurant, Napoléon engage la conversation avec le sous-préfet :

— Quelle impression fera mon retour en France ?

— La surprise est le sentiment qui prime tous les autres.

— Mais, aura-t-on plaisir à me voir sur le trône ?

— Je crois que oui, si l'on ne craignait pas de voir revenir avec vous la conscription et tous les fléaux.

— Je sais, reconnaît l'Empereur, qu'il a été fait bien des sottises. Mais je viens tout réparer. Mon peuple sera heureux.

Les habitants crient : *Vive l'Empereur !* tandis que la colonne — il est alors deux heures de l'après-midi — poursuit son chemin vers Grenoble. Les Elbois sont maintenant précédés par un drapeau tricolore improvisé avec quelques morceaux d'étoffe et surmonté d'un aigle provenant « de quelque flèche de lit ou de quelque tringle de fenêtre »...

Grâce à sa marche précipitée, Napoléon est parvenu à distancer les troupes que Masséna a lancées à la poursuite de son ancien chef. Dès qu'il a reçu la nouvelle du débarquement du roi de l'île d'Elbe, le maréchal a expédié un courrier vers Lyon où s'arrête encore le télégraphe. Aussi est-ce seulement ce 5 mars, à l'heure même où Napoléon déjeune au *Bras d'Or* de Sisteron, que Chappe remet, à Paris, au baron de Vitrolles, secrétaire d'État, la dépêche arrivée de Lyon. Le baron part aussitôt pour les Tuileries et tend la dépêche au roi. Les doigts goutteux de Louis XVIII ont du mal à ouvrir l'enveloppe. Il la déchire maladroitement et déplie la feuille. Longuement, il garde les yeux attachés sur le papier ; puis il jette le feuillet sur la table et demande avec calme :

— Vous ne savez pas ce que c'est ?

— Non, Sire, je l'ignore.

D'une voix « qui ne décèle aucune altération », Louis XIII déclare :

— C'est Bonaparte qui a débarqué sur les côtes de Provence.

Puis, d'un ton détaché, il congédie Vitrolles :

— Il faut porter cette dépêche au ministre de la Guerre, il verra ce qu'il aura à faire.

Le ministre de la Guerre est alors le maréchal Soult, duc de Dalmatie par la grâce de Napoléon.

Abattre un arbre, faire sauter un pont, couper une route ne lui viennent pas à l'esprit. Il ne fait rien pour retarder d'au moins quelques heures la marche d'un homme « à qui les populations ne s'opposent pas, mais qu'elles ne suivent pas non plus ». Le maréchal veut-il favoriser les visées de son ancien maître ? Pas le moins du monde ! Il traite *Buonaparte* plus bas que terre et, avec sincérité, ne parle que de le pourfendre ! Pour lui, comme pour *le Moniteur*, ce débarquement est « un acte de démence dont quelques gardes champêtres suffiront à faire justice ».

Le baron de Vitrolles, seul, voit le danger. Il compte beaucoup sur « Monsieur ». Il est persuadé que le futur Charles X, « par sa bonne grâce et son éloquence chevaleresque », pourra entraîner les régiments. Il se rend au pavillon de Marsan où il apprend que le comte d'Artois est à vêpres.

Une seule explication peut justifier ce comportement inattendu : Louis XVIII se méfie de son frère et ne l'a pas prévenu. En effet, un quart d'heure plus tard, lorsque Vitrolles entre dans son cabinet, Monsieur semble tout ignorer. Aussi le secrétaire d'État, contrairement à l'étiquette, ose-t-il poser une question :

— Monsieur n'a pas vu le roi depuis la messe ?

— Mais si, je l'ai vu...

Puis, comme s'il s'agissait là d'un événement sans importance, il ajoute nonchalamment :

— A propos, et la nouvelle du débarquement, qu'en dites-vous ?

Non sans peine, Vitrolles dissimule sa stupéfaction, et tente de secouer l'indifférence du comte d'Artois ; il lui expose la gravité de la situation.

— Eh bien, je pense que vous avez raison, soupire le prince, et qu'il faut graisser nos bottes.

— Non, Monseigneur, insiste le ministre essoufflé, il faut partir sans que vos bottes soient graissées.

Le soir même, le comte d'Artois prend la route de Lyon, afin, selon le texte de l'ordonnance royale, de « courir sus à Bonaparte, traître et rebelle, pour s'être introduit à main armée dans le département du Var ». Il sera suivi, quelques heures plus tard, par le duc d'Orléans, le futur roi Louis-Philippe.

Dès le lendemain, la presse s'en donne à cœur joie. *Le Journal des débats* stigmatise « cet homme tour couvert du sang des générations » et il ajoute : « Dieu permettra que le lâche guerrier de Fontainebleau meure de la mort des traîtres. » Dans les jours suivants, les anciens compagnons de l'Empereur se mettront au diapason... en attendant d'aller se jeter dans les bras de Napoléon !

Le lundi 6 mars, vers deux heures de l'après-midi, l'Empereur passe la nuit au village de montagne de Corps, dont les maisons sont pour la plupart précédées d'un perron qui, l'hiver, disparaît sous la neige. Dans sa chambre du premier étage de l'auberge Dumas, aujourd'hui l'*Hôtel du Palais*, dont les deux fenêtres ouvrent sur la route, l'Empereur est réveillé, le mardi 7 mars au matin, par un message de Cambronne qui, toujours à l'avant-garde, lui annonce que le moment tant redouté est proche. Les Elbois vont affronter les troupes du général Marchand qui défend pour Louis XVIII la place de Grenoble et a reçu l'ordre d'arrêter la marche des « brigands de Buonaparte », selon l'expression du préfet Fournier. L'émotion vous étreint lorsqu'on pénètre aujourd'hui dans cette pitoyable chambre n° 1 de l'*Hôtel du Palais*. C'est là entre ces quatre murs, sous ce plafond bas, dans ce décor presque misérable, que l'Empereur a appris que son sort allait maintenant se jouer... Tout à l'heure, les soldats du roi vont-il oser tirer sur lui ?...

Le commandant royaliste Delessart, avec son bataillon, occupe la hauteur de la Pontine, non loin de La Mure. Delessart rassemble tout son monde. Il s'est fait également suivre d'une compagnie du génie et se replie vers Laffrey, un bourg situé, au cœur d'un merveilleux paysage, à trois lieues de La Mure et qui, ce jour-là, va entrer dans l'Histoire.

Placé au-devant du village, au bord du dernier des trois lacs de Laffrey, Delessart distingue bientôt, au loin, la calèche découverte de l'Empereur et devine la célèbre redingote grise. Napoléon semble inquiet. Le commandant le voit descendre de sa voiture, s'avancer sur le promontoire qui domine le lac, et regarder à la lunette « l'ennemi » qui occupe la prairie. Au galop un officier — le colonel Raoul — quitte l'état-major de l'Empereur et marche vers le commandant.

— L'Empereur va marcher vers vous, lui annonce-t-il. Si vous faites feu, le premier coup de fusil sera pour lui. Vous en répondez devant la France...

Delessart l'interrompt :

— Je suis déterminé à faire mon devoir, et si vous ne vous retirez sur-le-champ, je vous fais arrêter.

— Mais, enfin, tirerez-vous ?

— Je ferai mon devoir.

Les soldats du 5e de ligne écoutent, impassible. Soudain, les lanciers polonais s'avancent vers eux... Les lignards de Delessart voient, derrière les cavaliers, les bonnets d'ourson et les longues capotes bleues de la garde. Un frémissement passe dans les rangs et le commandant hurle :

— Bataillon ! demi-tour à droite. Marche !

Talonnés par les lanciers, les soldats de Louis XVIII, pâles, les mâchoires serrées, obéissent et marchent en bon ordre. Delessart se penche vers le jeune capitaine Randon, le futur maréchal de France alors aide de camp et neveu du général Marchand.

— Comment engager le combat avec des hommes qui tremblent de tous leurs membres et qui sont pâles comme la mort !

Les lances des Polonais se trouvent si proches du dos des voltigeurs que le commandant crie :

— Halte ! Faire face !

Le bataillon obtempère, tandis que les lanciers, qui ont reçu l'ordre de ne point charger, reviennent vers l'Empereur.

C'est alors la scène célèbre.

— Colonel Mallet, ordonne Napoléon, faites mettre l'arme au bras et déployer le drapeau.

Puis, tandis que le petite musique des Elbois joue *la Marseillaise*, l'Empereur s'avance. Derrière lui marchent Drouot, Cambronne et Bertrand.

— Le voilà ! Feu ! hurle Randon.

Les fusils tremblent, mais pas un homme n'ose épauler. L'Empereur s'est arrêté et lance d'une voix forte :

— Soldats du 5e, je suis votre empereur. Reconnaissez-moi.

Il fait encore deux ou trois pas, entrouvre sa redingote grise et crie :

— S'il est parmi vous un soldat qui veuille tuer son empereur, me voilà !

Un immense cri de *Vive l'Empereur !* lui répond. Les rangs sont aussitôt rompus, « les shakos sont agités à la pointe des baïonnettes, les soldats se précipitent vers leur Empereur, l'entourent, l'acclament, s'agenouillent à ses pieds, touchent en idolâtres ses bottes, son épée et les pans de sa redingote ».

En un instant, les cocardes tricolores que les soldats ont gardées dans leurs sacs depuis l'année précédente prennent la place des cocardes blanches qui, après le départ du bataillon, jonchent le sol, marquant l'emplacement — baptisé la *Prairie de la Rencontre* — où s'est jouée la scène célèbre à jamais.

Le général Marchand, toujours fidèle à Louis XVIII, a expédié l'ordre aux 7e et 11e de ligne, qui se trouvent à Chambéry, de rallier Grenoble. Les deux colonels ont obéi. Le commandant du 7e s'appelle La Bédoyère. Ancien aide de camp de Lannes, il était l'un des plus brillants officiers de l'armée impériale et l'on devine à quels sentiments il se trouve en proie ce mardi 7 mars 1815. Après avoir passé en revue les deux régiments, le général Marchand les a placés sur les remparts, face à la route de La Mure. Que feront les soldat lorsqu'ils auront le « Petit Tondu » au bout de leur ligne de mire ? C'est alors que La Bédoyère — et ce geste le fera condamner à mort — tire son épée et s'exclame :

— A moi, soldats du 7e. A moi ! mes braves camarades. Je vais vous montrer notre chemin. En avant ! Qui m'aime me suive !

Aux cris de *Vive l'Empereur !* — qui seront repris bientôt par la plus grande partie de la garnison — le 7e de ligne s'ébranle. Les faubourgs franchis, La Bédoyère tire de sa poche l'ancien aigle du régiment et le place en haut d'une branche de saule qui devient la hampe du nouveau drapeau... Une heure plus tard — entre Grenoble et Vizille — l'Empereur embrasse l'aigle et le colonel qui apporte ainsi un renfort de dix-huit cents hommes à Napoléon.

Vers neuf heures du soir, le général Marchand, dont la fenêtre domine les remparts, voit « l'Usurpateur » suivi de sa petite armée et entouré de deux mille paysans brandissant fourches et pétoires, et portant des torches « de paille allumée ». Le colonel Roussille qui commande la porte de Bonne, à l'injonction qui lui est faite « au nom de l'Empereur », par le colonel Raoul, refuse d'ouvrir la porte. Le général Marchand harangue alors ses hommes. Il commande à deux mille fantassins et à une puissante artillerie. Pas un lignard n'obéit au commandement de charger les armes.

Quelques instants plus tard les charrons du faubourg Saint-Joseph enfoncent les portes aux cris de *Vive l'Empereur !* tandis que le général Marchand et seulement deux à trois cent hommes s'enfuient au grand galop par la porte Saint-Laurent.

A l'hôtel des *Trois Dauphins* Où Napoléon est descendu, on lui apporte à défaut des clefs les vantaux de la porte de Bonne.

Le lendemain, il passe en revue ses forces et, en défilant devant lui, les hommes montrant leurs cocardes crient : « C'est celle d'Austerlitz !... C'est celle de Friedland !... Je l'avais à Marengo ! »

Et l'Empereur pourra s'exclamer :

— Jusqu'à Grenoble, j'étais aventurier ; à Grenoble, j'étais prince.

Alors que le vendredi 10 mars Napoléon quitte Bourgoin, le comte d'Artois n'a pu rassembler à Lyon que trois régiments et mille cinq cents gardes nationaux. Les trente mille hommes promis par Soult n'ont pas encore rejoint... Place Bellecour, devant les régiments rangés en carré, le maréchal Macdonald achève son discours par ces mots :

— La seule garantie que je vous demande est de crier *Vive le Roi* !

Pas une seule voix ne répond à la sienne. On n'entend que la pluie qui crépite. Le futur Charles X survient. Ses ambitions sont plus modestes. Un *seul* cri prononcé par un *seul* homme suffirait à son bonheur. Il s'approche d'un vieux dragon, « lui parle avec bonté, le loue de son courage dont il porte la preuve sur sa poitrine... » puis il lui propose de crier avec lui *Vive le Roi* ! « Les yeux fixes, la bouche béante », le dragon reste « immobile et impassible ». Macdonald, le colonel du 13e dragons, les officiers « crient, l'exhortent, le pressent »... mais sans succès. L'homme reste « inébranlable ».

La scène prend un aspect franchement ridicule. « Rouge de colère », Artois rentre à l'Archevêché. La foule ne le salue même pas. Les Lyonnais sont bien massés le long du Rhône, mais c'est pour attendre Napoléon qui, dit-on, est déjà aux portes de la ville. Il est onze heurs du matin. Le frère du roi n'a plus qu'à partir et suivre l'exemple de son cousin Orléans qui, depuis deux bonnes heures déjà, a repris la route de Paris.

Napoléon s'est installé à Lyon à l'Archevêché, dans les appartements que lui a laissés le comte d'Artois et, durant trois jours, reprend sa vie de souverain. Il reçoit les corps constitués, prépare des décrets et écrit à sa femme : « Mon avant-garde est à Chalon-sur-Saône, je pars cette nuit pour la rejoindre. Les peuples courent en foule au-devant de moi ; des régiments entiers quittent tout pour me rejoindre... Je serai, quand tu recevras cette lettre, à Paris... Viens me rejoindre avec mon fils. J'espère t'embrasser avant la fin du mois. »

Ces lignes ne sont pas remises à l'Impératrice, mais portées au Congrès où les ministres alliés essayent « d'interpréter une griffe que personne ne pouvait lire ». Chacun déchiffre un mot... et bientôt tous les ministres ont devant les yeux la tragique certitude de voir l'Empereur installé à Paris ! Quelques jours auparavant, Talleyrand a pu faire approuver par ses collègues un texte effrayant qu'on ne peut lire sans éprouver un sentiment de malaise. L'évasion de Bonaparte s'y trouvait peinte comme « un attentant contre l'ordre social ». La déclaration précisait : « En revenant en France avec des projets de trouble et de bouleversement, il s'est privé lui-même de la protection des lois et a manifesté à la face de l'univers, qu'il ne saurait y avoir avec lui ni paix ni trêve... »

Pour terminer, on mettait l'évadé criminel hors la loi : « Les Puissances déclarent en conséquence que Napoléon Bonaparte s'est placé hors des relations civiles et sociales et que, comme ennemi et perturbateur du repos du monde, il s'est livré à la vindicte publique. »

Perfide, Talleyrand se frotte les mains en voyant l'empereur d'Autriche s'avilir, au point de signer calmement ce document qui n'était rien d'autre qu'une gifle infamante administrée au mari de sa fille, au père de son petit-fils !

— Il fallait lui faire mettre sa signature au bas d'une sentence de mort civile, expliquera le prince, et non d'une déclaration de guerre. On peut toujours traiter avec un ennemi ; on ne se remarie pas avec un condamné.

Le lundi 13, l'Empereur quitte Lyon pour l'*Hôtel Sauvage* de Mâcon. A Paris, le roi n'a désormais plus d'espoir qu'en Ney. Depuis le 10 mars, le maréchal barre la route de Paris, répétant sans cesse qu'il ramènera Bonaparte dans une cage de fer.

— Il vaudrait mieux le ramener mort dans un tombereau, suggère le sous-préfet de Poligny qui est partisan des méthodes expéditives.

— Non, répond Ney, vous ne connaissez pas Paris. Il faut que les Parisiens le voient.

Le 11 mars, on apporte au prince de la Moskova la proclamation écrite par l'Empereur en vue du golfe Juan. Après avoir poussé un soupir, on l'entend s'exclamer :

— On n'écrit plus comme ça !... Le roi devrait écrire ainsi. C'est de cette manière qu'on parle aux soldas et qu'on les émeut !

Puis, marchant de long en large dans son bureau, il répète à haute voix : « La victoire marchera au pas de charge. L'Aigle avec les couleurs nationales volera de clocher en clocher jusqu'aux tours de Notre-Dame ! »

Cependant Ney, après avoir poussé un lourd soupir, demeure résolu à combattre. Il n'a pourtant sous ses ordres que six mille hommes peu sûrs, échelonnés de Besançon à Bourg, tandis que l'Empereur a maintenant auprès de lui quatorze mille soldats ! Le maréchal va bientôt recevoir le billet que lui a adressé Napoléon : « Venez me reprendre à Chalon, je vous recevrai comme au lendemain de la Moskova. » Puis il apprendra que, partout, claquent les drapeaux tricolores. On vient enfin lui dire — ce qui est alors faux — que Louis XVIII s'apprête à quitter Paris ; on lui révèle — ce qui est inexact — que l'Angleterre se trouve dans le complot et que Metternich — ce qui peut alors paraître plausible — a été mis au courant avant le départ de l'île d'Elbe et qu'il a fermé les yeux pour ennuyer le tsar... Alors que, jusqu'à présent, le sang français n'a pas coulé, Ney, en combattant son ancien chef, va-t-il déclencher une guerre civile ? Il n'ignore pas les sentiments de ses soldats. Désespéré, il déclare :

— Que voulez-vous, je ne puis arrêter l'eau de la mer avec la main !

Les affronts qu'il a dû subir durant ces derniers mois remontent en foule à son esprit :

— Je ne veux plus être humilié, je ne veux plus que ma femme revienne chez moi les larmes aux yeux des humiliations qu'elle a reçues dans la journée. Le roi ne veut pas de nous, c'est évident !...

Le 14 mars — ce soir-là l'Empereur couchera à Dijon, à l'*Hôtel du Parc* — le maréchal réunit ses troupes. Il regarde ses hommes mornes et pâles... Ney va perdre la tête.

— J'étais dans la tempête, avouera-t-il plus tard devant le tribunal royal qui l'enverra face à un peloton d'exécution.

Ses soldats le voient tirer son épée du fourreau, la lever bien haut :

— Officiers, sous-officiers et soldats, crie-t-il, la cause des Bourbons est à jamais perdue !...

Un grand cri de *Vive l'Empereur !* couvre sa voix. Une clameur de délivrance jaillit des poitrines et c'est aussitôt une embrassade générale. Le maréchal parcourt les rangs « comme un homme en délire », embrassant « jusqu'aux fifres et aux tambours ».

Deux jours plus tard, la nouvelle connue à Paris, un placard est accroché à la grille de la colonne Vendôme : *Napoléon à Louis XVIII : Mon bon frère, il est inutile de m'envoyer encore des soldats. J'en ai assez !*

La belle sérénité du roi — pour ne pas dire son inconscience — commence à être atteinte.

Le 18 mars, le 6e lanciers, qui occupe, en avant-poste, le pont de Montereau, fait un demi-tour sur place... et se déclare l'avant-garde de l'Empereur. La nouvelle en est sur-le-champ portée au roi. Le lendemain matin — le dimanche des Rameaux — un courrier annonce que Napoléon a quitté Auxerre et qu'il a sans tarder poursuivi sa marche sur Paris. Ce soir, il peut arriver à Fontainebleau ! Le dimanche 19 mars, alors que Napoléon couche à Pont-sur-Yonne, les voitures royales viennent, à onze heures et demie du soir, se ranger dans la cour des Tuileries.

Il pleut.

La berline de Louis XVIII se place devant le vestibule du pavillon de Flore. Aussitôt, gardes du corps et gardes nationaux sortent du poste et, sans armes, remplissent l'escalier et l'antichambre, se mêlant aux courtisans et aux officiers de service. Non sans peine, traversant toute une foule de fidèles, le roi arrive près de sa voiture et s'assied dans le fond de sa berline. Il fait un dernier geste d'adieu. Entouré de gardes du corps, la voiture prend le chemin de la barrière Saint-Martin — la route de Varennes... Quelques voitures de service suivent. Tout le personnel royal quitte le palais... et pour quelques heures un silence impressionnant tombe sur le château désert. Dans la précipitation du départ on a oublié d'emporter les pantoufles de Louis XVIII.

— Ce sont mes pantoufles que je regrette davantage, confiera le roi goutteux à Macdonald avant de se diriger vers Gand ; vous saurez un jour, mon cher maréchal, ce que c'est que la perte de pantoufles qui ont pris la forme du pied.

Le lendemain matin — le fameux lundi 20 mars 1815 — les Parisiens viennent regarder la longue façade grise du château. Le drapeau blanc a été enlevé. Alors que Napoléon arrive à Fontainebleau, « la foule erre de côté et d'autre, a raconté un témoin, on s'aborde avec défiance, on ose à peine se parler à voix basse ». Soudain, venant du quai, apparaît un cavalier portant un drapeau tricolore.

Avant-coureur de l'arrivée de l'Empereur, prévue pour le soir même, c'est le général Exelmans qui accourt de Fontainebleau. Une minute plus tard, on voit à travers la brume les trois couleurs flotter au balcon de la Salle des Maréchaux. Les gardes nationaux de faction autour du château, qui, dès le matin, avaient déjà enlevé leurs cocardes blanches, sortent maintenant de leur sac leurs cocardes tricolores. Peu à peu les officiers et les anciens domestiques de Napoléon réintègrent le château, comme si leur maître revenait de l'une de ses résidences. Uniformes impériaux et livrées vertes apparaissent. Les huissiers reprennent leur service aux portes et font observer l'étiquette impériale. On se félicite, on s'embrasse et les dames, en robes de cour, se jettent sur les tapis, décousent fébrilement les fleurs de lys dont ils sont ornés, pour qu'apparaissent les chères abeilles napoléoniennes.

La Valette a envoyé un courrier à Napoléon pour l'avertir que la voie se trouve libre. L'Empereur a aussitôt quitté Fontainebleau en chaise de poste. A neuf heures du soir il entre dans la cour des Tuileries. Ce sont non seulement des cris de *Vive l'Empereur*, mais de véritables rugissements de joie qui accueillent Napoléon, littéralement arraché de sa voiture. Des phrases entrecoupées de sanglots parcourent la foule électrisée. C'est au milieu d'un torrent humain déchaîné que l'Empereur est porté de bras en bras jusqu'au premier étage.

« L'explosion fut irrésistible. Je crus assister à la résurrection du Christ », nous raconte le baron Thiébault. « Il y avait à peine trois heures que, soldat des Bourbons, poursuit-il, j'avais encore mes canons braqués contre lui ; mais maintenant, il me semble que j'étais redevenu français... »

On l'accompagne, dans cette cohue inouïe, vers ses appartements.

— Au nom de Dieu ! crie Caulaincourt à La Valette, placez-vous devant lui !

La Valette monte à reculons, précédant l'Empereur, et répétant sans cesse :

— C'est vous ! C'est vous ! C'est vous !

Lui se laisse porter, les yeux mi-clos, ivre de bonheur...

Le lendemain matin, en regardant par les fenêtres de sa chambre, l'Empereur voit à l'entrée de la grande allée, au cœur du jardin encore hivernal, un seul marronnier tout en fleur. Paris semble ainsi avoir préparé un gigantesque bouquet destiné au héros.

Dans le jardin où flotte un léger brouillard, la foule acclame l'Empereur.

— Bah ! soupire Napoléon, déjà dégrisé, le temps des compliments et des flatteries est passé ! Ils m'ont laissé arriver comme ils ont laissé partir les autres !

Quelques instants plus tard, l'Empereur passe sa première revue. Un Anglais — Hobhouse — le trouve pâle et « pas bien gras. Mais, ajoute-t-il, son ventre est si saillant que l'on voit son linge passer au-dessous du gilet. Il tient généralement ses mains jointes devant ou par-derrière, mais quelquefois il les sépare pour se frotter le nez, prendre quelques prises de tabac et regarder sa montre. Poussant souvent des soupirs et avalant sa salive, il paraît souffrir quelques douleurs dans la poitrine... »

Les musiques jouent des airs souvent interdits, à Paris, au temps de la dictature napoléonienne :

Veillons au salut de l'Empire
Veillons au maintien de nos droits.
Si le despotisme conspire,
Conjurons la perte des rois.

L'Empereur prend maintenant la parole :

— Soldats, je suis venu avec six cents hommes en France, parce que je comptais sur l'amour du peuple et sur les souvenirs des vieux soldats. Je n'ai pas été trompé dans mon attente.

Le soir, la foule, saoule de cris et d'acclamations, rentra chez elle — et il se mit à pleuvoir...

Les anciens fidèles se présentent aux Tuileries — certains avec quelque retard.

— Vous conviendrez, Sire, explique le général Rapp, que la position était pénible. Vous abdiquez, vous partez, vous nous engagez à servir le roi, vous revenez... Toute la puissance des souvenirs ne peut nous faire illusion.

— Comment cela ? Que voulez-vous dire ?

De nouveau il soutient l'impossible fable :

— Croyez-vous que je sois revenu sans alliances, sans accord ?... D'ailleurs, mon système est changé. Plus de guerres, plus de conquêtes. Je veux régner en paix, et faire le bonheur de mes sujets.

Il est indispensable tout d'abord de trouver de l'argent ! Les caisses impériales vont se remplir d'une manière bien inattendue : grâce à l'Angleterre et à la Hollande.

— Au retour de l'île d'Elbe, racontera l'Empereur à Las Cases, des maisons de Londres et d'Amsterdam m'ont ouvert secrètement un crédit de quatre-vingts à cent millions, au simple taux de huit pour cent.

Pour un banquier, le coffre-fort passe avant le patriotisme ! L'Empereur ne s'en trouve pas moins « seul en face de l'Europe », ainsi qu'il le reconnaît lui-même. Telle est, en effet, sa « situation » — une situation tragique. Il le sait, les Alliés ne s'inclineront pas devant l'éblouissant vol de l'Aigle — même si Napoléon acceptait les frontières imposées à la France l'année précédente. Sans se faire beaucoup d'illusions, il essaye d'abord d'apitoyer l'empereur François en faisant vibrer la fibre grand-paternelle. Tout ce qu'il va tenter pour consolider et affermir son trône, tous ses efforts tendent à pouvoir remettre un jour son héritage, écrit-il à François, « à l'enfant que Votre Majesté a entouré de ses bontés paternelles ». Pour atteindre ce « but sacré », il lui faut la paix. Puis il poursuit en affirmant connaître trop bien les « principes » de son « cher frère et cher beau-père » pour ne pas se douter qu'il sera « empressé de concourir à accélérer l'instant de la réunion d'une femme avec son mari et d'un fils avec son père ». Et Napoléon terminait sa lettre en parlant à François « de cette réunion désirée qui ne tardait pas moins à l'impatience de cette vertueuse princesse ».

Mais la « vertueuse princesse » s'était précipitée tout apeurée dans les bras de son amant Neipperg en reniant officiellement l'homme qu'elle prétendait adorer quelques mois plus tôt. Marie-Louise proclamait qu'elle était « fâchée contre la personne », qui, en quittant l'île d'Elbe, avait exposé le sort de son fils. Elle déclarait à l'empereur François qu'elle ne connaîtrait désormais d'autre volonté que la sienne. Après avoir trahi le père, elle acceptait de livrer l'enfant à la police autrichienne. Le « prince François-Charles » devait être transféré d'urgence à Schœnbrunn où la surveillance serait infiniment plus aisée qu'à la Hofburg dont une partie des bâtiments étaient presque mitoyens avec tout un quartier de la ville.

L'Empereur avait également envoyé une circulaire aux souverains de Russie, de Prusse et d'Angleterre en tentant de leur expliquer que la Restauration, cette « dynastie que la force avait rendue au peuple », n'était plus faite pour la nation française. Il le soutenait : « Les Bourbons n'ont voulu s'associer ni à ses sentiments ni à ses mœurs ; la France a dû se séparer d'eux. Sa voix appelait un libérateur. » Ce « Libérateur » ne pouvait être que Napoléon : « Assez de gloire a illustré tour à tour les drapeaux des diverses nations, poursuivait-il ; les vicissitudes du sort ont assez fait succéder de grands revers aux grands succès, une plus belle arène est aujourd'hui ouverte aux souverains, et je suis le premier à y descendre. »

— Ni paix ni trêves, plus de réconciliation avec cet homme, répondit le tsar.

Napoléon avait encore fait savoir à Londres qu'il était « disposé à recevoir du gouvernement anglais toute proposition qui assurerait une paix solide et durable ». Il misait en effet sur la Grande-Bretagne, et il est bien certain que, dans ce concert où la haine des pays longtemps en servitude se donnait libre cours, c'est de l'Angleterre que viendront les paroles les plus sages. Le gouvernement britannique n'avait pas daigné répondre aux avances du revenant de l'île d'*Elbe*, le *Times* avait traité Napoléon de « Corse sanguinaire » et fustigé « ses compagnons de scélératesse » qui avaient osé « appeler ce brigand, ce monstre chargé de tant de crimes et d'horreurs ». Par contre, l'opposition déclarait aux Communes :

— Bonaparte a été reçu, en France, comme un libérateur. Les Bourbons ont perdu leur trône par leurs propres fautes. Ce serait une mesure monstrueuse de faire la guerre à une nation pour lui imposer un gouvernement dont elle ne veut pas !

Pour le *Morning Chronicle*, il n'était « d'aucune importance qu'un Bonaparte ou un Bourbon soit sur le trône de France ». Et le journal se permettait de poser ces questions à lord Castlereagh : « Le traité de Fontainebleau a-t-il été fidèlement exécuté par les Alliés ? A-t-on payé à Bonaparte et à sa famille une part quelconque de la pension qui leur avait été garantie ? N'a-t-on pas eu le projet de le déporter ?... Les patriotes anglais pensent que c'est moins contre Bonaparte que contre l'esprit de liberté que s'unissent les potentats du continent. »

Prise de position que Napoléon n'ignorait point et qui, assurément, devait influencer l'Empereur trois mois plus tard lorsqu'il décida de venir s'asseoir « au foyer du peuple britannique ».

Les royalistes français le crient bien haut : c'est le fils de la Révolution qui a débarqué au golfe Juan, et l'exécration des partisans de Louis XVIII s'acharne contre M. de Buonaparte ! L'Empereur se croit revenu vingt années en arrière et il le constate amèrement :

— Je retrouve la haine des prêtres et de la noblesse aussi universelle et aussi violente qu'au commencement de la Révolution.

Aussi, Napoléon n'a-t-il pas le choix. Il lui faut jouer la carte qui lui est en quelque sorte imposée et il suffit, pour s'en convaincre, de relire les textes de ses premières proclamations :

— Je viens pour délivrer la France des émigrés... Je suis issu de la Révolution... Je suis venu pour tirer les Français de l'esclavage où les prêtres et les nobles voulaient les plonger... Qu'ils prennent garde ! Je les lanternerai...

Il veut créer un empire libéral. Dès la fin du mois de mars, *le Moniteur* publie des adresses officielles significatives sur son état d'esprit : « L'Empereur, affirme le Conseil d'État, a pris l'engagement de garantir les principes libéraux, la liberté individuelle, la liberté de la presse, et l'abolition de la censure, le vote des contributions et des lois par les représentants de la nation, la responsabilité des ministres et de tous les agents du pouvoir... »

« C'était une niaiserie, dira Mme de Staël. Du moment qu'on reprenait Bonaparte, il fallait lui déférer la dictature. Autrement, la terreur qu'il inspirait, la puissance qui résultait de cette terreur n'existaient plus. C'était un ours muselé qu'on entendait murmurer encore, mais que ses conducteurs faisaient danser à leur façon. »

« L'ours » reconnaîtra lui-même, plus tard, avoir fait une faute en ne s'emparant pas de *tout* le pouvoir. En criant : *A bas les prêtres ! A bas les nobles !* le peuple lui offrait cette dictature. Il n'osa pas la saisir : les souvenirs de sa jeunesse l'effrayaient.

Il ménage même les royalistes en dépit des insultes dont ceux-ci ne cessent de l'abreuver. Sur quatre-vingt-sept préfets royaux, soixante et un seulement sont révoqués. Les maires demeurés en place sont, pour la plupart, des partisans de Louis XVIII qui ont été choisis « dans le clan des anciens nobles ». De nouvelle élections sont donc prévues pour le mois de mai — mais les deux tiers des « mauvais maires » seront réélus...

Pour donner le coup de barre à gauche, Napoléon s'adresse à Benjamin Constant, l'écrivain libéral, et lui confie la rédaction de la nouvelle Constitution ! L'Empereur lui explique comment il conçoit les choses :

— La nation s'est reposée douze ans de toute agitation politique, et depuis une année, elle se repose de la guerre. Ce double repos lui a rendu un besoin d'activité. Elle veut, ou croit vouloir, une tribune et des assemblées... Je ne hais point la liberté. Je l'ai écartée lorsqu'elle obstruait ma voie ; mais je la comprends et j'ai été nourri dans ses pensées...

Benjamin Constant a l'audace de rédiger son travail sans parler de l'Empire.

— Ce n'est pas là ce que j'entends, s'exclame Napoléon. Vous m'ôtez mon passé, je veux le conserver. Que faites-vous donc de mes onze ans de règne ? J'y ai quelque droit, je pense. Il faut que la nouvelle Constitution se rattache à l'ancienne. Elle aura la sanction de la gloire.

Le texte de l'*Acte additionnel* — la Charte de Louis XVIII remaniée à la sauce libérale — est soumis à l'Empereur qui blêmit de colère lorsqu'on lui propose — vrai joug constitutionnel — la suppression de la confiscation des biens :

— On me pousse, s'écrie-t-il, dans une voie qui n'est pas la mienne ! On m'affaiblit, on m'enchaîne. La France me cherche et ne me trouve plus. L'opinion était excellente, elle est exécrable. La France se demande ce qu'est devenu le vieux bras de l'Empereur, ce bras dont elle a besoin pour dompter l'Europe.

Devant ce bras levé — et menaçant — Benjamin Constant s'incline. On passe sous silence la question dans le texte définitif qui prévoit désormais un empereur flanqué de deux chambres — la Chambre des Pairs et la Chambre des Représentants — aux prérogatives copiées sur celles octroyées par Louis XVIII. La presse sera libre, la censure supprimée, la dynastie impériale légitime, et, enfin, la *Benjamine* — ainsi qu'on appellera la nouvelle Constitution —abroge à jamais la dîme et les anciens privilèges.

Napoléon a perdu son étoile. La *Benjamine* est critiquée. Les libéraux estiment que l'Empereur n'a pas été assez loin dans le sens de leurs désirs. N'a-t-il pas gardé pour lui le droit de nommer les pairs et les magistrats ? Ne possède-t-il pas également celui de proposer les lois ? La confiance, surtout, ne règne pas. On se méfie à juste titre. Lors du plébiscite de l'Acte additionnel et de la « réintronisation » de Napoléon, les abstentionnistes sont plus nombreux que les votants !

Napoléon doit se résigner, à la fin du mois d'avril, à convoquer les Chambres. La nouvelle assemblée des représentants est élue le mois suivant. Elle compte, sur six cent vingt-neuf membres, quatre-vingts bonapartistes, trente ou quarante jacobins et cinq cents libéraux. Sa première séance a lieu le 3 juin. A la grande fureur de l'Empereur, Lanjuinais — celui qui, en avril 1814, a signé la proposition de déchéance — est élu président. Napoléon souhaitait que l'on nommât à cette place son frère Lucien — le « républicain » Lucien — qui vient de se rallier à son malheureux aîné, alors que du temps de la puissance de l'Empereur il vivait à Rome, loin du « tyran ».

— On a voulu m'offenser en choisissant un ennemi ! s'exclame Napoléon.

Mais, de nouveau, le dictateur montre le bout de l'oreille :

— S'il en est ainsi, je dissoudrai cette Assemblée, j'en appellerai à la France qui ne connaît que moi... car c'est à coups de canon, maintenant, qu'on peut défendre la Révolution, et lequel d'entre eux est capable d'en tirer un ?

C'est, en effet, à coups de canon que tout va se régler.

A Vienne, dès la fin du mois de mars, les Alliés ont signé un traité d'alliance « ayant pour but le maintien de la paix », autrement dit le retour à l'état de guerre... Les parties contractantes s'engagent à garder chacune cent cinquante mille hommes en campagne « tant que Bonaparte ne serait pas mis absolument hors de possibilité d'exciter des troubles, de renouveler des tentatives pour s'emparer du pouvoir suprême en France et de menacer la sûreté de l'Europe ».

L'armée de Waterloo sera bientôt prête à entrer en campagne.

Au même moment, Napoléon prend les mesures militaires qui vont lui permettre de réunir une armée. Les forces royales ne comptaient que quatre-vingt-cinq mille hommes... Il étudie chaque jour les moyens à mettre en œuvre pour pallier cette situation.

C'est au sein de son armée qu'il va trouver la consolation. Ses anciens compagnons — surtout les plus humbles — vont lui redonner confiance en son étoile. Sans doute, dans le Midi et dans l'Ouest compte-t-on de nombreuses et inévitables désertions parmi les conscrits et les rappelés, mais ailleurs le résultat est si réconfortant qu'il inquiète les Alliés. « Pour donner une juste idée de l'enthousiasme de l'armée, écrit un espion anglais à Wellington, je n'ai besoin que de tirer un parallèle entre les époques de 92 et la présente armée. Encore la balance sera en faveur de Bonaparte, car aujourd'hui ce n'est plus de l'enthousiasme, c'est de la frénésie... La lutte sera sanglante et contestée à outrance. »

La dernière fête impériale est une veillée d'armes. L'assemblée dite du Champ-de-Mai se réunit au Champ-de-Mars, le 1er juin. Toutes les autorités, les dignitaires, la famille impériale prennent place dans les tribunes. Les porte-aigles, la garde, la garnison, les légions de la garde nationale — en tout quarante-cinq mille hommes — couvrent la plaine. Deux cent mille Parisiens assistent à la cérémonie où le nouvel Empire essaye de retrouver son faste. « Je vis passer l'escouade impériale en grand habit de gala, plumets au vent, chapeaux retroussés, petits manteaux à l'espagnole, pantalon de satin blanc, souliers à bouffettes et le reste », nous dit le duc de Broglie, futur ministre de Louis-Philippe. Napoléon avait, en effet, eu le tort de revêtir, avec ses frères, la tenue du sacre. On attendait le Petit Caporal du « Vol de l'Aigle » et on ne vit qu'une « chienlit ». « Une mascarade, dit encore le duc de Broglie, qui m'inspira autant d'indignation que de mépris. » Ce ne sont pas seulement les royalistes qui furent choqués, le faste impérial « offusqua » aussi les regards des « vieux patriotes qu'il avait abusés » et dont il fallait éviter de réveiller les souvenirs, ainsi que l'a fort justement expliqué Fleury de Chaboulon.

Le grand chambellan fait placer devant l'Empereur une petite table dorée où se trouve posée la Constitution. Napoléon la signe, puis sa voix s'élève :

— Français, ma volonté est celle du peuple, mes droits sont les siens : mon honneur, ma gloire, mon bonheur ne peuvent être autres que l'honneur, la gloire et le bonheur de la France !

L'archevêque de Bourges, premier aumônier, présente à genoux l'Évangile, sur lequel l'Empereur jure d'observer la Constitution. Après le *Te Deum,* Napoléon se débarrasse de son manteau impérial et saute rapidement de son trône. Les tambours battent et la cérémonie de la distribution des aigles commence.

— Jurez de défendre vos aigles ! Le jurez-vous ?

« Mais les serments étaient sans énergie, nous dit le capitaine Coignet ; l'enthousiasme était faible ; ce n'étaient pas les cris d'Austerlitz ni de Wagram ; l'Empereur s'en aperçut... »

Au lieu d'attendre l'avalanche qui se prépare à dévaler vers la France, Napoléon décide de prendre les devants et d'attaquer l'ennemi. Déjà l'armée française se trouve massée devant la frontière belge. Le dimanche 11 juin, Napoléon assiste à la dernière messe des Tuileries.

Le soir, après le dîner de famille, il prend mélancoliquement sur ses genoux le petit Louis, le fils d'Hortense, qu'on appelait *Oui-oui* — et qui sera un jour l'empereur Napoléon III.

Ses yeux croisent ceux de Fanny Bertrand :

— Eh bien, madame Bertrand, pourvu que nous ne regrettions pas l'île d'Elbe !

Est-ce ce soir-là que Decrès le vit assoupi dans son fauteuil ? Soudain il se réveilla et, ne remarquant pas la présence du ministre, s'exclama, se parlant à lui-même :

— Et puis cela ira comme cela pourra !

Le torrent d'hommes roule vers la frontière.

De l'autre côté, l'ennemi ne soupçonne encore rien. Blücher, qui se trouve à pied d'œuvre avec son armée forte de cent vingt mille hommes, a écrit, la veille, à sa femme : « Nous entrerons bientôt en France.

Nous pourrions bien rester encore ici une année ; car Bonaparte ne nous attaquera pas. »

De même, Wellington a rassemblé — et également devant Bruxelles — cent mille hommes. Le 14 juin, il fait savoir au tsar qu'il attaquera les Français à la fin du mois. Ni l'un ni l'autre ne peuvent prévoir une attaque de l'Empereur sur Charleroi, que tient solidement l'avant-garde prussienne. Aussi la surprise sera-t-elle totale.

Le 15, Napoléon est arrivé à Charleroi vers midi et reçoit Ney quatre heures plus tard :

— Je suis bien aise de vous voir ! Vous allez prendre le commandement des Ier et IIe corps d'armée. Je vous donne aussi la cavalerie légère de ma garde. Demain vous serez rejoint par les cuirassiers de Kellermann. Allez, poussez l'ennemi sur la route de Bruxelles et prenez position aux Quatre-Bras.

Mais Ney a vieilli... Voyant les Quatre-Bras occupés — ils ne l'étaient en réalité que par quelques unités, au surplus presque sans munitions —, il n'osera pas attaquer l'avant-garde des coalisés, opération qui l'eût rendu maître de la situation. Napoléon espère que, le lendemain matin, Ney emportera les Quatre-Bras, et que de là, il marchera sur Bruxelles.

Ce soir-là, Wellington, alors qu'il sait maintenant Napoléon à Charleroi, soupe et danse au bal donné à Bruxelles par la duchesse de Richmond. Inconscience ? Non pas ! Il l'explique à Müfling, officier de liaison de l'armée prussienne :

— Mes troupes vont se mettre en mouvement. Mais ici les partisans de Napoléon commencent à lever la tête. Il faut rassurer nos amis. Nous monterons à cheval à trois heures du matin.

Certains officiers n'eurent même pas le temps de changer de costume et, nous dit Jady Lenox, « allèrent se battre en habit de soirée ».

Au début de la matinée du 16 juin, Napoléon envoie à Ney un billet le pressant de nouveau d'aller enfin prendre position aux Quatre-Bras : « Un mouvement aussi prompt et aussi brusque isolera l'armée anglaise de Mons, d'Ostende, et je désire que vos dispositions soient bien faites pour qu'au premier ordre, vos huit divisions puissent marcher rapidement et sans obstacle sur Bruxelles... »

Ney se met en route mollement..., si mollement que Wellington, plus prompt que le maréchal, fait sérieusement occuper les Quatre-Bras par le prince d'Orange.

Pendant ce temps, la bataille de Ligny et de Fleurus commence. Il est environ trois heures. Des deux côtés, on s'égorge avec un maximum de haine. Chacun se bat comme s'il réglait un compte personnel, sans merci, impitoyablement. « Ce n'était pas une bataille, rapportera

Coignet, c'était une boucherie, la charge battait de tous côtés ; ce n'était qu'un cri : En avant ! »

A trois heures — une demi-heure avant le début de la bataille — Soult qui a succédé à Berthier en qualité de chef d'état-major a envoyé à Ney ce message : « En ce moment, l'engagement est très prononcé. Sa Majesté me charge de vous dire que vous devez manœuvrer sur le champ de bataille de manière à envelopper la droite de l'ennemi et à tomber à bras raccourcis sur ses derrières. Cette armée est perdue si vous agissez vigoureusement. Le sort de la France est entre vos mains. »

Mais Ney, « frappé de paralysie », se refuse à « manœuvrer sur le champ de bataille »... Il faudra que Napoléon lui-même prenne la tête de la vieille garde, pour que Ligny soit emporté. Blücher, renversé sous son cheval, n'échappe à la capture que par miracle. Pour se remettre de son accident, il trempe ses jambes dans de l'eau-de-vie — et en boit, en passant, une bonne rasade... A la suite de ce traitement énergique, il peut bientôt remonter à cheval, mais les Prussiens doivent précipitamment se replier. Leurs uniformes en lambeaux, ils sont méconnaissables. Ils ont reçu « une sacrée bonne fessée », dira Wellington. Pas si bonne puisque la carence de Ney a empêché Napoléon d'achever les vaincus. Le maréchal s'est borné à contenir les Anglais aux Quatre-Bras, c'est tout...

Quant à l'Empereur, il décide de passer la nuit à Fleurus. « La faute que j'ai faite, dira-t-il plus tard, c'est d'avoir couché à Fleurus... La bataille contre Waterloo aurait eu lieu vingt-quatre heures plus tôt, Wellington et Blücher ne se seraient pas rejoints... »

Il devait cent fois refaire la bataille...

Le samedi 17 juin, en se réveillant à Fleurus, au château du baron de Zualart — le château de la Paix, près du moulin Naveau —, Napoléon prend la décision de se rendre lui-même aux Quatre-Bras. Les Prussiens ne sont-ils pas en déroute ? Durant au moins trois jours, ils ne pourront participer à aucun combat ! Du moins l'Empereur le pense-t-il... Aussi, après être passé devant les bivouacs de Ligny et de Saint-Amand — il est onze heures du matin — ordonne-t-il à Grouchy :

— Pendant que je vais marcher aux Anglais, vous allez vous mettre à la poursuite des Prussiens. Vous avez sous vos ordres les corps de Gérard et de Vandamme, la division Teste, les corps de cavalerie Pajol, Exelmans et Milhaud, en tout trente-trois mille hommes.

Les trente-trois mille hommes qui manqueront le lendemain à Napoléon pour faire de Waterloo une victoire française.

En arrivant, vers une heure et demie, devant les Quatre-Bras — la grosse ferme à l'angle de l'un des « bras » existe toujours —, Napoléon apprend par une vivandière anglaise, faite prisonnière, que Wellington, ayant eu connaissance de la défaite du « vieux » — c'est Blücher que le général anglais a surnommé ainsi — a rétrogradé pour permettre aux Prussiens de le rejoindre... L'Anglais s'en est allé aussitôt prendre position vers le mont Saint-Jean. Napoléon le fait poursuivre et la cavalerie française talonne l'arrière-garde anglaise commandée par le général Uxbridge, qui s'époumone :

— Plus vite ! plus vite ! Pour l'amour de Dieu ! Galopez ou vous êtes tous pris !

Sur sa jument blanche Désirée, l'Empereur galope lui aussi sous une averse intense. Sa redingote grise est trempée. Le soir venu, la pluie — une pluie torrentielle, intarissable, effroyable — redouble de violence et se met à tomber en rafales. Le ciel semble vouloir noyer la folie des hommes. Les soldats et les chevaux s'enfoncent dans la boue jusqu'aux jambes. Les adversaires s'arrêtent. La poursuite se termine au pied d'une faible colline baptisée *mont,* ou plateau. C'est le mont Saint-Jean, bornant une « morne plaine », en avant de la forêt de Soignes, à deux kilomètres d'un village nommé Waterloo où Wellington installe ce soir-là son quartier général, et qui, demain, entrera dans l'Histoire. Quant aux uniformes rouges, ils s'établissent à la fois sur le plateau et sur les positions qui le précèdent — et que l'on peut toujours voir aujourd'hui : le château, la ferme et le verger d'Hougoumont, non loin de la chaussée de Nivelles, devant la gauche française, puis la ferme de la Haye-Sainte au centre du dispositif, enfin la ferme de Papelotte, face à la droite française.

La victoire paraît certaine à Napoléon : demain il forcera le centre anglais et, selon sa tactique, se rabattra ensuite sur les ailes. Il revient maintenant à la ferme toute blanche du Gros-Caillou — ou du Caillou — qui se dresse toujours au bord de la grand-route. C'est là que l'Empereur a installé son quartier général. Il se penche sur ses cartes, se met à table durant quelques instants. En dépit de la pluie et du vent, l'Empereur effectue alors que l'obscurité tombe deux autres reconnaissances. A une heure du matin, le 18 juin, il tient un conseil de guerre avant de partir pour une troisième reconnaissance vers les avant-postes.

Pendant ce temps, dans la nuit noire, un officier galope vers Grouchy pour lui porter l'ordre de rejoindre au plus vite avec son corps le gros de l'armée impériale.

Quelles sont les forces de Wellington ?

Il n'a sous la main que dix-sept mille hommes placés sur la droite — dans la crainte d'être tourné — et soixante-sept mille sur le plateau du Mont-Saint-Jean, bien installés et échelonnés, soit, en tout, quatre-vingt-quatre mille combattants et deux cent soixante-six canons. En face de lui : soixante-quatorze mille Français. Mais ceux-ci et leurs deux cent quarante bouches à feu sont commandés par Napoléon… Aussi Wellington compte-t-il surtout sur les quatre-vingt-huit mille hommes de Blücher qui, toujours talonnés par Grouchy, se replient vers Wavre.

Le Prussien l'a promis à l'Anglais :

— Je ne viendrai pas seulement avec deux corps mais avec toute mon armée.

Et, sûr de son fait, il a précisé :

— Je vous prie de dire au duc de Wellington que, tout malade que je suis, je me mettrai à la tête de mes troupes pour tomber sur l'aile droite ennemie dès que Napoléon aura engagé le combat.

Le « vieux » a du mérite, car, le corps encore tout moulu de sa chute de la veille, il s'est fait attaché à son cheval ! Il ne pourra se porter vers l'aile droite de l'Empereur avec toute son armée, car il lui faudra bien laisser le corps de Thielmann devant Wavre pour retenir Grouchy, ce corps de Thielmann que le malheureux maréchal va prendre, en ce dramatique dimanche, pour toute l'armée prussienne…

« Tout se dirige vers Wavre », écrira Grouchy à l'Empereur. Il est tout content de battre quatre-vingt-huit mille hommes en retraite avec les trente-trois mille soldats que lui a confiés Napoléon.

« Vers Wavre et *vers Bruxelles* » où, certainement — le maréchal en demeure persuadé — il retrouvera Wellington. C'est également à Bruxelles que Grouchy pense rejoindre l'Empereur qui aura repoussé devant lui l'armée anglaise…

Napoléon dort encore en cette aube du 18 juin, dans sa chambre au rez-de-chaussée de Caillou. Il n'est pas encore question de commencer la bataille. Le terrain est détrempé et la brume encore épaisse. Et puis, il faut attendre Grouchy. Il lui a envoyé un officier en lui ordonnant :

— Amenez-le et ne le quittez que lorsque son corps d'armée débouchera sur notre ligne de bataille.

Il a cessé de pleuvoir, et peu à peu le soleil éclaire les lignes des combattants. A dix ou onze heures, l'Empereur quitte la ferme du Gros-Caillou et se dirige, conduit par son guide, le Flamand de Coster, vers la ferme de la Belle-Alliance, un cabaret toujours situé sur la même grand-route de Charleroi, à près de trois kilomètres plus au nord, et qui se trouve face au mont Saint-Jean. Napoléon choisit l'emplacement où il se tiendra : une éminence plus près de la ferme de Rossomme — elle n'existe plus — que de la Belle-Alliance, un peu à droite de la grand-route et à la hauteur de la ferme de son guide de Coster. De là, il dominera le célèbre vallon, et aura juste en face de lui le plateau ennemi. Ne nous trompons point : à Waterloo, comme à Wagram, ces mots d'*éminence*, de *plateau*, de *vallon*, et de *mont*, sont on ne peut plus relatifs. Nous ne sommes pas à Austerlitz ! Waterloo est bien une « morne plaine » et les *pentes*, des ondulations de terrain, seront, tout à l'heure, franchies au grand galop…

Les deux armées se regardent : le sort de l'Europe — c'est alors le Monde — va se jouer.

« C'était un spectacle de toute magnificence, rapportera le lieutenant Martin. Les baïonnettes, les casques, les cuirasses étincelaient ; les drapeaux, les guidons, les banderoles des lanciers, sous le souffle du vent, faisaient ondoyer les trois couleurs ; les tambours battaient, les clairons sonnaient, toutes les musiques des régiments entonnaient l'air : *Veillons au salut de l'Empire* ; car, en cet instant même, Napoléon passait la dernière revue de son armée en bataille. »

Les soldats de Wellington s'apprêtent eux aussi. Mais, écrit l'un d'eux, « être hérissé de bouts de paille et avoir passé la nuit sous une pluie battante, enfoncé dans l'eau boueuse jusqu'au ventre, produit une drôle d'impression au moment du lever ». Les officiers attendent les ordres ; ils ont allumé leur cigare « en frissonnant de temps en temps ».

A onze heures et demie, la grande batterie de la garde impériale, un peu en avant de la Belle-Alliance, tonne trois fois.

Les trois coups sont donnés !

La bataille commence par l'assaut de l'infanterie. A peine, pour tromper Wellington, la division de l'ex-roi Jérôme — il se battra héroïquement durant toute la journée — a-t-elle attaqué, vers la droite anglaise, le château d'Hougoumont, à peine a-t-elle été obligée par deux fois de se replier, que Napoléon, du mamelon de la ferme de Rossomme, de cet observatoire, voit, à une heure, très loin sur sa droite, vers Saint-Lambert, et dans la direction de Wavre, une masse d'hommes en marche, forte de cinq à six mille combattants.

— C'est probablement un détachement de Grouchy, affirme Soult.

L'état-major n'est pas d'accord. Le temps est toujours brumeux et certains affirment que « ce sont des arbres », d'autres « des colonnes en position ». Mais quelques instants plus tard, une estafette prussienne qui s'est fait prendre met tout le monde d'accord :

— Les troupes signalées sont l'avant-garde du général Bülow. Toute notre armée a passé la nuit à Wavre. Nous n'avons pas vu de Français et nous soupçonnons qu'ils ont marché sur Plancenoit.

Napoléon se tranquillise. Si vraiment Grouchy se dirige sur Plancenoit — un peu en arrière de sa droite — il arrivera à temps pour tomber sur l'arrière-garde prussienne. Blücher, pris entre deux armées, sera étouffé. Il n'en faut pas moins pour parer au plus pressé. Aussi l'Empereur détache-t-il dix mille hommes — le corps Lobau — qui se porte aussitôt au-devant de Bülow, tandis qu'une nouvelle estafette, française cette fois, part au galop pour demander à Grouchy de se rapprocher de l'Empereur et de le rejoindre au plus vite pour écraser l'avant-garde de Bülow.

Et Soult de constater :

— Si Grouchy répare l'horrible faute qu'il a commise en s'amusant à Gembloux, et marche avec rapidité, la victoire sera plus décisive, car le corps de Bülow sera entièrement détruit.

Il est déjà une heure et demie.

L'artillerie impériale ouvre d'abord le feu sur Mont-Saint-Jean. Puis l'infanterie de Drouet d'Erlon part à l'assaut et réussit à prendre pied sur le chemin d'Ohain et à atteindre la crête couverte de seigle et de blé. Anglais et Écossais, à l'abri derrière les murs de la ferme de la Haye-Sainte, parviennent, par leur tir précis, à briser l'élan des impériaux. Voyant la ligne française hésiter, Wellington lance contre elle les dragons écossais — Drouet d'Erlon ayant commis l'erreur de ne pas protéger ses flancs — et les fameux Écossais gris pénètrent sans difficulté dans les rangs français. Les bataillons refluent en déroute. Les cavaliers foncent, arrivent devant les batteries, sabrent les canonniers, renversent les pièces, dispersent les attelages, puis, poursuivant « leur course effrénée », traversent toute la ligne de bataille française et ne s'arrêtent que devant la grosse cavalerie impériale — les *gros talons*.

Il faut que Napoléon intervienne pour briser la percée ennemie.

Tout est à recommencer. Et on a perdu quatre mille hommes...

Pendant ce temps, à Walhain, au nord de Gembloux, Grouchy — il achève de manger un plat de fraises sous le kiosque vert du notaire Hollërt — a entendu la canonnade marquant le début de la bataille... Mais il n'en a pas moins poursuivi son déjeuner paisiblement, en attendant de reprendre sa marche sur Wavre.

Vers trois heures et demie ou quatre heures de l'après-midi, Grouchy reçoit une lettre de Soult écrite à dix heures du matin de la ferme du Gros-Caillou et portée par le commandant Zenowicz — le Polonais s'étant quelque peu égaré. Le billet — il faut supposer — n'était certainement pas un appel au secours puisque l'ayant lu, Grouchy déclara « qu'il se félicitait d'avoir si bien rempli les instructions de l'Empereur en marchant sur Wavre au lieu d'écouter les conseils du général Gérard » qui lui avait conseillé, en entendant la canonnade au loin, de « marcher au canon ».

Cependant la dépêche parlait aussi « de lier les communications avec le gros de l'armée ».

Quant au premier messager, parti dans la nuit du samedi au dimanche, on n'en avait plus entendu parler. Aussi, lorsqu'un peu plus tard, l'angoisse le serrant à la gorge, Napoléon demande à Soult combien d'officiers il avait envoyés pour porter à Grouchy, le 17 au soir, l'ordre formel de venir le rejoindre :

— J'en ai envoyé un, répond le nouveau major général.

— Ah ! s'écrie l'Empereur. Ah ! Monsieur ! Berthier en aurait envoyé cent !

Cependant Grouchy, l'esprit toujours obnubilé par les ordres de l'Empereur lui enjoignant de poursuivre Blücher, veut se rendre à Wavre ! Et n'en démord pas...

Soult, rappelons-le, avait envoyé une dépêche, le 18 juin, à une heure et demie de l'après-midi, dépêche qui atteindra Grouchy à cinq heures devant Wavre. Cette fois, le texte est précis : « En ce moment, la bataille est engagée sur la ligne de Waterloo en avant de la forêt de Soignes. Ainsi manœuvrez pour rejoindre notre droite. Nous croyons apercevoir le corps de Bülow sur les hauteurs de Saint-Lambert. Ainsi ne perdez pas un instant pour vous rapprocher de nous et nous joindre et écraser Bülow que vous prendrez en flagrant délit. »

Que le maréchal ait lu — comme certains l'ont dit — la bataille est *gagnée* pour la bataille est *engagée*, peu importe ! La suite de l'ordre n'en demeurait pas moins nette et précise : sans perdre un instant Grouchy devait rejoindre l'Empereur. Mais il était cinq heures et, même s'il avait enfin compris et avait obéi à ce nouvel ordre, Grouchy serait arrivé trop tard devant le mont Saint-Jean...

Drame affreux : la bataille est en train « d'échapper » à l'Empereur. Les charges — furieuses et légendaires — de Ney, vont commencer afin de « balayer » le plateau.

Le maréchal fonce avec ses cavaliers habillés et casqués d'acier. Les sabres et les lances jettent des éclairs dans la poussière soulevée par des milliers de sabots : un bruit de tonnerre roule, s'avance et couvre les sonneries des trompettes. C'est admirable, mais nullement décisif. Les tirailleurs anglais de la première ligne sont balayés par la vague de fer et de chevaux, mais ceux du deuxième rang résistent et cinq mille dragons, hussards, et lanciers ennemis réussissent à « reconduire » Ney jusqu'au bas de la côte.

Napoléon — il s'est maintenant avancé à la hauteur de la Belle-Alliance — se rend compte de l'immense erreur du prince de la Moskova qui, ce jour-là, semble si exalté que certains ont pu parler de folie.

— C'est un mouvement prématuré qui pourra avoir des résultats funestes pour cette journée !

Et quelques minutes plus tard, on entend encore l'Empereur soupirer :

— Le malheureux, c'est la seconde fois depuis avant-hier qu'il compromet le sort de la France !

Tandis que les roquettes — les fusées à la Congreve inventées par le major britannique Whyniates — rayent le ciel, effrayent les combattants et font cabrer les chevaux, la bataille n'est maintenant plus qu'une suite de charges furieuses et insensées. Dix fois les cuirassiers viennent se reformer autour d'un petit bois, chaque fois un peu moins nombreux et, de nouveau, leurs chevaux, haletants, l'écume à la bouche, croupes bondissantes, crinières frémissantes, vont s'abattre sur les lignes anglaises et tentent d'y percer la fameuse brèche. Les trompettes s'époumonent, les hennissements de douleur se mêlent à la clameur des hommes et au crépitement des armes à feu. Chaque fois, la charge héroïque de ces centaures drapés de fer est rejetée vers la plaine. « J'étais ému plus que je ne puis l'exprimer, dira le colonel Trefcon, et malgré les dangers que je courais moi-même, j'avais les larmes aux yeux et je leur criai mon admiration ! Les carabiniers surtout me frappèrent. Je vis leur cuirasses dorées et leurs casques briller au soleil, ils passèrent à côté de moi et je ne les revis plus ! »

On entend Ney crier encore une fois à Drouet d'Erlon :

— Tiens bon, mon ami, car toi et moi, si nous ne mourons ici, nous serons pendus par les émigrés !

Pendant ce temps, la garde est parvenue à s'emparer de Placenoit. Là, c'est au tour des ennemis de fuir « comme frappés d'épouvante ». Ils jettent armes et bagages pour rejoindre plus vite la gauche anglaise. De la cinquième division britannique forte de quatre mille hommes, il ne reste plus que cinq cent combattants.

— Je n'y puis rien, déclare paisiblement Wellington, il faut qu'ils gardent leur position comme moi jusqu'au dernier homme. Dieu veuille que la nuit ou Blücher arrive !

C'est Blücher qui arrivera le premier au rendez-vous.

Les Français occupent les coteaux au-delà de Plancenoit. Cependant, les fuyards anglais répandent un « instant la terreur qui les anime » dans les rangs des Prussiens de Bülow. Toute la gauche ennemie vacille, mais l'Empereur ne peut envoyer des renforts pour exploiter ce succès — et sa besogne faite, la garde rejoint Napoléon. Dès sont arrivée, l'Empereur se met à sa tête et se dirige à son tour vers le plateau.

A cet instant, du côté de la ferme de Papelotte, les Prussiens — le gros du corps de Blücher, cette fois, fort de trente mille hommes — débouchent sur le champ de bataille. Ils vont bientôt l'envahir. Napoléon envoie une partie de ses forces dans leur direction. Il en détache encore pour les confier à Ney qui prétend qu'avec l'infanterie « il enlèverait tout ». Mais les décharges de tireurs anglais couchent dans les seigles et les blés, comme un gigantesque coup de faux, la première vague française. La seconde ligne oscille, et un grand cri traverse le champ de bataille comme une traînée de poudre :

— Nous somme trahis !

Napoléon s'est placé près de la Haye-Sainte, à quelques pas en arrière de deux batteries d'artillerie de la garde où la mitraille ennemie décime les canonniers, mais les survivants n'en poursuivent pas moins leur feu nourri.

Les Prussiens de Blücher, bien que fatigués par leur marche harassante, repoussent les Français et obligent l'Empereur à revenir vers la Belle-Alliance, tandis que la cavalerie anglaise charge avec autant de fougue que Ney — mais avec plus d'efficacité. Les fantassins, taillés en pièces, se trouvent entremêlés avec les dragons de de Wellington. Les rescapés se jettent le ventre dans les « grains ». Les cavaliers ennemis s'arrêtent et sondent dans le dos des Français avec leurs lances ou leurs sabres « comme des médecins tâtent le pouls, pour voir si l'on est mort ».

Un autre cri encore jamais entendu court maintenant de bouche en bouche :

— La garde recule !

Les huit bataillons de la vieille garde qui se sont formés pour se porter en avant vers le plateau du Mont-Saint-Jean, et qui sont parvenus au fond du vallon, effectuent, en effet, un changement de front afin de faire face aux Prussiens qui sans relâche dévalent de la gauche anglaise. Une seule solution : se former en carré et battre en retraite.

Partout, d'Hougoumont à Plancenoit, l'armée française est culbutée, écrasée, enfoncée. Partout elle plie, lâche pied, et fuit. C'est la fin…

Un dernier cri parcourt la « morne plaine », le plus terrible celuici :

— Sauve qui peut !

— Venez voir, mes amis, comment meurt un maréchal de France, hurle Ney, essayant dc rallicr — mais en vain — quelques pelotons pour se lancer dans une ultime charge : celle de la mort.

La nuit descend sur le champ de bataille. L'Empereur a trouvé refuge au centre de l'un des carrés du 1er régiment des grenadiers de la garde. Napoléon est entré dans l'Histoire en frappant les trois coups de Toulon, de Vendémiaire et d'Arcole. Sortir de l'Histoire l'épée à la main, frappé par une balle ennemie, quelle belle fin pour sa légende ! Il cherche la mort mais celle-ci ne veut pas de lui ! C'est protégé par un triple rang de baïonnettes qu'il recule vers la France.

L'ennemi ne parvient pas à entamer les carrés de la garde. Cambronne, au milieu du 2e bataillon du 1er chasseurs, lance sa phrase immortelle :

— La garde meurt et ne se rend pas !

Cria-t-il encore « autre chose » ? La légende l'affirmera toujours... En dépit de Cambronne lui-même qui déclarera ne se souvenir de rien et qui, peut-être pour prouver une bonne fois pour toutes qu'il avait dit à l'ennemi ce qu'il avait sur le cœur, épousera une Anglaise...

Et c'est la retraite de Waterloo.

Cent cinquante musiciens précèdent la garde tout en jouant — pour la dernière fois — les airs triomphants du Carrousel. Les bonnets à poil suivent en bon ordre alors que les boulets et la mitraille anglaise continuent à pleuvoir. Derrière eux, autour d'eux, devant eux, c'est la panique et la débandade vers le France, tandis que la cavalerie ennemie sabre les traînards. La route est si encombrée par le flot des vaincus que l'Empereur, tel un automate, s'avance à travers champs...

Dans la nuit, en arrière des Quatre-Bras, près de quelques grenadiers qui ont allumés un feu, l'Empereur s'est arrêté et, impuissant, assiste à l'atroce débâcle. Un témoin le voit, « debout, immobile, les bras croisés sur sa poitrine, et regardant vers Waterloo ». Soudain une idée lui traverse l'esprit : il faudrait essayer de placer quelques troupes aux Quatre-Bras :

— Il est déjà tard, dit-il au colonel de Baudus, si, en arrivant, l'ennemi voit cette position occupée, il est probable qu'il arrêtera là sa poursuite.

« Je repartis au galop, écrira le colonel de Baudus ; mais en approchant des maisons, je fus accueillis à coups de fusil. Je revins en prévenir l'Empereur, et je l'engageai à se retirer, car il n'était plus couvert par personne. Quelques larmes s'échappèrent de ses yeux. »

C'est avec ces larmes de l'Empereur que se terminent à la fois la bataille et l'épopée.

L'Empire maintenant va mourir — et ce sera bien la fin, cette fois.

L'atroce saignée de Waterloo, imputable aux fumées de l'orgueil qui ont enivré Napoléon, est une page de l'histoire de France que le fol héroïsme de Ney ou le panache rabelaisien de Cambronne ne parviennent pas à faire oublier. La France est sortie des Cent-Jours affaiblie, mutilée, ruinée. Rarement entreprise fut plus néfaste pour notre pays. Il est vrai qu'aujourd'hui nombreux sont ceux qui se refusent à regarder ce tragique résultat. Certains ne veulent se souvenir que de cette liberté trop tardive que l'Empereur a été obligé d'accorder aux Français... Pour d'autres, seule compte la prestigieuse aventure et ses péripéties fabuleuses qui ont forgé la légende que Sainte-Hélène achèvera.

LA FIN DE L'EMPIRE

On ne répare pas les trônes.

NAPOLÉON.

En arrivant à l'Élysée, le mercredi 21 juin 1815, à sept heures du matin, l'Empereur, après avoir poussé un lourd soupir, explique à Caulaincourt :

— L'armée a fait des prodiges, une terreur panique l'a saisie, tout a été perdu... Je n'en suis plus... Il me faut deux heures de repos pour être à mes affaires.

Et pourtant sa main à son cœur, il précise :

— J'étouffe là...

Il demande un bain bouillant et s'y plonge longuement — durant une heure — tandis que s'assemble le Conseil.

Dès le début de la réunion, le problème est posé par Carnot qui conseille à Napoléon de se faire offrir les pleins pouvoirs par la Chambre :

— J'ai besoin, pour sauver la patrie, approuve l'Empereur, d'une dictature temporaire. Je pourrais la saisir, mais il serait utile et plus national qu'elle me fût déférée par les Chambres.

Le ministre d'État Regnault de Saint-Jean-d'Angély hoche la tête tristement. Il aime Napoléon, et il est au supplice de devoir lui déclarer :

— Je doute que les représentants consentent à seconder les vues de l'Empereur ; ils paraissent croire que ce n'est plus lui qui peut sauver la patrie. Je crains qu'un grand sacrifice ne soit nécessaire.

Il y a un silence.

— Parlez nettement, Regnault, dit Napoléon. C'est mon abdication qu'ils veulent ?

— Je le crains, Sire, et quelque pénible que cela soit pour moi, il est de mon devoir d'éclairer Votre Majesté. J'ajouterai même qu'il serait possible, si l'Empereur ne se déterminait point à offrir son abdication de son propre mouvement, que la Chambre osât la demander.

Lucien bondit : l'Empereur doit se passer de la Chambre, se déclarer dictateur, mettre tout le territoire en état de siège.

Les yeux de Napoléon brillent.

— Me repousser quand je débarquais à Cannes, je l'aurais compris, mais maintenant je fais partie de ce que l'ennemi attaque, je fais donc partie de ce que la France doit défendre. En me livrant, elle se livre elle-même, elle se reconnaît vaincue, elle encourage l'audace du vainqueur. Ce n'est pas la liberté qui me dépose, c'est la peur !

Il continue à parler, énumérant ses forces, traçant à grands traits la défense du territoire. Tout peut encore être sauvé. Mais s'il abdique, il n'y aura plus d'armées ! Les ministres se taisent, subjugués d'abord, conquis ensuite. Seul Fouché sent des gouttes de sueur perler à son front.

— En vérité, dira-t-il, ce diable m'a fait peur ce matin. En l'écoutant, je croyais qu'on allait recommencer.

Soudain, la porte s'ouvre. Un émissaire de la Chambre apporte des nouvelles : « *La Chambre se déclare en permanence. Toute tentative pour la dissoudre est un crime de haute trahison : quiconque se rendrait coupable de cette tentative serait traître à la Patrie et jugé comme tel.* »

Napoléon, selon son habitude, fait les cent pas dans la pièce. Ses yeux jettent des éclairs. Il va falloir envoyer à ces factieux une compagnie de grenadiers, comme à Saint-Cloud, le soir du 19 Brumaire ! C'est alors que l'on entend s'élever la voix du maréchal Davout, le ministre de la Guerre :

— Le moment d'agir est passé. La résolution des représentants est inconstitutionnelle, mais c'est un fait consommé. Il ne faut pas se flatter, dans les circonstances actuelles, de refaire un 18 Brumaire. Pour moi, je me refuserais d'en être l'instrument !

Tous, oppressés, regardent le maître.

— Je vois, dit-il doucement, que Regnault ne m'avait pas trompé. J'abdiquerai s'il le faut !

L'échéance est-elle vraiment venue ?

Le lendemain matin les députés, à nouveau réunis, semblent autant de matamores. Ils ont osé attaquer ouvertement le maître qui n'a donné l'ordre à aucune baïonnette d'intervenir. On peut donc aller plus loin.

— Dites à votre frère, lance Lafayette à Lucien, de nous envoyer son abdication, sans quoi nous lui enverrons sa déchéance.

Le lion blessé veut d'abord sortir ses griffes : il expulsera ces Jacobins ! Ces cerveaux brûlés !

— En abdiquant, déclare Regnault, Votre Majesté sauve le trône de son fils que la déchéance ferait crouler.

— Mon fils ! Mon fils ! riposte-t-il, quelle chimère ! Mais ce n'est pas en faveur de mon fils, mais des Bourbons, que j'abdique. Ceux-là, du moins, ne sont pas prisonniers à Vienne.

Il est midi et demi lorsque l'Empereur ordonne :

— Prince Lucien, écrivez : « *Je m'offre en sacrifice à la haine des ennemis de la France. Puissent-ils être sincères dans leurs déclarations et n'en avoir réellement voulu qu'à ma personne...* »

Pour la seconde fois, le rêve de 1811 est à terre. L'Empereur ne croit plus en rien... même pas au règne possible de son fils. Et il faut que Carnot et Lucien insistent pour qu'il ajoute à son abdication ces deux lignes : « *Ma vie politique est terminée et je proclame mon fils, sous le nom de Napoléon II, empereur des Français.* »

Le 23 juin, c'est par haine pour les Bourbons que les représentants vont accepter de proclamer empereur le « prince de Parme ».

L'avènement du nouvel empereur ne fit pas grand effet sur les Français. « Nulle cérémonie, nul apparat pour l'annoncer, nous raconte Labretonnière ; le pauvre petit roi de Rome vit sa royauté passer à la Chambre avec la même solennité qu'un amendement sur les tabacs ou la potasse. »

Et une nouvelle nuit tombe sur Paris. Il faut prendre une décision : Napoléon doit quitter l'Élysée. Mais où peut-il se rendre ? Il demande à Hortense si elle peut le recevoir le lendemain à Malmaison où Joséphine est morte l'année précédente.

L'heure de Fouché va sonner. Dès le second jour du « règne » du petit empereur, le duc d'Otrante, devenu président de la commission de gouvernement, fait libérer le baron de Vitrolles, ancien ministre de Louis XVIII, et lui expose ses projets :

— Vous allez trouver le roi, vous lui direz que nous travaillons pour son service, et lors même que nous n'irions pas tout droit, nous finirons bien par arriver à lui. Dans ce moment, il nous faut traverser Napoléon II, mais enfin nous irons à lui.

Il serait vite écœurant de suivre pas à pas le répugnant personnage dans le travail de sape qui va permettre à ce régicide, à l'ancien mitrailleur de Lyon, d'offrir le trône de Napoléon II au frère de Louis XVI.

Le dimanche 25 juin, il a plu le matin, mais des éclaircies sont venues et par les fenêtres de l'Élysée, Napoléon voit quelques milliers de Parisiens qui emplissent la rue du Faubourg-Saint-Honoré. Des cris montent :

— Vive l'Empereur ! Ne nous abandonnez pas !

Napoléon a décidé de gagner Malmaison et d'y attendre les passeports qui lui permettront de se rendre en Amérique. Craignant que la foule ne s'oppose à son départ, il fait sortir son carrosse par la grande entrée, tandis qu'il traverse à pied le jardin. A la porte donnant sur les Champs-Élysées attend la voiture du grand maréchal Bertrand. Le soleil est éclatant. Napoléon remonte, pour la dernière fois, les Champs-Élysées. Il passe devant l'arc de triomphe inachevé et auquel travaillent des ouvriers, puis la berline descend le grand chemin conduisant à Neuilly.

Malmaison est tout en fleurs. Le lendemain, Napoléon reçoit la visite de la comtesse Walewska et du petit Alexandre. Longuement elle pleure dans ses bras et lui propose de le suivre vers l'exil... Il lui promet de l'appeler auprès de lui si les événements le permettent... Mais — et elle le sait bien — les événements obligeront l'Empereur à tisser sa légende, à se peindre en martyr pour la postérité, à forger ainsi le trône de l'Aiglon — et non à finir bourgeoisement sa vie au côté de l'une de ses maîtresses, fût-elle la douce Marie...

Il regarde le délicieux jardin, éblouissant de soleil, ce paysage de rêve qui lui rappelle les heures claires du Consulat. Se souvient-il qu'il avait joué aux barres sur ces pelouses ? Le souvenir de sa chère créole l'obsède.

— Cette pauvre Joséphine, dit-il à Hortense. Je ne puis m'accoutumer à habiter ce lieu sans elle ! Il me semble toujours la voir sortir d'une allée et la voir cueillir ces fleurs qu'elle aimait tant ! Pauvre Joséphine ! Au reste, elle serait bien malheureuse à présent. Nous n'avons jamais eu qu'un sujet de querelle : c'était pour ses dettes et je l'ai assez grondée. C'était bien la personne la plus remplie de grâce que j'aie jamais vue. Elle était femme dans toute la force du terme, mobile, vive et le cœur le meilleur.

Le matin du jeudi 29 juin, le général Béker placé près de Napoléon par le gouvernement provisoire a totalement oublié qu'il est en quelque sorte le geôlier de l'Empereur vaincu. Il roule vers Paris, portant au gouvernement provisoire une proposition du « général Bonaparte ». Dans leur hâte d'occuper Paris, les Prussiens se sont avancés imprudemment. Leurs avant-postes sont déjà établis sur la Basse-Seine. Ils se sont mis ainsi dans une position à être « taillés en pièces », et Napoléon, penché sur la carte, a aussitôt vu la faute. On l'entend murmurer :

— La France ne doit pas être soumise par une poignée de Prussiens !

Rapidement, il est allé revêtir son uniforme de la garde. Botté, éperonné, il a appelé Béker.

— Qu'on me fasse général, déclare-t-il l'œil brillant, je commanderai l'armée. Partez pour Paris, une voiture vous attend. Expliquez au gouvernement provisoire que mon intention n'est pas de reprendre le pouvoir. Je veux battre l'ennemi, l'écraser, le forcer par la victoire à donner un cours favorable aux négociations... ensuite, je partirai :

— Est-ce qu'il se moque de nous ? s'exclame le duc d'Otrante en apprenant quelle est la mission de Béker. Ne sait-on pas comment il tiendrait ses promesses si ses propositions étaient acceptées ?

L'ancien ministre de l'Empereur interpelle ensuite Béker avec violence :

— Pourquoi vous êtes-vous chargé d'une pareille mission, lorsque vous deviez presser l'Empereur de hâter son départ ?

Pourtant, trois jours auparavant, Fouché avait déclaré :

— Le plus pressé est d'empêcher le départ de Napoléon !

Quel otage ne tenait-il pas ainsi entre ses mains ! Et il avait tout fait pour entraver les projets de l'Empereur, lui refusant d'abord un passeport — le mettant ainsi, sur la route, à la merci d'un maire de village — subordonnant ensuite le départ des frégates de Rochefort à la demande qu'il avait adressée aux Anglais afin d'obtenir un sauf-conduit pour « Napoléon Bonaparte ».

Un sauf-conduit !

Alors que les puissances alliées n'ont qu'un but : « arrêter le perturbateur du monde » ! Blücher veut même faire exécuter Napoléon devant ses troupes. Il a déjà donné l'ordre au major de Colomb de se porter vers Malmaison avec ses hussards pour s'emparer de l'Empereur déchu.

Fouché ne l'ignore pas. Il le sait si bien que les plénipotentiaires français envoyés par le gouvernement provisoire à Wellington pour signer un armistice ont reçu la mission secrète d'offrir de livrer Napoléon à l'Angleterre ! Quelle monnaie d'échange !

Mais, à la réflexion, M. le duc d'Otrante a changé d'avis. Aujourd'hui, il ne veut plus que l'opération se fasse aux portes de Paris. A Rochefort, ou dans la rade de l'île d'Aix, l'arrestation sera tellement plus facile et plus discrète ! Le passeport a été remis à Béker et les frégates ont reçu l'ordre de lever l'ancre dès que l'Empereur et sa suite seront arrivés à bord. Inutile d'attendre même les sauf-conduits... car Fouché compte bien prévenir l'escadre anglaise qui n'aura plus ensuite qu'à cueillir le fugitif.

— Dites à l'Empereur, ajoute le chef du gouvernement provisoire, que ses offres ne peuvent être acceptées, qu'il est de la plus grande urgence qu'il parte immédiatement pour Rochefort où il se trouvera plus en sûreté que dans les environs de Paris.

Dès que Napoléon apprend la réponse du gouvernement, il s'incline :

— Alors, je n'ai plus qu'à partir. Donnez les ordres. Quand ils seront exécutés, venez me prévenir !

A pas lents, il quitte la bibliothèque et, par le petit escalier dérobé, remonte dans sa chambre. Là, il enlève son uniforme, dépose son épée, revêt un frac de couleur brune, et, un chapeau rond à la main, il se dirige vers la chambre de Joséphine. Il désire y être seul. Dans la chambre en rotonde, devant le lit où veillent deux cygnes aux ailes reployées, il rêve...

— Elle était pleine de grâce pour se mettre au lit, pour s'habiller, confiera-t-il plus tard à Gourgaud. J'aurais voulu qu'un Albane la vît alors pour la dessiner... C'est la femme que j'ai le plus aimée.

Ses yeux sont gonflés de larmes lorsqu'il sort de la pièce.

Il retourne dans la bibliothèque. La reine Hortense le force à accepter une ceinture où elle a cousu un collier de gros diamants. Madame Mère est là aussi. Letizia ne reverra plus son Napoleone. Elle le sent... et pleure.

— Adieu, mon fils !

— Adieu, ma mère !

Les voitures impériales sont rangées dans la cour. Une suite imposante d'officiers, de domestiques, de bagages, rejoindra Napoléon à Rochefort. Lui va voyager incognito avec Béker, le duc de Rovigo et le grand maréchal Bertrand. Personne ne remarque une calèche jaune, sans armoiries, attelée de quatre chevaux de poste que le mamelouk Ali est allé placer sur la petite route de La Celle-Saint-Cloud...

Un peu après cinq heures, suivi de ses compagnons, il s'engage sur le pont-levis, flanqué de deux obélisques, et se dirige vers la grille. Une dernière fois, il se retourne et regarde la façade du château...

— Que c'est beau Malmaison !...

Mais attendre davantage devenait imprudent ! Les Prussiens sont là... On entend le canon qui se rapproche et les ponts que l'on fait sauter pour retarder la marche de l'ennemi. Peut-être, à cet instant, l'Empereur se souvient-il de sa récente conversation avec Fleury de Chaboulon :

— Votre Majesté n'est point faite pour se sauver !

— Où voyez-vous que je me sauve ?

— Qu'il serait beau de voir Napoléon le Grand, après avoir déposé cette couronne placée sur sa tête, après vingt années de gloire, venir s'offrir en sacrifice pour racheter l'indépendance de la patrie.

Se rendre à l'ennemi ? Oui, peut-être...

— Ce dénouement serait fort beau !

Mais il n'avait pas accepté ; cependant l'idée restait là, tenace, obsédante...

Brusquement, il s'arrache à ses souvenirs et se jette dans la calèche où, selon le passeport délivré par Fouché, il doit jouer le rôle du secrétaire de Béker !

Et ce sont les premiers tours de roue sur la route de Sainte-Hélène...

Niort est atteint le samedi 1er juillet à dix heures du soir. L'Empereur fait arrêter les postillons devant l'*Auberge de la Boule d'Or*, place de la Brèche, à l'angle de l'avenue de Paris, et se met au lit. À son réveil — ce dimanche 2 juillet — il regarde par la fenêtre des cavaliers qui soignent leurs chevaux. L'un d'eux lève la tête et reconnaît Napoléon. La nouvelle court la ville comme une traînée de poudre. Le préfet accourt et supplie l'Empereur d'aller s'installer à la préfecture. Napoléon accepte. Les voitures de la suite, parties de Paris et de Malmaison, atteignent Niort. L'Empereur est maintenant entouré d'une véritable cour : des généraux, des officiers, des chambellans ; il y a même deux femmes : la comtesse de Montholon et la comtesse Bertrand. Vingt berlines surchargées de domestiques et bourrées de bagages rejoignent à leur tour le proscrit. Voici même le roi Joseph qui est parvenu à se munir de passeports français et américain.

Au début de l'après-midi on remet à l'Empereur une lettre du préfet maritime de Rochefort, le capitaine de vaisseau baron de Bonnefoux : la rade est, paraît-il, étroitement bloquée par une escadre anglaise.

« Il me paraîtrait, précise le capitaine, extrêmement dangereux pour la sûreté de nos frégates et celle de leur chargement de chercher à forcer le passage. »

Cette « escadre » qui garde le pertuis d'Antioche, le pertuis Breton et celui de Maumusson, ne se compose, en réalité, que d'un vaisseau, le *Bellerophon*, et d'un ou deux petits bâtiments du type corvette ou sloop. Mais l'Empereur croit le préfet maritime sur parole et pense de nouveau à sa légende. Ce n'est pas en se rendant en Amérique « cultiver des terres, vivre du produit de ses champs, finir par où l'homme a commencé », qu'il préparera le trône de son fils et sa propre transfiguration ! Le *Bellerophon* semble véritablement l'attirer... et, le lendemain, il partira pour Rochefort.

Dès son arrivée, un conseil s'ouvre. Essayer de percer le blocus est déconseillé par le préfet. Pourquoi ne pas rallier plutôt la corvette la *Bayadère* qui stationne devant Royan ? Son commandant, le capitaine Baudin, aussitôt alerté, fait répondre qu'il se fait fort de mener l'Empereur jusqu'en Amérique. Mais Napoléon, sans toutefois repousser ce projet, ne parvient pas à se décider... Comme il serait plus digne de se rendre à bord du vaisseau anglais, plutôt que de fuir tel un malfaiteur sur une coquille de noix !

Pour la même raison, il refuse la proposition du lieutenant Besson, commandant une petite goélette — un sloop — qui suggère de cacher l'Empereur dans le fond d'une barrique « bien matelassée et garnie de tubes à air »... Partir seul avec un valet de chambre — et en cet équipage ! — alors qu'il pourrait se présenter aux Anglais suivi d'une quinzaine d'officiers en grand uniforme et de soixante domestiques... sans parler d'une vaisselle somptueuse et de ses innombrables bagages.

Les vingt berlines impériales étant arrivées à la préfecture, l'Empereur décide d'aller s'embarquer à Fouras. Déjà la *Saâle* et la *Méduse* ont reçu les provisions nécessaires à une longue traversée : six barils de bœuf en daube, vingt-quatre jambons, soixante-quinze dizaines d'œufs et jusqu'à cent bouteilles de cognac.

Sur le dos du marin Beau, Napoléon est porté jusqu'à la chaloupe envoyée au-devant de lui par la *Saâle*. Le bateau s'éloigne tandis que des « Vive l'Empereur ! » couvrent le bruit de la mer. Il vente, d'ailleurs, assez fort et les lames sont dures.

Après avoir passé la nuit à bord de la *Saâle* l'Empereur va visiter l'île d'Aix.

Aujourd'hui, ce petit morceau de terre, relativement élevé au-dessus de l'océan, ne compte même pas une centaine d'habitants. En 1815, c'est une vraie place forte où tient garnison le 14e régiment de marine. L'Empereur le passe en revue et inspecte les ouvrages défensifs dont l'île est hérissée. La population l'acclame en criant :

— A l'armée de la Loire !

Une heure après son retour à bord, le préfet Bonnefoux apporte des dépêches du gouvernement provisoire, écrites la veille de l'entrée de Louis XVIII à Paris. Fouché autorise, sans doute, l'Empereur à embarquer sur un aviso — si le fugitif estime pouvoir passer ainsi plus facilement à travers les mailles du filet ennemi — mais avant tout il lui interdit de remettre le pied sur le continent et lui conseille de se rendre « immédiatement » à bord de la croisière anglaise.

Fouché connaît bien son ancien maître !

Napoléon n'a retenu que les derniers mots de la dépêche de Fouché. Aussi, dès le lendemain — 10 juillet — le général Savary et Las Cases, autrefois conseiller d'État, aujourd'hui chambellan, se rendent en plénipotentiaires à bord du *Bellerophon*.

Le capitaine anglais Maitland — un homme maigre et pâle — va les jouer de main de maître. Il fait semblant d'être dans l'ignorance la plus totale des événements. C'est tout juste s'il ne déclare pas faire une croisière d'agrément ! Waterloo ? C'est la première fois qu'il entend ce nom ! L'Empereur a abdiqué ? Il est à l'île d'Aix ? Il demande si ses sauf-conduits sont arrivés ?

— J'ignore tout, affirme-t-il. Je voudrais être à même de vous satisfaire. Je vais rendre compte à mon amiral qui est dans la baie de Quiberon...

Or, Maitland est au courant de tout.

Depuis le 7 juillet, Maitland sait par l'amiral Hotham que Napoléon se dirige vers Rochefort pour essayer de s'embarquer pour l'Amérique ; il est prévenu que le gouvernement anglais a refusé d'accorder au vaincu de Waterloo le sauf-conduit qu'il a demandé. Bien plus, il a reçu des ordres précis : « faire tous ses efforts pour empêcher Bonaparte de s'échapper. »

Fouché a bien travaillé !

Pendant le déjeuner — car il traite fort bien les deux envoyés de *Boney*, ainsi que l'on appelle Napoléon à Londres — arrive une corvette, le *Falmouth*, qui apporte des dépêches. Le capitaine les lit, puis, souriant, déclare :

— Il n'y a pas un mot de ce que vous êtes venus m'apprendre. Je vois même qu'au moment du départ de ce bâtiment, on ignorait en Angleterre tout ce que vous m'avez fait connaître.

Or, le texte de la dépêche, que venait de lire sans sourciller Maitland, est tout autre ! « Il vous est enjoint, ordonnait l'amiral, de faire les plus strictes recherches sur tout bâtiment que vous rencontrerez. Si vous êtes assez heureux pour prendre Buonaparte, vous devez le transférer sur le vaisseau que vous commandez, l'y tenir sous bonne garde, et revenir avec toute la diligence possible au port d'Angleterre le plus voisin. »

Ainsi que le lui précise Hotham, dans une autre dépêche, le capitaine pouvait employer « tous les moyens d'intercepter le fugitif, de la captivité duquel paraît dépendre le repos de l'Europe ».

Tous les moyens !

Aussi, de plus en plus courtois, Maitland déclare-t-il à Rovigo et à Las Cases :

— L'Empereur fait fort bien de demander des passeports pour éviter des désagréments qui se renouvelleraient en mer...

Puis, le cœur battant certainement à grands coups, il ajoute :

— Mais quelle répugnance aurait-il à venir en Angleterre ? De cette manière, il trancherait toutes les difficultés ?

Les deux plénipotentiaires reviennent à bord de la *Saâle* et rapportent à l'Empereur le récit de l'entrevue. Pour bien montrer qu'il abandonne l'idée de forcer le blocus, il va s'installer à terre, dans la nouvelle maison construite en 1808, pour la commandant de l'île, absent depuis quelques jours. Sa chambre, au premier étage — elle n'a guère changé depuis 1815 — donne sur la rade des Basques où s'est avancé le *Bellerophon.*

— Vous feriez mieux de vous rendre en Angleterre, lui répète Gourgaud. Ce noble parti est celui qui vous convient le mieux. Vous ne pouvez pas jouer le rôle d'un aventurier. L'Histoire vous reprochera un jour d'avoir abdiqué par peur, puisque vous ne faites pas le sacrifice en entier... Un joueur se tue. Un grand homme brave l'adversité.

— Hier, répond l'Empereur après un silence, j'ai eu l'idée de me rendre à la croisière anglaise et de m'écrier en arrivant : « Comme Thémistocle, ne voulant pas prendre part au déchirement de ma patrie, je viens vous demander asile. »

Au même moment, un petit oiseau entre par la fenêtre.

— C'est signe de bonheur ! s'exclame Gourgaud.

L'officier prend l'oiseau dans sa main, mais Napoléon s'exclame :

— Il y a assez de malheureux, rendez-lui la liberté.

Gourgaud obéit et l'Empereur poursuit :

— Voyons les augures.

L'oiseau prend son vol, et Gourgaud s'exclame :

— Sire, il se dirige vers la croisière anglaise !

Le 14 juillet, Las Cases et Gourgaud reçoivent l'ordre de se rendre auprès du capitaine Maitland pour faire connaître au commandant du *Bellerophon* la détermination de leur maître. Le général devra lui demander de pouvoir prendre place sur un bâtiment léger afin de porter sans tarder à Londres la lettre suivante adressée au Prince-Régent et que l'Empereur avait préparée depuis la veille :

« Rochefort, 13 juillet, Altesse Royale, en butte aux factions qui divisent mon pays et à l'inimitié des plus grandes puissances de l'Europe, j'ai consommé ma carrière politique, et je viens, comme Thémistocle, m'asseoir au foyer du peuple britannique ; je me mets sous la protection de ses lois, que je réclame de Votre Altesse Royale comme celle du plus puissant, du plus constant et du plus généreux de mes ennemis. »

— Comment trouvez-vous ce texte, demande-t-il à Gourgaud ?

— Sire, il me fait venir les larmes aux yeux.

Puis l'Empereur dicte à Bertrand une lettre destinée à Maitland : « Si je dois aller en Angleterre, je désirerais être logé dans une maison de campagne, à dix ou douze lieues de Londres, où je souhaiterais arriver le plus incognito possible. »

Le pauvre homme !...

Le même jour, le préfet Bonnefoux reçoit le nouveau préfet de la Charente-Inférieure. Celui-ci est porteur d'une lettre du comte de Jaucourt, ministre de la Justice de S.M. Louis XVIII. Il était ordonné au commandant de la *Saâle* de « remettre Napoléon Buonaparte au commandant anglais, aussitôt qu'il le réclamera ». Le texte de la dépêche précisait, en outre, que cette sommation ne serait pas faite au nom de S.M. britannique : « elle le sera au nom du Roi, votre légitime souverain... Si vous étiez assez coupable ou assez aveugle pour résister à ce qui vous est prescrit, vous vous établiriez en rébellion ouverte. »

Louis XVIII s'offrait le luxe de livrer lui-même Napoléon à l'Angleterre !

Bonnefoux, épouvanté de devoir exécuter un tel ordre, s'arrange pour ne quitter Rochefort qu'à dix heures du soir et n'arrive devant la *Saâle* qu'à une heure du matin. On lui apprend que l'Empereur doit, dès l'aube du lendemain, se rendre à bord du *Bellerophon*. Le préfet Bonnefoux va-t-il arrêter Napoléon et le conduire lui-même jusqu'au vaisseau anglais ? Il préfère ne pas prêter la main à une telle ignominie et feint d'être arrivé trop tard pour exécuter les ordres du gouvernement royal.

Le soleil du samedi 15 juillet 1815 va bientôt se lever...

Napoléon revêt l'uniforme vert, à collet et parements écarlates, de colonel des chasseurs à cheval de la garde impériale, choisi parmi ses ordres la grand-croix de la Légion d'honneur, puis celle de la couronne de fer et se coiffe de son légendaire bicorne. Suivi de ses officiers, en tenue comme aux Tuileries, il monte à bord de l'*Épervier*, un brick de guerre qui doit le conduire vers le *Bellerophon* où Maitland l'attend...

L'*Épervier*, où claque un drapeau tricolore, s'éloigne lentement. Napoléon, la lorgnette d'Austerlitz aux yeux, regarde, au large, se profiler le *Bellerophon*, éclairé par le soleil levant... Déjà une chaloupe quitte les flancs du vaisseau anglais et fait force rames vers le brick.

Il est six heures du matin.

Napoléon ne retrouvera la terre que dans trois mois et deux jours... et ce sera celle d'une autre île, cette « petite isle », dont il avait écrit le nom, il y avait vingt-sept ans, à Auxonne, sur son cahier de cours de lieutenant d'artillerie, en haut d'une page demeurée blanche...

Le capitaine Maitland se tient sur le pont, essayant avec sa lunette de distinguer la silhouette légendaire de l'Empereur. Il le devine, assis à l'arrière du canot anglais qui s'est porté à la rencontre de l'*Épervier*. Le long cri de *Vive l'Empereur !* poussé par les marins du brick est arrivé jusqu'au capitaine du *Bellerophon*. Il est si peu certain que ce gros homme en uniforme soit « Boney », qu'il interroge fébrilement le lieutenant Mott qui, le premier, est monté sur le pont :

— Vous le tenez ?

Au même instant Bertrand suit l'officier, salue et annonce :

— L'Empereur est dans le canot.

On n'entend que le bruit du vent dans la mâture. Maitland s'avance pour descendre à la rencontre de son prisonnier, mais voici déjà Napoléon qui se découvre et déclare d'une voix forte :

— Je viens me mettre sous la protection de votre prince et de vos lois.

L'émotion fait battre les cœurs, tandis que l'Empereur, pensant toujours à l'Histoire et à sa légende, poursuit :

— Le sort des armes m'amène chez mon plus cruel ennemi, mais je compte sur sa loyauté.

Peut-être en doute-t-il déjà et éprouve-t-il le besoin de se répéter ? Avant de passer à table pour le déjeuner, l'Empereur tient à visiter le *Bellerophon*, en posant selon son habitude de multiples questions au capitaine. Le *breakfast*, servi à neuf heures, le déroute : café, thé, viandes froides, fromages. « Lorsque j'eus appris, dira Maitland, qu'il était accoutumé à avoir un déjeuner chaud, j'ordonnai aussitôt de laisser son maître d'hôtel donner les ordres nécessaires pour qu'il fût toujours servi de la manière qu'il avait accoutumé de l'être. »

Mais Napoléon proteste :

— Il faut maintenant que j'apprenne à me conformer aux coutumes anglaises puisque je passerai probablement le reste de ma vie en Angleterre.

Maitland s'incline sans approuver...

A neuf heures, on annonce que le *Superbe* — vaisseau de soixante-douze canons — portant la marque de l'amiral sir Henry Hotham, vient de jeter l'ancre. Maitland est soucieux — on l'eût été à moins. Il avait assurément joué la comédie aux envoyés du vaincu de Waterloo. Les ordres reçus lui disaient de se placer devant Rochefort « dans le but d'empêcher Bonaparte de s'échapper ». Or, il s'était quelque peu aventuré en affirmant que Napoléon trouverait en Angleterre « tous les égards et les traitements auxquels il pouvait prétendre ».

— Je compte avoir bien fait, explique Maitland à son chef, et que le gouvernement approuvera ma conduite, parce que j'ai considéré qu'il était d'une grande importance d'empêcher la fuite de Bonaparte en Amérique et d'obtenir possession de sa personne.

— S'emparer de lui à quelques conditions que ce fût aurait été de la plus grande inconséquence, répond sir Henry Hotham au capitaine ; mais comme vous n'avez stipulé aucune condition, il ne saurait y avoir de doute que vous obteniez l'approbation du gouvernement de Sa Majesté.

L'Empereur est encore entouré d'une manière de cour : une quinzaine d'officiers parmi lesquels les généraux Savary, Lallemand, Montholon et Gourgaud, le grand maréchal Bertrand, Mmes Bertrand et de Montholon. Enfin une soixantaine de domestiques l'ont suivi et vont être répartis à bord du *Bellerophon* et du vieux *Myrmidon* — un vétéran d'Aboukir qui reçoit l'ordre de naviguer de conserve avec le vaisseau commandé par Maitland.

Tandis que le *Bellerophon* vogue lentement vers l'Angleterre — il mettra plus d'une semaine pour atteindre Tobay — le gouvernement britannique, la presse, les juristes discutent. Que va-t-on faire de celui que le *Times*, le *Morning Post* ou le *Courrier* appellent « l'Ogre corse » ? Les feuilles conservatrices se déchaînent. Celui qui est venu loyalement « s'asseoir au foyer du peuple britannique » est traité de « vaurien sanguinaire » et de « fripon à diadème ». Pour certains, ce « fléau de l'humanité » doit être pendu haut et court. Les plus paisibles parlent de l'enfermer dans une cage de fer et le *Sun* affirme déjà que l'incarcération aura lieu dans la forteresse de Sharness. En face de la presse « tory », les journaux libéraux — entre autres le *Morning Chronicle* — ne veulent voir dans l'impérial proscrit qu'un « hôte non invité » de l'Angleterre. Pour ceux-ci, il fallait traiter le vaincu avec mansuétude — c'est-à-dire avec grandeur.

La fameuse lettre adressée à S.A.R. le Prince-Régent ne devait nullement pousser celui qui remplaçait George III, le pauvre roi fol, à s'occuper du sort de Napoléon. C'est là affaire de gouvernement — et d'un gouvernement dont, selon la constitution anglaise, il ne devait point se mêler. C'était au chef de celui-ci, lord Liverpool, à prendre la décision qui convenait. Aux yeux du premier ministre de S.M. britannique, Napoléon se présentait comme un pestiféré « dont l'existence était le plus grand opprobre de l'histoire moderne ». Il fallait avant tout empêcher « cet homme sans loi ni patrie » d'avoir la possibilité de tenter un second retour de l'île d'Elbe. La solution préconisée par Blücher — le peloton d'exécution — n'aurait pas eu l'approbation du grand seigneur qu'était le duc de Wellington. Alors, que faire de ce « belligérant indépendant » ? Lord Liverpool le précisait :

— La solution la plus facile serait de le livrer au roi de France qui le jugerait en rebelle, mais dans ce cas il doit être jugé de telle manière qu'il n'ait aucune chance de s'échapper.

Louis XVIII avait, on s'en souvient, déclaré « Napoléon Bonaparte traître et rebelle pour s'être introduit à main armée dans le département du Var ». Que ne serait-il pas obligé de faire, maintenant que le revenant de l'île d'Elbe, toujours à main armée, s'était introduit jusqu'aux Tuileries ? Mais le procès, puis l'exécution, ou même l'emprisonnement, de l'Empereur auraient assurément déclenché en France une guerre civile, qui pouvait sérieusement ébranler le trône à peine raffermi de l'ex-comte de Provence.

Était-ce souhaitable ?

Par ailleurs, devant l'Histoire, il semblait difficile de livrer aux Bourbons celui qui considérait l'Angleterre comme « le plus généreux de ses ennemis ». Point d'autre solution donc que de garder cet individu — *this fellow* — et de le bien garder ! Napoléon ne dira-t-il pas à Sainte-Hélène :

— En allant aux États-Unis, je pouvais en revenir deux ou trois mois plus tard.

Le mieux parut au cabinet de Saint-James de reprendre le projet déjà agité au Congrès de Vienne : enfermer le perturbateur, non en Angleterre entre quatre murs — décision qui eût paru n'être point digne de vrais gentlemen — mais dans une île où « s'érigerait un jour son tombeau ». Là, il serait traité avec humanité et pourrait garder auprès de lui quelques-uns de ses officiers et de ses domestiques. Rapidement, pour différentes raisons, furent écartées les îles Maurice, Sainte-Lucie ou de la Trinité. Sainte-Hélène, perdue au milieu de l'Atlantique sud, parut vite le lieu idéal — pour les geôliers s'entend. L'île n'appartenait pas à la Couronne, mais à la Compagnie des Indes. Ce détail n'avait d'ailleurs guère d'importance. On indemniserait la Compagnie ! Une seule chose comptait : cet ancien volcan se présentait comme une forteresse à l'échelle d'un titan. Ses falaises tombaient d'une hauteur vertigineuse dans la mer, et, lorsque l'on quittait le seul port de l'île pour entrer dans l'unique « ville », on semblait pénétrer dans un château fort. Le perturbateur était revenu de l'île d'Elbe, il ne reviendrait pas de Saint-Hélène ! Cet îlot que Napoléon, le 13 septembre 1804, avait d'ailleurs pensé faire occuper par une croisière française, en précisant : « Il faut pour cet objet douze à quinze cents hommes. » Étonnant retour des choses : cet *objet* deviendrait sa prison !

Le gouvernement britannique affirmait, en outre — et avec sincérité — que le climat y était excellent. Ces messieurs ne semblaient pas avoir été prévenus qu'il y avait dans l'île *plusieurs climats* selon l'endroit où l'on fixait sa résidence, ou même selon les saisons — des saisons d'ailleurs *inversées.*

Cependant, pour l'instant, l'Empereur ignore encore tout des décisions qui viennent d'être prises... Certes, avant son évasion de l'île d'Elbe, avait-il déjà été question de sa déportation à Sainte-Hélène, mais Napoléon pensait que sa reddition loyale remettait tout en question.

Durant une semaine, en rade de Torbay d'abord, devant Plymouth ensuite, Napoléon attend que son sort se décide.

Enfin le jour du lundi 31 juillet se lève. A dix heures trente, le canot dans lequel se trouvent sir Henry Bunburry et lord Keith, tous deux en grand uniforme — le secrétaire d'État est également lieutenant général — approche du *Bellerophon.* Maitland accueille les deux hommes à la coupée et, sans plus tarder, les conduit vers Napoléon qui les attend en compagnie de Bertrand. Bunburry salue, digne et froid. Keith éprouve le besoin de prononcer quelques paroles de regret : il se trouve dans l'obligation de remplir une mission pénible. Le sous-secrétaire d'État tend alors à l'Empereur la communication que le gouvernement britannique l'a chargé de faire au « général Buonaparte ». Le « prisonnier » ne comprend pas : le document est rédigé en anglais. Lord Keith et Bertrand s'emploient à le mettre en français et ces paroles hachées par la traduction résonnent dans l'étroite cabine :

« Il serait peu compatible avec nos devoirs envers notre pays et les alliés de Sa Majesté que le général Buonaparte conservât le moyen ou l'occasion de troubler de nouveau la paix de l'Europe ; c'est pourquoi il devient absolument nécessaire qu'il soit restreint dans sa liberté personnelle, autant que peut l'exiger ce premier et important objet. L'île de Sainte-Hélène a été choisie pour sa future résidence ; son climat est sain et sa situation locale permettra qu'on l'y traite avec plus d'indulgence qu'on ne le pourrait faire ailleurs, vu les précautions indispensables qu'on serait obligé d'employer pour s'assurer de sa personne. »

Parvenant, non sans mal, à se maîtriser, l'Empereur frémissant, les dents serrées, les sourcils froncés, les yeux flamboyants, attend la suite du factum.

« On permet au général Buonaparte de choisir parmi les personnes qui l'ont accompagné en Angleterre, à l'exception des généraux Savary et Lallemand, trois officiers, lesquels, avec son chirurgien, auront la permission de l'accompagner à Sainte-Hélène, et ne pourront point quitter l'île sans la sanction du gouvernement britannique. »

La colère bouleverse les traits de l'Empereur qui prend le papier et le pose sur la table. Il suffoque presque et se lance dans une longue protestation.

Lord Keith et Henry Bunburry demeurent de marbre. Il n'est nullement question de commencer une discussion : ils ne sont pas venus pour recevoir les protestations du « général », mais pour lui communiquer les intentions de leur gouvernement. C'est là tout !

Impassibles, flegmatiques, lord Keith et Henry Bunburry se refusent à répondre. Ils saluent et se retirent. Aussi est-ce devant Maitland, seul, que Napoléon poursuit, donnant libre cours à sa fureur. Il éclate littéralement :

— A Sainte-Hélène ! L'idée seule m'en fait horreur. Être relégué pour la vie dans une île entre les tropiques, à une distance immense de tout continent, privé de toute communication avec le monde, et de tout ce qu'il renferme de cher à mon cœur !... C'est pis que le cage de fer de Tamerlan ! Je préférerais qu'on me livrât aux Bourbons. Entre autres insultes — mais ceci n'est qu'une bagatelle, une chose très secondaire — ils m'appellent général !

Brusquement, la tempête s'apaise, le flux de paroles s'arrête. Avec une étonnante maîtrise de soi, l'Empereur, après ce premier bouillonnement de fureur, parvient à retrouver son calme. Un peu plus tard, « je me rendis dans sa cabine, racontera Marchand. En entrant je trouvai les rideaux des fenêtres hermétiquement fermés ; ils étaient en soie de couleur rouge, ce qui donnait une teinte mystérieuse à la chambre. L'Empereur avait déjà retiré son uniforme, disant qu'il voulait un peu se reposer. Continuant de se déshabiller, il me dit de lui poursuivre la lecture de la *Vie des hommes illustres* ».

Le samedi 5 août, le *Bellerophon* se porte à la rencontre du *Northumberland* désigné pour conduire le prisonnier à Sainte-Hélène. Le temps est exécrable. Le vent souffle. La mer se creuse. Et Napoléon, dans la tempête qui monte, s'adresse au monde et lance à l'Histoire ces paroles immortelles :

« Je proteste solennellement ici, à la face du Ciel et des hommes, contre la violence qui m'est faite, contre la violation de mes droits les plus sacrés, en disposant par la force de ma personne et de ma liberté. Je suis venu librement à bord du *Bellerophon* ; je ne suis point prisonnier ; je suis l'hôte de l'Angleterre. J'y suis venu à l'instigation même du capitaine qui a dit avoir des ordres du gouvernement de me recevoir, et de me conduire en Angleterre avec ma suite, si cela m'était agréable. Je me suis présenté de bonne foi pour venir me mettre sous la protection des lois d'Angleterre. Aussitôt assis à bord du *Bellerophon*, je fus sur le foyer du peuple britannique.

« Si le gouvernement, ne donnant des ordres au capitaine du *Bellerophon* de me recevoir ainsi que ma suite, n'a voulu que me tendre une embûche, il a forfait à l'honneur et flétri son pavillon. Si cet acte se consommait, ce serait en vain que les Anglais voudraient parler à l'Europe de leur loyauté, de leurs lois et de leur liberté. La foi britannique se trouvera perdue dans l'hospitalité du *Bellerophon*.

« J'en appelle à l'Histoire ; elle dira qu'un ennemi, qui fit vingt ans la guerre au peuple anglais, vint librement dans son infortune, chercher un asile sous ses lois. Quelle plus éclatante preuve pouvait-il donner de son estime et de sa confiance ? Mais comment répondit-on en Angleterre à une telle magnanimité ? On feignit de tendre une main hospitalière à cet ennemi, et quand il se fut livré de bonne foi, on l'immola ! »

NAPOLÉON

« A bord du *Bellerophon*, à la mer. »

A la mer ! Cette date immense, s'exclamera Chateaubriand.

Qui accompagnerait le proscrit ?

Savary et Lallemand ont été écartés par le gouvernement britannique, car ils figurent l'un et l'autre sur une liste de proscription établie par Louis XVIII. Le duc de Rovigo étant donné son rôle dans l'enlèvement du duc d'Enghien, le second parce que, en 1815, lors du vol de clocher en clocher, il s'était rallié — lui et sa division — à l'échappé de l'île d'Elbe.

Le choix est laborieux. Finalement, se trouvent désignés le grand maréchal, le général Bertrand — en dépit des pleurs de Mme Bertrand —, ainsi que les généraux Montholon et Gourgaud. Mmes Bertrand et Montholon ainsi que leurs enfants partiront eux aussi. En surnombre, Napoléon parvient à faire accepter Las Cases en qualité de *secrétaire du Cabinet.* Son fils — Emmanuel — l'accompagnerait. Il y avait, en outre, onze domestiques, à la tête desquels se trouvait placé le fidèle Marchand, premier valet de chambre.

Napoléon avait encore « le droit » de désigner un médecin. Le docteur Pierre Maingault, qui a suivi Napoléon depuis Malmaison, refuse de partir. Aussi l'Empereur demande-t-il à l'Irlandais O'Meara, chirurgien du *Bellerophon,* s'il veut bien l'accompagner. Après avoir consulté ses chefs, celui-ci accepte. Lord Keith est enchanté de voir dans l'entourage du proscrit un officier britannique, et espère bien que O'Meara n'alléguera pas le secret professionnel pour rejeter les demandes de ses chefs.

Le dimanche 6 août au matin, un grand vaisseau de soixante-quatorze canons, le *Northumberland,* jette l'ancre non loin du *Bellerophon.* D'autres navires, deux transports de troupes, une frégate, cinq bricks et deux gabares, feront également partie de l'interminable voyage. Lord Keith se rend à bord du *Bellerophon.* Il vient présenter l'amiral Cockburn — le geôlier — à son prisonnier. Napoléon les attend sur le pont :

— *How do you do,* général Buonaparte ? demande l'amiral.

L'Empereur sursaute : il ne parviendra jamais à rayer de sa vie quinze années de gloire ! Cockburn vient lire au « général » les prescriptions de son gouvernement. Aussitôt courroucé, déjà cabré, le déporté écoute les décisions prises à son égard et qui sont autant de gifles : on va sans tarder procéder à l'inventaire de ses bagages et à la confiscation de ses armes. A Sainte-Hélène, le prisonnier ne pourra se promener que dans une enceinte limitée ; s'il désire la franchir un officier britannique devra l'accompagner. La correspondance du « général » et des personnes de sa suite devra être soumise au contrôle de la censure. On évoque même les décisions qui seront prises en cas de décès et les ministres de S.M. britannique s'engageaient à respecter les dispositions testamentaires du vaincu...

Napoléon bondit, indigné :

— Je ne m'attendais pas à cela ! Je ne conçois pas qu'on puisse faire d'objection raisonnable contre ma résidence paisible en Angleterre pour le reste de ma vie.

Et, exaspéré, il ressasse une fois de plus l'argument qui, sans répit, se présente à son esprit :

— Vous m'avez envoyé des ambassadeurs comme à un potentat ! Vous m'avez reconnu comme Premier consul !

Placide, Cockburn se contente de répondre par une autre question — et en la posant, il croit témoigner de grands égards :

— A quelle heure demain matin, général, dois-je venir et pourrai-je vous recevoir à bord du *Northumberland* ?

La colère de l'Empereur tombe. Impuissant, vaincu, résigné, il murmure sourdement :

— A dix heures.

Le lendemain lundi 7 août — dans le ciel courent de lourds nuages sombres — se déroule le pénible inventaire des innombrables caisses et bagages chargés à l'île d'Aix. Napoléon parvient à dissimuler la plus grande partie de sa fortune en la confiant à ses compagnons. Les Anglais saisissent simplement cinq mille cinq cents napoléons et en rendent quinze cents à l'Empereur pour les appointements de ses domestiques.

Les opérations terminées, lord Keith s'incline devant « le général ».

— L'Angleterre vous demande votre épée.

Napoléon porte la main à la garde de son arme, et lance un regard si terrible que les Anglais n'osent insister et se retirent penauds...

C'est seulement à onze heures que l'amiral Cockburn et lord Keith arrivent à bord du *Bellerophon* pour venir chercher leur prisonnier. Ils sont en retard et Napoléon s'offre le luxe de les faire attendre. Cockburn s'impatiente. Lord Keith le calme :

— Des hommes de bien plus grande importance que vous et moi l'ont attendu davantage. Laissons-le prendre son temps !

Enfin Napoléon paraît, accablé. « Il avait passé sans soin ses habits, raconte l'aspirant Home, du *Bellerophon*. Il n'était pas rasé. Son visage était blême, hagard, sa démarche manquait de fermeté. Ses paupières baissées, ses traits révélaient la plus profonde tristesse... Pour un simple mortel, le spectacle était à fendre l'âme. Le pont avait toute l'apparence d'une place d'exécution. Seuls le bourreau, sa hache et son billot manquaient. » On voit le condamné s'approcher de Maitland et soulever son chapeau :

— La postérité ne pourra en rien vous accuser de ce qui se passe. Vous avez été trompé comme moi.

Tête nue, il s'avance ensuite devant l'équipage rassemblé, puis, toujours profondément abattu, se dirige vers le petit groupe d'officiers français à la tête desquels se trouvent Savary et Lallemand. Tous laissent couler leurs larmes.

— Vous observerez, Milord, murmure Las Cases à lord Keith, qu'ici ceux qui pleurent sont ceux qui restent.

Au moment de quitter le bord, Napoléon se tourne une dernière fois vers les officiers du *Bellerophon* qui se tiennent sur le gaillard d'arrière, agite mélancoliquement la main en signe d'adieu, saisit les titre-veilles de la coupe et descend l'échelle pour s'asseoir dans la chaloupe du *Northumberland*, entre lord Keith et l'amiral Cockburn.

Bertrand monte le premier sur le *Northumberland* et tente encore une fois de lutter en lançant d'une voix forte :

— L'Empereur !

Mais, cette fois, on ne rend aucun honneur au déporté — et c'est pour lord Keith que les tambours battent et que la garde présente les armes. Amer, Napoléon soulève son chapeau et déclare à Cockburn :

— Monsieur, je suis à vos ordres.

Les consignes sont formelles : le prisonnier doit désormais être traité « comme un général en disponibilité ». La haine semble avoir fait perdre, cette année-là, le sens de l'humour aux Britanniques... Dans le salon, l'amiral présente ses officiers au prisonnier, parmi lesquels le commandant du navire — le capitaine Ross — et le colonel Bingham, dont le régiment — le 53e d'infanterie — a été embarqué pour assumer à Sainte-Hélène la garde du vaincu. Le salon de belles proportions paraît à l'Empereur tout désigné pour devenir son cabinet de travail durant la longue traversée. Mais Cockburn refuse : le « carré » appartient en commun à tous les officiers. Le « général Bonaparte » n'a qu'à se contenter de sa chambre de douze mètres carrés. L'amiral prétendra plus tard que son prisonnier s'inclina « avec soumission et bonne humeur ». En réalité, Napoléon lui joue par orgueil la comédie : son accablement est total.

Déjà, dans la petite pièce réservée à son maître, Marchand installe le fameux lit aux rideaux verts. C'est là, entre deux promenades sur le pont, qu'il va, durant plus de deux mois, vivre, lire, commencer à dicter ses *Mémoires* à Las Cases.

Les repas seront cependant présidés par l'Empereur, Cockburn n'osa pas s'y opposer, mais il sera très choqué lorsqu'il verra Napoléon, fatigué par la longueur du service, quitter la salle à manger immédiatement après le café, et planter là les convives masculins qui, selon l'habitude anglaise, aiment bavarder à table même, tout en faisant passer, de main en main, le traditionnel flacon de porto.

Le premier soir, l'amiral sursaute.

— Je suppose, déclare-t-il, que le général n'a pas lu lord Chesterfield.

C'est l'auteur d'un traité de politesse fort prisé en Angleterre.

— N'oubliez pas, monsieur l'amiral, riposte Bertrand, que vous avez affaire à celui qui a été le maître du monde, et que les rois briguaient l'honneur d'être admis à sa table.

— Cela est vrai, avoue Cockburn.

L'Empereur ne parviendra pas à amadouer l'amiral, mais se fera aimer pas ses matelots. Cockburn fut stupéfait lorsque son prisonnier invita à sa table le *bosco* de l'équipage.

Dix-sept jours après le départ, en plein océan, le *Northumberland* croisa un navire napolitain. L'Empereur mit ses mains en porte-voix et cria en italien :

— D'où venez-vous ?

— De Madère, répondit le capitaine.

— Où allez-vous ?

— A Naples.

— Eh bien, faites savoir à Rome que le 22 août vous avez rencontré en mer Napoléon, proscrit et déporté à Sainte-Hélène.

LE DRAME DE SAINTE-HÉLÈNE

... A souffert sous Hudson Lowe...

Henri HEINE.

Aux archives du château de Jamestown, on peut toujours lire ces mots sur le *Record Book* : « Dimanche 15, est arrivé le navire de S.M. *Northumberland* venant d'Angleterre, sous le pavillon du contre-amiral sir George Cockburn, et ayant à son bord le général Napoléon Buonaparte et certains individus comme prisonniers d'État... »

Ce dimanche 15 octobre 1815, du pont du *Northumberland*, l'œil vissé à sa lorgnette, le « prisonnier d'État » regarde cette écrasante muraille brune et rouge qui, d'une effroyable hauteur de trois cents à huit cents mètres, tombe d'une masse dans la mer... dans cette mer qui, il y a des millénaires et des millénaires, l'a vomi de ses entrailles.

C'est ainsi que certains Anciens devaient s'imaginer l'arrivée aux enfers après avoir traversé le Styx ! Et ce gigantesque rocher, découvert en 1502, le jour de la fête d'Hélène, mère de Constantin, se trouve à deux mille neuf cents kilomètres de la côte brésilienne et à dix-neuf cents kilomètres du rivage africain ! Le plus impressionnant récit volcanique du monde est là, sous ses yeux. Et cette forteresse sera sa prison, puis, un jour, son tombeau ! Il a fallu soixante-douze jours pour atteindre cet antre cyclopéen long, à vol d'oiseau, de seize kilomètres cinq cents sur onze de large. Soixante-douze jours au cours desquels les déportés ont essuyé d'effroyables tempêtes, des pluies torrentielles — ou un calme plat désespérant.

Aujourd'hui encore, après plusieurs journées de mer, lorsqu'on atteint cette monstruosité de la nature, l'épouvante vous saisit en pensant que c'est là qu'est venue s'achever la chute d'un empire. Il faut — comme l'a d'ailleurs fait l'Empereur — découvrir l'île à l'aube, noyée dans le crachin, lorsque peu à peu son haut profil sort de la mer et se confond encore avec le ciel brumeux où courent de lourds nuages plombés. Le pic de Diane, son frère jumeau l'Actéon, le Barn et le

Flagstaff sont coiffés de nuées grises. De sombres nuages découragés demeurent comme accrochés à leur flancs déchiquetés. Tout ruisselle d'eau.

J'ai regardé, à mon tour, accablé, cette image qui dépasse en désolation ce que j'avais imaginé. Lorsque le ciel se dégage et que l'on peut — comme je l'ai réalisé en hélicoptère — partir vers le large et découvrir l'île par l'est, ainsi que le faisaient autrefois les navigateurs, Sainte-Hélène devient la « forteresse pyramidale » décrite par les *Instructions nautiques* et prend, selon les heures, un aspect farouche et même terrifiant.

L'impression est de nos jours encore plus désolante. Sainte-Hélène n'est plus « l'Auberge de l'Océan », importante escale entre l'Europe et l'Asie. Autrefois douze cents navires s'y arrêtaient chaque année pour se ravitailler et il n'était pas rare de voir plusieurs dizaines de vaisseaux ancrés à la fois dans la rade.

L'Empereur regarde toujours.

Entre deux gigantesques pans de lave ocre-rouge, couronnés d'une herbe pauvre et jaunâtre, dans une faille étroite, il devine une manière de village. Un clocher, des toits goudronnés, quelques touffes de palmes, enfin, une bâtisse sinistre baptisée château : c'est Jamestown, la capitale du rocher. Et partout — il les voit dans sa lunette — partout, trouant le roc, crénelant les crêtes, surplombant le vide, tapies dans les anfractuosités, rasant la mer, des gueules de canon.

A midi, après être resté en panne depuis la veille, le vaisseau approche encore de l'île. Napoléon se trouve alors avec Gourgaud. Par le hublot, il jette un coup d'œil vers la roche gigantesque remplissant maintenant tout l'horizon.

— Ce n'est pas un joli séjour ! s'exclame-t-il. J'aurais mieux fait de rester en Égypte, je serais à présent empereur de tout l'Orient.

Il n'existe aucun port, aucune jetée, simplement un misérable débarcadère qui subsiste toujours : quelques marches glissantes taillées dans le roc et qui conduisent à un quai bordé de figuiers. Napoléon devra suivre ce quai jusqu'à la porte percée dans le rempart, une poterne qui n'est plus aujourd'hui utilisée et qui permettait, comme l'entrée principale, de pénétrer dans le bourg en traversant l'enceinte crénelée. Cette « capitale » ne possède que deux ou trois « rues » bordées de maisons style colonial, dont certaines ont conservé de nos jours un certain charme désuet.

Ce dimanche, l'Empereur demeurera encore captif dans sa prison de planches. Il en sera de même le lendemain, lundi, tandis que l'amiral Cockburn et le gouverneur de l'île — le colonel Wilks — arpentent le rocher à la recherche d'une résidence « pour le général et sa famille ». L'amiral revient enfin à bord annonçant, presque joyeux, qu'il a trouvé sur les hauteurs « une fort jolie habitation » et que, en attendant qu'elle soit aménagée, tout le monde logerait chez le sieur William Porteous, lequel tient une sorte de maison meublée située dans Jamestown même, en bordure du jardin public.

Le lendemain soir l'Empereur et ses compagnons arrivent à la maison Porteous où, après avoir gravi les huit marches d'un perron, ils se trouvent entassés dans de petites pièces. On devine leur découragement : le cadre respire une lamentable médiocrité. L'amiral, lui, est allé s'installer au château, mais n'a pas cru devoir y convier l'Empereur. Toute la nuit, Napoléon entend la foule piétiner sous ses fenêtres, il se lève, essaye de lire et la nuit sera prête à s'achever lorsqu'il finira par s'assoupir.

Dès six heures du matin, ce mercredi 18 octobre, l'amiral vient le chercher pour le conduire visiter Longwood, la « maison de campagne qui sera plus tard la résidence du général ». Napoléon n'est pas prêt et Cockburn s'impatiente...

— Monsieur l'amiral est un grossier personnage, déclare l'Empereur en apprenant que l'Anglais a envoyé son officier d'ordonnance aux nouvelles.

Des chevaux ont été amenés devant la maison. Napoléon saute à cheval et, sans attendre ses compagnons — l'amiral, le grand maréchal et le mamelouk Ali — remonte la rue centrale au grand galop. Mais il doit bientôt s'arrêter et attendre Cockburn : il y a là une bifurcation. L'amiral désigne la rue de gauche — aujourd'hui *Napoleon Street* — et bientôt la ruelle devient un chemin abrupt — le *Side Path* — qui s'élève au flanc de la montagne de basalte, séparé de la crevasse où se tapit Jamestown par un petit muret. Enfin, avant d'atteindre le plateau, un dernier tournant en épingle à cheveux, « le tournant où l'on doit mettre son veston », dit-on dans l'île, car la température baisse brusquement ; il fait presque frais. La nature change. La végétation cesse d'être tropicale. Des pins du Chili, des araucarias, des tamaris, couchés par le vent, bordent la route. L'Empereur peut se croire revenu au temps de son enfance. Mais il s'agit ici d'une Corse que des éruptions volcaniques, des tremblements de terre et la foudre auraient déchiquetée et soulevée. Le chemin resserré — un véritable isthme — suit une étroite crête. A droite, une vallée verdoyante où l'on voit quelques habitations. A gauche, un gigantesque entonnoir — *Devil Punch Bowl — le Bol à punch du Diable*, le bien nommé ! Des roches noires descendent en un monstrueux éboulis, en une multitude de ravines plantées de pins, jusqu'au fond du gouffre et jusqu'à la mer. Derrière eux, haute sur le ciel, la chaîne de montagnes où se détachent les pics coniques de Diane et d'Actéon. L'amiral annonce :

— Longwood !

Le long bois ! Mais le bois n'est plus qu'un boqueteau sans ombre et les gommiers ont aujourd'hui totalement disparu. Napoléon a ainsi parcouru plus de huit kilomètres depuis qu'il a quitté Jamestown. Les cavaliers abandonnent la route et passent entre deux pavillons qui flanquent l'entrée d'une allée de mûriers. Enfin de l'ombre ! A l'extrémité du chemin, à six cents mètres, s'étire la maison d'habitation : une ancienne ferme à la façade basse, aux murs ocre-rose, aux volets verts et recouverte de papier goudronné que l'ardoise a remplacé.

Du temps de l'Empereur la désolation régnait ici en maîtresse incontestée, cependant la première réaction en découvrant sa « prison » n'est pas mauvaise. Napoléon ne se rend pas compte que ce plateau aride doit être souvent éventé. Il ne se doute pas davantage qu'entre Jamestown et Longwood on note fréquemment des différences de quatorze degrés de température, tandis que le climat de l'ouest et celui du sud de l'île est comparable au climat des Canaries ! Ce matin-là, il fait un clair soleil et les habitants de Longwood — le lieutenant-gouverneur Skelton et sa femme qui y résident pendant la belle saison — accueillent leurs hôtes avec infiniment de gentillesse. Napoléon visite la demeure — cinq petites pièces et de nombreuses dépendances où vivront un jour, entassés, ses officiers et ses domestiques. Il écoute l'amiral lui parler des travaux et des agrandissements qu'il a envisagés.

Pourtant, l'Empereur s'étonne : pourquoi ne lui donne-t-on pas comme résidence *Plantation-House ?* C'est là que séjourne le gouverneur et il parut inconvenant à l'amiral — comme plus tard à Hudson Lowe — que le prisonnier pût être mieux logé que le geôlier. Par ailleurs, Longwood, plateau aride ceinturé de ravins, situé non loin du camp, peut être facilement surveillé. De la maison du « général » aucune évasion ne serait possible. Et cela seul comptait !

En descendant vers Jamestown, Napoléon remarque, à sa gauche, à mi-pente de la montagne, non loin d'une cascade, une charmante maison au toit rouge, blottie au milieu de cyprès, de palmiers bananiers, de grenadiers et de lauriers. Le jardin semble rempli de fleurs. Cockburn, interrogé, renseigne son prisonnier : ce sont les *Briars* — les Églantiers. L'Empereur souhaite pouvoir visiter la propriété et les cavaliers s'engagent dans l'allée de figuiers et d'eucalyptus qui conduit à la maison appartenant à Mr. Balcombe, le ravitailleur des navires venant jeter l'ancre à Sainte-Hélène.

Les présentations faites, Napoléon admire le jardin joliment fleuri. En face de l'habitation, un court chemin en lacet, rocailleux, bordé de géraniums, conduit à un petit pavillon coiffant une légère éminence. Son double toit lui donne l'apparence d'un kiosque chinois. C'est la salle de jeu des enfants. Lorsqu'il pleut, la famille l'utilise pour prendre le thé. Au lieu de regagner la bruyante maison Porteous, pourquoi, en attendant que Longwood soit prêt à le recevoir, ne pas s'installer dans cette maisonnette ? Bien vite sont balayées les objections de Mrs. Balcombe : le logement n'a qu'une pièce principale surmontée d'une soupente ! Napoléon, en campagne, a connu bien pire ! L'amiral s'incline.

Étrange halte dans l'histoire de la captivité que ce séjour de sept semaines aux Briars. Sans doute l'Empereur est-il aussi mal logé que possible dans sa guinguette sans volets, cette manière de kiosque haut perché, meublé de son fameux lit de camp, du lavabo en argent, d'une commode, d'une table et de quelques chaises cannées ; sans doute est-il privé de ses bains brûlants qu'il croyait utiles à sa santé ; sans doute, ainsi que le dit Las Cases, « ses compagnons, ses serviteurs sont à deux milles de lui ; ils ne peuvent parvenir auprès de sa personne qu'accompagnés d'un soldat ; ils demeurent privés de leurs armes, sont condamnés à passer la nuit au corps de garde s'ils reviennent trop tard ou s'il y a quelque méprise de consigne, ce qui arrive presque chaque jour » ; sans doute, encore, est-il gardé à vue par un officier — le capitaine Greatly — et deux sergents du 53e qui installent leur tente dans le jardin ; mais, pour la première fois aussi, depuis longtemps, il n'est plus obligé de tenir son rôle d'empereur — même d'empereur prisonnier comme à bord du *Northumberland*. C'est assurément aux Briars que l'Empereur sera le plus heureux.

Cependant c'est dans ce pavillon des Briars que Napoléon se rendit compte que Sainte-Hélène était une prison. En prenant ses fonctions son geôlier, l'amiral Cockburn, a promulgué des consignes sévères : il est interdit aux habitants de parler au général ou aux personnes de sa suite sans l'autorisation du gouverneur. Des patrouilles sillonneront l'île et arrêteront tout individu ignorant le mot de passe. Sur mer, tous les bateaux devront avoir regagné leurs amarres avant neuf heures du soir. Deux bricks tourneront jour et nuit autour de l'île, l'un sous le vent l'autre au vent. Tout individu signalant au large un navire suspect recevra une gratification d'une piastre, il sera alloué à celui qui dénoncera une entorse au règlement une récompense pouvant atteindre vingt-cinq livres. Les instructions des ministres à l'amiral indiquaient que toutes les lettres des prisonniers devaient être remises *ouvertes* au gouverneur. Ce dernier avait la latitude de joindre, aux éventuelles réclamations formulées par *le général*, « toutes les observations qu'il jugerait convenable ». Si le proscrit tentait de s'échapper, l'amiral — comme plus tard Hudson Lowe — avait l'ordre formel de jeter l'Empereur en prison.

— Ce sont les angoisses de la mort ! s'exclame le vaincu en prenant connaissance du règlement. A l'injustice, à la violence, ils joignent l'outrage et les supplices prolongés ! Si je leur étais si nuisible que ne se défaisaient-ils de moi ? Quelques balles dans le cœur ou dans la tête eussent suffi ; il y eût eu du moins quelque énergie dans ce crime !... Faites vos plaintes, messieurs, que l'Europe les connaisse et s'en indigne ! Les miennes seraient au-dessous de ma dignité et de mon caractère.

Et il ajoute cinq mots portant sa marque :

— J'ordonne ou je me tais !

Puis il dicte cette note que Bertrand devra signer :

« L'Empereur désire, par le retour du prochain vaisseau, avoir des nouvelles de sa femme et de son fils, et savoir si celui-ci vit encore. Il profite de cette occasion pour réitérer et faire parvenir au gouvernement britannique les protestations qu'il a déjà faites contre les étranges mesures adoptées contre lui : le gouvernement l'a déclaré prisonnier de guerre. L'Empereur n'est point prisonnier de guerre... »

Cockburn répond au grand maréchal :

« Vous me forcez de vous déclarer officiellement que j'ignore qu'il y ait actuellement un empereur dans cette île, ou que quelque personne possédant ce rang y soit venue avec moi sur le *Northumberland*, ainsi que vous me le rapportez. J'ai mis et je continuerai à mettre tous mes soins à rendre votre situation, à vous et aux autres officiers de distinction qui vous ont accompagné ici, aussi peu désagréable et pénible que les circonstances me le rendront possible. Je puis vous assurer que je regrette sincèrement que mes efforts vers ce but n'aient pas encore été couronnés de succès... »

Cette affaire du « titre » impérial empoisonnera toute l'existence de Napoléon à Sainte-Hélène. Pour un Français, un souverain ayant abdiqué continue à être appelé *Sire* et *Votre Majesté*, et les choses se passeront ainsi pour Charles X, Louis-Philippe et Napoléon III. Il n'en est pas de même en Angleterre : Édouard VIII devenu le duc de Windsor fut appelé *Monseigneur*.

Tout aurait pu être arrangé si les Anglais avaient accepté la proposition de leur prisonnier : prendre un autre nom, celui de *colonel Duroc* ou de *comte de Lyon* — bien que ce dernier titre ait été porté par des chanoines... Or, changer d'état civil est un privilège appartenant aux souverains — et c'est pourquoi les gouverneurs refusèrent cette solution. Pour eux, l'*empereur* Napoléon n'existait pas !

Napoléon espère que sa chaîne sera allongée lorsqu'il se trouvera à Longwood. Cependant, Las Cases, qui a été voir où en sont les travaux, déclare :

— Sire, ici nous sommes en cage. là-Bas, nous serons parqués.

En effet, les Briars paraîtront un jour à l'Empereur comme une manière d'Eden. Il est vrai aussi que, à Longwood, il lui sera plus facile de tisser avec un art consommé sa légende.

Le dimanche 10 décembre, Cockburn vient chercher son prisonnier : Longwood est prêt à le recevoir.

Il pleut tandis que le petit cortège monte vers le plateau balayé par le vent. Mais le soleil paraît entre deux nuages et accueille l'Empereur au seuil de sa prison — cette prison qu'il ne quittera qu'enfermé dans son cercueil. Grâce à l'amabilité du consul de France à Sainte-Hélène, Gilbert Martineau, j'ai pu passer la nuit dans la chambre occupée autrefois par Las Cases et apprécier le bain humide où se trouve fréquemment, le matin, plongé le plateau de Longwood. La soirée avait été froide, le vent soufflait en rafales. A l'aube, une brève averse avait précédé un affreux crachin sous lequel, durant deux heures, je suivis l'enceinte où l'Empereur pouvait librement circuler. Vers dix heures, le soleil se levait et, non sans mal, dissipait les nuages. Les sommets des montagnes réapparurent.

Le climat de Longwood n'est pas celui de Jamestown ou de *Plantation-House*. Il pleut ici presque tous les jours. Le sol, surchauffé, transforme la pluie en un brouillard tiède, malsain, qui tombe sur les êtres et les choses comme une épaisse chape grise. On se traîne et on ruisselle. Même l'été — l'hiver en notre hémisphère — si le plateau est dégagé, le soleil est souvent caché par de lourds nuages plombés. Le vent extrêmement fort et fréquent — tantôt froid, tantôt brûlant — ne balaye point la brume : il brasse l'air chargé d'eau, et c'est là tout : l'humidité demeure. Sur le plateau de Longwood, les murs sont d'ailleurs recouverts d'un champignon blanchâtre : le *mildew*.

C'est au sein de cette vapeur, dans ce bâtiment en forme de T, que Napoléon vécut quatre années et cinq mois. Un petit perron de cinq marches conduit à deux pièces construites en équerre au milieu de la façade : l'antichambre et le salon recouvert d'un papier jaune et éclairé de part et d'autre par des fenêtres à guillotine. Pour l'ameublement, « je suis parvenu, écrira Cockburn à Londres, à me procurer d'occasion et au plus bas prix tous les articles indispensables ». Napoléon aura raison lorsqu'il parlera de « six cents francs de meubles ». Deux mappemondes — elles y sont toujours — ornent la pièce. Juste au-dessous de Sainte-Hélène l'endroit a été usé par les coups d'ongles de l'Empereur... Pour l'antichambre, le gouverneur fournit un billard lourd et disgracieux. On l'a retrouvé quelque part dans l'île ainsi que les marques, les boules et le râtelier pour les queues. Napoléon n'y joua presque jamais, se contentant de pousser les boules avec ses mains, mais il utilisa le billard pour étaler ses cartes. Et c'est sur ce même billard, que, plus tard, l'autopsie de son corps sera faite...

Du salon, on quitte le bâtiment perpendiculaire pour arriver à la salle à manger, tout aussi pauvrement meublée et qui s'ouvre, à gauche sur la bibliothèque et, à droite, sur le cabinet et sur la chambre de l'Empereur. Tendue de nankin blanc crème avec une bordure de roses rouges, chacune des deux petites pièces reçoit l'un des lits de camp de l'Empereur et, durant ses longues insomnies, le prisonnier aimera aller d'un lit à l'autre. Il s'allongeait aussi sur un canapé qui semble être celui que l'on a placé aujourd'hui devant la porte de la salle de bains. La baignoire en cuivre, emportée en 1840, a longtemps été « égarée » dans les combles des Invalides ; elle a enfin repris le chemin de l'île où elle a retrouvé sa place.

Marchand arrange le mieux possible ce que Napoléon appelle, selon son habitude d'autrefois, « son intérieur ». Il y place un portrait de Marie-Louise tenant le roi de Rome dans ses bras, un autre portrait du petit roi — celui d'Isabey —, le nécessaire en vermeil, le lavabo en argent venu de l'Élysée, le réveille-matin du Grand Frédéric, quelques miniatures enfin.

Si ce n'était l'exiguïté des pièces et la médiocrité de leur agencement — l'Empereur, pour gagner le salon de sa chambre, est obligé de traverser la salle à manger — l'ensemble n'est pas trop pitoyable.

Les deux deux fenêtres à guillotine donnent au nord — c'est-à-dire en plein soleil austral — et ouvrent sur le petit jardin où l'Empereur est presque chez lui. Durant le jour, il peut s'y promener tout à loisir, aussi bien qu'à l'intérieur de l'enceinte longue de sept kilomètres et close par un petit mur. Face à ce petit mur, à cinquante pas les unes des autres, se tiennent les sentinelles. A la nuit, les soldats quittent leur poste et vont entourer la maison. Au-delà, Napoléon peut encore monter à cheval à sa guise dans une seconde enceinte dite des « douze milles » ; ce n'est qu'un lopin de terre pour celui qui a galopé à travers l'Europe. La présence de patrouilles lui rappelle, à chaque détour du chemin, sa situation de prisonnier. S'il désire se promener dans le reste de l'île — hors les endroits fortifiés — l'Empereur doit en aviser l'officier anglais — Poppleton — qui demeure à Longwood et qui, dans ce cas, est chargé d'accompagner le « général Bonaparte ».

A Longwood, les proscrits vivent entassés. Aux trois généraux, à Mmes Bertrand et de Montholon, à leurs enfants, aux deux Las Cases, au docteur O'Meara, aux douze domestiques, à une dizaine de marins du *Northumberland* transformés en valets, viendra se joindre, le 29 décembre, un officier polonais : Piontkowski, arrivé on ne sait trop comment à Sainte-Hélène. L'Empereur et ses compagnons affirmaient ne l'avoir jamais vu autrefois, les historiens ne le connaissent pas davantage... Hâbleur et quelque peu aventurier, il quittera d'ailleurs l'île l'année suivante.

L'Empereur essaye de lutter en maintenant à Sainte-Hélène les usages des Tuileries. Il essaiera autant qu'il le pourra — et dans cette bicoque entourée de cailloux ce n'est guère facile ! A l'abri derrière cette étiquette il se sent encore empereur. Le soir, le maître d'hôtel Cipriani, habit vert bordé d'argent, annonce : « Sa Majesté est servie », et les officiers en grand uniforme, les femmes en robes décolletées se retrouvent autour de la table brillamment éclairée et servie par les valets en tenue comme aux Tuileries. Toute la vaisselle est en argent, les couverts en vermeil et, au dessert, paraît le célèbre service des « Quartiers Généraux ». On sert un potage, un relevé, deux entrées, un rôti, deux entremets et des sucreries confectionnées par Pierron. On oublie la petitesse et la médiocrité de la salle à manger, on oublie la pluie qui crépite sur les toits goudronnés, on oublie que, dehors, les habits rouges enserrent maintenant la maison, on oublie que cinq cents officiers — un état-major pour trente mille hommes ! — et deux mille cinq cents soldats, les yeux fixés sur cette masure, guettent, épient, espionnent le maître déchu ; on oublie que, partout où pourrait passer un chien, entre la côte et l'intérieur, on a placé une sentinelle ; on oublie que, sans relâche, deux vaisseaux de guerre tournent autour du rocher, on oublie que cinq cents bouches de canon sont tournées vers le large, on oublie que l'île est truffée de signaux optiques pour transmettre la moindre nouvelle concernant les prisonniers ; on oublie que, la nuit, pas un habitant ne peut mettre le nez hors de chez lui sans connaître le fameux mot de passe.

Au salon, les valets servent le café dans des tasses de porcelaine de Sèvres. Et l'on tue difficilement le temps. On joue au reversi et aux échecs, Mme de Montholon se met au piano et chante, ou bien l'Empereur lit — fort mal — une tragédie. Vers dix heures, Napoléon se lève et soupire :

— Encore une journée de passée !

Le dimanche 14 avril 1816, la calèche de l'Empereur attelée à six chevaux, les frères Archambault en selle, vient se ranger devant le petit perron de Longwood. Près de leurs chevaux attendent le général Gourgaud et l'officier polonais Piontkowski qui, selon l'usage, et non sans mal, sur les pistes étroites de l'île — des chemins côtoyant sans cesse des précipices — vont galoper chacun à une portière.

Ce dimanche 14 avril — ce jour de Pâques — l'Empereur a commandé d'atteler pour se rendre vers la crête d'où, avec sa lunette, il pourra apercevoir la baie et assister au mouillage du *Phaéton*. A bord de cette frégate se trouve le nouveau gouverneur, le général sir Hudson Lowe.

Celui-ci n'attend pas sa première entrevue avec l'Empereur. Il ne remet pas au lendemain le soin, pour ne pas dire le plaisir, de transmettre au grand maréchal Bertrand les nouvelles instructions de lord Bathurst : officiers et serviteurs devront s'engager par écrit à se soumettre à toutes « les restrictions qu'il est nécessaire d'imposer à Napoléon Bonaparte personnellement ». Ceux qui refuseraient seraient embarqués pour l'Europe, via Le Cap.

— Eh bien, vous savez la nouvelle, annonce Napoléon au général Gourgaud ? Il faut aller au Cap ou s'engager à suivre mon sort à perpétuité.

Aussitôt, toute la maison s'agite.

— Il ne manquait plus que cela pour compléter l'horreur de notre situation, s'exclame le jeune officier d'ordonnance. On veut donc nous ôter l'espérance de jamais revoir nos familles !

Le lendemain, à quatre heures, a lieu la première entrevue.

« Je trouvai Bonaparte debout, son chapeau à la main, a raconté Hudson Lowe. Comme il ne m'adressa pas la parole lorsque j'entrai et qu'il paraissait attendre que je lui parlasse, je rompis le silence en disant :

— Je suis venu, monsieur, pour vous présenter mes devoirs.

— Vous parlez français, monsieur, à ce que je vois, répondit Napoléon. Mais vous parlez aussi italien. Vous avez commandé un régiment corse — de Corses déserteurs.

— Oui, monsieur. »

L'Empereur sourcille à peine...

— L'île de Sainte-Hélène vous plaît-elle ?

— Je n'y suis pas depuis assez longtemps, répond sir Hudson avec prudence, pour me former une opinion à cet égard.

Assurément, Lowe qui a vécu dans les îles méditerranéennes ne peut trouver Sainte-Hélène un plaisant séjour.

Une dernière question :

— Depuis combien d'années êtes-vous au service ?

— Vingt-huit.

— Je suis donc un peu plus vieux soldat que vous.

Lowe risque un compliment :

— L'Histoire parlera de nos services d'une manière bien différente.

« Il sourit, mais ne dit rien », rapportera encore sir Hudson.

Napoléon a défendu à son entourage de signer la déclaration exigée par lord Bathurst et dicte ce nouveau texte : « Nous soussignés, voulant continuer de rester au service de l'*empereur Napoléon*, consentons, quelque affreux que soit le séjour de Sainte-Hélène, à y rester, en nous soumettant aux restrictions, quoique injustes et arbitraires, qu'on a imposées à Sa Majesté et aux personnes de son service. »

Tous acceptent de signer, mais le conflit — le premier — naît entre le prisonnier et son geôlier. Hudson Lowe, à l'instar de l'amiral, refuse que la déclaration contienne une quelconque qualification impériale. Les Français — non sans soupirs et protestations, non sans avoir essayé de négocier avec le gouverneur — signent enfin un texte préparé par ce dernier, dans le prisonnier est nommé *Napoléon Bonaparte.*

Sur ces entrefaites arrive enfin à Longwood la convention signée entre les puissances alliées « sur les mesures les plus propres à rendre impossible toute entreprise » de la part de « Napoléon Bonaparte contre le repos de l'Europe ». Le vaincu de Waterloo y est déclaré prisonnier des puissances, dont la garde est « spécialement confiée au souverain britannique », mais l'Autriche, la Russie et même la France devront envoyer chacune un commissaire dans l'île.

— On dit que les souverains ont disposé de ma personne par un traité, s'exclame Napoléon. De quel droit ? Je suis leur égal et j'ai souvent été leur maître ! Je ne suis point leur prisonnier !

C'est auprès de Lowe que Napoléon proteste, et le gouverneur incline la tête en signe d'approbation. Lui aussi estime que le « général Bonaparte » est le prisonnier de *la seule* Angleterre.

Depuis huit jours, le mauvais temps et la lassitude ont empêché Napoléon de sortir. Pour cette seconde entrevue, l'Empereur reçoit son visiteur en robe de chambre, étendu sur le canapé de sa chambre à coucher. Après un lourd silence, il s'exclame :

— J'ai été chercher un asile dans un pays auquel on croyait des lois toutes-puissantes, chez un peuple dont pendant vingt ans j'avais été le plus grand ennemi. Vous autres, qu'avez-vous fait ?...

Il a quitté sa chaise longue et, selon son habitude, arpente la petite pièce. Le vent souffle en bourrasques et fait trembler la maison ; la pluie fouette les carreaux des deux fenêtres à guillotine.

— On m'a placé dans la partie de l'île la plus malsaine, toujours du vent, des brouillards. Le climat n'est pas le nôtre, ce n'est ni notre soleil ni nos saisons. Tout ici respire un ennui mortel ! La position est désagréable, insalubre ; il n'y a point d'eau ; ce coin de l'île est désert, il a repoussé ses habitants !

Hudson Lowe fait timidement remarquer que son gouvernement fait tous ses efforts pour adoucir la situation du « général ».

— Ces efforts se réduisent à bien peu de chose, s'écrie le prisonnier : j'ai prié qu'on m'abonnât au *Morning Chronicle* et au *Statesman* pour lire *la question* sous les expressions les moins désagréables ; on n'en a rien fait. J'ai demandé des livres, ma seule consolation ; neuf mois se sont écoulés, je ne les ai point reçus. J'ai demandé des nouvelles de mon fils, de ma femme, on est demeuré sans me répondre.

Le gouverneur ne sachant que dire, l'Empereur en vient à parler de son habitation misérable. L'agencement des petites pièces, se commandant l'une l'autre, est lamentablement conçu ! Assurément, Longwood n'est pas autre chose qu'une résidence provisoire !... Lowe essaye, mais en vain, d'interrompre le débit.

— Vous et moi sommes soldats, monsieur, reprend Napoléon ; nous apprécions ces choses ce qu'elles valent. Vous avez été dans ma ville natale, dans ma maison peut-être. Sans être la dernière de l'île, sans que j'aie à en rougir, vous avez vu toutefois le peu qu'elle était. Eh bien, pour avoir possédé un trône et distribué des couronnes, je n'ai point oublié ma condition première : mon canapé, mon lit de campagne que voilà me suffisent !

Peu perspicace, ne comprenant pas grand-chose à la personnalité de l'homme qu'on lui a donné à garder, sir Hudson saisit mal les raisons qui poussent son prisonnier à se « débonder » de la sorte :

— Est-ce que dans mon ignorance, j'ai commis vis-à-vis de vous, monsieur, quelque faute ?

— Non, monsieur, reconnaît l'Empereur, nous ne nous plaignons de rien depuis votre arrivée !

— Quelle ignoble et sinistre figure que celle de ce gouverneur ! s'exclame le prisonnier lorsque le geôlier eut quitté Longwood. Dans ma vie, je ne rencontrerai jamais rien de pareil !

Durant cette seconde entrevue, Hudson Lowe a été un lourdaud maladroit, mais ne s'est pas départi de sa correction, cependant Napoléon l'accuse d'être capable de l'empoisonner :

— C'est à ne pas boire sa tasse de café si on avait laissé un tel homme un instant auprès.

Dix jours plus tard éclate une nouvelle scène. Le gouverneur vient communiquer à son prisonnier les instructions de son gouvernement : le « général » doit être vu chaque jour par un officier anglais, le « général » ne peut sortir des limites sans être accompagné... et Napoléon explose :

— Depuis un mois que vous êtes ici, vous m'avez ôté toute confiance en vous. En apprenant votre arrivée, je me félicitais de me trouver vis-à-vis d'un général de terre qui, ayant été mêlé aux grandes affaires du continent, saurait n'employer vis-à-vis de moi que les mesures dictées par les convenances. Je me suis grossièrement trompé. Vous m'offrez, dites-vous, tout l'intérieur de l'île pour me promener, mais vous savez bien que l'obligation d'être accompagné par un de vos officiers fait de votre offre une dérision. Quand des soldats ont reçu le baptême du feu ils sont tous les mêmes à mes yeux, quelle que soit la couleur de leur uniforme, et ce n'est point l'habit rouge de vos officiers qui me serait importun ; mais c'est que je ne puis reconnaître par aucun de mes actes que je suis votre prisonnier.

Hudson Lowe — et ceci plaide en sa faveur — avait transmis à ses chefs la « répugnance » de l'Empereur a être accompagné par un officier anglais lorsqu'il voulait franchir les limites qui lui avaient été assignées. Mais lord Bathurst avait répondu : « Non seulement le général Bonaparte doit être constamment accompagné par un officier anglais lorsqu'il dépasse ses limites, mais cet officier doit avoir l'ordre d'empêcher, autant que possible, toutes les relations que le général Bonaparte paraît disposé à entretenir avec les habitants. »

Assurément Lowe fut loin d'être l'affreux bourreau peint par la légende napoléonienne. A travers les récits des témoins on se rend compte que les torts viennent souvent de Longwood. Pour l'Histoire, Napoléon doit être persécuté. On l'entendra dire un jour :

— Jésus-Christ ne serait pas Dieu jusqu'à présent sans sa couronne d'épines ; c'est son martyre qui a parlé à l'imagination des peuples. Si, au lieu d'être ici, j'étais en Amérique comme Joseph, on ne penserait plus à moi et ma cause serait perdue. Voilà les hommes !

« Selon moi, avoue Gourgaud avec franchise, Hudson Lowe, par ses mauvais procédés, aura rendu un grand service à l'Empereur, car, avec tout autre, on n'aurait pas eu de sujets de plaintes. »

Ainsi que le dira de son côté Montholon :

— Un ange du ciel n'aurait pu nous plaire s'il eût été gouverneur de Sainte-Hélène.

Et Hudson Lowe — il s'en faut — n'était pas un ange ! Sa maladresse laisse pantois. C'est ainsi que quelques jours plus tard il ose, avec une inconscience désarmante, inviter à dîner le « général Bonaparte », à *Plantation-House, pour rencontrer lady Loudoun-Moïra*, venant des Indes et de passage dans l'île.

— Point de réponse, s'exclame Napoléon. C'est trop sot !

— Cela m'avait paru tout naturel, expliquera Lowe. J'outrepassais là mes consignes puisque le général Bonaparte aurait pu ainsi avoir l'impression d'être libre en acceptant une invitation à dîner.

Une nouvelle scène éclate le 16 juillet 1816 entre les deux hommes :

— Tous les jours des vexations inutiles ! lance Napoléon en accueillant le gouverneur. M. de Las Cases envoie un soulier à M. Balcombe pour qu'on lui fasse faire en Angleterre une paire de bottes. Vous avez fait renvoyer le soulier en disant qu'il fallait vous l'envoyer directement. Je ne comprends pas qu'il faille vous envoyer de vieilles savates, comme s'il ne suffit pas qu'on vous en informe.

— On a méchamment interprété mes intentions.

— Votre conduite sera un objet de reproche pour votre nation et votre gouvernement... Voulez-vous que je vous dise notre opinion sur votre compte ? C'est que vous êtes capable de tout et de nous donner la ciguë. Le grand maréchal pouvait donner des passes. Aujourd'hui, il ne peut plus. Ainsi je ne puis inviter personne à dîner, et si j'avais une maîtresse, je ne pourrais la faire venir.

— Vous n'en avez pas.

— Mais je puis en avoir.

— Oh ! je rendrai compte de cela au gouvernement.

— Mais il ne s'agit pas de cela. Le gouvernement n'a pas envoyé ici un caporal. L'Angleterre a envoyé un lieutenant général, et c'est à lui à savoir se conduire. Vous êtes un homme qui avez ici une vengeance à exercer sur nous.

Et, de nouveau, Napoléon énumère tout ce qu'il reproche à son geôlier, puis il conclut — et, cette fois, le grief est juste et bien imagé :

— Vous nous mettez des épingles dans le dos !

Il y avait à Sainte-Hélène — latent — un autre drame : celui des dépenses — et ce drame va porter le conflit au paroxysme. A Longwood le coulage est extravagant. Les domestiques se croient toujours aux Tuileries et revendent une partie des denrées. Aussi le gouverneur ordonne-t-il que désormais il ne sera plus livré *journellement* — pour dix maîtres et vingt domestiques — que soixante-quinze livres de bœuf et de mouton, sept poulets, et, en outre, par mois, vingt-deux rôtis, neuf jambons, neuf langues salées, quarante-cinq livres de lard, sans parler des légumes, des produits d'épicerie et de laiterie. Enfin, chaque mois, on apportera à Longwood deux cent dix bouteilles de vin de Bordeaux, vingt-six de vin de Champagne, vingt-trois de vin de Madère, soixante de vin de Graves, onze de vin de Constance. Les domestiques recevront une bouteille de vin plus ordinaire par jour. Ce n'est tout de même pas un régime de misère ! Mais les prisonniers crient famine !

Lowe essaye d'économiser en prenant des mesures que les captifs vont exploiter savamment et qui donneront bientôt à Napoléon l'occasion d'ordonner la vente spectaculaire de son argenterie pour, affirme-t-il, « subvenir à ses besoins ».

Le gaspillage fait l'objet d'une discussion violente entre Bertrand et le gouverneur, si violente que le grand maréchal déclare ne plus vouloir entamer ce sujet avec sir Hudson. Deux jours plus tard, le dimanche 18 août, l'Anglais se précipite à Longwood pour se plaindre. La scène — capitale pour l'histoire de la captivité — va se dérouler dans le jardin qui n'a pas encore pris l'aspect que nous lui voyons aujourd'hui : une allée circulaire entourait simplement un parterre, un chemin permettant de tourner en rond, tout en bavardant. L'amiral Malcolm, qui commande les forces maritimes de l'île, est présent :

— Eh bien, explique l'Empereur, le grand maréchal Bertrand ne veut pas avoir de rapports avec vous, c'est tout simple. Il a été grand officier de la Couronne, il a commandé des armées, il s'est battu à la tête de son corps d'armée contre l'armée où vous étiez vous-même à la suite de l'état-major comme colonel. Vous lui écrivez, vous lui parlez, non pas comme à un caporal de braves troupes régulières, mais comme aux caporaux des soldats corses que vous commandiez, qui étaient tous des déserteurs et des traîtres à leur pays. Il s'en est offensé et il ne veut plus avoir de relations avec vous. Personne au reste ne veut vous voir. Chacun vous fuit. Il n'y a pas un de ces messieurs qui, s'il avait le choix de passer quatre jours au pain et à l'eau sans sortir de sa chambre, ne préférerait cela à avoir un entretien avec vous.

Lowe essaye de ramener le problème à des dimensions moins vastes et reparle des dépenses ménagères, mais Napoléon est lancé :

— Vous me connaissez bien peu. Mon corps est aux méchants, mais mon âme est indépendante. Elle est aussi fière ici que si j'étais à la tête de six cent mille hommes et que si j'étais sur mon trône, faisant des rois et distribuant des couronnes. Vous me parlez toujours de vos instructions. Il n'y en a point qui vous obligent à faire ce que vous faites. Et d'ailleurs, ce n'est pas une excuse. J'ai gouverné et je sais qu'il y a des missions et des instructions qu'on ne donne qu'à des hommes déshonorés.

— Vous me flétrissez aux yeux de l'Europe, formule sir Hudson. Je ne mérite pas cela. J'ai des instructions qui me...

— Mais le bourreau aussi a ses instructions, interrompt le prisonnier. Il les exécute, c'est tout simple. Du moins, on n'exige pas qu'on vive avec lui. Vous avez vos instructions, exécutez-les et laissez-moi tranquille. Si vous ne voulez pas nous donner à manger, ne le faites pas. Tant que nous serons voisins du 53e, il ne nous laissera pas mourir de faim.

— Tout cela heureusement glisse sur moi.

— Sans doute, le bourreau rit du cri de ses victimes !

Telle est la scène racontée par Bertrand, qui y assista — de loin — et l'écrivit d'après le récit que lui fit l'Empereur. Aussi me paraît-il juste de donner la parole à Hudson Lowe. Selon lui, le drame débute par un long silence, si prolongé « que je crus, écrit-il à lord Bathurst, qu'il avait résolu de ne point parler du tout ». Enfin « d'une voix irritée », l'Empereur commence à parler, tout en affectant d'ignorer la présence du gouverneur et en s'adressant uniquement à l'amiral :

« Il dit que je n'avais pas de sensibilité. Que les soldats du 53e quand ils passaient près de lui le regardaient avec compassion et pleuraient. Puis, continuant, il dit à l'amiral :

— *Il* a retenu un livre qui m'avait été envoyé par un membre du Parlement, et puis *il* s'en est vanté.

— Comment ? Je m'en suis vanté !

— Oui monsieur, vous vous en êtes vanté au gouverneur de l'île de Bourbon. Il me l'a dit. »

Le ton de la scène va encore monter.

— Mon corps est en votre pouvoir, répète une nouvelle fois l'Empereur, mais mon âme est libre. Vous me traitez comme un convict de Botany-Bay... l'Europe le saura.

« Il se plaignit de ce que nous l'appelions “général”, reprend Lowe, et dit qu'il était “empereur”. Que lorsque l'Angleterre et l'Europe n'existeraient plus et qu'on ne connaîtrait plus le nom de lord Bathurst, il serait toujours “l'Empereur”. Il m'a dit qu'il faisait tout ce qu'il pouvait pour m'éviter, et que, deux fois, il avait prétendu être dans le bain afin de ne point me voir. »

Les trois hommes continuent à tourner autour du parterre.

— Vous voulez de l'argent, poursuit Napoléon. Je n'en ai pas, si ce n'est entre les mains de mes amis. Mais je ne puis pas envoyer de lettres. Vous n'avez jamais commandé d'armées. Vous n'étiez rien de plus que le scribe d'un état-major. Je m'étais imaginé que je serais bien chez les Anglais, mais vous n'êtes pas un Anglais.

Lowe, s'il l'osait, hausserait les épaules. Il se contente de dire :

— Vous me faites sourire, monsieur.

— Comment !... Je vous fais sourire, monsieur ? Je dis ce que je pense.

— Oui, monsieur. Vous me forcez de sourire. La fausse opinion que vous avez conçue de mon caractère et la rudesse de vos manières excitent ma pitié. Je vous souhaite le bonjour...

Sir Hudson se retourne brusquement sans saluer son prisonnier. L'amiral enlève son chapeau, s'incline et va rejoindre Lowe qui, tout en attendant son cheval, lance en regardant Bertrand :

— Le général Bonaparte m'a traité d'une manière très offensante. Je l'ai quitté assez brusquement en lui disant : « Monsieur, vous êtes malhonnête ! »

L'Empereur convint avoir fort maltraité le gouverneur.

— Je ne dois plus recevoir cet officier, conclut-il : il fait que je m'emporte, c'est au-dessous de ma dignité. Il m'échappe vis-à-vis de lui des paroles qui eussent été impardonnables aux Tuileries. Si elles peuvent avoir une excuse ici, c'est de me trouver entre ses mains et sous son pouvoir.

Comment juger le geôlier de Napoléon ? Coléreux, facilement irritable, orgueilleux, pédant, tatillon, affolé par ses responsabilités, sir Hudson Lowe fut surtout un maladroit. De l'avis même des Anglais, « il n'était pas un gentleman ! » — et c'est tout dire.

« C'est un esprit étroit, précisera M. de Balmain, le commissaire russe à Sainte-Hélène, un homme que la responsabilité dont il est chargé étouffe, fait trembler, qui s'alarme de la moindre chose, s'alambique la cervelle avec des riens, et fait avec peine, en s'agitant beaucoup, ce qu'un autre eût fait sans presque remuer. »

« On a peine à concevoir, renchérit son collègue autrichien — M. de Stürmer — comment les ministres anglais ont pu s'infatuer d'un tel homme. S'il ne fallait qu'un simple geôlier, rien n'était plus aisé à trouver. Mais si la nation britannique attache quelque prix au jugement de l'Histoire, on ne pouvait faire de plus mauvais choix. »

Assurément, Lowe « manquait d'éducation et de jugement », ainsi que l'a remarqué Wellington qui ajoutait encore : « C'était un imbécile. » Peut-être fallait-il être quelque peu borné, avoir au surplus tout du sous-ordre respectueux du règlement et friand de paperasserie, pour n'avoir pas le courage de dire à son chef, lord Bathurst, ministre de la Guerre et des Colonies, que ses consignes étaient difficilement applicables.

Désormais, il ne se passera pas une semaine sans que le geôlier martyrise son prisonnier : les limites où Napoléon pouvait se promener sans être suivi d'un Anglais seront réduites d'un tiers ; l'officier d'ordonnance britannique devra s'assurer de la présence du « général » deux fois par jour. Lord Bathurst l'exigeait « formellement ». Il ne se passera pas non plus de semaine sans que le prisonnier fasse tout pour être martyrisé.

— L'oppression et l'insulte ajoutent à ma renommée. C'est à l'Angleterre que je devrai le rayonnement de ma gloire.

Le proscrit tiendra parole. Plus jamais il ne recevra sir Hudson Lowe. Lorsque le gouverneur se présentera à Longwood, le proscrit l'observera, l'œil fixé à sa lunette d'Austerlitz, à travers les trous pratiqués dans les deux volets de l'antichambre qui se font face — ces trous que l'on a pieusement conservés...

Le soir où le gouverneur reverra l'Empereur, Napoléon sera étendu sur son lit de mort, ce petit lit de fer qui l'avait suivi durant toutes ses campagnes... et ce soir-là on entendra le gouverneur murmurer :

— Eh bien, messieurs, c'était le plus grand ennemi de l'Angleterre et le mien aussi ; mais je lui pardonne tout. A la mort d'un si grand homme on ne doit éprouver qu'une profonde douleur et de profonds regrets.

En prononçant ces paroles, sir Hudson croyait assurément faire preuve de grandeur d'âme. Wellington avait raison : le geôlier de l'Empereur fut surtout un imbécile.

Napoléon rêve souvent à sa grandeur passée et à ce qu'il est devenu aujourd'hui... Il a des insomnies et ne parvient plus à se rendormir :

les souvenirs l'assaillent et l'accablent. Ses compagnons le voient un soir feuilleter rêveusement l'*Almanach impérial*, regarder les noms des dames du palais et parcourir la liste des membres de l'Institut, celle des rois vassaux et celle des préfets.

— C'était un bel empire, soupire-t-il avec émotion. J'avais quatre-vingt-trois millions d'êtres humains à gouverner, plus que la moitié de la population de l'Europe entière !

Et ne lui reste plus, aujourd'hui, qu'à se pencher sur le problème d'une vache mise à l'écurie, ne donnant qu'une pauvre bouteille de lait par jour et rompant, sans cesse, ses liens pour aller vagabonder dans le jardin... Un jour, il aperçoit les langes de la petite Montholon étalés sur l'herbe pour les faire sécher.

— Ah ! c'est trop bourgeois, trop petite ville, s'exclame-t-il.

Et il préfère regagner sa maison...

Il sait parfaitement tout ce qu'il a apporté au monde. Et ses compagnons l'entendent alors, d'une voix presque d'outre-tombe, prononcer sa défense :

— On aura beau retrancher, supprimer, mutiler, il sera difficile de me faire disparaître tout à fait. Un historien français sera obligé d'aborder l'Empire, et, s'il a du cœur, il faudra bien qu'il me restitue quelque chose, qu'il me fasse ma part, et sa tâche sera aisée, car les faits parlent, ils brillent comme le soleil... J'ai refermé le gouffre de l'anarchie et débrouillé le chaos... J'ai excité toutes les émulations, récompensé tous les mérites et reculé les limites de la gloire... Sur quoi pourrait-on m'attaquer, qu'un historien ne puisse me défendre ?... Mon despotisme ? Mais il démontrera que la dictature était de toute nécessité. M'accusera-t-on d'avoir trop aimé la guerre ? Il montrera que j'ai toujours été attaqué. D'avoir voulu la monarchie universelle ? Il fera voir qu'elle ne fut que l'œuvre fortuite des circonstances, que ce furent nos ennemis eux-mêmes qui m'y conduisirent pas à pas...

Souvent il a des accès de colère. Ce n'est là ni orgueil ni cruauté comme veulent le faire croire ses gardiens, mais la rage de voir à quel point il est tombé — et combien, souvent, on lui « manque », selon son expression. Il tyrannise son entourage. Lorsqu'il ne dort pas, il appelle en pleine nuit l'un de ses malheureux officiers — et ceux-ci doivent se présenter en uniforme, comme aux Tuileries — pour dicter une éternelle protestation adressée au monde ou une tout aussi éternelle explication de la bataille de Waterloo.

— Vous ne composez plus qu'une poignée au bout du monde, avait déclaré l'Empereur à ses compagnons, le matin du lundi 1er janvier 1816 : votre consolation doit être au moins de vous y aimer.

Ils ne s'aimaient guère, en effet, et se jalousaient âprement. Dans cette série de logements où ils vivent entassés, les hommes ont des querelles de préséances ou de fonctions et les deux femmes se traitent mutuellement de « catins » !

Ses compagnons ne pensent bientôt plus qu'à abandonner cet affreux rocher. Le chambellan Las Cases — pourtant le mieux traité — quittera l'île le premier, dès la fin de 1816. Gourgaud, irritable, écorché vif, s'en ira lui aussi, le 1er février 1818.

Ce fut ensuite le tour d'O'Meara de quitter Sainte-Hélène. Il refusait de rapporter à Hudson Lowe les potins de Longwood. Il n'en avait pas toujours été ainsi d'ailleurs, mais le gouverneur était parvenu à se faire détester par le médecin qui refusait maintenant d'espionner les prisonniers... Le conflit entre les deux hommes deviendra aigu ; le gouverneur ira jusqu'à interdire à l'Irlandais de quitter Longwood pour Jamestown, attitude qui conduira le médecin de l'Empereur à se décider à abandonner son malade et à regagner l'Europe.

L'Empereur estimait que Lowe n'avait pas le droit de lui imposer un praticien de son choix qui, selon lui, deviendrait une manière d'espion placé à son chevet par le gouverneur. Aussi, durant les six mois qui vont suivre, Napoléon demeurera sans autres soins que ceux appliqués par ses fidèles en suivant les prescriptions d'O'Meara.

Au mois de janvier 1819, l'Empereur est si peu bien — les évanouissements succèdent aux évanouissements, il se plaint d'une violente douleur au côté droit — qu'il accepte de se faire examiner par un ami d'O'Meara, médecin à bord du *Conqueror*, le docteur Stokoë. Celui-ci diagnostique une hépatite chronique.

— Combien de temps peut-on vivre avec une maladie de cette sorte ? questionne-t-il.

— Mon Dieu ! il y a des gens qui atteignent avec cela un âge fort avancé.

— Oui, mais les chances sont-elles les mêmes dans un climat tropical ?

— Non.

— Quel est le danger à craindre ?

— Que l'hépatite devienne aiguë.

Stokoë répète le mot à Hudson Lowe. Ce mot qui, répandu en Europe, aurait prouvé l'indéniable climat insalubre du plateau de Longwood, avait le don de mettre le gouverneur en transes. Aussi mène-t-il la vie dure à Stokoë et celui-ci préfère, lui aussi, demander son rapatriement.

Et l'Empereur — durant sept nouveaux mois — demeura sans médecin... Il lui faudra attendre l'arrivée d'un fort médiocre praticien, le docteur Antommarchi, envoyé à Sainte-Hélène par Madame Mère. Celle-ci avait désigné le premier venu : une voyante lui ayant fait croire que son fils avait été enlevé de l'île par des anges...

Au début du mois de mars 1819, Napoléon apprend que les souverains et les ministres, réunis en congrès à Aix-la-Chapelle, ont décidé de maintenir à Sainte-Hélène jusqu'à sa mort le prisonnier de l'Europe — ce « pouvoir de la Révolution, concentré dans un individu ». Voici le vaincu, ainsi que l'a demandé la Russie, « mis hors la loi des nations » ! Jusqu'alors Napoléon avait espéré pouvoir un jour quitter sa prison. Désormais le rocher sera son tombeau ! Et il n'a pas encore cinquante ans ! La désillusion est totale, atroce ; il s'enferme chez lui et refuse de sortir. Il se sent, ce soir-là, bien bas... Ses insomnies deviennent interminables — et lorsqu'il émerge, tout en sueur, d'un bref sommeil lourd et épais, c'est pour retrouver la médiocrité de la *courette* et, toujours, le plateau, où soufflent les permanents alizés...

Après Las Cases, Gourgaud, O'Meara, Stokoë, c'est au tour de Albine de Montholon de prendre la détermination de quitter l'île. Elle a mis au monde la petite Napoléone et ses couches l'ont fatiguée. Elle doit en outre s'occuper de ses deux enfants laissés en France. Montholon devait accompagner sa femme. Grâce à de mirifiques promesses testamentaires, Napoléon parviendra à le persuader de demeurer encore deux ans près de lui.

Le 1er juillet 1819, Mme de Montholon et ses enfants sanglotent en quittant Longwood pour toujours. L'Empereur qui a pour Albine reconnaissance et affection — on ignore jusqu'où les choses sont allées... — voit s'éloigner le petit groupe de l'humble maison de bois, et il pleure « peut-être pour la première fois de sa vie », écrira Montholon à sa femme.

Le malheureux veut ensuite rendre visite à Mme Bertrand, assez souffrante, ce soir-là. En sortant, il voit les sentinelles qui s'approchent déjà de la demeure. Il renonce à sortir, rentre chez lui et manque de tomber : deux rats viennent de lui passer entre les jambes...

De nouveau, l'Empereur se sent moins bien. Pour la première fois, il écrit son testament et refuse de quitter sa chambre. Angoissé par la crainte d'une évasion, Hudson Lowe accourt à Longwood et exige que l'officier d'ordonnance — c'est alors le capitaine Nicholls — posté dans les communs de la demeure de l'Empereur, puisse remplir sa mission : il doit s'assurer de la présence du prisonnier. Un jour il se hisse jusqu'à la fenêtre de la petite pièce où Napoléon prend son bain et — il l'écrira dans son rapport — voit l'Empereur *in naturalibus*. Cela ne suffit pas à sir Hudson qui rôde autour de la maison, envoie un officier frapper aux portes, convoque les domestiques, demande à parler à Montholon ou à Bertrand — et finalement donne l'ordre à Nicholls de voir le « général », même par la force. Napoléon fait alors mettre des barres derrière les volets de ses fenêtres, et placer des fusils et des pistolets près de son lit. « Il jurait, nous dit Ali, d'étendre sur le seuil de la porte celui qui serait assez hardi pour franchir cette limite. Il ajoutait qu'on ne pénétrerait dans son intérieur que lorsque lui, Napoléon, ne serait plus qu'un cadavre. »

Un voile noir va continuer à former un écran entre Longwood et le reste du monde. C'est maintenant presque la solitude. L'Empereur ne reçoit plus d'étrangers. Montholon a laissé partir Albine avec un sentiment voisin de l'épouvante. Il déclare à Lowe « qu'il ne prolongera pas son séjour dans l'île plus de six mois après le départ de sa femme ». Mme de Montholon a d'ailleurs reçu la mission de trouver un remplaçant. Les Bertrand, eux aussi, ne pensent qu'à la relève...

Le proscrit ne parvient pas à oublier Albine. Le départ de Mme de Montholon continue à le bouleverser et à assombrir ses pensées.

— Votre femme semait des fleurs sur ma tombe, explique-t-il à Montholon, depuis son départ il n'y croît plus que des ronces.

Des ronces ! Il pense, en prononçant ce mot, à Fanny.... Mme Bertrand ne vient plus à Longwood et refuse d'accompagner le prisonnier dans ses promenades. Depuis le départ de la comtesse de Montholon, le charme indéniable de la femme du grand maréchal a agi sur l'exilé. Il s'est mis à aimer son « buste de salon ».... L'élégante Fanny est grande, mince, blonde aux yeux noirs. Seul le nez fâcheusement proéminent gâte un peu le visage. Napoléon lui fait comprendre qu'une place est à prendre.

— Elle est si sotte qu'elle ne vient pas me voir, constate l'Empereur ; et pourtant je pourrais lui donner un médaillon de diamants.

Mais Fanny se drape dans sa dignité : il ne peut être question de tromper le grand maréchal !

Un jour, Napoléon déclare à Bertrand :

— Vous auriez dû prostituer votre femme. Vous vous deviez de la décider.

« Au reste, ajoute le général Bertrand avec humour et en parlant de lui à la troisième personne, il y avait cet avantage avec le grand maréchal qu'il approuvait toujours l'Empereur et ne se plaignait jamais ! »

On comprend que le grand maréchal ne désire lui aussi qu'une chose : quitter l'île. Mais Napoléon ne veut pas le laisser partir — sauf dans le cas d'une relève. Marchand voit un jour sur le bureau de son maître une liste de noms tracés au crayon : Caulaincourt, Rovigo, Ségur, Montesquiou, Daru, Drouot, Turenne, Arnaud, Denon. Le proscrit se refuse à envisager de n'avoir plus auprès de lui et en face des Anglais, un ancien grand officier de la Couronne — ce que Montholon n'était pas. D'ailleurs, ce dernier, lui aussi, ne pense plus qu'à rejoindre sa femme.

Mais les grands officiers auxquels pensait l'Empereur accepteront-ils de tout quitter pour aller s'enterrer vivants sur ce rocher ?

Seul le silence répond à l'Empereur. Aussi le voit-on ordonner à Montholon de déclarer à Hudson Lowe « qu'il s'en remettait entièrement au choix qui serait fait par le roi Louis XVIII et ses ministres et recevrait avec plaisir toute personne qui aurait été employée dans sa maison civile ou militaire ou au Conseil d'État... »

Il en était là ! Demander à Louis XVIII de choisir ses compagnons de captivité ! Il le dira un jour à Marchand, en soupirant :

— Nous serons bientôt seuls tous les deux...

L'état de santé de l'Empereur s'aggravait de jour en jour, et les deux généraux étaient désormais rivés à leur chaîne. Le 5 décembre 1820, Montholon écrivait à sa femme : « La maladie de l'Empereur a pris une mauvaise tournure ; à son affection chronique s'est jointe une maladie de langueur bien caractérisée ; sa faiblesse est devenue telle qu'il ne peut faire aucune fonction vitale sans éprouver une fatigue extrême, et souvent perdre connaissance... »

Ce n'est maintenant plus seulement une immense fatigue : il souffre affreusement :

— Je ne sais ce que j'ai à l'estomac ; la douleur que je ressens est comme celle que ferait un couteau qu'on y aurait enfoncé et qu'on se plairait à remuer.

En ce début de l'été austral, il sort encore le matin en robe de chambre et s'assoit pesamment dans le jardin sur son fauteuil pliant ou sur les marches du petit perron entouré d'un croisillon de guinguette.

— Ah ! moi, soupire-t-il, pauvre moi !

Afin de lutter contre l'atonie, il fait confectionner dans le parloir une bascule — un tape-cul — Montholon se met à un bout — avec un sac de plomb — et l'Empereur se place à califourchon sur l'autre branche. Telles seront, en compagnie de son dernier officier, ses dernières chevauchées.

Bientôt, il perd l'appétit, « excepté quelques très minces lèches de pain trempées dans du jus de gigot, quelques petites cuillerées de gelée de viande et quelques rouelles de pommes de terre frites. Pour boisson, il ne prend qu'un demi-verre de vin mêlé à autant d'eau. Une goutte de café termine le repas. » Puis il s'étend sur son canapé où il reste environ une heure avant de se mettre au lit. Sa faiblesse, dès le début du mois de mars 1821, devient extrême. Montholon écrit encore à Albine — le 5 mars : « C'est aujourd'hui un cadavre qu'un souffle de vie anime, au physique et au moral ; ce maudit Sainte-Hélène l'aura tué. »

Le 16 mars, l'effort pour se lever est insurmontable :

— En quel état suis-je tombé ! J'étais si actif et alerte ! A peine si je puis à présent soulever ma paupière ; mais je ne suis plus Napoléon !

Son teint est maintenant « jaune à faire peur ». Sa tête retombe sur sa poitrine. Prostré dans une demi-torpeur, son sommeil n'est plus qu'une rêverie, un long accablement plutôt.

De quelle maladie meurt-il ? On le saura par l'autopsie, « la surface interne de l'estomac, dans presque toute son étendue, n'était qu'une masse d'affections cancéreuses ou de portions squirreuses prêtes à se cancériser : ceci était surtout remarquable près du pylore ». Le foie, sans hypertrophie, était un peu plus gros qu'à l'ordinaire, mais, précise encore le texte des médecins, « la surface convexe du lobe gauche du foie adhérait au diaphragme. À l'exception des adhérences causées par la maladie de l'estomac, aucune altération morbide n'était apparente au foie. »

Enfin, il accepte d'être soigné par le médecin anglais Arnott. Mais il est trop tard...

Napoléon va livrer sa dernière bataille. Cet homme rongé par le cancer, ce prisonnier dont le corps est sans relâche secoué par des vomissements, cet agonisant qui ne se nourrit plus que de gelée de viande et demande d'une pauvre voix à Arnott « si l'on meurt de faiblesse et combien de temps l'on peut vivre en mangeant aussi peu qu'il le fait », ce mourant va dicter d'abord, écrire ensuite, en s'appliquant, afin de rendre lisible son effroyable écriture, un texte que l'on ne peut lire sans éprouver une intense émotion :

« Ce jourd'hui, 15 avril 1821, à Longwood, île de Sainte-Hélène.

« Ceci est mon testament ou acte de ma dernière volonté.

« Je meurs dans la religion apostolique et romaine, dans le sein de laquelle je suis né, il y a plus de cinquante ans.

« Je désire que mes cendres reposent sur les bords de la Seine, au milieu de ce peuple français que j'ai tant aimé. »

Il n'ignore pas que Marie-Louise l'a oublié — il ne se doute d'ailleurs pas à quel point ! — et il trace ces mots :

« J'ai toujours eu à me louer de ma très chère épouse Marie-Louise ; je lui conserve jusqu'au dernier moment les plus tendres sentiments ; je la prie de veiller pour garantir mon fils des embûches qui environnent encore son enfance.

« Je recommande à mon fils de ne jamais oublier qu'il est né prince français, et de ne jamais se prêter à être un instrument entre les mains des triumvirs qui oppriment les peuples de l'Europe. Il ne doit jamais combattre, ni nuire en aucune manière à la France ; il doit adopter ma devise : *Tout pour le peuple français.*

« Je meurs prématurément, assassiné par l'oligarchie anglaise et son sicaire ; le peuple anglais ne tardera pas à me venger.

« Les deux issues si malheureuses des invasions de la France, lorsqu'elle avait encore tant de ressources, sont dues aux trahisons de

Marmont, Augereau, Talleyrand et La Fayette. Je leur pardonne, puisse la postérité française leur pardonner comme moi... »

C'est à son fils qu'il lègue tous les lambeaux de sa gloire, et sur lesquels il a si souvent posé ses yeux de prisonnier :

« Mes armes ; savoir : mon épée, celle que je portais à Austerlitz, mon poignard, mon glaive, mon couteau de chasse, mes deux paires de pistolets de Versailles. Mon nécessaire d'or, celui qui m'a servi le matin d'Ulm, d'Austerlitz, d'Iéna, d'Eylau, de Friedland, de l'île de Lobau, de la Moskowa et de Montmirail... »

Dans la pauvre petite maison de bois, tandis que le vent souffle, c'est toute l'épopée qui renaît :

« Ma lunette de guerre, celle de France, mes ordres, mes lits de camps, mes uniformes, le grand collier de la Légion d'honneur, mes éperons, le glaive de Consul, le collier de la Toison d'or, mes trois flacons d'argent où l'on mettait mon eau-de-vie que portaient mes chasseurs en campagne, le réveille-matin de Frédéric II que j'ai pris à Potsdam, le sabre de Sobieski. » Voici le dernier trophée : « quatre boîtes trouvées sur la table de Louis XVIII, aux Tuileries, le 20 mars 1815... »

Et toutes les dix lignes reviennent en leitmotiv ces dix mots — cet alexandrin : *les remettre à mon fils lorsqu'il aura seize ans.*

Avec son admirable prescience, Napoléon a deviné qu'à l'âge de seize ans, celui que l'on avait affublé du titre de duc de Reichstadt — et de tout un lot de noms de seigneuries tchèques, imprononçables même pour un Autrichien — pourrait alors recueillir son éblouissant héritage. Certes Metternich veillait : les exécuteurs testamentaires n'auront pas l'autorisation de remettre au fils de l'Aigle les reliques de Sainte-Hélène. Le petit prisonnier de la Hofburg avait dû cesser de lutter ; il était devenu un prince autrichien, pensant et écrivant en allemand, appelant dans ses devoirs son père *M. de Buonaparte* et les Français *l'ennemi*. A la veille de ses seize ans, la lecture du testament de Napoléon trouvé dans les *Mémoires* de Montholon, qui avaient paru en 1825, sera pour lui comme un voile qui se déchire... Il cessera d'être un Habsbourg pour devenir un Bonaparte.

Le 20 avril, pour la dernière fois, il s'adresse, par-dessus la tête d'Arnott, au gouvernement britannique :

— Je suis venu m'asseoir au foyer du peuple britannique, demandant une loyale hospitalité, et contre tout ce qu'il y a de droits sur la terre, on m'a répondu par des fers ; j'eusse reçu certainement un autre accueil d'Alexandre, de l'empereur François, du roi de Prusse même ; ces princes eussent été plus généreux. Mais il appartenait à l'Angleterre d'entraîner les rois et de donner au monde le spectacle inouï de quatre grandes puissances s'acharnant sur un seul homme. C'est votre ministère qui a choisi cet affreux rocher où se consomme en quelques années la vie des Européens, pour y achever la mienne par un assassinat. Comment m'a-t-on traité depuis que je suis ici ? Il n'y a pas d'indignité dont on ne se soit fait joie de m'abreuver ! Les plus simples communications de famille m'ont été refusées ; on n'a laissé arriver jusqu'à moi aucune nouvelle de ma femme et de mon fils ; pour demeure, on m'a donné l'endroit le moins fait pour être habité, celui où le climat meurtrier du tropique se fait le plus sentir ; il m'a fallu me renfermer entre quatre cloisons dans un air malsain, moi qui parcourais à cheval toute l'Europe. Voilà, docteur, l'hospitalité que j'ai reçue de votre gouvernement ; je suis assassiné longuement, en détail, avec préméditation, et l'infâme Hudson Lowe est l'exécuteur des hautes œuvres de vos ministres. Vous finirez comme la superbe république de Venise et moi, mourant sur cet affreux rocher, je lègue l'opprobre de ma mort à la maison régnante d'Angleterre.

Il a parlé pour la postérité...

Le lendemain, il demande à l'ignorant abbé Vignali "une sorte de prêtre" envoyé, lui aussi, par Madame Mère à son fils :

— Savez-vous ce que c'est qu'une chambre ardente ?

— Oui, Sire.

— En avez-vous desservi ?

— Aucune, Sire.

— Eh bien, vous desservirez la mienne, lorsque je serai à l'agonie ; vous ferez dresser un autel dans la pièce voisine, vous exposerez le Saint-Sacrement et vous direz les prières des agonisants ; je suis né dans la religion catholique, je veux remplir les devoirs qu'elle impose et recevoir les secours qu'elle administre.

Le 27 avril, il est transporté dans le salon où l'on pourra plus facilement le soigner. L'un des petits lits de campagne est monté en face de la cheminée noire, entre les deux fenêtres à guillotine.

Est-ce la fin ? Pas encore. Dans la nuit du 28 au 29 avril, il appelle Marchand pour un dernier codicille. Le fidèle valet de chambre ne peut mettre la main sur une feuille de papier, il prend une carte à jouer, un crayon, et, dans l'obscurité, trace ces mots : « Je lègue à mon fils ma maison d'habitation d'Ajaccio et ses dépendances, deux maisons aux environs des salines avec jardins, tous mes biens dans le territoire d'Ajaccio pouvant lui donner cinquante mille livres de rente... Je lègue à mon fils... »

Il s'arrête, soupirant .

— Je suis bien fatiguée, nous continuerons demain.

Le 2 mai, l'Empereur est comme un enfant doux et calme. Arnott lui fait prendre un peu de vin avec du sucre. Après chaque gorgée, il répète :

— *Good... very good.*

« On l'a changé de gilet de flanelle, note Bertrand. On a pansé le vésicatoire du ventre. Il a manqué se trouver mal. Très faible, les yeux mourants, il regarde Marchand avec un regard qui inspire la pitié et avec l'air de dire : *Vous avez de la cruauté de me tourmenter*. Toute la journée, il n'a plus eu la force de rien refuser ; il a pris tout ce qu'on lui a présenté, a fait ce qu'on a voulu, sans rien dire. Il n'a parlé que par des regards (sauf) en deux circonstances. Le hoquet devenait fréquent, on lui a fait avaler une cuillerée d'éther qui l'a calmé et lui a procuré quelques minutes de sommeil ; la deuxième fois, il a dit : “Coquin de Marchand !” A onze heures et demie on a changé son drap de dessus ; il a dit au grand maréchal qui, fort trempé, lui avait pris la main : “Vous avez bien chaud.” Une autre fois : “Mon ami, chassez les mouches.”

Une consultation, à la demande du gouverneur, réunit plusieurs médecins. Ils préconisent de laver les reins du malade avec de l'eau de Cologne...

— Quel résultat de la science ! trouve encore la force de s'exclamer l'Empereur, brusquement sorti de l'inconscience, lorsqu'on lui fait part de la décision prise par les praticiens. Quelle consultation ! Laver les reins avec de l'eau de Cologne ? Bon ! Quant au reste, je n'en veux pas.

Le reste ? Il s'agissait de calomel que l'on parvint à lui donner sans qu'il sans aperçoive — ou plutôt, lorsqu'il s'en aperçoit il est trop tard et il se contente de soupirer :

—Ah ! toi aussi, Marchand, tu me trompes !

L'effet — une évacuation « qui ressemblait à la poix ou au goudron » — est considérable. Il faut de nouveau changer les draps — pour la dernière fois. Ali le soutient. Napoléon lui donne un coup de poing dans le flanc en geignant :

— Ah ! coquin, tu me fais mal.

Ce soir-là, l'agonisant appelé l'abbé Vignali. Lorsqu'il sort de la chambre, l'abbé annonce à Marchand :

— L'Empereur vient d'être administré, l'état de son estomac ne permet pas un autre sacrement.

« Je rentrai chez l'Empereur que je trouvai les yeux fermés, a raconté Marchand, le bras étendu sur le bord de son lit ; je mis un genou en terre et j'approchai mes lèvres de sa main sans que ses yeux s'ouvrissent. Je prévins Saint-Denis qui en fit autant, sans que l'Empereur les ouvrît davantage. Je continuai à rester seul debout devant le lit de l'Empereur comprimant mes sanglots mais laissant couler mes larmes. »

L'Empereur sort cependant de sa léthargie pour demander d'une voix sourde à Marchand :

— Comment s'appelle mon fils ?

— Napoléon.

Le vendredi 4 mai — veille de sa mort — il fait un temps affreux. La pluie tombe sans discontinuer, le vent menace de tout détruire. Le saule sous lequel l'Empereur aimait tant s'asseoir est déraciné. Durant toute la journée, le mourant, de plus en plus affaibli, demeure prostré, semblant privé de tout sentiment. Dès qu'il boit un peu d'eau sucrée, il la rejette.

Vers deux heures du matin Montholon croit entendre ces mots sortir des lèvres de l'agonisant :

— France, armée, tête de l'armée, Joséphine...

Selon d'autres, il aurait également murmuré :

— Mon fils.

Le jour du samedi 5 mai se lève. Il fait beau. On hisse le signal annonçant à *Plantation-House* : « Le général Bonaparte est en danger imminent. » Hudson Lowe accourt. Il veut attendre à Longwood le dénouement. A son arrivée, il apprend que son prisonnier a perdu toute conscience. Le soleil entre à flots dans le salon. L'Empereur ne fait pas un mouvement et ne chasse même plus d'un geste machinal les mouches qui l'ont tant importuné ces deniers temps. Peu à peu tous les Français ont envahi la pièce pour voir mourir Napoléon. Le visage livide, les yeux voilés, à demi ouverts, il fixe le pied du lit. Sa main droite inerte et moite pend le long du drap. Ce n'est plus qu'un moribond dont les râles sont entrecoupés par les sourds et sifflants gémissements de l'agonie. A sept heures et demie, il s'évanouit, mais la vie revient. A huit heures, à son œil gauche, perle une larme qui coule doucement sur sa joue.

Bertrand l'essuie.

Durant toute la journée, les derniers fidèles, auxquels se sont joints Arnott, les enfants de Bertrand, et les femmes de Noverraz, d'Ali et d'Archambault — en tout seize personnes — ne quittent pas des yeux le visage de cire, devenu émacié, et dont les traits vont peu à peu ressembler à ceux du général Bonaparte. Le silence n'est troublé que par le tic-tac de la pendule.

A la fin de l'après-midi, la respiration devient courte et difficile. Napoléon s'abandonne maintenant lentement, très lentement, et glisse vers la mort. Au moment où le soleil s'enfonce dans la mer, la respiration s'arrête. Antommarchi touche la veine jugulaire et incline la tête. Quelqu'un se lève et arrête la pendule.

Il est cinq heures quarante-neuf minutes.

Laissant couler leurs larmes, ils vont, un à un, baiser la main du mort.

Lowe, son état-major et l'inutile Montchenu, le représentant de Louis XVIII que Napoléon a toujours refusé de recevoir, se sont inclinés, talons joints, devant le corps placé entre les deux fenêtres du salon à l'endroit même où il est mort.

— Le reconnaissez-vous ? demande à mi-voix le gouverneur au marquis.

— Oui, je le reconnais.

L'autopsie terminée, le moule en plâtre du visage pris tant bien que mal, le corps, revêtu de l'uniforme légendaire de colonel des chasseurs à cheval, l'épée au côté, un crucifix sur la poitrine, est étendu sur l'un des deux lits de camp. Le visage est d'une surprenante beauté. « Dans la mort, dira l'Anglais Shortt, sa figure était la plus splendide que j'aie pu contempler ; elle semblait avoir été formée pour conquérir. » Les habitants de l'île, les officiers et les soldats de la garnison défilent toute la journée. Plusieurs s'agenouillent et, avec le pouce, font le signe de la croix sur le front de l'Empereur. Un sous-officier s'approche, tenant par la main un enfant, et murmure :

— Viens, viens voir le grand homme : le grand Napoléon.

A Vienne, à l'annonce de la mort de Napoléon, la rente monte de deux thalers. Le prisonnier de l'Angleterre, le petit caporal cloué par le cancer sur son lit de fer, faisait encore trembler le monde...

Alors que la mort rôdait déjà sur le plateau de Longwood, après avoir achevé son testament, Napoléon avait appelé Montholon pour lui dicter une lettre et ce que le général écrivit sur l'ordre du mourant est certainement, parmi les centaines de milliers d'écrits du grand empereur, le texte le plus extraordinaire.

— Montholon, écrivez. Voici la lettre que vous enverrez à Hudson Lowe lorsque j'aurai rendu le dernier soupir :

« Monsieur le Gouverneur, l'Empereur Napoléon est mort le... (vous mettrez la date, Montholon...) à la suite d'une longue et pénible maladie. J'ai l'honneur de vous en faire part. Il m'a autorisé à vous communiquer, si vous le désirez, ses dernières volontés. Je vous prie de me faire savoir quelles sont les dispositions prescrites par votre gouvernement pour le transport de son corps en Europe, ainsi que celles relatives aux personnes de sa suite. »

L'Empereur mort, Montholon qui a été nommé par Napoléon premier exécuteur testamentaire, prend le pas sur le grand maréchal et remplit le blanc laissé dans le texte de la lettre, puis il fait porter le document au gouverneur et lui communique le désir de l'Empereur d'être enterré en France.

Le gouverneur lui répond que la question a déjà été tranchée dès le mois de septembre 1817 par le gouvernement britannique et confirmée par lord Bathurst en 1820 : le corps du « général Bonaparte » ne doit point quitter l'île. Le choix du lieu de l'inhumation est laissé aux soins de ses exécuteurs testamentaires. Bertrand demande alors la parole pour rappeler que, lorsqu'il demeurait encore à *Hutt's Gate*, l'Empereur était descendu un jour avec lui vers la vallée que l'on baptisera plus tard *Geranium Valley*, un repli de terrain qui faisait partie du vaste « Bol à punch du Diable ».

En quittant le vallon, Napoléon avait dit à son compagnon : « Bertrand, si après ma mort, mon corps reste entre les mains de mes ennemis, vous le déposerez ici. »

Il n'y a donc point à hésiter. C'est là que Napoléon ira reposer.

— Je pense que vous ne voulez pas mettre d'inscription sur la pierre tombale, avait encore déclaré Lowe, parce qu'il faudrait mettre des titres que je ne puis permettre.

— Non, nous voulons seulement mettre *Napoléon né en 1769, mort en 1821.*

— Je ne puis pas permettre que l'on mette *Napoléon* seulement ; il faut mettre *Napoléon Bonaparte.*

Bertrand et Montholon refusent — et la lourde dalle qui scellera le tombeau va demeurer sans nom.

Le jeudi 10 mai, le lourd cercueil posé sur l'ancienne voiture de l'Empereur transformée en corbillard, tirée par quatre chevaux, prend le chemin de la vallée. Toute la garnison fait la haie ; les forts et les navires tirent des salves ; les musiques militaires jouent au passage du cortège funèbre. L'abbé Vignali se trouve en tête du défilé avec le petit Henri Bertrand qui fait office d'enfant de chœur. Le drap mortuaire est tenu par les trois exécuteurs testamentaires : Bertrand, Montholon, Marchand et par le jeune Napoléon Bertrand. Puis viennent douze grenadiers sans armes, qui porteront le cercueil lorsque le chemin se détachera de la route et ne permettra plus à la voiture de poursuivre la descente. Marchent ensuite le cheval de l'Empereur tenu par Archambault, puis tous les domestiques de Longwood, enfin une voiture où ont pris place Mme Bertrand, sa fille et son plus jeune fils. Lowe suit le cercueil de son prisonnier avec ses officiers et Montchenu, qui maintenant représente également l'Autriche et qui n'est venu en somme à Sainte-Hélène que pour assister à l'enterrement de « l'Usurpateur ».

Les prières dites, on descend le cercueil dans la fosse, puis la lourde dalle pivote et les ultimes fidèles ont brusquement l'impression d'une écrasante solitude...

Un poste de douze soldats anglais demeurera là durant dix-neuf années. Parmi les géraniums plantés par Mme Bertrand, une sentinelle dans son uniforme rouge veillera sur le corps demeuré prisonnier de son implacable ennemi.

Le roi Louis-Philippe a demandé à l'Angleterre qu'on veuille bien rendre à la France les restes de Napoléon. L'amiral prince de Joinville, le fils du roi, est allé chercher le cercueil de l'Empereur, à bord de la *Belle Poule* et, le 14 décembre 1845, le corps arrive par la Seine à Neuilly, aux portes de Paris.

Les survivants de la Grande Armée ont tiré de leur armoire leurs vieux uniformes et, beaucoup traînant la jambe, ont pris le chemin du pont de Neuilly. Par un froid de moins huit degrés, ils veulent veiller sur le dernier sommeil de l'Empereur. Des feux s'allument. Roulés dans leurs manteaux, tout comme autrefois, les anciens se croient revenus au temps des bivouacs à l'époque où le Petit Tondu faisait la guerre avec leurs jambes. Ils s'endorment... et derrière leurs paupières closes toute l'épopée passe dans un rêve...

Alors qu'un affût de canon eût seul convenu au sarcophage impérial, on préféra construire un char-monument long et haut de dix mètres, large de cinq. Quatorze statues symbolisant les victoires impériales supportaient triomphalement sur un bouclier un cénotaphe voilé de crêpe, semé d'abeilles d'or. Étant donné le poids de ce véritable monument, on avait trouvé plus prudent de dissimuler le cercueil dans les soubassements du char funèbre tiré par seize chevaux caparaçonnés d'or et tenus par des valets à la livrée impériale.

Vingt et un coups de canon donnent le signal du départ. Toutes les troupes de Paris précèdent le cortège ou font la haie, contenant difficilement une foule énorme qui, entre les shakos et les bonnets à poil, regarde l'extraordinaire spectacle. Puis vient le cheval de bataille de l'Empereur portant la selle et le harnachement du Premier consul — en réalité une monture provenant des écuries royales.

Quatre-vingt-sept sous-officiers à cheval tiennent bien haut les drapeaux sur lesquels sont écrits les noms des quatre-vingt-six départements et de l'Algérie ; chaque lance de drapeau est surmontée d'une aigle aux ailes étendues. Puis, c'est le prince de Joinville, à cheval, en grand uniforme de capitaine de vaisseau. Les quatre cents marins de la frégate la *Belle-Poule* entourent le char funèbre et marchent sur deux files. A droite et à gauche du char, le maréchal Oudinot, duc de Reggio, le maréchal Molitor, l'amiral Roussin et le général Bertrand, tenant les quatre cordons du poêle impérial. Suivent les anciens aides de camp et les officiers civils et militaires de la maison de l'Empereur.

« Le canon gronde, a raconté Valérie Masuyer, filleule de l'impératrice Joséphine, les cloches sonnent, les drapeaux s'inclinent. Aux coups de midi, par un froid qui rappelle la retraite de Russie, mais sous un soleil qui évoque le souvenir de celui d'Austerlitz, le char s'avance traîné par seize chevaux couverts de velours violet aux armes de l'Empire. Sous ce dôme d'or formé par les emblèmes, les guirlandes, les trophées supportant la couronne faite de gloire et d'épines, l'Empereur caché est cependant visible ! Oui, on le voit pauvre officier, général, consul, vainqueur, vaincu, captif, toujours grand. Par son murmure recueilli, la foule, comme en extase, semble l'acclamer encore, mais doucement pour ne pas troubler son repos : sa dernière conquête... »

L'Empereur, revêtu du légendaire uniforme de colonel des chasseurs de la garde, sur son char, entouré de Victoires, passe sous l'arc de triomphe de l'Étoile, cette arche à la mesure de sa gloire et qu'il a offerte à Paris. Au son d'une marche funèbre, il descend la plus belle avenue du monde que, d'un coup de plume, traça un jour le jardinier du Roi-Soleil.

A Sainte-Hélène, l'Empereur avait prédit à ses compagnons :

— Vous entendrez encore Paris crier *Vive l'Empereur !*

Et la foule, en voyant marcher maintenant derrière le cercueil ces vétérans de gloire, les salue du cri qui, autrefois, sur les champs de bataille, faisait trembler l'ennemi, leur annonçant que Napoléon était présent — et qu'il allait les battre :

— Vive l'Empereur !

Grenadiers, chasseurs de la vieille garde, dragons de l'Impératrice, dragons de la mort, lanciers rouges, tous passent, bombant le torse, relevant la tête pour cette ultime parade, pour ce défilé de fantômes. Et le cœur de ces revenants bat à se rompre tandis qu'ils accompagnent leur Empereur vers le dôme étincelant d'or qui préservera désormais son sommeil éternel.

Le maréchal Moncey, gouverneur des Invalides, âgé de quatre-vingt-sept ans, s'est fait porter dans son fauteuil jusqu'au pied du catafalque. Depuis huit jours, il suppliait son médecin :

— Docteur, faites-moi vivre encore un peu. Je veux recevoir l'Empereur !

A l'entrée du dôme, Louis-Philippe s'avance au-devant du cortège. A sa demande, Bertrand place l'épée de Napoléon sur le cercueil et Gourgaud y dépose le chapeau légendaire.

Lorsque fut terminé le long service religieux, on entendit Moncey murmurer :

— A présent, rentrons mourir...

— À [illegible]

— Vive [illegible]

Et le soleil [illegible] vétérans [illegible] chaque [illegible] de bataille [illegible] Napoléon était présent [illegible]

— Vive l'Empereur !

[illegible] de la vieille garde [illegible] de l'Empereur, [illegible]

[illegible]

leur [illegible] avec [illegible]

[illegible]

[illegible]

À [illegible] place [illegible]

[illegible]

Sources

Je voudrais tout d'abord exprimer ma profonde reconnaissance au si regretté comte Roger Walewski, descendant de la comtesse Marie Walewska qui, avec sa famille, a bien voulu, dans l'intérêt de la vérité historique, m'autoriser à utiliser des documents provenant de ses archives. D'abord d'émouvants extraits inédits du *Journal* intime de « l'épouse polonaise » de Napoléon, ensuite une quinzaine de lettres de l'Empereur à Marie. Cette précieuse correspondance avait été mise en vente en 1953, puis retirée de la salle Drouot à la demande de la famille Walewski à qui ces documents appartenaient. Placés sous séquestre, ils furent ensuite attribués aux héritiers légitimes qui ont bien voulu me permettre de les reproduire. En vue de la vente, quelques fragments de ces lettres furent révélés en 1953, mais, faute de l'autorisation des propriétaires, ils n'ont pu être transcrits par les historiens, et leur texte intégral est publié ici pour la première fois.

J'ai pu enrichir ce volume d'autres documents inédits écrits par des combattants des guerres napoléoniennes : le capitaine (puis colonel) Dupin dont j'ai fréquemment reproduit les textes colorés et savoureux, le capitaine Perdignan, le garde d'honneur Lambry, l'adjudant de la garde impériale Corniquet, souvenirs appartenant aujourd'hui à leurs descendants, respectivement à Mesdames Robert-Axel Egnell et Edmond Hennebert. Messieurs Guy Combarieu, R. Buffini et de Monzon.

Je leur exprime toute ma reconnaissance.

J'ai pu copier à Moscou trois ou quatre lettres inédites écrites en français par le général Raïevski, le héros de Borodino, concernant la retraite de Russie et conservées au musée d'Histoire de la place Rouge. J'ai également pu utiliser une lettre encore inconnue de Louis-Edmond Rostant, maire d'Orgon en 1814, et qui donne de précieux détails sur le dramatique passage de Napoléon le lundi 25 avril.

Les archives de l'Observatoire ont été soigneusement conservées et, en faisant photocopier de longues séquences de l'*État de l'air* — observations météorologiques effectuées cinq ou six fois chaque jour —, il m'a été aisé d'indiquer le temps qu'il faisait à Paris entre 1784 et 1815.

Outre de nouveaux sondages aux Archives nationales (particulièrement dans la série FIC 3), je me suis servi de documents inédits provenant des Archives nationales ou d'archives étrangères et privées qui m'ont permis d'écrire mes précédents ouvrages : *Bonaparte ; Napoléon ; Le Grand Siècle de Paris ; L'Aiglon, Napoléon deux ; Joséphine* et, enfin, *Les Grandes Heures de Napoléon* (6 vol.). (Cf. les chapitres « Sources » de ces livres.)

La lettre de Denon concernant l'inhumation de Desaix et sur laquelle Napoléon traça quelques lignes avait été transmise, sur l'ordre de l'Empereur, à Berthier. Le document, conservé à Grosbois, avait été emporté par le maréchal Goering lors de son séjour au château, au cours de la dernière guerre. Mon ami Me Mario Campana a pu retrouver cette pièce et a bien voulu me l'offrir — ce dont je le remercie très vivement.

*

Dans ce livre, mon but a été principalement de mettre mes pas dans ceux de l'Empereur, aussi dois-je tout d'abord dire combien j'ai d'obligation vis-à-vis de ceux qui m'ont permis de mener à bien le projet que j'avais formé. En premier lieu, et avant tout, à l'amiral Georges Cabanier — aujourd'hui disparu et qui fut grand chancelier de la Légion d'honneur. Sachant que je voulais me rendre à Sainte-Hélène, il m'a convié à prendre place à bord du navire-école porte-hélicoptère *Jeanne-d'Arc*, commandé par le capitaine de vaisseau et futur amiral André Gélinet. Celui-ci, en mettant à ma disposition photographe et hélicoptère, a grandement facilité ma tâche.

A Sainte-Hélène, où j'ai pu loger dans la maison de l'Empereur, j'ai été accueilli avec infiniment de courtoisie par notre consul, mon excellent confrère Gilbert Martineau, qui demeurait dans la maison même de l'Empereur. L'histoire de la captivité n'a pas plus de secrets pour lui que pour mon ami le docteur Paul Ganière, aujourd'hui disparu. Tous deux ont répondu inlassablement à mes questions.

A Martigny, le chanoine Alfred Pellouchaud — il était alors âgé de près de quatre-vingts ans — consentit à être mon guide et à me donner de précieux détails sur le séjour de Bonaparte et sur sa traversée du col du Grand-Saint-Bernard. Je devais retrouver cette chaleur d'âme, de fondation chez les bernardins, à l'hospice où je fus reçu par l'aumônier, M. Alphonse Berthouzoz, et par les chanoines, comme si j'étais, moi aussi, un voyageur égaré et affamé...

A Ajaccio, le si regretté duc Pozzo di Borgo qui m'honorait de son amitié s'est montré pour moi le plus érudit des cicérones, aujourd'hui que la fameuse « vendetta » est éteinte entre les deux familles de la *casa Malerba*.

A Moscou, j'ai été guidé, avec une gentillesse qui m'a vivement touché, par Victor Martinov, de l'agence Novosti, par Lucien Nau, correspondant de *Paris Match*, et par le général Kolossov, directeur du *Panorama de Borodino*. J'ai bénéficié d'un tout aussi charmant accueil à Vienne et à Wagram de la part du chevalier docteur Albert von Jantsch, du docteur Julius Robert et du docteur Karl Wein, ingénieur agricole, dont la vaste propriété s'étend entre Aspern et Essling. J'ai enfin beaucoup d'obligations envers M. Danek, instituteur à Aujzd, près d'Austerlitz, et vis-à-vis de M. Gino Patroni, conservateur des Mulini à l'île d'Elbe.

Pour mon chapitre sur la campagne de Bonaparte en Syrie, ou plutôt en

Palestine, je dois remercier M. Ariel-P. Aran, à l'époque premier secrétaire de l'ambassade d'Israël à Paris, ainsi que M. Jean Ardens qui n'a pas épargné sa peine et a effectué également pour moi des recherches aux Archives.

A.C.

Table

Table

Cet ouvrage a été composé par
Nord Compo (Villeneuve-d'Ascq)
et imprimé par Bussière Camedan Imprimeries
à Saint-Amand-Montrond (Cher)

Achevé d'imprimer le 23 février 1996

N° d'éditeur : 1192 - N° d'impression : 1/388.
Dépôt légal : février 1996.

Imprimé en France